Caspar Hirschi
Wettkampf der Nationen

Caspar Hirschi

Wettkampf der Nationen

Konstruktionen einer deutschen Ehrgemeinschaft an der Wende vom Mittelalter zur Neuzeit

WALLSTEIN VERLAG

Publiziert mit Unterstützung des Schweizer Nationalfonds
zur Förderung der wissenschaftlichen Forschung

pour Prune

Inhalt

Dank

Das vorliegende Buch geht aus Studien hervor, die ich zwischen 1997 und 2003 in Tübingen, Freiburg i. Ü. und Basel betrieben habe. Es stellt die revidierte Fassung eines Textes dar, den die Philosophische Fakultät der Universität Freiburg i. Ü. 2004 als Dissertation angenommen hat. Auf dem Weg des Forschens und Schreibens haben mich viele Menschen begleitet und gefördert – Berufskollegen, Freunde und Verwandte. Ihnen möchte ich meine große Dankbarkeit bezeigen.

Mein Interesse für die Geschichte des Alten Europa hat vor zehn Jahren Volker Reinhardt geweckt und seither mit der ihm eigenen gedanklichen Elastizität und Virtuosität genährt. Zu Beginn meiner Assistenz stattete er mich für die Lehre und Forschung mit einem großen Vertrauenskapital und allen Freiheiten aus, derer ich bedurfte. Die flache Hierarchie am Lehrstuhl und den kollegialen Austausch mit meinem Doktorvater wusste ich sehr zu schätzen. Einen idealen Zweitgutachter meiner Dissertation erhielt ich in der Person Hans-Joachim Schmidts. Er nahm sich die Zeit, die Arbeit mit Akribie zu lesen, und gab mir dank seiner Sachkenntnis und Differenzierungsgabe wertvolle Vorschläge für die Schlussredaktion der Studie.

Eine zweite wissenschaftliche Heimat fand ich nach dem Lizentiat in der interdisziplinären Forschungsgemeinschaft des Projekts »Humanismus«, das von der Gerda Henkel Stiftung finanziert wird. Den Zugang zu diesem Kreis öffneten mir Anton Schindling, mein Förderer aus Tübinger Studienzeiten, und Gerrit Walther, der Koordinator des Projekts. An den Arbeitsgesprächen und Tagungen erhielt ich zahlreiche Anstöße und fand überdies eine Geselligkeit vor, an der auch die Humanisten ihre Freude gehabt hätten. Das Klima gegenseitigen Vertrauens ermöglichte offene und intensive Debatten. Dieter Mertens half mir durch genaues Zuhören und kritisches Nachhaken, meine Thesen über das humanistische Nationskonzept zu konkretisieren. In seiner unveröffentlichten Habilitationsschrift und seinen Aufsätzen fand ich eine Fülle von Ideen. Eine Rohfassung des vorliegenden Buches hat Gernot Müller gelesen und mir Hinweise zur Verbesserung von Gliederung und Inhalt gegeben. Darüber hinaus durchleuchtete er die Übersetzungen lateinischer Zitate auf Fehler und Ungenauigkeiten. Johannes Helmrath vermittelte mir Einsichten in die Abhängigkeit des Humanismus von der Scholastik, die ich in meine Theorie der intellektuellen Wettkampfpraxis einbauen konnte. Über Giovanni Nanni versorgte mich Thomas Lehr, über Trithemius Harald Müller mit wichtigen Informationen. Schließlich hat mich Ulrich Muhlack mit seinen pointierten Stellungnahmen angespornt, selber klare Standpunkte zu beziehen – in Auseinandersetzung mit den seinen.

Wertvolle Hilfe und Förderung erhielt ich auch auf informellen Wegen. Peter Blickle gab mir Auskunft über Nationsdiskurse im Bauernkrieg. Die Passagen zu »Aufbau und Argumentation« prüfte Letizia Manetsch auf ihre Verständlichkeit, und ins Kapitel über die politische Propaganda Leonardo Brunis flossen Gespräche mit Markus Blaser ein. War ich mit meinem Latein einmal am Ende, half mir Thomas Schmid mit dem Doppelwissen des Altphilologen und Mediävisten weiter. Christoph Flüeler stellte mir eine druckfertige Kopie der Schriften Lupolds von Bebenburg zur Verfügung, zwei Jahre bevor er sie mit Jürgen Miethke kritisch edierte. Für die Fahnenkorrektur durfte ich die Kompetenz und Ausdauer von Sonja Tschirren, Erich Gollino und Anton Weilenmann in Anspruch nehmen; letzterer gab sogar noch einigen Übersetzungen den nötigen Feinschliff. Gleich zweimal, vor der Thesenverteidigung und vor dem Druck, hat meine Mutter den Text lektoriert. Sie und mein Vater waren stets interessierte und interessante Gesprächspartner und gaben mir mit ihrer Wertschätzung des Forschungsunternehmens zusätzliche Motivation und Sinnstiftung.

Zwei Personen hatten an der Entstehung des Buches besonderen Anteil: Andreas Hauser stand mir von ersten Projektskizzen bis zu letzten Retuschen mit Rat und Kritik zur Seite. Er studierte die Arbeit intensiv, schlug Verbesserungen zu Sprache und Argumentation vor und verhalf mir dabei zu wichtigen Einsichten. Indem er den Blick beharrlich von den Teilen auf das Ganze richtete, sorgte er dafür, dass ich im Dickicht des Spezialwissens die Orientierung behielt. Der rege Gedankenaustausch mit ihm war für mich eine ideale wissenschaftliche Schule. Aus nächster Nähe hat meine Frau das Gedeihen der Studie begleitet. Dank ihres Interesses, ihrer Bereitschaft zu Lektüre und Diskussion und ihrer vorbehaltlosen Unterstützung wurde mir das Arbeiten leicht. Sie half mir, meine Gedanken zu ordnen, weiterzuspinnen oder in andere Bahnen zu lenken. Vor allem aber bescherte sie mir jenen Reichtum, den das Leben außerhalb der Studierstube birgt. Nichts könnte mir teurer sein.

Basel, im Juli 2005

Einleitung

Vorspann

Im Frühsommer 1444 stehen die Zeichen in der Reichsstadt Metz auf Sturm. Im Westen, hinter der Grenze zu Frankreich, macht ein Heer Anstalten, in Lothringen einzufallen. An der Spitze des Heeres steht der französische König. Er kommandiert mehrere zehntausend Söldner, denen die Arbeit vorübergehend ausgegangen ist. Im Hundertjährigen Krieg zwischen England und Frankreich herrscht gerade Waffenruhe. Als man in Metz von den Truppenbewegungen erfährt, macht sich Ratlosigkeit breit. Niemand hat eine Ahnung, was das Ganze soll. Dann, innerhalb von wenigen Tagen, trifft aus verschiedenen Richtungen die Nachricht ein, der französische König wolle die deutschen Länder bis an den Rhein erobern. Sein Sohn habe behauptet, Frankreich besitze alte Herrschaftsrechte über die Städte im Elsass und in Lothringen. Er komme nun, um diese einzulösen. Das Gerücht macht in allen betroffenen Städten die Runde. Deren Regierungen aber wissen von den besagten Rechten Frankreichs nichts. Sie sind sich sofort einig, dass der französische Angriff widerrechtlich sei. Man appelliert an die Ehre des Reichs und der deutschen Länder, um die ausländische Unterdrückung abzuwenden. Aber der französische König marschiert in Lothringen ein und belagert Metz. Eine zweite Armee, angeführt vom Thronfolger, zieht eine Schneise der Verwüstung durch das Elsass und den Sundgau. Widerstand erwächst ihr kaum. Die Gerüchteküche brodelt weiter, die Angst setzt Phantasien frei. Im Frühherbst, nach wochenlangen Plünderungen und einzelnen Scharmützeln, scheint sich der frühe Verdacht zu erhärten. Der französische König erobert die Stadt Epinal und lässt verkünden, er führe die Herrschaften und Städte diesseits des Rheins in den angestammten Gehorsam Frankrcichs zurück. Der Rat von Basel bekommt wenig später vom Dauphin das Gleiche zu hören. Die Basler sehen darin nur den ausländischen Willen, dem Reich zu schaden und die deutschen Länder zu unterdrücken. Noch gelingt es, den französischen Erbprinzen und seine Truppen mit einem aufschiebenden Waffenstillstand von einer Belagerung abzuhalten.

Szenenwechsel: Fast siebzig Jahre später, 1513, schickt der Kaiser einen Hilferuf an die Reichsstädte. Er liegt mit Frankreich im Krieg um die Vorherrschaft in Italien. Die französische Armee macht ihm schwer zu schaffen. In ihr aber kämpfen Tausende von Deutschen, bezahlt vom König von Frankreich. Darum das Schreiben des Kaisers. Es ist den Deutschen nämlich verboten, ausländischen Feinden zu dienen. Über jene, die sich dem Verbot widersetzen, hat der Kaiser die Acht verhängt. Aber das Ganze nützt wenig. Entrüstet stellt der Kaiser fest, dass so viele Deutsche wie nie zuvor zum Erbfeind der deutschen Nation übergelaufen sind. Er vermutet, dass man in den Städten weiß, wie Frankreich deutsche Landsknechte anwirbt. Darum fordert er die Städte auf, die Sache des Reichs und der deutschen Nation nach Kräften zu unterstützen. Wenig später droht er den Deutschen in französischem Sold, sie an Leib und Leben zu bestrafen und ihre Frauen und Kinder ins Elend zu jagen. Es ist nicht das erste Mal, dass der Kaiser Frankreich als Erbfeind der deutschen Nation bezeichnet. Bei seiner Verteufelung des westlichen Nachbarn erhält er Unterstützung von deutschen Humanisten. Diese behaupten, die Deutschen westlich des Rheins seien immer frei, d.h. deutschen Herren untertan gewesen. Sie wollen dafür sorgen, dass die Freiheit der deutschen Nation auch in Zukunft gewahrt wird. Mit dem Kaiser sind sie sich einig, dass es kein Deutscher aushält, unter einem ausländischen Joch zu leben. Und auf das alte Rom verweisend, verdammen sie den Kriegsdienst für einen fremden Herrn als Verrat am deutschen Vaterland. Seine Nation zu verraten, behauptet der Humanist Aventin, sei viel ärger, als einen Mitmenschen zu hintergehen.

Erneuter Szenenwechsel: In den Wintermonaten 1457/58 gelangt der italienische Humanist Enea Silvio Piccolomini und spätere Papst Pius II. in den Besitz eines unbekannten Manuskripts. Über Jahrhunderte hat es im Dunkeln eines deutschen Klosters gelegen, bevor es über verschlungene Wege nach Rom entführt worden ist. Der Fund ist eine Sensation. Es handelt sich um eine kleinere Schrift des römischen Autors Cornelius Tacitus, die bald den Titel »Germania« erhält. Das Manuskript wird 1472 in Bologna gedruckt, 1473/74 folgen weitere Editionen in Venedig und Nürnberg. 1498 besorgt der deutsche Humanist Conrad Celtis eine neue Ausgabe in Wien und fügt ihr eine Beschreibung Deutschlands aus eigener Feder bei. Celtis ist es auch, der als Erster Vorlesungen über die »Germania« hält. Die deutschen Humanisten reagieren begeistert auf die Entdeckung. Das erstaunt, handelt es sich bei der Schrift doch um eine Beschreibung von Barbaren. Die Humanisten entnehmen ihr aber die ruhmvolle Nachricht, dass alle Deutschen von einem gemeinsamen Urahn abstammen und bis auf den heutigen Tag eine Blutsgemeinschaft bilden. Und sie sehen sich in ihrer Überzeugung bestätigt, dass die Deutschen eine Nation von freiheitsliebenden Kriegern seien. Ihre Aufgabe ist das Unterwerfen und Beherrschen anderer Nationen und die eigene Reinhaltung vor fremdem Einfluss. Diese Gewissheit macht die Humanisten zu Verteidigern der deutschen Sitten und des deutschen Eigentums. Dass ausländische Geistliche in Deutschland predigen, dass die Kurie deutsches

Geld einzieht und nach Italien abzieht, dass fremde Kleider und Gewürze den deutschen Markt überschwemmen, beurteilen sie als Bedrohung der deutschen Nation. Die deutschen Männer laufen Gefahr, weibisch zu werden, und die deutschen Frauen verlieren ihre angeborene Zucht und Keuschheit. Als Martin Luther seine Stimme erhebt, glauben viele Humanisten, den Mann gefunden zu haben, der die deutsche Nation vom ausländischen Joch befreie.

Fragestellung, Methode, Aufbau

Aus heutiger Sicht sind die größten Katastrophen der jüngeren Geschichte, die zwei Weltkriege, eng mit dem Nationalismus verknüpft. Von seiner Zerstörungskraft traumatisiert, bemühte man sich in der Nachkriegszeit, den nationalistischen »Dämon« zu bannen. Diese Bemühungen schienen mit dem Aufbau der Europäischen Gemeinschaft von Erfolg gekrönt zu werden. Zur Entdämonisierung des Nationalismus trugen auch angelsächsische Historiker und Soziologen bei. Sie stellten in den achtziger Jahren die Theorie auf, die Nation sei bloß ein ideologisches Konstrukt jüngeren Datums, zugeschnitten auf die moderne Massengesellschaft. Europäische Intellektuelle nahmen diese Theorie begeistert auf; indem sie die Nation als »Erfindung« entlarvten, sonnten sie sich in der Gewissheit, das Problem erkannt und im gleichen Zug gelöst zu haben. Doch nach dem Kollaps der Sowjetunion war es plötzlich wieder da. Zum Erstaunen der frisch gebackenen Europäer, die mit Freude die nationalen Grenzen in Auflösung sahen, bildete sich im ehemaligen Ostblock ein Flickenteppich neuer Nationen. Das Staunen schlug in Schrecken um, als die Renationalisierung auf dem Balkan zerstörerische Züge annahm. Der Dämon war wieder da, und alles gute Zureden half nicht, ihn aus den Köpfen der »Besessenen« zu vertreiben. So verwarf man in Europa einmal mehr hilflos die Hände, bis die USA militärisch einschritten.

Angesichts der jüngsten Geschichte sind wir gefordert, das Problem des Nationalismus nochmals zu überdenken. Es stellt sich die Frage, ob er nicht doch stärker aus historischen Prozessen von *langer* Dauer genährt ist, als man es wahrhaben will, und ob er nicht gerade daraus sein Beharrungsvermögen zieht. Vor diesem Hintergrund gewinnen bisher wenig beachtete Forschungen an Interesse, die schon im Spätmittelalter wichtige Weichen zur Nationenbildung gestellt sehen. Betrachtet man die oben skizzierten drei Szenen, könnte man sogar den Eindruck erhalten, der moderne deutsche Nationalismus beginne vor der Reformation. Stehen die Nationalsozialisten also auf den Schultern der deutschen Humanisten? Ich bin überzeugt, dass die Wahrheit zwischen diesen extremen Thesen liegt, und dass man realitätsgerechtere historische Modelle findet, wenn man folgende Fragen stellt: Warum denken Menschen in einer ständisch geordneten Gesellschaft in nationalen Kategorien? Was bringt einen Kaiser, der über ganz Europa versippt ist und Untertanen verschiedener Sprache und Kultur beherrscht, dazu, die Ehre der deutschen Nation hochzuhalten und ihre Feinde zu verteufeln? Und endlich: Wer darf sich überhaupt Mitglied der deutschen Nation nennen in einer Zeit ohne Pass und Staatsbürgerrechte, und was hat er oder sie davon?

Um diese Fragen zu beantworten, spannt die vorliegende Studie einen Bogen von der Antike bis in die jüngere Vergangenheit. Diesem Vorgehen liegt die Überzeugung zugrunde, dass das Fortwirken antiker Diskurse nach dem Ende des Römischen Reichs für die europäische Nationenbildung von entscheidender Bedeutung gewesen ist. Eine solche Langzeitperspektive macht nur Sinn, wenn man auf Spezialstudien zurückgreifen kann, die die einzelnen Themenschwerpunkte abdecken. Dies ist hier der Fall. Die Voraussetzungen stehen daher günstig, zur Tendenz der wissenschaftlichen Spezialisierung einen Kontrapunkt zu setzen. Er scheint mir mehr denn je geboten. Denn wer heute historische Forschung betreibt, läuft Gefahr, vor lauter Bäumen den Wald nicht mehr zu sehen. Zur Professionalisierung der Geschichtsschreibung gehört der Anspruch, die Vergangenheit möglichst umfassend zu dokumentieren. Die Einlösung dieses Anspruchs auf dem Weg der Spezialisierung geht aber auf Kosten der umfassenden Erklärungskraft der Geschichte. Er führt zur Atomisierung der Geschichte in unzählige unzusammenhängende Mikrogeschichten, die nur ein paar Experten ergötzen. Dieses Buch hingegen versucht anhand der Betrachtung von Bäumen einen Wald zu erfassen.

Auf eine umfassende Perspektive ist auch das methodische Vorgehen ausgerichtet. Die Studie greift verschiedene, bisher voneinander isolierte Forschungsdiskurse auf und stellt zwischen ihnen neue Verbindungen her. Theoriedebatten und Quelleninterpretationen, Literaturwissenschaft und Soziologie, Zeitgeschichte und Mediävistik sollen sich gegenseitig bereichern. Um von Forschungsleistungen anderer Autoren zu profitieren, ist es notwendig, sich mit ihnen kritisch auseinander zu setzen. Daher werden hier interessante Ansätze ausführlich diskutiert. Dieses Vorgehen lehnt sich an die wissenschaftliche Streitkultur im angelsächsischen Raum an. Es beruht auf der Überzeugung, dass *offen* geführte Debatten ein unersetzlicher Antrieb wissenschaftlicher Erkenntnis sind, weil sie die Teilnehmer zu stringenter Argumentation und zum Überdenken ihrer Positionen zwingen. Die in diesem Buch lancierten bzw. aufgegriffenen Debatten haben vor allem Textquellen zur Grundlage: Briefe, Urkunden,

Manifeste, Missiven, Reden, gelehrte Traktate, Gedichte, Flugschriften usw. Auf ihnen baut die Beweisführung auf. Um den einzelnen Text in einen Kontext einzugliedern, wird mit der Vorstellung gebrochen, dass ein Schriftstück ein geschlossenes Ganzes darstellt, hinter dem ein Autor als höhere Einheit steht. Texte werden vielmehr als Foren verschiedener Diskurse verstanden, d.h. als Knotenpunkte von Redeformen, die bestimmte Wirklichkeiten produzieren. Hinter Diskursen stehen weniger einzelne Individuen als soziale Gruppen. Ihren Platz in der Gesellschaft bestimmen sie über die von ihnen monopolisierten Diskurse. Die diskursanalytische Methode ermöglicht es, Schriftquellen so zu lesen, dass sie auch Erkenntnisse zur Sozial- und Herrschaftsgeschichte liefern. Und sie zeigt, dass relativ stabile Redeformen je nach sozialen und politischen Rahmenbedingungen von anderen Absichten geleitet sein und andere Wirkungen zeitigen können.

Inhaltlich ist die Studie folgendermaßen aufgebaut: Das erste Kapitel setzt sich mit den jüngeren Theorien auseinander, die die Nationalismusforschung seit zwei Jahrzehnten dominieren. Diese Auseinandersetzung ist deshalb wichtig, weil die Ergebnisse der vorliegenden Arbeit von den vorherrschenden theoretischen Lehrmeinungen abweichen. An ihre Kritik schließt eine eigene Theorie der Nationenbildung an, die der vormodernen Geschichte Europas kapitale Bedeutung beimisst.

Im zweiten Kapitel beginnt die historische Überprüfung dieser Theorie. Zuerst werden die mittelalterlichen Voraussetzungen des humanistischen Nationsdiskurses dargelegt. Die Studie geht dabei bis in die Spätantike zurück, wo die Weichen zur mittelalterlichen Herrschafts- und Raumbildung gestellt werden. Die Herrschaftsstrukturen im papstkirchlichen Mittelalter werden als Ausgangspunkt der europäischen Nationenbildung dargelegt. Für spätmittelalterliche Entwürfe Deutschlands ist der Einfluss französischer Diskurse groß.

Das dritte Kapitel beschreibt die Konstruktion Italiens durch italienische Humanisten. Mit dem Humanismus tritt die Nationalisierung von Kultur und Politik in eine neue Phase. Der Prozess beginnt in Italien, wo er aber nur beschränkt zur Entfaltung kommt. Hingegen regen die italienischen Humanisten Literaten in ganze Europa an, auf bestehenden Herrschaftsstrukturen eine eigene Nation zu bauen. Das gelingt in Frankreich am einfachsten. So erhält die Nation neben der kulturellen auch eine politische Dimension.

Dieser Steigerung des Nationalen widmet sich das vierte Kapitel am Beispiel Deutschlands. Neben den Leitmotiven des humanistischen Nationsdiskurses kommen vor allem die Zusammenhänge zwischen Politik, Gesellschaft und humanistischen Lebensformen zur Sprache. Die Humanisten werden als politisierte Intellektuelle beschrieben, die sich von der Nationalisierung der Reichseliten eine Stellung als »nationaler Priesteradel« erhoffen. Damit steigen sie rasch ins Umfeld des Kaiserhofs auf. Die Reformation und die Herrschaft Kaiser Karls V. machen ihnen aber einen Strich durch die Rechnung.

Das fünfte Kapitel untersucht die Wirkungen der Reformation und des Kaisertums Karls V. auf den Nationsdiskurs. Die Ereigniskaskade nach 1519 schafft für das Reden über die deutsche Nation andere und sich stetig verändernde Bedingungen. Der Nationsdiskurs ist schon zu fest etabliert und vor allem zu flexibel, um an den neuen Umständen zu scheitern. Die Humanisten können ihn aber nicht mehr kontrollieren. Ihr Konzept der deutschen Nation wird abgelöst von einer Mehrzahl miteinander konkurrierender Deutschlanddiskurse. Deren Kontinuität durch das konfessionelle Zeitalter hindurch ist für die Ausbildung des modernen Nationalismus entscheidend. Gegenstand der abschließenden Betrachtungen ist die Frage nach der Langzeitwirkung des humanistischen Nationskonzepts bis zum Beginn des Dritten Reichs.

Den fünf Hauptkapiteln sind Einführungen von wenigen Seiten vorangestellt. In ihnen werden die argumentativen und inhaltlichen Leitlinien skizziert. Damit soll zweierlei gewährleistet werden: Wer sich den einzelnen Unterkapiteln zuwenden will, kann die detaillierteren Ausführungen einfacher in die argumentative Gesamtarchitektur einordnen; wer das Buch selektiv lesen will, kann sich rasch einen Überblick über die inhaltlichen Schwerpunkte und Hauptthesen verschaffen.

Ausblick

Die vorliegende Studie versucht zum Verständnis beizutragen, warum wir uns heute einer Nation zugehörig fühlen, unabhängig davon, ob uns diese Gemeinschaft sympathisch ist oder nicht. Bekannte Historiker deuten den Aufschwung der Nationalismusforschung optimistisch als Anfang vom Ende der Nation. Mit Hegel prognostizieren sie, die Eule der Minerva beginne erst mit der einbrechenden Dämmerung ihren Flug. Zu vorschnellen Schlüssen besteht aber kaum Anlass: Die Einsicht in den Bauplan eines Hauses bringt das Haus nicht zum Einstürzen.

I. Theorie

Aufbau und Argumentation

Wer heute ein Buch über Nationen an der Wende vom Mittelalter zur Neuzeit schreibt, steht unter dem Verdacht, den Zug der Forschung verpasst zu haben und aus trüben Gewässern Ewiggestriges zu fischen. In Soziologie und Geschichte herrscht die Überzeugung vor, Nationen seien ein Produkt der Moderne, d.h. höchstens zweihundert Jahre alt. Wer nach ihnen in einer ferneren Vergangenheit suche, finde entweder nichts oder nur jene nationalistischen Vorstellungen, die er schon mit sich bringe. Mit dieser Haltung distanziert sich die jüngere Forschung nicht nur demonstrativ vom Gemeingut nationaler »Gewissheiten«, sondern auch von der akademischen Geschichtsschreibung des 19. und 20. Jahrhunderts. Diese sah die nationale Gemeinschaft mit dem Eintritt des Menschen ins Licht der Geschichte als »Keim« angelegt. Aufgabe der Nationalgeschichtsschreiber war es, das Wachstum der Nationen vom Keimen bis zum Blühen nachzuzeichnen.

Die neuen, »modernistischen« Theorien wurden in den achtziger Jahren des 20. Jahrhunderts an englischen und amerikanischen Universitäten entwickelt. Wenig später waren sie auf dem europäischen Kontinent bekannt. Ihr Erfolg hat dazu beigetragen, dass ein entgegengesetzter Zweig der historischen Nationenforschung außerhalb von Spezialistenkreisen unbemerkt geblieben ist. Es handelt sich um die Untersuchung der Nationenbildung im Mittelalter. Weniger plakativ von den Positionen der herkömmlichen Nationalgeschichtsschreibung gelöst, betonten Mediävisten seit den späten siebziger Jahren, dass die Nationenbildung im späten Mittelalter eingesetzt habe. Dabei präsentierten sie Belegmaterial, das sich schwer in die Vorstellung einer »Spätestgeburt« der Nation fügen will. Mangels theoretischen Interesses wussten sie aber ihre Ergebnisse nicht für eine Alternativtheorie zum Modernismus fruchtbar zu machen. Daher werden heute zwei wissenschaftliche Diskurse mit unterschiedlicher Intention und Reichweite geführt, die kaum Berührungspunkte aufweisen. Ihre Unvereinbarkeit führt dazu, dass sie sich gegenseitig gar nicht infrage stellen können, auch wenn sie gerade dies beabsichtigen. Die vorliegende Arbeit bezweckt, zwischen Mediävisten und Modernisten eine Brücke zu schlagen. Sie weist das Postulat, die Vormoderne aus der Nationalismusforschung auszugrenzen, zurück und greift mittelalterliches Belegmaterial auf, um eine Theorie der vormodernen Nationenbildung zu entwerfen.

Die Kritik an den tonangebenden Nationalismustheorien konzentriert sich zuerst auf ihre Modernitätsthese. Diese steht und fällt mit der kausalen Erklärung der Nationenbildung. Dabei werden hinter interessanten

Ansätzen methodische Schwächen sichtbar. Entweder umgehen die Theorien die Ursachenfrage mit einer funktionalistischen Erörterung, warum nur die moderne Gesellschaft auf den Nationalismus angewiesen sei (Gellner), oder sie führen die Modernität der Nation auf Ursachen zurück, deren Wirkungen schon vor der Moderne einsetzen (Anderson), oder sie betonen facettenreich den Baustellencharakter der modernen Nationenbildung, ohne die Frage nach ihren Ursachen überhaupt zu stellen (Hobsbawm).

Zu den methodischen Problemen kommen inhaltliche. Die Theorien definieren Nationalismus in der Regel als Forderung nach nationaler Identität von Herrschern und Beherrschten. Man mag über den Nutzen dieses Begriffsgebrauchs geteilter Meinung sein, entscheidend ist, dass die besagte Forderung nicht erst in der Moderne aufkommt. Deutsche Humanisten verneinen schon um 1500 kategorisch, dass ein Ausländer über Deutsche herrschen dürfe, und verankern dieses Verbot in der Propagandaformel der »Freiheit Deutschlands«. Selbst der Kaiser beruft sich auf dieses Prinzip. Und als sich der König von Frankreich 1518 für die Wahl zum römischen König bewirbt, bringt ein Teil der wählenden Fürsten das Argument der nationalen Repräsentation gegen ihn vor. So unterschiedlich die Wirkungen dieses Prinzips damals auch sind, es lässt sich nicht als moderne Schöpfung deklarieren. Auch andere inhaltliche Kriterien, denen die Theorien ein Modernitätszertifikat ausstellen, weisen bei genauerem Hinsehen eine vormoderne Geschichte auf.

Diese Beobachtungen führen zum Ergebnis, dass die Nationenbildung ohne Einbezug der vormodernen Geschichte Europas nicht zu verstehen ist. Es stellt sich von neuem die Frage nach Gemeinsamkeiten und Unterschieden zwischen der vormodernen und der modernen Nationalisierung. Dabei werden Versuche der älteren Forschung interessant, vormoderne Formen der Nationalisierung zu erfassen, ohne organizistischen Modellen zu verfallen. Diese Versuche münden aber in formelhafte Argumentationsmuster, die dem Problem nicht auf den Grund gehen. Ihre mangelnde Erklärungskraft rührt von einem Theoriedefizit her.

Um dieses Defizit abzubauen, wird anschließend die konstruktivistische Methode der modernistischen Nationalismustheorien auf ihre Stringenz geprüft und aus den Ergebnissen eine eigene Theorie der Nationenbildung entwickelt. Der Konstruktivismus beruht auf der Annahme, dass es keine »natürliche« Lebensweise des Menschen gebe, sondern jede Gesellschaftsform gestaltet sei – etwa durch das Zusammenwirken spezifischer Wahrnehmungsstrukturen und Umweltfaktoren. Vom Prinzip, keinen Gegenstand für selbstverständlich zu halten, leiten konstruktivistische Methoden ihr umfassendes Erklärungspotential ab. Dieses lösen die führenden Nationalismustheorien nur beschränkt ein. Sie grenzen die »konstruierte Gemeinschaft« der Nation von »echten Gemeinschaften« ab. Die Nation erhält einen Geschmack des Fiktiven und Verlogenen, während vormoderne Lebensformen in vermeintlicher Natürlichkeit erstrahlen. Diesem verschleierten Substantialismus stellt die vorliegende Studie einen diskursanalytischen Konstruktivismus gegenüber, der die strikte Trennung von Moderne und Vormoderne aufhebt. Er bildet die methodische Basis für die Theorie, dass der moderne Nationalismus nur deshalb so viel Durchsetzungskraft entwickelt, weil er zuvor ausgebildete Nationalismusformen hat reaktivieren, neu kombinieren und potenzieren können. Dieser Theorie zufolge ist die europäische Nationenbildung ein diskontinuierlicher Prozess von langer Dauer, in dem sich Phasen der Autonomisierung und Heteronomisierung abwechseln. Eine erste Autonomisierung erfolgt im Humanismus, der entscheidende Bauteile der nationalistischen Ideologie zusammenstellt. Diese greift der moderne Nationsdiskurs auf.

Die neuzeitliche Nationalisierung wurzelt in singulären Konstellationen des abendländischen Mittelalters. Ausschlaggebend ist die Fortdauer antiker Kulturelemente. Das anachronistische Beharren auf dem universalistischen Herrschaftsmodell der römischen Kaiserzeit erzeugt zentrifugale Kräfte im papstkirchlichen Raum. Diese sind von den Akteuren zwar nicht beabsichtigt, aber unvermeidlich. Voraussetzung ist das dezentrale Gleichgewicht, das sich in den politischen Kräfteverhältnissen des Mittelalters ausbildet. Treten ähnlich starke Akteure mit universalistischen Herrschaftsansprüchen gegeneinander an, entsteht eine Konkurrenz ohne Ende. Diese Konkurrenz erhält mit der Zeit eine Eigendynamik, die den übergeordneten Rahmen der christlichen Glaubensgemeinschaft sprengt. Die Nationalisierung von politischen und gelehrten Eliten ist zugleich Ausdruck und Motor dieser Eigendynamik. Die Autonomisierung des Nationsdiskurses führt letztlich dazu, dass die europäische Staatenkonkurrenz auch ohne universalistische Herrschaftsziele erhalten bleibt, ja sogar gesteigert wird.

Diese Radikalisierung zeichnet sich im Humanismus ab, und ihr geht die Abhandlung in den folgenden Kapiteln nach. Damit klar ist, wovon wir sprechen, wird im letzten Abschnitt des Theorieteils der Humanismusbegriff geklärt. Wieder stellt sich die Frage nach dem Verhältnis von Humanismus und Moderne. Einer wirkungsmächtigen Forschungstradition zufolge, die auf Jacob Burckhardt zurückgeht, stellt die humanistische Bewegung den Durchbruch zum modernen Individualismus und Atheismus dar. Die Humanisten werden dabei als philosophische Repräsentanten der Renaissanceepoche betrachtet, in der die Wende vom Mittelalter zur Neuzeit erfolgt sei. Die Einschätzung, der Humanismus stehe am Beginn des modernen Denkens, steht seit längerem in der Kritik. In der Nachfolge Paul Oskar Kristellers wird dem Humanismus ein moderner, atheistischer und philosophischer Charakter abgesprochen. Die Humanisten erscheinen als Literaten, die in vielerlei Hinsicht tief im Mittelalter verwurzelt sind. Was sie untereinander verbinde, sei weder ein neues Menschenbild noch eine neue Wahrnehmung der Welt, sondern das Interesse an antiken Texten, deren Rhetorik sie zu imitieren suchten. Dass der Humanismus auf Politik, Wirtschaft und Gesellschaft einen zukunftsweisenden Einfluss ausgeübt habe, wird weitgehend verneint. Der Auftakt zur Moderne erfolge viel später.

So unumstritten viele Kritikpunkte am Burckhardt'schen Humanismusbild sind, so ausgeprägt ist die Tendenz der jüngeren Forschung, das Kind mit dem Bade auszuschütten. Viele Philologen entwickeln aus ihrer beeindruckenden Quellenkenntnis eine Meisterschaft in relativistischem Denken. Für jede Behauptung haben sie eine Gegenbehauptung bereit, für jedes Beispiel ein Gegenbeispiel. Verallgemeinerungen sehen sie in erster Linie als Verfälschungen. So liegt heute an der Stelle von Burckhardts grandiosem Theoriegebäude eine Menge Marmorstaub. Diesem Trend will die vorliegende Studie gegensteuern, indem sie diejenigen Tendenzen heraushebt, in denen dem Humanismus eine innovative Wirkung zukommt. Dazu gehören die philologischen Leistungen in der Edition alter Manuskripte, die Durchsetzung einer literarischen Kultur auf säkularer Basis sowie die Revolutionierung der Propagandatechniken in Politik und Gesellschaft. Diese drei dynamischen Brennpunkte der humanistischen Bewegung sind auch für das Verständnis der Nationskonstruktion deutscher Humanisten von Bedeutung.

1.1. Die Nation: Ein Kind der Moderne?

Nationen besitzen eine Aura der Ursprünglichkeit. Ihre Geburt scheint in einer Vergangenheit verankert, die zeitlich fern und emotional nah ist. Mehr noch: die eigene Nation existiert für viele schon lange vor ihrer mythischen Geburt. Nationen werden von ihren Agenten als Resultate eines natürlichen Werdens oder göttlichen Wollens verstanden. Das Gefühl der Zusammengehörigkeit, das die Mitglieder einer Nation verbindet, nährt sich aus der Überzeugung, in ein Reich historischer Notwendigkeit eingebettet zu sein.

In den »Autobiographien«[1] der europäischen Nationen steht die Moderne nicht als Zeitalter ihrer Geburt, sondern ihrer Wiedergeburt oder späten Vollendung. So verkündeten die Anhänger der Französischen Revolution, diese habe die gallischen Urbewohner von den fränkischen Invasoren – dem Adel – befreit und der französischen Nation ihre natürliche Ordnung wiedergegeben. Deutsche Nationalisten sahen in der Reichsgründung von 1871 verwirklicht, was Deutschland seit dem Mittelalter angestrebt, aber nicht zustande gebracht habe. Und für die liberalen Gründer des Schweizerischen Bundesstaats wurde 1848 jene Freiheit zu neuem Leben erweckt, für die ihre Vorväter seit 1291 gekämpft und geblutet hätten.

Die modernen Nationalisten haben ihren Bruch mit der Vergangenheit durchaus erkannt. Aber sie glaubten an eine übergreifende Kontinuität, in deren Namen sie agierten. Sie kehrten einer Vergangenheit den Rücken, die ihnen jung, fremdländisch oder dekadent schien, und wollten den Weg zur ursprünglichen Natur der Nation freilegen. Ihre Rhetorik propagierte einen Fortschritt, der den Wurzeln verpflichtet bleiben und das Vertraute stärken sollte. Der Nationalismus bediente sich eines Legitimationsmusters aus vormodernen Gesellschaften: Er verkaufte Neuerungen als Rückkehr zur guten alten Zeit, die durch Fehlentwicklungen verschüttet worden sei.

1 Der Begriff der Autobiographie spielt auf die rhetorische Figur des nationalen »Wir« an, das die Identität eines handelnden Nationalsubjekts in Gegenwart und Vergangenheit suggeriert: »Wir« Schweizer haben die Österreicher am Morgarten besiegt, »wir« Engländer haben den Fußball erfunden, »wir« Amerikaner sind als Erste auf dem Mond gelandet, »wir« Deutschen haben uns in der Judenvernichtung mit Schuld beladen. Eine Nation besitzt ein eigenes Gedächtnis und eine eigene Ehre – als abstrakte Summe der Verdienste und Schandtaten ihrer lebenden und toten Mitglieder. Die exzessive Verantwortung für das nationale Kollektiv (inkl. Ungeborene!), die der Nationalismus dem Individuum aufbürdet, wirkt zugleich als reiches Prestigeangebot und unerbittliches Zwangsmittel.

Das nationalistische Geschichtsverständnis steht in polarem Gegensatz zu dem der neueren Nationalismusforschung. Von wissenschaftlicher Seite wird heute meist postuliert, die Nation sei ein modernes Artefakt, konstruiert vom Nationalismus, der wiederum ein ideologisches Produkt der Moderne sei. Die aus Theologie und Evolutionslehre geschöpfte Metaphorik des Nationalismus steht damit einer Wissenschaftssprache gegenüber, die im gleichen Zusammenhang die Vorstellung von Baustellen und Kunstwerken evoziert. Damit hat die Nation der Nationalisten mit der Nation als wissenschaftlichem Objekt kaum mehr etwas gemein.

1.1.1. Modernistische Nationalismustheorien

Die neuere Nationalismusforschung ist entscheidend von drei Publikationen geprägt worden, die unabhängig voneinander 1983 erschienen. Es handelt sich um »Nations and Nationalism« von Ernest Gellner, »Imagined Communities« von Benedict Anderson und einen von Eric Hobsbawm und Terence Ranger herausgegebenen Sammelband über »Invention of Tradition«. Die Autoren haben in diesen Büchern das Nachdenken über Nationen und Nationalismus nicht neu erfunden. Erstens hatten Gellner und Hobsbawm seit den frühen sechziger Jahren zu diesem Thema publiziert und dabei die maßgeblichen Bausteine ihrer Theorien dargelegt.[2] Und zweitens tauchen, wie zu sehen sein wird, mehrere Leitargumente ihrer Arbeiten schon in älteren Studien anderer Autoren auf.[3]

Die drei Bücher stehen auf den nächsten Seiten deshalb im Mittelpunkt, weil sie eine Forschungslawine ins Rollen gebracht haben, die seither stetig angewachsen ist. Die Besprechung ihrer Theorien soll dazu dienen, die Voraussetzungen der neueren Nationalismusforschung offen zu legen und ihre Kernaussagen zu überprüfen. Der Akzent wird dabei,

2 Dass Anderson von Gellners älteren Studien inspiriert worden ist, erscheint plausibel, auch wenn er sich von dessen konstruktivistischem Ansatz distanziert; Anderson: Die Erfindung, S. 15; Gellner: Thought (1964), S. 147 f.; ders.: Contemporary Thought (1974), S. 141-157; ders.: Nationalism or the New Confessions (1979), S. 265-276; Hobsbawm: The Age (1962); ders.: The Limits (1969); ders.: Some Reflections (1972).

3 Vgl. Kap. 1.1.2.; als Urvater der konstruktivistischen Nationalismustheorie kann Ernest Renan betrachtet werden. Seine 1882 geprägte Formel der Nation als »plébiscite de tous les jours« entstand vor dem Hintergrund des deutsch-französischen Seilziehens um Elsass-Lothringen, wird aber heute noch gerne benutzt, um die Interdependenz von Nationalismus und Demokratie zu unterstreichen; Renan: Was ist eine Nation?, S. 35.

bedingt durch das Thema dieser Arbeit, vor allem auf die genetische Argumentation der Studien gesetzt[4]: Welche Entstehungsbedingungen unterlegen die Autoren der Nation, und wann stellen sie deren Eintreten fest? Wie begründen sie die Behauptung, nationalistisches Denken und Handeln sei in vormodernen Gesellschaften inexistent gewesen?

Trotz markanten inhaltlichen und konzeptionellen Differenzen ihrer Theorien stimmen Gellner, Hobsbawm und Anderson in wichtigen Punkten überein:

1. Sie verstehen die Nation als unvermeidliches Erzeugnis der Moderne, das unter vormodernen Lebensbedingungen nicht denkbar gewesen ist. Gleichzeitig heben sie die unnatürliche und gewaltsame Entstehung der Nation hervor.[5]
2. Sie leiten die Nation nicht aus philosophischen oder kulturellen Bewegungen wie der Aufklärung oder Romantik ab, sondern aus dem Mobilisierungsschub und den sozialen Umwälzungen, die der moderne Staat, die Industrialisierung und/oder der Printkapitalismus herbeigeführt haben.[6]
3. Sie halten die Nation nicht für eine konkrete Gemeinschaft, sondern für eine fortdauernde kollektive Abstraktion, die zuerst von den intellektuellen Eliten in modernen Hochkulturen erbracht worden sei. Die Nation lasse sich nur in festen Symbolen und Ritualen vergegenwärtigen, die für ihren Fortbestand unerlässlich seien.[7]

4 Andere Schwerpunkte der neueren Nationalismustheorien wie die Typologie von Nationen oder die Frage nach dem Ende des Nationalismus kommen nur dann zur Sprache, wenn sie für die Entstehungstheorien von Belang sind. Einen umfassenderen Überblick über die neueren Nationalismustheorien mit partieller Kritik der modernistischen Ansätze bietet Smith in: Nationalism; Gellners Nationalismustheorie am intensivsten durchleuchtet hat O'Leary in: Ernest; erhellende Überlegungen zu Chancen und Grenzen von Gellners Theorie stellen auch Nairn und Mouzelis an; Nairn: The Curse; Mouzelis: Ernest.

5 Hobsbawm: Introduction, in: ders. / Ranger (Hg.): Invention, S. 7-14; ders.: Nationen, S. 20 f.; Gellner: Nationalismus und Moderne, S. 77; Anderson bezeichnet die Nation als »kulturelles Kunstprodukt« in: Die Erfindung der Nation, S. 13.

6 Gellner: Nationalismus und Moderne, S. 42 f., 165 f., 182 f.; Anderson: Die Erfindung, S. 14, 39-47; erstaunlicherweise wird die sozialgeschichtliche Argumentation vom historischen Materialisten Hobsbawm zwar beschworen, aber am wenigsten konsequent durchgezogen; Hobsbawm: Introduction, in: ders. / Ranger (Hg.): Invention, S. 4 f.; ders.: Nationen, S. 21.

7 Andersons vieldeutiger Begriff der »imagined political community« steht stellvertretend für alle Ansätze; Anderson: Die Erfindung, S. 14; Hobsbawm nimmt das Modell auf in: Nationalismus und Moderne, S. 59; sein Konzept der »Invention of Tradition« bezieht sich direkt auf die Mechanismen der symbolischen und ritu-

4. Sie lehnen eine Definition von Nation aufgrund objektiver Kriterien (Sprache, Abstammung, Territorium usw.) ab, um der Gefahr zu entgehen, eine Norm zu formulieren, die wiederum von nationalistischen Vorstellungen diktiert wäre. Ihre eigenen Definitionen beschränken sich auf die Feststellung, eine Nation sei eine Summe von Menschen, die sich für Mitglieder der gleichen Nation halten und als solche anerkennen.[8]
5. Sie stellen den Nationalismus der Nation zeitlich und logisch voran und halten ihn für die Daseinsgrundlage jeder Nation. Ein Erlöschen des Nationalismus würde über kurz oder lang das Erlöschen der Nation nach sich ziehen. Der Nationalismusbegriff verliert seinen pathologischen Beiklang; er bezeichnet keine krankhafte Überhitzung eines gesunden Patriotismus, sondern ein geschichtlich notwendiges wenn auch ephemeres soziales Ordnungsprinzip.[9]
6. Sie definieren die nationalistische Ideologie als Forderung und Verteidigung eines nach innen und außen souveränen Nationalstaats. Dieser gewährleiste die nationale Identität von Herrschenden und Beherrschten und beanspruche den höchsten Rang in der Hierarchie kollektiver Loyalitäten.[10]

Diese grundsätzlichen Übereinstimmungen haben zur produktiven Rezeption der Theorien Gellners, Andersons und Hobsbawms beigetragen, ja sich teilweise zu Schlagwörtern verfestigt.[11] Dass der Nationalismus

ellen Konkretisierung der Nation, in: Introduction, in: ders. / Ranger (Hg.): Invention, S. 7-14; Gellner wiederum grenzt die Nation von den »echten Gemeinschaften« der vorindustriellen Zeit ab und ruft damit verwandte Assoziationen zu Andersons Leitbegriff wach; Gellner: Nationalismus und Moderne, S. 183.

8 Anderson: Die Erfindung, S. 14; Hobsbawm gibt zwar vor, voluntaristische Definitionen abzulehnen, schlägt dann aber eben eine solche vor: Als Nation versteht er »jede ausreichend große Gemeinschaft von Menschen [...], deren Mitglieder sich als Angehörige einer ›Nation‹ betrachten«; Hobsbawm: Nationen, S. 15, 19; etwas komplizierter ist der Fall Gellners, der zwei Definitionen anbietet: eine voluntaristische und eine deterministische: »Zwei Menschen gehören derselben Nation an, wenn sie – und nur wenn sie – dieselbe Kultur teilen, wobei Kultur ihrerseits ein System von Gedanken und Zeichen und Assoziationen und Verhaltens- und Kommunikationsweisen bedeutet.« Gellner entgeht hier einer objektiven Festlegung der Nation, indem er den Kulturbegriff möglichst weit und unbestimmt fasst. Mit anderen Worten: die Aussagekraft der Definition hält sich in engen Grenzen; Gellner: Nationalismus und Moderne, S. 16.

9 Gellner: Nationalismus und Moderne, S. 16; eng an Gellner angelehnt Hobsbawm: Nationen, S. 20 f.; Anderson: Die Erfindung, S. 14-16.

10 Hobsbawm: Nationen, S. 20; Anderson: Die Erfindung, S. 14 f.; Gellner: Nationalismus und Moderne, S. 8.

11 Die Internetsuchmaschine Google rief Andersons Begriffsschöpfung der »imagined communities« im Juli 2004 25.200-mal ab (im Singular 11.800-mal), während es

modernen Ursprungs sei, ist in den Sozialwissenschaften mittlerweile Standardwissen; und wer der konstruktivistischen Logik folgt, muss für die Entstehung der Nation ein noch jüngeres Datum postulieren.[12] Dass die drei Autoren in ihrer kausalen Erklärung des Nationalismus stark divergieren, hat ihrer kompakten Wirkung kaum Abbruch getan. Bei Hobsbawm erstaunt dieser Umstand wenig. Er berührt die Frage der Genese nur am Rand.[13] Bei Gellner und Anderson steht sie aber im Mittelpunkt. Anderson versteht den Nationalismus als »kulturelles System« – eine Kategorie, zu der er auch die »religiöse Gemeinschaft« und das »dynastische Reich« zählt.[14] Als Bedingungen seiner Genese nennt er drei Faktoren, die notwendig, aber nicht hinreichend seien:

1. Die sakrale Schriftsprache der religiösen Gemeinschaft muss von Vulgärsprachen verdrängt werden, die sich als säkulare Hochsprachen etablieren und zur Fragmentierung, Pluralisierung und Territorialisierung der religiösen Gemeinschaft beitragen.[15]
2. Die Dynastie muss ihren Rang als einzig denkbare, »naturwüchsige« Herrschaftsform verlieren und der Monarch vom Sockel der unantastbaren Macht- und Wahrheitsposition gestoßen werden.[16]
3. Das magische Zeitempfinden, in dem Vergangenheit, Gegenwart und Zukunft zu einer fortdauernden Gleichzeitigkeit verschmelzen, muss von der modernen Vorstellung der Simultaneität verschiedener Ereignisse, gemessen an Uhr und Kalender, abgelöst werden. Dieses Zeitgefühl entsteht erst unter dem Einfluss der säkularisierten Wissenschaften, vor allem aber neuer Medien wie des Romans oder der Zeitung.[17]

Hobsbawms Formel der »Invention of Tradition« immerhin auf 9.000 Vermerke brachte.

12 Anthony D. Smith, ein (kritischer) Schüler Gellners, konnte 1998 konstatieren: »On one matter, practically all scholars agree. As an ideology and movement, nationalism is modern.« Smith: Nationalism, S. 97.

13 Sein Interesse gilt der ideologischen Flexibilität und klassenübergreifenden Attraktivität des Nationalismus. Daher legt er den Schwerpunkt auf bestimmte Abläufe in der Konstruktion der modernen Nation, nicht auf ihre Ursachen. Warum die Nation eine moderne Erscheinung sein soll, bleibt in der Schwebe. Hobsbawm belässt es bei der marxistischen Annahme, Nationen seien »von oben konstruiert«, aber nur erfolgreich, weil sie die Bedürfnisse der Basis – scheinbar – befriedigten; Hobsbawm: Nationen, S. 21, 59-96.

14 Anderson: Die Erfindung, S. 19.

15 Ebd., S. 19-25, 37.

16 Ebd., S. 25-27, 37 f.

17 Anderson beruft sich bei diesem Argument auf Erich Auerbachs literaturwissenschaftlichen Klassiker »Mimesis. Dargestellte Wirklichkeit in der abendländischen Literatur«; ebd., S. 27-29.

Diese Bedingungen sind für Anderson am Anfang des 16. Jahrhunderts mit der »Verbindung von Kapitalismus und Buchdruck« gegeben. Das marktwirtschaftlich funktionierende Verlagswesen habe Vulgärsprachen in den Rang von Schriftsprachen erhoben. Ihnen ordnet Anderson den größten Einfluss auf die Nationenbildung zu. Die neuen Hochsprachen hätten begrenzte Kommunikationsräume geschaffen, die Vorstellung historischer Sprachgemeinschaften beflügelt und an die Stelle politischer Verwaltungssprachen »Machtsprachen« gesetzt, die zum kulturellen Prägestempel staatlicher Eliten avanciert seien.[18]

Das Hauptproblem von Andersons Theorie besteht darin, dass er vom Bestehen der Bedingungen bis zum Beginn des Nationalismus drei Jahrhunderte verstreichen lässt, ohne für diese »Verzögerung« eine plausible Erklärung zu bieten. Sind die Voraussetzungen der Nationenbildung schon in der frühen Neuzeit erfüllt, stellt sich die Frage, was sie denn verhindert hat. Neben Hobsbawm bleibt auch Anderson eine kausale Erklärung für die Modernität von Nationen und Nationalismus schuldig.

Gellners Ansatz in diesem Punkt ist funktionalistisch. Die Frage nach den Ursachen des Nationalismus wird über eine Analyse seiner Wirkungen beantwortet. Gellner glaubt, der Nationalismus sei dann entstanden, als er ein notwendiges und unvermeidliches Ordnungsprinzip der Gesellschaft geworden sei. Diesen Moment sieht er mit der Industrialisierung gekommen. Sie führe eine neue Art der Arbeitsteilung herbei, die »gleichzeitig komplex und auf beständige und kumulative Weise dem Wandel unterworfen ist«. Zudem verlange die Industrialisierung vom Arbeiter nicht mehr, »Materie zu bewegen«, sondern Bedeutungen zu manipulieren.[19] Die Komplexität der Arbeitsabläufe und die damit zusammenhängende Mobilität bedingten die Existenz eines Staats, der seinen Bürgern eine obligatorische Standardausbildung angedeihen lasse. Das staatliche Bildungsmonopol führe zu einer engen Verflechtung neu gezüchteter oder alter Hochkulturen mit dem Staatswesen. Der Nationalismus sei die »äußere Manifestation« dieses Vorgangs und unmittelbar auf die Bedürfnisse der industriellen Massengesellschaft zugeschnitten. Seine Doktrin einer egalitären Kulturgemeinschaft gewährleiste und fördere die soziale Mobilität. Damit interpretiert Gellner den Nationalismus nicht nur als Produkt, sondern auch als Motor der Modernisierung.

18 Dass es im Europa des Ancien Régime gerade die staatlichen Eliten – Monarchen, Fürsten, hohe Adlige, Diplomaten und Beamte – gewesen sind, die allesamt Französisch sprachen, problematisiert Anderson nicht; ebd., S. 39-46.

19 Was die Arbeit in Fabriken mit Bedeutungsmanipulation zu tun hat, legt Gellner nicht näher dar; Gellner: Nationalismus und Moderne, S. 42, 54.

Gellners Theorie liegt die Auffassung zugrunde, dass der Nationalismus in der Agrargesellschaft keine Grundlage habe, weil diese immobil sei und sich einer Gleichsetzung von politischen und kulturellen Grenzen versperre.[20] Nun gibt es aber in Europa und Südamerika mehrere nationalistische Bewegungen und Nationalstaatsgründungen, die *vor* der Industrialisierung erfolgt sind.[21] Sie zeigen, dass Gellners Argumentation historisch schlecht abgestützt ist. Die frühe Neuzeit war nicht derart statisch, wie er sie haben möchte. Seine Beschreibung der Agrargesellschaft entspricht dem frühen und hohen Mittelalter, blendet aber entscheidende Veränderungen seit dem Spätmittelalter aus. Man denke nur an hochmobile Minderheiten wie Studenten, Juristen, Humanisten, Söldner, Kleriker und Kaufleute, an den Frühkapitalismus städtischer Banken und das Druckgewerbe. Wie bei Anderson verdeutlicht Gellners Interpretation der Printmedien, wie schwach sein Modernismus historisch abgestützt ist. Gellner verschärft Andersons Medientheorie, indem er Massendruckerzeugnissen unabhängig von Form und Inhalt eine nationalisierende Wirkung zuschreibt.[22] Warum der Nationalismus dann nicht mit der Massenpropaganda des Reformationszeitalters eingesetzt hat, lässt er aber unbeantwortet.

Dass die frühe Neuzeit bei Gellner zum blinden Fleck wird, hat mit seinem materialistischen Funktionalismus zu tun, für den Nationalismus nur auf der Makro-Ebene der Gesamtgesellschaft wahrnehmbar ist. So kommt das konstruktivistische Prinzip, der Nationalismus sei Baumeister der Nation, unter verengtem Blickwinkel zur Anwendung. Gellner erfasst nicht, dass der Nationalismus je nach Schicht, Klasse und Beruf andere Wirkungen gezeitigt hat und für bestimmte Gesellschaftsträger »funktionaler« gewesen ist als für andere. Ebenso ratlos steht er vorindustriellen Gruppen gegenüber, die schon ausreichend mobilisiert, medialisiert, säkularisiert und politisiert waren, um sich in der nationalen Sprachgemeinschaft ein Konstrukt zu schaffen, das ihrem Leben entsprach. Nationalistische Ideologien konnten schon in der frühen Neuzeit in bestimmten Kreisen und unter bestimmten Umständen handlungsorientierend sein, während sie für die Herrscher und die Mehrheit der Beherrschten keine Funktion erfüllten.[23] Gellners Anspruch, »zu erklären, warum der Natio-

20 Ebd., S. 18-33; erhellend zum Verständnis seines Stufenmodells sind auch die Ausführungen auf den S. 80 f., 89.

21 In Europa gehören Griechenland, Irland, Serbien, Finnland, in Südamerika z.B. Mexiko in diese Kategorie; O'Leary: Ernest, S. 73; Smith: Nationalism, S. 36.

22 Gellner: Nationalismus und Moderne, S. 186.

23 Die zentrale Rolle, die intellektuelle Zirkel bei der Konstruktion der Nation spielten, hat Miroslav Hroch für die mitteleuropäische Geschichte des 19. und

nalismus entstand und sich durchsetzte«, scheitert an der Blindheit seiner Theorie für diese vorindustriellen Minderheiten, die den Nationalismus erfunden und die Nationenbildung entscheidend angestoßen haben. Entgegen seiner eigenen Absicht bietet Gellner nicht eine Erklärung für die Entstehung, sondern höchstens eine für die soziale Ausbreitung und den langfristigen Erfolg des Nationalismus seit dem 19. Jahrhundert.

1.1.2. Leser und Lehrer der Modernisten

Die Reaktionen auf die modernistischen Ansätze fielen in der angelsächsischen Welt direkter und intensiver aus als auf dem europäischen Kontinent. In Amerika und vor allem in England kam eine breite Debatte in Gang, in deren Verlauf mehrere theoretische Varianten und Gegenmodelle entstanden. Diese stellten die Behauptung, Nationen und Nationalismus seien moderne Erscheinungen, kaum in Frage,[24] formulierten aber neue Annahmen über die Ursachen und Abläufe der Nationenbildung.[25] In Deutschland wurden die Theorien mit einer gewissen Verzögerung registriert, dann aber breit rezipiert und praktisch einhellig als Dekonstruktion der nationalistischen Ideologie begrüßt. Eine wissenschaftliche Debatte über ihre zentralen Behauptungen und theoretischen Prämissen blieb indes aus. Die Rezeption war im Vergleich zu England oberflächlicher und unproduktiver. Ein Grund dafür dürfte die öffentliche Stimmung nach dem Mauerfall gewesen sein. Die unerwartete Wiedervereinigung Deutschlands stieß auch in Wissenschaftskreisen auf spontane Begeisterung. Das Gefühl des nationalen Zusammenwachsens

frühen 20. Jahrhunderts überzeugend nachgewiesen. Ihm zufolge haben die Intellektuellen die Nation als literarisches Gebilde ins Leben gerufen, lange bevor eine breite Nationalisierung oder gar politische Institutionalisierung der Nation eingesetzt hat. Hrochs Beobachtung ist insofern ergänzungsbedürftig, als die gelehrte Erfindung der Nation nicht erst in der Romantik, sondern im Humanismus des 16. Jahrhunderts zu verankern ist; Hroch: Die Vorkämpfer, S. 24 f.

24 Eine partielle Ausnahme bildet Hastings, der den englischen Nationalstaat schon im frühen 11. Jahrhundert [!] realisiert sieht; seine Kritik prallt indes an den modernistischen Theorien ab, weil er die Entstehung der Nation jener des Nationalismus um Jahrhunderte vordatiert und damit den Boden des konstruktivistischen Ansatzes gar nicht betritt; Hastings: The Construction, S. 38-42.

25 Die Kritik konzentrierte sich auf Gellners und Andersons Marginalisierung der Politik- und Verfassungsgeschichte (so Breuilly: Nationalism, S. 35 f.; Giddens: The Nation-State; O'Leary: Ernest, S. 78 f.) sowie auf ihre Verneinung eines langen »ethnischen« Vorspanns in der Nationenbildung (so Smith: The Ethnic Origins, S. 138-144; ders.: Nationalism, S. 44-46).

passte schlecht zur wissenschaftlichen Botschaft von der Künstlichkeit alles Nationalen. Man versuchte daher, den Konstruktivismus mit der nationalen Aufbruchstimmung zu versöhnen. In Theorien »kollektiver Identität« erschien die Nation erneut als Quelle der Sinnstiftung und Stabilität, die das moderne Individuum vor Orientierungsverlust bewahre.[26] Und Kulturschaffende stellten die Nation in postmoderner Manier als öffentliches Atelier dar, in dem aus Mythengerümpel neue Collagen geklebt werden könnten. Das Bekenntnis zur Künstlichkeit der Nation diente als Freipass zur Neudefinierung des Nationalen im öffentlichen Raum.

Ein zweiter Grund für die unterschiedlichen Reaktionen in England und Deutschland ist forschungsgeschichtlicher Art. In den wissenschaftlichen Foren der angelsächsischen Welt fielen die drei Bücher von 1983 nicht vom Himmel. Vielmehr gaben sie einem Theoriediskurs eine neue Richtung, der schon in der Zwischenkriegszeit initiiert worden war, bis zum Abflauen des Kalten Krieges aber wenig Aufmerksamkeit gefunden hatte. Den Erklärungsansatz, dass die Industrialisierung in einem kausalen Bezug zur Ausbreitung des Nationalismus stehe, hatte schon 1928 der amerikanische Historiker Carlton Hayes aufgestellt.[27] In den fünfziger Jahren erweiterte der ebenfalls in Amerika lehrende Soziologe Karl Deutsch diesen Ansatz zu einer umfassenden Theorie der Nationenbildung.[28] Ihr zufolge führte die Mobilität der industriellen Gesellschaft zur Bildung umfassender Kommunikationsräume, die mit staatlichen Territorien identisch waren. Der Nationalismus sei eine direkte Folge dieser aus wirtschaftlichen Sachzwängen erweiterten, intensivierten und anonymisierten Informationszirkulation.[29] Bis zu Gellners Funktionalismus war es von hier nicht mehr weit.

26 Vgl. Kap. 1.2.1.

27 »Closer observation of the Industrial Revolution should disclose the fact that its effects, important though they may have been on the world at large, have been much more important within the territorial confines of national states. [...] Only a radical improvement in the means of transportation and communication and a revolutionary change in the social life of the masses could introduce the type of political democracy which would foster nationalism. Nationalism as a world-phenomenon could come, as it were, only by machinery, and actually by the machinery of the Industrial Revolution it has come.« Hayes: The Rise of Nationalism, in: ders.: Essays, S. 50, 51 f.

28 Deutsch: Nationalism; ders.: Der Nationalismus; ders.: Nationenbildung.

29 Demzufolge schenke ein Nationalist »vorzugsweise der Übermittlung und Kommunikation jener Nachrichten Aufmerksamkeit, die spezifisch nationale Symbole enthalten oder die aus einer spezifisch nationalen Quelle stammen, oder die in dem spezifisch nationalen Sprach- oder Kultur-Kode abgefasst werden«; Deutsch: Nationenbildung, S. 204.

Was bei Deutsch noch fehlt, ist die konstruktivistische Kontrastrhetorik zum Nationalismus. Aber auch diese hat in der englischen Nationalismusforschung einflussreiche Vorläufer. Wiederum war es Hayes, der die Sprache des Nationalismus früh als irreführend brandmarkte und sich Anleihen bei der Zoologie und Botanik verbat.[30] Zum Schleifstein von Gellners Konstruktivismus wurde aber Elie Kedouries waghalsige These von 1960, die Ursache des Nationalismus liege in Kants Konzept der Selbstbestimmung und der Nationalismus selbst sei eine »Erfindung« der romantischen Kantrezeption in Deutschland.[31] Gellner übernahm und radikalisierte Kedouries konstruktivistische Metaphorik, kehrte dessen idealistischen Monismus aber in einen materialistischen Monismus um.[32]

In Deutschland blieb die Forschung zu Nationen und Nationalismus während der Nachkriegsjahrzehnte eine Domäne der Historiker. Die Soziologie nahm sich des Themas seltener an.[33] Ein Perspektivenwechsel von der Ideen- und Politikgeschichte zur Sozialgeschichte fand nicht statt.[34] Im Zeichen der Bewältigung des Nationalsozialismus waren die Erkenntnisinteressen in Deutschland anders gelagert als in England und Amerika.[35]

30 »The basis of nationality is not to be found in inherent mental or spiritual differences among human groups, or, for that matter, in racial heredity or physical environment. Nationality is an attribute of human culture and civilisation, and the factors of zoology and botany are not applicable to it.« Hayes: What is Nationalism? In: ders.: Essays, S. 12.

31 Kedourie: Nationalism, S. 9-31.

32 Gellners (den Kern des Problems verfehlende) Kritik an Kedouries Theorie in: Nationalismus und Moderne, S. 196.

33 Bemerkenswerte Ausnahmen bilden Eugen Lemberg und Emmerich Francis. Lemberg hat den Nationalismus bereits 1950 in Anlehnung an die Wissenssoziologie als umfassendes ideologisches System moderner Handlungsorientierung beschrieben. Damit wurde er als einer von wenigen deutschsprachigen Autoren in den angelsächsischen Wissenschaftsdiskurs integriert. Francis hat 1965 eine Nationentheorie auf ethnologischer Basis aufgestellt, die in jüngerer Zeit vermehrt Beachtung gefunden hat. In seiner begrifflichen Gegenüberstellung von »Ethnos« und »Demos« wird die Schwelle von der Vormoderne zur Moderne aber überbetont; Lemberg: Nationalismus, Bd. 2, S. 53; ders.: Ideologie, S. 34; Seton-Watson: Nations, S. XIII; Francis: Ethnos, S. 60-122.

34 Auch die Übersetzung zweier Studien Karl Deutschs im Jahr 1972 führte nur zu einem schmalen sozialwissenschaftlichen Theoriediskurs, der wenig Neues erschloss. August Winkler und Hans Mommsen gehörten zu den wenigen, die Karl Deutschs Theorie zur Kenntnis nahmen, wenn auch ohne sich von ihr zu weiterführenden theoretischen Überlegungen anregen zu lassen; Deutsch: Der Nationalismus; ders.: Nationenbildung; Winkler: Einleitung, S. 27 f.; Hans Mommsen: Arbeiterbewegung, S. 36-41.

35 Wolfgang Reinhards Behauptung, der modernistische Konstruktivismus der angelsächsischen Forschung sei von den deutschen Autoren Christian von Krockow

Es dominierte die Suche nach Erklärungen, warum die deutsche Geschichte in eine rassistische Staatsreligion mit industriellem Völkermord gemündet hatte, während die Nationen der westlichen Welt dem Liberalismus verpflichtet blieben. Man konzentrierte sich daher auf die Unterschiede in der Formierung und ideologischen Verpackung der europäischen Nationen, ohne den gemeinsamen Ursachen und Leitprinzipien des Nationalismus Beachtung zu schenken. So führte der Weg ziemlich gerade zur Lehre von den unterschiedlichen Nationstypen zurück wie der »westlich-liberalen« Staats- und der »östlich-autoritären« Kulturnation.[36] Von Hayes etwa, dessen Aufsatzsammlung seit 1929 [!] in deutscher Übersetzung vorlag,[37] wurden lange fast nur die typologischen Überlegungen rezipiert.[38] Dass die Typenlehre nationalistischen Ursprungs ist und bis in die Mitte des 20. Jahrhunderts dazu gedient hat, nationalen Antagonismen eine wesensmäßige Notwendigkeit zu bescheinigen, haben nur wenige Autoren problematisiert.[39]

und Walter Sulzbach zu Beginn der sechziger Jahre vorweggenommen worden, ist insofern irreführend, als diese keine umfassende Theorie des Nationalismus formulierten, geschweige denn in der deutschen Nationalismusforschung signifikante Spuren hinterließen; Reinhard: Geschichte, S. 441 f.

36 Alter: Nationalismus, S. 19-59; Lepsius: Extremer Nationalismus; Schulze: Staat, S. 127-150; Winkler: Einleitung, S. 7 f.; Schieder: Typologie, S. 119-135; ders.: Nationalismus; Wolfgang Mommsen: The Varieties.

37 Hayes: Nationalismus, erschienen im Neue-Geist-Verlag Leipzig, herausgegeben und als »*das* Buch über den Nationalismus« eingeführt von Julius Goldstein.

38 So etwa bei Winkler: Einleitung, S. 7 f.; Hans Mommsen: Arbeiterbewegung, S. 23-25, 28.

39 Zu dieser Minderheit gehören Berdahl: Der deutsche Nationalismus, S. 139-143, und neuerlich Wehler: Nationalismus, S. 51; die oben gemachte Feststellung impliziert nicht, dass Typologien des Nationalismus grundsätzlich ideologisch belastet sind. Dies ist nur der Fall, wenn sie Beschreibungskategorien übernehmen, die zuvor Teil des nationalistischen Diskurses gewesen sind. Bestes Beispiel dafür ist die noch heute gebräuchliche Opposition von »Staats-« und »Kulturnation«, die eine ideologische Frucht des deutsch-französischen Antagonismus im 19. Jahrhundert ist. Hatte Friedrich Meinecke 1907 die Kulturnation noch mit deutscher Tiefe und Ursprünglichkeit verbunden, so definierte sie Hans Kohn vierzig Jahre später als Quelle kollektiver Hybris und Zerstörung. Als solche hat sie in der angelsächsischen Nationalismusforschung bis heute Bestand: Die Nation, im Westen ein glückliches Kind stabiler Staaten, wächst zur Bestie, je weiter sie in die staatenlose Landschaft Mittel- und Osteuropas vorschreitet; Meinecke: Weltbürgertum, S. 4, 13; Kohn: Die Idee; die Fortsetzung und Steigerung der Kohn'schen Dichotomie zu einem »demokratischen Bürgernationalismus« und einem »kollektivistisch-autoritären ethnischen Nationalismus« bei Greenfeld: Five roads; ähnlich Altermatt: Das Fanal; kritisch zur nationalen Selbstbeweihräucherungsfunktion dieses Modells: O'Leary: Ernest, S. 74; umfassend zum Mythos der Kulturnation: Francis: Ethnos, S. 104-122.

1.1.3. Mediävistische »nationes«-Forschung

Es mag mit dem moralischen Druck der »Vergangenheitsbewältigung« zusammenhängen, dass die deutschen Neuzeithistoriker der Nachkriegszeit zum Problem der Nationenbildung wenig Wegweisendes zu entwickeln wussten. In Fachgebieten, in denen unbefangener geforscht werden konnte, wurde dagegen Neuland betreten. So vor allem in der Mediävistik. Hier kam es zu einem eigentlichen Produktivitätsschub. Auslöser war eine Neubeurteilung der frühmittelalterlichen Ethnogenese. 1961 drehte Reinhard Wenskus die herkömmlichen Kausalitäten um, indem er die europäischen Abstammungsgemeinschaften nicht als reale Wurzeln, sondern als ideologische Früchte willkürlicher Herrschaftsbildungen interpretierte.[40] Diesen Perspektivenwechsel nahm die deutsche Mediävistik auf und übertrug ihn auf das Hoch- und Spätmittelalter.[41] Dabei rückte sie von der nicht hinterfragten Annahme eines »deutschen« oder »französischen« Mittelalters ab, erhärtete aber die These, die monarchische Herrschaftsverdichtung habe vom 13. Jahrhundert an zu einer Nationalisierung königsnaher Eliten geführt. Die mediävistische Forschung beschrieb die Nationenbildung als Vorgang, der sich in Westeuropa über Jahrhunderte hingezogen habe, parallel und in Abhängigkeit vom Prozess der Staatsbildung. Um die strukturelle und ideologische Kluft zur Moderne zu markieren, vermied man den Nationalismusbegriff.[42] Die Mehrzahl der Mediävisten sprach von einem mittelalterlichen »Nationalbewusstsein«, »Nationalgefühl« oder »Reichspatriotismus«. Zwischen den Zeilen lässt sich die vage Vorstellung erkennen, dass der moderne Nationalismus eine Art Übersteigerung dieser Phänomene darstelle. Die relative Hilflosigkeit dieser Terminologie wurde vom Modernismus der achtziger Jahre bloßgelegt. Da man dem pointierten Kritizismus der Modernisten nichts entgegenzusetzen hatte, kam es zur Spaltung in zwei sich gegenseitig ausschließende Wissenschaftsdiskurse.

Ihre Unvereinbarkeit hat auch methodische Gründe. Die modernistischen Studien verzichten weitgehend auf Schriftquellen, stützen sich punktuell auf Sozialstatistiken und argumentieren auf der Basis theoreti-

40 Wenskus: Stammesbildung, S. IX.

41 Beumann (Hg.): Aspekte; ders.: Zur Entwicklung; ders.: Zur Nationenbildung; ders.: Europäische Nationenbildung; Ehlers: Elemente; ders. (Hg.): Ansätze und Diskontinuität; ders.: Die deutsche Nation; ders.: Mittelalterliche Voraussetzungen; ders.: Die Entstehung; Graus: Die Nationenbildung; ders.: Kontinuität; Zientara: Nationale Strukturen; Brühl: Deutschland.

42 Eine gewichtige Ausnahme stellt Sieber-Lehmanns Studie »Spätmittelalterlicher Nationalismus« dar.

scher Annahmen, die sie höchstens aus der Vogelperspektive einer Prüfung unterziehen. Die mediävistischen Untersuchungen dagegen pflegen eine quellennahe Historiographie, deren Informationsakkumulation auf Kosten der Theoriebildung geht.[43] Diese wird noch nach Jahrzehnten der Forschung mit dem Argument abgelehnt, man befinde sich erst in der »deskriptiven Phase«.[44] Mit der Devise, sich nur auf die Quellen zu konzentrieren, wird aber deren Erklärungspotential gerade nicht ausgeschöpft. Denn unter dem Vorwand seriöser Selbstbeschränkung glaubt man, sich auf die Modernisten gar nicht einlassen zu müssen. Statt der Auseinandersetzung sucht man die Abkapselung. Umso markanter tritt die beschränkte Aussagekraft der eigenen Forschung hervor. Die Relevanz des Mittelalters für die moderne Nationenbildung ist nie systematisch geklärt worden. Man umgeht das Problem und sendet dabei nicht selten widersprüchliche Signale aus. Ebenso wenig legt man Rechenschaft über das eigene Forschungsinteresse ab. Viele Autoren wecken den trügerischen Eindruck, sich vom Einfluss ihrer Gegenwart ganz gelöst zu haben. So ist der Vorteil der Nachkriegsmediävistik, relativ frei von den beengenden Imperativen der Vergangenheitsbewältigung arbeiten zu können, mittlerweile zu einer Hypothek geworden.

Die vorliegende Arbeit setzt sich zum Ziel, die Unvereinbarkeit der mediävistischen und der modernistischen Positionen zu überwinden. Dazu stellt sie nicht nur ein alternatives terminologisches Gerüst auf, sondern verbindet Diskurs- mit Sozialgeschichte und Quellenexegese mit Theoriebildung.

1.1.4. Unterscheidungskriterien vormoderner und moderner Nationenbildung

Die Mediävisten sammelten eindrückliches Belegmaterial für Ansätze einer Nationenbildung im Mittelalter, ignorierten bei seiner Aufbereitung aber die Fragestellungen der Modernisten. In dieser Situation gewannen Versuche der älteren Forschung an Interesse, Kriterien zur Unterscheidung von vormoderner und moderner Nationalisierung aufzustellen, ohne das organizistische Bild vom Keimen, Wachsen und Blühen zu bemühen. Jüngere Forschungen zur neuzeitlichen Geschichte griffen diese Versuche

43 Von diesem Urteil ist wiederum Sieber-Lehmann auszuklammern, der die spätmittelalterliche Nationalisierung in Anlehnung an Karl Deutschs Mobilitätstheorie theoretisch zu fassen versucht (vgl. dazu Kap. 4.5.2.); ebd. S. 337-362.

44 Ehlers: Erfundene Traditionen?, S. 150 f.

aus einem gewissen Unbehagen an den starren Positionen der Modernisten wieder auf. Man sprach zaghaft von einer vormodernen Nationenbildung, unter strikter Abgrenzung von der Moderne. Einige Argumente verfestigten sich zu Gemeinplätzen der Forschungsliteratur. Auffallend ist, dass sie bisher keine theoretische Fundierung erhalten haben. Es ist daher ratsam, ihre heuristischen Stärken und Schwächen zu überprüfen.

Das Loyalitätsargument: Die frühneuzeitliche Nation ist der dynastischen Herrschaft und der konfessionellen Glaubensgemeinschaft untergeordnet, während die moderne Nation in der Hierarchie der Loyalitäten den obersten Rang einnimmt.

Die Vorstellung, der Mensch führe eine Prioritätenliste seiner Zugehörigkeiten zu verschiedenen Kollektiven und lege diese seinem Handeln zugrunde, begegnet in der Nationalismusliteratur auf Schritt und Tritt. Von ihr hat sich schon Hayes bei seinen Definitionen leiten lassen, und Hans Kohn hat sie in den Theoriediskurs der Nachkriegszeit integriert.[45] Je nach Standpunkt hat das Loyalitätsargument in der Folge dazu gedient, den zeitlichen Horizont der Nationenbildung auf die Vormoderne auszuweiten[46] oder auf die Moderne einzuschränken.[47] Die Attraktivität des Konzepts beruht vorwiegend auf zwei Faktoren: Es betont einen massiven Wandel in der sozialen Dominanz des Nationalen, ohne inhaltliche Kontinuitäten zu verneinen; damit bietet es eine flexible Formel, die verschiedene Theorien absichern kann. Zweitens lässt es sich leicht mit soziologischen Identitätstheorien verbinden, die im Schlepptau des Konstruktivismus Eingang in den Nationalismusdiskurs gefunden haben.[48]

Ansonsten wirft das Loyalitätsargument mehr Fragen auf, als es beantwortet. Viele Texte, die sich seiner bedienen, lassen offen, ob die Nation in der industrialisierten Gesellschaft *tatsächlich* über der Familie, Klasse oder Konfession steht oder ob der Nationalismus dies nur *fordert.* Beide Annahmen sind problematisch, freilich aus unterschiedlichen Gründen. Unbedingte Opferbereitschaft für die Nation war als Massenphänomen stets auf Kriegszeiten beschränkt. Dabei erfolgte eine Hierarchisierung

45 Hayes: What is Nationalism? In: ders.: Essays, S. 6; Kohn: Die Idee, S. 18.

46 Smith: Nationalism, S. 187; Dann: Einleitung, in: ders. (Hg.): Nationalismus, S. 10; Wehler: Nationalismus, S. 40; Mertens: Nation, S. 123; Schirrmeister: Nationale Auto- und Heterostereotypen, S. 39.

47 Breuilly: Nationalism, S. 3; Hobsbawm: Nationen, S. 20; Anderson: Die Erfindung, S. 14 f.; Gellner: Nationalismus und Moderne, S. 8.

48 Berding (Hg.): Nationales Bewußtsein; Giesen: Die Intellektuellen; ders.: Kollektive Identität; ders. (Hg.): Nationale und kulturelle Identität; zur Kritik des Konzepts der »kollektiven Identität« vgl. Kap. 1.2.1.

von Loyalitäten nur, wenn verschiedene Zugehörigkeitskonzepte kollidierten. In der Moderne war dies bis zum »Burgfrieden« vor dem Ersten Weltkrieg kaum der Fall. Bei genauem Blick erstaunt das nicht, denn die nationalistische Doktrin ist derart offen und biegsam, dass sie mit anderen Kollektivideologien fast beliebig kombinierbar ist, ohne diese zu unterdrücken.[49] Als Ende des 19. Jahrhunderts die protestantischen Deutschen und Schweizer ihre katholischen Landsleute als schlechte Patrioten hinstellten, setzten sie nicht einfach das nationale über das konfessionelle Ordnungsprinzip. Sie führten auch die konfessionelle Polarisierung fort – mit nationalistischen Argumenten, die teilweise aus dem 16. Jahrhundert stammten.[50] Dass in Deutschland und der Schweiz gemischtkonfessionelle Ehen bis in die Mitte des 20. Jahrhunderts ein gesellschaftlicher Affront blieben, spricht ebenfalls gegen einen klaren Vorrang der nationalen Loyalität. Insgesamt entzieht sich das Konzept der Loyalitätenhierarchie über weite Strecken einer sozialgeschichtlichen Beschreibung.

Anders steht es um die vorsichtigere Annahme, der moderne Nationalismus beanspruche den obersten Rang kollektiver Loyalitäten. Tatsächlich findet sie im nationalistischen Diskurs reiche Bestätigung. Dass die eigene Nation »über allem« stehe und die vaterländische Pflicht vor keinen Opfern Halt mache, ist ein Gemeinplatz nationalistischer Rhetorik. Das Problem liegt darin, dass diese Rhetorik nicht modern ist. Ihr Ursprung liegt im antiken Rom. Nicht nur Autoren wie Cicero, sondern auch das römische Recht verlangten von jedem römischen Bürger, für das politische Vaterland zu sterben, ja mehr noch: im Notfall auch den eigenen Vater oder Sohn umzubringen.[51] Als Gegenwert stand ewiger Lohn im Himmel in Aussicht. Ein Abweichen von der Norm wurde als Vaterlandsverrat taxiert. Der römische Vaterlandskult floss in der Spätantike in den christlichen Märtyrerkult ein, wurde im Spätmittelalter aber resäkularisiert und auf die westlichen Monarchien übertragen. Im Zeitalter des Humanismus verband sich der Vaterlands- mit dem jüngeren Nationsdiskurs. Hier setzte die Forderung nach Fremd- und Selbstopferung für das nationale Vaterland ein.

Trotz seiner Schwächen besitzt das Loyalitätsargument eine gewisse Erklärungskraft. Um sie für die Nationalismusforschung nutzbar zu machen, ist aber die Diskontinuität der europäischen Nationenbildung einzubeziehen. Das ideologische und politische Gewicht der Nation variiert

49 Man spricht daher auch von liberalem, sozialistischem, religiösem, ethnischem oder rassistischem Nationalismus.

50 Vgl. Kap. 5.2.2. und 5.4.

51 Dazu und zum Folgenden vgl. weiter Kap. 2.1. und 3.3.7.

seit dem Spätmittelalter stark, mit signifikanten Ausschlägen nach oben vor der Reformation und nach der Französischen Revolution. Zudem gelten für die Gesamtgesellschaft andere Konjunkturen als für bestimmte Gruppen. Um diese Ungleichzeitigkeiten zu erfassen, bietet sich ein Maßstab an, dessen Skala von totaler Heteronomie bis zu totaler Autonomie reicht. Die Extrempunkte sind Hilfsgrößen ohne Realität in der sozialen Praxis; dazwischen aber kann man eine Dynamik von Autonomisierung und Heteronomisierung bemessen. Die zwei Ausgangsfragen lauten: Inwieweit und von welchen Akteuren wird die Nation aus anderen Loyalitäten gelöst und zu einer eigenständigen Orientierungsinstanz aufgebaut? Inwieweit und von welchen Akteuren wird sie an andere Loyalitäten gebunden und in deren Dienst gestellt? Auf dieser Basis kann man, um kurz vorzugreifen, die europäische Nationalisierung als Wellenbewegung beschreiben: Ursprünglich als heteronome Binneneinheit der Christenheit konzipiert, erfährt die Nation im Humanismus eine Autonomisierung, beschränkt auf gelehrte Gruppen. Die Konfessionalisierung leitet eine erneute Heteronomisierung ein, die erst von der Säkularisierung des 18. Jahrhunderts aufgehalten wird. Die lange Phase der Autonomisierung in der Moderne bricht nach dem Zweiten Weltkrieg ab; es folgt, zumindest in der westlichen Welt, eine bis heute andauernde Heteronomisierung.

Das Religionsargument: Der Nationalismus hat in der modernen, säkularisierten Gesellschaft die Stellung und Struktur einer diesseitigen Ersatzreligion; die vormoderne Nation demgegenüber war als Äquivalent einer ständischen Ehrgemeinschaft konzipiert und folglich auf exklusive Minderheiten beschränkt.

Die richtungsweisende Beschreibung des Nationalismus als politische Religion hat wiederum Carlton Hayes vorgelegt.[52] Von einem aufklärerischen Impetus geleitet, stellte er die moderne Nation in die Nachfolge der »mittelalterlichen« Kirche. Der Nationalismus habe nicht, wie seine Apostel gerne verkündeten, mit dem Aberglauben aufgeräumt, sondern nur dessen Objekte ausgetauscht. Seine Botschaften seien nicht wahrer als jene der mittelalterlichen Kirche, sondern bloß effizienter auf den Machtanspruch des modernen Staats zugeschnitten.

Die Konjunktur von Hayes' Vergleich begann erst in der Nachkriegszeit. Seither dient er einem ganzen Paket von Erklärungsansprüchen. Mit dem Konzept der Ersatzreligion wird die Durchschlagskraft des Nationa-

52 Hayes: Nationalism as a Religion, in: ders.: Essays, S. 93-125; Hayes' Parallelisierung dürfte wiederum von Emile Durkheims Religionssoziologie angeregt worden sein; Durkheim: Die elementaren Formen.

lismus in der säkularisierten Gesellschaft erklärt,[53] seine Modernität untermauert,[54] seine Verankerung im okzidentalen Christentum belegt[55] und der Ideologiebegriff als Beschreibungskategorie abgelehnt.[56] Fallen diese Erklärungen in isolierter Betrachtung teilweise überzeugend aus, so treten bei ihrer Verknüpfung Komplikationen auf. Kaum von der Hand zu weisen ist, dass der moderne Nationalismus aus dem Fundus christlicher Rituale schöpft. Der Nationalfeiertag ist religiösen Feiertagen nachempfunden, die Nationalhymne dem Kirchengesang, die nationalen Gedenkstätten den Wallfahrtsorten; Nationalhelden werden als Erlösergestalten verehrt; Historiker und Sprachwissenschaftler wirken als nationale Theologen, Journalisten als nationale Priester.

Als Unterscheidungskriterium zur vormodernen Nation bieten sich vor allem die öffentlichen Rituale an. Denn bis zur Französischen Revolution fehlen sie so gut wie ganz. Daran lässt sich die beschränkte Massenwirksamkeit des vormodernen Nationsdiskurses klar ablesen. Der frühneuzeitliche Staat drängt die öffentliche Präsenz des Religiösen kaum zurück. Und sich selbst inszeniert er als Personifikation des Monarchen, nicht des Volkes. So kann der vormoderne Nationsdiskurs nur punktuell und kurzfristig Massen mobilisieren. Ansonsten bleibt er auf herrschaftsnahe Bildungseliten beschränkt, hat also elitären Charakter. Dabei wirken ständische Ehrkonventionen in der Tat als Vorbild. Deren soziale Abgrenzungsfunktion wird aber insofern ausgeschaltet, als nationale Ehre als überständisches Gemeingut verstanden wird.[57]

Weniger überzeugend ist eine Abgrenzung des modernen Nationalismus aufgrund seiner ideellen Anleihen beim Christentum. Diese sind alles andere als modern. Der biblische Mythos vom auserwählten Volk Israel wurde schon in der Spätantike von den armenischen Christen beansprucht, später haben ihn die tschechischen Hussiten und die Eidgenossen kultiviert, ganz zu schweigen vom frühneuzeitlichen Selbstverständnis

53 Wehler: Nationalismus, S. 32 f.; Altermatt: Das Fanal, S. 109-111.

54 Seibt: Hussitica, S. 114; Gellner: Nationalismus und Moderne, S. 88 f.; Altermatt: Das Fanal, S. 109-111.

55 Kohn: Die Idee, S. 65; Wehler: Nationalismus, S. 27-30.

56 Anderson: Die Erfindung, S. 19; Wehler: Nationalismus, S. 32.

57 Vor diesem Hintergrund ist auch der von Otto Dann vorgeschlagene Begriff einer vormodernen »Adelsnation« im Gegensatz zur modernen »Volksnation« irreführend. Zur Beschreibung des hochmittelalterlichen Polen mag die »Adelsnation« noch sinnvoll sein, sobald der Nationsbegriff aber abstrakte Sprachgemeinschaften bezeichnet, ist er es nicht mehr. In Deutschland ist dies spätestens im frühen 16. Jahrhundert der Fall, mit Vorläufern bis zur Mitte des 15. Jahrhunderts; Dann: Einleitung, in: ders. (Hg.): Nationalismus, S. 8 f.; zur Begriffsgeschichte von Nation im 15. Jahrhundert vgl. Kap. 2.2.

Englands als »protestant nation« in göttlicher Mission. Bei der Nationalisierung des Märtyrertods verhielt es sich, wie oben gezeigt, ähnlich. Und in Frankreich wurde bereits im 13. Jahrhundert die eigene »patria« mit dem Heiligen Land gleichgesetzt.[58]

Einem Verständnis des modernen Nationalismus ist hinderlich, wenn man ihn insgesamt als säkular verpacktes Christentum versteht und seine Durchschlagskraft auf eine religiöse Ersatzfunktion zurückführt. Diese Sicht ist zu reduktionistisch. Wenn man wollte, könnte man den Kommunismus mit den gleichen Kategorien beschreiben und hätte dann auch eine »Religion«, keine »Ideologie« vor sich.[59] Der moderne Nationalismus sprengt den ehemaligen Rahmen des Religiösen und füllt ihn gleichzeitig nicht aus. Die Einteilung der Menschheit in kategoriell identische und doch singuläre Kollektive, die sich autonom organisieren, bedeutet im Vergleich zur bipolaren Hierarchie von Christen und Heiden einen Universalisierungssprung. Es entstehen komplexere und intensivere Konkurrenzstrukturen, die zur Mobilisierungskraft des Nationalismus beitragen. Die Religion behält dabei ihr Monopol auf das übrig gebliebene Jenseits und bleibt eine soziale Potenz, die sich mit dem Nationalismus verbinden kann, ohne von ihm verdrängt zu werden. Niemand würde ja behaupten wollen, im irischen Unabhängigkeitskampf habe der Nationalismus neben den Engländern auch den Katholizismus von der Insel verdrängt.

Das Politikargument: Nationalismus ist ein politisches Prinzip, das die Übereinstimmung staatlicher und nationaler Grenzen sowie die nationale Identität der Regierenden und Regierten fordert. In der Vormoderne haben nationale Artikulationen kulturellen oder religiösen Chauvinismus enthalten, aber keine politischen Forderungen.

Die inhaltliche Reduktion des Nationalismus auf einen politischen Imperativ hat mit den modernistischen Theorien Einzug gehalten. Maßgebend war Gellners Begriffsverständnis.[60] Ob es Sinn macht, die mo-

58 Vgl. Kap. 2.1.

59 Das Etikett der Ersatzreligion passt hier sogar noch besser: Abgesehen von den Elementen, die im Zusammenhang mit dem Nationalismus erwähnt worden sind, könnte dem Kommunismus eine Bibel (»Das Kapital«), ein Katechismus (»Das kommunistische Manifest«), eine säkulare Heilsgeschichte und ein bipolares Weltbild von Gläubigen und Heiden unterstellt werden. Wie erhellend diese Parallelisierungen zum Verständnis des Kommunismus sind, bleibe dahingestellt.

60 »Nationalismus ist vor allem ein politisches Prinzip, das besagt, politische und nationale Einheiten sollten deckungsgleich sein [...] Das Nationalgefühl ist die Empfindung von Zorn über die Verletzung des Prinzips, oder von Befriedigung angesichts seiner Erfüllung.« Gellner: Nationalismus und Moderne, S. 8.

derne Nationalkultur vom Fußballländerspiel bis zu Literaturpreisen als Anhängsel eines politischen Prinzips zu verstehen, sei hier dahingestellt.[61] Eine andere Frage ist, ob dieses Prinzip modernen Ursprungs ist. Deutsche Humanisten haben schon um 1500 allfällige Ansprüche Frankreichs auf das Elsass mit dem Argument zurückgewiesen, das Gebiet werde seit jeher von Deutschen besiedelt und beherrscht, und die deutsche Nation werde einen Angriff auf ihre Freiheit nie hinnehmen.[62] Mit diesem nationalen Repräsentationsprinzip waren sie nicht allein. Anlässlich der Königswahl von 1519 postulierten mehrere deutsche Fürsten, Kandidaten aus fremden Nationen seien nicht wählbar.[63] Damit formulierten sie wie die Humanisten einen nationalen Repräsentationsanspruch, wenn auch nicht in demokratischem Sinn.[64] Dass ihr Argument schließlich zur Wahl des spanischen Königs beigetragen hat, verweist zugleich auf einen kleinen, aber feinen Unterschied zum modernen Repräsentationsprinzip: Im 16. Jahrhundert gab es keine verbindlichen Bestimmungen, die die Bedingungen der Nationszugehörigkeit festlegten. Wer sich als Deutscher ausgeben durfte und wer nicht, war eine Ermessensfrage, deren Beantwortung keiner staatlichen Autorität vorbehalten war.

Das Patriotismusargument: Im vormodernen Europa verteilte sich die Vaterlandsliebe auf Städte, Regionen, Territorien und Monarchien. Der monarchische Patriotismus wurde vor allem von Literaten und Juristen getragen. In Deutschland entstand ein spezifischer Reichspatriotismus, der dem Schutz des Reichsgebiets und der Bewahrung der Reichsverfassung galt; seine Berührungspunkte mit dem modernen Nationalismus, der im napoleonischen Zeitalter aufkam, waren gering.

Die modernistischen Theorien verwenden die Begriffe Nationalismus und Patriotismus weitgehend bedeutungsgleich.[65] Sie ziehen damit die Konsequenz aus einer mit Werturteilen behafteten Unterscheidung, die vor allem in der Nachkriegszeit verbreitet war. Patriotismus, so der dama-

61 Wie Miroslaw Hroch am Beispiel Mitteleuropas gezeigt hat, ist die kulturelle Nationskonstruktion auch im 19. Jahrhundert der politischen zeitlich und kausal vorangegangen, nicht umgekehrt; Hroch: Nationales Bewusstsein, S. 49.

62 Vgl. Kap. 2.2.4. und 4.3.

63 Vgl. Kap. 5.1.1. und 5.1.2.

64 Der Nationsbegriff bezeichnete bei den Humanisten schon klar die deutsche Sprachgemeinschaft, während er bei den Fürsten zwischen sprachlicher und ständischer Bedeutung oszillierte. Auf jeden Fall lässt sich Hans Mommsens Behauptung, der nationale Repräsentationsgedanke sei in der Vormoderne noch inexistent, schwerlich aufrechterhalten; Hans Mommsen: Arbeiterbewegung, S. 22.

65 Explizit Breuilly: Nationalism, S. 17; eher implizit Anderson und Hobsbawm.

lige Tenor, sei die für das Funktionieren des Staats unerlässliche Bürgertugend, Nationalismus aber die zur schädlichen Intoleranz gesteigerte Bevorzugung der eigenen Nation.[66]

Die beiden Begriffe für die moderne Geschichte synonym zu setzen ist auch sinnvoll, weil sich der politische Vaterlandsdiskurs seit dem 19. Jahrhundert fast ausschließlich auf die Nation bezieht. Dieser Vorgang hat schon in der frühen Neuzeit eingesetzt, alternative Vaterländer aber nicht verdrängt. Damit kommt der Patriotismus für diese Epoche als eigenständige Beschreibungskategorie wieder ins Spiel – allerdings nicht in der üblichen Verwendung, ihn für die Vormoderne und den Nationalismusbegriff für die Moderne zu reservieren.[67] Realitätsgerechter ist es, für die frühe Neuzeit beide Begriffe als selbständige Kategorien zu verwenden.

»Vaterland« leitet sich vom lateinischen »patria« ab, ist mit diesem aber nicht mehr identisch. Die antike und frühneuzeitliche Bedeutung von »patria« deckt sich eher mit dem heutigen Heimatbegriff. Denn »patria« war nicht gleichbedeutend mit einem politischen Territorium, sondern konnte ein Dorf, eine Stadt, eine Provinz, ein Reich oder auch die Christenheit bezeichnen. Wie der moderne Mensch je nach Standort und Adressat einen engeren oder weiteren Heimatbegriff wählt, besaß der vormoderne Mensch, sofern er etwas herumkam, verschiedene »patriae«. Schon im antiken Rom aber wurde eine ideologische Hierarchie eingeführt. Ein römischer Bürger hatte mindestens zwei Heimaten: seinen Herkunftsort, den er verehrte wie eine abstrakte Muttergestalt und in bukolischer Nostalgie zum Armutsparadies verklärte; und die »patria communis« Rom, die er bis zur Selbstaufopferung lieben musste. Es war dieser militante politische Heimatbegriff, der im Mittelalter auf die europäischen Monarchien und etwas später auf die italienischen Stadtstaaten, deutschen Reichsstädte und Territorien übertragen wurde.[68] In diesem Zusammenhang ist es erhellend, von einem römischen, monarchischen oder reichsstädtischen Patriotismus zu sprechen. Der Begriff bezeichnet einen spezifischen politischen Diskurs mit defensiver Rhetorik, dessen Leitbegriffe Verteidigung, Freiheit, Liebe und Lob waren.[69]

66 Vgl. etwa Der große Brockhaus, Wiesbaden [16]1953-62, Bd. 8, S. 281, 283; Encyclopaedia Universalis, Paris 1970, Bd. 11, S. 575 f.

67 Gellner: Nationalismus und Moderne, S. 200; Birtsch: Einleitung, S. 2, Sp. 1; Aretin: Reichspatriotismus; Stolleis: Reichspublizistik.

68 Vgl. Kap. 2.1.

69 Grund zur nachträglichen Verherrlichung des Patriotismus auf Kosten des Nationalismus besteht keiner: Der politische patria-Diskurs ist seit jeher ein subtiles, aber umso effizienteres Instrument der Unterwerfung, wirksam nach innen und außen. Er predigt eine Liebe, deren Erfüllung in der Selbstaufopferung des Bürgers

Eine neue Dimension gewann der patria-Diskurs, als ihn deutsche Humanisten mit dem jungen Nationsdiskurs koppelten. Die Humanisten verstanden die deutsche Nation nicht nur als Abstammungs- und Sprachgemeinschaft, sondern auch als Ehrgemeinschaft. Ehre aber ist eine Abgrenzungskategorie, die auf Vergleich und Wettbewerb beruht – in diesem Fall mit anderen Nationen. Aus der Kombination von nationalem Ehrdiskurs und patriotischem Abwehrdiskurs resultierte eine ideologische Dynamisierung, die der Auseinandersetzung mit dem Ausland eine unbekannte Intensität gab.[70]

Wer hier weiterhin von Patriotismus spricht, wird dieser Veränderung nicht gerecht. Noch missverständlicher ist der Begriff des Reichspatriotismus. Er unterstellt die Existenz eines Vaterlandsbegriffs, dessen zentraler Bezugspunkt das Reich gewesen sei. Dem war nicht so. »Patria« und »imperium« wurden in der frühen Neuzeit kaum terminologisch verknüpft. Begriffe wie »patria imperialis« oder »Reichsvaterland« waren unüblich. »Imperium« war ein universalistischer Herrschaftsbegriff, »patria« ein partikularer Raumbegriff; ihre Vereinigung hätte in eine Contradictio in adjecto gemündet. Gängig war dagegen seit dem Humanismus die Formel »patria Germania« bzw. »teutsch vatterland«. Sie wurde direkt mit dem Nationsbegriff verknüpft: »Yetzt schrey ich an das vatterlandt / Teütsch nation in irer sprach«, verkündete der Humanist Ulrich von Hutten zu Beginn der Reformation.[71] Vaterland und Reich waren also nur über den Nationsbegriff verbunden. Ein stereotypes Diskursmuster lautete etwa: Wer das deutsche Vaterland verteidigte und lobte, steigerte die Ehre der Nation, die sich damit würdig erwies, das Reich zu besitzen. Auch die so genannten Reichspublizisten des 17. und 18. Jahrhunderts, Experten des öffentlichen Rechts, schrieben nicht als Reichspatrioten, sondern als »teutsche Patrioten« und verteidigten die monströse Reichsverfassung, weil sie in ihr eine Schöpfung des »teutschen Nationalgeists« sahen.[72]

besteht. Er macht Herrscher zu Dienern einer höheren Gewalt und verleiht ihrer Macht eine sakrale Aura. Er legt eigene Aggression als Notwehr und fremde Verteidigung als Angriff aus, so dass er sich immer im Recht sieht. Und er lässt Fremdenhass im milden Licht der Vaterlandsverehrung erscheinen. Diese Verschleierungsfunktionen waren der patriotischen Doktrin von Beginn an eingeschrieben: Die Römer haben im Namen der »defensio patriae« den ganzen Mittelmeerraum unterworfen, die französische Krone hat es ihnen seit dem Spätmittelalter in kleinerem Rahmen nachgemacht, und jüngst marschierten die Vereinigten Staaten mit identischem rhetorischem Getöse im Irak ein.

70 Vgl. Kap. 4.1.1. und 4.1.2.

71 Hutten: Clag, S. 44.

72 Wie konsequent die Kategorie des Reichspatriotismus am Nationsdiskurs der Reichspublizistik vorbeizielt, lässt sich am eindrücklichsten ex negativo quellen-

Mit der Verschmelzung von patria- und natio-Diskurs waren die Leitmotive des Nationalismus versammelt: Ehre, Wettkampf, Freiheit, Lob und Liebe. Daher ist es angebracht, von einem vormodernen Nationalismus zu sprechen. Der Begriff bezeichnet in Abgrenzung zum modernen Nationalismus einen Diskurs, der nur für gewisse Vertreter der Bildungselite autonome Geltung hatte. Je populärer der Nationsdiskurs wurde, desto heteronomer wurde er. Die dynastische Politik und die Konfessionalisierung trugen zu seiner beschränkten Wirkung bei. Erst als sie zurückgedrängt waren, entfaltete er sich von seiner bestehenden Basis aus.

Massenwirksam wurde der moderne Nationalismus also nicht, weil er ideelles Neuland betrat, sondern weil die Massen im modernen Staat zum politischen Faktor wurden. Erst die Doktrin der Volksherrschaft eröffnete dem Nationsdiskurs ein breites Wirkungsfeld. Den Agenten des Nationalismus, weiterhin rekrutiert aus der nichtadligen Bildungselite, diente die Popularisierung ihrer Ideologie als Steigbügel zur politischen Macht. Dahinter musste keine Absicht stecken. Den Anfang machte die demokratische Modifikation des nationalistischen Repräsentationsgedankens zu Beginn der Französischen Revolution.[73] Fortan blieb die schleichende Nationalisierung breiter Schichten mit dem ebenso zögerlichen Demokratisierungsprozess eng verflochten.[74] Auch demokratiefeindliche Nationalisten konnten sich dieser Dialektik nicht entziehen, stand das Volk doch im Zentrum ihres Denkens und stieg zum Publikum ihrer Propaganda auf. Vom Nationalismus durchdrungen waren die westeuropäischen Gesellschaften erst im Verlauf des Ersten Weltkriegs, in Mittel- und Osteuropa sogar erst in der Zwischenkriegszeit.[75]

nahen Studien entnehmen; vgl. etwa Aretin: Reichspatriotismus; Stolleis: Reichspublizistik.

73 Dann: Nationsbildung, S. 30 f.

74 Hayes: The Rise of Nationalism, in: ders.: Essays, S. 48 f.; Breuilly: Nationalism, S. 49.

75 Weber: Peasants, S. 241-243; Hroch: Nationales Bewusstsein, S. 49.

1.2. Die Methodenfrage

Die Schwächen der vorherrschenden Kriterien zur Unterscheidung von vormoderner und moderner Nationenbildung sind auf einen Mangel an theoretischer Durchdringung zurückzuführen. Daher wird im Folgenden eine eigene Theorie der Nationalisierung Europas entwickelt. Sie beruht auf einer diskursanalytischen Methode, die aus der kritischen Analyse der führenden konstruktivistischen Nationalismustheorien gewonnen wird. Diese haben der Forschung faszinierende, aber unsichere Wege erschlossen.

1.2.1. Vorteile einer konstruktivistischen Nationalismustheorie

Ein wichtiger Grund für den Erfolg der modernistischen Theorien ist ihre konstruktivistische Sprache. Sie entlarvt die nationalistische Doktrin auf Schritt und Tritt als falsches Bewusstsein. Damit befriedigen die Modernisten – zumindest in Wissenschaftskreisen – ein breites Bedürfnis nach Distanzierung vom nationalistischen Diskurs. So legitim dieses Bedürfnis ist, zur Rechtfertigung eines konstruktivistischen Erklärungsansatzes genügt es nicht. Daher sollen im Folgenden die heuristischen Möglichkeiten einer konstruktivistischen Nationalismustheorie abgesteckt werden. Es wird interessant sein zu sehen, dass die besprochenen Nationalismustheorien den Anforderungen der konstruktivistischen Methode nur bedingt genügen.

Ausgangspunkt des konstruktivistischen Denkens war die »kopernikanische Wende« in der Erkenntnistheorie Immanuel Kants. Die Wirklichkeit als Summe objektiver Tatsachen existierte für Kant nicht an sich, sondern nur durch die Erkenntnisleistung des Subjekts. Realität wurde ein durch die Möglichkeiten und Grenzen des menschlichen Sinnesapparats und Verstands bedingtes Konstrukt. Kants erkenntnistheoretischer Ansatz erfuhr im Zug des so genannten Neukantianismus seit etwa 1870 eine sukzessive Ausweitung auf andere Wissenschaftszweige.[1] Wegweisend blieb die Überzeugung, dass jede Form von Wirklichkeit durch das Denken erzeugt werde. In der jungen Disziplin der Soziologie führte der Konstruktivismus zu den interaktionistischen bis idealistischen Ansätzen eines

1 Umfassend zum Neukantianismus des 19. und frühen 20. Jahrhunderts Orth / Holzhey (Hg.): Neukantianismus; Köhnke: Entstehung; zur jüngsten Renaissance des Neukantianismus in neuer Einkleidung Oexle: Geschichte, S. 16.

Georg Simmel und Max Weber.[2] Sie standen nicht nur in Opposition zur materialistischen Gesellschaftstheorie von Marx und Engels, sondern auch zum naturwissenschaftlich inspirierten Positivismus eines Auguste Comte und Emile Durkheim. Maßgeblich vermittelt durch die »Wissenssoziologie« Karl Mannheims, übernahm die amerikanische Soziologie der Nachkriegszeit den Konstruktivismus und verknüpfte ihn mit interaktionistischen Modellen.[3] Berger und Luckmann etwa leiteten die Vielfalt soziokultureller Konstruktionen von der »außerordentlichen Elastizität« ab, die der menschliche Organismus in seiner Reaktion auf Umweltkräfte entfalte.[4]

Ein anderer neukantianischer Wissenschaftsstrang bemächtigte sich der Sprachphilosophie. Konstruktivistische Linguisten führten die menschliche Wahrnehmung von Wirklichkeit nicht auf den Verstand oder den Sinnesapparat zurück, sondern auf die Sprache. Die Annahme einer vordiskursiven Wirklichkeit lehnten sie ab. Dieses Verständnis der Linguistik als Erkenntnistheorie haben Anfang des 20. Jahrhunderts Ernst Cassirer und Ludwig Wittgenstein geprägt.[5] Unter dem Dachbegriff »linguistic turn« fand es seit den siebziger Jahren breite Aufnahme in den Humanwissenschaften. Die Sprache als Baumeisterin der menschlichen Welt zu verstehen eröffnete vor allem den Literatur- und Sprachwissenschaften neue Perspektiven.[6] Sowohl Derridas antiphänomenologischer Dekonstruktivismus als auch Barthes' Strukturalismus und Foucaults Diskurstheorie bauen auf der neukantianischen Sprachphilosophie auf.[7]

2 Simmel fragte 1908 in Anlehnung an Kant nach den Bedingungen, unter denen Gesellschaft möglich sei, und antwortete mit drei soziologischen »Apriori«; Simmel: Soziologie, S. 42-61; Webers produktive Weiterführung des Neukantianismus fand ihren Ausdruck u.a. im Konzept des Idealtypus, den er als »gedankliche Konstruktion zur Messung und systematischen Charakterisierung von individuellen, d.h. in ihrer Einzigartigkeit bedeutsamen Zusammenhängen« bezeichnete; exemplarisch für Webers methodischen Idealismus ist auch seine Herleitung des Kapitalismus aus dem protestantischen Denken; Weber: Die protestantische Ethik, S. 17 f.; ders.: Die »Objektivität«, S. 201 (Webers Kritik an der substantialistischen Geschichtsauffassung ebd. S. 195); dass Andersons Ansatz der »imagined community« von Webers Theorie der »Vergesellschaftung« aus *weiter*gedacht werden kann, hat Philipp Sarasin demonstriert – und damit auch die methodische Anlehnung der konstruktivistischen Nationalismustheorie an die neukantianische Soziologie angedeutet; Sarasin: Geschichtswissenschaft, S. 150-164.

3 Keller: Wissenssoziologische Diskursanalyse, S. 114-118.

4 Berger / Luckmann: Die gesellschaftliche Konstruktion, S. 51.

5 Iggers: Zur »Linguistischen Wende«, S. 569.

6 Zum Nutzen und Nachteil des »linguistic turn« für die Geschichtswissenschaft vgl. ebd., S. 557-570.

7 Die französischen Verfechter des »linguistic turn« haben sich lieber in der Tradition

Gellner und Anderson knüpfen in ihren Nationalismustheorien sowohl an den soziologischen Konstruktivismus als auch an den »linguistic turn« an, wenn auch in divergierender Form.[8] Dem »linguistic turn« Bahn gebrochen hat Gellner mit der Umkehrung der herkömmlichen Kausalabfolge: »Es ist der Nationalismus, der die Nationen hervorbringt, und nicht umgekehrt.«[9] Dieser Inversion liegt ein umfassender Sprachbegriff zugrunde: »Sprache ist [...] mehr als ein Werkzeug der Kultur, sie *ist* Kultur.«[10] Allerdings bringt sich Gellner selber um die Früchte seiner Definitionen. Gefangen in der Polemik gegen Elie Kedouries idealistische Herleitung des Nationalismus, lehnt er jede Beschäftigung mit dem nationalistischen Diskurs ab. Dabei bedient er sich einer ebenso kühnen wie widersprüchlichen Argumentation: Im Gegensatz zum Marxismus habe der Nationalismus keine großen Denker hervorgebracht, sondern jeder seiner Apostel sei ersetzbar: »War einer von ihnen gescheitert, trat problemlos ein anderer an seine Stelle.«[11] Man mag gegen diese Behauptung einwenden, der moderne Nationalismus sei wesentlich von den Gesellschaftstheorien Rousseaus und Herders angestoßen worden.[12] Aufschlussreicher sind aber Gellners eigene Folgerungen. Die Erste lautet: »Ihre eigentlichen Doktrinen sind die Analyse kaum wert.« Und in einem weiteren argumentativen Sprung:

Nietzsches gesehen, dabei aber im Boden, auf dem sie standen, nicht sehr tief gegraben; zu ihrer Selbstherleitung vgl. Sarasin: Diskurstheorie, S. 59.

8 Hobsbawms Konzept der »Invention of Tradition« dagegen ist aus der marxistischen Ideologiekritik geschöpft. Seine Differenzierung zwischen echter und erfundener Erinnerungskultur ist mit konstruktivistischem Denken nicht vereinbar. Hobsbawm sprang denn auch erst auf den konstruktivistischen Zug auf, als dieser schon in voller Fahrt war. Zu einem überzeugten (und überzeugenden) Passagier hat er sich dabei nicht gewandelt. Mit dem Wissenschaftsverständnis der Postmoderne, das sich den »linguistic turn« zu Eigen gemacht hat, kann sich Hobsbawm als Verfechter einer materialistischen Sozialgeschichte »von unten« ohnehin nicht anfreunden; Hobsbawm: Nationen, S. 20 f.; ders.: Gefährliche Zeiten, S. 335-338.

9 Gellner: Nationalismus und Moderne, S. 87; zuvor schon ders.: Thought, S. 169.

10 »Language is, as Vico saw, more than a tool of culture, it is culture.« Gellner: Thought, S. 195.

11 Gellner: Nationalismus und Moderne, S. 182; ähnlich stellt Anderson fest: »Der ›politischen‹ Macht des Nationalismus steht seine philosophische Armut oder gar Widersprüchlichkeit gegenüber. Mit anderen Worten: Anders als alle anderen Ismen hat der Nationalismus nie große Denker hervorgebracht – keinen Hobbes, keinen Marx und keinen Weber.« Anderson: Die Erfindung, S. 14.

12 Auch der humanistische Nationalismus ist ohne Petrarcas Säkularisierung und Verabsolutierung des Barbarenbegriffs undenkbar; vgl. auch O'Learys Kritik an Gellner in diesem Punkt: Ernest, S. 68.

> Allgemein gesprochen leidet die nationalistische Ideologie durchgehend unter falschem Bewusstsein. […] Ihr Selbstbild und ihr wahres Wesen [true nature] stehen in umgekehrtem Verhältnis zueinander, mit einer ironischen Genauigkeit, die auch von anderen erfolgreichen Ideologien selten erreicht wurde.[13]

Hier bewegt sich Gellner nicht mehr auf dem Boden des »linguistic turn«. Seine Kritik des Nationalismus folgt vielmehr der marxistischen Einstellung zur Religion: Da das Christentum ein inkohärentes Gedankengemisch sei, erübrige sich eine philosophische Auseinandersetzung mit ihm.[14] Tertium comparationis von Gellners Metaphorik ist das Falsche und Verlogene, das er mit dem wahren Gesicht des Nationalismus konfrontieren will. Dieser Anspruch ist substantialistisch und hat mit Konstruktivismus nichts zu tun. Seine Umkehr der herkömmlichen Kausalabfolge ist nicht viel mehr als ein plakativer Aufhänger. Eine Nationalismustheorie, die beim »linguistic turn« ansetzt, kommt, wenn sie konsequent vorgeht, um eine Diskursanalyse nicht herum.

Anderson hat diesen Weg weiter beschritten. An den »linguistic turn« angelehnt sind vor allem seine Ausführungen über die Wahrnehmungsformen der Zeit. Er leitet die neue Vorstellung der Gleichzeitigkeit aus den narrativen Strukturen des Romans und der Zeitung ab, misst also diskursiven Ordnungen eine wirklichkeitsbildende Kraft zu.[15] Damit versucht er, die Bedingung der Vorstellbarkeit eines abstrakten kollektiven Akteurs aufzuschlüsseln. Im Gegensatz zu Gellners methodischer Mixtur ist dieses Vorgehen in sich stimmig. Die Probleme liegen außerhalb: Zum einen hat sich schon die Christenheit als abstrakten Körper, als »Corpus Christi mysticum«, definiert, und noch im Mittelalter haben die westeuropäischen Monarchien dieses Konzept übernommen und mit der königlichen »res publica« verknüpft.[16] Zum andern ist der Nationalismus gerade von jenem vormodernen Zeitverständnis durchdrungen, das Anderson vom neuzeitlichen Konzept der Gleichzeitigkeit verdrängt sieht: Die Nation wird als überzeitliche Einheit von Gestorbenen, Lebenden und Ungeborenen vorgestellt, die alle für einander verantwortlich sind. Man könnte hier von einer diachronen Gleichzeitigkeit sprechen. Das ganze Gerede von nationalem Erbe und nationaler Bestimmung resultiert aus diesem Denken.

13 Gellner: Nationalismus und Moderne, S. 182 f. (engl. Ausgabe: Nationalism, S. 125).

14 O'Leary: Ernest, S. 67.

15 Anderson: Die Erfindung, S. 27-38.

16 Vgl. Kap. 2.1.1.

Auch Andersons Konzept der »imagined community« baut auf dem »linguistic turn« auf.[17] »Vorgestellt« seien Gemeinschaften, die nicht auf Face-to-face-Kontakten ihrer Mitglieder beruhen.[18] Das gelte für alle, die größer als ein Dorf seien. Damit unterscheide er nicht nach der Echtheit, sondern der Konstruktion einer Gemeinschaft. Unter den vorgestellten Gemeinschaften hebe sich die Nation durch ihre räumliche Beschränktheit und ihre Souveränität ab. Trotz dieser Präzisierungen wurde Anderson vorgeworfen, der Begriff der »imagined community« sei eine Quelle von Missverständnissen. »Imagination« rufe gerade jene Assoziationen wach, die Anderson vermeiden wolle: den angeblich illusorischen und fabrizierten Charakter der Nation.[19] Tatsächlich ist die Gegenüberstellung von vorgestellten und Kontaktgemeinschaften mehrdeutig. Sie widerspricht dem konstruktivistischen Prinzip, dass jede Gemeinschaft einem Vorstellungsakt entspringe, und weckt zwangsläufig die Assoziation von Echtem und Unechtem. Zusätzlich verwirrend wirkt, dass Anderson den Begriff »imagined« inkonsequent verwendet und damit den Eindruck entstehen lässt, man habe es doch überall mit vorgestellten Gemeinschaften zu tun.[20] Einfacher und klarer dürfte die Unterscheidung von »abstrakten« und »konkreten« Gemeinschaften sein, gemessen an der gegenseitigen Bekanntschaft ihrer Mitglieder und der sinnlichen Erfahrbarkeit des Kollektivs.[21]

Zur Rezeption des soziologischen Konstruktivismus: Gellners Nationalismustheorie scheint auf den ersten Blick in dessen direkter Nachfolge zu stehen. Er macht die Durchsetzung neuer Ideologien von gesellschaftlichen Faktoren abhängig und beschreibt die Ausdrucksformen mensch-

17 Andersons Schlagwort der »vorgestellten Gemeinschaft« wird in der deutschen Forschung gerne auf Emerich Francis' Konzept der Nation als »gedachte Ordnung« zurückgeführt oder mit diesem sogar gleichgesetzt. Die terminologische Ähnlichkeit ist aber trügerisch: Anderson leitet seinen Begriff ganz anders ab und bezieht sich mit keinem Wort auf Francis; vgl. Francis: Ethnos, S. 87-95.

18 Anderson: Die Erfindung, S. 15.

19 Es entbehrt nicht einer gewissen Ironie, dass gerade Schüler Gellners am meisten auf diesem Punkt insistiert haben; Smith: Nationalism, S. 142; O'Leary: Ernest, S. 82 (Fußnote 30).

20 So konzediert Anderson unmittelbar nach seiner kapitalen Unterscheidung, dass »vielleicht« auch die Kontaktgemeinschaften imaginiert seien – eine Ergänzung, die die deutsche Übersetzung glatt weglässt! –, und plädiert schließlich dafür, dass alle Gemeinschaften nach der Art, »wie sie vorgestellt werden«, zu untersuchen seien. Daraus ließe sich ableiten, der Begriff der »imagined community« beziehe sich letztlich auch auf Gemeinschaften mit Face-to-face-Kontakten; Anderson: Imagined Communities, S. 6 (deutsche Ausgabe: S. 15).

21 Diese Unterscheidung ist auf Paul James gestützt in: Nation, S. 104 f.

licher Kultur als Konstruktionen von relativer Dauer. Diesen oberflächlichen Anleihen ist aber ein gegenläufiger »Subtext« unterlegt. Bei seiner Unterscheidung von Moderne und Vormoderne operiert Gellner mit Kategorien, die der romantisch geprägten Zivilisationskritik des 19. Jahrhunderts entlehnt sind. Im Zentrum steht wiederum die Ideologiekritik des Nationalismus. Zuerst vergleicht Gellner den Menschen des agrarischen Zeitalters mit einer »natürlichen Spezies«, den »industriellen Menschen« aber mit einer »künstlich hergestellten oder gezüchteten Spezies«, die in »einer Art Riesenaquarium oder Luftkammer« lebe.[22] Arbeitet Gellner hier noch mit einem Vergleich, so wählt er bei der Beschreibung der jeweiligen Sozialisierungsformen eine direktere Sprache. Dabei ordnet er der Vormoderne die Kategorie der Gemeinschaft zu, mit Attributen wie »echt«, »lokal«, »ländlich«, »zusammengehalten durch Volkskulturen« und auf »eigenen Traditionen« beruhend. Für die Moderne dagegen reserviert er den Begriff der Gesellschaft und ordnet ihm »austauschbare, atomisierte Individuen«, »Masse«, »Bürokratie« und »technologische Kommunikation« zu.[23]

Mit diesen Kategorien fällt Gellner hinter den Beginn der konstruktivistischen Soziologie im 19. Jahrhundert zurück. Seine Opposition von Gemeinschaft und Gesellschaft entstammt der 1887 publizierten Typenlehre sozialer Grundformen von Ferdinand Tönnies. Diese präsentierte eine Gegenüberstellung nach »dem alten aristotelischen Gegensatze des Organismus und des Artefakts«.[24] In ihr verarbeitete Tönnies die Krise des Fortschrittsglaubens, die die Rezession der 1870er Jahre ausgelöst hatte. Mit dem Konzept von Gemeinschaft und Gesellschaft schuf er nicht nur einen soziologischen, sondern auch einen historischen Dualismus. Die Studie geriet zu einem originellen, aber nostalgischen Rückblick auf die vermeintliche Natürlichkeit des vormodernen Lebens.[25] Ihre Unterschei-

22 Gellner: Nationalismus und Moderne, S. 80 f.

23 Dabei gelangt Gellner zu verwirrenden Bemerkungen wie dieser: »Vor dem Nationalismus bestand Deutschland aus einer Vielzahl echter [genuine] Gemeinschaften [...]. Nach dem Nationalismus war das vereinte Deutschland in erster Linie eine industrielle Massengesellschaft [Postnationalist united Germany was mainly industrial and a mass society].« Will er damit behaupten, dass der Nationalismus in Deutschland nach 1871 passé gewesen sei? Ebd., S. 89, 183 (engl. Ausgabe: Nationalism, S. 124).

24 Tönnies: Gemeinschaft, S. XXXV; zur Herleitung von Tönnies' Soziologie vgl. Dahme: Der Verlust; Oexle: Kulturwissenschaftliche Reflexionen, S. 117-122.

25 »Zwei Zeitalter«, so fasste Tönnies am Ende des Buches zusammen, »stehen [...] in den großen Kulturentwicklungen einander gegenüber: ein Zeitalter der Gesellschaft folgt auf ein Zeitalter der Gemeinschaft.« Wie fatalistisch ablehnend er der Modernisierung gegenüberstand, lässt sich seinen Bemerkungen entnehmen,

dung zwischen natürlichen und künstlichen Lebensformen, die Gellner aufgreift, hat sich als erkenntnishinderlich und ideologisch verfänglich erwiesen. Die Variabilität menschlicher Sozialisation ist auf jeder Zivilisationsstufe zu groß, um auf einen organischen Kern zurückgeführt zu werden. Wer Gesellschaften daran misst, inwieweit sie die menschliche Natur bewahrt haben, legt einen normativen Maßstab an, der von romantischen Idealen geeicht ist. Weder der Kapitalismus noch das menschliche Sexualverhalten lassen sich mit diesem Maßstab kategorisieren.[26]

Die Analyse von Gellners und Andersons Methoden führt zu folgendem Zwischenfazit: Wer den Konstruktivismus abschwächt oder inkonsequent umsetzt, bewegt sich rasch in substantialistischen Untiefen. Methodisch vertretbar ist nur ein Konstruktivismus, der alle Bereiche des menschlichen Lebens als »unnatürlich«, d.h. vom menschlichen Subjekt und von der Gesellschaft gestaltet, annimmt.[27] Das bedeutet zugleich, dass noch nichts gesagt ist, wenn man die Nation als Konstrukt bezeichnet. Eine konstruktivistische Methode wird erst fruchtbar, wenn sie die Herausbildung, Durchsetzung und Wandlung der Nation zu erklären vermag. Auf dieser Grundlage lassen sich Gemeinsamkeiten und Unterschiede zu vergleichbaren Kollektiven herausarbeiten. Der Hauptvorteil gegenüber alternativen Theorien besteht darin, dass die Annahme einer stabilen »condition humaine« wegfällt. Damit wird es möglich, die Wandlungsfähigkeit des Nationalismus darzustellen und seine vorübergehenden Konjunkturen in der Vormoderne sowie seinen langfristigen Erfolg in der Moderne zu erklären.

Eine konstruktivistische Methode mit umfassendem Erklärungsanspruch und direktem Quellenbezug ist die Diskursanalyse.[28] Zu ihren

der Mensch gehe »in die Gesellschaft wie in die Fremde«, während das Leben in der Gemeinschaft Geborgenheit verheiße und vom »Miteinander-Wirken und Walten in der gleichen Richtung« gekennzeichnet sei; Tönnies: Gemeinschaft, S. 3-5, 14, 251.

26 »Für die Völkerkunde ist es ein Gemeinplatz, dass die Arten und Weisen, Mensch zu werden und zu sein, so zahlreich sind wie die menschlichen Kulturen. Menschsein ist sozio-kulturell variabel. Mit anderen Worten: Eine biologische Natur des Menschen, die als solche sozio-kulturelle Gebilde und ihre Mannigfaltigkeit bestimmte, gibt es nicht.« Berger / Luckmann: Die gesellschaftliche Konstruktion, S. 51.

27 Schmidt: Der Radikale Konstruktivismus, S. 40 f.; vgl. auch Hejl: Konstruktion, S. 305.

28 Der Begriff Diskursanalyse wird hier nicht bedeutungsidentisch mit dem engl. »discourse analysis« verwendet, sondern vielmehr in der Tradition der »Analyse von Diskursen«, wie sie in den sechziger Jahren in Frankreich angestoßen worden ist; vgl. Keller / Hirseland / Schneider / Viehöver: Zur Aktualität, S. 10 f.

Vorteilen gehört, dass sie mit überprüfbarem Material arbeitet, dieses räumlich und zeitlich verortet, sozialgeschichtlich vernetzt und ins Kontinuum längerfristiger Diskurse einreiht. Die Datenfülle, die sich mit Textvergleichen erstellen lässt, macht die Diskursanalyse zum geeigneten Werkzeug für eine Modellbildung der Nationalisierung. Sie eröffnet die Möglichkeit, die Erfordernisse und Hindernisse des Nationalismus auf der sozialen Makro- und Mikro-Ebene zu untersuchen. Zudem ist sie epochenübergreifend anwendbar; die moderne Nation ist genauso diskursives Produkt und diskursive Realität wie die vormoderne – bloß von breiter verankerten Diskursen mit den entsprechenden Konsequenzen, die man als Nationalisierung des Alltags[29] bezeichnen kann.[30]

Im Unterschied zur ideengeschichtlichen Hermeneutik hebt die Diskurstheorie den einzelnen Autor und Text nicht in den Rang eines Mikrokosmos. Diskurse, verstanden als habituelle Sprechpraktiken, sind nicht an die Materialität des Buches und des Autors gebunden.[31] Buchdeckel sind keine Diskursgrenzen, genauso wenig wie zwischen zwei Buchdeckeln nur *ein* Diskurs geführt wird. Die Einheit eines Diskurses lässt sich anhand von rhetorischen Ritualen, motivischen Kontinuitäten, kontextuellen Bezügen und personellen Netzwerken festlegen.[32] Im Fall des humanistischen Nationsdiskurses gehören zu den rhetorischen Ritualen die Aufrufe an die Fürsten im Namen der »defensio patriae« und des »honor nationis«, zu den motivischen Kontinuitäten die Antibarbaries und Antiromanitas, zu den kontextuellen Bezügen die Propaganda der Habsburger und zu den personellen Netzwerken die überregionalen Gelehrtenkontakte.[33]

Im Unterschied zum Marxismus versteht die Diskurstheorie habituelle Redestrategien nicht nur als Unterdrückungsinstrumente der herrschenden Klasse. Diskurse beherrschen bis zu einem gewissen Maß ihre eigenen Initianten und Repräsentanten. Einmal öffentlich gemacht, entwickeln sie eine Eigendynamik und sind nur noch begrenzt kontrollierbar. Man

29 Haupt / Tacke: Die Kultur, S. 281-283.

30 Daher ist Herfried Münklers Vorschlag abzulehnen, den Begriff des Nationsdiskurses auf die Vormoderne einzuschränken und nur für die Moderne von Nationalismus zu sprechen; Münkler u.a.: Nationenbildung, S. 16 f.

31 Link: Literaturanalyse, S. 284.

32 Eher für die Linguistik, aber weniger für die historischen Sozialwissenschaften praktikabel sind die Diskursbegriffe von Foucault und Busse / Teubert; Foucault: Die Ordnung, S. 33; ders.: Archäologie, S. 156; Busse / Teubert: Ist Diskurs, S. 14; eine Kritik von Busse und Teubert in Jung: Diskurshistorische Analyse, S. 31-33.

33 Vgl. Kap. 4.

kann Diskurse daher als soziale Akteure beschreiben.[34] Das impliziert zugleich, in ihnen nicht – wie in der Literaturwissenschaft geschehen – unbewegte Beweger zu sehen, die zuerst sich selbst, dann ein Stück Welt zeugen und sich anschließend wieder entsorgen.[35] Die Konstruktion von Diskursen ist nicht nur eine diskursive Angelegenheit. Ihre Analyse hängt im Leeren, wenn sie nicht das Spannungsfeld von sozialen, politischen und wirtschaftlichen Kräften einbezieht.[36] Die methodische Kombination von »linguistic turn« und soziologischem Konstruktivismus beruht auf der Annahme, dass die Wirklichkeitsschöpfung von Diskursen in Abhängigkeit von Konstruktionen nichtdiskursiver Art steht: »Während linguistische Unterschiede die Gesellschaft strukturieren, strukturieren soziale Unterschiede die Sprache.«[37]

Diese Abhängigkeit hat die deutschsprachige Nationalismusforschung im Anschluss an die modernistische Wende mit dem Begriff der kollektiven Identität zu erfassen versucht.[38] Seine wissenschaftliche Konjunktur steht allerdings in Kontrast zu seinem theoretischen Gehalt.[39] Definitionen sucht man vergebens, der Begriff wird verwendet, als bezeichne er eine feste Größe.[40] Dabei liegt ihm der Ansatz zugrunde, menschliche Kollektive als autonome Handlungseinheiten zu verstehen, die sich durch Selbst- und Fremdzuschreibung spezifischer Eigenschaften konstituieren. Der Begriff der kollektiven Identität ist folglich an die Annahme eines kollektiven Akteurs gebunden – eine Metapher, die aus Theorien über individuelle Identität stammt. Damit wird jedoch, und dies scheint oft übersehen zu werden, der wissenschaftliche Diskurs über Nation und Nationalismus wieder in die aristotelische Steigerungsreihe des Gemeinschaftlichen gestellt, die bei der Familie beginnt und bei der Nation ihren

34 Wie der humanistische Nationsdiskurs seinen Initianten im Zeitalter der Reformation aus den Händen gleitet und sich z. T. sogar gegen ihre eigenen Absichten richtet, wird in Kap. 5 beschrieben.

35 Hanisch: Die linguistische Wende, S. 217; zu Foucaults Verständnis der Diskursanalyse als Gesellschaftstheorie vgl. Bublitz: Diskursanalyse, S. 23 f.

36 Reiner Keller hat denn auch die konstruktivistische Theorie Bergers und Luckmanns in überzeugender Weise um ein »Diskurskapitel« ergänzt; Keller: Wissenssoziologische Diskursanalyse, S. 114-140; Berger / Luckmann: Die gesellschaftliche Konstruktion.

37 Iggers: Zur »linguistischen Wende«, S. 570.

38 Der Begriff ist in den Theorien von Deutsch, Gellner, Hobsbawm und Anderson noch irrelevant.

39 Eine bissige, wenn auch unsystematische Kritik des Begriffs bei Niethammer: Kollektive Identität.

40 Berding (Hg.): Nationales Bewusstsein; Giesen (Hg.): Nationale und kulturelle Identität; ders.: Kollektive Identität.

Gipfel erreicht.[41] Mit anderen Worten: Wer von der kollektiven Identität der Nation spricht, evoziert das gleiche Bild, das Meinecke seinerzeit emphatisch als »Makroanthropos und potenziertes Individuum« bezeichnet hat.[42] Insofern wirkt der Begriff auch im sozialwissenschaftlichen Diskurs wie »des Kaisers neues Kleid«.[43] Mag die Metapher des kollektiven Akteurs für eine Fußballmannschaft noch sinnvoll sein, so ist sie es für die Nation höchstens aus der Perspektive von Nationalisten.[44] Berger und Luckmann haben denn auch die kollektive Identität als sozialwissenschaftliche Kategorie abgelehnt, weil sie mit dem Konstrukt der individuellen Identität nicht kompatibel sei, sondern in Konkurrenz zu diesem trete, ohne eine Alternative zu bieten. Stattdessen schlagen sie den Begriff des Identitätstypus vor. Dieser erfasse stereotype Merkmale *individueller* Identität, die als Produkt spezifischer Gesellschaftsstrukturen zu verstehen seien.[45] Die vorliegende Studie folgt Berger und Luckmann insoweit, als sie die nationalistische Konstruktion eigener und fremder Identität als Diskurs »kollektiver Stereotypisierung« beschreibt. In kaum einem anderen Bereich lässt sich die Macht der Diskurse so deutlich herausarbeiten wie hier.[46]

Damit die Diskursanalyse nicht bei der linguistischen Analyse von Texten verharrt und ins Fahrwasser der alten Ideengeschichte gerät, bedarf es eines methodischen Instruments, das Diskurse mit sozialen Strukturen und Transformationen verbindet. Zu diesem Instrument haben jüngere Diskurstheorien den Ideologiebegriff aufgebaut.[47] Mit ihm bezeichnen

41 Schon Hans Kohn hat sich in seiner Nationalismustheorie von diesem Babuschkaprinzip des Gemeinschaftlichen distanziert, weil es dem abstrakten Charakter der Nation nicht gerecht werde; Kohn: Die Idee, S. 14.

42 Meinecke: Weltbürgertum, S. 16; das Aufgehen des Individuums im »Körper der Nation« gehörte zu Beginn des 20. Jahrhunderts gerade in Universitätskreisen zum Standardrepertoire der nationalistischen Rhetorik – wobei die Metapher gleichzeitig dazu diente, das soziale Gefälle innerhalb der Nation zu rechtfertigen und zu zementieren; vgl. Jansen: »Deutsches Wesen«, S. 204 f.

43 Niethammer greift auf diesen Vergleich in seiner Kritik an der »neuen Rechten« in der Bundesrepublik zurück, die den Begriff der kollektiven Identität in den siebziger und achtziger Jahren für ihre politischen Parolen entdeckt habe; Niethammer: Kollektive Identität, S. 489 f.

44 Der Begriff der kollektiven Identität hat denn auch eine braune Vorgeschichte in der phänomenologischen Soziologie der zwanziger und dreißiger Jahre (z.B. im Werk Othmar Spanns), und zwar als Verdinglichung individueller Identität in der Masse; vgl. Berger / Luckmann: Die gesellschaftliche Konstruktion, S. 185 (Fußnote 40).

45 Ebd., S. 185 f.

46 Vgl. Kap. 3.4. und 4.1.6.

47 Donati: Die Rahmenanalyse, S. 147 f.; Hirseland / Schneider: Wahrheit.

sie nicht nur geschlossene rationale Systeme, sondern alle Redepraktiken, die einen »universalisierbaren Sinnhorizont aufzuspannen« versuchen.[48] »Ideologie« kann damit als »Werkzeugkasten« verstanden werden, »den Akteure gemäß ihren Bedürfnissen (und Interessen) gebrauchen«.[49] Bei dieser terminologischen Öffnung bleibt es nicht. Auf diskurstheoretischer Basis ist es unzureichend, in Ideologien Verschleierungstechniken zur nachträglichen Zementierung gesellschaftlicher Gefälle zu sehen. Teilt man die Prämisse, dass Diskurse Wirklichkeit konstruieren, so ist die Wirkung von Ideologien als selbstreferentiell zu bezeichnen: Sie reden einer Realität das Wort, die sie selber maßgeblich geschaffen haben. Ihre Verschleierungsleistung besteht darin, die eigene Schöpfung als natürlich und damit notwendig darzustellen. In Weiterführung von Bourdieus Kapitaltheorie lässt sich der Ideologiebegriff auf jene Diskursformen beziehen, die die Techniken der Kapitalakkumulation und -konvertierung in universeller Absicht festschreiben und gleichzeitig zu altruistischen Verhaltensregeln verbrämen.[50] Auf dieser Grundlage erübrigt sich die erkenntnistheoretisch unhaltbare Verwendung des Ideologiebegriffs als »Bezichtigungsinstrument« für falsches Bewusstsein.[51] Zugleich behält er aber die kritische Stoßrichtung, diskursive Praktiken auf ihre Gebundenheit in sozialen Machtstrukturen hin zu hinterfragen.[52]

Mit diesem methodischen Konzept kann Nationalismus sowohl als Diskurs als auch als Ideologie beschrieben werden. Die Kombination beider Begriffe eröffnet die Chance, die Konstruktion der Nation unter zwei verschiedenen Blickwinkeln zu betrachten. Legt der Ideologiebegriff den Akzent auf konstante Leitmotive des Nationsdiskurses und ihre variable soziopolitische Verwendung, so betont der Diskursbegriff die Dynamik der fortwährenden Konstruktion, Dekonstruktion und Neukombination

48 Hirseland / Schneider: Wahrheit, S. 392; ihre zusätzliche Präzisierung der Ideologie als »totalisierend« wird hier fallen gelassen, weil sie die Elastizität des Ideologischen in diskursiver *und* kontextueller Hinsicht verneint und der Ideologiekritik wieder die alte Pflicht auferlegt, falsches Bewusstseins zu zertrümmern.

49 Donati: Die Rahmenanalyse, S. 148.

50 Bourdieus Kapitaltheorie bietet sich für eine soziologische Fundierung des Ideologiebegriffs deshalb an, weil sie die Verschleierungsleistung der gesellschaftlichen Kapitalbildung und -transformation in den Mittelpunkt stellt, ohne aber einen marxistischen Ideologiebegriff zu bemühen; Bourdieu: Ökonomisches Kapital, S. 184, 196.

51 Sandkühler: Ideologie, in: ders. (Hg.): Europäische Enzyklopädie zu Philosophie und Wissenschaften, Bd. 2, S. 617, zit. nach Hirseland / Schneider: Wahrheit, S. 373.

52 Hirseland / Schneider: Wahrheit, S. 373, 393-397.

des Nationalen in Abhängigkeit von sozialem Wandel. Des Weiteren ermöglicht das Begriffspaar eine signifikante Unterscheidung: Während der Diskursbegriff alle Formen der Nationskonstruktion im Spannungsfeld von Heteronomie und Autonomie umfasst, bezeichnet der Ideologiebegriff jene Nationsdiskurse, die autonome Geltung beanspruchen und damit erst einen universalisierbaren Sinnhorizont erschließen. Aufgrund dieser Differenzierung ist der Nationalismusbegriff auf den zu ideologischer Qualität gesteigerten Nationsdiskurs einzuschränken. Wie die vorliegende Studie zu zeigen versucht, kann in Bezug auf den humanistischen Nationsdiskurs erstmals von einer solchen Steigerung gesprochen werden. Sie hatte zwar nur kurzzeitigen Bestand, aber langzeitige Wirkung.

1.2.2. Theorie und Definitionen

Eine Theorie der Nationskonstruktion hat mehreren Ansprüchen zu genügen:

1. Sie muss einfach operationalisierbar sein.
2. Sie muss im Vergleich zur phänomenologischen Quellenhermeneutik einen weiteren Erkenntnishorizont erschließen.
3. Sie muss möglichst breit anwendbar sein, in Moderne und Vormoderne, in europäischem und außereuropäischem Kontext.
4. Sie muss mit Leitbegriffen operieren, deren Bedeutung und wechselseitiger Bezug definitorisch geklärt ist.

Die folgenden Überlegungen beruhen auf zwei komplementären Annahmen, die nicht weiter hinterfragt werden. Die erste lautet, dass die Nation als singuläres Produkt des christlichen Abendlands zu verstehen ist. Der Nationsdiskurs setzt sich aus Bestandteilen des römischen patria-, adligen Ehr- und jüdisch-christlichen Auserwähltheitskonzeptes zusammen, die durch Neukombination eine veränderte Bedeutung erhalten. Auch der Freiheitsbegriff, der für die Ideologisierung des Nationsdiskurses wichtig wird, hat in außereuropäischen Kulturen kein Äquivalent.[53] Das Leitprinzip des Nationalismus, die Freiheit der Nation vor ausländischem Zugriff, kann daher nur im Okzident erfunden worden sein. Die Unabhängigkeitsbewegungen in den Kolonien vom 18. bis zum 20. Jahrhundert verharrten in enger Abhängigkeit von der europäischen Kultur. Ihre

53 Raaflaub: Freiheit, S. 530; Bauer: China, S. 200; Rosenthal: The Muslim Concept, S. 11.

Forderung nach nationaler Selbstbestimmung kam einer noch umfassenderen Unterwerfung unter die okzidentale Ordnung gleich.

Die zweite Grundannahme lautet, dass eine Nationalismustheorie keine universalen Bedingungen für die Nationalisierung einer Gesellschaft aufstellen kann. Versteht man die Nation als europäischen Exportartikel, so erübrigt sich der Anspruch, Nationenbildung global aus sozioökonomischen Strukturen abzuleiten. Denn die Gesellschaften Schwarzafrikas vor der Nationalisierung lassen sich mit jenen des neuzeitlichen Europa nicht vergleichen. Die universale Durchschlagskraft des Nationalismus ist direkt auf die Macht des Nationsdiskurses zurückzuführen. In vielen Kolonien genügte zur Initiierung einer nationalen Bewegung eine kleine Sekundärelite von Einheimischen, deren Mitglieder zur Ausbildung an europäische Universitäten geschickt und als gebildete Nationalisten wieder empfangen wurden. Eine Theorie, die die Voraussetzungen des Nationalismus erklären will, kann sich daher auf Europa beschränken. Mit Eurozentrismus hat das nichts zu tun. Europa ist der einzige Raum, in dem die Nation nicht importiert, sondern im Wechselspiel sozialer und diskursiver Prozesse geformt wurde. Insofern ist die Betrachtung Europas als »originären Sonderfall« gerade Bedingung für die Anwendbarkeit einer Nationalismustheorie im außereuropäischen Kontext.

Am Anfang der nun folgenden Theorie steht die Behauptung, dass der Nationsdiskurs Menschen in Kollektive einordnet, die er als kulturelle und politische Einheiten mit festem Lebensraum konstruiert. Diese banale Feststellung gewinnt an Aussagekraft, wenn man sie in Kontrast zu anderen Konstruktionen abstrakter Gemeinschaften setzt, die universelle Gültigkeit beanspruchen. Zu diesen kann man Zivilisationsmodelle, Schriftreligionen und – ab einer gewissen Größe – ethnische Gemeinschaften zählen. Als Vergleichsgröße bietet sich die Konstruktion des kollektiven Eigenen in Relation zum Fremden an. Dieser Bezugspunkt ist insofern signifikant, als jede Gruppe durch Abgrenzungen gebildet und aufrechterhalten wird. Die Konstruktion des Fremden funktioniert als negative Bestätigung des Eigenen.

Zivilisatorische, religiöse und ethnische Abgrenzungskonzepte operieren mit bipolaren Hierarchien. Sie fassen die Gesamtheit der Fremden in die Leitkategorien des Barbaren,[54] Heiden[55] oder Unmenschen[56] und

54 Zum Fremden im chinesischen Zivilisationsmodell Meienberger: China und die Fremden; zum römischen Barbarenkonzept vgl. Kap. 3.2.

55 Koselleck weist darauf hin, dass es sich bei der »üblichen Dreierreihe« der christlichen Unterteilung der Menschheit »letztlich um ein Dual« handelt: »Im Glauben an den Schöpfergott mit dem gemeinsamen Alten Testament rücken Juden und

bauen ein Gefälle zum eigenen Kollektiv auf, das sozialen Austausch prinzipiell als widersinnig erscheinen lässt. Paradoxerweise erlaubt gerade die Festigkeit der Hierarchie eine gewisse Durchlässigkeit der Grenzen. Ein Barbar lässt sich unter Umständen zivilisieren, ein Heide bekehren. Diesem bipolaren Abgrenzungsprinzip entspricht ein geographisches Modell, das man als zentristisch bezeichnen kann: Der eigene Lebensraum gilt als Mittelpunkt der Welt. Je weiter die Entfernung vom Zentrum, desto größer der anthropologische Gegensatz. Die Menschen am Rand der Welt werden als tierähnliche Wesen vorgestellt.

Im Vergleich dazu erscheint der Nationsdiskurs als markante Ausnahme. Nicht dass es einzigartig wäre, Herrschaftsgrenzen mit Kulturgrenzen zu identifizieren – diese Vorstellung leitete schon die römische Ideologie der Zivilisation, wenn auch im dynamischen Sinn der Expansion. Der Nationenbildung liegt weder eine bipolare Hierarchie noch ein zentristisches Raumkonzept zugrunde. Der Nationsdiskurs grenzt die eigene Gemeinschaft multipolar und horizontal ab. Er konstruiert die Ausgegrenzten nicht als kollektive Einheit, sondern als eine Vielheit autonomer Kollektive. Die Ausländer des Nationsdiskurses werden nicht durch ein festes Gefüge übereinstimmender Eigenschaften zusammengedacht. Damit geben sie für das nationale Selbstbild keine kompakte Negativfolie ab. Zudem führt der Nationsdiskurs die fremden Kollektive unter der gleichen Kategorie wie die eigene Gemeinschaft: als Nationen. Das expansive Prinzip des Nationsdiskurses besteht darin, dass er nicht eine, sondern mehrere Nationen konstruiert. Die meisten Nationen waren ursprünglich Fremdkonstrukte, die später exportiert, angeeignet und als Eigengewächs verschleiert wurden.

Der nationale Abgrenzungsdiskurs ist im Vergleich zu bipolaren Kollektivmodellen von ungleich höherer Komplexität. Die kollektive Selbstbestätigung ist aufgrund der multipolaren Opposition und kategorialen Identität mit massivem Mehraufwand verbunden. Dass dieses »unökonomische« Modell überhaupt neben den effizienten Strategien bipolarer

Christen zusammen, aber theologisch nur bis zu Christi Erscheinen, [...] sub specie Dei stehen Juden und Heiden vor derselben Alternative, sich zu bekehren oder unterzugehen.« Diese Aussage trifft mutatis mutandis auch auf den Islam zu; Koselleck: Zur historisch-politischen Semantik, S. 234; Schoeler: Der Fremde.

56 Ethnische Selbstbezeichnungen sind oft identisch mit »Menschen/Männern« (Suomi, Inuit, Magyar, Nanai, Nganasan, Goten, Alemannen) oder »Göttersöhnen« (Gauten, Biturigen); damit wird allen, die nicht zur eigenen Ethnie gehören, das Mensch-Sein prinzipiell abgesprochen, was sich im rechtlosen Status der Fremden in vielen Ethnien niederschlägt; Zimmer: »Germani«, S. 16.

Hierarchisierung entstehen und bestehen konnte, ist erklärungsbedürftig. Man kann es auf die »außerordentlichen Umstände« der kulturellen und politischen Strukturbildung im Mittelalter zurückführen. Im Gegensatz zum Byzantinischen Reich, wo die spätantike Ordnung weitgehend gewahrt blieb, bewirkten die Massenmigrationen in Mittel- und Westeuropa eine irreversible Umstülpung der bestehenden Verhältnisse. Allerdings – und dies ist entscheidend – wurden die römischen Strukturen nur zum Teil beseitigt. Die administrative Raumordnung der Papstkirche folgte weiterhin der römischen Provinzeinteilung; die römische Kultur behielt ihren Vorbildcharakter; die lateinische Sprache stieg sogar zur alleinigen Bildungs-, Sakral- und Schriftsprache auf; und seit Karl dem Großen regierte wieder ein römischer Kaiser mit universalem Herrschaftsanspruch. Vor diesem Hintergrund kann man die mittelalterliche Gesellschaft als römische Sekundärzivilisation bezeichnen.

Die besagten außergewöhnlichen Umstände entstanden dadurch, dass die strukturellen und ideologischen Ablagerungen des Römischen Reichs in einem Spannungsverhältnis zu den neuen Herrschaftsräumen und deren politischem Aufbau standen.[57] Diese Spannungen verstärkten sich proportional zur Konsolidierung der abendländischen Monarchien als autonome Herrschaftsverbände. Die europäischen Könige usurpierten in ihren Territorien zusehends die Vorrechte, die in der Spätantike dem Kaiser zugestanden hatten. Zugleich blieben sie dem römischen Universalismus insofern treu, als sie selber die kaiserliche Vorherrschaft anstrebten. Im selben Zeitraum verlor das römische Kaisertum aufgrund der doppelten Frontstellung gegen das Papsttum und die aufstrebenden Monarchien an Macht und Ausstrahlung. Die Unvereinbarkeit von dezentral-autonomen Herrschaftsverbänden und zentristisch-universalistischen Alleinherrschaftsansprüchen setzte eine Binnenkonkurrenz frei, deren Intensität dem Abendland eine singuläre innere Dynamik verlieh. Es entstand eine relativ stabile, aber höchst unruhige Machtbalance. Weil kein Akteur die Konkurrenz zu seinen Gunsten entscheiden konnte, war die abendländische Dynamik von langer Dauer und Wirkung. Vor allem aber erzeugte sie weitere zentrifugale Kräfte, die aus der abendländischen Binnenkon-

57 Reinhard Wenskus betonte, dass schon die frühmittelalterlichen »Ethnien« als Sonderfall zu betrachten seien, weil sie die »universalistischen Strömungen« des Christentums und der antiken Philosophie absorbiert hätten. Das »Sendungsbewusstsein des Nationalismus« führte er auf die Verschmelzung von »ethnischem Denken« und »missionarischem« Universalismus zurück. Wenskus beschreibt die Nationenbildung allerdings nicht, wie hier der Fall, als unbeabsichtigte Dezentralisierung der christlichen Binnenordnung; Wenskus: Stammesbildung, S. 82.

kurrenz zusehends eine freie Konkurrenz ohne zähmenden Rahmen machten.[58]

An diesem Punkt trat der Nationsdiskurs ins Spiel. Überspitzt gesagt, sorgte er dafür, dass die Konkurrenz der europäischen Staaten auch nach der Aufgabe universalistischer Herrschaftsansprüche erhalten blieb und schließlich weltumspannende Dimensionen annahm.

Aus den bisherigen Ausführungen geht hervor, dass die multipolare und gleichgeordnete Abgrenzung der Nationen in einer politisch dezentralen Binnenordnung wurzelt, die infolge zentristischer Bestrebungen ähnlich starker Akteure von innen heraus gesprengt wurde. Auch dem mittelalterlichen »nationes«-Diskurs lag anfänglich der Anspruch zugrunde, die kirchliche Einheit der Christenheit durch ein föderatives Miteinander zu gewährleisten. Diese Zwecksetzung schlug fehl, weil die Interessenkollisionen der europäischen Monarchien auch vor kirchlichen Institutionen nicht Halt machten. Dass aus dem integrierenden »nationes«-Diskurs ein ausgrenzender Nationalismus werden konnte, ist aber noch auf einen anderen Faktor zurückzuführen, der auch zum Komplex der mittelalterlichen Sekundärzivilisation gehört: die europäische Gelehrtenkultur.

Der mittelalterliche Gelehrtenstand wurde von Geistlichen besetzt und spielte für die kirchliche Propaganda eine wichtige Rolle. Trotzdem schöpfte er in vielem aus der heidnischen Kultur der Antike. Natürlich lasen die Kleriker die griechischen und römischen Philosophen, Historiker und Juristen durch eine christliche Brille, aber sie förderten zugleich das Bewusstsein, dass es jenseits der Heiligen Schrift und ihrer Auslegung noch ein anderes Wissen gebe, das von universaler Bedeutung sei. Mit anderen Worten: So »christlich« das europäische Mittelalter auch war, die christliche Gelehrtenkultur war nie monolithisch. Vielmehr schuf die Integration heidnischer Diskurse ein dauerhaftes Säkularisierungspotential, das der Humanismus schließlich partiell umsetzte. Erst die Konstruktion diskursiver Nischen, die sich vom Primat des Religiösen lösten, ermöglichte die Umwandlung des integrierenden »nationes«-Diskurses in den ausgrenzenden Nationalismus. Es fällt auf, dass die Intellektuellen den Weg von der partiellen Säkularisierung bis zur Nationalisierung rasch zurückgelegt haben. Man kann das darauf zurückführen, dass auch sie dezentral institutionalisiert und in die europäische Dauerkonkurrenz eingebunden waren – nicht als Schiedsrichter, sondern als Spieler mit strategischen Aufgaben. Bei der Nationalisierung Europas griffen politische und gelehrte Kultur trotz unterschiedlicher Anbindung an die Antike

58 Münkler u.a.: Nationenbildung, S. 78.

effizient ineinander. Der gelehrte Diskurs eilte dabei der politischen Praxis voraus. Nationalistische Politik war eine papierene Realität, bevor sie in die Praxis umgesetzt wurde. Als retardierendes Moment wirkte vor allem der Europa überspannende dynastische Habitus.

Die Verwurzelung des Nationalismus in einer Binnenordnung heteronomer Gemeinschaften kommt auch in der Konstruktion der inter-nationalen Konkurrenz zum Ausdruck. Diese dreht sich um die Ehre der Nation. Bedingung für die Vorstellbarkeit eines Ehrwettbewerbs ist, dass die partizipierenden Individuen oder Kollektive einer übergeordneten Gemeinschaft angehören, die den Zugang zum Wettbewerb beschränkt und den Konsens über die Spielregeln herstellt.[59] Im »nationes«-Diskurs ist dieser Rahmen noch gegeben: Die Repräsentanten einer »natio« streiten für ihre nationale Ehre zum Wohl der gesamten Christenheit. Indem sich die einzelnen Glieder der Papstkirche aneinander messen, stärken sie den gesamten Körper. Die nationalen Konfrontationen dienen einem höheren Zweck. Mit der Autonomisierung des Nationsdiskurses fällt dieser integrierende Rahmen allmählich weg. Der inter-nationale Ehrwettbewerb gerät in folgenreicher Weise außer Kontrolle, weil ihn keine übergeordnete Instanz mehr domestiziert. Die Terrains, auf denen die Nationen miteinander in Konkurrenz treten, steigen sprunghaft an. Neben der Gelehrsamkeit und dem Kirchendienst messen sich Nationen auch auf Schlachtfeldern oder in nationalen Sittenindexen. Selbst Seuchen werden nationalisiert.[60] In dem Maße, wie die Intensität und Breite der internationalen Konkurrenz zunimmt, verliert der nationale Ehrdiskurs seine vermittelnde und ordnende Funktion. Jeder Nation bleibt es selbst überlassen, zu definieren und umzudefinieren, unter welchen Bedingungen ihre Ehre verletzt, gerettet oder gewachsen ist.

Bleibt zu fragen, warum das nationale Ehrverhalten gerade in dem Moment eine massive Steigerung erfährt, in dem eine funktionierende Ehrkonkurrenz nationaler Kollektive unmöglich wird. Die plausibelste Antwort lautet, dass der nationale Ehrdiskurs gar nicht mehr nach außen gerichtet ist, sondern zum Macht- und Integrationsinstrument im Innern der nationalen Gemeinschaft wird. Er verspricht den Mitgliedern der eigenen Nation Teilhabe an einer kollektiven Ehre und stärkt die nationale Kohäsion.[61] Exklusiven Charakter gewinnt diese Ehre durch die rigorose Abschließung der Nation nach außen. Der neuzeitliche europäische Na-

59 Vgl. Kap. 4.1.1. und 4.1.2.
60 Vgl. Kap. 4.3.3.
61 Mertens: Nation, S. 124.

tionalismus kennt keine Initiationsriten, in eine Nation wird man geboren, Eintritt und Austritt sind versperrt.[62] Im Diskurs der kollektiven Stereotypisierung – der Lehre von den »Nationalcharakteren« – erhalten die Angehörigen aller Nationen einen unverwechselbaren »genetischen« Code. Dadurch wirkt die Nation ursprünglicher und kompakter als jene abstrakten Gemeinschaften, die hierarchisch überhöht, an ihren Rändern aber durchlässig sind.

Neu an der nationalen Ehre ist, dass sie nicht vertikal, sondern horizontal abgrenzt und dass sich Knecht wie König nach ihren jeweiligen Möglichkeiten um sie verdient machen können. Insofern erzeugt der nationale Ehrdiskurs eine »horizontale Kameradschaft« unter Ungleichen.[63] Zu einer harmonischen Verbrüderung kommt es aber nicht. Der Ehrdiskurs bewirkt zugleich, dass die eigentliche Konkurrenz innerhalb der Nation stattfindet – um das Verdienst an der gemeinsamen Ehre. Aus dieser Konkurrenz zieht der Nationalismus einen Großteil seiner Mobilisierungskraft. Er kann das aber nur, weil er im Buchdruck einen unentbehrlichen Agenten gefunden hat. Die Revolution der Kommunikationsmittel macht, indem sie die Macht der Gelehrten steigert und den Trend zu vulgärsprachlichen Schriften beschleunigt, die Nation für breite Kreise erst zu einem vorstellbaren Gebilde.

Damit forciert der nationale Ehrdiskurs das Auseinanderdriften der europäischen Nationen. Diese Bewegung wird in der frühen Neuzeit von Gegenkräften wie der Konfessionalisierung gebremst, aber erst von den internationalen Institutionen des 20. Jahrhunderts ansatzweise aufgefangen. Diese versuchen in Politik, Wirtschaft und Kultur das zu ermöglichen, was den mittelalterlichen »nationes« versagt geblieben ist: einen domestizierten Wettbewerb der Nationen zum Wohl der »zivilisierten« Welt.

Auf der Grundlage dieser theoretischen Überlegungen kann man die provisorische Ausgangsdefinition des Nationsdiskurses erweitern: Er kon-

62 Ideologische Spuren dieses Geburtsprinzips lassen sich noch in den rechtlichen Bestimmungen so genannter Einwanderernationen nachweisen. In den USA und Australien haben Immigranten nicht die gleichen politischen Rechte wie im Land Geborene, auch wenn sie schon die Staatsangehörigkeit besitzen. In den spanischen Kolonien Lateinamerikas wurden die im Land geborenen Nachfahren der Spanier von den Kolonialherren ins zweite Glied gestellt und als »Kreolen« von der spanischen Nation abgegrenzt. Die nationale Unabhängigkeit kehrte diese soziale Hierarchie um und beförderte die Kreolen an die Spitze der neuen Nationen. Sie selbst nannten sich »Americanos« und grenzten sich von den »Maturrangos« ab, den Spaniern aus dem Mutterland. Damit erwiesen sie sich als gelehrige Schüler des europäischen Nationsdiskurses; vgl. Anderson: Die Erfindung, S. 48-62, 198.

63 Anderson: Imagined Communities, S. 7.

struiert eine abstrakte horizontale Gemeinschaft mit exklusiver Ehre, singulären Eigenschaften und eigenem Territorium. Diese Gemeinschaft stellt er einer Mehrzahl von Gemeinschaften gegenüber, die dem gleichen Typus wie die eigene angehören. Die Beziehung zu ihnen formt er als Wettkampf um das knappe Gut der nationalen Ehre.

Als »Nationalismus« kann man die Ideologisierung der Nation zu einer autonomen und universalen Kategorie bezeichnen. Nationalisten verstehen die Einteilung der Menschen in Nationen als natürliches Gesetz und fordern für die eigene Nation Freiheit vom Einfluss anderer Nationen. »Freiheit« meint dabei nicht nur politische Selbstbestimmung, sondern auch Verfügungsgewalt über »nationales Eigentum« und Schutz vor »ausländischen Sitten«.

Mit diesen abschließenden Definitionen und ihrer theoretischen Herleitung sollten die am Anfang dieses Kapitels aufgestellten Leitkriterien einer Theorie der Nationskonstruktion erfüllt sein.

1.3. Der Humanismus: Vater der Moderne?

Die vorliegende Studie vertritt die Position, dass der Humanismus auf die europäische Nationenbildung eine nachhaltige Wirkung ausgeübt hat. Bevor dieses Problem und seine historischen Voraussetzungen zur Sprache kommen, ist zu erläutern, was hier unter »Humanismus« verstanden wird. Die Annäherung an Begriff und Gegenstand erfolgt wiederum über einen kritischen Forschungsüberblick.

Wer gerne Nachrufe auf Persönlichkeiten des öffentlichen Lebens liest, stößt öfters auf die Aussage, der Verstorbene sei ein echter Humanist gewesen. Gemeint ist damit in der Regel, dass er an das Gute und Friedliebende im Menschen geglaubt und deren Gedeihen nach Kräften gefördert habe. Als Galionsfigur und Urtyp dieses Humanistentums gilt Erasmus von Rotterdam. Obwohl man Erasmus als Pazifisten bezeichnen kann, haben die »Humanisten« von heute mit jenen des 15. und 16. Jahrhunderts wenig gemein. Wenn es hochkommt, wurzelt das optimistische Menschenbild von heute in der Aufklärung und der deutschen Pädagogik des frühen 19. Jahrhunderts. Aber auch davon haben die modernen Humanisten das meiste abgeschüttelt. Oder wer wollte heute noch behaupten, die Beherrschung von Altgriechisch und Latein und die Kenntnis antiker Autoren mache den Menschen zu einem besseren Wesen?

Wenn im Folgenden von »Humanismus« die Rede sein wird, so ist damit keine anthropologische Lehre oder politische Philosophie gemeint, sondern eine literarische und pädagogische Bewegung, die im Italien des 14. Jahrhunderts anhob, sich im 15. Jahrhundert über ganz Italien und seit dem 16. Jahrhundert europaweit ausbreitete. Die Träger dieser Bewegung nannten ihr Betätigungsfeld »studia humanitatis« und sich selbst neben anderen Titeln auch »humanistae«. Erst Mitte des 19. Jahrhunderts wurde der Neologismus »Humanismus« als geistesgeschichtlicher Epochenbegriff geprägt. Der in Leipzig lehrende Historiker Georg Voigt (1827-1891) hatte daran entscheidenden Anteil.[1] Auf Jahrzehnte hinaus den Stempel aufgedrückt hat der Humanismusforschung aber bald darauf Jacob Burckhardt.[2] Der Humanismus bildete einen Baustein in seiner

1 Seine umfangreiche Studie »Die Wiederbelebung des classischen Altertums oder das erste Jahrhundert des Humanismus« wurde 1854 erstmals aufgelegt, im Anschluss an die Publikation von Burckhardts Kulturgeschichte der Renaissance aber grundlegend überarbeitet; ADB, Bd. 40, S. 204.

2 Die »Kultur der Renaissance in Italien« erschien 1860; von Voigts Studie nahm Burckhardt erst kurz vor der Endredaktion seines Renaissance-Buches Kenntnis, so

Theorie der Renaissance, die in ein noch weiter ausgreifendes Modernisierungskonzept eingebettet war.

Für Burckhardt besiegelte die Renaissance das Ende des Mittelalters. Dieses skizzierte er in wenigen prägnanten Strichen als von »Glauben, Kindesbefangenheit und Wahn« verschleiertes Zeitalter. Habe sich der mittelalterliche Mensch nur »in irgendeiner Form des Allgemeinen« wie der Korporation oder Familie erkannt, so sei er in der Renaissance zum »geistigen Individuum« erwacht und habe seine Umwelt aufgrund einer objektiven Betrachtung aller Dinge gestaltet.[3] Die nationale Vorreiterrolle ordnete Burckhardt Italien zu. Er führte sie nicht nur auf die architektonische Präsenz der Antike zurück,[4] sondern auch auf die politischen Strukturen, die sich im Spätmittelalter gebildet hätten. In Italien habe sich kein Lehenssystem entwickelt, wie es in den europäischen Monarchien zur Hauptstütze des Staats geworden sei, und die Universalgewalten Kaiser und Papst seien seit dem 14. Jahrhundert um ihren Machtanspruch gebracht worden. So hätten sich im Schatten der mittelalterlichen Herrschaftsnorm Staaten gebildet, »deren Dasein rein tatsächlicher Art war«.[5] Ihre politische Praxis sei in der zweckrationalen italienischen Stadtkultur verankert gewesen. Damit sah Burckhardt in der Renaissance den »modernen europäischen Staatsgeist zum ersten Mal frei seinen eigenen Antrieben hingegeben«.[6]

Der Humanist verkörperte in Burckhardts Renaissancetheorie einen von mehreren Typen des modernen Individuums. Gleich wie der Gewaltherrscher, Söldnerführer, Künstler und Architekt habe der Humanist den neuen subjektiven Entfaltungstrieb schrankenlos ausgelebt. Dessen Wirkungen bewertete Burckhardt äußerst ambivalent. Vom Egoismus des Renaissancemenschen leitete er zweierlei ab: die Explosion schöpferischer Leistungen in allen Kulturbereichen und die Steigerung der Destruktivität im politischen, ja menschlichen Verhalten allgemein. Seien die Humanisten in ihrer Originalität durch den Nachahmungszwang der Antike auch limitiert,[7] so gehörten sie doch zu den Entgrenzten und Entgrenzenden, deren Hinterlassenschaft die moderne Welt sei. Burckhardt

dass sie sein Bild des Humanismus nicht beeinflusst haben dürfte; Ferguson: Renaissance, S. 190.

3 Burckhardt: Die Kultur, S. 76.

4 Vgl. die ersten Abschnitte im Kapitel »Die Wiederentdeckung des Altertums«, ebd., S. 98 f.

5 Ebd., S. 2.

6 Ebd.

7 Vgl. die Ausführungen zur beschränkten »Freiheit« der neulateinischen Literatur im Vergleich etwa zur bildenden Kunst; ebd., S. 98.

sah in ihnen gerissene Fürsprecher einer neuen Amoralität. Sie hätten ihre Autorität aus der Kenntnis und virtuosen Imitation antiker Autoren gezogen, ohne deren ethische Gebote ernst zu nehmen.[8] Abgehoben von der lebendigen Volkskultur und aus der geistigen Enge des Christentums in ein ebenso befreiendes wie haltloses Heidentum entflohen, seien die Humanisten zu kongenialen Erziehern und Ratgebern der illegitimen, skrupellosen Gewaltherrscher aufgestiegen. Ihr Gelehrtenstatus habe aber nur erlaubt, den Machthunger im Schatten der Macht auszuleben. Dort seien sie sich gegenseitig im Weg gestanden: Von der Gier nach Ruhm und Geld und vom Neid auf erfolgreiche Mitstreiter zerfressen, hätten sie sich mit Spott und Lästerungen übergossen und damit dem Ruf ihres gesamten Standes geschadet.[9] Burckhardt schuf der modernen Intelligenz eine wenig schmeichelhafte Legende, indem er ihre Begründer als »furchtbares Geschlecht von geistreichen Ohnmächtigen« charakterisierte.[10]

Seine Interpretation der Renaissance als Beginn der Moderne implizierte keinen kontinuierlichen Geschichtsverlauf vom 15. Jahrhundert bis in seine Gegenwart. Sein Verständnis der Geschichte war vielmehr dialektisch im Hegel'schen Sinn.[11] Auf die Selbstbefreiung des Menschen zur höchsten kreativen und destruktiven Leistungsfähigkeit folgte die christliche Moralkeule der Reformation und Gegenreformation, die wiederum von der aufklärerischen Synthese von Rationalismus und Tugendlehre abgelöst wurde. Sein eigenes Zeitalter sah Burckhardt in der schöpferischen Falle einer Herrschaft der Mittelmäßigkeit, verankert im starren System der Verfassungsdemokratie.

Kritik an Burckhardts Renaissancemodell wurde schon bald nach Erscheinen seines Buches laut. Der Aufschrei der Mediävisten über die stiefmütterliche Behandlung des Mittelalters übertönte aber andere Einwände. Für die Renaissanceforschung wurde Burckhardts theoretischer Wurf maßgebend. In seinem Bann stand auch das Humanismusverständnis in und außerhalb Italiens während fast eines Jahrhunderts. Erst in den sechziger Jahren des 20. Jahrhunderts wurde der Humanismus auf neue geistesgeschichtliche Grundlagen gestellt. Den wichtigsten Beitrag zur Abkehr von Burckhardt leistete der amerikanische Philologe und Philosophiehistoriker Paul Oskar Kristeller, der seine akademische Laufbahn im Deutschland der zwanziger Jahre begonnen hatte. Ohne Burckhardts In-

8 Burckhardt sprach vom »irremachende[n] Einfluss des Altertums: Dieses störte ihre Sittlichkeit, ohne ihnen die seinige mitzuteilen.« Ebd., S. 154.

9 Ebd., S. 152 f.

10 Ebd., S. 92; Hardtwig: Jacob Burckhardts Kultur, S. 14.

11 Zu Hegels Einfluss auf Burckhardts Renaissancetheorie vgl. Gombrich: Art.

dividualisierungsthese offen anzugreifen, verschob Kristeller die Akzente von dessen Humanismusbegriff markant.[12] Der tiefe Bruch zwischen Mittelalter und Renaissance wich einem allmählichen, fast unscheinbaren Übergang. Kristeller führte die Wurzeln des Humanismus auf die Professionalisierung im Verfassen von Geschäftsbriefen und Urkunden zurück. Sie habe im 11. Jahrhundert mit der Lehre der »ars dictaminis« eingesetzt, die sich zuerst an der Kurie institutionalisiert und von da aus über ganz Italien und Frankreich ausgebreitet habe.[13] Damit ließ Kristeller die gelehrte Anknüpfung an die römische Rhetorik bereits tief im Mittelalter beginnen. Dass sie sich in der italienischen Gelehrtenkultur leichter entfalten konnte als anderswo, erklärte Kristeller mit dem späten und unvollständigen Eindringen der Scholastik sowie mit dem Aufschwung der öffentlichen Rede in den italienischen Stadtstaaten seit dem 13. Jahrhundert.

Der Humanismus stand demnach für die Ausweitung einer mittelalterlichen Tradition der Rhetorik auf weitere Wissensgebiete und für ihre qualitative und funktionale Annäherung an die römische Antike. Kristeller bezeichnete die Humanisten als Spezialisten der Grammatik, Rhetorik, Poetik, Geschichte und Morallehre. Dabei berief er sich auf eine Definition der »studia humanitatis« durch den Humanisten Tommaso Parentucelli.[14] Damit ließ er sie auch an die »artes liberales« anknüpfen, die an der mittelalterlichen Universität den höheren Studien des Rechts, der Theologie und Medizin als Propädeutikum vorangestellt waren. Die Humanisten, so Kristeller, hätten nicht nur eine Änderung des Curriculums in den freien Künsten, sondern auch deren Aufwertung auf das Niveau der höheren Fakultäten gefordert.

Mit diesen Präzisierungen wandte sich Kristeller gegen die Deutung des Humanismus als »Philosophie der Renaissance«, die in der Nachfolge Burckhardts entstanden war. Stattdessen plädierte er dafür, »dass die italienischen Humanisten [...] weder gute noch schlechte Philosophen waren, sondern überhaupt keine«.[15] Ihren Schriften lasse sich keine feste Lehre entnehmen, außer das grundsätzliche Vertrauen in die menschliche Vervollkommnung durch die humanistischen Fächer.[16] Daher müsse man den Neuplatonismus, den man zuvor als politikfern-höfische Spielform

12 Eine beiläufige Bestätigung der neuen ideologischen Mittelpunktstellung des Menschen lieferte Kristeller etwa in seinem Aufsatz »Die humanistische Bewegung«, in: ders.: Humanismus, Bd. 1, S. 26 f.; s. ebenso Bd. 2, S. 80 f.

13 Ebd., Bd. 1, S. 97, 121.

14 Ebd., S. 103, 237 (Fußnote 60).

15 Ebd., S. 94.

16 Ebd., S. 28.

des Humanismus interpretiert hatte, von diesem systematisch trennen. Er gehöre wie die Scholastik unter den Oberbegriff der Philosophie. Das Verhältnis von Humanisten und Philosophen stellte Kristeller in die Tradition des alten Gegensatzes von Sophisten und Sokratikern:

> Da sich der Rhetoriker als einer versteht, der über alles redet und schreibt und der Philosoph versucht, über alles nachzudenken, sind beide von jeher als Rivalen in dem Anspruch aufgetreten, den Geist universal zu bilden.[17]

Die Polemik der Humanisten gegen die Scholastiker erschien damit nicht mehr als Kampf der Moderne gegen das Mittelalter, sondern als Interessenkollision zweier Wissenssysteme, die sich in Italien etwa zeitgleich durchgesetzt hatten.[18] Das Attribut »modern« wurde von Kristeller aus dem Vokabular der Humanismusforschung gestrichen. Die Frage, welche Stellung die Renaissance zur Gegenwart des 20. Jahrhunderts einnahm, interessierte ihn wenig. Aus seinen Schriften lässt sich ableiten, dass er die Epoche eher für mittelalterlich hielt. Die geistesgeschichtliche Schwelle zur Moderne setzte er Ende des 16. Jahrhunderts bei Galileo Galilei an, weil dieser mathematische Methoden auf die Physik angewandt habe.[19] Dem Humanismus sprach er zwar eine breite Langzeitwirkung im Bildungswesen, in der Literatur und politischen Rhetorik zu, als modernisierend stufte er diese Wirkung aber nicht explizit ein.

Auch Burckhardts Einschätzung des Humanismus als atheistisches Heidentum lehnte Kristeller ab. Er führte sie auf eine zu »eigentliche« Lesart der antiken Götterallegorien in humanistischen Schriften zurück.[20] Atheisten und Pantheisten seien in der Renaissance kaum zu finden. Was die Humanisten hingegen angetrieben habe, sei

> das ständig und unwiderstehlich zunehmende nicht-religiöse geistige Interesse, das sich weniger dem Inhalt religiöser Lehren widersetzte, als vielmehr mit ihnen um die Gunst und Aufmerksamkeit des einzelnen und der Öffentlichkeit wetteiferte.[21]

Der Humanismus sei daher weder als religiöse noch als antireligiöse Bewegung zu sehen, sondern als gelehrte und literarische Bewegung, die sich nur am Rande aus religiösen Themen gespeist habe.[22] Das sei nichts

17 Ebd., S. 19.
18 Ebd., S. 40.
19 Ebd., S. 131.
20 Ebd., S. 70.
21 Ebd., S. 71.
22 Ebd., S. 73.

Neues, sondern bloß »eine Angelegenheit der Intensität und Verschiebung der Schwerpunkte«.[23] In diesen Ausführungen ist kaum eine Theorie der abendländischen Säkularisierung angelegt.

So unbestreitbar die meisten Korrekturen an Burckhardts Renaissancebild sind, so viel bleibt bei Kristeller im Vergleich zum Erklärungsangebot Burckhardts auf der Strecke. Nicht nur, dass er sich über den Zusammenhang von Humanismus und Moderne weitgehend ausschweigt. Verflicht Burckhardts Darstellung politische, kulturelle und soziale Komponenten zum Gesamtbild einer Epoche, so durchbricht Kristellers Ansatz nur sporadisch den Rahmen der traditionellen Geistesgeschichte.[24] Kommt hinzu, dass sein Humanismusbegriff inkohärent und über Italien hinaus kaum anwendbar ist. Die Definition der Humanisten als Spezialisten von fünf Disziplinen harmoniert nicht mit der Beobachtung, dass sie sich als intellektuelle Generalisten verstanden und die gelehrten Spezialisten zur bevorzugten Zielscheibe machten. Das Problem besteht darin, dass Parentucellis Unterteilung der »studia humanitatis« keinen festen Kanon der humanistischen Beschäftigungen erfasste. Seine Fünferzahl findet man in humanistischen Texten denn auch selten.[25] Viel häufiger hingegen nannten sich die Humanisten »poetae et oratores«, womit sie ihrem Selbstbild als vielseitige Sprachvirtuosen mit öffentlichem Redeauftrag Ausdruck gaben.[26] Worüber zu reden oder besser: nicht zu reden war, bedurfte keiner Präzisierung. Man verhandelte, was man für öffentlich relevant befand.

Dass Kristellers Humanismusbegriff über Italien hinaus kaum praktikabel ist, hat auch mit seinem Konzept der fünf humanistischen Fächer zu tun. Wie gezeigt, folgt aus ihm die Trennung von Humanisten und Philosophen. Sie ist schon für Italien problematisch, weil die Florentiner Neuplatoniker trotz ihrer sporadischen Kritik der Rhetoriker dem huma-

23 Ebd., S. 71.

24 Bedeutsam ist Kristellers Verweis auf die Formen des humanistischen Gelderwerbs, weil er mit der Vorstellung aufräumt, man habe es bei den Humanisten mit den ersten freien Schriftstellern zu tun. Vom Schreiben konnte nur eine kleine Spitze der Humanisten leben, während die meisten als Lehrer der Grammatik und Rhetorik an Universitäten und höheren Schulen arbeiteten oder als Sekretäre im Dienst von Fürsten oder Städten standen; ebd., S. 96; zur sozialen Stellung der deutschen Humanisten vgl. Kap. 4.5.

25 Robert Black erwähnt, um Kristellers Fächerdefinition zu untermauern, neben Parentucellis Katalogisierungsvorschlag für die Bibliothek der Medici auch Petrarcas Einteilung seiner Studiengebiete; allerdings hat Petrarca den Begriff der »studia humanitatis« nicht auf diese Einteilung bezogen (die zudem noch die Kategorien »Scholastik« und »Philosophie« enthält); Black: Humanism, S. 248 f.

26 Auch »philosophus« trifft man als Selbstbezeichnung regelmäßig an! Vgl. Gray: Renaissance, S. 500.

nistischen Stilideal eng verhaftet blieben, ganz zu schweigen von ihren philologischen Studien, Kommunikationsritualen und ihrer Kritik an Fachgelehrten. Im europäischen Kontext erübrigt sich die Unterscheidung vollends, weil der Neuplatonismus in der Rezeption des Humanismus inbegriffen war. Die ersten Humanisten in Deutschland und Frankreich bekannten sich fast ausnahmslos als glühende Anhänger des Florentiners Marsilio Ficino. Sie studierten die platonische Philosophie bzw. »Theologie« und legten davon in humanistisch gedrechselten Schriften Zeugnis ab.[27]

Die Humanismusforschung hat seit Kristellers Studien neue Horizonte erschlossen, ohne sich von seinen Hauptprämissen zu verabschieden. Die Weiterfahrt auf der geistesgeschichtlichen Schiene hat in der angelsächsischen Forschung einem Relativismus Vorschub geleistet, der dem Humanismus jegliche ideelle Innovationsleistung und Eigenständigkeit abspricht. Robert Black endet auf diesem Weg bei der Definition, dass ein Humanist jemand sei, der wie andere Humanisten handle.[28] Sollte der Humanismus über die mittelalterliche Gelehrsamkeit »objektiv« [!] nicht hinausgelangt sein, stellt sich die Frage, warum er zu einer europaweiten Erfolgsgeschichte werden konnte. In einigen Antworten wird das »subjektive Bewusstsein der Neuerung« betont:[29] Die Humanisten seien irrtümlich von der innovativen Leistung ihrer Studien überzeugt gewesen und hätten es verstanden, aus diesem Irrtum eine Gewissheit breiter Kreise zu machen.[30] Andere vermuten, der Humanismus sei zu einer Mode avanciert, die jenen, die sich mit ihr bekleideten, ein Überlegenheitsgefühl vermittelt habe.[31] Von praktischem Nutzen sei er aber weder für den Herrscher noch für den Stadtbürger gewesen. Seine »moralischen Plattitüden und Banalitäten« hätten in der komplexen Realität keine Orientierung geboten. Am wenigsten seien die Humanisten selbst ihren Lehren gefolgt.[32] Black zieht das Fazit, der Humanismus habe die instabile politische Elite Italiens mit dem neuen Angebot eines antikischen Bildungsadels geködert. Dieses habe ihnen über Investitionen in Klassikerlektüre und sprachliche Fertigkeiten eine dauerhafte Abgrenzung nach unten in

27 Vgl. Kap. 4.4.

28 »A humanist is thus someone who acts like other humanists«; Blacks Position ist insofern repräsentativ, als er sie in der New Cambridge Medieval History ausführen kann; Black: Humanism, S. 252; seine Verneinung jeglicher intellektueller Neuerungen durch die Humanisten: ebd., S. 249, 265.

29 Gray: Renaissance Humanism, S. 500.

30 Black: Humanism, S. 273.

31 Gombrich: From the revival, S. 71.

32 Black: Humanism, S. 274.

Aussicht gestellt. Den europaweiten Erfolg des Humanismus führt Black darauf zurück, dass die europäische Gesellschaft den Irrglauben adoptiert habe, niemand sei ohne die Lektion des Humanismus zum Führen und Regieren befähigt.[33]

Blacks Erklärung der sozialen Attraktivität des Humanismus hat viel für sich, steht aber in offenem Widerspruch zu seiner Verneinung jeder gelehrten Innovation durch die Humanisten. Mit ihrem substantialistischen Inhaltsbegriff verbaut sich die philologische Humanismusforschung Kristeller'scher Prägung die Sicht auf den Neuerungsschub, den die humanistische Bewegung ausgelöst hat. Humanistische Texte an ihrer inhaltlichen Originalität zu messen ist etwa so sinnvoll, wie physikalische Traktate nach ihrem poetischen Gehalt zu bewerten. Der Hauptinhalt humanistischer Texte war die Sprache selbst! Die rhetorische Gestaltung des Textes rückte in den Mittelpunkt der Bewertungsskala. Die Abwendung von der mittelalterlichen Gelehrsamkeit war in erster Linie eine sprachlich-stilistische, in zweiter Linie auch eine des literarischen Kanons und der Gattungen. Man gab sich als Humanist zu erkennen, indem man klassisches Latein imitierte, Gemeinplätze der römischen Literatur ausbreitete und antike Autoren zitierte, die als Repräsentanten dieses Stilideals galten. Dieser Code war für Leser und Zuhörer, die die lateinische Sprache einigermaßen verstanden, unmittelbar greifbar, was zur Attraktivität humanistischer Bildung als kulturelles Kapital beitrug.

Die Aufwertung der Sprache vom Werkzeug zum Objekt und Inhalt gelehrter Tätigkeit ist unabhängig vom humanistischen Bildungsbegriff schwer zu verstehen. Der Geltungsanspruch der »studia humanitatis« ging weit über das Monopol auf einzelne Fächer hinaus. Die Bedeutung von »humanitas« schillerte schon in der Antike. Dem Wort lagen zwei verschiedene griechische Begriffe zugrunde: »philanthropia«, mit einem semantischen Spannbogen von »Menschenliebe« bis »Höflichkeit«, und »paideia«, das »Bildung« oder »Erziehung« bedeutete. Das Spannungsverhältnis zwischen den beiden Strängen ist schon römischen Autoren aufgefallen, und sie haben es durch autoritative Reduktionen zu lösen versucht. Aulus Gellius stellte fest, dass diejenigen, die Latein beherrschten, »humanitas« nicht im populären Sinn der Gutmütigkeit und Menschenliebe verwendeten, sondern nur in der Bedeutung von »Erziehung und Ausbildung in den Freien Künsten«.[34] Obwohl sich Gellius auf Cicero berief, hinderte das die Humanisten nicht daran, mit dem semantischen Mehrklang von »humanitas« gezielt zu spielen. Damit verliehen sie dem

33 Ebd., S. 275-277.
34 Zit. nach Black: Humanism, S. 248.

hegemonialen Anspruch ihrer Bildung Nachdruck – abgesehen davon, dass es ohnehin nie zum Geschäft des Rhetorikers gehörte, den Reichtum der Mehrdeutigkeit einer unmissverständlichen Sprache zu opfern.

Stand die Rhetorik im Zentrum eines Bildungsangebots, das den gesamten Menschen zu veredeln vorgab, so konnte sie nicht bloß technische Fertigkeit im Umgang mit Stilfiguren umfassen. Die Humanisten grenzten die hohle Sophisterei von der »vera eloquentia« ab und ließen diese aus der harmonischen Verbindung von Weisheit und Stilsicherheit hervorgehen.[35] Nach Cicero definierten sie die Beredsamkeit als »reichhaltig sprechende Weisheit«.[36] Die Klassikerkenntnis war integraler Bestandteil der Rhetorik. Und diese stand allen Wissenschaften als krönende Instanz vor – so wie die Humanisten über allen gelehrten Fachspezialisten thronten. Als Lehrer der Literatur waren sie Lehrer des Lebens.

Warum fanden die Humanisten mit diesem Bildungsprogramm bei den Eliten Gehör? Erstens fiel ihr unerschütterliches Vertrauen in die Macht des Wortes in eine Zeit rasant ansteigender Schriftlichkeit, die die Eliten in Politik und Wirtschaft stärker erfasste als die Mittel- und Unterschichten.[37] So suspekt uns heute das Zusammendenken von schöner Sprache und schöner Seele ist, so überzeugend musste es auf Menschen wirken, die rituellen Sprechakten und der zu Schrift erstarrten Sprache traditionell einen sakralen Gehalt zuordneten. Die Sprache war kein Schlauch, der Informationen transportierte, sondern Verkörperung heiliger Traditionen und Trägerin einer Macht, die ihren eigenen Zeichen entsprang. Von diesem magischen Sprachverständnis floss viel in den Humanismus ein; entscheidend war, dass er es auf den innerweltlichen Kontext übertrug. So lag dem manischen Bemühen um die reine »restitutio« antiker Texte die Einstellung zugrunde, dass der Nimbus einer Schrift entschwinde, sobald ihr Wortlaut verändert werde. Darum verlangte man, literarische Funde »summa cum devotione«, mit höchster Ehrfurcht, philologisch aufzubereiten.[38] Italienische Humanisten führten sie wie Reliquien aus Deutschland und Frankreich an ihren angeblichen Herkunftsort, die »patria Italia«, zurück. Als Reliquie fungierte aber nicht das Manuskript, sondern der Text. Es handelte sich also um das Paradox einer reproduzierbaren Reliquie. Die Humanisten präsentierten sich als Entdecker und Verbreiter magischer Schätze, deren Heiligkeit die Antike verbürgte. Die Magie hu-

35 Gray: Renaissance, S. 498, 508.

36 »Nihil enim est aliud eloquentia nisi copiose loquens sapientia […].« Cicero: De partitione oratoria 79.

37 Rüegg: Der Humanist, S. 160-162.

38 Anregungen zu den sakralisierenden Tendenzen der humanistischen Philologie verdanke ich Elisabeth Stein.

manistischer Texte wirkte – und darin übertraf sie jene der Reliquie – in doppelter Weise: In der materiellen Präsenz von Prachteditionen (die zusammen mit Reliquien ausgestellt wurden) und dauerhaft durch Inkorporation mittels Lektüre. Gemessen am scholastischen Nominalismus, der zwischen sprachlichem Zeichen und Inhalt unterschied, sich aber auf theologische Themen beschränkte, resakralisierte der Humanismus die Sprache – bei gleichzeitiger Säkularisierung des Themenfeldes.

Zweitens war im Mittelalter kein Bildungsversprechen derart hochtrabend wie das der Humanisten.[39] Fundament ihrer Schulgründungen war die Propaganda von der Veredlung des Menschen durch gezielte Unterweisung. Die Äußerung dieses Optimismus ebenso wie die Resonanz, die er hervorgerufen hat, sind Anzeichen einer signifikanten Säkularisierung. Darunter ist nicht die Abwendung von Kirche und Glauben zu verstehen, sondern die Konstruktion öffentlicher Räume, die der Dominanz des Religiösen entzogen wurden. In diesen Räumen konnte sich eine Subjektivität entfalten, die über mittelalterliche Ausdrucksformen hinausging. Für eine positive Einschätzung des Menschen gaben Bibel und Theologie wenig her. Die Aufhellung des Menschenbilds war auf ein stärkeres Eindringen anthropologischer Lehrmeinungen aus der heidnischen Antike angewiesen. Der Transfer wurde dadurch erleichtert, dass die Humanisten für die Vorbildlichkeit der Antike kaum werben mussten. Das kaiserzeitliche Rom war durch das Mittelalter hindurch ein ideologischer Bezugspunkt ersten Ranges geblieben, und viele heidnische Autoren hatten längst kanonischen Status.

Grundsätzlich neu und ein dritter Grund für die Attraktivität des Humanismus war die Geschichtstheorie, das antike Bildungsgut sei im Zug der »saecula obscura« verschüttet worden und habe ein zivilisatorisches Vakuum hinterlassen, auf das Italiens permanente Unbill zurückzuführen sei. In der humanistischen Behauptung, die Antike in ihrem wahren Reichtum wiederaufleben zu lassen, schwang das Versprechen mit, Italien zu seiner alten Größe zurückzuführen. Daher trifft der Begriff der Renaissance das Epochenverständnis vieler italienischer Humanisten ziemlich genau. Hingegen setzte es sich außerhalb Italiens kaum durch, weil dort die hehren Anfänge der herrschaftlichen Traditionen in jenen Jahrhunderten verankert waren, die in Italien zu den »tenebrae« gerechnet wurden. Hier wie dort warben die Humanisten aber mit dem Versprechen, die Gegenwart einer ruhmvollen Vergangenheit anzunähern.

39 Dem Glauben in die Formbarkeit des Subjekts tat es keinen Abbruch, wenn einzelne Humanisten auch über die Trostlosigkeit des Lebens und die Verworfenheit des Menschen referierten; Black: Humanism, S. 249 f.

Als kulturelles Kapital, das unmittelbaren Gewinn eintrug, bot sich die humanistische Bildung sozialen Aufsteigern an – einschließlich der meisten Humanisten. Für die etablierten Eliten hingegen stellte sie eine Herausforderung dar. Denn mit ihrem Ideal des Bildungsadels redeten die Humanisten keiner stabilen Elitenkontinuität das Wort, sondern dem meritokratischen Erwerb adligen Ranges. Doch die etablierten Eliten nahmen diese Herausforderung fast überall an. Ausschlaggebend dürfte gewesen sein, dass die Humanisten für die Aufstiegshilfe der Mächtigen ein konkurrenzloses Gegengeschäft anboten: literarische Verwandlung in und Verewigung als Helden antiker Größe. Bei Verweigerung der Aufstiegshilfe drohte das Gegenteil. Die Erpressbarkeit der Eliten durch die Virtuosen der Feder erreichte im Humanismus eine neue Dimension. Mit seinem Verherrlichungs- und Verdammungspotential wurde der Humanismus für Patriziatsfamilien, Adlige und Fürsten zu einem relevanten Faktor. Die Humanisten führten soziale und politische Privilegien ex post auf meritokratischen Erwerb zurück. In der Praxis trugen sie also zur Abschließung der etablierten Eliten nach unten bei, die im 15. und 16. Jahrhundert ganz Europa erfasste. Die von ihnen eingeführten Formen der Macht- und Prestigeinszenierung stabilisierten bestehende Hierarchien. Um sich die reichen Aufsteiger vom Hals zu halten, konnten die Mächtigen begabten Gelehrten zum Aufstieg verhelfen, von denen keine existentielle Gefahr ausging. Insofern war der praktische Nutzen des Humanismus direkt gegeben. Den größten Erfolg feierte der Humanismus aber dort, wo ihn die Herrschenden nicht nur instrumentalisierten, sondern auch seinen Rezepten folgten. Diese kann man auf die Formel bringen: Ohne römische Bildung keine römische Herrschaft.

Das Verhältnis zwischen Herrschern und Humanisten beruhte auf dem Prinzip des »do ut des«, aber es war und blieb ein Verhältnis von Ungleichen, das dauerhafte Spannungen erzeugte. Sosehr sich die Humanisten auch als Klienten im Propagandaauftrag ihres Patrons sahen, ihr Bildungsanspruch ging über diese Dienstleistung hinaus. Zum einen beanspruchten sie für einen Teil ihrer Studien wie die philologische und editorische Tätigkeit weitreichende Autonomie von ihren Gönnern. Dass sie ihnen oft gewährt wurde, ist Anzeichen für die prestigebildende Wirkung humanistischer Studien unabhängig von ihrem Gegenstand. So entstand ein literarischer Diskurs, der keiner externen Macht dienstbar war. Zum andern verstanden die Humanisten den Lobredner als Vorstufe zum Erzieher und Ratgeber. Als Beherrscher des praktischen Wissens stellten sie sich den Beherrschern der Gesellschaft als ebenbürtige Partner zur Seite. Damit fanden sie zwar teilweise Gehör, erhielten aber nie die gleichrangige Stellung, die sie sich ausgemalt hatten. Nicht einmal an der

Dominanz der Juristen im Staatsdienst konnten die Poeten und Oratoren rütteln. Und ihre Forderungen nach einer politischen Einheit oder zumindest Einigkeit (pseudo)antiken Zuschnitts scheiterten stets am Primat der dynastischen Familienpolitik.

Die Eigendynamik des humanistischen Politikdiskurses lässt sich an der Konstruktion Italiens und Deutschlands exemplarisch ablesen. Sie erfolgte nicht abseits der politischen Bühne in einem Verdrängungsakt intellektueller Ohnmacht, sondern in offenem Austausch und mit begrenzter Unterstützung von herrschaftlicher Seite. Das hinderte die Humanisten nicht daran, in ihren Ideologien den Rahmen des politisch Möglichen zu sprengen. So einfältig und praxisfern uns diese Ideologien auch erscheinen mögen, sie griffen der politischen Praxis weit voraus und waren durchaus von langfristiger Wirkung. Ohne den Einfluss des Humanismus ist die politische Rhetorik im modernen Nationalstaat nicht zu denken. Die moderne Politikrhetorik steht mit ihrer moralischen Eindringlichkeit, die aus der Reduktion von Komplexität bis zur Realitätsverweigerung gewonnen wird, auf den Schultern der humanistischen Propaganda.

Um abschließend die in der Kapitelüberschrift gestellte Frage nach der Modernität des Humanismus zu beantworten: Der Humanismus war nicht Vater der Moderne, wenn man diese mit Rationalisierung, Dominanz der Naturwissenschaften, Industriekapitalismus, Demokratie und egalitärer Gesellschaft in Verbindung bringt. Als Ahn der Moderne ist er aber zu betrachten, wenn man die manipulative Macht des Wortes in seiner öffentlichen Inszenierung zu den Grundbedingungen moderner Sozialdisziplinierung zählt.

2. Von der Antike zum Humanismus: patria und natio im Mittelalter

Aufbau und Argumentation

Der Nationsdiskurs des deutschen Humanismus geht aus historischen Prozessen hervor, die Jahrhunderte zurückreichen. Es sind mehrere Entwicklungsstränge ohne einheitlichen Ursprung, die in ihm zusammenlaufen. Die deutsche Humanismusforschung hat den Blick hauptsächlich nach Italien gerichtet, um Erklärungen für das neue Sprechen in nationalen Bezügen zu finden. Sie hat sich dabei von der Analogie leiten lassen, dass das humanistische Nationskonzept den gleichen Weg genommen haben müsse wie die humanistische Bewegung als Ganzes: von Italien nordwärts. Die Belege lagen offen zutage: Die italienischen Humanisten rückten den Begriff des Deutschen in ein neues Licht. Nicht nur stempelten sie die Deutschen zu Barbaren, sondern beschrieben Topographie und Klima ihres Landes, zeichneten Leitlinien einer deutschen Geschichte und machten Tacitus zugänglich. Wurde der italienische Einfluss so hoch veranschlagt, konnten auch die Töne nicht fehlen, die das Nationskonzept der deutschen Humanisten zu einem »undeutschen« Produkt abqualifizierten.

Dabei übersahen viele Historiker, dass gewisse Leitmotive des humanistischen Nationalismus nicht aus Italien kommen können. »Natio« etwa ist für die meisten italienischen Humanisten kein kollektiver Ehrbegriff, sondern ein Pejorativum, mit dem sie Heiden oder Barbaren außerhalb Italiens bezeichnen. Auch die Antiromanitas des deutschen Humanismus – die stereotype Sittenkritik an den »Welschen« – speist sich nicht aus dem italienischen Vorbild, sondern aus einer langen Motivkette, die die Auseinandersetzungen zwischen Imperium und Sacerdotium seit dem 11. Jahrhundert begleitet haben. Folgt man anderen mittelalterlichen Wurzeln des humanistischen Nationsdiskurses, endet man häufiger in Frankreich als in Italien.

Der Haupteinfluss italienischer Humanisten auf das deutsche Nationskonzept ist im Bereich der Ideologiebildung zu suchen. Die entscheidenden Anstöße gehen von Gelehrten aus, die in kurialen Diensten stehen. Ihre Einstellung zu Resteuropa ist offensiv und ambivalent, pendelnd zwischen pädagogischer Bekehrung und kollektiver Stigmatisierung. Das ruft ebenso zwiespältige Gegenreaktionen hervor. Die humanistischen Lehrlinge in Deutschland bewundern ihre Vorbilder und ahmen sie nach, grenzen sich von ihnen aber gleichzeitig ab. Dabei bedienen sie sich eines Nationsdiskurses, der auf der politischen Reichsbühne entstanden ist. Diesen Diskurs steigern sie zur Ideologie. Wohl und Ehre der Nation werden zur verbindlichen Handlungsanleitung und zur neuen Orientierungsinstanz.

Auf der politischen Reichsbühne hat sich der Nationsdiskurs im Verlauf des 15. Jahrhunderts entfaltet, mit Vorläufern, die bis ins 13. Jahrhundert zurückreichen. Seine Leitbegriffe sind natio und patria. Sie werden affektiv aufgeladen und in formelhafte Aufrufe zur selbstlosen Pflichterfüllung eingebaut. Ihrer semantischen und diskursiven Wandlung gilt das Hauptaugenmerk des folgenden Kapitels.

In die Propaganda weltlicher Herrschaften findet »patria« früher Eingang als »natio«. Ausgangspunkt ist die Neuentdeckung des römischen Rechts im späten 11. Jahrhundert. Die patria verpflichtet schon zuvor zu Selbsthingabe und Todesbereitschaft, steht aber für das unsichtbare Reich Gottes im Himmel. Mit der antiken Vaterlandsdoktrin des römischen Rechts wird die himmlische patria wieder auf die Erde geholt und den europäischen Monarchien einverleibt. Resultat dieses Transfers ist eine Steigerung des Sakralstatus von König und Reich. Wer für die patria seines regnums stirbt, wird zum Märtyrer und im Jenseits belohnt. Gleichzeitig wird das antike Rom als »patria communis« aller römischen Bürger multipliziert und auf die verschiedenen monarchischen Herrschaftskörper übertragen.

Der monarchische patria-Diskurs ist auf innenpolitische Mobilisierung gerichtet. Er fordert für das königliche Vaterland den gleichen Einsatz wie für die Christenheit. Damit dient er der Integration und Disziplinierung von Eliten. Die gegenseitige Verpflichtung von Vasall und Lehensherr wird abgelöst vom einseitigen Aufopferungswillen des Untertanen für den König. Kommt die Rede auf die patria, wird nicht an die Pflichten des Königs gemahnt. Der König steht für die patria. Der patria-Diskurs zeichnet die Gesellschaft nicht als Stufenleiter, sondern als Körper, dessen Haupt und Lenker der Monarch ist.

Dieses Herrschaftsverständnis findet ein Äquivalent im staatsrechtlichen Postulat, der König sei Kaiser in seinem Reich. Schweißt die patria das Reich von innen her zusammen, so sichert der staatsrechtliche Diskurs die monarchische Herrschaft nach außen ab. Beide Diskurse zielen auf politische und ideologische Autonomie von den christlichen Universalgewalten: Die monarchische patria steht in Konkurrenz zur Kirche, der monarchische Kaiser in Konkurrenz zum Imperium.

Der patria-Diskurs fasst in westeuropäischen Monarchien am frühesten Fuß. In Frankreich entfaltet er sich parallel zum Ausbau der Zentralgewalt. Als die Monarchie im Hundertjährigen Krieg in Bedrängnis gerät, folgen königsnahe Eliten seinen Geboten der Selbstaufopferung. Die Rezeption in Deutschland setzt spät ein. Zur Zeit der Konflikte zwischen Ludwig IV. und dem Papsttum überträgt Lupold von Bebenburg sowohl den staatsrechtlichen Autonomie- als auch den patria-Diskurs auf die deutschen Verhältnisse. Dass der König in seinem Herrschaftsgebiet keine höhere Macht anerkenne, ist nun gegen den Papst gerichtet, während der Appell an die patria Germania den deutschen Fürsten gilt.

Im Unterschied zu Frankreich schafft der monarchische patria-Diskurs in Deutschland von Beginn an eine Gegenwelt zur Realität. Die Aufforderung an die politischen Akteure, ihr Handeln dem Kaiser und deutschen Vaterland unterzuordnen, steht in Kontrast zur Dezentralisierung des Reichsverbandes. Da das monarchische Vaterland kaum von politischen Strukturen getragen wird, vermag es in Deutschland alternative politische Vaterländer nicht zu verdrängen – die Reichseliten bleiben ihrer eigenen politischen patria verpflichtet.

Auch die deutschen Humanisten haben mehrere Vaterländer. Ihr patria-Diskurs ist Zeichen einer multiplen Identität. Je nach Kontext und Publikum ist ihnen die Stadt, Region, Landesherrschaft oder deutsche Nation eine politische patria. Alle diese Vaterländer verpflichten zu Lob und Verteidigung. Eine hierarchisierende Abstufung drängt sich nur bei seltenen Loyalitätskonflikten auf. In diesem Fall kommt der patria Germania meist prioritäre Bedeutung zu. Leistungen für die lokale und regionale patria werden auf das Konto der Nation übertragen. Dem entspricht auch, dass die Humanisten die deutschen Fürsten dazu anhalten, ihren Privatnutzen dem Wohl des deutschen Vaterlandes unterzuordnen.

Als der Humanismus in Deutschland Fuß fasst, ist die monarchische patria längst in den politischen Nationsdiskurs eingegangen. Die Politisierung des natio-Begriffs hat ihren Ursprung in mittelalterlichen Institutionen, die Ortsfremde nach Herkunftsregionen in Gruppen, so genannte nationes, einteilen. Weniger an den Universitäten als am Konzil von Konstanz geschieht dabei das Entscheidende: Die institutionsinternen Gruppen werden zu Repräsentanten einer abstrakten Gemeinschaft, treten als autonome Akteure auf und nehmen eigene Ehre in Anspruch. Zwischen den nationes bilden sich agonale Beziehungen. Gleichzeitig bezieht sich der natio-Begriff zunehmend auf Sprachgruppen. Dabei wirkt die Fremd-, nicht die Eigenwahrnehmung kollektivbildend. Denn die Mitglieder einer Sprachnation können sich in ihren verschiedenen regionalen Mundarten gar nicht verständigen. Wegen des verwandten Klangs ihrer Sprachen werden sie von Anderssprachigen aber in einen Topf geworfen. Der abstrakte Charakter der Sprachnation kommt darin deutlich zum Ausdruck.

Die nationes-Debatte auf dem Konstanzer Konzil findet über verschiedene Kanäle Eingang in den politischen Nationsdiskurs. Der Gravaminadiskurs bekämpft im Namen der natio Germanica die Missbräuche der römischen Kurie; die italienischen Humanisten in römischen Diensten verteidigen die Kurie gegen die natio Germanica und rufen die Deutschen zum Türkenkrieg auf; vor allem aber stellt die habsburgische Propaganda die kaiserliche Politik vor den Ständen in den Dienst der nationalen Ehre. Friedrich III. und Maximilian I. verankern die politische Repräsentation der deutschen Nation im Kaisertum. Damit prägen sie das humanistische Nationskonzept. Der kaiserliche Nationsdiskurs zielt auf finanzielle und militärische Einbindung der Reichsstände in die habsburgische Territorialpolitik. Er stellt Deutschland als politisch und sittlich bedroht dar. Aus Fremdenangst soll politische Einigkeit resultieren. Im Unterschied zu Frankreich gelingt es hier aber nicht, die Stände von der angeblichen Identität nationaler und dynastischer Interessen zu überzeugen. Die Habsburger können wegen der Machtstellung der Reichsfürsten und ihrer eigenen geographischen und interessenpolitischen Randposition im Reich keinen Grundkonsens über die Prioritäten einer nationalen Politik herstellen. Ihrem Nationsdiskurs kommt daher eine kompensatorische Funktion zu: Die geringe rechtliche Handhabe des Reichsoberhaupts zur Disziplinierung und Ausbeutung der Reichsstände wird durch eine emotionalisierende und moralisch verpflichtende Rhetorik aufgewogen.

Für die Habsburger selbst wird der Nationsdiskurs nie handlungsleitend. Das »nationale Interesse« spielt in ihren Plänen keine Rolle. Dynastische Politik und Adelskonkurrenz besetzen die politische Agenda und prägen das Selbstbewusstsein. In dieser Hinsicht liegen zwischen der deutschen Nation des Kaisers und jener der Humanisten Welten.

Dass patria und natio Hauptbegriffe von Herrschaftsdiskursen sind, ist den Humanisten bewusst. Ihr Nationskonstrukt ist kein Hirngespinst machtferner Intellektueller, die an Studierstubeneskapismus leiden und im Buchdruck einen Machtersatz finden. Sie verstehen ihre Forschungen, Schriften und Reden als Erweiterung der kaiserlichen Propaganda, und Maximilian versteht das genau so. Die Humanisten zählen zur habsburgischen Klientel außerhalb oder am Rande des Hofes. In dieser Position sehen sie sich legitimiert, auch den Kaiser auf ihre nationalistischen Grundsätze zu verpflichten.

Im folgenden Kapitel wird vorwiegend mit einer diskursgeschichtlichen Methode gearbeitet. Sie gewährleistet, den Wandel von Vorstellungswelten in einem beschränkten Bereich quellengestützt nachzuzeichnen. Nützlich ist dabei die Unterscheidung von Begriff und Konzept. Ist der Begriff an ein Wort gebunden, dessen Bedeutung der Wandlung unterliegt, so bezeichnet das Konzept eine semantische Konstante, die durch verschiedene Wörter ausgedrückt werden kann. Die Linguistik kennt für Konzept den Begriff des Paradigmas, einer Reihung bedeutungsverwandter Wörter, die einander in einem bestimmten Sinnzusammenhang ersetzen können.

Für den vorliegenden Fall bedeutet diese Unterscheidung, dass von einem Nationskonzept auch gesprochen werden kann, wenn der natio-Begriff nicht vorkommt. Umgekehrt gilt das Gleiche: »natio« allein macht noch kein Nationskonzept. Für die begriffsgeschichtliche Herleitung der humanistischen Nation ist ein Paradigma zu bilden, das von »natio«, »gens«, »stirps«, »linguagium«, »populus«, »res publica« und »patria« bis zu »regnum« und »imperium« reicht. Wird im Folgenden gezeigt, wie sich das humanistische Nationskonzept aus dem Bedeutungswandel von »natio« und »patria« herausschält, so sind immer wieder das gesamte Paradigma und seine Verschiebungen ins Blickfeld zu rücken. Dass hier die beiden Begriffe im Mittelpunkt stehen, erklärt sich aus ihrer zentralen Stellung im humanistischen Nationsdiskurs.

2.1. Der Diskurs der patria: Monarchische Elitendisziplinierung

Neue Formen, über Herrschaft zu sprechen, sind mehr als Anzeichen neuer Herrschaftsformen. Sie selbst können Herrschaft neu formen. Diese Behauptung wird von der Herrschaftsverdichtung im Spätmittelalter in vielen Bereichen bestätigt. In den Monarchien Europas wies die Herrschaftssprache dem Machtapparat den Weg. Die Rede von Machtanspruch und Gehorsamserwartung ging weit über die herrschaftlichen Möglichkeiten hinaus, die die Realität erlaubte. Gerade deshalb aber war die sprachliche Indoktrination unersetzlich. Sie hatte da zu wirken, wo die Herrschaft nicht stark genug war, um durch ihre materielle Gewalt die Verhältnisse zu ändern.

Der Diskurs des monarchischen Vaterlands war Bestandteil der herrschaftlichen Indoktrination im Spätmittelalter. Er wurde von Leitmotiven getragen, die später in den humanistischen Nationalismus eingingen. Dazu gehörte die ideologische Autonomisierung monarchischer Herrschaft, der Rückgriff auf antike Staatsbürgerpflichten zur Untertanenmobilisierung und die Steigerung des Gelehrtenwettbewerbs im Namen verschiedener Herrschaften. Erst am Ausgang des Mittelalters fand die monarchische »patria« Eingang in den noch jungen Nationsdiskurs. Obwohl »patria« und »natio« nie ganz kongruent wurden, bildeten sie die Eckpfeiler eines Herrschafts- und Gemeinschaftsdiskurses, dessen Wirkung bis in die Gegenwart reicht.

Die Nachfolgereiche Karls des Großen waren über Generationen zentrifugalen Kräften ausgesetzt, die nicht einmal vor den Krondomänen Halt machten. Erst im 12. Jahrhundert setzte ein gegenläufiger Prozess der Herrschaftsverdichtung ein. Aus ihm gingen der hohe Adel und besonders die Spitzen der Lehenspyramide, die gekrönten Häupter, als Gewinner hervor. Während dieser Prozess im Reich schleppend in Gang kam und im Spätmittelalter auf eine dezentrale Fürstenherrschaft hinauslief, waren in Frankreich die Weichen zu einem zentralistischen Flächenstaat früher gestellt. Zu den Voraussetzungen der Herrschaftsverdichtung gehörten gesellschaftliche Faktoren wie Bevölkerungswachstum, Städte- und Universitätsgründungen, Kreuzzüge, Ausbau von Verkehrswegen, Handel und Gewerbe. Wichtig war aber auch ein bildungsgeschichtlicher Paradigmenwechsel. Zu diesem trug die politische Philosophie des Aristoteles bei, die über den arabischen Kulturraum vermittelt worden war.[1] Noch

1 Reinhard: Geschichte, S. 102 f.

entscheidender dürfte aber die Wiederentdeckung des römischen Rechts gewesen sein. Das corpus iuris civilis lieferte die staatsrechtliche Handhabe für eine neue Herrschaftskonsolidierung und mit Unterstützung des kanonischen Rechts das Gedankengut zur Konstruktion einer Untertanenideologie unbedingter Staatstreue. Im Zentrum dieser Ideologie stand der Begriff der patria.

Die christliche Kultur des Frühmittelalters hatte den antiken Vaterlandsdiskurs nur spärlich, äußerst selektiv und unter starken Bedeutungsverschiebungen übernommen. Zum einen schrumpfte der innerweltliche Gehalt von »patria« zum engeren Raum zusammen, in dem ein Individuum verwurzelt war.[2] Zum anderen entrückte die christliche Theologie die politische patria der Römer ins Jenseits. Auf der Basis von Augustins dualistischem Weltbild wurde das Gebot der Selbstaufopferung für den eigenen Herrschaftsverband in den himmlischen Gottesstaat verlagert, in die »patria caelestis«, »aeterna« und »immortalis«.[3] Das Hingeben des Lebens für die vergänglichen Güter des irdischen Jammertals verhieß keinen himmlischen Lohn mehr. Gefordert waren Geringschätzung des Weltlichen und Opferbereitschaft für Glauben und Kirche. Schon im Diesseits war dem Christen die einzig wahre patria das unsichtbare Reich Gottes. Der Märtyrertod »pro fide« öffnete die Tür zur »patria communis« der himmlischen Stadt Jerusalem.[4] Im Zeitalter der Kreuzzüge erreichte diese Ideologie ihre höchste Breitenwirkung. Gleichzeitig aber sah sie sich entscheidenden, in die Moderne weisenden Aufweichungstendenzen ausgesetzt.[5]

Die Terminologie des christlichen Märtyrertods blieb trotz veränderter Semantik über Jahrhunderte jener der antiken Vaterlandsdoktrin gleich. Diese hatte im Justinianischen Zivilrecht exemplarische Gestalt erhalten. Neben dem topischen Freitodvokabular, das an den Begriff der patria communis gebunden war, blieben dem theologischen Diskurs auch die antiken Staatstugenden der »pietas« (Ehrfurcht) und »caritas« (Pflichtbewusstsein) erhalten, obgleich sie dem weltlichen Kontext enthoben waren.[6] Die allmähliche Resäkularisierung dieses theologischen Diskurses zeichnete sich in der Kreuzzugsideologie ab. Schon in den kirchlichen Versprechen neigte sich das himmlische Vaterland der Erde zu, wenn der

2 Eichenberger: Patria, S. 54.
3 Ebd., S. 32; zum patria-Begriff in Frankreich von der Spätantike bis ins 16. Jahrhundert, mit viel Belegstellen und wenig Systematik: Dupont-Ferrier: Le sens.
4 Kantorowicz: Die zwei Körper, S. 243.
5 Ebd., S. 244, 247, 254.
6 Ebd., S. 250 f.; zur Terminologie der römischen Antike vgl. Eichenberger: Patria, S. 29.

Tod »pro terra sancta« im Kampf um die *irdische* Stadt Jerusalem als Eintrittsbillett in den Himmel angepriesen wurde. Ungleich weiter ging diese Entwicklung im Verlauf der politisch motivierten, weltlichen Kreuzzüge des 13. Jahrhunderts. Nun bot die Übertragung des römischen Rechts auf die Monarchien Europas die Möglichkeit, den sakralen Vaterlandsdiskurs zu säkularisieren und im Gegenzug die Sakralisierung der königlichen Macht voranzutreiben.

2.1.1. »Le saint royaume de France« als »patria communis«

Die Erhebung von außerordentlichen Kirchensteuern wurde im kanonischen Recht schon um 1210 mit der Armut und Notwendigkeit der »patria« begründet.[7] Eine entsprechende Argumentation für weltliche Belange folgte wenig später. In Frankreich wurden von der Mitte des 13. Jahrhunderts an Steuern »pro defensione (natalis) patriae« erhoben. Dieser Sprachgebrauch war an die kirchlichen Kreuzzugssteuern »pro defensione Terrae sanctae« angelehnt. In der Regierungszeit Philipps des Schönen (1285-1314) wurde der patria-Begriff deckungsgleich mit dem Herrschaftsgebiet des französischen Königs.[8] Entsprechende juristische Konstruktionen erfolgten in der gleichen Zeit für England, Spanien und Sizilien.[9]

Das römische Recht bildete auch die Basis für eine einheitliche Untertanenideologie. Es verpflichtete jeden römischen Bürger, sich dem Heil des Staats bedingungslos zu unterwerfen. Die »Digesten« predigten, dass der Sohn seinen Vater und der Vater seinen Sohn umzubringen habe, wenn es für die patria von Nutzen sei.[10] Der Tod fürs Vaterland, so stand es in Anlehnung an Horaz, sei stets »dulcis«, süß.[11] Den »Institutionen« entnahmen die Legisten, dass die im Kampf für die »res publica« Gefallenen »per gloriam« ewig lebten.[12] Der Nachruhm auf Erden trat von Neuem an die Stelle der ewigen Seligkeit im Himmel.

Die »Digesten« unterschieden zwischen der »patria propria«, dem individuellen Herkunftsort eines jeden, und der »patria communis« aller römischen Bürger, Rom. Letztere genoss in jeder Beziehung den Vorrang.

7 Post: Two Notes, S. 284 f.
8 Kantorowicz: Die zwei Körper, S. 244 f.; Schneidmüller: Nomen, S. 262 f.
9 Post: Two Notes, S. 320; Kämpf: Pierre Dubois, S. 26; Kantorowicz: Die zwei Körper, S. 255.
10 Kantorowicz: Die zwei Körper, S. 253.
11 »dulce et decorum est pro patria mori«; Horaz: Carmina 3,2,13; Eichenberger: Patria, S. 26.
12 Kantorowicz: Die zwei Körper, S. 253.

Diese Hierarchie der Loyalitäten wurde schrittweise auf die europäischen Königreiche übertragen. Zuerst setzte man das eigene Königreich mit der patria propria gleich, stellte aber die antike Hierarchie auf den Kopf. Der um 1270 in Orléans lehrende Jacques de Révigny stritt Rom den Rang als patria communis noch nicht ab. Auf die Frage, ob man im Kriegsfall Rom oder der patria propria zu folgen habe, antwortet er aber: »dico quod stabis in patria tua«.[13] Dabei blieb es nicht lange. Der juristische Schachzug, der sich durchsetzte, war die Übertragung der Vorrangstellung Roms auf die einzelnen Monarchien. So wurde das gesamte »regnum Franciae« zur communis patria.[14] »Patria« bezeichnete hier das Territorium einer souveränen Königsherrschaft, die von ihren Untertanen bedingungslose Opfer erwartete. Wer dem Vaterland diente, beförderte das »bonum commune« einer abstrakten Gemeinschaft, die vom gekrönten Oberhaupt personifiziert wurde.[15]

Der Vaterlandsdiskurs hob die ideologischen Grundlagen des Lehenssystems in entscheidenden Punkten aus den Angeln. Bestanden in der Lehenspyramide zwischen allen Adelsrängen *gegenseitige* Verpflichtungen, so privilegierte der Vaterlandsdiskurs die Monarchie auf Kosten der Sekundärgewalten. Der irrtümlich auf Cato zurückgeführte Imperativ »pugna pro patria!« wurde von Juristen so ausgelegt, dass die Pflicht gegenüber der patria jeglicher Vasallentreue voranging.[16] Gleichzeitig ebneten sie die Todesbereitschaft des Vasallen »pro domino« und »pro fide« zur Aufopferungspflicht aller Untertanen für die patria ein. Eine analoge Loyalitätshierarchie wurde zwischen öffentlicher und privater Sphäre hergestellt. Dazu griff man auf Cicero und die »Digesten« zurück: Der »amor patriae« hatte weit über der Bindung an Familie und Verwandte zu stehen und sich im Konfliktfall gegen diese durchzusetzen.[17] Diese Botschaft war frontal gegen den adligen Habitus gerichtet.

Die doppelte Indienstnahme des antiken Vaterlandsdiskurses (durch die Anverwandlung des römischen Rechts und die Profanierung der himmlischen patria) bereitete den Boden für die politische Nivellierung der Gesellschaft in den Souveränitätstheorien der frühen Neuzeit. Die Kronvasallen sahen sich aufgefordert, ihre Autonomie und ihr Widerstandsrecht gegen den königlichen Lehensherrn aufzugeben – für den Dienst an der abstrakteren Obrigkeit der patria. Für die Stadteliten bedeutete

13 Schneidmüller: Nomen, S. 272; Post: Two Notes, S. 290 f.
14 Post: Two Notes, S. 290 f.; Kantorowicz: Die zwei Körper, S. 255.
15 Post: Two Notes, S. 294.
16 Ebd., S. 288; Kantorowicz: Die zwei Körper, S. 243.
17 Kantorowicz: Die zwei Körper, S. 250-51; Schneidmüller: Nomen, S. 262 f.

die »defensio patriae«, in ihren Gemeinwesen königliche Steuern einzutreiben. Der Vaterlandsdiskurs beschwor eine Ordnung, in der Fürsten und städtische Eliten als selbstgesteuerte Organe des königlichen Staatskörpers funktionierten. Die Beschwörung der *freiwilligen* Unterwerfung erhielt besonderes Gewicht, weil die administrativen Apparate der Könige nicht fähig waren, aus eigener Kraft eine disziplinierende Drohkulisse aufzubauen.

Schon die römische patria-Rhetorik, die in der Verteidigungsbereitschaft von Haus, Hof und Familie wurzelte,[18] verlieh militärischer Aggression einen defensiven Anstrich. Entsprechend entwickelte man im Spätmittelalter Strategien, herrschaftliche Ausdehnung und militärische Aggression als Verteidigung der patria zu legitimieren. Auch hier war die Kreuzzugsideologie richtungsweisend: Wer sein irdisches Leben für die »Terra sancta« und das himmlische Vaterland aufs Spiel setzte, tat dies im Namen eines aggressiv-expansiven Unternehmens. Königsnahe Juristen nahmen diesen Legitimationsdiskurs auf. Baldus de Ubaldis (1327-1400), einer der einflussreichsten Kommentatoren des römischen Rechts, stellte die Behauptung auf, dass ein Soldat, der zum Nutzen der patria einen Feind töte, ein »göttliches Werk« leiste und dem Schöpfer ein Opfer darbringe.[19] Der Antrieb einer »publica caritas«, den Baldus dieser Tat unterlegte, musste nicht mehr einer akuten Bedrohungslage des Vaterlands entspringen. Präventive Beweggründe waren ausreichend.

Auch die Begriffe der »virtus patriae« und vor allem des »honor patriae« schlossen die Möglichkeit ein, im Namen des Vaterlandes anzugreifen.[20] Virtus und honor galten als Kerntugenden adliger Distinktion. Sie forderten dazu auf, die Konkurrenz mit dem Gegner zu suchen. Mannhaftigkeit war im offenen Wettstreit unter Beweis zu stellen, mit dem Ziel, weitere Ehre zu akkumulieren.[21] War der Aufruf zur »defensio patriae« ursprünglich an einen Angriff von außen oder eine akute innere Bedrohung gebunden, so schuf der Rückgriff auf den »honor patriae« die Legitimation, ohne Not gegen missliebige Akteure außerhalb des eigenen Territoriums militärisch vorzugehen.[22]

Parallel zum innenpolitischen Disziplinierungsdiskurs erfolgte die staatsrechtliche Ablösung der westeuropäischen Monarchien von den Universalgewalten. Dieser Vorgang lief über eine Pluralisierung spätantiker impe-

18 Mertens: Reich, S. 12-20; Kantorowicz: Die zwei Körper, S. 242 f.
19 Kantorowicz: Die zwei Körper, S. 254.
20 Eichenberger: Patria, S. 246.
21 Oexle: Aspekte, S. 23-25.
22 Eichenberger: Patria, S. 179.

rialer Vorrechte. Durch juristische Manipulationen am römischen Recht wurden kaiserliche Herrschaftsprivilegien den Königen zugesprochen. Mit den Formeln »rex est imperator in regno suo« und »rex superiorem non recognoscens in temporalibus« wurde der monarchische Autonomieanspruch nach außen getragen, komplementär zum innenpolitischen patria-Diskurs.[23] Wie eng die beiden Diskurse verflochten waren, lässt sich der Wendung entnehmen, jeder Fürst sei »in patria sua imperator«.[24] Auch die expansiv-aggressive Tendenz des patria-Diskurses hängt mit dem imperatorischen Diskurs zusammen. Denn die Rechtskommentatoren begnügten sich nicht damit, Könige zu »regionalen« Kaisern aufzuwerten. Die Usurpation imperialer Vorrechte erfolgte mit dem Ziel, die vorläufig auf das eigene Territorium begrenzte Amtsgewalt zu einem christlichen Universalreich zu weiten.[25] Man suchte nachzuweisen, dass die Deutschen ihren Anspruch auf den Kaisertitel verspielt hätten. Die provisorische Verteilung des Imperatorenstatus auf mehrere Köpfe trage dem Umstand Rechnung, dass das Universalreich in Trümmern liege.[26]

Aus dem Rechtssatz »rex est imperator in regno suo« resultierte also eine gesteigerte Konkurrenz unter den gekrönten Häuptern um den weltlichen Vorrang in der Christenheit. Ein beredtes Zeugnis dafür sind die Polemiken unter Rechtsgelehrten, die für unterschiedliche Herren und Reiche schrieben. Inmitten offensichtlicher Parteilichkeit aller Beteiligten konnte der Vorwurf mangelnder Unparteilichkeit nicht ausbleiben. Dies zeigt der maliziöse Kommentar des französischen Kanonikers Guillaume de Montlauzun (gest. 1343) zu den Glossen seines staufertreuen Kollegen Johannes Teutonicus (gest. 1245): Bei der Überordnung des Kaisers über die Könige habe jener, so Montlauzun, »favor patriae« betrieben: Heimatbegünstigung für das Gebiet des eigenen »Fleisches und Blutes«.[27] Schon früher als der Franzose hatte Vincentius Hispanus (gest. 1248) gegen Teutonicus polemisiert. Er parierte dessen Theorie der deutschen Weltherrschaft mit dem Argument, dass Spanien Karl den Großen zurückgeschlagen habe und die Deutschen seither durch eigene Dummheit das Imperium verloren hätten. Dann konterte er:

> Die Spanier aber haben allein durch ihre männliche Tugend das Imperium [!] erhalten und auch Bischöfe ernannt. Herrschen die Spanier

23 Post: Two Notes, S. 310.
24 Kantorowicz: Die zwei Körper, S. 256.
25 Kämpf: Pierre Dubois, S. 26; Post: »Blessed Lady Spain«, S. 208.
26 Kantorowicz: Die zwei Körper, S. 255.
27 »[...] Sed forsan favor patriae, que loco carnis et sanguinis est, hoc sibi revelavit [...]«; zit. nach Post: »Blessed Lady Spain«, S. 200.

> nicht in Frankreich, England, Deutschland und Konstantinopel aufgrund ihrer Gewalt über die gesegnete Herrin Spanien, deren Herrschaft sie aufrichten und die sie als Herrschende mit den Tugenden des Mutes und der Rechtschaffenheit weiter ausdehnen? Den Spaniern kommen eigene Verdienste und ihre Rechtschaffenheit zugute. Anders als die Deutschen bedürfen sie keines Korpus von Vorschriften und Gewohnheiten.[28]

Das Lob Spaniens gipfelt in Versen:

> Wer, o Spanien, kann deine Ruhmestaten aufzählen? / Reich an Pferden, berühmt für Speisen und strahlend vor Gold, / Standhaft, klug und von allen beneidet / Begabt in den Rechten und hoch oben auf erhabenen Säulen stehend.[29]

Die »nobilis Yspania«[30], so lautete Hispanus' Botschaft, habe sich aus eigener Kraft meritokratisch zum Imperium emporgeschwungen. Was seine Argumentation noch bemerkenswerter macht, ist der Kontrast zur damaligen politischen Ordnung. Auf der Iberischen Halbinsel verteilten sich mehr als ein halbes Dutzend Königreiche. Der Kanoniker erhob offenbar das Westgotenreich des frühen Mittelalters, wie er es in der »Historia de regibus gothorum« Isidors von Sevilla vorfand, zum imperialen Ideal der Zukunft.[31]

Historiker haben den monarchischen patria-Diskurs als Modernisierungsschub zum nationalen Einheitsstaat interpretiert. Ernst Kantorowicz sah die feudalen Königsherrschaften schon im 13. Jahrhundert zu »Nationalmonarchien« umgestaltet.[32] Aufgrund des anthropomorphen, ebenfalls der Kirche entlehnten Staatsbegriffs des »corpus reipublicae mysticum« sprach er von einer »nationalen Körperschaft« aller Reichs-

28 »Io. theutonice, excipe ipso iure exemptos Yspanos, qui karolum non admiserunt, nec eius pares. Sed ego Vinc. dico, quod theutonici per busnardiam perdiderunt imperium [...] Sed soli Yspani virtute sua obtinuerunt imperium et episcopos elegerunt [...]. Nonne in francia et in anglia et in theotonica et in Constantinopoli Yspani dominantur beate domine Yspanie, qui dominium pariunt, et dominantes audacie et probitatis virtutibus expandunt. Iuvantur ergo Yspani meritis et probitate, nec indigent corpore prescriptionum vel consuetudinem sicut theotonici.« Zit. nach Post: Two Notes, S. 307 f. (Fußnote 55).

29 »Quis valeat numerare, Yspania, laudes tuas? / Divis equis, preclara cibis auroque refulgens, / Parca fuge, prudens et cunctis invidiosa, / Iura sciens, et stans sublimibus alta columnis.« Ebd.

30 Ebd., S. 203.

31 Ebd., S. 207.

32 Kantorowicz: Die zwei Körper, S. 245, 254-256.

bewohner.[33] Unklar ist, ob er diese Begriffe auch auf den institutionellen Herrschaftsaufbau bezog. Gaines Post war in diesem Punkt eindeutiger. Ihm zufolge folgte der staatsrechtliche Anspruch, jede Monarchie verkörpere eine »völlig unabhängige, souveräne Nation«, einer längst eingeleiteten Nationalisierung der Herrschaftsstrukturen. Post kam so für die Regierungszeit Philipps des Schönen zum Schluss: »Nationalism in the modern sense of the word is almost fully at hand even in the legal theory, as it is in fact.«[34]

In der Tat ist der Zusammenhang von Herrschaftsausbau und Herrschaftsdiskurs im Frankreich des 13. Jahrhunderts nicht zu übersehen. Die militärische Expansion nach Westen (Eroberung der Normandie 1204) und Süden (Albigenserkriege 1209-1229) führte zur administrativen Durchdringung der unterworfenen Regionen mit königlichen Steuerbehörden. Später bemühte sich die Krone auch um eine engere Anbindung des Klerus. Unter Philipp dem Schönen gingen diese Bemühungen bis zum Versuch, direkten fiskalischen Zugriff auf den Kirchenbesitz zu erhalten. Papst Bonifaz VIII. sah darin eine Unterwerfung der Kirche unter die weltliche Obrigkeit und bekämpfte die französischen Bestrebungen erbittert (1296-1303).

Trotz der monarchischen Machtentfaltung ist Posts Kausalkette von Realität und Diskurs umzukehren. Der Herrschaftsapparat schritt der Herrschaftssprache nicht voran, sondern folgte ihr in beträchtlicher Distanz. Lokale und regionale Gewalten waren im spätmittelalterlichen Frankreich noch längst keine subalternen Befehlsempfänger. Der König konnte nur auf ihre Unterstützung zählen, wenn er ihre Interessen berücksichtigte. Handfeste Zwangsmittel, wie sie der moderne Staat kennt, standen ihm kaum zur Verfügung.

Gerade darum war es wichtig, dass sich der König mit symbolischer, das heißt diskursiv vermittelter Macht ausstattete. Seinen politischen Sakralstatus hatte er mit dem Titel des »christianissimus rex« und dem Mythos des heiligen Dionysius schon aufgebaut, als seine Macht noch kaum über die Grenzen der Krondomäne reichte.[35] Der patria-Diskurs erzeugte nun über die Dynastie hinaus eine Sakralisierung des Herrschaftsraums und seiner Bewohner. Er integrierte und homogenisierte die Untertanen mit der Verheißung, einem geheiligten politischen Körper anzugehören. Wohin der Weg führte, zeigen Stimmen, die zu Beginn des 14. Jahrhun-

33 Ebd., S. 274; zur organologischen Staatsauffassung im Mittelalter: Struve: Die Entwicklung.

34 Post: Two Notes, S. 292.

35 Ehlers: Elemente, S. 574-578.

derts im Kampf um Flandern und später im Hundertjährigen Krieg laut wurden. Diese setzten Widerstand gegen das »saint royaume de France«[36] mit Krieg gegen König Jesus, die katholische Lehre und das Heilige Land gleich. Hier wurde die Sakralisierung Frankreichs so weit getrieben, dass das Konzept des orbis Christianus mit dem geistlichen Haupt in Rom infrage gestellt war. Den patriotischen Worten folgten im Hundertjährigen Krieg Taten. Man starb mit Inbrunst für die Rettung des französischen Vaterlands.[37] Als Frankreich in seinem innersten Bestand erschüttert wurde, verfestigte sich die Pflicht zur defensio patriae endgültig im Habitus königsnaher Eliten.[38]

Dennoch ist der monarchische patria-Diskurs nicht als Auftakt zum modernen Nationalismus zu betrachten.[39] Konditionierte er das Verhalten der Eliten zum Monarchen, so blieb er eigentümlich stumm, was den Zusammenhalt der Bewohner Frankreichs betraf. Diese wurden im patria-Diskurs kaum homogenisiert durch Konstrukte wie gemeinsame Abstammung, Kultur, Werte oder Sprache. Die Geschichte Frankreichs leitete sich noch direkt von der Genealogie des Herrscherhauses ab. Die Heiligung des Vaterlands implizierte kein sakrales Nationskonzept, das alle Untertanen zu Auserwählten machte, sondern war auf die Monarchie zentriert. Daran änderte auch der Mythos des Neuen Israels wenig, der in Frankreich früh Fuß gefasst hatte. Denn auch dieser war viel elitärer konzipiert als entsprechende Varianten im hussitischen Böhmen oder in der Eidgenossenschaft.[40]

36 Zit. nach Kantorowicz: Die zwei Körper, S. 263.

37 Colette Beaune hat ein frühes patriotisches Verhalten im armagnakischen Adel ausfindig gemacht, der sich in Azincourt (1415) und Verneuil (1424) bereitwillig für König und Vaterland geopfert und später Ansätze eines patriotischen Totenkults entwickelt habe; Beaune: Naissance, S. 333 f.

38 Allmand: The Hundred Years War, S. 147.

39 Gaines Post behauptete sogar, der mittelalterliche Universalismus sei bereits von einer pluralistischen Ordnung souveräner Nationen abgelöst worden. Die von ihm zitierten Quellen lassen sich aber auch anders lesen. Wie das Beispiel des Vincentius Hispanus zeigt, war die Rezeption des römischen Rechts auf monarchischer Seite vom Antrieb geleitet, die Karten im Kampf um die imperiale Vormacht in Europa neu zu verteilen. Wer sich zum Imperator im eigenen Reich ausrufen ließ, schielte in der Regel auf die christliche Weltherrschaft. Genau dieser Ambivalenz trug Post in einem wenig späteren Aufsatz Rechnung, als er in Bezug auf Hispanus von einem »Spanish national imperialism« sprach; Post: »Blessed Lady Spain«, S. 198.

40 Die mittelalterliche Einschränkung des »peuple élu«-Konzepts auf die Spitzen von Adel und Kirche hat die französische Forschung zu wenig hervorgehoben; vgl. etwa Beaune: Naissance, S. 214-216; zur Eidgenossenschaft Marchal: Bellum, S. 125-127; zu Böhmen Graus: Die Nationenbildung, S. 107 f.

2.1.2. *Die patria Germania und das römische Recht: Lupold von Bebenburg*

Im nördlichen Reichsgebiet wurden das römische Recht und sein studiertes Fachpersonal vergleichsweise spät heimisch. Die ersten kaiserfreundlichen Rechtsauslegungen entstanden schon Anfang des 12. Jahrhunderts in Bologna. Es dauerte aber mehr als zwei Jahrhunderte, bis auch in Deutschland die Nachfrage nach römisch-rechtlicher Herrschaftsabsicherung stieg. Zu dieser Nachfrage trugen im 14. Jahrhundert kaiserliche Bestrebungen bei, sich vom Papst juristisch loszusprechen. Hauptstreitpunkt war aufgrund des päpstlichen Rechts der Kaiserweihe das Rechtsverhältnis von Königs- und Kaisertitel.[41] In dieser Sache hatten die kaiser- und papsttreuen Juristen schon unter der kurzen Herrschaft Heinrichs VII. (1310-1313) die Klingen gekreuzt. Die wegweisenden Publikationen entstanden aber während der Regierungszeit Ludwigs IV. (1314-1347).[42] Hintergrund war die verschärfte Konfrontation zwischen dem Kaiser und dem avignonesischen Papsttum, dessen Politik von der französischen Krone mitdiktiert wurde.

Um die ihm verweigerte Kaiserkrönung rechtlich überflüssig zu machen, hatte Ludwig 1338 die radikale Verfügung »Licet iuris« erlassen. Diese erklärte den von der Mehrheit der Kurfürsten erwählten Kandidaten zum »verus rex et imperator«, unabhängig von der Zustimmung des Papstes.[43] Die Kaiserkrönung in Rom blieb zwar ein wünschbares Ritual, wurde aber zu symbolischer Bedeutung reduziert. Wegen seiner Einseitigkeit hatte das »Licet iuris« keine Aussicht auf Akzeptanz außerhalb des Reichsverbands. Nur von Seiten der Kurfürsten erhielt Ludwig IV. vorsichtige Unterstützung. Diese sahen durch die päpstliche Politik ihre Stellung als Königswähler bedroht. Wenige Wochen vor dem königlichen Erlass hatten sie im Kurverein von Rhense den kurfürstlichen Wahlakt zur eigentlichen Königsernennung erklärt.[44] Ihr Fürstenspruch verkündete, dass der gewählte »rex Romanorum« seine Regierungsrechte im Imperium wahrnehmen dürfe, ohne die päpstliche Approbation abzuwarten.[45]

In der gleichen Zeit verfasste Lupold von Bebenburg (ca. 1300-1363) den fundiertesten Beitrag zum Rechtsverhältnis von Königswahl und

41 Miethke: Einleitung, S. 61-85.
42 Schubert: König, S. 32 f.
43 Text in: Weinrich (Hg.): Quellen zur Verfassungsgeschichte, 89, S. 290-293; Miethke: Einleitung, S. 90 f.
44 Text in: Weinrich (Hg.): Quellen zur Verfassungsgeschichte, 88, S. 286-291.
45 Miethke: Einleitung, S. 92-95.

Kaisertitel. Sein »Tractatus de iuribus regni et imperii Romanorum« lag spätestens Ende 1339 vor. Lupold war damals Offizial, d.h. Rechtsberater, des Bischofs von Würzburg. Später wurde er Fürstbischof von Bamberg. Er gehörte zum jungen Sozialtypus des juristischen Fachgelehrten im Klerikergewand mit hohen Aufstiegschancen.[46] Karrieremotor war das persönlich akkumulierte Bildungskapital. In den geistlichen Reichsterritorien wurde dieser Sozialtypus weit früher integriert als in weltlichen.[47]

Als Lupold seinen Traktat verfasste, standen dem König noch kaum Rechtsgelehrte in eigenen Diensten zur Verfügung.[48] Durch sein Offizialsamt und seinen Sitz in den Domkapiteln von Würzburg, Mainz und Bamberg war Lupold an der Reichspolitik direkt beteiligt. Das Zerwürfnis zwischen Kaiser und Papst musste für einen Vertreter der geistlichen Territorien besonders gravierend sein, da er einer doppelten Loyalitätspflicht unterlag.[49] Dass sich Lupold für die Sache des Kaisers einsetzte, war auch familiär bedingt. Seine Vorfahren standen als Reichsministerialen in dessen Gefolge.

Mit dem »Traktat über die Rechte des römischen König- und Kaiserreichs« verband Lupold ein Doppelziel. Er wollte die Ausübung der königlichen Herrschaft vom Wohlwollen des Papstes lösen und Aspirationen anderer Könige auf die Kaiserkrone unterbinden. Für diese doppelte Frontstellung entwarf er eine neue Argumentation. Er reduzierte den Anspruch auf die Universalität der Kaisermacht und machte den europäischen Monarchien Konzessionen. Dabei bediente er sich der königlichen Souveränitätstheorie, antwortete also auf den Rechtsdiskurs, der in Westeuropa geführt wurde. So stand der Traktat im Gegensatz zum königlichen Erlass nicht von vornherein im Abseits. Die methodische Annäherung ermöglichte es, der Kurie und Frankreich die als »deutsch« verstandenen Interessen juristisch begründet entgegenzuhalten. Lupolds Methode bestand darin, die Gegner mit ihren eigenen Waffen zu schlagen.

Mit der monarchischen Souveränitätstheorie löste Lupold die Königswahl vom päpstlichen Einfluss. Das Wahlverfahren unterscheide sich rechtlich nicht von der Thronfolge in einer Erbmonarchie.[50] Denn es sei aus der Erbfolge der deutschen Nachfahren Karls des Großen hervorgegangen:

46 Press: Soziale Folgen, S. 452; Dotzauer: Deutsches Studium und deutsche Studenten, S. 124. Zu Lupolds Biographie: Miethke: Einleitung, S. 1-61.

47 Dotzauer: Deutsches Studium, S. 124.

48 Moraw: Bestehende, fehlende und heranwachsende Voraussetzungen, S. 114; Janssen: Geschichte, Bd. 1, S. 574.

49 Miethke: Einleitung, S. 36.

50 Lupold: Tractatus 5, S. 286 f.; Barisch: Lupold, S. 282.

Das deutsche Reich aber besaßen die vom Geschlecht des besagten Karls abstammenden Könige, bis ihr Geschlecht oder zumindest dessen Macht in besagtem Königreich erlosch. Als dieses Geschlecht ausstarb, wählten die Fürsten und von Geburt Edlen der Franken, Alemannen, Bayern und Sachsen, die das gesamte deutsche Volk repräsentierten, den Herzog von Sachsen Heinrich I. zum König von Deutschland und der Franken.[51]

Sobald die »principes« im Namen des »populus Germanie« den König gewählt hätten, besitze dieser in seinem Herrschaftsgebiet die gleichen Vollmachten wie jeder andere König. Denn, so führt der Autor die entscheidend ergänzte kanonische Rechtsformel an: »rex seu electus in regem non habet superiorem in temporalibus« – der König oder zum König Gewählte gehorcht keiner höheren Macht auf Erden.[52] Die päpstliche Ernennung und Approbation sei für die Ausübung der königlichen Gewalt irrelevant.[53]

Auch der Titel des »rex Romanorum« hing für Lupold nicht von päpstlicher Zustimmung ab. Der »electus a principibus« nenne sich sogleich römischer König, nicht etwa »rex Germanie«. Der Titel zeige an, dass er Herrscher über mehrere Königreiche sei und der Kirche eine spezielle Ehrerbietung entgegenbringe. Lupold verneinte, dass der geographische Schwerpunkt des »regnum et imperium« deswegen in Italien liege. Das Königreich Italien sei bloß ein Anhängsel des deutschen Königreichs. Die Nachfolger Karls seien deutsche Könige gewesen. Erst nach dem Rückgewinn der italienischen Herrschaft habe Otto I. den Titel des »rex Romanorum« angenommen.[54]

Die kaiserlichen Vollmachten, die Lupold dem römischen König zusprach, erstreckten sich auf jene Territorien, die Karl der Große zum Zeitpunkt der translatio imperii besessen habe: die drei Königreiche Deutschland, Italien und Burgund. Ausgenommen war das Herrschaftsgebiet des »rex Gallie occidentalis«, das Lupold aus dem Nachfolgereich Karls des Großen entließ.[55] Das Reich des römischen Königs bezeichnete er als

51 »Regnum autem Germanie habuerunt reges de genere dicti Karoli descendentes, quousque defecit genus vel saltem potencia generis ipsorum in dicto regno. Quo genere deficiente principes et natu maiores Francorum, Alamannorum, Babarorum et Saxonum, qui representabant totum populum Germanie, elegerunt Heinricum primum ducem Saxonie in regem Germanie ac Francorum […].« Lupold: Tractatus 5, S. 288.

52 Ebd. 8, S. 312.

53 Ebd., S. 315.

54 Ebd. 5, S. 295.

55 Ebd. 7, S. 307.

»regnum et imperium«. Der Doppelbegriff zeigte zweierlei an: die Zentralstellung des *deutschen* Königtums innerhalb des Imperiums[56] sowie die einzigartige Machtfülle einer Herrschaft über mehrere Königreiche. Lupolds Theorie zufolge könnte man für den Rang des römischen Königs die Rechtsformel aufstellen: »rex imperator in regno et imperio suo«.[57]

Lupolds Begriff des »imperium« war mehrdeutig. Im Titel »regnum et imperium« bezeichnete er ein limitiertes »Reichskaisertums« mit besagter Ausdehnung. Kamen aber die Rechte der Kaiserweihe hinzu, umfasste er ein »Weltkaisertum« über die gesamte Christenheit.[58] Entscheidend war, dass Lupold die Exekution der imperialen Rechte nur im Kerngebiet des ehemaligen Frankenreiches ermöglicht sah. Den Souveränitätsanspruch anderer Monarchen erachtete er zwar als widerrechtlich, akzeptierte ihn aber als Resultat gewohnheitsrechtlicher Herrschaftsteilung.[59] Die kaiserliche »lex« war damit faktisch beschnitten,[60] und dem Imperator blieb die Ausübung seiner universalen Sonderrechte verwehrt.[61] Die Überordnung des Kaisers über alle Könige stand folgerichtig im Irrealis.[62]

Der Kaiser wurde damit nicht auf eine Stufe mit den Königen gestellt. Lupold beließ ihm das Amt des obersten Friedensrichters, der bei Rechtsverstößen in die Gerichtsbarkeit der Könige eingriff und Konflikte zwischen Monarchen beilegte.[63] Das höchste Prestige verlieh dem römischen König und Kaiser aber der Vorrang in der Kirche: Der »rex Romanorum« war aufgrund des fränkischen Erbes »defensor« und »advocatus ecclesiae«. Das Wohl der Kirche und des Papstes lag damit in seiner persönlichen Obhut.[64]

56 Ebd. 10, S. 334 f.

57 Miethke schlägt als Kerngedanken von Lupolds Theorie demgegenüber die Formel »imperator rex in regno et imperio suo« vor. Sie ist insofern missverständlich, als sie den Kaisertitel in den Mittelpunkt stellt, dessen Vollmachten Lupold gerade nicht unter Anwendung römischrechtlicher Kategorien abhandelte. Miethke: Einleitung, S. 111 f.; Lupold: Tractatus 11, 15.

58 Zu den Begriffen »Reichs-« und »Weltkaisertum« als Differenzierung von Lupolds imperialer Rechtstheorie vgl. Most: Der Reichsgedanke, S. 444-485; König: Monarchia, S. 34.

59 Lupold sprach von einer Weltherrschaft des römischen Kaisers »de iure«, die »de facto« nicht durchzusetzen sei; Lupold: Tractatus 11, S. 340, vgl. auch ebd. 15, S. 388; Barisch: Lupold, S. 305.

60 Krause: Kaiserrecht, S. 19 f.; König: Monarchia, S. 39.

61 Lupold: Tractatus 15, S. 388.

62 Miethke: Einleitung, S. 119.

63 Lupold: Tractatus 15, S. 388.

64 Die Verleihung dieses Privilegs erfolgte laut Lupold nicht, wie Joachim König meint, durch die päpstliche Kaiserweihe, sondern schon durch die Königswahl in

Mit so viel Ehre verbunden, musste das Imperium den Deutschen erhalten bleiben. Gefahr drohte vor allem von Frankreich. Mit ihrer Selbstdarstellung als Erben der karolingischen Franken verbanden die Kapetinger das Recht auf imperiale Würden. Sie beriefen sich auf die Theorie der translatio imperii, dass der Papst das Kaisertum von den Griechen auf die fränkischen Karolinger in der Person Karls übertragen habe. Lupold musste daher die anachronistische Frage klären, ob Karl der Große und die Franken Deutsche oder Franzosen gewesen seien. Karls Deutschtum versuchte er mit familiären, geographischen und sprachlichen Angaben zu belegen. Er berief sich auf Schriften Gottfrieds von Viterbo (1125-1191), der im Dienst der Staufer gestanden hatte. Dem »Speculum regum« entnahm er, Karl sei »Romuleus matre Theutonicusque patre« gewesen, und dem »Pantheon«, Karl sei in Ingelheim bei Mainz geboren.[65] Aus Chroniken anderer Autoren[66] leitete er ab, Karl habe den Monaten und Winden deutsche Namen gegeben und Gesetze in deutscher Sprache erlassen. Obwohl Lupolds Belegstellen Karls Sprache nicht als Zeichen seines Deutschtums anführten, hielt er sie für eindeutige Beweismittel:

> Aus alledem ergibt sich zur Genüge, dass der selbige Franke Karl Deutscher gewesen ist, und daraus wiederum, dass das Imperium nicht nur auf die Könige der Franken durch seine Person übergangen ist, sondern auch auf die Deutschen, weil es durch ihn zu seinen Söhnen und Nachfahren gekommen ist, die Deutsche waren.[67]

Erschien Karl als Deutscher aufgrund von Geburtsort, Sprache und geographischer Herkunft seines Vaters, so galt er als Franke aufgrund seines trojanischen Blutes. Die Abkunft von den Trojanern hob die Franken auf eine Stufe mit den Römern und gab der »translatio imperii ad Germanos« eine tiefere historische Legitimität. Dass Lupold in den Deutschen keine Blutsgemeinschaft sah, verdeutlicht sein Begriff der »naciones Germanorum«. Er bezeichnete alle Abstammungsgemeinschaften Deutsch-

Deutschland. Zur historischen Ableitung dieses königlichen Privilegs: Ebd. 3, S. 268 f., S. 322; König: Monarchia, S. 40.

65 Lupold: Tractatus 3, S. 260 f.

66 Einhard: Vita 29; Frutolf-Ekkehard: Chronicon, in: MGH SS 6, S. 164,45-52; Annalista Saxo ad ann. 811, in: MGH SS 6, S. 569,36-44; Sigebert: Cronica ad ann. 794, in: MGH 6, S. 335,56,58 f.

67 »Ex quibus omnibus satis colligitur eundem Karolum Francum fuisse Germanum, et sic ex consequenti non solum ad reges Francorum in personam suam transiit imperium, sed eciam in Germanos, quia in ipsum et suos filios et posteros, qui erant Germani.« Lupold: Tractatus 3, S. 261.

lands inklusive der Franken.[68] Was die Deutschen in Lupolds Augen verband, waren Sprache und Rechtstradition, vor allem aber die Ehren und Pflichten, die der politischen Zugehörigkeit zum »regnum Germanie« und dem Besitz des Imperiums entsprangen.[69]

Da »Germanus« keine genealogische Kategorie darstellte, genügte es nicht, Karl den Großen als gebürtigen Deutschen auszuweisen, um die Franzosen von seinem Erbe auszuschließen. Man musste ihnen die reine Bewahrung des fränkischen Trojanerbluts absprechen. Lupold unterstellte daher jenen Franken, die unter Karl nach Westen vorgestoßen seien, sie hätten sich mit der gallischen Bevölkerung vermischt. Er bezeichnete die französischen Adligen samt Königsfamilie als »Francigene«, Frankenabkömmlinge, verweigerte dem französischen König den Titel des »rex Francorum« und nannte ihn stattdessen »rex Gallie«.[70]

Lupold bemühte sich im »Tractatus«, die gegenwartsferne Kaisertheorie an die politische Großwetterlage seiner Zeit anzupassen. Das Resultat war eine Beschneidung des universalen Machtanspruchs zugunsten der monarchischen Souveränität in Deutschland, Italien und Burgund. Mit dieser nach außen gerichteten Lösung öffnete Lupold aber eine neue, reichsinterne Front: König versus Reichsfürsten. Die Aufwertung der Königswähler auf Kosten des Papstes erfolgte unter theoretischen Prämissen, die die Macht des gesamten Fürstenstands unterminierten. War der König gewählt, sahen sich Adel und Fürsten zu einflusslosen Herrschaftsobjekten reduziert. Das Prinzip, der König sei Kaiser im eigenen Reich, galt allgemein auch für die politischen Eliten in Deutschland. In diesem Punkt war Lupolds Theorie am brüchigsten, weil am wirklichkeitsfernsten. Denn das Königswahlrecht verlieh den Kurfürsten eine informelle Macht, die in Erbmonarchien kein Pendant hatte. Reichsintern konnte damit der Versuch, die Macht des römischen Königs über einen Rechtstransfer von der Erb- zur Wahlmonarchie zu stärken, kaum greifen.

Im Traktat schränkte Lupold die Fürstenmacht nur implizit ein. Deutlich wird schon, etwa anhand der Widmung an den Erzbischof von Trier, dass er die Kurfürsten enger in die Reichspolitik einbinden wollte. Der monarchischen Disziplinierung der Fürsten widmete Lupold eine andere Schrift. Sie wurde möglicherweise mit dem Traktat, sicher aber vor 1341

68 Ebd., S. 265.

69 In einem Brief an Benedikt XII. von 1338, als dessen Verfasser Jürgen Miethke Lupold vermutet, wird der Papst zur Respektierung der angeblich seit den Tagen Karls des Großen »in unserem Vaterland Deutschland [nostre patrie Germania]« in Kraft stehenden Rechtsgewohnheit aufgefordert; Miethke: Einleitung, S. 39.

70 Lupold: Tractatus 3, S. 262.

abgeschlossen.[71] Mit ihr richtete er sich offenbar an ein breiteres Publikum,[72] denn er wählte eine gängige Gedichtform mit vierzehnsilbigen, paargereimten Versen und beschränkte sich auf einen Umfang von 180 Zeilen.[73] Trotz fiktiver Rahmengeschichte und lyrischer Form betonte Lupold die rechtliche Verbindlichkeit des Textes. Er setzte 31 Glossen an den Rand, die den Rechtsgehalt einzelner Aussagen erläuterten. Die Schrift betitelte er als »Ritmaticum querulosum et lamentosum dictamen de modernis cursibus et defectibus regni ac imperii Romani«, als »Lyrische Klagerede über die gegenwärtigen Wendungen und Gebrechen des Römischen König- und Kaiserreichs«. Schon 1341 wurde sie von anderer Hand ins Deutsche übertragen, erzielte aber keine nachhaltige Wirkung und wurde erst 1841 wiederentdeckt.

Klage führt das personifizierte Römische Reich – ein bewährtes Stilmittel der Selbstzurücknahme des Autors bei höherer Autorisierung der Kritik. Vorbild waren (spät)antike Beschwörungen der »Dea Roma«, die in der Lyrik des Claudian exemplarischen Ausdruck gefunden hatten.[74] In Lupolds Gedicht erscheint dem lyrischen Ich auf einem Frühlingsspaziergang eine majestätisch schöne, dreifach gekrönte, aber einsame Dame. Sie gibt sich als »sacrum imperium romanum« zu erkennen und schildert ihre lange Wanderung von den Römern bis zu den Deutschen. Der historische Aufriss mündet in eine Klage ihres gegenwärtigen Jammerbildes und in beißende Kritik an den Schuldigen. Diese macht sie nicht etwa im Ausland, sondern im deutschen Adel ausfindig. Lupold tauschte, den monarchischen Diskurs in Frankreich nachahmend, beim Wechsel von der Außen- zur Innenpolitik das rhetorische Register. Er betonte nicht mehr die souveräne Macht des Kaisers in seinen Reichen, sondern appellierte an den freiwilligen Dienst für die »patria Germania«. Hatte Lupold schon die Abfassung des Traktats auf seinen »zelus fervidus patrie Germanie«, den »brennenden Eifer für das deutsche Vaterland«, zurückgeführt,[75] so forderte er im »Ritmaticum« von allen politischen Akteuren in Deutschland die Selbstaufgabe für die kaiserliche patria.

Die »nobiles Germanie« zur Zeit der Ottonen, blickt die edle Dame nostalgisch zurück, seien noch treue Diener des Imperiums und leidenschaftliche Verfechter der kaiserlichen Rechte gewesen. Sie hätten den Gemeinnutz vor den Eigennutz gestellt und alles getan, um dem Imperium

71 Senger: Lupold, S. 92; Barisch: Lupold, S. 326.
72 Senger: Lupold, S. 91 f.
73 Zum Versmaß ausführlicher: Miethke: Einleitung, S. 137.
74 Kytzler (Hg.): Roma, S. 242-261.
75 Lupold: Tractatus 19, S. 408.

zu helfen.[76] Beim Gedanken an die Gegenwart kommen der Dame die Tränen. Zahlreiche deutsche Adlige verübten in aller Offenheit Ungerechtigkeiten, indem sie dem Reich die kaiserlichen Rechte entrissen: »Ach, die Untreuen sind zu Schurken und Räubern geworden, und nicht wenige der Fürsten sind meine Verräter.«[77] Folgten Adel und Fürsten dem Eigennutz, schwinde die Verehrung der Untertanen für das Reich, bis das Reich selbst wanke:

> Die Deutschen ehren mich nicht sehr, unterstützen mich kaum, ja wissen nicht einmal, wer ich bin. Du siehst, dass die Italiener mich verachten, indem sie mich zum Gespött machen, und dadurch, dass sie nach Belieben ihren Tyrannen dienen. Diese Beleidigungen beflecken das deutsche Vaterland, aber sie [die Deutschen] rüsten sich nicht, um sich dagegen mit den Schwertern zu wehren. Obschon es das Recht der Völker ist, das Vaterland zu verteidigen, geben sie sich mir gegenüber keine Mühe, die Rechte des Vaterlands zu bewahren.[78]

Der antikische Ton der patria-Rhetorik wird hier zum offenen Anachronismus gesteigert. Das Imperium beschwört die Bürgertugenden der Deutschen, um die Adelseliten zu disziplinieren. »Bürger« im römischen Sinn, mit politischer Kontrollfunktion und Widerstandsrecht, gab es im Reich aber keine. Wen also meinte Lupold, wenn er sich an die »Deutschen« wandte? Wahrscheinlich den niederen Adel. Dieser bildete eine Stütze des Königtums. Und da ihm Lupolds eigene Familie angehörte, war seine Stilisierung zum Träger der alten deutschen Tugend nicht ganz uneigennützig.[79]

Im »Ritmaticum« ist die Rede vom Vaterland mit einem anderen Disziplinierungsdiskurs verknüpft, der sich etwa zeitgleich durchgesetzt hat.

76 Ders.: Ritmaticum, V. 75-84, S. 515-518.

77 »Nam quamplures nobiles Germani nunc patenter / Inferunt iniurias, michi non serviendo, / Sed toto posse mea iura diripiendo. / Heu infideles facti sunt fures et raptores, / Et nonnulli principum sunt mei proditores.« Ebd., V. 100-104, S. 519.

78 »Germani non multum me honorant, / Parum michi serviunt, ymmo, que sim ignorant. / Vides, quod Ytalici me spernunt deridendo / Et suis pro lybito tyrannis serviendo / He offense patriam Germanie contingunt, / Sed ad has propulsandas gladiis se non cingunt, / Cum sit iuris gentium patriam defensare, / In me iura patrie non curant conservare.« Ebd., V. 125-132, S. 521 f.

79 In der gereimten Schelte an die deutschen Fürsten dominiert die Perspektive des niederen Adligen reichsministerialer Herkunft die Weltwahrnehmung des geistlichen Karrieristen. Lupold lässt sich im Gedicht vom Römischen Reich als »meus ministerialis« anreden und bindet seine Berufung zum Sprachrohr des Reiches an seinen geerbten gesellschaftlichen Rang; ebd., V. 1-14, 170, S. 509, 524; Miethke: Einleitung, S. 137.

Es handelt sich um den Dualismus von »bonum commune« und »bona privata«, der sich im Zug der Aristotelesrezeption des 13. Jahrhunderts durchsetzte.[80] Um die Fürsten anzusprechen, baute Lupold keine polare Opposition zwischen diesen Begriffen auf. Er argumentierte subtiler, dass die »bona privata« erst gewährleistet seien, wenn jeder Adlige und Fürst das »bonum commune« fördere. Energisch ruft die majestätische Dame das lyrische Ich auf, in ihrem Namen selber Remedur zu schaffen:

> Aus der Treuepflicht, die dich an mich bindet, sollst du die deutschen Fürsten und Adligen dazu anhalten, dass sie mir fortan die geschuldete Ehre erweisen und sich bemühen, die benachbarten Völker wieder zum Dienst an mir zurückzuführen, von dem sie sich losgesagt haben und den sie schon zuvor aus Hang zum Hochmut vernachlässigt haben. Die Deutschen mögen zuallererst das Gemeinwohl fördern, und daraus mag reicher privater Nutzen entspringen.[81]

Mit der Niederschrift des Klagegedichts, so ließe sich die Geschichte weiterspinnen, war Lupold dieser imperialen Aufforderung nachgekommen.

Das personifizierte Reich im »Ritmaticum« klagt die deutsche Nobilität nicht in ohnmächtiger Verzweiflung an. Es droht mit Abwanderung. Den Fürsten lässt es ausrichten, bei fortdauerndem Ungehorsam werde es »ad gentem aliam« ziehen und da residieren, wo es Gott gefalle.[82] Lupold setzte damit einen klaren Rahmen: Verstanden es die Deutschen nicht, die alte Macht des Reiches wiederherzustellen, gab es wenig, was das Imperium in Deutschland halte.[83] Der gegenwärtige Reichsverband sei mit seiner politischen und militärischen Impotenz des Imperiums unwürdig. Lupold berief sich auf ein meritokratisches Machtprinzip und ließ das eschatologische Argument der nahen Endzeit fallen.[84] Gefährdet war nicht die Kontinuität des Imperiums als Garantin der Zukunft, sondern die Kontinuität Deutschlands als Trägerin des Kaisertums.

Das Konzept einer wiederholbaren Selbsttranslation des Reiches auf meritokratischer Basis stand in Widerspruch zum »Tractatus«. Dieser hatte das Kaisertum ans kurfürstliche Königswahlrecht gebunden und so

80 Post: Two Notes, S. 294.

81 »Ex fidei debito, quo michi obligaris, / Principes et nobiles Germanos alloquaris, / Ut honore debito deinceps me honorent / Et gentes finitimas reducere laborent / Ad meum servicium, a quo retrocesserunt / Et zelo superbie me pridem reliquerunt. / Germani primo bonum commune prosequantur / Et ex hoc multa bona privata consequantur.« Lupold: Ritmaticum, V. 143-150, S. 522 f.

82 Ebd., V. 157-160, S. 523.

83 Barisch: Lupold, S. 329.

84 Ebd.

eine weitere Translation ausgeschlossen. Lupolds Bereitschaft, mit einem kleinen Gedicht die eigene »Staatsrechtstheorie« aus den Angeln zu heben, konnte nur gezielt adressatenbezogenem Schreiben entspringen: Um Deutschland zu stärken und den deutschen Besitz des Imperiums zu sichern, musste man die Reichsfürsten anders ansprechen als den Papst und den französischen König. Hatte Lupold schon im Traktat die »translatio imperii ad Germanos« meritokratisch legitimiert, so spann er im »Ritmaticum« diesen Faden fort bis zum meritokratischen Verlust des Kaisertums. Dass Lupold dafür kein rechtliches Procedere aufgestellt hat, unterstreicht aber die rein rhetorische Appellfunktion dieses Szenarios.[85]

Lupolds Klagelied lädt dazu ein, den deutschen patria-Diskurs in Kontrast zum französischen Vorbild zu setzen. In Frankreich hatte der Aufruf zur Vaterlandspflicht den institutionellen Ausbau der Königsmacht vorangetrieben. Lupolds Anverwandlung des Diskurses fiel dagegen in eine Zeit, als das Reich zentrifugalen Kräften ausgesetzt war. Es liegt daher nahe, das weinende Imperium als Symbol für die Unvereinbarkeit von patriotischem Ideal und politischer Realität zu lesen. Damit aber ist der Kontrast zu Frankreich noch nicht erfasst. Denn zehn Jahre nach Lupolds Niederschrift des »Ritmaticums« setzte in Frankreich eine nah verwandte Klageliteratur mit Auftritten einer verbitterten »Francia« ein.[86] Auch sie war Ausdruck eines patriotischen Leidens an der Gegenwart, hatte doch die französische Krone nach dem Einmarsch des englischen Königs 1346 ihre Macht sukzessive eingebüßt. Der Unterschied zu Deutschland besteht darin, dass die patriotische Klageliteratur an einen etablierten Vaterlandsdiskurs anknüpfen konnte. Dadurch war ihr Dauer und Wirkung beschieden. Im Verlauf des Hundertjährigen Kriegs erhielt die »Mère France« einen festen Platz in der französischen Literatur und Kunst, trug zur Mobilisierung breiter Kräfte gegen die englischen »Invasoren« bei und unterstützte letztlich den Wiederaufbau der französischen Monarchie.[87]

Der patria-Diskurs im »Ritmaticum« besaß schon eine eskapistische Note. Sie fand nach langer Unterbrechung eine Fortsetzung im Nationskonzept der deutschen Humanisten.[88] Ehre und Pflichten der Deutschen

85 Zu den Zeilen, in denen das Imperium seine Abwanderungsgelüste offenbart, setzte Lupold keine Glosse, die die Legalität dieses Vorhabens erläutert.

86 Beaune: Naissance, S. 314-318.

87 Allmand: The Hundred Years War, S. 141.

88 Als Offizial von Würzburg und Mitglied dreier Domkapitel verfügte Lupold im Unterschied zu den meisten Vertretern des humanistischen Nationalismus über politischen Einfluss, wenn auch von beschränkter Reichweite. Dennoch scheint

wurden weiterhin an politische Ideale geknüpft, die die eigene Gegenwart überforderten. Politische Beiträge von gelehrter Seite mussten unter dieser Bedingung ein Studierstubendasein fristen. Die Konstruktion der »patria Germania« lief über Gegenwelten, und diese blieben bis in die Neuzeit eine Konstante gelehrter Reformbemühungen.[89]

2.1.3. Lupolds Deutschlandkonstrukt: Ein Universalisierungssprung

Wo steht Lupolds Deutschlandkonstrukt zwischen dem universalistischen Reichsdiskurs des Hochmittelalters und dem humanistischen Nationskonzept? Historiker haben den Bamberger Offizial in weltanschauliche Nähe zum zwei Generationen älteren Alexander von Roes gerückt.[90] Tatsächlich finden sich Parallelen in ihrer Argumentation gegenüber der französischen Krone. Wie Lupold hatte schon Alexander das Deutschtum Karls sprachlich begründet[91] und die Franzosen zu Mischlingen aus fränkischen Männern und gallischen Frauen erklärt – mit der Pointe, dass sich Kultur und Sprache der weiblichen Seite durchgesetzt hätten.[92] Auch Lupolds pejorative Bezeichnungen »rex Gallie« und »Francigene« könnten Alexanders »Memoriale« von 1281 entlehnt sein.[93] Schließlich hatte schon Alexander versucht, das Wahlrecht der Kurfürsten zu stärken, um den Deutschen das Imperium zu erhalten. Dabei argumentierte er aber anders als Lupold. Er vertrat die anachronistische Position, Karl selbst

der erfahrene Jurist keine Möglichkeit gesehen zu haben, die Macht in Deutschland auf politischem Weg zu zentralisieren und so dem französischen Vorbild gleichzukommen. Als Lupold 1353 in den geistlichen Fürstenstand gewählt wurde, hatte sich der Konflikt zwischen Kaiser und Papst bereits entschärft. Auch die internen Spannungen unter den Fürsten und zwischen Königtum und Fürstenstand flachten wenig später durch den Erlass der Goldenen Bulle, die die Rechte der Kurfürsten festschrieb, ab. Lupold erlebte als Bamberger Bischof eine vorübergehende Konsolidierungsphase der Reichsinnenpolitik. Bezeichnend auch, dass seine politischen Handlungsmaximen keinen literarischen Niederschlag mehr fanden, als er an der Macht war; vgl. Senger: Lupold, S. 127-140.

89 Angermeier: Reichsreform, S. 86, 90 f., 97.

90 König: Monarchia, S. 40; Hugelmann: Stämme, S. 319.

91 Alexander: Noticia 18, S. 94 f.

92 Ders.: Memoriale 18, S. 38 f.

93 Auch ältere Schriften wie das »Pantheon« Gottfrieds von Viterbo oder Ekkehard von Aura differenzierten zwischen »Franci« und »Francigenae«; die entsprechende Stelle bei Alexander: Memoriale 26, S. 50 f.; Gottfried von Viterbo: Pantheon, in: MGH SS 22, S. 203, 232; Miethke: Einleitung, S. 104 (Fußnote 375).

habe, unter Zustimmung des Papstes, das römische Kaisertum an die Königswahl der deutschen Fürsten gebunden.[94]

Diese Übereinstimmungen lassen auf Lupolds Kenntnis von Alexanders Schriften schließen.[95] Dennoch liegen zwischen den Deutschlandkonstrukten der beiden Kleriker Welten. Bei Alexander kann von einer Autonomisierung der Monarchien noch keine Rede sein. Er schlug aus Sorge um den Erhalt des Universalreichs einen »Geschäftsverteilungsplan« für die abendländische Christenheit vor.[96] Damit sollte in naher Zukunft das Schlimmste verhindert werden: die Geburt des Antichrists und das Ende der Zeiten.[97] Die funktionale Dreiteilung Europas rechtfertigte Alexander mit einer ausgefeilten Stereotypisierung von Italienern, Franzosen und Deutschen.[98] Sie war auf religiöser Zahlenakrobatik aufgebaut: Lebte die Menschheit in drei Räumen, Asien, Afrika und Europa, so war das »humanum genus« unter sich dreigeteilt in Heiden, Juden und Christen, die Christen wiederum hatten einen dreieinigen Gott und waren in drei Stände gegliedert, und im Menschen selbst wirkten die drei Kräfte der Seele, des Leibs und des Geistes.[99] Was für den Menschen galt, hatte auch für Europa zu gelten: Den Römern und Italienern oblag mit der Verwaltung des Papsttums die Seelenpflege, den Deutschen mit der imperialen Herrschaft der Schutz des Leibes und den Franzosen mit dem Studium die Nährung des Geistes. Dieser Aufgabenteilung entsprachen nun die Stereotype, die jeder natio der drei »provinciae« ein spezifisches Antlitz verliehen. Ihnen lag die anthropologische Lehre zugrunde, dass es von den menschlichen Eigenschaften überall dreierlei gebe: schlechte, bessere und gute.[100] Entscheidend ist, dass Alexander die üblen Merkmale bei allen Nationen am dichtesten gesät sah:

> Da das Menschengeschlecht jedoch zum Bösen neigt und weil es mehr Menschen gibt, die auf den Irrwegen des Lebens gehen, als solche, die auf dem Pfad der Tugend wandeln, so werden den genannten Ländern eher schlechte als gute Sitten zugeschrieben, wie Italien Habgier und

94 Alexander: Memoriale 24, S. 46.

95 Zur Verbreitung und Rezeption des »Memoriale« s. Grundmann: Über die Schriften, S. 199, 226; ders.: Die Schriften, S. 9; Mertens: Reich, S. 81.

96 Fuhrmann: Alexander, S. 31.

97 Alexander: Memoriale 8, S. 26 f.; ders.: Noticia 19, S. 94-97.

98 Zum ungewöhnlich breit verwendeten Begriff »Europas« in Alexanders Schriften vgl. Fuhrmann: Alexander.

99 Alexander: Memoriale 25, S. 48 f.; ders.: Noticia 4, S. 70 f. und 12 f., S. 84-87.

100 Ders.: Memoriale 15, S. 35, 35; ders.: Noticia 12, S. 84 f.

> Missgunst, Deutschland Raubsucht und Zwietracht, Frankreich Hochmut und Verschwendungssucht.[101]

Die nationalen Tugenden und Laster leitete Alexander aus dem jeweiligen Machtverhältnis der Stände ab. Weil in Italien der populus herrsche, dominierten auch in Nobilität und Klerus die »mores populares«. In Deutschland seien die adligen Sitten auf alle Bewohner übergegangen und die Franzosen hätten sich ihren Geistlichen angepasst.[102] Die Funktionsteilung der »respublica fidei christiane« sorge dafür, dass jede Nation ihre Tugenden und Talente zum Nutzen der Christenheit einbringe, gleichzeitig aber die Verantwortung für die Unterdrückung der eigenen Laster übernehme.[103]

Mit seinem Aufgabenplan bezweckte Alexander vor allem, die weltliche Macht Frankreichs einzudämmen. Die französische Herrschaft war dem göttlichen Plan zufolge auf die Vorlesungssäle der Universitäten beschränkt. Um den Deutschen das Imperium zu sichern, reservierte ihnen Alexander das aktive *und* passive Kaiserwahlrecht:

> Somit sollte also eigentlich zum Papst ein römischer oder italienischer Weltgeistlicher gewählt werden, der Habsucht und Neid abtut und fest im Glauben, stark im Wirken, glühend in der Liebe ist wie Petrus, und zum Kaiser ein deutscher Adliger, der edel, kühn und kundig ist, wie Karl der Große es war. Diese drei Eigenschaften liegen nämlich in der Bedeutung des deutschen Wortes ›König‹: adlig, kühn und kundig.[104]

Werde die Dreieinigkeit des christlichen Abendlandes eingehalten, so Alexanders Tenor, lasse sich das Ende der Zeiten hinauszögern. Wie es aber den Anschein habe, seien die Franzosen und die römische Kirche erpicht, das Imperium zu zerstören. Sollte es so weitergehen, rechnete Alexander schon für das Jahr 1415 mit der Ankunft des Antichrists.[105]

101 »Verumtamen quia genus humanum pronum est ad malum, et quia plures sunt errantes in via morum quam viventes virtuose, ideo supradictis provinciis potius ascribunter mali mores quam boni, ut Italie avaritia et invidia, Teutonie rapacitas et discordia, Gallie superbia et luxuria.« Alexander: Noticia 13, S. 86 f.

102 Ebd. 14, S. 86 f.

103 Ebd. 13, S. 84-87.

104 »Sufficit igitur, ut eligatur ad papatum Romanus vel Italicus clericus, qui reiecta avaritia et invidia firmus sit in fide, fortis in opere, fervens in caritate sicut Petrus, et ad regnum Germanus miles, generosus magnanimus et prudens sicut fuit Karolus. Has enim tres virtutes hec dictio rex in ydiomate Teutonico exprimit cum dicitur ›cunig‹, id est generosus vel audax vel sciens.« Ebd. 18, S. 95.

105 Ebd. 20, S. 96-99.

Auf die Schwächung des deutschen Hegemonieanspruchs reagierte Alexander mit einer Ideologie, die im Namen der christlichen Heilsgeschichte jegliche Konkurrenz und Dynamik einfror. Seine Theorie nationaler Stereotype schuf keine Asymmetrie kollektiver Gegenbegriffe, sondern verteilte Gut und Böse gleichmäßig auf alle Nationen. Auf dieser Grundlage konnte kein Nationsdiskurs in Gang kommen, der sich im Wechselspiel gegenseitiger Ehrverletzungen verselbständigte. Alexander wollte den Schiffbruch der Christenheit aufhalten. Deutschland besaß für ihn keine autonome Ehre, die es gegen andere Völker zu verteidigen galt. Es war daher müßig, an den Stolz der eigenen Nation zu appellieren, um sich gegen die Franzosen zur Wehr zu setzen. Alexander wandte sich an alle Christen mit der Botschaft, jede Nation könne nur positiv von sich reden machen, wenn sie ihre Spezialaufgabe für die Christenheit wahrnehme.

In Lupolds Deutschlandkonstrukt hingegen erhielt das Dach der Christenheit irreparable Risse von den Königskronen, die von unten durchstießen. Lupold anerkannte die Selbstbestimmung der europäischen Könige und stellte die Herrschaft des römischen Königs auf die gleichen Rechtsgrundlagen. Für dessen Emanzipation vom Papsttum nahm er die Souveränitätspropaganda der französischen Krone zum Vorbild. Die Universalherrschaft wurde auf einen Ehrenvorsitz reduziert, der weitgehend symbolischen Charakter hatte. Der Zusammenhang von Imperium und Weltende rückte in den Hintergrund.[106] Lupold akzeptierte, dass die zentrifugalen Kräfte in Europa irreversible Fakten geschaffen hatten, und versuchte, daraus für Deutschland den größtmöglichen Nutzen zu ziehen.

Lupold rief die Deutschen im »Ritmaticum« zur Verteidigung der »patria Germania« auf, ohne das Heil der Christenheit ins Spiel zu bringen. Sollte Deutschland im Chaos der internen Anarchie versinken oder im Zangengriff von Papst und französischem König ermatten, so ging die Welt nicht unter. Das Imperium würde eine neue Bleibe suchen. Der daraus resultierende Schaden wäre Deutschlands Schande in Europa. Damit erhielt Deutschland – von Lupold als politische Adelsgemeinschaft gedacht – einen ungleich höheren Eigenwert als bei Alexander von Roes.

Der hier feststellbare Universalisierungssprung darf nicht darüber hinwegtäuschen, dass Lupolds patriotischem Autonomiekonzept enge Grenzen gesetzt waren. Die Dame, die den Deutschen im »Ritmaticum« die Leviten las, hieß noch nicht »Germania« wie bei den Humanisten des frühen 16. Jahrhunderts.[107] Lupold setzte eine klare Hierarchie zwischen

106 Barisch: Lupold, S. 329.

107 Bebel: Elegia Hecatosticha et querulosa Germaniae ad principes Germaniae simultates intestinas atque ciuilia bella detestantis [Klagelied Deutschlands, das

Imperium und Germania. Auch die Verteidigung der »patria Germania« war nicht an einen »honor Gemaniae« gebunden, sondern erfolgte »honore debito imperii Romani«.[108] Deutschland musste um des Römischen Reiches, nicht um seiner selbst willen stark sein.

Von den humanistischen Nationalisten trennte Lupold auch die Vorrangigkeit seines *politischen* Anliegens. Der Bamberger Offizial bemühte sich um eine stabile Machtbasis des römischen Königs im »deutschen« Herrschaftsverbund. Die Idee einer schützenswerten Eigenart, Kultur und Wertesolidarität aller Deutschen war ihm fremd. Lupold griff auf kollektive Merkmale wie Sprache und Geburtsort zurück, um den deutschen Besitz des Imperiums zu rechtfertigen. Die umgekehrte Logik, dass gemeinsame Sprache, Geburt, Kultur und Geschichte eine politische Einheit begründeten, leitete ihn nicht. Die nationalistische Theorie von der naturgegebenen Prädestination eines Volkes zum gemeinsamen Staat war im spätmittelalterlichen Deutschland offensichtlich noch inexistent.

2.1.4. *Patria im deutschen Humanismus*

Eine breite Rezeption der Schriften Lupolds von Bebenburg setzte erst im deutschen Humanismus ein. Blieb das »Ritmaticum« unentdeckt, so erschien die Erstausgabe des Traktats 1508, ediert vom Elsässer Humanisten Jakob Wimpfeling (1450-1528).[109] In humanistischen Kreisen wurde Lupold nicht erst durch den Druck seiner Schriften bekannt: Bereits 1494 hatte der Sponheimer Abt Johannes Trithemius (1462-1516) dem Bamberger Bischof einen Artikel in seinem Katalog kirchlicher Schriftsteller gewidmet,[110] und unter Elsässer Geschichtsschreibern war Lupolds Translationstheorie durch ihre Aufnahme in die »bücher von der zit« Jakob Twingers von Königshofen bekannt. Diese waren in lateinischer und deutscher Fassung zwischen 1382 und 1419 entstanden.[111]

die Rivalitäten im Staat und die Bürgerkriege verflucht, an die deutschen Fürsten in 100 Versen], in: Opera Bebeliana, fol. hiv-iii.

108 Lupold: Ritmaticum, V. 145, S. 522.

109 Wimpfeling hatte schon 1497 mit Sebastian Brant (1458-1521) die Erstausgabe von Lupolds »Libellus de zelo christiane religionis verum principum Germanorum« betreut, einem Gegenstück zum »Ritmaticum«, das die christlichen Tugenden der deutschen Fürsten hochleben ließ. Die Edition von Lupolds Werken scheint im engen Umfeld der Sodalitas Rhenana vorbereitet worden zu sein; Klippel: Die Aufnahme, S. 61-65.

110 Trithemius: De scriptoribus, fol. 85.

111 Mertens: Reich, S. 82.

In den ersten Jahrzehnten des 16. Jahrhunderts fanden vor allem nationalistische Humanisten Interesse an Lupolds Traktat: Wimpfeling, Gebwiler, Naucler, Bebel, Irenicus, Peutinger, Brant und Aventin.[112] Darüber hinaus diente die Abhandlung juristischen Fachgelehrten in fürstlichen Diensten, besonders vor der Königswahl von 1519.[113] Beide Rezipientenkreise brachten dem Text ein einseitiges Interesse entgegen und blendeten Lupolds Hauptanliegen einer staatsrechtlichen Anpassung des Reichs an Frankreich aus. Hatte sich das Kaisertum während des 15. Jahrhunderts aus der päpstlichen Abhängigkeit gelöst,[114] so waren die französischen Ansprüche auf die Kaiserkrone aktueller denn je. Der Traktat wurde daher von deutschen Juristen und Humanisten als antifranzösisches Bollwerk gelesen und oft auf seine Translationstheorie reduziert.

Auch der monarchische Vaterlandsdiskurs verschob sich im Humanismus markant. Bei Lupold war die Zusammengehörigkeit der Deutschen eine rein politische, die im Begriff der »patria Germania« ihren emotionalen Bezugspunkt hatte. Die Grenzlinien Deutschlands zog er anhand von Sprache und Recht. Das fränkisch-trojanische Geblüt blieb den Spitzen des Adels vorbehalten. Lupold betrachtete Deutschland als Konstrukt Karls des Großen, nicht als Blutsgemeinschaft. Damit brachen die humanistischen Nationalisten. Die politische Gemeinschaft der Deutschen wurde ethnisch verwurzelt. Unter Berufung auf die wiederentdeckte »Germania« des Tacitus verwarf man den fränkischen Trojanermythos oder verbog ihn zu einer längeren Rundreise fränkischer Deutscher.[115] An seine Stelle trat die Auffassung von der Blutsverwandtschaft aller Deutschen. Das ideologische Bindemittel, das die Deutschen zusammenhielt, war nun die gemeinsame Abstammung und Ureinwohnerschaft. Sie wurde verankert im Begriff der Nation. Die deutsche patria stand fortan in seiner Abhängigkeit.

Die humanistischen Nationalisten stießen in den Texten italienischer Humanisten auf eine reiche patria-Rhetorik. Diese hatten früh jene Schriften rezipiert, die auch den »Digesten« und »Institutionen« zugrunde lagen.[116] Den Werken Ciceros, Livius' und Vergils konnten Petrarca, Boccaccio, Salutati, Bruni und ihre Nachfolger entnehmen, dass der Tod

112 Klippel: Die Aufnahme.

113 Ebd., S. 102-106; vgl. Kap. 5.1.2.

114 Moraw: Von offener Verfassung, S. 154 f.

115 Troja als deutsche Kolonie bei Aventin: Chronica, S. 342 f.; die Verwerfung des fränkischen Trojanermythos als »grosse torhait, auch schand« durch den gleichen Autor: Bayerische Chronik 1,88, S. 191; ältere Ablehnungen des Trojamythos bei Bebel: De laude 16, S. 128; und Rhenanus: Commentariolus, S. 101.

116 Kantorowicz: Die zwei Körper, S. 253 f., 256.

»pro patria« höchsten Ruhm und ewigen Lohn im Himmel verspreche. Von Horaz lernten sie, wer für liebe Freunde und das Vaterland in den Tod gehe, sei glücklich und habe einen süßen und edlen Akt vollbracht.[117] In den gleichen Quellen fanden die Humanisten die Unterscheidung von »patria communis« und »patria naturae«.[118] Bruni zum Beispiel erhob die Arnostadt zum »gemeinsamen Vaterland ganz Italiens« und unterstrich damit den florentinischen Anspruch auf die politische Nachfolge Roms.[119]

Die italienischen Humanisten verbanden mit dem patria-Diskurs kaum staatsrechtliche Ambitionen, wie es die Juristen in königlichen Diensten vorgemacht hatten. Dieses Desinteresse hing mit ihrem Selbstverständnis als Dichter und Redner zusammen. Um bei Zuhörern und Lesern Wirkung zu erzielen, war es von Vorteil, emotional besetzte Begriffe mehrdeutig einzusetzen. Die humanistische Rhetorik operierte mit einer Terminologie, die auf konnotativen Reichtum und affektive Bindekraft gerichtet war. Ausführliche Definitionen und theoretische Gerüste wurden von den Oratoren als Korsett und Stillosigkeit zurückgewiesen. Deswegen Geist und Geschmack verloren zu haben, warfen sie gerade den Spezialisten des römischen Rechts vor. Selbst oft im Besitz juristischer Halbbildung, inszenierten sich die Humanisten als Kritiker und Konkurrenten der Rechtsgelehrten an Universitäten und Höfen.[120]

In Italien bezeichnete »patria« in den meisten Fällen eine Stadt mit oder ohne umliegenden Territorialbesitz. Im deutschen Humanismus wurde der Begriff vielfältiger. Man bezog ihn von der Stadt über die Landesherrschaft und Region bis auf die gesamte vom Kaiser angeführte deutsche Nation. Eine Hierarchisierung der verschiedenen Vaterländer erfolgte nur, wenn sich Loyalitätskonflikte abzeichneten.

Da die meisten deutschen Humanisten in Städten lebten, wurde ihnen ihre Gemeinde zur konkreten patria. Die Heimatstadt konnte dabei auf eine Stufe mit dem Römischen Reich gestellt werden. So übertrug Conrad Peutinger, Stadtschreiber von Augsburg, eindeutig die Formeln der »patria communis« und »defensio patriae« auf die Stadtgemeinde, als er 1525 eine Ansprache für den großen Rat entwarf. An die religiös gespaltene

117 Cicero: Pro Plancio 90; ders.: Tusculanae disputationes 1,116; ders.: De re publica 6,13; ders.: In Catilinam 1,27; Livius: Historiae 2,7,8, 9,4,10; Vergil: Aeneis 6, V. 660; Horaz: Carmina 4,9, V. 47ff., 3,2, V. 13; vgl. Krattinger: Der Begriff, S. 28 f.

118 Cicero: De legibus 2,2,2-5; vgl. Eichenberger: Patria, S. 29 f.

119 Bruni: Laudatio, S. 251.

120 Voigt: Die Wiederbelebung, Bd. 2, S. 477-483.

Bürgerschaft appellierte er, für »unser aller vaterland« inneren Frieden und Einigkeit herzustellen:

> Darum die erberkait und allerhochste notturft dieser zeit erfordert, fried, ainigkait und ain erbere gmainschaft zu underhalten, die stat notturftigklich und mit ganzen treuen zu fursöhen, die vor abfall, verderben und zerstoren als unser aller vaterland zu retten und zu beschirmen, kein frembdt volk oder vergweltigung lassen einkomen, [...] alle guetliche mittel zu bedenken furnemen und zu gebrauchen, das zum vordersten got dem almechtigen gefellig, dieser stat unserm vaterland dienstlich, nutzlich und furtraglich, auch abfall, verderben und zerstoren dieser stat in alwege widerstrebendt.[121]

Im Unterschied zu Peutinger lehnte sich Jakob Wimpfeling an die »patria naturae« an, als er in Schlettstadt das Ziel einer Pfründenunion verfolgte. So riet er 1513 dem Rat, einen »redlichen curtisan« in Rom einzuschalten, der aus Schlettstadt gebürtig war. Die passende Überredungsstrategie lieferte er gleich mit: »Man möchte in ouch ermanen sins ursprunglichen vatterlands, vnd das sin vatter zu öbersten eren dorin gezogen, die selb hat helffen vil jor regieren.«[122] Für Wimpfeling selbst war der gleiche Ort »patria mea«, da er in Schlettstadt geboren war.[123]

Daneben bezeichnete Wimpfeling auch das Elsass, eine territorial uneinheitliche Region, als eigene patria. Er führte seinen Antrieb, alte Schriften elsässischer »gentiles«, Stammesgenossen, ans Tageslicht zu bringen, auf seinen »genialis amor patriae« zurück.[124] In seinem »Abriss der deutschen Geschichte« widmete er der »Fruchtbarkeit des Elsass« ein separates Kapitel, wobei er von »fertilitas« ein recht weites Verständnis hatte:

> Bei uns aber bleiben Getreide und Wein bis zum sechzigsten Jahr unverdorben, unversehrt, unverfälscht, rein und überaus geeignet für den menschlichen Gebrauch. Dem ist hinzuzufügen, dass die Elsässer wegen der Milde von Luft und Gegend göttliche Begabungen erlangen. Viele durch Bildung und Gelehrsamkeit berühmte Männer hat unser Vaterland hervorgebracht.[125]

121 Zit. nach Lutz: Conrad Peutinger, S. 342-344.

122 Zit. nach Mertens: Reich, S. 62.

123 »Ceterum ex te ipso videor mihi audiuisse de vetustate opidi Sletstat patrie mee somnique adhuc de Samiramide te quiddam adiecisse.« Wimpfeling an Johannes von Dalberg, 31. Dezember 1495, in: ders.: Briefwechsel, S. 244.

124 Wimpfeling an Wilhelm v. Honstein, 6. Oktober 1511, in: ders.: Briefwechsel, S. 696.

125 »quae [frumenta & vina] tamen apud nos ad 60. usque annum incorrupta, illesa, sincera, pura, & ad mortalium usum accomodantissima permanent. Huc adde,

Im Elsass wog der Vaterlandsdiskurs den fehlenden politischen Zusammenhalt auf.[126] Die Verteidigungsbereitschaft für die regionale patria verleitete auch zu xenophoben Tiraden gegen Angehörige benachbarter Regionen. Wimpfeling waren die schwäbischen Geistlichen ein Dorn im Auge. Er hielt ihnen vor, sie begingen stilistische Barbareien und übersetzten schlecht vom Lateinischen ins Deutsche. Wegen ihrer massenhaften Einwanderung ins Rheinland laufe der gemeine Mann Gefahr, von ihrem entstellten Deutsch angesteckt zu werden. Wimpfeling sah im schwäbischen Verhalten nichts Geringeres als einen »abusus patriae nostrae«:

> Ich wünschte, alle diese törichten Erläuterer könnten dazu bewegt werden, dass sie weder die deutsche Sprache so verunstalteten noch einen solchen Missbrauch in unserem Vaterland einführten.[127]

Eine dritte patria hatte Wimpfeling in der deutschen Nation. Diesem weitesten Vaterland verschrieb sich der Weltgeistliche mit besonderer Verve, wenn er sich humanistisch gab. Dazu hatte er den literarischen Blick nach Italien zu richten, wo er die Deutschen in eleganter Sprache zu Barbaren herabgewürdigt sah. Da Wimpfeling von den Italienern weder als Schlettstädter noch als Elsässer, sondern als Deutscher angegriffen wurde, zog er die Verteidigungslinie seines Vaterlands bis an die Reichs- und Sprachgrenzen. Seine Gesinnungsgenossen dankten es ihm. Trithemius feierte Wimpfeling für seine »laus Germanorum« als »verus patrie nostre amator«.[128]

Wimpfelings Appell zur Verteidigung der deutschen patria erging in besonderer Eindringlichkeit »an alle Fürsten Deutschlands«:

> Hütet euch, dass eure Neider euch nicht Schlaffheit, Feigheit, Müßiggang, Trunkenheit, Luxus, Tänze, Schauspiele, Wollust, Raserei, Klein-

quod Alsatici divina ingenia fortiuntur ex aeris locique temperie. Multos protulit patria nostra claros doctrina & eruditone viros.« Wimpfeling: Epitoma 70. (Der hier verwendeten Ausgabe von Simon Schard liegt die Edition von Beatus Rhenanus zugrunde, der den Text der editio princeps leicht geglättet hat. Seine Retuschen haben keine Auswirkungen auf die folgenden Intepretationen der Epitoma. Eine Benützung von Schards Edition wegen ihrer leichteren Lesbarkeit bringt somit keine Nachteile – außer der teilweise falschen Kapitelzählung, die hier korrigiert wird.)

126 Mertens: Reich, S. 63.

127 »Vellem omnibus illis ineptis expositoribus persuaderi posse, ne sic Germanicam linguam depravarent neve talem abusum patriae nostrae inferrent.« Jakob Wimpfeling an Jakob Böll, 8. Oktober 1503, in: ders.: Briefwechsel, S. 439.

128 Trithemius: Widmungsbrief des »Catalogus illustrium virorum« an Jakob Wimpfeling, Sponheim, 2. Februar 1491, in: Wimpfeling: Briefwechsel, Bd. 1, S. 165.

> mütigkeit, Vergnügungen, Falknerei und Jagdlust vorwerfen können. Vermeidet, als Gecken und Schürzenjäger zu erscheinen. Habt Acht auf euren Ruhm, richtet euren Blick auf Christus, bedenkt das Heil des Vaterlandes.[129]

Schickte sich ein Italiener ausnahmsweise an, die Zivilisiertheit der Deutschen und den Glanz ihrer Städte zu rühmen, so schöpfte Wimpfeling Verdacht: Der konnte nicht beim Wort genommen werden. Der Kuriale Enea Silvio musste mit seiner »Germania« beabsichtigt haben, die Deutschen zum Nutzen der Italiener in falscher Sicherheit zu wiegen. Hinter dem gerne gehörten Deutschlandlob, das Wimpfeling ohne Abstriche in eigene Schriften übertrug, machte er, Eneas Absolution der Kurie mit Nationalismus verwechselnd, ein hinterhältiges Motiv ausfindig:

> Trotzdem hat Enea unser herrliches Vaterland, unsere Städte und Kirchen freigebig mit Lobsprüchen überhäuft, damit wir, durch die überaus schmeichelhaften Verherrlichungen verlockt, den äußerst ehrlichen und seiner Nation nützlichen Ermahnungen gütig unsere Ohren leihen und bereitwilliger unser Vermögen an Ausländer verschwenden.[130]

Die drei verschiedenen Vaterländer Wimpfelings gehörten keinen getrennten Diskursen an. Das Lob der elsässischen patria ließ sich, wie in der »Epitome«, in eine Verherrlichung der deutschen patria einfügen. Bedingung war, dass das Regionalprestige auf die deutsche Nation überging. Wurde dieser Transfer verhindert, wie in der Schwabenschelte des Elsässers, so resultierte für Kritisierte wie Kritiker ein Loyalitätskonflikt. Wimpfeling wurde von der anderen Seite des Rheins mit empörten Reaktionen eingedeckt. Darauf buchstabierte er zurück und beteuerte, er wolle nicht »contra nacionem Suevicam« veröffentlichen. Zusätzlich ließ er die Schwaben in einem speziellen Gelehrtenkatalog hochleben. Damit räumte er ein, die Grenzen der Hostilität im regionalistischen Diskurs überschritten und die Solidarität unter den Deutschen gefährdet zu haben.

129 »Cavete ne vobis aemulatores socordiam, ignaviam, otium, ebrietatem, luxum, choreas, spectacula. Venerem, fororem, pusillanimitatem, delicias, aucupium, venatum objectere possint. Nolite calamistrati & mulierosi videri. Attendite gloriam vestram, respicite Christum, pensate salutem patriae.« Wimpfeling: Epitoma 61.

130 »Verumtamen Eneas illustrissimam patriam nostram urbesque nostras et sacras edes munificis laudibus extulit, ut preconiis forte dulcibus illecti ad fidelissimas suaeque nacioni profuturas admoniciones benignius aures nostras aecommodemus et ad profundendam in exteros rem familiarem simus benevolentiores.« Wimpfeling: Responsa, S. 130.

Die Konfliktlösung lief über eine Hierarchisierung der kollektiven Zugehörigkeiten: Die Eintracht zwischen Deutschen unterschiedlicher Regionen hatte Vorrang vor der Verteidigung der eigenen regionalen patria.

Entsprechend bettete der schwäbische Humanist Heinrich Bebel den regionalistischen in den nationalistischen Diskurs ein. Schwaben kam der Rang einer eigenen, im Herzog von Württemberg zentrierten patria zu, für die jeder Schwabe im Bedarfsfall sein Blut zu vergießen hatte.[131] Bebel unterlegte ihr ein genealogisches Fundament. Er teilte den Schwaben einen eigenen Ast im deutschen Stammbaum zu und bezeichnete sie als »natio Suevica«.[132] Diese sah er »der gesamten deutschen Nation durch Geistesgröße, Treue und Mannhaftigkeit vorangestellt«.[133] Die schwäbische Ehre ruhte aber nicht in sich selbst. Bebel richtete sie auf die deutsche Nation und das Reich aus: »Was kann dem Ruhm Deutschlands Glänzenderes oder Großartigeres angefügt werden?«, fragte er rhetorisch am Schluss seiner »Epitome laudum Suevorum«.[134] Dem schwäbischen Stamm verlieh er eine höhere Bestimmung als »Säule und Fundament des Reiches«. Jedem Schwaben war die Pflicht auferlegt, überall auf Erden für das Imperium sein Leben einzusetzen.[135]

Gleiches galt für die deutschen Fürsten: Sie hatten sich nicht nur um ihr Land zu kümmern, sondern der »patria Germania« zu dienen. Im Namen dieser weiteren patria verurteilte Bebel Konflikte unter deutschen Landeshäuptern:

> Das Parteiengezänk wird auch euch, o Fürsten Deutschlands, [...] zugrunde richten und in Knechtschaft stürzen, wenn ihr es nicht samt dem persönlichen Streben und der Sorglosigkeit beiseite legt. Denn welche andere Sache könnte uns bitte schön stärker daran hindern,

131 »Dum te pro Republica Suevorum, pro laude & gloria Principis & Patriae, non opes solum & fortunas bonaque universa, verum sanguinem ipsum effundere nunquam dubitabo.« Bebel: Widmungsbrief an Conrad von Neuburg, in: ders.: Epitome, S. 136, Sp. 2.

132 Dies im Gegensatz zur Darstellung des Tacitus in der »Germania«, der den Suebennamen als Sammelbegriff verstand, damit den Sueben den Sippencharakter einer »gens« und »natio« absprach und sie – von Caesar abweichend – in mehrere »nationes nominaque« unterteilte; Tacitus: Germania 38,1; Lund: Zum Germanenbild, S. 71 f.

133 »Quod si ad recentiora tempora descendamus, inveniemus, Suevos universae Nationi Germanicae animi magnitudine, fide & virtute praepositos.« Bebel: Epitome, S. 138, Sp. 2.

134 Ebd., S. 142, Sp. 1.

135 Mertens: »Bebelius [...]«, S. 172; zu Bebels Regionalismus allgemein Graf: Aspekte; ders.: Reich.

> das Vaterland zu schützen und die Herrschaft über den ganzen Erdkreis zu sichern, als ebendiese Zwistigkeiten und konträren Bestrebungen, die ich genannt habe?[136]

Bebel zeichnete das Bild eines föderalen Deutschlands, dessen einzelne Regionen in einem kanalisierten Wettbewerb standen. Gradmesser der regionalistischen Konkurrenz war der Beitrag, den eine Region zum Nutzen der »respublica Germana« erbrachte.[137] Der eigentliche Gewinner der Binnenrivalität war die deutsche Nation, deren Ruhm und Ehre für jeden Deutschen höchster Ansporn sein musste.

Die begriffliche Zusammenführung von deutscher natio und patria war, wie vieles im deutschen Humanismus, italienisches Importgut. 1443 kam im Umkreis des Konzils von Basel ein fiktives Gespräch in Umlauf, das am Königshof Friedrichs III. situiert war. Es gab sich als bildungsgesättigter Humanistenbeitrag zur Reichsreform zu erkennen. Autor dieses »Pentalogus« war der Konzilsteilnehmer, kaiserliche Kanzleisekretär und poeta laureatus Enea Silvio Piccolomini. Er führte einen Kaiser vor, der in direkter Rede kundtat, sein Amt allein wegen der nationalen Ehre der Deutschen und der Rettung ihres Vaterlandes angenommen zu haben:

> Als ich ins Kaiseramt gewählt wurde, war ich wiederholt unschlüssig [...], ob ich es annehmen oder ablehnen sollte. Denn da ich das Reich selbst zerfleischt, missbraucht und fast vernichtet sah, hielt ich es für eine große Last, seine Lenkung zu übernehmen. [...] Doch es kamen zu mir viele bedeutende und sehr kluge Männer unserer Nation, die mir viele Gründe für die Annahme des Kaisertums darlegen wollten. Und schließlich führten sie als gewichtigsten Grund an, ich müsse mich um die deutsche Ehre kümmern, dass nicht etwa, wenn ich mich weigerte, die deutsche Nation das Kaisertum verliere. Für den Fall, so fügten sie hinzu: wenn ich das Reich wiederherstellen wolle, werde mich unsere Nation nicht im Stich lassen. Durch sie überzeugt habe ich dann die angebotene Herrschaft angenommen, nicht um meine Ehre zu vermehren, sondern um das Vaterland zu retten.[138]

136 »Quae [factiones] & vos, o Principes Germaniae, [...] labefactabunt, in servitutemque dejicient, nisi illas, atque privatum studium cum socordia seposueritis. Quae enim alia res precor posset deesse nobis, non modo ad tutandam patriam, verum etiam, ad totius Orbis Imperium nobis afferendum, nisi hae illae, quas dixi discordiae, diversa studia.« Bebel: De laude 20, S. 134.

137 Die »respublica Germana« war bei Bebel wie bei den meisten Humanisten seiner Generation in der Person des Kaisers verankert; Bebel: Oratio, S. 96.

138 »Ego cum ad imperium electus fui, sepius dubitavi [...], utrum suscipere an reputare deberem. Videns namque imperium ipsum lacerum, usurpatum et fere

Eneas Kaiser war ein vom Humanismus durchdrungener und nach politischen Maximen der römischen Antike handelnder Herrscher. Damit nicht genug, umgab ihn Enea mit ebenso gebildeten Deutschen [!], deren klugem Rat der Kaiser sein Ohr lieh.

Der Monolog Friedrichs fährt nach einer Aufreihung der martialischen patria-Topik fort mit einer Gegenwartsanalyse, die überall nur Dekadenz und Machtzerfall ortet. Vor diesem Hintergrund wird umso eindringlicher zur politischen Selbsteinbindung der Reichseliten aufgerufen:

> Ich sehe, dass dieses Römische Reich überall zerfallen wird, ganz besonders aber in Italien, wo es Recht nur unter Waffen gibt und wo Angst die Gesetze niederdrückt, wo kaum jemand ist, der das Kaisertum achtet. [...] Doch dies ist erst vor kurzem eingetreten, weil die Leute unserer Nation angefangen haben, sich dem Luxus und Müßiggang hinzugeben [...]. ich fürchte, man könnte später sagen: ›Fleiß der Italiener hat das Kaisertum geschaffen, Nachlässigkeit der Deutschen hat es begraben.‹ [...] Doch wenn ich die Größe unserer Nation bedenke, wenn ich die Vornehmheit, die Tapferkeit und große Zahl der Leute betrachte, wenn ich mir ihren Reichtum ins Bewusstsein rufe, sehe ich, dass uns wahrlich nichts fehlt, um das Kaisertum wiederherzustellen, außer der Mut dazu. Und dieser wird sicherlich nicht ausbleiben, wenn wir uns der alten Tugenden erinnern, das Beste des Vaterlands verteidigen und unsern Vorfahren gleichkommen wollen. Aus diesem Grund nun habe ich euch hierher zusammengerufen, damit wir über die Ehre unserer Nation verhandeln.[139]

adnihilatum, magni ponderis esse censebam gubernacionem eius subire. [...] Sed adierunt me plures viri graves et prudentissimi nacionis nostre, qui cum multas causas acceptandi imperii exponerent, tum illam potissimam adduxerunt, ut honori Germanico consulerem, ne, me recusante, nacionem Germanicam exiret imperium. Tum et id adiiciebant, michi, si vellem restaurare imperium, nacionem nostram non defuturam. Quibus persuasus regimen acceptavi oblatum, non mei honoris causa augendi, sed patrie retinendi [...].« Piccolomini: Pentalogus 2,2, in: Weinrich (Hg.): Quellen zur Reichsreform S. 256 f., 258 f.

139 »Video regnum hoc Romanorum dissipatum ubique fore, maxime autem in Italia, ubi ius est in armis tantum, et opprimit leges timor; ubi vix quisquam est, qui imperium revereatur. [...] Sed accidit hoc novissime, cum nacionis nostre homines luxui atque desidie tradere se ceperunt; [...] vereorque, ne dici in posterum possit: ›Imperium Italorum industria peperit, Germanorum negligencia sepelivit.‹ [...] At cum magnitudinem nacionis nostre considero, – cum proceritatem, fortitudinem ac multitudinem populorum reputo, – cum divicias recolo, nihil profecto deesse nobis ad reparandum imperium nisi animos video. Qui certe neque ipsi deficient, si pristine virtutis meminisse, si decus patrie tueri et similes nostris maioribus nos voluerimus esse. Et eam quippe ob causam vos modo convocavi, ut de nostre nacionis honore agamus.« Ebd., S. 258-261.

Wird dem Nationsbegriff die agonale Kategorie der Ehre zugeordnet, die den offenen Wettstreit mit anderen Nationen fordert, so mahnt der patria-Begriff zur Abwehr innerer und äußerer Gefahr. Damit drückt er eine konservativere Grundhaltung aus, die nicht auf Prestigeakkumulation ausgerichtet ist, sondern auf Bewahrung oder Wiederherstellung eines in die Vergangenheit projizierten Ideals.[140]

Friedrichs fiktiver Appell an die Stände, Italien ins Reich zurückzuzwingen, kulminierte in der organizistischen Metaphorik absoluten Herrschaftskonsenses. Die deutsche Nation müsse unter dem kaiserlichen Haupt zu einem Körper zusammenwachsen, dessen Lebenszweck der Dienst an Deutschland und dem Reich sei:

> Das Kaisertum und die Ehre Deutschlands liegen mir nämlich so am Herzen, dass ich weder Mühen noch Aufwendungen sparen würde. Aber da Österreich ungleich kleiner als Italien ist und solche Last nicht allein tragen kann, müssen wir die Kräfte unserer Nation zusammentun; wir müssen aus uns allen einen Körper bilden.[141]

Enea ließ im »Pentalogus« keinen Zweifel daran, dass dem deutschen Vaterland Vorrang vor allen kleinräumigeren Loyalitäten zukomme.[142]

Der »honor nationis Germanicae« hing für Enea von der Ausstrahlung und Macht des Imperiums in Italien ab, ruhte also nicht in sich selbst. Dass ein italienischer Humanist die deutsche Nation zur Zähmung Italiens aufrief, könnte man auf das Berufsverständnis des flexiblen Rhetorikers zurückführen, der je nach Brotherr einmal diese, einmal jene Ideale verfocht. Man würde dabei aber übersehen, dass der Bildungskarrierist Enea Silvio zeit seines Lebens von der Notwendigkeit starker Universalgewalten überzeugt war. Für die deutschen Humanisten war ein Universalismus auf Kosten der eigenen Nation nicht mehr denkbar.

Warum richtete sich der humanistische Aufruf zur defensio patriae vor allem an die Landesherren? Die Humanisten beurteilten die fürstlichen

140 Mertens: Reich, S. 65.

141 »Ita enim imperio et honori Germanie iam afficior, ut nec laboribus ullis nec expensis parcerem. Sed cum Austria impar Italie sit nec tantam molem valeat sustinere, vires nacionis nostre iungende sunt, unumque facere ex omnibus nobis corpus debemus.« Piccolomini: Pentalogus 2,2, S. 260 f.

142 Auf den Einwand eines Gesprächspartners, dass viele deutsche Stadtbürger die Ehre der Nation gering achteten, ihr keinen finanziellen Tribut zollen wollten und sich vorrangig um den Reichtum ihrer eigenen Kommune kümmerten, entgegnete Enea zuversichtlich, dass die Fürsten und Städte soviel Verstand hätten, nur Leute an den Reichstag zu entsenden, »die der ehrenvollen Sache ihre Zustimmung geben«; ebd., S. 266 f.

»Privat«-Interessen als Haupthindernis für die nationale Handlungseinheit. Gleichzeitig erkannten sie, dass die Fürsten aufgrund ihrer Machtstellung das entscheidende Personal für eine nationale Politik stellten. Daher erhob man die Verteidigung des deutschen Vaterlands zur primären Fürstenpflicht. Als Dirigenten der nationalen Einheitspolitik und »pater patriae«[143] aller Deutschen feierte man den habsburgischen König und Kaiser, auf dessen angeblich nationalpolitische Agenda die Fürsten einzuschwenken hätten.[144]

Was die Humanisten von den Fürsten forderten, sahen sie in den eigenen Reihen erfüllt. Damit konnten sie den Landesherren in moralischer Überlegenheit entgegentreten. Ihre Schriften und Reden widmeten sie der »patriae laus« und der »defensio patriae«. Um sich von der Bedeutung ihres Tuns zu überzeugen, beteuerten sie sich gegenseitig, ihre Veröffentlichungen retteten das Vaterland. So schickte der Nürnberger Willibald Pirckheimer Beatus Rhenanus eine Lobeshymne, die indirekt alle Humanisten hochleben ließ:

> Dein Brief war mir willkommen: höchst willkommen sogar, weil ich sehe, dass du vollendet hast, was viele gewollt, wenige aber gekonnt hatten. Dir schuldet nun nicht nur unser Deutschland viel, sondern auch alle Gelehrten, besonders aber die deutschen, da du ja das gemeinsame Vaterland und den gesamten deutschen Namen nicht nur zu Ehren gebracht, sondern auch vom Unrecht des Vergessens gerettet hast.[145]

Noch raffinierter war die Selbstinszenierung des Conrad Celtis. In seinen »Amores« ließ er sich von Apoll persönlich den Auftrag zuteilen, »ut patriae fines quattuor ipse canas«. Damit war seinem Elegienband ein höherer Existenzgrund gegeben.[146] Celtis erfüllte den Auftrag, den ihm der

143 »Vorbild des deutschen Landes, König Maximilian, du bist der Vater des Vaterlandes, dich, nur dich lobt und preist das tapfere Deutschland [Teutonice specimen terre, Rex Maximiliane [!] / Tu pater es patrie, te Germania fortis / Laudat & extollit […].]« Bebel: Egloga triumphalis de victoria Caesaris contra Boiemos, in: Opera Bebeliana, fol. h.

144 Mertens: Reich, S. 66.

145 »Gratae mihi fuere litterae tuae: longe gratissimum, quod videam te absolvisse ea, quae multi voluere, pauci potuere. Tibi igitur non solum Germania nostra, sed et omnes eruditi, praecipue vero Germani, plurimum debent, quoniam communem patriam ac omne Germanicum nomen non solum exornasti, sed et ab oblivionis iniuria vindicasti.« Pirckheimer an Beatus Rhenanus, vor 1531, in: Rhenanus: Briefwechsel, S. 380.

146 Celtis: Quattuor libri amorum 1,3, V. 62, S. 11; zu den »Amores« als patria-Dichtung vgl. Worstbrock: Conrad Celtis, S. 29.

Gott der Künste erteilt hatte. Seine Schriften luden den patria-Begriff mit ethnographischem Gehalt auf. Den Dienst am Vaterland erbrachte Celtis, indem er Land und Leute während langer Reisen beobachtete und seine Erkenntnisse in literarischer Prachtform verewigte. Celtis stilisierte Deutschland zu einem kollektiven Akteur, der in kultureller und politischer Konkurrenz mit anderen Nationen stand. Im Dienst von Integration und Abwehr standen auch seine Bemühungen, das spezifisch Deutsche sichtbar zu machen, das angeblich der Topographie, Architektur, Kleidung und den Sitten innewohne. Die Verteidigung des Vaterlandes beschränkte sich nicht auf Schwert und Feder, sie schloß den Schutz deutscher Lebensformen ein. Dieser Schutz erschien Celtis umso dringlicher, als die Entartung des Fürstenstandes die deutschen Sitten bedrohte:

> Die Bürger Nürnbergs kleiden sich meistens schwarz, wobei die Tracht häufig wechselt. Sie haben nämlich von den fremden Völkern, mit denen sie Handel treiben, schlechte Sitten angenommen und lassen sich von verschiedenen Nationen beeinflussen. Am meisten freilich tragen unsere Fürsten dazu bei, die, nachdem sie bereits in vielen anderen Dingen der alten deutschen Art entsagt haben, jetzt nicht nur die Sitten ihrer Väter, sondern auch die ihres Vaterlandes verleugnen, sich eine neue Redeweise und Tracht zulegen und nur mit Verdruss an ihre Heimat denken und an die frühere Lebensart, als noch Friede herrschte und Treue und Beständigkeit in allen Dingen.[147]

Den eigenen Beitrag zum Vaterlandslob verstand Celtis als Initialstoß zu einer patria-Dichtung, die sich immer höher schrauben sollte. An seine poetischen Erben richtete er die Erwartung:

> Unsere Gedichte, die wir als junge Männer im deutschen Land gesungen haben, die erreicht oder übertrefft, ihr Nachgeborenen! Ich habe sie, während ich das Vaterland zu besichtigen begehrte, unter großen Mühen geschaffen.[148]

147 »Habitu corporis plerumque nigro et vestium forma saepe mutabili, ut ab externis gentibus, quibuscum negotiantur, corrupti fuerint utque diversae nationes influunt, praebentibus maxime principibus nostris occasionem, qui, ut iam in multis aliis a prisca Germanorum virtute desciverunt, ita quoque nedum a patrum suorum, verum etiam a patriae moribus degeneraverunt linguamque novam vestemque sequuntur et patriae meminisse piget vitaeque prioris, dum pax atque fides fuit et constantia rebus.« Celtis: De origine 6, S. 152.

148 »Carmina Germano iuvenes quae lusimus orbe / Aequate vel superate nostra posteri. / Illa mihi, patrios cupio dum visere fines, / Sunt parta nostris maximis laboribus.« Celtis: Ad Germanos poetas. Liber Epodon 12, in: Kühlmann u.a. (Hg.): Humanistische Lyrik, S. 70.

Die Bestimmung des Dichters, so postulierte Celtis in seiner Ingolstädter Rede von 1492, liege darin, »sich selbst Unsterblichkeit und dem Vaterland Ruhm und Ehre zu verschaffen«.[149]

Der Vaterlandsdienst der Humanisten war ein doppelter: Ihre Schriften sicherten dem kollektiven Gedächtnis die vergangene »gloria« der deutschen Ahnen, und ihre stilistische Virtuosität brachte die Barbarenvorwürfe aus dem Ausland zum Verstummen. Waren Kaiser und Fürsten für die politische defensio patriae zuständig, so beanspruchten die Humanisten die Rolle der Propagandisten und Berater.

An dieser Rollenteilung hielten die meisten Humanisten fest. Die markanteste Ausnahme bildete Ulrich von Hutten. In den ersten Reformationsjahren wollte er mit dem Schwert in der Hand für Freiheit und Ordnung im deutschen Vaterland sorgen. Sein politischer Aktivismus war stärker vom adligen Selbstverständnis des Reichsritters bestimmt als von der humanistischen Identität des politisierten Intellektuellen. Stellt man die Worte, die Hutten seinem literarischen Geschöpf »Arminius« in den Mund legte, mehreren Selbstaussagen zur Seite, so erscheint der cheruskische Heerführer als Alter Ego seines Autors. Arminius hielt »nichts für höher als das Recht des Vaterlandes und Deutschlands ererbte Würde«; er untersagte sich, »dass mein Privatschmerz die Liebe zum Vaterlande in mir vermindere«, und tat alles, um »dem Vaterland die gewalttätig entrissene Freiheit wiederzugeben«.[150] Hutten selbst hielt sich zugute: »Allein ich alles hab getan / Dem Vaterland zu nutz und gut. / Die Wahrheit mich bewegen tut. / [...] Die Wahrheit muss herfür zugut / Dem Vaterland, das ist mein Mut.«[151] Zwar weist das Motiv der Wahrheitsliebe Hutten als Gelehrten aus, mit der Aufdeckung der Wahrheit war es für ihn aber nicht getan. Ihr musste mit Gewalt nachgeholfen werden, und dazu war Hutten bereit. Sein persönlicher Totaleinsatz galt »vnsers vatter lands Teütscher Nation freiheit«.[152]

Huttens exzentrisches Rollenverständnis blieb anderen Humanisten nicht verborgen. Sie verfolgten seinen Weg mit Skepsis und Bedauern –

149 »Ex quibus tandem in proprias inventiones inque poeticae disciplinae sublimitatem et eius figuras consurgere possunt laudes illustrium scriptorum in condendis historiis et poematibus consecuturi, immortalitatem dein sibi et patriae gloriam et laudem comparaturi.« Celtis: Oratio 10, S. 40 f.

150 »Arminius: [...] Ipse nihil motus vero, constantissime coeptis instit i, nequae aliud prius habui, quam fas patriae, et avitum Germaniae decus. [...] tamen vel sic immotum me praestiti, neque passus sum privatum dolorem patriae in me charitatem minuere. [...] sed fuit mihi scopus, ad quem direxi omnia, reddere vi ademptam patriae libertatem.« Hutten: Arminius, S. 34, 36, 40.

151 Hutten: Beschlusß red, in: ders.: Gespräch büchlin, S. 186 f.

152 Ebd., Bd. 2, S. 120; vgl. Vogler: Ulrich, S. 417.

Skepsis wegen seiner Entgrenzung, Bedauern wegen der humanistischen Studien, die zu kurz kamen. In diesem Sinn äußerte sich Johannes Cochlaeus bereits 1517 (also noch vor der reformationsbedingten Polarisierung) in einem Brief an Pirckheimer:

> Ich lobe und verehre den Mann außerordentlich, der so großartig ist durch Begabung, Eifer, Bildung sowie durch die Liebe zu Volk und Vaterland und deren anschaulicher Darstellung. Nur möge ihm jene deutsche Freiheit, wenn er darin nicht Maß hält, nicht einst zu einer allzu schweren Last werden. Erasmus möge ihn zurückhalten, auch du, ich bitte dich, halte ihn zurück, wenn du es bequem kannst, damit unser gemeinsames Vaterland Deutschland nicht durch die Hinterlist der Barbaren vorzeitig eines so großen Geistes beraubt wird![153]

Die Worte des Cochlaeus, der Hutten von einem gemeinsamen Aufenthalt in Bologna kannte, waren in den Wind gesprochen. Hutten tappte – zumindest aus der Sicht des altgläubigen Humanisten – in die Falle der Barbaren von Wittenberg.[154]

Die humanistische patria-Rhetorik erzeugte Widerhall auf der politischen Reichsbühne. Die Vorstellung eines nationalen Körpers, der aus ethischen Motiven homogen handelte, war zwar utopisch, aber als obrigkeitliches Propagandamittel interessant. Der gelehrte patria-Diskurs war eng an den politischen Reichsaufbau mit seinen nationalen, regionalen und lokalen Abstufungen angelehnt. Die Machtträger konnten sich mit ihm an variable Adressaten wenden: nach unten an Stadtbürger, Land- oder Reichsstände und horizontal an ein gleichgeordnetes Kollektiv im Namen des übergeordneten Vaterlands. So etablierte sich der patria-Diskurs auch auf Reichsversammlungen. 1507 ermahnten die in Konstanz tagenden Reichsstände die abtrünnigen Eidgenossen, sich jegliche Unterstützung Frankreichs zu versagen. Dabei beschworen sie das gemeinsame Vaterland. Man sei sich »ungezwifelt«, hieß es drohend, dass die Eidgenossen

> uß redlichait und vernunfft, […] ouch angeborner truw und liebe, so sy als glider und verwandten des richs zu er und würdy des Romischen

153 »Hominem ego tantum ingenio, studio, eruditione, gentisque ac patriae amore atque illustratione vehementer et laudo et honore prosequor. Vere tamen, ne Germanica illa libertas, si non temperetur, gravior ei aliquando sit futura; retrahet eum Erasmum, retrahe et tu quaeso, si commode poteris, ne forte barbarorum insidiis tanto praemature spolietur ingenio communis patria nostra Germania.« Cochlaeus an Willibald Pirckheimer, 1517. Zit. nach Samuel-Scheyder: Johannes Cochlaeus, S. 666.

154 Zur Darstellung Wittenbergs als schmutziges Barbarennest bei Cochlaeus: Samuel-Scheyder: Johannes Cochlaeus, S. 467 f., 648.

> richs, ouch der Tutscher nation als irem rechten vatterland trügen, dem kung von Franckrich darinn kain hilff noch bystand gethon noch im iemands der iren zugeordnet [...] und Tutsch nation als ir vatterland, dem ain ieglicher vor allen andern mit eeren und truwen von natur und dem rechten verpflicht und verbunden ist, [...] als frumm getruw Tutschen anhangen, helfen und retten [...], als dann ir vorelter als die, so die Tutschen nation ir vatterland hochlich geliebet, zum dickern mal getruwlich hetten helfen thun.[155]

Über den Aufruf zur Isolierung Ludwigs XII. wurde den Eidgenossen hier das Recht abgesprochen, als selbständige patria zu agieren. Ihr »rechtes Vaterland« war die deutsche Nation, deren Ehre und Würde sie wie ihre Vorfahren hochzuhalten hatten. Sollten sie die eigene Bestimmung weiterhin verkennen und ihrer patria zuwiderhandeln, drohten die Reichsstände mit schmerzhaften, wenn auch vagen Konsequenzen:

> Dwil aber ir gmüt für und für stünd, dem hailigen Rom. rich und sundelrich Tutscher nation, irem vatterland, widerwertig ze sin und frömbden nationen und frömbden zungen anzehangen wider die Tutschen, mochten sy achten, was beswerung, betrachtung und nachgedechtniß sollichs zuvoran by Rom. kon. maj., ouch churfürsten, fürsten und stenden des hailigen richs Tutscher nation geberen wurd, in die harr, als sy selbs abnemmen mochten, nit zu erliden sin.[156]

Der rhetorische Druck der Reichsstände kontrastierte mit ihren machtpolitischen Mitteln. Im Schwabenkrieg von 1499 hatten sich die Eidgenossen gegen das kaiserliche Habsburg und den Schwäbischen Bund behauptet und im Frieden von Basel ihre Autonomie vom Reichsverband gefestigt.[157] Anfang des 16. Jahrhunderts stieg die Eidgenossenschaft vorübergehend zu einer Akteurin im Kampf um die Hegemonie in Italien auf. Der Aufruf der Reichsstände an die Schweizer, sich dem Vaterland der deutschen Nation unterzuordnen, ertönte aus einer Position der Schwäche heraus. Darin entsprach er den humanistischen Appellen an die deutschen Fürsten. Mit ihrer moralischen Eindringlichkeit war die patria-Rhetorik gerade da gefragt, wo handfestere Druckmittel nicht zur Verfügung standen.

155 Janssen (Hg.): Frankfurts Reichscorrespondenz, S. 705 f.

156 Ebd., S. 707.

157 Damit verabschiedete sich die Eidgenossenschaft aber noch lange nicht aus dem Reichsverband; Stettler: Eidgenossenschaft, S. 322-324; der Schwabenkrieg als Nationalisierungsfaktor: ebd., S. 359.

Zu denken, der Vaterlandsdiskurs sei eine Sprache der Ohnmacht, wäre indes einseitig. An seine propagandistische Wirkung glaubte nicht nur, wer ihn sich aneignete, sondern auch, wer ihn ablehnte. Am eindrücklichsten erhob Erasmus Einspruch. Obwohl er wegen seiner Sprache und Gelehrsamkeit verehrt wurde, ragte er mit seinen politischen Idealen als erratischer Block aus der »res publica litteraria«. Seine Fürstenerziehung zielte auf einen dauerhaften Frieden in Europa ohne Hegemonialmacht. Persönlich verweigerte sich der Vielgereiste jeder Vaterlandspflicht.[158] Erasmus' Kritik am patria-Diskurs beruhte auf der Einsicht in die Macht von Sprechritualen, Tatsachen zu schaffen:

> Ja, sogar dort, wo überhaupt keine Ursache vorhanden ist, erfindet man Gründe für den Krieg, indem man die Namen von Ländern missbraucht, um den Hass zu schüren. Und solchen Irrglauben des Volkes nähren die Fürsten und missbrauchen ihn für ihren Vorteil, auch manche Priester nähren ihn. Der Engländer ist der Feind des Franzosen, aus keinem anderen Grund, als weil er Franzose ist. Der Schotte ist dem Briten Feind, aus keinem anderen Grund, als weil er Schotte ist. Der Deutsche ist dem Franzosen Feind, der Spanier beiden. O Verkehrtheit! […] Warum will nicht lieber der Mensch dem Menschen, der Christ dem Christen wohl? Warum vermag eine nichtige Sache mehr als viele Bande der Natur, als so viele Bande Christi? Der Raum trennt nur die Körper, nicht die Geister. Einst trennte der Rhein den Franzosen von dem Deutschen, aber der Rhein trennt nicht Christen von Christen. […] Der Apostel Paulus zürnte, als er unter den Christen folgende Aussprüche hörte: ›Ich halte zu Apollo, ich zu Petrus, ich zu Paulus‹, und er lässt nicht zu, dass diese gottlosen Beinamen Christus zerreißen, der alles verbindet. Wir aber sind der Meinung, dass das gewöhnliche Wort ›Vaterland‹ ein gewichtiger Grund sei, dass ein Volk ein anderes zu vernichten trachtet? Aber auch das genügt einigen nicht, die auf den Krieg versessen sind: Mit verkehrtem Sinn und viel Mühe suchen sie Anlässe für Konflikte, sie teilen Frankreich und trennen nach künstlichen Namen, was weder Meere noch Berge noch die echten Namen der Landschaften trennen. Aus Franzosen machen sie Deutsche, damit nicht aus dem gemeinsamen Namen Freundschaft entstehe.[159]

158 Vgl. Kap. 4.1.8.

159 »Quin ubi nihil subest causae, ipsi dissidiorum causas sibi fingunt, regionum vocabulis ad odiorum alimoniam abutentes: et hunc stultae plebis errorem alunt Magnates, et in suum abutuntur compendium, alunt Sacerdotes quidam. Anglus hostis est Gallo, nec ob aliud, nisi quod Gallus est. Scoto Britannus infensus est,

Hier wird die Nationalisierung Europas schon als historischer Vorgang dargestellt! Erasmus sah diskursive und politische Praxis wechselseitig bedingt. Wie gesprochen wurde, so wurde gehandelt. Mit seinem christlichen Pazifismus begab er sich in eine ideologische Isolation, die ihm bei Zeitgenossen ebenso viel Bewunderung wie Befremden eintrug.

Hat man die Variabilität des patria-Diskurses um 1500 vor Augen, so bleibt zu folgern: Die multiple individuelle Identität ist kein Produkt der Moderne. Je nach Kontext ordneten sich die Humanisten Kollektiven unterschiedlicher Größe und Struktur zu. Mit gleichen Worten wurde der todesmutige Einsatz für die Stadt, die Region oder die Nation gefordert. Aus heutiger Sicht sollte diese Flexibilität nicht erstaunen, ist doch der moderne Heimatbegriff ebenso mehrdeutig, weil abhängig von Standort und Kontext. Die Humanisten wechselten ihre Zugehörigkeiten nicht aus jenem Opportunismus professioneller Rhetoriker, den man ihnen gerne unterstellt. Sah ein spätmittelalterlicher Mensch über den eigenen Dorfrand hinaus oder war des Lesens fähig, wuchs er automatisch in verschiedene Zugehörigkeiten hinein. Sprechen wir von den Autoren neulateinischer Schriften als Humanisten, so wird leicht vergessen, dass die gleichen Personen auch als Stadtbürger, Landeskinder, Deutsche, Sekretäre, Richter, Benediktiner, Weltgeistliche oder Laien auftraten – alles Identitäten, die das Humanist-Sein nicht notwendig einschloss. Die humanistische Teilidentität dieser Personen wirkte sich vor allem auf überregionale Loyalitäten aus. Unter den Humanisten entstand eine soziale Vernetzung weit über den sichtbaren Horizont und konkreten Gemeinschaftsrahmen hinaus. Hohe Mobilität, Briefkultur und Buchdruck schufen eine Zusammengehörigkeit, die in einen abstrakten Rahmen gestellt war. Von der humanistischen res publica litteraria aus führte ein kurzer Weg zur patria communis der deutschen Nation.

nec aliam ob rem, nisi quod Scotus est. Germanus cum Franco dissidet, Hispanus cum utroque. O pravitatem […]! Cur non potius bene vis homo homini? Christianus Christiano? Cur res frivola plus apud istos potest, quam tot naturae nexus? tot Christi vincula? Locus corpora dirimit, non animos. Separabat olim Rhenus Gallum a Germano, at Rhenus non separat Christianum a Christiano. […] Paulus Apostolus indignatur audire inter Christianos has voces: Ego sum Apollo, ego sum Cephae, ego sum Pauli, nec impia cognomina sinit secare Christum omnia conciliantem: et nos commune patriae vocabulum gravem causam judicamus, cur gens in gentis internecionem tendat? Ne id quidam satis nonnullorum animis bellorum avidis, prave dataque opera dissidiorum ansas quaerunt, ipsam dividunt Galliam, et ea vocabulis distrahunt, quae nec maria, nec montes, nec vera regionum nomina distrahunt. E Gallis Germanos faciunt, ne vel nominis consortio coalescat amicitia.« Erasmus: Querela, S. 428-431.

2.2. Von der natio zur Nation

Die mittelalterlichen Bedeutungsverschiebungen von »natio« sind noch verworrener als jene von »patria«. Schon Griechen und Römer teilten Menschen nach Kriterien wie Abstammung, Sprache und Sitten in Kollektive ein. Dabei blieb eher unberücksichtigt, ob diese Kollektive eine politische Einheit bildeten und sich selbst als zusammengehörig betrachteten. Ein Kollektiv in diesem Sinn wurde im Griechischen als »ethnos«, von den Römern als »gens«, seltener als »natio« bezeichnet.[1] Entscheidend war, dass diese Kategorien die Fremdwahrnehmung bestimmten, nicht aber das Selbstbild: Zwischen Eigenem und Fremdem lag die Schwelle von der Zivilisation zur Barbarei. Die zivilisierte Gesellschaft konstituierte sich durch eine vernunftgeleitete Rechtsordnung und politische Verfassung. Genealogische Herleitungen eines symbolischen Gemeinschaftskapitals gingen nicht verloren, sie wurden aber zurückgedrängt vom expansiv-integrativen Zivilisationsmodell. So stand der »populus Romanus« als politischer Repräsentant der »civitas Romana« den »gentes« und »nationes« der barbarischen Welt gegenüber.[2] Ob bei Cicero oder im iustinianischen Corpus – der natio-Begriff war mit Attributen wie »barbara«, »extera« und »aliena« versehen.[3]

Diese Begriffsopposition überdauerte die Christianisierung des Römischen Reiches. Allerdings verschob sich ihre Semantik. Dem »populus Christianus« standen nun die heidnischen »nationes« gegenüber. Grundlegend war die Bibelübersetzung des Hieronymus, die für Nichtjuden bzw. Nichtchristen die Bezeichnung »nationes« standardisierte.[4]

Zwischen den Begriffen gens und natio lassen sich feine, aber signifikante Differenzen festmachen. Während gens durch die Nähe zum verwandten »genus« (Geschlecht) die Abstammung betonte, klang in natio das Verb »nasci« (geboren werden) mit. Indem es auf den Geburtsort oder das Geburtsland verwies, war »natio« stärker geographisch konnotiert.[5] So bezeichnete natio auch die geographische Herkunft von Individuen und Gruppen, die sich in der Fremde aufhielten.

1 Gschnitzer: Volk, Nation, Nationalismus, Masse. II. Altertum, in: Geschichtliche Grundbegriffe, Bd. 7, S. 164.

2 Ebd., S. 167.

3 Mertens: Reich, S. 23.

4 Ebd., S. 24.

5 Gschnitzer: Volk, Nation, Nationalismus, Masse. II. Altertum, in: Geschichtliche Grundbegriffe, Bd. 7, S. 170.

Aus dieser Teilbedeutung von natio, die häufiger Individuen als Kollektiven galt, schälte sich in komplexen Windungen der moderne Nationsbegriff heraus. Im 12. und 13. Jahrhundert entstand in verschiedenen Institutionen ein Organisationsmuster, das Fremde nach ihrem Herkunftsgebiet aufteilte. Die daraus hervorgehenden Gruppen wurden als nationes bezeichnet.[6] Binnengliederungen dieser Art setzten sich in Kaufmannsniederlassungen, Quartieren der Ritterorden, Universitäten und später auch an Konzilien durch. Allen Institutionen war gemeinsam, dass sie Menschen aus weiten Teilen Europas integrierten, ohne sie ihrem Herkunftsgebiet dauerhaft zu entwurzeln.

Aufbau, Organisation und Funktion der nationes differierten zwischen den Institutionstypen, aber auch innerhalb des gleichen Typus. Zudem setzte sich keine Normierung des geographischen Raumes durch, die eine Standardisierung der nationes ermöglicht hätte. Namen, Anzahl und geographische Koordinaten der nationes waren vom Standort und Einzugsgebiet einer Institution abhängig, bisweilen auch von theologischer Zahlenakrobatik. Die mittelalterlichen nationes bildeten damit keine feste Größe, sondern vielmehr ein variables Ordnungsmittel für konkrete Zwecke.

2.2.1. Die nationes an den Universitäten und die Nationalisierung Böhmens

Die Universität ist auf der diskursgeschichtlichen Strecke von der natio zur Nation verschiedentlich als entscheidende Wegmarke gesehen worden.[7] Von diesen Interpretationen wird im Folgenden abgerückt. Die hier vertretene Position lautet, dass an einzelnen Universitäten zwar eine Umwertung des natio-Begriffs erfolgte, diese aber nur in typologischer Hinsicht relevant war. Auf die humanistische Nationskonstruktion übten diese Vorgänge keine nachhaltige Wirkung aus.

Die Anzahl der Universitätsnationen reichte von zwei in Oxford, die wegen des kleinen Einzugsgebiets nur die Britischen Inseln umfassten, bis zu neunzehn in Bologna – drei an der Universität der »citramontani« und

6 Um die semantische Differenz zum neuzeitlichen Nationsbegriff terminologisch zu verdeutlichen, wird in der Folge natio stehen, wo der signifikante Bedeutungssprung zum Nationsbegriff, wie er im Eingangskapitel definiert wurde, noch nicht feststellbar ist. Diese Begriffsverwendung entspricht Münkler u.a.: Nationenbildung, S. 29.

7 Ebd., S. 20, 31 f., 72; Greenfeld: Nationalism, S. 4 f.

sechzehn an jener der »ultramontani«.[8] In Bologna wurden die Studenten Italiens von denen Resteuropas also nicht durch nationes, sondern durch den Aufbau zweier Universitäten getrennt. Durch dieses Raster fielen wiederum die Bürger von Bologna: Sie waren von der Universität und damit auch von den nationes ausgeschlossen.[9] Zugehörigkeit zur natio markierte also den Fremdheitsstatus eines Scholaren in der Universitätsstadt. Der natio kam die Funktion zu, die rechtliche Schutzlosigkeit der Scholaren zu kompensieren.[10] Magister und Doktoren, die als Lehrkörper das Bürgerrecht der Stadt besaßen, gehörten nicht mehr den nationes an.[11] Auf Bologna angewandt, trifft Bernhard Giesens Formulierung zu, die mittelalterlichen nationes seien da hervorgegangen, wo »auf fremdem Boden Fremde Fremden begegnen«.[12]

Einschränkungen an dieser Globalannahme drängen sich aber schon im Fall der Sorbonne auf. Wegen ihrer großen Ausstrahlung beeinflusste sie die nationes-Organisation an anderen Universitäten. In Paris gab es vier nationes: die gallische, normannische, pikardische und englische (die auch Mittel- und Osteuropa einschloss). Ihre Mitglieder waren nicht die Scholaren, sondern die Magister. Allerdings bei weitem nicht alle: Die nationes rekrutierten ihr Personal allein aus der Fakultät der artes; der Lehrkörper der höheren Fakultäten blieb außerhalb. Im Unterschied zu Bologna gehörten aus Paris gebürtige Magister der »natio Gallicorum« an, die ungefähr das Gebiet der Île de France umfasste.[13] Scheint in Bologna die Bildung der nationes eher spontan erfolgt und von den Studenten initiiert zu sein, so deutet in Paris einiges auf einen administrativen Akt ohne vorgängige Gruppenbildung.[14] Die Vierzahl wurde auf die Himmelsrichtungen zurückgeführt, oder es wurden sakralisierend Parallelen gezogen zur Anzahl der Paradiesflüsse, Kardinaltugenden und Evangelisten.[15]

8 In Bologna haben sich Anzahl, Namen und Zusammensetzung vor allem der ultramontanen nationes immer wieder geändert, obwohl die Statuten von 1265 zur Vermeidung von Dissens ihre Unveränderbarkeit proklamierten. 1432 wurde die Zahl der ultramontanen nationes von 13 auf 16 angehoben, so dass mit den 4 citramontanen nationes (Lombardei, Toskana, Rom, Königreich Sizilien) die Gesamtzahl auf 20 anstieg. Eine Anpassung an die Verschiebungen auf der politischen Karte kann dabei nicht stringent nachgewiesen werden. Kibre: The Nations, S. 5-14.

9 Ebd., S. 8.

10 Stichweh: Universitätsmitglieder, S. 178 f.

11 Münkler u.a.: Nationenbildung, S. 42.

12 Giesen: Die Intellektuellen, S. 98.

13 Kibre: The Nations, S. 66.

14 Ebd., S. 14, 20, 27.

15 Münkler u.a.: Nationenbildung, S. 21.

In den meisten Universitäten bauten die nationes korporative Strukturen auf: Sie hatten eigene Versammlungslokale, zuweilen eigene Statuten, Feiertage und Schutzheilige.[16] Ihre organisatorische Autonomie war groß. Dadurch konnte sich ein Korpsgeist bilden, der Rivalitäten zu anderen nationes oder zur ortsansässigen Bevölkerung einschloss. Von den verbalen Anfeindungen und sporadischen Gassenscharmützeln ging aber kaum eine nationalisierende Wirkung aus. Xenophobie mochte im Spiel sein, mehr nicht. Entscheidend war, dass sich die Mitglieder der nationes nicht als Repräsentanten ihres Einzugsgebiets und dessen Bevölkerung verstanden. Sie verteidigten keine Ehre einer abstrakten Gemeinschaft. Die Zugehörigkeit zur natio endete, sobald man die Universität verließ oder schon zuvor, wenn man die Fakultät wechselte oder in den Lehrkörper aufstieg. Dies änderte sich erst, als die Nationalisierung der europäischen Elitenkultur von außen auf die Universität zurückwirkte.

Als Markstein der Nationenbildung gelten die universitären nationes auch, weil seit dem 15. Jahrhundert sprachliche Kriterien die geographischen Zuordnungen beeinflussten. Man sieht die Universität als Labor, in dem der feste Stoff korporativer Strukturen zu Luftgebilden abstrakter Sprachgemeinschaften sublimiert wurde. Zuletzt haben Münkler und Grünenberger so argumentiert: Von der Universität sei eine nationalisierende Wirkung ausgegangen, die über die Universitätsabgänger die europäische Elitenkultur erfasst habe.[17] Damit stellen sie die Universität an den Anfang der neuzeitlichen Nationenbildung. Exemplifiziert wird die Theorie anhand der Vorgänge an der Universität Prag, die 1409 ins Kuttenberger Dekret mündeten.

Die Prager Universität, 1348 von Karl IV. als erste Hochschule im nördlichen Reichsgebiet gegründet, teilte ihre Alumnen nach Pariser Vorbild in vier nationes ein: die böhmische, polnische, sächsische und bayrische. Außer in der juristischen Fakultät, die sich an Bologna orientierte, waren Scholaren *und* Magister Mitglieder der nationes. Zum Einzugsgebiet der böhmischen natio zählten auch Ungarn und – gemäß dem Zuordnungsprinzip des Geburtsortes – jene Deutschsprachigen, die seit dem 11. Jahrhundert in Böhmen ansässig waren.[18] Muttersprachlich heterogen war weiter die polnische natio, deren Einzugsgebiet einen Großteil der schlesischen Herzogtümer umfasste. Der Faktor Sprache blieb ohne Relevanz, bis der Lehrkörper der böhmischen natio in ihm ein Mittel zur Stärkung seines Einflusses erkannte. In den neunziger Jahren des 14. Jahrhunderts

16 Kibre: The Nations, S. 87 f.
17 Münkler u.a.: Nationenbildung, S. 24.
18 Šmahel: Die Hussitische Revolution, Bd. 1, S. 297-299; Seibt: Natio, S. 31, 40.

besetzten die böhmischen Professoren sukzessive Machtposten der universitären Verwaltung.[19] Die nationes bestimmten die Zusammensetzung der Kommissionen in den Fakultäten und der Gesamtuniversität. In der Regel wurden die Kommissionen gleichmäßig aus den vier nationes besetzt. Wurde daher die Zusammensetzung der nationes geändert, ergaben sich Machtverschiebungen.

Die böhmischen Lehrkräfte forderten, die drei anderen nationes seien aus politischen und sprachlichen Gründen als eine einzige deutsche zu verstehen. Damit schufen sie ein neues Verständnis der Universitätsnation. Das Kuttenberger Dekret, das König Wenzel IV. 1409 erließ, gab ihnen Recht und stellte der böhmischen natio eine einzige »natio Theutonica« gegenüber. Darüber hinaus standen den Böhmen nun in allen Kommissionen drei Stimmen zu, den »Deutschen« nur eine. Zur Rechtfertigung dieser Machtverschiebung wurde vorgebracht, man folge dem Vorbild der Sorbonne, wo drei nationes aus dem Gebiet der französischen Krone und eine aus dem Ausland bestellt seien. Mit dieser Argumentation verkleinerte man Prag von der Reichs- zur Landesuniversität.[20] Faktisch vollzogen wurde dieser Schritt wenig später, als die ehemaligen Mitglieder der polnischen, sächsischen und bayrischen nationes an die Universitäten Leipzig, Heidelberg und Wien abwanderten.

Das Sprachprinzip hatte sich im Kuttenberger Dekret gegenüber dem geographischen Geburtsprinzip aber nur halb durchgesetzt. Die böhmische natio schloß die deutschsprachigen Böhmen und Ungarn unverändert ein.[21] Der Grund für diese »Halbheit« lag darin, dass politische Pragmatik, nicht ideologische Prinzipien den Ablauf der Ereignisse diktierte. Wenzel, im Reich seit seiner Absetzung als Kaiser 1400 marginalisiert, versuchte 1409 den religionspolitischen Dissens auszunutzen, der das Reich wegen des Papstschismas spaltete. Er setzte sich für das Konzil von Pisa sowie für den dort gewählten Alexander V. ein. Damit wusste er sich an der Seite der meisten Reichsstände und in Opposition zu König Ruprecht. Dieser hielt an Gregor XII. fest und fand dabei Unterstützung von der Universität Heidelberg.[22] Als Wenzel 1408 in der gleichen Frage die Universität Prag konsultierte, pflichtete ihm nur die böhmische natio bei. Im gleichen Zusammenhang erfolgte ihr Antrag auf Statutenänderung der Universitätsverfassung.

19 Im Jahrzehnt vor dem Kuttenberger Dekret betrug er nur 19,8 %; Schmidt: Die Prager Universitäts-Nationen, S. 53.

20 Seibt: Hussitica, S. 65.

21 Ebd., S. 66 f.

22 Schmidt: Die Prager Universitäts-Nationen, S. 61 f.

Von der Genehmigung des Antrags konnte sich Wenzel mehr versprechen als einen universitären Blankoscheck für seine Religionspolitik. Mit der Strategie, das Sprachkriterium nur auf die nichtböhmischen nationes anzuwenden, vereinte er seine Landeskinder. Die Haupttrennlinie, die das Kuttenberger Dekret zog, war keine sprachlich-kulturelle, sondern eine zwischen »indigenae« und »alienigenae«, zwischen »regnicolae« und »extranei«.[23] Damit stand das Dekret im Dienst der territorialen Homogenisierung und ging auf Kosten der Reichseinheit.

Münkler und Grünberger führen die nationalisierende Wirkung der Prager Universität auf die neue Konfliktdimension zurück, die das sprachnationale Prinzip geschaffen habe.[24] Vorher, so die Autoren, hätten die nationes an Universitäten und Konzilien, in Ritterorden und Kaufmannshöfen die Funktion einer »inkludierenden Binnendifferenzierung« erfüllt, d.h. ein Personal unterschiedlicher Herkunft und Kultur in Institutionen universalen Formats integriert. Diese Inklusionsfunktion sei an der Karolina umgeschlagen in »exkludierende Kollektividentitäten«. Die »lingualen Zurechnungskriterien« hätten einen Prozess des »Einander-fremd-werdens« eingeleitet, der das Konfliktniveau unter den nationes gesteigert und das universale Selbstverständnis der Institution ausgehöhlt habe.[25] Mit der Bildung der ersten »nationalen Universität« in Prag habe eine »kognitive und affektive Nationalisierung« eingesetzt, in deren Verlauf sich der natio-Begriff von »Polysemie« zu »Monosemie« verengt habe. Damit habe sich der Begriff quasi selber institutionalisiert.[26] Die an der Universität ausgebildeten Eliten, vor allem die staatsfernen, »freischwebenden Intellektuellen«, hätten den neuen natio-Begriff in die Welt hinaus- und in die Druckereien hineingetragen.[27] Der humanistische Nationsdiskurs sei damit aus inneruniversitären Konflikten hervorgegangen.

Die Kritik an diesem Entwicklungsmodell richtet sich gegen zwei Punkte: die Bedeutungsverengung des natio-Begriffs und auf die Universität Prag als Ausgangspunkt der Nationenbildung. Der humanistische Nationsbegriff war nicht monosemantisch. Im italienischen Humanismus herrschten die alten Attribute »barbara« und »extera« vor. Natio blieb eine pejorative Fremdbezeichnung, sei es von Heiden oder von Christen außerhalb Italiens. Im Umfeld der Kurie gab es zudem Autoren, die von der Konzilssprache beeinflusst waren und natio als »pars Christianitatis«

23 Seibt: Hussitica, S. 69.
24 Münkler u.a.: Nationenbildung, S. 18-21, 72 f.
25 Ebd., S. 18, 72 f.
26 Ebd., S. 28, 31.
27 Ebd., S. 24 f., 261.

verstanden.[28] Anders sah es im deutschen Humanismus aus: Hier war natio Fremd- *und* Selbstbezeichnung und avancierte zum kollektiven Ehrbegriff. Aber auch dieser blieb vieldeutig: Die »natio Germanica« war an ein stärkeres Autonomiekonzept gebunden als die »natio Sueviae«, die vertikal der deutschen Nation, horizontal den nationes der Bayern, Sachsen oder Franken zugeordnet war. Die Sprache allein bestimmte weder in Italien noch in Deutschland die nationale Zugehörigkeit. Je nach Thema wurden auch »mores«, »sanguis« oder »situs« an die vorderste Stelle gerückt.[29] Die Polysemie des natio-Begriffs blieb bis weit in die Neuzeit erhalten. In Frankreich, England und Deutschland setzte er sich als agonaler Ehrbegriff durch, in Italien blieb er lange negativ behaftet. Die Konnotation der Unkultur erhielt im Zug der europäischen Expansion neuen Aufwind, da die Ureinwohner der Kolonien in Nationen unterteilt wurden.[30]

Der Konflikt an der Prager Universität verstärkte die Vieldeutigkeit des natio-Begriffs eher. Bis zum Kuttenberger Dekret war der individuelle Geburtsort an allen Universitäten primäres Zuteilungskriterium. Die Prager Lösung von 1409 führte ein neues Prinzip ein, ohne dass das alte verdrängt, geschweige denn die Geltungsbereiche beider Prinzipien abgesteckt wurden. Dass Sprachunterschiede die Gruppenbildung beeinflussten, hatte Ursachen außerhalb der Universität. Das Gleiche gilt für die Politisierung der nationes. Diese Abhängigkeiten werden im Folgenden kurz dargelegt.

Bis Ende des 12. Jahrhunderts ließen sich die deutschsprachigen Immigranten in Böhmen meist in neuen Städten nieder. Als später das Land kolonisiert wurde, waren weitgehend unbewohnte Gebiete betroffen. Bis Mitte des 14. Jahrhunderts vermischten sich die deutsche und die tschechische Bevölkerung kaum. Das änderte sich erst im Zug der Pestepidemien, die in den Städten besonders verheerend wirkten. Sie führten zu einer beschleunigten Zuwanderung ländlicher Schichten. Während die deutschsprachigen Stadtbewohner die Eliten stellten, bildete die schneller wachsende tschechischsprachige Bevölkerung das Gros der Mittel- und Unter-

28 Vgl. Kap. 2.2.2. und 2.2.3.

29 So hielt es Enea Silvio für unerheblich, dass man im böhmischen Königreich seiner Zeit »Sclavonico sermone utitur«; die angeblichen »mores Theutonici« und die Reichszugehörigkeit wogen stärker und machten die Tschechischsprachigen zu Deutschen; Piccolomini: Germania 2,12.

30 Vgl. die »Indianische Historia« des Niclaus Federmann von 1557 (ein Reisebericht eines im Auftrag der Welser nach Venezuela entsandten Ulmer Bürgers), der in Mittel- und Südamerika von der »Nation Xideharas«, der »Nation Ayamanes«, der »Nation Cayones«, der »Nation Xaguas«, der »Nation Caquetios«, der »Nation Cuybas« usw. berichtet; Federmann: Indianische Historia.

schichten.[31] Diese Struktur wurde zum Nährboden für antideutsche Ressentiments und für eine Gruppenbildung auf sprachlich-kultureller Basis.[32]

Vorläufer hatte diese Entwicklung im böhmischen Landadel und tschechischsprachigen Klerus. Seit dem ersten Jahrzehnt des 14. Jahrhunderts kursierte eine Reimchronik eines niederen Adligen, die den deutschsprachigen Bürgern und Bauern das Aufenthaltsrecht in Böhmen absprach.[33] Diese so genannte Chronik des Dalimil konstruierte eine tschechische Kollektivgenealogie, die bis Babel zurückreichte, wo der Urahn Cech beim Turmbau dabei gewesen sei.[34] Nach der Zerstreuung der biblischen Völker hätten die Tschechen von Gott ihre prädestinierte Heimat Böhmen erhalten.[35] Der adlige Autor drückte die Ablehnung der deutschen Bevölkerung in einer klaren Loyalitätshierarchie aus: Sprachgruppe ging vor Stand. Dem böhmischen König legte er nahe, eher eine tschechische Bauerntochter als eine deutsche Prinzessin zu ehelichen.[36]

Die Nationalisierung des tschechischen Klerus fand einen frühen Niederschlag in der Gründungsurkunde des Chorherrenstifts von Raudnitz an der Elbe. Der Bischof von Prag verkündete darin als »treuer Eiferer des böhmischen Volkes«, dass kein Novize »alterius nationis« aufgenommen werden dürfe als »ein Böhme von jedem Elternteil, sprachlich tschechischen Ursprungs«.[37] Der Bischof band den Nationsbegriff an die Vorstellung kollektiver genealogischer Reinheit. Dabei verknüpfte er »lingua« und »sanguis«: Die Muttersprache erhielt den Rang einer genealogischen Blutprobe. Dieser Veränderung trug die tschechische Übersetzung von natio Rechnung: Die herkömmliche Entsprechung »národ« wurde verdrängt von »český jazyk« – im Deutschen als »behemische und mehrerische zungen« wiedergegeben.[38]

In der tschechischen Stadtbevölkerung wurde die sprachliche Segregation ab 1380 ideologisch aufgeladen. Auf Prager Boden entstand in dieser

31 Šmahel: Die Hussitische Revolution, Bd. 1, S. 297-312.

32 Graus: Die Nationenbildung, S. 87.

33 Thomas: Anne's, S. 51-53.

34 Ješín von Bezdezí (Hg.): Die alttschechische Reimchronik; eine von zwei spätmittelalterlichen deutschen Übersetzungen der Chronik (um 1346): Jiricek (Hg.): Di Tutsch Kronik; Borst: Der Turmbau, Bd. 2, Teil 2, S. 915.

35 Šmahel: Die nationale Frage, S. 70.

36 Seibt: Natio, S. 36; Thomas: Sprache, S. 88.

37 Die Urkunde wurde 1333 ausgestellt, vom »gentis Bohemice fidelis zelator« Johann IV.: »Nequaquam tamen ad prefatum collegium dicti cenobii alterius nacionis aliquem recipi admittimus, nisi sit Bohemus de utroque parente idiomatis boehmice ortum trahens.« Zit. nach Seibt: Hussitica, S. 62, der auch eine Deutung der grammatischen Inkonsequenz des Satzes bietet; üb. in ders.: Natio, S. 37.

38 Seibt: Hussitica, S. 111-113; Šmahel: Die Hussitische Revolution, Bd. 1, S. 321.

Zeit ein antideutsches Pamphlet »De Theotunicis bonum dictamen«, das die »Verstädterung« des Konflikts widerspiegelte.[39] Trotz Bereichen enger Koexistenz (etwa in Zünften, aber auch in Familienverbänden) nahm die Isolierung der Sprachgruppen und die Konfliktträchtigkeit ihrer Koexistenz zu.[40] Im »melting pot« Prag erzeugte die religiöse Reformbewegung, die mit den Predigten John Wyclifs und Jan Hus' einsetzte, nationalisierende Sekundäreffekte, da ihre Anhänger vorwiegend tschechischsprachig waren.[41] Um Sekundäreffekte handelte es sich, weil die hussitische Revolution nicht von nationalistischen Motiven zusammengehalten wurde.[42]

Die wenigen Nationalisten der hussitischen Bewegung hält Ferdinand Seibt für eine »Führungselite aus akademisch oder politisch gebildetem Bürgertum in der böhmischen Hauptstadt«, die sich »für eine Revolution der geburtsständischen Ordnung des Staatsaufbaus« einsetzte.[43] Sprachrohr dieser Gruppe war der Magister Hieronymus von Prag. Seine Universitätsreden von 1408/09, die den Konflikt zwischen den nationes anheizten, richteten sich auch an die »Laien vom Hof und aus der Bürgerschaft«.[44] In einer Rede vom Januar 1409 (also noch vor dem Kuttenberger Dekret) umriss Hieronymus den Nationsbegriff in zukunftsträchtiger Weise. Der »sacrosancta natio Boemica« gehöre jeder »purus Boemus« an

> vom König bis zum Ritter, vom Ritter bis zum Aftervasallen, vom Aftervasallen bis zum Bauern, vom Erzbischof bis zum Kanoniker, vom Kanoniker bis zum niedersten Priester, vom Bürgermeister dieser Stadt bis zum Ratsherrn und Bürger, vom Bürger bis zum letzten Handwerker.[45]

Die Ständeordnung wurde in dieser Definition nicht beseitigt, sondern einer höheren, horizontalen Ehrgemeinschaft einverleibt. Die genealogi-

39 Wostry: Ein deutschfeindliches Pamphlet, S. 193-238; Graus: Die Nationenbildung, S. 103; Šmahel: Die Hussitische Revolution, Bd. 1, S. 315 f.

40 Šmahel: Die Hussitische Revolution, Bd. 1, S. 315 f.

41 Zur verhältnismäßig geringen Zahl deutschsprachiger Anhänger der Hussitenbewegung: Machilek: Deutsche Hussiten, S. 267-282.

42 Seibt: Hussitica, S. 92.

43 Ebd., S. 185.

44 Ebd., S. 79.

45 »Quicunque igitur quemcunque pure Boemum dixerit fuisse vel esse hereticum – a rege usque ad militem, a milite usque ad clientem, a cliente usque ad rusticum, ab archiepiscopo usque ad canonicum, a canonico usque ad minimum presbyterum, a magistro civium huius urbis usque ad consulem atque civem, a cive usque ad quemlibet opificem –, unus pro omnibus respondeo, ut debeo, tot corde, ore pleno, intrepide, quod mentitur ut nullius fide dignus.« Zit. nach Šmahel: Die Hussitische Revolution, Bd. 1, S. 324 (Fußnote 90).

sche Vorzüglichkeit der »reinen Böhmen« wurzelte bei den Griechen. Mit diesem origo-Konstrukt steigerte Hieronymus die Ressentiments gegen die deutschsprachigen Stadtbürger zu einer Erbfeindschaft zwischen allen Tschechen und Deutschen. Die Deutschen nämlich hatten, gemäß dem Stammbaum der Franken, zu den Trojanern gehört.[46]

Hieronymus fügte das nationale Erbfeindkonzept in die theologischen Fronten ein. Zum festen Attribut der natio Boemica erhob er das Adjektiv »sancta«. Damit nahm er die alttestamentarische Idee vom auserwählten Volk auf. Gott selbst führte die Tschechen in den Kampf gegen »unsere natürlichen Feinde, die Deutschen«.[47] An der Heiligkeit der tschechischen Nation partizipierte jeder tschechischsprachige Untertan. Mehr als der Monarch stand die abstrakte Gemeinschaft der Tschechen für die Auserwähltheit Böhmens.

Angesichts dieser Vorgänge spricht vieles dagegen, die Nationenbildung als universitäres Produkt zu verstehen. Es ist unwahrscheinlich, dass gerade Universitätsangehörige an »Verständigungsproblemen« gelitten und daraus »identitätskonstitutive Faktoren« konstruiert haben.[48] An Hochschulen wurde fast ausschließlich Latein gesprochen. Die Ursachen für die sprachliche Aufladung des natio-Begriffs sind im Prager Bürgertum zu suchen. Durch historischen Zufall stimmte die soziale mit der sprachlich-kulturellen Schichtung überein. Damit konnte die Mundart bei sozialen Spannungen zum Konfliktmotiv werden. Dies war Ende des 14. Jahrhunderts der Fall. Als Katalysator wirkte der Konflikt zwischen der böhmischen Krone und den Reichsständen, der 1400 in der Absetzung Wenzels als römischer König gipfelte. Er trug dazu bei, dass die Spannungen unter den Prager Bürgern eine nationale Dimension erhielten.[49]

46 Mit dieser Geschichtsideologie, die er 1416 in seiner Verteidigungsrede vor dem Konstanzer Konzil vorbrachte, griff Hieronymus auf die Legende von der griechischen Abkunft der Slawen zurück; Seibt: Hussitica, S. 82.

47 Zit. nach Seibt: Hussitica, S. 114.

48 Münkler u.a.: Nationenbildung, S. 73.

49 Als weitere Ursache des »böhmischen Frühnationalismus« führt Ferdinand Seibt die engen Verbindungen Prags mit »den Zentren der italienischen Frührenaissance, mit Avignon, Florenz und Rom« an. Die humanistische Erneuerungsbewegung habe in Prag schon unter Karl IV. die besten Geister bewegt, Geschichtsbewusstsein und Sprachkultur geweckt und so die Grundlagen für die Nationalisierung der Intellektuellen gelegt. So stecke im weit gereisten und mehr politisch als theologisch interessierten Hieronymus von Prag »ein Stück vom vagierenden, zungenfertigen, federgewandten Frühhumanisten«. Er habe nicht nur durch Redegewalt und stoische Todesverachtung am Konstanzer Konzil einen Poggio beeindruckt, sondern sei selber vom italienischen Humanismus geprägt gewesen. Trotz der kulturellen Nähe Prags zu Italien im 14. Jahrhundert spricht vieles dagegen, die Nationalisierung in Böhmen auf humanistischen Einfluss zurückzuführen. Das

Am Beispiel anderer Städte lässt sich erhärten, dass Universitäten auf politische und soziale Umwälzungen reagierten und diese auf ihre Binnenstrukturen übertrugen. Vor der Karolina hatte das Papstschisma schon die Pariser Universität gespalten. Als König Karl V. 1381 die nationes auf seinen religionspolitischen Kurs verpflichten wollte, reagierten zahlreiche Magister der englischen natio mit Sezession und wanderten an Reichsuniversitäten ab.[50] In Bologna wiederum nahmen die Statuten der deutschen Nation von 1497 die gemeinsame Sprache als Zugehörigkeitskriterium auf. Damit passten sie sich dem Sprachgebrauch an, der sich außerhalb der Universität längst durchgesetzt hatte.[51]

Abschließend bleibt zu fragen, ob der tschechische Nationalismus der Hussitenzeit die Nationalisierung Europas beeinflusst hat. In typologischer Hinsicht stellt die Engführung von Sprache, Blut, Land und Herrschaft, verankert in einem sakralisierten Nationsbegriff, eine Innovation dar. Umgekehrt war die mittelfristige Breitenwirkung dieses Modells eher gering. Erstens nahm das Prag Wenzels im Vergleich zur Zeit Karls IV. eine kulturelle und politische Randstellung ein. Zweitens stand die Verketzerung Böhmens im Zug der Hussitenkriege einer europaweiten Übernahme des tschechischen Nationskonzepts im Weg. Dies änderte sich erst mit dem Beginn der Reformation, als die Hussiten als Präfigurationen des neuen Glaubens erschienen. Im 15. Jahrhundert aber wurde der tschechische Nationalismus am ehesten von den Konstanzer Konzilsteilnehmern wahrgenommen, die Hus und Hieronymus den Prozess machten.[52] Dass dabei eine produktive Rezeption in Gang kam, ist wenig wahrscheinlich.[53] Die zukunftsweisenden Weichen wurden am Konzil von Konstanz unabhängig von den Prager Einflüssen gestellt.

frühhumanistische Italienmodell war anders konstruiert als das böhmische Nationskonzept: Der Nationsbegriff hatte eine andere Relevanz, die italienische Muttersprache geringen Stellenwert, es fehlten die Vorstellung einer genealogisch verankerten, gesamtitalienischen Blutsgemeinschaft und die gezielte Sakralisierung von Einwohnerschaft und Territorium; Seibt: Hussitica, S. 78 f., 117.

50 Kibre: The Nations, S. 26 f.

51 Ebd., S. 4 f.; zur Begriffsgeschichte von natio im 15. Jahrhundert vgl. Kap. 2.2.2. und 2.2.3.

52 Die Unerbittlichkeit, mit der die Konstanzer Ketzerprozesse gegen Hus und Hieronymus geführt wurden, und die absolute Dominanz des theologischen Moments in den Gerichtsverhandlungen lassen darauf schließen, dass die nationalistischen Äußerungen des Prager Magisters auf keinen fruchtbaren Boden fielen. »Des Hieronymus Tragik«, so urteilt auch Brandmüller, »lag wohl darin, dass das Konzil dessen eigentlich politische Motivation nicht erkannt und einfach einen Häresieprozeß geführt hat […].« Brandmüller: Das Konzil, Bd. 2, S. 115-139, hier S. 138.

53 Heinz Thomas hat behauptet, dass das Genitivattribut »deutscher Nation« bzw. »deutscher Zunge« im Reichstitel dem tschechischen Vorbild zu verdanken sei.

2.2.2. *Das Konstanzer Konzil und die Konstruktion einer nationalen Wettkampfrhetorik*

Wie kaum eine andere Institution wurden die Konzilien zu Brennpunkten des kulturellen und politischen Lebens im Spätmittelalter.[54] Hier trafen sich die Bildungs- und Herrschaftseliten Europas, hier entstand ein einmaliger Markt der immateriellen Güter. Von diesem Markt ging zugleich eine homogenisierende und segregierende Wirkung aus. Die Konzilien trugen dazu bei, dass sich die politischen Verbände der Christenheit unter Anwendung eines übergreifenden Diskurses voneinander abgrenzten.

Die Kirchenkonzilien übernahmen die Binneneinteilung in nationes von den Universitäten. Am zweiten Lyoner Konzil von 1274 eingeführt, blieben die nationes im 14. Jahrhundert aber ohne institutionelle Verankerung.[55] Als sie 1409 in der Konzilsverfassung von Pisa offiziell eingetragen wurden, war noch immer ungeklärt, welche Bedeutung und Funktion ihnen zukam.[56] Erst mit den Beratungen der Konzilsteilnehmer entstanden feste, nach Herkunft geordnete Gremien, die dann als Binneneinheiten des Konzils anerkannt wurden.[57] Die Kommissionen wurden nun aus den nationes, nicht mehr aus den Kirchenprovinzen besetzt. Noch hatte sich aber kein Kanon der geographischen Raumgliederung gebildet, und die bestehenden Konzilsnationen (Gallicana, Anglicana, Italiana, Germanica) deckten nur einen Teil der papstkirchlichen Christenheit ab.[58]

Auf dem Konstanzer Konzil erreichten Organisationsgrad und Macht der nationes ihren Höhepunkt.[59] Gleichzeitig intensivierten sich die konzilsinternen Debatten über ihre Zusammensetzung und Funktion. Sie führten weder zu einer semantischen noch zu einer institutionellen Konsolidierung der nationes. Vielmehr entstand ein agonal aufgeladener Diskurs mit spannungsreichen Mehrdeutigkeiten, bedingt durch die Vermengung von weltlich-politischen, sprachlichen und kirchlichen Raumordnungen.[60] Im Unterschied zu den Universitätsnationen politisierten

Da aber schon hansische Quellen aus der Mitte des 14. Jahrhunderts vom »Romeschen rike van der Duuscher zcungen« sprachen, ist diese Annahme wenig plausibel; Thomas: Die deutsche Nation, S. 434-436; ders.: Sprache, S. 93 f.; Schubert: König, S. 233.

54 Helmrath: Vestigia, S. 103 f.; Moraw: Von offener Verfassung, S. 372.

55 Le Goff: La perception, S. 11-16; Schmidt: Kirche, S. 446-452; Brandmüller: Das Konzil, Bd. 1, S. 198.

56 Schmidt: Kirche, S. 461.

57 Ebd., S. 463.

58 Brandmüller: Das Konzil, Bd. 1, S. 199.

59 Schmidt: Was ist eine Nation?, S. 142-149.

60 Mertens: Reich, S. 25-30.

die Konzilsnationen im Namen eines abstrakten Kollektivs. Sie beanspruchten die Repräsentation des Kirchenvolks aus ihrem Einzugsgebiet.

Am Streit um die geographische Aufteilung und die Kompetenzen der nationes waren verschiedene Interessengruppen beteiligt, die um Einfluss auf die Konzilsentscheide rangen. Die Italiener waren beim Konzil nummerisch überlegen und standen fast geschlossen hinter Johannes XXIII. Vor diesem Hintergrund sträubten sich viele Konzilsväter aus dem übrigen Europa gegen ein Abstimmungsverfahren nach Köpfen.[61] Französische Prälaten warben für einen abstimmungsrelevanten Rang der nationes.[62] Die Italiener entgegneten, mit den nationes usurpiere ein weltliches Ordnungsprinzip die Kirche.[63] Schließlich setzten sich die Verfechter starker Konzilsnationen durch. Jede natio wählte einen eigenen Präsidenten, tagte in eigenen Versammlungsräumen, besaß Prokuratoren und ein eigenes Wappen, bestimmte die Delegierten für die Kommissionen und gab einheitliche Voten ab.[64]

Bei allen Kontroversen wurde der nationes-Diskurs vom Konsens getragen, dass man es mit zwei verschiedenen Begriffen von natio zu tun habe: Die »nationes principales« umfassten die kleine Zahl der Konzilsnationen, die außerhalb der Konzilien keine Existenz hatten; die »nationes particulares« standen für weltliche Herrschaftsgebiete, Sprach- oder Abstammungsgemeinschaften. Die auf dem Reißbrett einfache Unterscheidung erwies sich in der Praxis als uneinlösbar, da das Konzil ständigem Einfluss weltlicher Herrschaftsträger ausgesetzt war.[65] Damit konnten die Konzilsnationen nie als autonome, rein kirchliche »Teile der Christenheit«[66] in Erscheinung treten. Da allein die nationes principales entscheidungsbefugt und abstimmungsrelevant waren, strebten die nationes particulares nach einer Mehrheitsstellung in ihrer Konzilsnation oder – wenn dazu keine Aussicht bestand – nach einer eigenen natio principalis.

61 Brandmüller: Das Konzil, Bd. 1, S. 207 f.

62 Schmidt: Kirche, S. 469 f.

63 Ebd., S. 470 f.

64 Ebd., S. 471 f.

65 Es kam daher nicht von ungefähr, dass während des Konzils auch zwei Reichstage in Konstanz abgehalten wurden, 1415 und 1417; Helmrath: Kommunikation, S. 119.

66 So lautet die Definition, die Ulrich von Richenthal, der deutsche Chronist des Konstanzer Konzils, den Konzilsnationen gab: »So ist zu wissen, das alle cristenhait in fünf tail getailt ist, und die tail haissend in der latin naciones.« Der gleiche Autor warf indes diese Definition im Fall der natio Germanica gleich wieder über Bord und fiel auf die natio particularis zurück: »nacion Germania, das ist Tütschland«; Richenthal: Das Konzil, Bd. 2, S. 151; Helbig: Reich, S. 93; Thomas: Die deutsche Nation, S. 429 f.; Mertens: Reich, S. 25.

1416 trafen die Prälaten und weltlichen Gesandten aus der Iberischen Halbinsel mit Verspätung in Konstanz ein. Die kleine Gruppe stellte den Antrag, eine natio Hispanica den vier bisherigen nationes principales, der Germanica, Gallicana, Italica und Anglica, an die Seite zu stellen. Damit löste sie eine Kette von Konflikten aus. Trotz ihrer geringen Mitgliederzahl gab das Konzil dem Antrag statt. Abgesehen davon, dass nun innerhalb der natio Hispanica ein Machtstreit unter den Untertanen der Königreiche Aragon, Kastilien und Portugal entbrannte, wurde die natio Anglicana als Konzilsnation bedroht. Um den Einfluss des englischen Königs am Konzil zu mindern, argumentierte die französische natio, England sei mit seiner Anzahl Diözesen, Einwohnern, Städten und Kirchenprovinzen zu klein, um als fünfter Teil der Christenheit zu gelten. Auch gebe es, so die Franzosen weiter, in der Christianitas nur vier Teile, so dass die Anglicana zu einer natio particularis zu reduzieren und der Germanica einzuverleiben sei.[67]

Dass die französische natio gerade gegen die englische Front machte, war politisch bedingt. Der Hundertjährige Krieg hatte ein Jahr zuvor in der Schlacht von Azincourt einen militärischen Höhepunkt erreicht – mit verheerendem Ausgang für die französische Krone. Ein Jahr später verlagerte sich die Konfrontation in die Konstanzer Säle. Sie wurde vor allem von den Gesandten der Könige, nicht den Konzilsvätern der beiden nationes ausgetragen. Die französische Krone trat dabei als »mächtiger und erstrangiger Teil« der natio Gallicana auf.[68] Auch die Grenzen zwischen den beiden Konzilsnationen zog man nach politischen Gesichtspunkten: Gehörten die westlichen Reichsgebiete aus sprachlichen Gründen noch zur natio Gallicana, so wog für das französischsprachige Aquitanien die Herrschaft des englischen Königs mehr.[69]

Dessen Delegierte parierten den französischen Angriff mit einem Memorandum, das Englands Status als Konzilsnation legitimierte. Es stellte Kriterien auf, die eine Konzilsnation zu erfüllen habe: eigene Abstammung und Lebensweise, geographischen Umfang im Verhältnis zu anderen Konzilsnationen und *mehrere* Sprachen.[70] Dass sich Spracheinheit und nationale Einheit ausschlossen, entsprang keiner prinzipiellen Logik. Die Schrift machte aus der Not eine Tugend, indem sie den quantitativen

67 Schmidt: Kirche, S. 479-482.

68 »portio potior et principalis nationis Gallicanae«; zit. nach Mertens: Reich, S. 26, 34.

69 Schmidt: Kirche, S. 477.

70 Von der Hardt: Magnum Concilium, Bd. 5, Sp. 92; Mertens: Reich, S. 31-33; Thomas: Die deutsche Nation, S. 431 f.; Schmidt: Kirche, S. 480-482.

Argumenten von französischer Seite ein weiteres hinzufügte. Um den Vorwürfen mangelnder Größe zu begegnen, integrierten die Verfasser Iren, Waliser und Schotten in die englische Konzilsnation, obwohl diese nichts dergleichen anstrebten.[71] Zusammen mit den Diözesen in Aquitanien ließ sich so die »englische« Sprachenvielfalt gegen Frankreich ausspielen.

Die Engländer hatten Erfolg, der französische Antrag wurde abgelehnt. Nicht ihr Verteidigungsschreiben, sondern politische Vorgänge weit weg vom Bodensee gaben den Ausschlag. Mit geschickter Bündnispolitik und dank militärischer Erfolge machte Heinrich V. den nötigen Einfluss geltend, um seine Kirchenpolitik weiterhin von einer eigenen Konzilsnation verfechten zu lassen.[72]

Die politische Aufladung des natio-Begriffs, die das Auseinanderhalten von nationes principales und particulares erschwerte, hatte schon im Vorfeld des Konzils eingesetzt. Eine anonyme Schrift mit dem Titel »Capitula agendorum« hatte 26 Verhandlungspunkte für das Konzil aufgestellt. Sie nannte Gründe für das Schisma, darunter »die Gier nach dem Papsttum«. Diese unterstellte sie weder Kardinälen noch Parteien, sondern den nationes: »eine einzige Nation der Erde hatte so lange das Papsttum innegehabt [i.e. Frankreich], eine andere eiferte hingegen danach, als Papst einen Römer oder zumindest einen Italiener zu bekommen.«[73] Der natio-Begriff bezeichnet hier eine dauerhafte Einheit, ist also nicht mit der Konzilsnation identisch. Wie vage der Begriff ist, zeigt die Formulierung des Lösungsansatzes:

> Es sollten künftig aus einem Königreich, einer Nation oder einer Kirchenprovinz nicht so viele Kardinäle genommen werden, dass diese bei der Papstwahl durch ihre Stimmenmehrheit das Papsttum nach Gutdünken für sich beanspruchen und das Heiligtum sozusagen erblich besitzen können, vielmehr sollte aus jeder Nation eine Auswahl, ohne Ansehen der Person, getroffen werden.[74]

71 Schmidt: Kirche, S. 481.

72 Ebd., S. 482.

73 Diese Passage taucht ohne grundsätzliche Veränderungen in Pierre d'Aillys »De Reformatione Ecclesie« von 1416 wieder auf, so dass vermutet wird, der französische Kardinal habe schon zum Autorenkreis der »Capitula« gehört: »Ponamus ergo, exempli gracia, quod tres fuerunt radicales huius scismatis cause: [...] Tercia ambicio papatus, quia una orbis nacio diu papatum tenuerat, alia vero econtra cupiebat papam habere Romanum vel saltem Ytalicum.« Capitula Agendorum 4. S. 198 f.; d'Ailly: De Reformatione Ecclesie, in: Miethke / Weinrich (Hg.): Quellen, S. 349.

74 »Contra tercium, quod amplius de uno regno vel nacione vel provincia non fiant tot cardinales, quod possint in eleccione pape per pluralitatem vocum papatum

Die syntaktische Stellung zwischen »regnum« und »provincia« spiegelt die Pendellage der natio zwischen kirchlicher Raumgliederung und weltlicher Herrschaftsordnung. Hier schon zeichnet sich die Vorstellung ab, dass die natio für eine abstrakte Gemeinschaft stehe, die sowohl herrschaftlich als auch kirchlich konstituiert sei. Gerade wegen seiner Unbestimmtheit eignete sich der Begriff im Vorfeld des Konzils für Lösungsansätze zur Beendigung des Schismas. Mit ihm ließ sich rhetorisch wirkungsvoll Reformeifer demonstrieren, ohne dass die Karten auf den Tisch gelegt wurden. Sprach man von nationes, hatte man noch wenig gesagt.

Als die nationes im Verlauf des Konzils zum Streitobjekt wurden, begünstigte ihre Bedeutungsvielfalt die Agonalisierung des Diskurses. Die Frage der Repräsentation wurde zum Problem: Standen die nationes für Teile der Christenheit jenseits politischer Grenzziehungen, standen sie für Königreiche und deren Häupter, standen sie nur für die Geistlichkeit eines Gebiets oder ganze Abstammungs- und Sprachgemeinschaften? Mit all diesen Konnotationen wurde gespielt, um der eigenen Konzilsnation Geltung, Einfluss und Ehre zu verschaffen.

Das Konzept kollektiver Konkurrenz konnte sich im nationes-Diskurs etablieren, indem man es ideologisch verschleierte. Man verurteilte die nationalen Rivalitäten als Schaden an der Christenheit, um sie in ihrem Namen fortzuführen. Ein anonymer Autor aus der natio Germanica schlug 1415 vor, das Papsttum »wegen des gegenseitigen Neides, der seit langem [...] unter den verschiedenen nationes umgeht«, von einer natio zur anderen weiterzureichen, unter Ausschluss der Griechen: »Dann würde gegen die Neinsager klar werden, welche natio den besten Kandidaten hat, wenn über alle dann Chroniken geschrieben werden.«[75] In der Besetzung des Papststuhls wurde, wie in den »Capitula«, der Hauptantrieb der nationalen Konkurrenz gesehen. Der Vorschlag eines meritokratischen Wettkampfs hatte aber, gerade weil er den Machtfaktor ausblendete, keine Aussicht auf Erfolg.

Der Franzose Pierre d'Ailly führte die Konkurrenz unter den nationes auf die Beeinflussung des Konzils durch weltliche Mächte zurück. Der Vorrangstreit unter den gekrönten Häuptern verlagere sich in die Konstanzer Klöster, weil die nationes in zu enger Abhängigkeit von den »regna«

ad libitum obtinere et sanctuarium quasi hereditarie possidere, sed de omni nacione absque personarum accepcione fiat eleccio.« Ebd.

75 »Utrum sit expediens propter invidias, que, diu est, currerunt in nacionibus diversis propter papatum, quod scilicet ipse papatus transeat de nacione ad nacionem, ut saltim ex hoc convertantur Greci et multi alii, et tunc apparebit contra obloquutores, que nacio habuerit meliorem, si de omnibus cronice fiant.« Anonymus: Avisamentum, in: Miethke / Weinrich (Hg.): Quellen, S. 316 f.

stünden. Um dem Konzil die kirchliche Autonomie zurückzugeben, schlug d'Ailly vor, an zukünftigen Konzilien die Kirchenprovinzen als geographisches Einteilungsschema für die Beratungs- und Abstimmungsorgane zu wählen.[76] Diese Ausführungen hinderten den einflussreichen Konzilsvater aber nicht daran, an vorderster Front gegen die englische Konzilsnation zu streiten.[77]

D'Aillys Diagnose traf für das gesamte Konzil zu. Job Vener, Mitglied der natio Germanica und Rat König Sigmunds,[78] vertrat in Konstanz offen die Interessen der deutschen Konzilsnation, des politischen Reichsverbandes und der deutschen Bevölkerung. Da die deutsche Konzilsnation als heterogenste von allen das Reich, Skandinavien, Polen, Litauen, Kroatien, Ungarn und Böhmen umfasste, war hier die Schwelle von der natio principalis zur natio particularis besonders groß. Dennoch schaffte es Vener nicht, eine pragmatische Definition der Konzilsnation innerhalb eines Textes aufrechtzuerhalten. Bei seinen Vorschlägen zur Kirchen- und Reichsreform formulierte er:

> ›Natio‹ verstehe ich so, wie die nationes auf diesem heiligen allgemeinen Konzil von Konstanz verteilt sind oder künftighin auf den allgemeinen Konzilien aufgeteilt werden.[79]

Vener unterstellte den Konzilsteilnehmern generell, sie seien der eigenen natio stärker verpflichtet als der Wahrheit. Daher wehrte er sich gegen eine Übervertretung der Italiener und Franzosen an der Kurie. Er forderte, Vertreter der natio Germanica ins Kardinalskollegium aufzunehmen – und sprang dabei unvermittelt von der natio principalis zur natio particularis:

> Es hat auch keine Bedeutung, wenn etwa einer sagt: Die Deutschen haben das Kaisertum; […] daher müssen sie verzichten auf ihren Anteil an ihrem geistlichen Vater, dem Papst, und an ihrem mystischen Leib, also dem heiligen Kardinalskollegium […]; nein, wenn man (wie man es muss) die Wahrheit beachtet, dann müssten sie aus demselben Grund umso mehr dem Papste beistehen, je mehr es der Herr Kaiser tut. […] Es hat auch nichts zu bedeuten, wenn einer sagen sollte: Die

76 D'Ailly: De Reformatione Ecclesie, in: Miethke / Weinrich (Hg.): Quellen, S. 374 f.

77 Thomas: Die deutsche Nation, S. 430.

78 Zur Person Veners vgl. die akribisch-apologetische Darstellung von Heimpel: Die Vener, S. 159-961.

79 »Et intellego per nacionem, secundum quod naciones divise sunt in sacro Constanciensi generali concilio aut quondam dividentur in conciliis generalibus futuris.« Vener: Avisamentum, in: Miethke / Weinrich (Hg.): Quellen, S. 406 f.

> Deutschen wollen gar nicht Kardinäle sein, denn den Erzbischöfen von Mainz, Köln und Trier und weiteren wurde das Kardinalat öfter angeboten, und sie haben es abgelehnt. Ich antworte: Wäre das Kardinalat bedeutenden Doktoren der heiligen Theologie angeboten worden oder Provinzialen, Prioren, Ordensmagistern oder Ordensministern oder ähnlichen Männern der deutschen Nation – vielleicht hätte manch einer angenommen! Doch die genannten Erzbischöfe sind schon genug beladen und geehrt.[80]

In dieser Passage schrumpfte die »nacio Germanica« geographisch vom Teil der Christenheit zum nördlichen Reichsgebiet. Gleichzeitig weitete sie sich personell von den Klerikern in Konstanz zu den politischen und geistlichen Eliten Deutschlands. Dazu passte, dass Vener in der gleichen Schrift eine Reform des Imperiums forderte, und zwar durch das Konzil.[81] Am Schluss unterstrich er, dass er in Konstanz nicht nur seine Konzilsnation stärken, sondern den Besitz und Ruf ganz Deutschlands verteidigen wolle:

> Gold und Silber sind jetzt in Deutschland rar, so dass nicht einmal der Kaiser des Erdkreises, der in Deutschland wohnt, wirklich Überfluss daran hat; die Bergwerke in Böhmen, in Ungarn, bei Goslar und anderswo in Deutschland sind erschöpft. In Italien findet man Gold und Silber. Darüber hinaus werden von einigen verdorbenen, gewiss nur wenigen Italienern die Deutschen gehasst und ausgelacht; so sagen sie: Italiener sehen mit zwei Augen, Franzosen mit einem, die Deutschen mit gar keinem; ja sie sagen sogar: der Maulesel eines Italieners ist immer noch gescheiter als ein Deutscher. Diese Sprüche müssen den guten Italienern keineswegs angelastet werden, denn aus Italien wurden der heilige Gregor und viele andere Heilige geboren, und auch heute noch leben unter ihnen viele ausgezeichnete und heiligmäßige Männer [...].[82]

80 »Et non valet, si quis diceret: Germani habent imperium, [...] ergo debent carere assistencia sui spiritualis patris pape et mistici corporis sui proprii, videlicet sacri collegii cardinalium [...]; ymo veritate debite inspecta ex eadem causa magis deberent assistere pape, de quanto dominus imperator. [...] Nec valet, si quis diceret: Germani nolunt esse cardinales, quia archiepiscopis Maguntinensi, Coloniensi et Treverensi et similibus cardinalatus fuit sepe exhibitus et recusaverunt. Respondeo, quod, si cardinalatus exhibitus fuisset magnis doctoribus sacre theologie, provincialibus, prioribus, magistris vel ministris ordinum vel similibus eiusdem nacionis Germanice, forsitan aliqui acceptassent. Sed archiepiscopi predicti iam satis sunt onerati et honorati.« Ebd., S. 393 f., 395 f.

81 Heimpel: Die Vener, S. 830-858.

82 »Aurum et argentum modicum est in Germania, ita quod nec imperator orbis in Germania habitans nimium superhabundat; montes in Bohemia, Hungaria et circa

Obwohl sich Vener weigerte, die Anfeindungen ins Grundsätzliche zu heben und die Italiener zu stereotypisieren, konnte er seine Empörung über den Chauvinismus humanistisch gebildeter Italiener nicht verbergen.[83] Deren Herabwürdigung der Deutschsprachigen trug dazu bei, dass kirchliches Machtgerangel in Besitzkonkurrenz und Ehrverletzungen unter abstrakten Nationen mündete. Indem Vener die angebliche Geldknappheit in Deutschland auf die italienische Dominanz an der Kurie zurückführte, baute er an einer geschichtsträchtigen Verschwörungstheorie. Sie sollte über den Gravaminadiskurs bis ins Reformationszeitalter Leitmotiv der deutschen Papst- und Italienerverleumdung sein.[84]

Die Abstraktion des Konkreten war eine Leittendenz des Konstanzer nationes-Diskurses. Sein Übergang von der Binnengliederung der Kirchenversammlung zum Wettstreit politischer Gemeinschaften drückte sich in Attributen wie »inclita« und »honor« aus. Die englischen Delegierten kämpften für die »natio tamen inclyta Anglicana, alias Britannica«, und Papst Martin V. schloss mit der »inclita natio Germanorum« ein Konkordat, das »pro honore nacionum« die außerordentliche Aufnahme von Kandidaten ins Kardinalskollegium gewährte.[85] »Inclitus«, bereits in der Antike Attribut kollektiver Ehrbegriffe[86] und im frühen Mittelalter auf die Franken übertragen,[87] wurde im 15. Jahrhundert zum treuen Begleiter des natio-Begriffs. Die Entsprechung im Deutschen lautete »hochberumpt« oder »hochgepreyset Teutsch nacion«[88] und war verbunden mit der Warnung, was in dieser exponierten Lage blühe und drohe: »ere, ere und wirde, erbarkeit, ewige eren, nutz, gutes; smah und verachtung;

Goslariam et alibi in Germania exhausti sunt. In Ytalia invenitur aurum et argentum. Et ultra hec a quibusdam perversis licet paucis Ytalicis Germani odiuntur et deridentur, qui dicunt, quod Ytalici cum duobus oculis vident, Gallici cum uno, Germani cum nullo, ymmo dicunt, quod mulus alicuius Ytalici sit sapiencior quam unus Germanus. Et ista dicta nullomodo bonis Ytalicis imputari debent, quia ex eis natus fuit beatus Gregorius et innumerabiles alii sancti, et hodie vivunt inter eos multi optimi et sancti viri […].« Ebd., S. 414 f.

83 Auch an anderer Stelle wurden ähnliche Vorwürfe laut: Vener führte die Untervertretung der deutschen und englischen Konzilsnation im Kardinalskollegium auf die blasphemische Haltung des »populus unius linguae« zurück, die anderen christlichen Völker als »barbaras nationes« zu verachten; ebd., S. 392.

84 Vgl. Kap. 2.2.3.

85 Das Konkordat wurde am 21. März 1418 abgeschlossen; Miethke / Weinrich (Hg.): Quellen, S. 516, 530.

86 Vergil etwa sprach in der Aeneis von der »inclita Roma«; Vergil: Aeneis 6, V. 781.

87 Der Prolog der Lex Salica gab der »gens Francorum inclita« den Vorrang vor allen anderen Völkern; Kern: Die Anfänge, S. 12.

88 Janssen (Hg.): Frankfurts Reichscorrespondenz, S. 935.

ewige smahe und nachteil, ewiger spot; ewige verdruckung und nachteil; vor die mynste geacht werden; ungeachtet und genydet werden«.[89]

Das agonale Prinzip, verankert im gebetsmühlenhaften Aufruf, für die Ehre der eigenen Nation einzustehen und ihr den Vorrang zu sichern, wies über den Horizont konzilsinterner Friktionen hinaus. Die kulturelle und politische Ausstrahlung des Konzils bewirkte, dass die Rhetorik der nationalen Konkurrenz nach Konzilsende in den deutschen Kirchenreformdiskurs und die Propaganda der Reichseliten einging.

2.2.3. Von den kirchlichen Gravamina zur nationalen Romfeindschaft

Bei den »Gravamina nationis Germanicae« handelte es sich um kirchliche Beschwerden über die päpstliche Politik. Kritik an Finanzpraxis, Ämtervergabe und juristischen Übergriffen der Kurie im Reich wurde schon in den Konstanzer Avisamenta und Konkordaten von 1417/18 laut. Hauptnahrung der Gravamina wurden aber die ungelöst hinterlassenen Probleme des Basler Konzils.[90] Der anfänglich innerkirchliche, von geistlichen Fürsten getragene Diskurs weitete sich in der zweiten Hälfte des 15. Jahrhunderts zu einer rom- und italienkritischen Bewegung aus, an der auch die niedere Geistlichkeit und städtische Laien teilnahmen.[91] Dabei verengte sich die natio Germanica endgültig von der Konzils- zur partikularen Nation, das heißt zur deutschen Sprachgemeinschaft bzw. zum politischen Reichsverband.

Leitmotiv der Gravamina war der Einfluss des Papstes im Reich. Er wurde für zu groß befunden, ein Eindruck, den der Vergleich mit dem Ausland verstärkte. Die englische Kirche hatte sich schon am Ausgang des 14. Jahrhunderts Autonomien gesichert, und die französische Krone besaß mit der Pragmatischen Sanktion von Bourges (1438) die Rechtsgrundlage, den kurialen Zugriff auf das eigene Territorium zu minimieren. Dass die Sanktion in diesem Punkt toter Buchstabe blieb, wussten die wenigsten.[92] Im Reich war man überzeugt, mit den Bemühungen um

89 Zit. nach Mertens: Reich, S. 48 f.

90 Grundmann: Die Beschwerden, S. 72, 76; Cellarius: Die Reichsstadt, S. 13-17.

91 Ebd., S. 71; Störmann: Die städtischen Gravamina; Gebhardt: Die gravamina; Cellarius: Die Reichsstadt.

92 Bis zu den Untersuchungen von Tewes nahm man auch in der Geschichtsschreibung an, die »Pragmatique« sei weitgehend umgesetzt worden und habe zur Loslösung der gallikanischen Kirche von der Kurie geführt. Beides war nicht der Fall; Tewes: Die römische Kurie, S. 117-121, 202.

kirchliche Selbstbestimmung im Hintertreffen zu sein. Tatsächlich boten weder die Beschlüsse des Basler Konzils (1431-49) noch das Wiener Konkordat, von Friedrich III. 1448 mit der Kurie für die partikulare deutsche Nation (»natio Alamanica«) abgeschlossen, eine tragfähige Grundlage für eine kirchliche Neuordnung.[93] Die Beschwerden gegen Rom setzten nach 1450 systematisch ein. Ohne ihre populäre Wirkung wäre der Anfangserfolg der Reformation ebenso undenkbar gewesen wie die schlagartige Verehrung Luthers in der städtischen Gesellschaft. Er verdankte es seiner Reputation als Bannerträger der Gravamina, dass er als kirchlich Gebannter vor dem Wormser Reichstag erscheinen konnte.[94]

Einen bedeutenden Beitrag leistete der Gravaminadiskurs auch zur humanistischen Nationskonstruktion, die Ende des 15. Jahrhunderts Formen annahm. Er übernahm die konziliare Rhetorik der nationalen Ehre, deren Verweltlichung in Basel im Vergleich zu Konstanz zugenommen hatte.[95] Die Kritik an der Kurie weitete sich bisweilen zu Attacken gegen alle Italiener aus. Im Verlauf der Zeit entstand ein Register negativer Kollektivstereotype, das für »Kurtisanen« und Italiener bereitstand. Die Kurienkritik der Gravamina schlug damit einen Bogen vom Konstanzer Konzil zur Antiromanitas der Humanisten, mit der die nationale Abgrenzung von Rom ein historisch-ideologisches Fundament erhielt.

Schon im 15. Jahrhundert fielen die schärfsten Worte im Zusammenhang mit der kurialen Finanzpolitik. Dass deutsches Gut von der Kirche mit legalistischen Tricks geraubt und nach Italien überführt werde, avancierte zum Standardvorwurf. Er war an Reichstagen ebenso zu hören wie am Basler Konzil und in Schriften der niederen Geistlichkeit. Simonie, Annaten und Ablässe weckten in Deutschland antirömische und antiitalienische Aggressionen, die die Sicht der Dinge steuerten. So übersah man gerne, dass es häufig die deutschen Stadtobrigkeiten waren, die Rom um Ablässe ersuchten, weil dabei auch für die Stadtkasse etwas heraussprang.[96] Und schon gar nicht nahm man wahr, dass aus dem Reich nur ein Bruchteil des Geldes nach Rom floß, das Frankreich, Italien und Spanien einzeln überwiesen, und dass auch in diesen Ländern die Überzeugung herrschte, man werde von der Kurie ausgebeutet und unterwandert.[97] Diese gegenseitige

93 Grundmann: Die Beschwerden, S. 73 f.

94 Scheible: Die Gravamina, S. 394 f.

95 Zur engen Verzahnung von Konzils- und Reichspolitik während des Basiliense vgl. Helmrath: Kommunikation, S. 119 f.; ders.: Rhetorik, S. 423-437.

96 Störmann: Die städtischen Gravamina, S. 16 f.

97 Der Nachteil des Reichs gegenüber Frankreich und Spanien bestand vielmehr darin, dass man es nicht verstand, den Geldtransfer nach Rom in Einfluss an der

Blindheit ist ein Zeichen für die Nationalisierung der Diskurse, ihrer Foren und Teilnehmer.

Die Wirkung der Gravamina auf den humanistischen Gelehrtennationalismus kam über einen Umweg nach Rom zustande. Ausgangspunkt waren die »Standesklagen des hohen Klerus«,[98] mit denen der Diskurs einsetzte. Zu ihnen gehörte ein Schriftstück von 1457 aus der Feder Martin Mayers, Kanzlers des Mainzer Erzbischofs. Es war an den damaligen Kardinal Enea Silvio Piccolomini adressiert. Mayer beklagte sich über die Ausbeutung seiner natio durch die Kurie und forderte Enea auf, diesem Treiben Einhalt zu gebieten. Der Nationsbegriff pendelt in diesem kurzen Brief weiterhin zwischen kirchlicher und weltlicher Bedeutung. Mayers Vorwurf, Papst Kalixt III. respektiere aus Verachtung für »nationem nostram« die Beschlüsse des Konstanzer und des Basler Konzils nicht, lagen Autonomieansprüche der deutschen Konzilsnation zugrunde.[99] Der partikularen Nation dagegen galt die Klage, der Heilige Stuhl ersinne tausend Möglichkeiten, um mit List »ex nobis tamquam ex barbaris« Geld abzuzweigen:

> Dadurch ist unsere einst hochberühmte Nation, die durch ihre Mannhaftigkeit und ihr Blut das Römische Imperium erworben hat und Herrin und Königin der Welt gewesen ist, nun in Armut gestürzt, zur Magd und tributpflichtig gemacht worden.[100]

Offen bleibt in dieser Passage, ob der Nationsbegriff nur die politischen Eliten oder die gesamte Sprachgemeinschaft umfasst.

Enea antwortete dem Mainzer Kanzler mit einem ausführlichen Schreiben. Es wurde in deutschen Drucken des frühen 16. Jahrhunderts in Anlehnung an Tacitus mit dem Titel »De ritu, situ, moribus et conditione Germaniae« versehen.[101] Obwohl man in Deutschland auf die Schrift jahrzehntelang kaum reagierte, wurde sie grundlegend für das Nationskonstrukt der zweiten Humanistengeneration.

Kurie umzumünzen, etwa durch Platzierung von Gefolgsleuten in hohen Ämtern. Die französische und spanische Diplomatie war hier der habsburgischen weit überlegen; zu diesem Punkt Tewes: Die römische Kurie, S. 302-313; zu den Zahlungen ebd., S. 190-224.

98 Grundmann: Die Beschwerden, S. 71.

99 Martin Mayer an Enea Silvio, in: Piccolomini: Germania, S. 9.

100 »Ob quas res natio nostra quondam inclita, que sua virtute suoque sanguine Romanum imperium coemit fuitque mundi domina ac regina, nunc ad inopiam redacta ancilla et tributaria facta est [...].« Ebd., S. 10.

101 Zur Geschichte der Titulierung der ursprünglich unbetitelten Abhandlung: Schmidt: Einleitung, in: Piccolomini: Germania, S. 4 f.

Auch Eneas Nationsbegriff wurzelte in den Konzilsdebatten. Um diese Abhängigkeit aufzuzeigen, ist zuerst eine frühere Schrift aus seiner Feder anzusprechen. Es handelt sich um die zweite Beschreibung Basels von 1438/39.[102] Dem Vorbild der »Laudatio Florentinae Urbis« von Leonardo Bruni verpflichtet, bettete Enea die Rheinstadt in die geopolitischen Raumkoordinaten der Christenheit ein. Dabei trat ein Problem auf, das sich Bruni nicht gestellt hatte: die Nationszugehörigkeit der Stadt.[103] Nahm man das auf dem linken Ufer liegende Großbasel zur Richtschnur, lag die Stadt gemäß der antiken Geographie auf »Gallico solo«. Gleiches legte die kirchliche Raumgliederung nahe, die Basel der Kirchenprovinz Besançon zuordnete. Enea zählte die Stadt aber zur deutschen Nation. Seine Erklärung wurde für die spätere »Germania« richtungsweisend: Nicht die geographische Lage, sondern die Sprache bestimme die Nationszugehörigkeit der Basler.[104] Enea begründete damit ein geographisch dynamisches Nationskonzept, das von den deutschen Humanisten begeistert aufgegriffen und ausgeweitet wurde.

Kam Enea in der Beschreibung Basels hingegen auf die »natio Germanica« zu sprechen, orientierte er sich an der Konzilsnation. Er nannte sie den »mittleren Teil der Christenheit«, versehen mit einer immensen Landfläche und drei Sprachen: Deutsch, Ungarisch und Dalmatisch.[105] Enea hielt sie für größer und in sich disparater als die französische, italienische und spanische Nation zusammen. Die Briten hingegen – »ob sie zwar eine fünfte und weiß der Himmel welche natio sein wollen« – seien wegen ihrer Sprache den Deutschen am nächsten.[106] Hier landete Enea unvermittelt wieder bei der partikularen Nation. Um sich nicht in Widersprüchen zu verheddern, bezeichnete er die deutsche Sprache als »lingua Theutonica«. Damit konnten die Ungarn Teil der »natio Germanica« sein, obwohl sie kein Deutsch sprachen. Diese Differenzierung machte aus etymologischer Sicht Sinn, weil »teutonicus« bzw. »theodiscus« ursprüng-

102 Zur Entstehung der Schrift, die Enea einer umfassenden Konzilsgeschichte voranstellte, Widmer: Biographische Einleitung, in: Piccolomini: Ausgewählte Texte, S. 34 f.; der Gesamttext in ders.: Briefwechsel. Bd. 1/1. 28, S. 84-95.

103 Dass Enea damit eine hochpolitische Frage thematisierte, wusste er damals noch nicht; bei den so genannten Armagnakeneinfällen von 1444 verlangte der französische Thronfolger von Basel nämlich einen Huldigungseid, da die Stadt von alters her zur französischen Krone gehört habe; vgl. Kap. 2.2.4.

104 Piccolomini: Ausgewählte Texte, S. 348; ders.: Briefwechsel, Bd. 1/1, S. 86.

105 »Christianitatis media portio«; ebd.

106 »Britanni quintam se esse velint nescio quam nationem, aut Theutonicum sermonem aut Theutonico similem habent.« Ebd. S. 350.

lich die (fränkische) Vulgärsprache bezeichnet hatte.[107] In Eneas Text wirkte sie aber behelfsmäßig. In der Passage, die die Nationszugehörigkeit der Basler bestimmte, hatte es noch »sermo Germanus« geheißen.

Auch zwanzig Jahre später verwendete Enea in der »Germania« beide Begriffe. Ihre Mehrdeutigkeit nahm noch zu. Die Böhmen gehörten nun trotz ihres »sermo Slavonicus« dem »imperium Germanicum« an, weil sie »mores Theutonici« besassen.[108] Die ursprüngliche Sprachbezeichnung wird hier gegen die Sprache gesetzt, diese den Sitten untergeordnet. Zu den Deutschlandkonzepten der Konzilsnation und der Sprachgemeinschaft kamen zwei weitere hinzu: die Kirchenprovinz und der Reichsverband.[109] Sie bildeten einen politischen Gegensatz: Stand die Kirchenprovinz für die Abhängigkeit Deutschlands von Rom, so die weltliche Adelsnation für den unrechtmäßigen Widerstand gegen Rom:

> Wir haben nicht geglaubt, daß gerade Deutschland [...] ungehalten ist, wenn die Gnade unseres Herrn uns Pfründen in dieser Provinz zukommen ließ, wie sie uns die apostolische Verleihungsurkunde verheißt. Und diese Meinung werden wir nicht aufgeben, es sei denn, dass uns die Fürsten dieser Nation eines anderen belehren.[110]

Zur »natio« zählte Enea oft nur die weltlichen und/oder geistlichen Eliten. Zum Mainzer Kanzler sprach er von »tue nationis principes«, den »presu-

107 Die Unterscheidung von »Theutonia« und »Germania« nach sprachlichen Gesichtspunkten war nicht neu. Anfang des 15. Jahrhunderts hatte etwa Gobelinus Person in seinem »Cosmidromius« die Teutonia in »idiomae« – Mundarten – und Provinzen unterteilt, die Germania hingegen nach verschiedenen, nicht einzeln aufgeführten »gentes« und »linguae« gegliedert. Baumann: Weltchronistik, S. 46 f.; zur Begriffsgeschichte von »teutonicus« und »theodiscus« u.a. Brühl: Deutschland, S. 193.

108 Piccolomini: Germania 2,12, S. 53.

109 Schmidts Übersetzung, die parallel zur lateinischen Edition publiziert wurde, setzt für natio »Volk« und »Nation«. So steht für »tue nationis principes« »Fürsten deiner Nation«, während die »concordia nationis Germaniae« als »Konkordat des deutschen Volkes« wiedergegeben wird. Dass Enea unter »natio« kaum je die Gesamtheit der deutschen Bevölkerung versteht, sondern dafür den Begriff des »populus Germanorum« im Sinn des »deutschen Kirchenvolkes« setzt, ist dem Übersetzer entgangen. Wenn zudem auch für den Pejorativ »Theutonica plebs« der Begriff »deutsches Volk« steht und »provincia« mit »Land« wiedergegeben wird, lässt die deutsche Übersetzung kein adäquates Textverständnis mehr zu; Piccolomini: Deutschland 1,5, S. 40, 1,38 f., S. 75.

110 »Itaque non putavimus Theutoniam ipsam [...] iniquo laturam animo, si Pietas domini nostri ea nobis in provincia illa beneficia largiretur, que littere apostolice pollicentur. Neque sententiam mutabimus, nisi presules ipsius nationis aliter nos instruxerint.« Piccolomini: Germania 1,38, S. 36 f.

les ipsius nationis« und »tue nationis prelati«.[111] Schon in seiner Rede vor dem Regensburger Reichstag 1454 hatte er den deutschen Fürsten den Türkenkrieg mit dem Argument verkauft, es handle sich um eine »res digna vestra virtute, vestra nobilitate, vestraque natione«.[112] Unterhalb der adligen Spitzen rechnete Enea nur die Gelehrten explizit der Nation zu.[113] Damit machte er die Nationszugehörigkeit zu einer Angelegenheit des sozialen Vorrangs. »Nation« war also auch ein Standesbegriff. Die politisch unmündigen Stände einer Sprachgemeinschaft gehörten ihr nicht an. Enea hob die »natio Germanica« von der »plebs Theutonica« bzw. den »infime plebis homines« ab. Die antirömische Stimmung im Land, so unterstellte er, habe ihre Ursache in der niederen Geldgier und Pfründenjagd des deutschen Pöbels. Die Fürsten und Prälaten hätten sich aus eigenem Antrieb nicht beschwert. Sie seien der Desinformation unwürdiger Neider erlegen, die sich aus den dumpfen Massen stemmen wollten.[114]

Wenn Enea von der Gesamtheit der deutschen Bevölkerung sprach, griff er in der Regel auf die Begriffe gens oder populus zurück. »Gens« stand allgemein für Volk und Bevölkerung. »Populus« meinte das Kirchenvolk und ordnete die Deutschen dem »populus Christianus« unter. War vom »populus Germanorum« die Rede, so ruhte über ihm die schützende Hand Gottes bzw. Roms.[115] Der Begriff gehörte zum Deutschlandkonzept der Kirchenprovinz. Es diente Enea dazu, jegliche Forderungen nationaler Selbstbestimmung, die aus der Kurie einen ausländischen Akteur machten, zurückzuweisen.

Trotz des Keils, den er zwischen Elite und Pöbel trieb, wusste Enea, dass die antirömische Stimmung in Deutschland alle Stände durchdrang.[116] Dies verrät seine rhetorische Strategie der Vetrauensbildung. Im direkten Antwortbrief an Martin Mayer betonte Enea seine emotionale

111 Ebd. 1,9, S. 19, 1,38, S. 36 f.

112 Piccolomini: Oratio, S. 680.

113 »Omnes tue nationis homines, qui paululum docti sunt, quedam concilii cupido exagitat.« Piccolomini: Germania 1,8, S. 17.

114 Ebd. 1,32-34, S. 31-33.

115 »[…] non est gens tam grandis, que habeat deos appropinquantes sibi, sicut adest Germanico populo dominus deus noster.« Ebd. 2,6, S. 49; »Quod [natio Germanica] siquid detrimenti perpessa est, nihil imputandum esse apostolice sedi manifesta ratione docebimus, cum gloria Germanorum ipsaque vestri populi salus ex Romano solio defluxerit.« Ebd. 1,5, S. 15.

116 Den Antikurialismus und -papalismus hoher Gelehrter aus Deutschland erfuhr Enea in Rom etwa aus nächster Nähe von Gregor von Heimburg, dessen Tiraden gegen alles Römische ihm Anlass zu einer sehr abschätzigen Charakterstudie des Juristen gaben; vgl. Piccolomini: Ausgewählte Texte, S. 412 f.; Stadtwald: Roman Popes.

Nähe zu Deutschland. Sein Verhalten als Kardinal führe in Rom dazu, dass man ihn mehr der deutschen als der italienischen Nation zurechne.[117] In der »Germania« doppelte er nach, er halte Deutschland für seine eigene »patria«. Als Belege führte er den Aufenthalt am Basler Konzil, vor allem aber den langjährigen Dienst am Kaiserhof Friedrichs III. an.[118] Damit, so die Unterstellung, könne er für die deutsche Nation nur das Beste wollen. Als Enea wenig später Papst wurde, rechtfertigte er seine Wahl mit dem Argument, dass er Italiener sei.[119] Seine flexiblen Zugehörigkeiten waren Ausdruck einer Nationalisierungsresistenz, die er exemplarisch vorlebte: In spielerischer Weise, aber universalistischer Absicht stellte er sich in verschiedene Nationen hinein und baute an diesen weiter, ohne seine Konstrukte für verbindlich oder autonom zu halten, wie es seine nationalistischen Leser später taten. Gleichwohl ist Eneas Rhetorik des Nationalen Ausdruck ihrer diskursiven Macht. Denn unabhängig von seinem Selbstverständnis kam er bei der Rechtfertigung seines Handelns nicht ohne den Nationsdiskurs aus.

Für Eneas geographische Ausführungen in der »Germania« war die Konzilsnation kein Leitbild. Die Annahme der nationalen Ausdehnung seit der Antike ging auf die Beschreibung Basels zurück.[120] Die zwischenzeitliche Lektüre der Taciteischen »Germania« war für das Expansionsmodell bedeutungslos. Enea berief sich hauptsächlich auf die Grenzziehungen Caesars, die er nach allen Seiten für obsolet erklärte. Sprachgrenzen gaben dort den Ausschlag, wo sie die These vom Landgewinn stützten. Diesen hatte Enea schon zur Zeit des Basler Konzils auf die militärischen Fähig-

117 »ita prorsus agamus ut nationi Germani potius quam Itali putemur« Piccolomini: Excusatio contra murmur grauaminis Germanicae nationis, in: ders.: Opera omnia, S. 836.

118 Ders.: Germania 1,38, S. 36 f.

119 Vgl. Kap. 3.3.5.

120 »Doch obwohl diese Sprache durch das Klima, das kalt ist und die Menschen sich reichlich vermehren läßt, weit verbreitet worden ist, so hat sie sich doch am meisten dank der Macht der Fürsten ausgedehnt, die, umgeben von unzähligen Völkern, die alten Einwohner der fremden Länder vertrieben und sich dort niedergelassen haben. Daß die Deutschen nämlich oft den Rhein überschritten und dort sehr viele Städte mit ihrer Lebensart und Sprache gegründet, daß sie auch manchen ihre Sprache auferlegt haben, ist sicher. [Sed hanc linguam, cum multum auxerit natura celi frigida et fecunda hominum alitrix, tamen maxime ampliavit potentia principum, qui innumerabilibus septi populis alienas terras pulsis veteribus habitatoribus coluerunt. Theutonicos namque sepe transisse Renum ibique opida plurima sui moris ac sermonis condidisse, nonnulla vero in suam linguam vertisse constat.]« Piccolomini: Ausgewählte Texte, S. 350 f.; vgl. damit: Piccolomini: Germania 2,5, S. 48.

keiten und die kriegerische Kultur der Deutschen zurückgeführt. In seiner Türkenrede am Regensburger Reichstag nannte er als weiteren Grund Gottes Gunst an den Deutschen.[121]

Die ethnographischen Kriterien, mit denen Enea den deutschen Raum absteckte, hatten säkularen Charakter. Das Konzept der »pars Christianitatis« kam nicht zum Tragen. Kultureller Art waren Kriterien wie Sprache (sermo, lingua), Sitten (mores, vivendi ritus) und Aussehen (forma),[122] während Herrschaft (imperium), geographische Lage (situs) und Recht (ius) politisch-territoriale Gesichtspunkte ins Spiel brachten.[123] Eine Hierarchie der Kriterien stellte Enea nicht auf. Seiner These des Flächen- und Einwohnerzuwachses von der »vetus Germania« zur »nova Germania« verpflichtet,[124] gewichtete er sie von Fall zu Fall so, dass kritische Randgebiete und deren Einwohner der deutschen Nation zuzurechnen waren. In dieser Methode haben sich die deutschen Humanisten als eifrige Schüler des Sienesen erwiesen.

Was Enea komplett überging, waren Herkunft und Blut der Deutschen. Er griff auf die »Germania« des Tacitus zurück, um die Primitivität und Armut der antiken Deutschen hervorzuheben. Der Text diente als Kontrastfolie für ihren angeblichen Sitten- und Geldreichtum seit ihrer Zivilisierung durch die Papstkirche. Das taciteische Motiv der Ureinwohnerschaft und des unvermischten Blutes war für seine Argumentation irrelevant. Zudem galt Indigenität im italienischen Humanismus nicht viel. In der »Europa«, die Enea bald darauf abschloss (1458), behauptete er weiterhin, die heutigen Deutschen seien aus verschiedenen Gebieten

121 »Vobis homines, uobis equi, uobis arma, uobis pecuniae sunt. Nulla natio tam grandis sub coelo est, quae habet Deos appropinquantes sibi, sicut adest nobis Dominus Deus noster. [...] Vos igitur magni, uos bellicosi, uos potentissimi, uos fortunatissimi, ac Deo accepti Germani estis, quibus adeo fines extendisse licut, & super omnes mortales Romanae potentiae datum fuit obsistere.« Piccolomini: Oratio, S. 685.

122 »Forma« meint hier offensichtlich nicht den nackten Körper und die Physiognomie, sondern eine typisierte Person in Kleidern. So sieht Enea die einzige Übereinstimmung zwischen Franzosen und Deutschen darin, dass »in der Rheingegend eine gewisse Ähnlichkeit in der Kleidung besteht. [circa Rhenum in vestitu tantummodo conformitas quedam existat].« Piccolomini: Germania 2,6, S. 49.

123 Ebd. 1,14, S. 22, 1,29, S. 30, 2,6 f., S. 48-50. Nur einmal griff Enea zu einem vermeintlich voluntaristischen Motiv, als er Strabos Etymologie des Germanennamens verwarf: Dass die Deutschen Brüder (germani) der Franzosen seien, müsse aufgrund der gegenseitigen Unähnlichkeit und des Fehlens jeglicher Zuneigung ausgeschlossen werden. Bei genauem Hinsehen wird indes deutlich, dass die kollektive Antipathie in seinen Augen keiner Willensentscheidung entsprang, sondern durch Abstammung und Geschichte bedingt war; ebd. 2,6, S. 49.

124 Ebd. 2,5 f., S. 48.

eingewandert, ursprünglich also gar nicht verwandt.[125] Hier hätte der Gegensatz zum späteren Nationskonstrukt deutscher Humanisten kaum größer sein können. Heinrich Bebel kommentierte Eneas Origotheorie mit den Worten: »Das alles sind reine Märchen, nichts davon ist wahr, nichts wahrscheinlich.«[126]

Die Wirkung des Gravaminadiskurses auf den deutschen Humanismus verlief in elitären Kanälen: von den Klagen des hohen Reichsklerus über die Antwort eines italienischen Kardinals. Der Ton war gehoben, die Positionen gemäßigt. Das war in niedrigeren Kreisen weniger der Fall. Hier steigerte die politische Wirkungslosigkeit der Gravamina die antiitalienischen Aggressionen. Sie wurden zum Sammelbecken der frühreformatorischen Energie. Schon 1451 entstand im Zusammenhang mit dem Jubiläumsablass, den Nikolaus von Kues in Deutschland verkaufte, ein antirömisches Pamphlet, als dessen Autor ein niederer Kleriker an der Mainzer Synode vermutet wird.[127] Dieser hielt dem Papst vor, er sinne »täglich in unersättlicher Begierde mit den Seinen, wie er nur alles Geld der deutschen Nation erlange«.[128] Die Verunglimpfung des Papstes, den schlimmsten Sünden verfallen zu sein, wird zuerst auf das Kardinalskollegium, schließlich auf ganz Italien übertragen:

> Das schlimmste Gesindel, Kuppler und Dirnen, befinden sich unter den Vertrauten der Kardinäle, und sie, von denen Deutschland bisher noch unberührt ist, duldet der Papst. Ebenso sind der Papst und die Italiener nicht mit dem zufrieden, was sie als unermesslichen Schatz im Jubeljahr von Christen haben, er sendet auch noch einen Kardinal, der, um den letzten Rest von unserem Vermögen zu nehmen, die Armen Christi durch Aufstellen von Kisten beraubt, unter dem Vorwand, Jubiläumsablässe zu verkaufen.[129]

125 Damit blieb Enea Silvio herkömmlichen Origotheorien deutscher »gentes« verpflichtet; Piccolomini: De Europa, in: ders.: Opera omnia, S. 422 f.; Mertens: Landeschronistik, S. 25 f.; Münkler u.a.: Nationenbildung, S. 241.

126 »Haec omnia merae sunt fabulae, nihil eorum verum, nihil verisimile [...].« Bebel: De laude 19, S. 131.

127 Gebhardt: Die gravamina, S. 6 (Fußnote).

128 »Dominus Apostolicus omni die insatiabili desiderio cogitat cum suis, quomodo totam substantiam nationis Germanicae sibi valeat acquirere [...].« Walch (Hg.): Monimenta, fasc. 1/II, S. 106; üb. in Gebhardt: Die gravamina, S. 7.

129 »Sunt etiam ibi publici fornicari; concubinarii, ruffiones & lenones & plures alii peccatores de familiaribus Cardinalium & peccatrices pulicae plures. Et Papa tolerat istos, de quibus prouincia Almanica exsistit vsquequaque immaculata. Item Dominus Apostolicus & Italici non sunt contenti in eo, quod quasi infinitum thesaurum in anno iubilaeo a christi fidelibus habuerunt, qui personaliter pro gratia anni iubilaei Curiam Romanam visitaverunt. Sed modo emittit Cardi-

Während die Fürsten ihren Beschwerdekanon in ritueller Wiederholung vortrugen, ohne beim Kaiser Unterstützung zu finden, staute sich der Druck von unten.[130] Dabei konnte man auf eine lange Tradition populärer Romkritik zurückgreifen, die vor allem in der Stauferzeit Blüten getrieben hatte.[131] So erschien der Papst in der Spruchdichtung Walthers von der Vogelweide nicht nur als Verführer, Teufelsbündler und Judas, sondern auch als Italiener, der es aufs deutsche Silber abgesehen habe und seine Anhänger in Lug und Trug schule.[132] Hier war schon das Fundament gelegt, auf dem das nationalistische Konstrukt einer ewigen Feindschaft zwischen Italienern und Deutschen zu stehen kam.

Zu dieser historisch argumentierenden Hassliteratur gehört das »Buch der hundert Kapitel«, das ein anonymer Autor aus dem Elsass zwischen 1498 und 1510 verfasste. Die Schrift verdient trotz ihrer Wirkungslosigkeit eine genaue Betrachtung, weil sie die ideologische Bandbreite der Antiromanitas auslotet. Ihrem Autor hat man den Titel »Oberrheinischer Revolutionär« verliehen. Er ist missverständlich, denn der Text fordert weder eine Erodierung der ständischen Hierarchien, noch ruft er zur Gewalt gegen kirchliche Institutionen auf. Zwar ließ sein Autor an den deutschen Fürsten des 15. Jahrhunderts kein gutes Haar, aber er stellte ihren Rang nicht in Frage. Vielmehr beschwor er eine paternalistische Vergangenheitsutopie. Sein Gesellschaftsideal entsprach einer starren Ständehierarchie ohne vertikale Mobilität. Für die von Geburt Unwürdigen, die einen Rang erstrebten, der ihnen in Gottes Heilsplan nicht zustand, hatte er nur Abscheu übrig. Zu diesen Sündern zählte er auch die Ausländer.

Auf der Grundlage einer nationalen Sozialhierarchie führte der Autor den deutsch-welschen Antagonismus bis auf die Geburt von Romulus und Remus zurück. Seine historischen Erörterungen boten keine unverbundenen Exempel, wie man sie aus mittelalterlichen Chroniken kennt. Sie waren in eine Sprachgeschichte eingebettet, die dem Deutschen sakrale Bedeutung verlieh. Man kann vom Entwurf einer sprachnationalistischen Heilsgeschichte sprechen.[133] Die Sprache erschien als Ausfluss gött-

nalem, qui ut residuum de substantiis nostris habeat, & pauperes christi per positionem cistarum spoliat, indulgentias anni iubilaei sub pacto vendendi.« Walch (Hg.): Monimenta, fasc. 1/II, S. 109; üb. in Gebhardt: Die gravamina, S. 8.

130 Grundmann: Die Beschwerden, S. 74 f.

131 Benzinger: Invectiva, S. 94.

132 Scholz: Walter, S. 91 f.; Schulze: Zur Vorstellung, S. 213. Nix: Untersuchungen, S. 219-221.

133 Lauterbachs Ablehnung, die Schrift als nationalistisch zu bezeichnen, weil sie »reformmoralistische« Anliegen vertrete, überzeugt nicht: Das eine schließt das andere nicht aus; Lauterbach: Geschichtsverständnis, S. 154.

licher Wahrheit und Quelle der kollektiven Erhabenheit aller Deutschen. Deutsch, so der Autor, sei die Ursprache der Menschheit. »Adam ist ein tuscher man gewesen«, war daraus in sprachnationalistischer Logik zu folgern, und weiter:

> Dorvmb heissen wier Tuschen in ollen sprochen Almans, wan for der zerstorung [des Turms zu Babel] was Tusch alman sproch, als dan die bibel clarlich dardutt. Noe mit sinen sonenkinderen hatten nur ein sproch, als der text: et erant omnes in archa vnius labie, das ist ein sprachs Adams, / wan kein verenderung ist gewesen fur der sintflus. Der sproch, den Adam sproch, das ist almantz sproch. Dorvmb die Tuschen hiessen in Latin ›Almani‹.[134]

Mit sprachgeschichtlichen Argumenten wurden die Deutschen zum auserwählten Volk erhoben. Der Autor behauptete, die Nachfahren Japhets, des ersten Deutschen und Christen [!], hätten schon in Deutschland gelebt, als Gott die babylonische Sprachverwirrung verhängte.[135] Ihnen sei es daher vorbehalten, die Ursprache zu bewahren. Da sie die erste war, musste die »heilige dudesche sproch« auch die letzte sein. Vor dem Ende der Zeiten, so deutete der Autor Nebukadnezars Traum von den vier Königreichen (Daniel 2), werde die lateinische Sprache vernichtet und die deutsche an ihren angestammten Platz gesetzt:

> Die fiert gesicht Daniel sach doch ein gruslich tier mit synen zenen, mit furenden ougen, mit zechen hornen, vff sinem houpt ein kron mit furenden flammen. Das tier wirt mit sinem mund tusendmoltusend vnder sich bringen vnd die dry sprochen verdilgen, dovon Latin ist entsprungen. Vnd die heilige dudesche sproch [wird] in denselbigen landen angenomen, geubet vnd gelert werden, wie wir dan Latin hand herkumpt. [...] Dorvmb Tusche die erst sproche ist vnd wirt vff das lest alle sprochen abthun vnd das wort Christi erfullen: ein glub, ein hirt, ein stal, ein herr, ein sproch durch die gantze welt.[136]

In der Hegemonie des Lateins sah der Autor eine Verkehrung der göttlichen Ordnung. Die »schedlich sproch Latin« hatte ihren Ursprung unter den Knechten der Deutschen. Zu einem Zeitpunkt, »als Frankreich, Romsch Rich vnd Hispanier Rich sondt sin vnder eim kunig von Trier«, erfand ein Grieche namens Latinus eine Kunstsprache, damit die Sklaven

134 Franke (Hg.): Das Buch, fol. 33^{b}-34^{a}.
135 Lauterbach: Geschichtsverständnis, S. 166.
136 Franke (Hg.): Das Buch, fol. 14^{a}-41^{b}.

der Deutschen nicht mehr aneinander vorbeiredeten.[137] Diese Sklaven stammten von den Galatern ab[138] und sprachen Französisch, Spanisch und Römisch, bevor Latinus auftrat. Mit der lateinischen Sprachunion begann der Aufstieg der Römer und Franzosen zu unrechtmäßigen Herren über die Deutschen.

Als künstliche Sprache konnte das Latein nur Lüge und Blasphemie hervorbringen.[139] Es war Träger eines gottlosen Rechts, dessen Prinzip lautete: »das ist min – das ist din! Domit brochen sy all frundlicheit vnd die liebe gottes, wan das recht ist wider das naturlich gotlich recht.«[140] Mit dem Latein kam die Erfindung des Eigentums und die Auflösung der christlichen Gütergemeinschaft. Hier wurzelte die Raffgier der römischen Kurie und der Geistlichen in ihrem Schlepptau.[141] Die Deutschen besaßen einst die älteste Gesetzgebung der Welt; ihr Urahn Japhet hatte sie von Gott empfangen, als »die kinder Israels […] hand gelept wie das fiech«.[142] Nun aber gehorchten sie dem römischen Gesetz des Eigennutzes und versanken in der babylonischen Gefangenschaft der Römer. So war die lateinische Sprache »kummen vnß Dudeschem zw einer zerstorung aller volker«.[143]

Der deutsche Klerus, von den geistlichen Fürsten bis zu den Messpfaffen, machte sich in den Augen des Elsässers des Verrats an der Nation schuldig. Er schaffe das deutsche Vermögen nach Rom und zweige einen Teil in die eigenen Taschen ab.[144] Die meisten Geistlichen dürften für den Autor zur Gattung der »tuschen Walchen« gehört haben, vor denen es sich, wie ein Sprichwort riet, zu hüten galt.[145] Hüten sollte man sich

137 Ebd., fol. 51ª-51ᵇ, 73ª, 115ª, 125ª.

138 Dass die Römer, Spanier und Franzosen ihrer Abstammung gemäß ein Volk von »knechten«, »eigenlut« und »schaffen« [Sklaven] der Deutschen seien, wird wiederum etymologisch dargetan: »A pruto Romano, also genant, sind kumen die Engelschen, Schotten vnd Ißlender als ob[en]. Von den gefangnen Galleiren [sind hervorgegangen] Galli bolgiti, vnd von den Gallis bolgitis Romani vnd Hispani.« Ebd., fol. 38ᵇ.

139 Ebd., fol. 51ᵇ.

140 Ebd., fol. 73ᵇ; entsprechend: fol. 51ᵇ.

141 »Darvff sich dy geistlich fundieren vnd trachten tag vnd nacht, wie sy den schatz der welt an sich mugen bringen. Vnd das recht wirt gebrucht dem rich zw einer zerstorung, als mich der buchstab aller gescrift bericht.« Ebd., fol. 51ᵇ.

142 Die Parallelisierung von deutscher und biblischer Geschichte gehört zu den Leitmotiven der Schrift. Dabei wird der Status des auserwählten Volkes vom vorchristlichen Judentum auf die Deutschen übertragen; ebd., fol. 73ª.

143 Ebd., fol. 51ª.

144 Ebd., fol. 65ᵇ, 72ᵇ, 186ª-186ᵇ.

145 Ebd., fol. 14ª.

auch vor den deutschen Anbetern der lateinischen Sprache. Die humanistischen Poeten richteten an den Fürstenhöfen nur Schaden an: »mit ieren fablen vnd schonredt verblinden [sy] den fursten. Sy wissen der rechten nit vnd liegen mit gewalt. Wer weger, man seit purisch die worheit dan mit soltzen, hofertigen worten die lugen [...].«[146]

Die schändlichste Abstammung aller Lateiner war den Römern zugedacht. Darum sei von ihnen so viel Übel in die Welt gekommen. In der Legende von der Wölfin, die Romulus und Remus genährt hatte, erkannte der Autor eine Metapher für die Unzucht einer verheirateten Hirtenfrau, die Kinder eines anderen Mannes auf die Welt gebracht habe:

> Vnd dorvmb, das sy die kinder vffzocht, da hies man ir hus walpenhaus, glich, als wornd sy von den wolfen hie geborn; als dan die Latiner noch hutbytag heissen das gemein frowenhuß ›lupina‹, der wolfin noch.[147]

Weil sie von »dem verfluchten somen kumnen«, seien die Römer der ganzen Menschheit und vor allem ihren deutschen Herren zum Fluch geworden.[148]

Aus der Kirchen- und Romkritik des Gravaminadiskurses erwuchs im »Buch der hundert Kapitel« eine Erbfeindschaft zwischen Deutschen und Welschen. Der nationalistische Hass nährte sich von der Überzeugung, selber einem Dauerangriff ausgesetzt zu sein. Die angebliche Anmaßung von Sklavenvölkern, sich zu Herren ihrer Herren aufzuschwingen, wurde aus geschichtstheologischen Gründen bekämpft, das anthropologische Zweistufenmodell von Freien und Unfreien eins zu eins nationalisiert. Der Begriff der deutschen Nation umfasste die gesamte Sprachgemeinschaft. Aufgrund von Sprache und Abstammung war die deutsche Nation zur Weltherrschaft prädestiniert. Die Zugehörigkeit zur Nation verhieß keine politische Partizipation, aber symbolische Teilhabe an der Ehre hoher Abstammung und geschichtlicher Taten. Damit verbunden war das moralische Recht, ja die Pflicht jedes Deutschen zu Lob und Kritik der Machtträger.

Obwohl die Schrift kaum Verbreitung gefunden hat, kann sie nicht als isoliertes Erzeugnis eines überhitzten Gemüts abgetan werden. Dafür lagen die Gegenstände ihrer Polemik zu sehr in der Luft. Andere Autoren griffen sie auf, in- und außerhalb des elsässischen Grenzgebiets. Der anonyme

146 Ebd., fol. 179[b].
147 Ebd., fol. 73[b].
148 Die römische Gründungssage wurde auch im deutschen Humanismus, etwa bei Celtis und Irenicus, zum Beweis uminterpretiert, Rom sei der Ursprung aller Unzucht. Vgl. Kap. 4.3.2.

Verfasser war kein Paria, sondern musste ein »juristisch geschulter Mann der Verwaltungspraxis« gewesen sein.[149] Seine Behauptung, Deutsch sei die biblische Ursprache, war nicht neu. Sie tauchte schon Anfang des 13. Jahrhunderts auf,[150] und sogar das Annolied hatte um 1080 berichtet, in Armenien, wo Noah aus der Arche gestiegen sei, fänden sich Leute, »di dir diutisschin sprecchin«.[151] Originell war das »Buch der hundert Kapitel« aufgrund seiner ideologischen Radikalität und Motivgestaltung. Dass die Sprache den Nationalcharakter mit bestimme, war zur Zeit der Niederschrift ein seltener Gedanke. Er setzte sich erst im französischen Späthumanismus durch, verbunden mit Angriffen auf die Dominanz des Lateins. Als in Deutschland die »Querelle des Anciens et des Modernes« rezipiert wurde und die Vulgärsprache zum Prestigegut aufstieg, fand man erneut Gefallen an der Idee, Adam habe deutsch gesprochen. Damit ließ sich beweisen, dass nur das Deutsche am Ursprung der Dinge rührte.[152] Romantiker nahmen das Konzept auf, säkularisierten es und packten es in ihre Volksgeistideologie ein. Johann Gottlieb Fichtes Mythos von der »ursprünglichen Sprache« Deutsch und den Deutschen als »Urvolk« bzw. »Volk schlechtweg« trug den deutschen Adam nur noch implizit mit.[153]

149 Jürgen Bücking spekulierte sogar, es habe sich bei ihm um den königlichen Hofkanzler Conrad Stürtzel gehandelt, der Wimpfeling und Brant nahe gestanden sei; diese Spekulation erhärtete sich in der Folge aber nicht. Auch Klaus Lauterbach sah im Oberrheiner einen juristisch gebildeten Mann von Adel, den Habsburgischen Sekretär Mathias Wurm von Geudersheim; Bücking: Der ›Oberrheinische Revolutionär‹; Lauterbach: Geschichtsverständnis, S. 284-298; Wuttke: Wunderdeutung, S. 217-218; Zitat aus: Mertens: Nation, S. 121.

150 In einer Handschrift des frühen 13. Jahrhunderts, die dem Kreis von Hildegard von Bingen zuzuordnen ist, steht die Aussage: »Adam und Eva sprachen deutsch, diese Sprache hat sich nicht aufgesplittert wie die römische. [Adam et Eva Teutonica lingua loquebantur, que in diversa non dividitur ut Romana.]« Schnell: Deutsche Literatur, S. 306.

151 Annolied, S. 316; Thomas: Sprache, S. 55.

152 Während im Zeitalter der Reformation Sakralisierungsversuche der deutschen Sprache in der Regel Halt machten beim Aufweis einer Verwandtschaft mit dem Hebräischen (so etwa Conrad Pellicanus: Commentaria bibliorum, 1533), so lebte die Vorstellung des Deutschen als Ursprache vor allem im Umfeld der 1643 gegründeten »Teutschgesinnten Genossenschaft« Philipps von Zesen auf. Neben Philipp selbst leitete auch Georg Philipp Harsdörffer das Deutsche von der adamischen Sprache ab; Harsdörffer: Frauenzimmer; Philipp von Zesen: Rosen-Mand; Eco: A portrait, S. 97.

153 Fichte: Reden, S. 60, 106.

2.2.4. *Politisierung des Sprachraums und Nationalisierung der Politik*

Die humanistischen Nationalisten entfalteten ihre literarische Aktivität fast fünfzig Jahre nach Eneas Niederschrift der »Germania«. Sie formten einen Nationsdiskurs, der stärker politisiert war und sich von den Konzilsdebatten entfernt hatte. Ihr Nationsbegriff kam Eneas Referenztext in der Gewichtung des Sprachkriteriums am nächsten. Dafür war aber ein umfassenderer Diskurs verantwortlich, der sich in Gelehrtenstuben und auf der politischen Reichsbühne ausgebildet hatte.

Etwa zur gleichen Zeit, als in Konstanz über den Rang der englischen und der französischen natio gestritten wurde, hielt Gobelinus Person, Dekan der Marienkirche von Bielefeld, in der Einleitung seiner Weltchronik fest:

> Die Alten erwogen die Unterteilung der Provinzen nach Grenzlinien und nach dem Verlauf von Flüssen, Bergen, ferner von Wäldern und Meeren; heute hingegen nimmt man solche Unterteilungen gemäß den Verschiedenheiten der Mundarten vor.[154]

So passiere es, dass ein Gemeinwesen je nach Betrachtungsweise zwei verschiedenen Provinzen angehöre. Gobelinus glaubte, dass sich diese Neuerung in der Gesellschaft von unten nach oben durchgesetzt habe, und sprach ihr damit die Berechtigung ab. Aus den Quellen lässt sich der gleiche Vorgang eher in umgekehrter Richtung verfolgen: vom Kaiser zu den Fürsten, von diesen zu den Stadteliten und zuletzt zu den Mittel- und Unterschichten.

Mittelalterliche Texte führen Sprachgemeinschaften hin und wieder als politisch relevante Größe an. So verlangte die Goldene Bulle 1356 von den Kurfürsten, dass sie »verschiedene Mundarten und Sprachen erlernen«.[155] Neben der deutschen Muttersprache seien Italienisch, Tschechisch und Latein Pflicht. Die Begründung lautete, das Reich bestehe aus nationes mit eigener Sprache, eigenen Sitten und Lebensweisen; um die reichsweite Gesetzgebung und Verwaltung aufrechtzuerhalten, sei eine Verständigung unter Kurfürsten und Reichsbewohnern unerlässlich.

154 »Unde antiqui considerabant divisiones provinciarum secundum limites et terminos fluminum, moncium et silvarum et marium, sed vulgares moderni attendunt tales distinctiones secundum differencias idiomatum.« Person: Cosmidromius, S. 3.

155 »[…] diversorum ydiomatum et linguarum differentiis instruantur.« Die Goldene Bulle 31, S. 96-98; vgl. auch Mertens: Reich, S. 41.

Zeichnete die Goldene Bulle das Reich als multinationalen politischen Körper, so stellten ältere Texte schon die Deutschsprachigen in den Mittelpunkt. Walther von der Vogelweide fragte vor 1200: »sô wê dir, tiutschiu zunge / wie stât dîn ordenunge.«[156] »Deutsche Zunge« bezeichnete die Sprachgemeinschaft als Trägerin des römischen König- und Kaisertums. Ihr galt Walthers Klage in den politischen Wirren nach dem Tod Heinrichs VI.: »daz dîn êre alsô zergât!«.[157] Dem zu wählenden Reichsoberhaupt trug er auf, die deutschen Fürsten zu zähmen und die Angriffe des Papstes und der Pfaffen auf Geist, Gut und Glauben aller Deutschen abzuwehren. Dieses Reichskonzept mit der deutschen Sprachnation im Mittelpunkt wurde im 15. Jahrhundert verdichtet und politisch standardisiert.

Die deutsche Sprachgemeinschaft hatte im 12. Jahrhundert ebenso imaginären Charakter wie im 16. Jahrhundert Ein Schwabe verstand den Sachsen nicht, ja Luther behauptete sogar, Deutschland habe »mancherley Dialectos art zu reden / also das die Leute in xxx. Meilen wegs einander nicht wol können verstehen«.[158] Gleiches galt für Frankreich und Italien. Die meisten nationalen Sprachgemeinschaften waren ursprünglich Fremdkonstrukte. So begriff man die »Teutonici« zuerst in Italien als Einheit der Deutsch*sprachigen*. Man verstand keine der fremden Mundarten, hielt sie aber wegen ihres verwandten Klangs für identisch. Diese Identität übertrug man auf die Sprechenden, die sich mit der Zeit von ihr prägen ließen. Die deutsche Sprachgemeinschaft entstand also aus Mangel an Differenzierung, wozu ihre Mitglieder ohne fremde Hilfe nicht fähig gewesen wären. Erst im 15. Jahrhundert erhielt die deutsche Sprachnation eine neue imaginative Stütze: Eine kleine Minderheit der Alphabetisierten entwickelte eine »überregionale hochdeutsche Ausgleichsschriftsprache«.[159] Diese Standardisierung der Vulgärsprache ermöglichte allmählich eine schriftliche Verständigung auf Deutsch über dem Babel der Dialekte.

Im 15. Jahrhundert wurde »zunge« bzw. »gezung« zwischenzeitlich zur deutschen Entsprechung von natio. Erst gegen Ende des Jahrhunderts setzte sich das Fremdwort »Nation« durch. Die ersten Texte, die den nationes-Diskurs von der Konzils- auf die Reichsbühne brachten, übersetzten natio Germanica mit »die Deutschen zungen«. Am 31. Oktober 1432 schrieb König Sigmund ans Konzil von Basel, ein Bündnis zwischen den Polen und den »heretici Boemie« richte sich gegen »omnem nacionem et presertim Theutonicam dempta nacione Hungarica«. Die Wendung »natio

156 Walther von der Vogelweide: Reichston, in: ders.: Spruchlyrik, S. 74.
157 Ebd.
158 Luther: Tischreden, fol. 605^r.
159 Moraw: Von offener Verfassung, S. 53.

Theutonica« lässt vermuten, dass Sigmund nicht von der plurilingualen Konzilsnation sprach, was die Übersetzung der Reichskanzlei bestätigt: »wider allermeniglich und sunderlich die Deutschen zungen« hätten sich Polen und Böhmen erhoben.[160] Der lateinische Singular wurde hier noch in einen deutschen Plural übertragen.

Mit dem Singular »deutsches gezung« erfolgte ein bedeutender Schritt in der diskursiven Gemeinschaftsbildung. Im Unterschied zum älteren Ausdruck »Dutsche lande« bezeichnete »gezung« neben der Sprache auch das Kollektiv: »gezung« stand für »land und leut«. Auch fremde Herrschaftsverbände wurden als »gezung« bezeichnet. Am Regensburger Türkentag 1454 sprach der Rechtsgelehrte Johannes Lysura im Namen der Kurfürsten die Hoffnung aus, der Kaiser werde

> in dem wirdigen hl. Reich und Teutschem gezunge sovil macht, volge und manheit wol finden, damit nit allein den ungleubigen Turcken, sundern auch allen andern widerwertickeiten und ungepurlichen bezwengen und inbruchen von andern gezungen wider Teutsch gezunge [...] solle und moge mechtiglich widerstanden, des hl. Romischen Reichs und Teutschs gezunges groß wirde wider ufgeruckt und in die alden achtperkeit und erber stat und wesen gesetzt [...] werden.[161]

Nach dem Einfall des ungarischen Königs Matthias Corvinus in die österreichischen Erblande forderte Friedrich III. 1487 am Reichstag von Nürnberg eine »eynung gegen fremden gezungen« – konkret: Geld und Truppen von den deutschen Fürsten.[162] Durch die Hilfe würde »andern frembden getzung die forcht gemacht, sie und Dutsche nation furbas by iren freyheyten und wirden unverletzt und unbeswert zu lassen«.[163] König Maximilian beantragte 1493 eine Sondersteuer für den Kampf gegen Türken und Ungarn,

> damit das gemein heilig reiche und Dewtsch nation nicht also an ere und wirde von zweien außlendischen uncristenlichen und frömbden gezung, so doch in irer macht Dewtscher nation nit zu geleichen sein, gedrengt und geletzt, furgenomen und gleich gelegt wurde.[164]

160 Nonn: Heiliges Römisches Reich, S. 138; Thomas: Sprache, S. 93.

161 Johannes von Lysura: Ratslagung. Der kurfursten rete furbringung, den keiserischen in beiwesen herzog Ludwigs, des Deutschenmeisters, auch ander fursten und stete sendboten Deutsches gezunges erzelt, in: Weinrich (Hg.): Quellen zur Reichsreform, S. 309-314, hier S. 313.

162 Janssen (Hg.): Frankfurts Reichscorrespondenz, S. 492.

163 Kaiserliche Stellungnahme am Nürnberger Reichstag, 21. Juni 1487, zit. nach Schröcker: Deutsche Nation, S. 37 (Fußnote 82).

164 Janssen (Hg.): Frankfurts Reichscorrespondenz, S. 571.

Die Ungarn werden hier auf eine Stufe mit den Türken gestellt. Maximilians Rhetorik schließt die Feinde Habsburgs aus der christlichen Glaubensgemeinschaft aus, reduziert aber gleichzeitig die Türken zu einer Nation unter mehreren. Maximilians Worte fielen zu einer Zeit, als »gezung« gegenüber »Nation« schon an Terrain verloren hatte. Mit seiner semantischen Vagheit eignete sich der Nationsbegriff besser zur politischen Propaganda. Sprachgrenzen und politische Grenzen waren selten identisch, und so musste der deutschen Nation je nach Kontext ein anderer Inhalt zukommen. Der Akzent lag auf der Sprachgemeinschaft, wenn vom »Reich deutscher und welscher Nation« die Rede war.[165] Setzte man aber die deutsche Nation mit dem Reichsverband gleich, konnte das Sprachkriterium entfallen. Ein eindrückliches Beispiel dafür ist die »Ordnung, wie es zuhalten, wenn jemand von andern Nationen das heilige Reich in Teütscher Nation überziehen wolt«.[166] Dieser Entwurf einer nationalen Schutzverpflichtung entstand 1495 im Umfeld des Reichstags zu Worms. Er zog die Grenzen der deutschen Nation entlang überterritorialer Reichskreise, die im Westen französischsprachige, im Osten gemischtsprachige Gebiete einschlossen.[167] Geographische Gestalt erhielt die deutsche Nation auf rechtlich-politischer, nicht sprachlicher Basis. Die »Ordnung« teilte auch jenseits der deutschen Grenzen die politische Landkarte in Nationen ein. Wiederum wurden die Türken unter »andere Nationen« angeführt und christlichen Aggressoren gleichgestellt. »Deutsche Nation« meinte hier eine politische Gemeinschaft, deren autonome Glieder sich zu gegenseitigem Schutz verpflichteten. Obwohl der Entwurf folgenlos blieb, ist er für das Nationsverständnis der Reichsstände repräsentativ: Für sie war die deutsche Nation ein Defensivverbund der Territorien und Reichsstädte, die sich an der Reichspolitik beteiligten. In diesem pragmatischen Sinn konnte 1495 auch den Böhmen Teilhabe an der deutschen Nation in Aussicht gestellt werden.

Unter Friedrich III., vor allem aber in der Regierungszeit Maximilians I. wurde der Nationsdiskurs Instrument der kaiserlichen Politik gegenüber den Reichsständen. In den letzten Jahrzehnten des 15. Jahrhunderts prägten habsburgische Schreiben und Mandate die Rhetorik des

165 Schröcker: Die Deutsche Nation, S. 79, 117.

166 Müller (Hg.): Des Heiligen Römischen Reichs, Bd. 2,1, S. 456 f.

167 Die Zuordnung dieses Aktenstücks bereitet den Spezialisten Schwierigkeiten, zumal eine Reichskreisordnung in der Reichsreformdiskussion in Worms sonst nicht nachgewiesen ist. Dass der Entwurf zum Reichstagsaktenbestand von 1495 gehört, wird aber nicht bezweifelt; eine zeitliche Einordnung erleichtern die abschließenden Passagen zur Eidgenossenschaft, die nach 1499 nicht mehr möglich gewesen wären; vgl. die Fußnote 2 in den RTA, M. R., Bd. 5, 463, S. 581.

Nationalen. Fürsten und Städte übernahmen sie in ihren Antworten auf habsburgische Anliegen.[168] Ihre Stellung im Nationsdiskurs wurde passiv und reaktiv, nachdem die geistlichen Kurfürsten Mitte des 15. Jahrhunderts noch dazu beigetragen hatten, den nationalen Ehrdiskurs der Konzilien auf den Reichstagen in deutscher Sprache zu etablieren.[169]

Friedrich und Maximilian beriefen sich auf die deutsche Nation, wenn sie sich an die Reichsstände wandten.[170] Im diplomatischen Verkehr auf der europäischen Bühne fand die Nation wenig Erwähnung, noch weniger gegenüber den Eliten des weit verzweigten Hausbesitzes.[171] Auch für die Gestaltung des eigenen Nachruhmes war die Nation kaum von Bedeutung. Die Ehre des Monarchen und seines Hauses beruhte auf aristokratischen Werten wie dem Familienstammbaum oder Herrschaftstiteln.[172]

Der kaiserliche Appell an die Nation war oft an Bedrohungsszenarien des deutschen Reichsgebiets durch ausländische Mächte gebunden, bei denen es sich je nach Situation um Burgund, Frankreich, Ungarn, Venedig oder die Türken handeln konnte. Die kaiserliche Propaganda schürte gezielt Fremdenangst. Ihre Entwerfer wussten auch, wo damit am meisten Mittel abzuschöpfen waren: in den südwest- und oberdeutschen Reichsstädten. Ein wichtiger historischer Bezugspunkt der Bedrohungsszenarien war das Jahr 1444, als in den westlichen Reichsstädten antifranzösische Ängste grassierten. Diese hatte der junge Friedrich III. mit einem politischen Malheur selber mit ausgelöst. Es handelt sich um den so genannten

168 Schröcker: Die deutsche Nation, S. 11.

169 Eine tragende Rolle kam damals dem Trierer Erzbischof Jakob von Sierck und dessen Rat Johannes von Lysura zu. Ihre Appelle an »des loblichen Deutschen gezunges ere« waren auch an den Kaiser gerichtet, von dem man sich angesichts der gesteigerten Türkenbedrohung nach dem Fall Konstantinopels eine aktivere Reichspolitik wünschte. Friedrich nahm den Ball erst in den siebziger Jahren auf, formte mit ihm aber gleich einen kaiserlichen Nationsdiskurs von durchschlagender Wirkung; Thomas: Sprache, S. 76.

170 Dazu gehörten vor allem Reichstagsausschreiben, Verkündungen der Reichstagsbeschlüsse, Kriegsaufgebote und Bitten um finanzielle Leistungen für das Reich; Diederichs: Kaiser, S. 13.

171 Vgl. Chmel: Urkunden; Maximilians diplomatische Rhetorik und Politik auf der europäischen Bühne hängt damit zusammen, »dass der Habsburger in Ungarn, Aragon, England, Frankreich, Schottland, Polen und Neapel nicht Staaten gesehen hat, sondern Dynastien, in Władisław II., Heinrich VII., Ferdinand oder Karl VIII. nicht Herrscher, sondern Verwandte und in der Gesamtheit der europäischen Mächte nicht ein rational funktionierendes politisches System, sondern eher einen Familienkomplex, der den Gesetzen einer mehr oder minder ausgeprägten dynastischen Harmonie folgt«. Angermeier: Einleitung, in: RTA, M. R., Bd. 5, S. 71.

172 Angermeier: Die Reichsreform, S. 165 f.

Armagnakeneinfall und die Belagerung von Metz durch den französischen König.[173]

Friedrich hatte damals, den Waffenstillstand zwischen Frankreich und England nutzend, ein beschäftigungsloses Söldnerheer unter Führung des französischen Thronfolgers ins Reich gerufen.[174] Anstatt die Truppen wie geplant gegen die Eidgenossen ins Feld zu führen, ließ er sie im linksrheinischen Aufmarschgebiet stehen und sah tatenlos ihren monatelangen Belagerungen und Plünderungen zu.[175] Parallel dazu fiel der französische König Karl VII. in Lothringen ein und forderte die Unterwerfung von Metz, Toul und Verdun.[176] Zwischen den perplexen Reichsstädten dies- und jenseits des Rheins brach eine hektische Diplomatie aus.[177] Sie galt der Koordination der Verteidigung, aber auch der Motivsuche für die französische Aggression. Unter den vielen Gerüchten lautete eines, Frankreich dränge an die Grenzen des Rheins und wolle alle linksrheinischen Gebiete unterwerfen. Am 21. Juli 1444, als die Heere Anstalten machten, die Reichsgrenze zu überschreiten, schickte der Sekretär der Reichsstadt Metz, Johann Esch, einen Brief an Straßburg. Dieser überbrachte die be-

173 Der Kollektivname dieser Söldner ging auf Bernard d'Armagnac (gest. 1418) zurück, einen Heerführer unter Karl VI., dessen Armee für ihre Brutalität berüchtigt war. Die Truppen, die 1444 unter dem Dauphin Ludwig in die westlichen Reichsgebiete einmarschierten, setzten sich kaum mehr aus den Beständen des Grafen von Armagnac zusammen. Dass man sie in Deutschland dennoch als Armagnaken bezeichnete, lag an der negativen Konnotation, die man aus Frankreich übernahm. Dort nämlich war die Bezeichnung »Armagnac« seit 1411 kraft königlicher Verordnung verboten und galt als schwere Beleidigung; Beaune: Jeanne, S. 270.

174 Für die französische Krone war diese Truppenverschiebung eine gute Gelegenheit, die eigenen Territorien von den Lasten einer Stationierung oder unkontrollierten Entlassung ihrer Söldner zu befreien; bereits im Juni 1444 hatte der Sekretär von Metz davor gewarnt, der französische König wolle die eigenen Söldner nach dem Waffenstillstand »nicht me in Franckreich haben [...], dwile der fride gemacht ist, und haint hin erlauft, ander lande zu suchen sich zue erneren«. Diese Einschätzung wurde von einem späteren Schreiben Karls VII. bestätigt: RTA, Bd. 17, S. 323; vgl. auch Beaucourt: Histoire, S. 13-15; mit dem moralischen Zeigefinger des Nationalisten Witte: Die Armagnaken, S. 32-36.

175 Eine Darstellung des Armagnakeneinfalls aus eidgenössischer Perspektive in Stettler: Eidgenossenschaft, S. 152-160.

176 Hübinger: Die Anfänge, S. 33; Beaucourt: Histoire, S. 47-76.

177 Die Überraschung und fehlende Vorbereitung, die aus den städtischen Schreiben spricht, ist insofern erstaunlich, als unbeschäftigte Söldnerscharen des 100-jährigen Kriegs schon 1438 Lothringen und 1439 das Elsass heimgesucht hatten. Das damalige Ereignis wurde wahrscheinlich als flüchtiger, unorganisierter Einfall wahrgenommen, so dass im Nachhinein keine systematische Verteidigungsstrategie aufgestellt wurde; Witte: Die Armagnaken, S. 14-22, 25-30.

unruhigende Nachricht, die Armagnaken wollten nach Lothringen vor Metz und besonders ins Elsass vor Straßburg ziehen,

> sunderlich darumb das Straesbourg vor ziden zu Franckerich gehoert habe und das dieselbe stat noch hudes tagez die lilie of húe munze laese machen, das komme von alders, das si zu Franckerich gehoert haben, als si das in den alden historien fonden haben.[178]

Am 24. Juli erfuhr Esch aus Sent Micheil, man sage, die Armagnaken wollten den ganzen Rheinstrom einnehmen.[179] Spätestens ab Mitte September machte diese Version auch bei den Städtevertretern am Nürnberger Reichstag die Runde.[180] Aus der Konzilsstadt Basel wurde berichtet, der Dauphin habe vor den versammelten Kardinälen ausführen lassen,

> wie ein konnig von Franckrich von alter har ein schirmer der statt Basel gewesen si und noch sin sölle; des sie kuntschaft und rodel hettint. begertent also in nammen des obgenanten fúrsten des Delphins, daz wir sinen gnaden húlden und sweren sölten und fúr unsern gnedigen herren halten.[181]

178 RTA, Bd. 17, S. 324.

179 Ebd.

180 Auch König Friedrich war nach seiner Ankunft in Nürnberg am 1. August 1444 von allem unterrichtet. Enea Silvio, damals habsburgischer Sekretär, fasste die in Nürnberg kursierenden Gerüchte zusammen und leitete sie an den königlichen Protonotar weiter. Der Humanist war schon zuvor im Bilde, hatte er doch 1443 im Namen Friedrichs den Brief an Karl VII. geschrieben, der die Armagnaken gegen die Eidgenossen ins Land rief (dazu Beaucourt: Histoire, S. 11). Am 12. September 1444 berichtete Enea, der Dauphin gebe an, er wolle den Adel von der Unterdrückung der Städte befreien, er helfe dem römischen König auf dessen eigene Bitte gegen die Schweizer, er sei wegen des Herzogs Sigismund gekommen und viertens eben: »se velle vendicare jura domus Francie, asseverabat, que usque ad Rhenum protendi dicebat. ex hac causa urbem Argentinam obsessurum se affirmabat. [...] rumor est potissime, dalphinum poscere, urbem Basileam tanquam regni Franciae sibi restitui, quod si fiat, magna privilegia illi civitati pollicetur.« Städtische Briefe an den König taten ein Übriges. In ihrer Verlegenheit übernahmen die königlichen Schreiber die reichsstädtische Rhetorik – und setzten sie sogleich wieder als Druckmittel gegen die Städte ein. Sie forderten Truppenkontingente gegen die Armagnaken an und drohten den Reichsstädten, falls diese »sawmig sein würdet gemeines nutzes und Deutscher lannde, darauss möchte euch an czweiveln unrat entsteen«; Piccolomini: Briefwechsel, Bd. 1, S. 435, 437; Müller (Hg.): Des Heiligen Römischen Reichs, Bd. 1,1, S. 227-232; RTA, Bd. 17, 215, S. 441, 217, S. 444; Mertens: Reich, S. 132 f.; Witte: Die Armagnaken, S. 79-109.

181 So der Wortlaut eines Basler Schreibens an König Friedrich vom 1. Oktober 1444, in: RTA, Bd. 17, S. 446; ein früheres Schreiben mit ähnlichem Inhalt an die Städtevertreter des Reichstags scheint nicht erhalten (vgl. ebd., S. 478).

Man habe darauf, versicherte der Basler Rat, erwidert, »daz sin gnade nit allein unser halb zue Tuytschen lande kommen ist, denn dem ganzen Römischen rich zu schaden und zu undertrúckung gemeiner Tütschen landen«.[182] Straßburg schrieb am 14. Oktober nach Nürnberg, das »frömde volk« schände und plündere nicht nur, sondern zwinge die Reichsstädte, sich dem König von Frankreich zu unterwerfen, und habe vor, »Dútschland an sich zu bringen, ouch etlich treffenlich fare an dem Rine zue úberkummen, umb daz sú die lande beide ginsit und hie diese sit Rines innehaben möhten«.[183] Von Nürnberg aus verbreitete sich diese »swere mere« vom »Francoys volk« bis nach Frankfurt, Trier und Köln.[184] Auch wenn es den Städtevertretern selbst unerhört vorkam[185] – um eine »Mär« im heutigen Sinn handelte es sich nicht. Ein französisches Manifest vom 11. September 1444 bekannte:

> Il se soit transporté vers les marches de Barrois et de Lorraine et vers les Almengnes pour aucuns grans affairs [le] touchant et [sa] seigneurie, et, mesmement, pour donner provision et remede a plusieurs usurpations et entreprises faictes sur les droits de [ses] royaulmes et couronne de France en plusieurs pays, seigneurie, citéz et villes estans de ça la rivière du Rhin qui d'ancienneté soloient [pflegten] estre et appartenir à [ses] predecesseurs Roys de France, et icelles remettre et reduire à sa seigneurie et bonne obeissance.[186]

Wie ernst diese königliche Begründung gemeint war und wie stark sie die spätere Rheinpolitik Frankreichs beeinflusst hat, waren bis Mitte des

182 Ebd., S. 446.

183 Ebd., S. 471.

184 Neben dem reichen Belegmaterial in den RTA (Bd. 17, S. 428-571) führt Janssen ein bemerkenswertes Schreiben des kurtrierischen Gesandten Peter van Hasselt an. Dieser war ins Lager des französischen Königs abgeordnet worden. Er berichtete dem Trierer Erzbischof Jacob von Sirk, der französische König selbst habe gesagt, »Frankrych musze das land bis an den Rhine haben«, und fügte dem an, »he wulle vor dutsche fryheit und adel wider das hus Ostereich striten, [...] er forchte die dutschen Fürsten nit, die wulle he allen slagen, einen und nacher den andern, awer he forchte die stedte und bawren. [...] Was lieber herre, die schendlichen Frantzosen im ryche zu thun haben, mag ich fürwahr nit erkennen und meinete, man sulle alle vertrieben usz dem ryche«; Janssen: Frankreichs Rheingelüste, S. 8; Hübinger: Die Anfänge, S. 34.

185 Zur allgemeinen Ratlosigkeit der am Nürnberger Reichstag und Konvent zu Speier 1444 beteiligten Fürsten- und Städtevertreter über die Motive des Dauphins vgl. auch Müller (Hg.): Des Heiligen Römischen Reichs, Bd. 1,1, S. 206-234, 262-276.

186 Marot: L'expédition, S. 120; Beaucourt: Histoire, S. 51 f.; mit unwesentlich anderem Wortlaut: RTA, Bd. 17, S. 324.

20. Jahrhunderts Streitfragen der Forschung.[187] Danach hat man sie ungelöst auf sich beruhen lassen. Für unseren Zusammenhang sind folgende Aspekte bedeutsam: Karl VII. bezog die Behauptung, er hole sich entwendeten Kronbesitz zurück, auf das karolingische Erbe.[188] Sein Anspruch auf die linksrheinischen Gebiete hatte aber episodischen Charakter; es folgte weder eine politische noch ideologische Fortsetzung. Nachhaltige Wirkung zeitigten die Ereignisse von 1444 nur im Reich. Die habsburgische Propaganda hatte daran entscheidenden Anteil.

Die reichsstädtische Angst vor Frankreich wurde vorübergehend bestätigt durch Karls Eroberung von Epinal[189] im September 1444 und durch die Aufrufe aus Metz, die anderen Städte möchten »dem heligen reiche und allen Dewtschen landen zu eren« Hilfe leisten.[190] Nach dem Abzug der Armagnaken legte sich die Franzosenangst relativ rasch. Dreißig Jahre später, im Vorfeld der Burgunderkriege, wurde sie aber wieder angefacht. Obgleich die Frontlinien nicht zwischen »deutsch« und »welsch« verliefen,[191] gelang es Friedrich III., die antifranzösischen Phobien der Armagnakenkriege zu schüren und auf den burgundischen Herzog umzuleiten. Als Karl der Kühne sich 1473 anschickte, das Herzogtum Geldern zu erobern, sprach Friedrich zu den Städtevertretern von viel größeren Gefahren: »Auch wurde gesagt, das der kunig von Franckreich in gewerben und uffbotten stehen und villeicht ettliche ennd Teutscher nacion zu überczìehen in maynung sein söllte.«[192]

187 Hauptstreitpunkt der Diskussion war der Beginn der französischen Rheinpolitik, dessen Datierung entscheidend von der Deutung dieses Dokuments abhing. Einen Überblick über die konträren Theorien mit ihren nationalistischen und konfessionellen Implikationen bietet Hübinger, der sich selber für das Jahr 1444 als Eckdatum stark macht; Hübinger: Die Anfänge, S. 21-45.

188 Marot: L'expédition, S. 141.

189 Epinal war Untertanenstadt des Bischofs von Metz; ebd., S. 119.

190 Diese Formel wurde auch in den Schreiben des Pfalzgrafen Ludwig an Fürsten und Städte breit verwendet; Ludwigs Maßnahmen führten letztlich auch zur erfolgreichen und relativ glimpflichen Abwehr des Dauphins; vgl. RTA, Bd. 17, 248-259, S. 528-559; zum Widerstand von Metz: ebd., 263-265, S. 561-568; zur Rolle des Pfalzgrafen auch Witte: Die Armagnaken, S. 101-105, 130 f.

191 So war der französische König einer der bedeutendsten Geldgeber Berns für die Rüstung gegen Burgund, während der burgundische Bailli Hagenbach, neben Karl das personifizierte Hassobjekt in den oberrheinischen Städten, deutschsprachig war. Herzog René von Lothringen wiederum gehörte als wichtigster fürstlicher Gegner Karls dem französischen Sprach- und Kulturkreis an. Mertens: Reich, S. 97 f.; Sieber-Lehmann: Spätmittelalterlicher Nationalismus, S. 178-186; eine Darstellung der Burgunderkriege und ihrer Vorgeschichte aus eidgenössischer und gesamteuropäischer Perspektive bei Stettler: Eidgenossenschaft, S. 233-256.

192 Janssen (Hg.): Frankfurts Reichscorrespondenz, S. 286.

Später, als der Großteil Burgunds dem habsburgischen Besitz einverleibt war, wurde das französische Bedrohungsszenario zum festen Bestandteil der kaiserlichen Propaganda. Die Beschwörung einer Gefährdung des Elsasses, ja der gesamten deutschen Nation war ein probates Mittel, um von verängstigten Stadtregierungen Geld und Truppen für die habsburgische Hauspolitik abzuschöpfen. Als der junge König Maximilian 1488 in flandrische Gefangenschaft geriet, forderte sein Vater einen Befreiungszug mit allgemeinem Reichsaufgebot. Er argumentierte, der römische König müsse »der gantzen Dewtschen nacion [...] hoch gelegen« sein, da sein Tod für sie den Verlust des Reiches bedeuten würde.[193] Aus der Gefährdung der habsburgischen Thronfolge wurde eine Angelegenheit der höchsten nationalen Ehre. Dabei wäre der deutsche Besitz des Imperiums nicht tangiert gewesen, wenn das Haus Habsburg durch Maximilians Tod die Kaiserkrone verloren hätte.

Eine ähnliche Strategie der moralischen Einbindung wandte Kaiser Friedrich ein Jahr später an. Er forderte von den Ständen Kriegshilfe gegen Ungarn und Frankreich, die den Habsburgern in Österreich und Burgund zusetzten:

> Ir wist, in was gestalt unser [...] furstenthumb und land, so zu dem heiligen reiche gehören und portten und schildt gegen Franckreich, Hungern und andern frömbden nacion sein, langzeit her mit krieg unpillicher weyse swerlich angefochten worden, alles der meinung, die von dem heiligen reiche und Dewtscher nacion zu dringen und dadurch, wo dem furderlich nit furkumen wirdet, den kunigen Franckreich und Hungern eingangk in Dewtzsche lande zu machen, damit die wirde des heiligen reichs, so durch mandlicheit zu der Dewtzschen nacion bracht und langzeit dabey gewest ist, von derselben under sich zu ziehen, das uns als Römischer keyser und liebhaber des heiligen reichs und Dewtzscher nacion in zeit unsers lebens zu geschehen das gröst leyd wer, so wir gehaben möchten.[194]

Für die habsburgischen Länder östlich und westlich des Reichs fand man den Titel »Pforte und Schild der deutschen Nation gegen fremde Nationen«. Er gehörte zur Imagebildung, die habsburgische Politik sei von der nationalen Agenda geleitet.[195] Die geographische, dynastische und inter-

193 Zit. nach Schröcker: Die deutsche Nation, S. 47.

194 Janssen (Hg.): Frankfurts Reichscorrespondenz, S. 515 f.

195 Vom Land ging die Bezeichnung auf den Herrscher über: Maximilian bezeichnete sich selbst gegenüber den Reichsständen als »Schild der Deutschen wider die französische Nation« (Denkschrift an die Konstanzer Reichsversammlung

essenpolitische Randstellung der Habsburger im Reich wurde zu einem nationalen Patronatsrang verklärt.[196] Friedrich und Maximilian suggerierten, als »Liebhaber« des Reichs und der deutschen Nation zuerst um das nationale Gemeinwohl bemüht zu sein. Mit der Evozierung nationaler Gefahren von außen übten sie einen hohen Anpassungsdruck auf die Stände aus.[197] Am Schluss ihrer Bedrohungszenarien stand stets die hohle Hand – gemäß dem Prinzip, dass für nationale Interessen auch die Nation aufzukommen habe.

So kam es, dass die französische Aggression von 1444 in königsnahen Reichsgebieten als Symptom einer Dauerbedrohung wahrgenommen wurde. So flüchtig »Frankreich's Rheingelüste«[198] auch waren, in Deutschland ließ sich aus ihnen politisches Kapital schlagen. Nach 1500 wurde der Stoff von 1444 auch zum Gegenstand literarischer Fehden. Wimpfeling stritt mit Murner über die Herkunft der Lilie auf Straßburger Münzen, nachdem er in seiner »Germania« die Aussagen des Dauphins von 1444 dazu benutzt hatte, die fortwährende Gefährdung des Elsasses durch Frankreich zu betonen.[199] Insgesamt war die französische Rheinpolitik für deutsche Beobachter eine Realität, lange bevor sie in Frankreich ins Auge gefasst wurde. Es ist durchaus vorstellbar, dass diese Projektion letztlich zu Richelieus folgenreicher Zielsetzung einer Ostexpansion Frankreichs im 17. Jahrhundert beigetragen hat.[200]

1507) und als »schilt des hailigen reychs und Tewtscher nacion gegen den unglawbigen, auch durchachtern der cristenhait und des hailigen reychs« (Rede vor den Reichsständen in Augsburg 1510); Wiesflecker-Friedhuber (Hg.): Quellen, S. 155; Janssen (Hg.): Frankfurts Reichscorrespondenz, S. 789.

196 Zur Randstellung Habsburgs im Reich vgl. Lutz: Die deutsche Nation, S. 4 f.

197 Weitere Belege in Müller (Hg.): Des Heiligen Römischen Reichs, Bd. 2,1, S. 204 f., 348 f., Bd. 2/2, S. 17; Janssen (Hg.): Frankfurts Reichscorrespondenz, S. 447, 544, 572.

198 Janssens Schrift dieses Namens, erstmals publiziert 1861, stellt ein Musterbeispiel nationalistischer Geschichtsschreibung historistischen Zuschnitts dar, die das Anachronismusverbot und das peinlich befolgte Gebot des »ad fontes« in einem virtuosen Akt der Selbstüberlistung in eine rückwärts gewandte Teleologie überführt. Damit konnte Frankreich eine genuine Aggressivität und ein notwendig daraus hervorgehender Drang zum Rhein unterstellt werden.

199 Da um 1500 von Frankreich keine Gefahr ausging, hat man die Adressaten von Wimpfelings Polemik im Reich gesucht; Gaston Zeller glaubte sie in den pfälzischen Wittelsbachern gefunden zu haben – wegen ihrer Anlehnung an Frankreich in der alten Konkurrenz mit Habsburg; Zeller: Alsace; Wimpfeling: Germania, S. 14 f.; Murner: Germania Nova, S. 214 f.

200 Zu einer solchen Interpretation lädt vor allem der Fürstenkrieg von 1552 gegen Karl V. ein. Die deutschen Kriegsfürsten riefen in ihren Verhandlungen mit dem französischen König bewusst die Ereignisse von 1444 wach, die in Frankreich

Im Vergleich zu seinem Vater steigerte Maximilian die Rhetorik des Nationalen in diskursiver und medialer Hinsicht. Seine Kanzlei produzierte Mandate an die Reichsstände in einem nie gesehenen Umfang. Der offizielle Grund der Erlasse trat oft hinter politischer Propaganda zurück.[201] Die Funktion der »litterae patentes«, der offenen Mandate, wurde ausgeweitet. Maximilian machte sie zu Instrumenten der politischen Meinungsbildung und ließ sie im Druck verhundertfachen.[202] Die Revolution des Postwesens mit staffelartiger Weitergabe statt Einzelboten gewährleistete ihre rasche Übermittlung.[203] Außer den Reichsständen und Funktionseliten in ihrer Umgebung galten sie auch einem breiten Publikum. Anreden an alle Reichsbewohner waren keine leeren Worthülsen.[204] Formal und medial rückten die offenen Mandate in die Nähe des gedruckten Flugblatts. Sie wurden in Versform gebracht, öffentlich angeheftet und von der Kanzel verlesen.[205] Maximilian bezweckte damit, auf die Spitzen der Reichsstände von zwei Seiten her Druck auszuüben. Hauptadressaten waren wahrscheinlich die ständischen Sekundäreliten: vor allem die gelehrten Räte, dann die Stadtpatriziate, der Reichsadel und die Landstände. Von ihrer Konditionierung versprach sich Maximilian, gegenüber den Fürsten an politischem Gewicht zu gewinnen. Zu den Sekundäreffekten dieser Strategie gehörte, dass Maximilian eine Politisierung breiter Kreise außerhalb der Reichsinstitutionen förderte.

In diskursiver Hinsicht bewirkte Maximilian eine Radikalisierung der Nationsrhetorik. Er malte grellere Feindbilder und weitete den Anspruch, als Monarch die Nation zu verkörpern, aus. Dazu einige Beispiele: Im

wenig Spuren hinterlassen hatten. Sie boten Heinrich II. für die Unterstützung gegen Karl V. das Reichsvikariat in Metz, Toul und Verdun an, jenen Städten, die Karl VII. seinerzeit zur Unterwerfung aufgefordert hatte. Karl Brandi etwa verstand diesen Akt als förmliche Einladung zur französischen Expansion nach Osten; Brandi: Karl V., S. 13-21; Hübinger: Die Anfänge, S. 33.

201 Diederichs: Kaiser, S. 13 f.

202 Ebd., S. 26 f.

203 Lunitz: Diplomatie, S. 164 f.; Dallmeier: Großreich, S. 225-228; Moraw: Von offener Verfassung, S. 389-392.

204 »Wir embieten allen und jeglichen unsern und des heiligen Reichs Churfürsten, Fürsten, gaistlichen und weltlichen, Prelaten, Graven, Freyen, Herrn, Rittern, Knechten, Hawbtlewten, Bitzthumben, Vögten, Pflegern, Verwesern, Ambtlewten, Schultheißen, Burgermaistern, Richtern, Räten, Bürgern und Gemainden, und sunst allen andern unsern und des Reichs unterthanen und getrewen [...] den dieser unser künigclicher brive oder abgeschift davon zu sehen oder zu lesen fürkumbt oder getzeigt wirde unser gnad und alles gut.« Mandat vom 28. Oktober 1494, zit. nach: Diederichs: Kaiser, S. 15.

205 Ebd., S. 16, 30-32.

Rahmen seines umfassenden Nachruhmprojekts entwarf Maximilian das Programm eines Triumphzugs als Aneinanderreihung unzähliger Bilder, von denen eines das personifizierte »Reich Germanie« darzustellen habe. Maximilian diktierte: »Item die Germisch fraw solle Ir har heraus haben, vnnd ain kron auf dem haupt.«[206] Sein Programm wurde zwischen 1513 und 1515 in der Regensburger Künstlerwerkstatt Albrecht Altdorfers als Miniaturen-Zyklus ausgeführt.[207] Darin thront das »Reich Germanie« mit offenem blondem Haar, in den ausgebreiteten Armen Schwert und Zepter haltend; zu ihren Füßen liegt der Reichsapfel.[208] Die Botschaft des Bildes war unmissverständlich: Die Dame sitzt an der Stelle des Kaisers, in entsprechendem Ornat und mit denselben Herrschaftsinsignien.[209]

Schon früher hatte Maximilian die Bezeichnung »rex Germaniae« in seine Titulatur aufgenommen und war damit das Risiko eingegangen, die imperiale Ausstrahlung des römischen Königtums zu schmälern.[210] An Prägnanz kaum zu überbieten war sein »Deutsch ehr ist mein ehr, und mein ehr ist deutsch ehr«.[211] Und vor der Reichsversammlung zählte Maximilian zu seinen größten Verdiensten, er habe

> alle Zeit der löblichen deutschen Nation und dem heiligen Reich ihr Gränzen und Ehr verwahrt, mehr denn kein Deutscher, der je geboren, gethan hat, wiewol Barbarossa etwas darein reden und sich ihm gleichen möchte außerhalb Deutschland.[212]

Wegweisend für den politischen Nationsdiskurs war, dass Maximilian nationale Antagonismen in die Vergangenheit fortschrieb. 1513 klagte er über die Folgenlosigkeit aller Rechtsverordnungen gegen deutsche Landsknechte, in »frombd herschafften und dienst wider konigl. maj. und die

206 Zit. nach Trzinski: Studien, S. 157.

207 Von den ursprünglich 109 Pergamentblättern dieses Miniaturen-Zyklus sind noch 57 erhalten, während die spätere Holzschnittausführung, die hauptsächlich in der Augsburger Werkstatt Hans Burgkmairs angefertigt worden ist, in allen 137 Schnitten überliefert ist. In diesen ist Maximilians Programm aber nicht vollständig umgesetzt, u.a. fehlt die Darstellung des »Reichs Germanie«; Winzinger: Albrecht Altdorfer, S. 157-173; Appelbaum (Hg.): The Triumph, vii.

208 Vgl. das Umschlagbild des vorliegenden Buches; ders.: Die Miniaturen, Tafel 8, links.

209 Die Tafel mit dem »Reich Germanie« weist hohe Ähnlichkeit mit einer Darstellung Maximilians in der »Ehrenpforte« auf, die seine Krönung zum römischen König in Aachen von 1486 zeigt; Trzinski: Studien, S. 159 f.

210 Schubert: König, S. 238, 243.

211 Zit. nach Janssen: Frankreichs Rheingelüste, S. 13.

212 Denkschrift Maximilians an die Reichsversammlung in Konstanz 1507, in: Wiesflecker-Friedhuber (Hg.): Quellen, S. 154.

Tutschen ze schlahen«.[213] Dabei hielt er fest, dass »vor nye erhort worden das sovil Tewtscher zu den erbfeinden wider das heilig reiche und Tewtsche nacion gezogen sein«.[214]

Frankreich als Erbfeind der deutschen Nation – diese Vorstellung fand über Maximilians Reden und Schreiben Eingang in den politischen Diskurs. Schon 1498 hatte er sich zu den vorderösterreichischen Ständen ähnlich geäußert: Sie sollten ihn im Burgund gegen Frankreich unterstützen, das »uwer rechter natturlicher vynnd« sei.[215] Daraus wurde 1508 in der Ladung zum Reichstag nach Worms »unser aller Erbfeind«.[216] Der römische König nationalisierte hier christliche Feindrhetorik. Der eigentliche und ursprüngliche »Erbfeind« war der Teufel. Nicht nur sprachlich, sondern auch dogmatisch stand der »Erbfeind« in nächster Nähe zur »Erbsünde«.[217] Wenn die Türken in rhetorischen Abwehrschlachten als Erbfeind der Christenheit erschienen, blieb das Antlitz des Teufels sichtbar.[218] Die Übertragung auf ein christliches Königreich konnte zweierlei heißen: einen Vergleich oder eine Gleichsetzung mit den Türken.[219] In beiden Fällen erodierte die Hierarchie zwischen den Pflichten des Christen und des Deutschen. Die Erbfeindrhetorik sakralisierte die nationale Feindschaft gegen Frankreich und säkularisierte den Kampf gegen die Heiden.[220]

Um den Ständen die historische Dimension der französischen Gefahr vor Augen zu führen, trug Maximilian am Reichstag von Augsburg 1510 eine kurze Geschichte der Deutschen vor.[221] Im Vergleich zu den humanistischen Nationalgeschichten wies sie eine frappierende Eigentümlichkeit auf: Maximilian betonte, dass das Kaisertum, bevor es die Deutschen

213 Janssen (Hg.): Frankfurts Reichscorrespondenz, S. 738.
214 Ebd., S. 897.
215 Zit. nach Mertens: Reich, S. 117.
216 Ebd., S. 120 f.; vgl. auch Wiesflecker: Kaiser, Bd. 5, S. 452-466.
217 Behrend: Erbfeind, S. 8 f.; Bosbach: Der französische Erbfeind, S. 122.
218 Schulze: Reich, S. 52 f.; Bohnstedt: The infidel Scourge, S. 18 f.; Behrend: Erbfeind, S. 10 f.
219 Erste Ansätze zu einer Identifikation der Feindbilder hatte es schon in den Burgunderkriegen gegeben, als Karl der Kühne vom Liederdichter Veit Weber als »Türk im Occident« bezeichnet wurde. Maximilians Ausschreiben vor dem Italienzug 1496 verglich die französische Bedrohung Deutschlands aus dem Westen direkt mit der türkischen im Osten; Müller (Hg.): Des Heiligen Römischen Reichs, Bd. 2,2, S. 17.
220 Sieber-Lehmann: Der türkische Sultan, S. 13-38; ders.: Spätmittelalterlicher Nationalismus, S. 251 f.; Mertens: Reich, S. 97 f.
221 Maximilian: Denkschrift an die versammelten Reichsstände in Augsburg vom 6. März 1510, in: Janssen (Hg.): Frankfurts Reichscorrespondenz, S. 788 f.

erworben hätten, »in händen der Frantzosen gewest ist«.[222] Mit dieser translatio-Theorie legitimierte er die französischen Ansprüche auf seinen Thron! Und genau das bezweckte er. Er wollte die Ständevertreter von der Ernsthaftigkeit französischer Pläne überzeugen, »das Rom. reych anzufechten, zu uben und demselben abbruch zu thun, des grundes und furnemens, die hoh und wird des Romischen kayserthumbs in ir gewalt zu bringen«.[223] In diesem Licht erschienen habsburgisch-französische Territorialkonflikte außerhalb des Reichsverbands als akute Bedrohung Deutschlands. Maximilian bläute den Reichsständen diesen angeblichen Zusammenhang immer wieder ein. Er behauptete, Präventivkriege zu führen, damit die deutsche Nation nicht zur Beute der Franzosen werde.[224]

Maximilians Deutschlandentwurf lässt erahnen, dass die nationale Vergangenheit für den Kaiser einen anderen Stellenwert hatte als für die Humanisten. Diesen galt die Nationalgeschichte als Fundament des deutschen Vorrangs in der Gegenwart. Für Maximilian hingegen durchwaltete die Geschichte ein meritokratisches Prinzip, das blind war für vergangene Taten. Was die Vorfahren geleistet hatten, versprach im Wettkampf mit anderen Nationen keine Sicherheit. Die Geschichte lehrte nur, der permanenten Bedrohung mit allen Mitteln standzuhalten. Diese Lektion verinnerlicht zu haben, rühmte sich Maximilian vor den Reichsständen. In der täglichen [!] Verteidigung gegen Frankreich habe er »dem reych und Tewtscher nacion ir gronitzen in treffenlichen landen, als Burgundi und Nyderlandt, so ir maj. auff ir kriegsubung glucklich erhyrat und erobert hat, urstreckt, erweiyttert«.[225] Mit der nationalen Grenzerweiterung

222 »so mag doch die kays. maj. nit underlassen, sy zum kurtzesten zu erinnern und zu ermanen, was gestallt sich unser aller eltfordern, die Tewtschen, fur ander nacion redlicher dewrer thatten und sachen geflissen und […] ir bluet gegen den unglawbingen und durchächtern der cristenlichen kirchen vergossen und durch sollichs zu belonung […] die wyrd des Röm. kayserthumbs, das darvor in händen der Frantzosen gewest ist, an sich bracht und erlangt«; ebd., S. 788.

223 Ebd.

224 »Nu sey zu besorgen […] daß sich des Kö. von Franckreich Gewalt […] erstrecken würd / in die Grenitz Teutscher Land / und weytter an die Gegende der Etsch / und über Gebürge / in Hochburgund / und die Graueschafften Breyßgow / und Sunckow und also für und für wachsen / was unüberwindlichen Schadens / Beswärd / und Nachtail dem hailigen Reich und Teutscher Nacion daraus vallen / möchten jr Gnaden / und ain jegklicher bey im selbs betrachten.« Proposition des römischen Königs wegen erlangter Geld- und Volck-Hülffe wieder Franckreich, 1495, in: Müller (Hg.): Des Heiligen Römischen Reichs, Bd. 2,1, S. 348 f.; eine Proposition Maximilians mit ähnlicher Argumentation: ebd., S. 204 f.

225 Janssen (Hg.): Frankfurts Reichscorrespondenz, S. 788.

brachte Maximilian ein Motiv ins Spiel, das den defensiv eingestellten Fürsten wenig behagte. Es hatte bei Maximilian aber einen anderen Gehalt als bei den humanistischen Nationalisten. Für sie gehörte die Expansion zur nationalen Bestimmung Deutschlands, Maximilian sah in ihr ein persönliches Verdienst um Reich und Nation.

Trotz seiner aggressiven Rhetorik war Maximilian kein nationalistischer Ideologe. Sein Nationskonzept diente ihm nie als Leitfaden des politischen Handelns. Es hatte reine Appellfunktion gegenüber den Ständen. Diese sollten sich beim Ertönen nationaler Aufrufe hinter den Kaiser stellen und den Geldbeutel öffnen. Ein dauerhafter Aufbau nationaler Oppositionen lag Maximilian fern. Sobald sich die politischen Konstellationen verschoben, änderte er die Rhetorik. 1508 schloss er mit Ludwig XII. Frieden und verbündete sich mit ihm in der Liga von Cambrai. Ludwig wurde nun umgetauft: vom Erbfeind aller Deutschen in »unser lieber bruder, der künig zu Franckreich«. So hieß er dann, bis der nächste Krieg zwischen Habsburg und Frankreich ausbrach und der Bruder von neuem dem Erbfeind wich.[226]

Was brachte die Habsburger dazu, den Nationsdiskurs zum Instrument ihrer Reichspolitik zu machen? Wie kam es, dass nationale Termini schon unter Friedrich III. in den königlichen Kanzleistil eingingen, während sie vielen Fürsten bis ins 16. Jahrhundert fremd blieben?[227] Alfred Schröcker hat den »natürlichen Grund« dieses Phänomens in der politischen Rollenverteilung gesehen: Es sei immer der Kaiser und König gewesen, »der Hilfe verlangte«.[228] Damit sei der Propagandabedarf auf monarchischer Seite höher gewesen. Schröckers Erklärung weist auf einen wichtigen Punkt hin: Der Nationsdiskurs entfaltete sich in den reichsinternen Debatten über die Reichsaußenpolitik. Hier konnte der Imperativ inter-nationaler Ehrkonkurrenz am meisten bewirken. Es handelte sich dabei um einen Ausschnitt der Reichsgeschäfte, in dem die habsburgischen Interessen dominierten. Der Appell an die Ehre der Deutschen musste so zwangsläufig von Kaiser und König ausgehen.

Schröckers Ansatz bietet aber keine Erklärung für die Motive, die hinter der diskursiven Innovation standen. Der monarchische Appell an die deutsche Nation verdrängte traditionsreichere Gemeinschaftskonzepte wie das »Heilige Reich« und die »Christenheit« nicht. Diese büßten kaum an Anziehungskraft ein. Die Nation war so nur einer von mehreren Begriffen,

226 Wiesflecker-Friedhuber (Hg.): Quellen, S. 181 f.; Janssen (Hg.): Frankfurts Reichscorrespondenz, S. 793, 828, 897.

227 Schröcker: Deutsche Nation, S. 93.

228 Ebd., S. 11.

in deren Namen sich die Habsburger an die Stände wandten. Häufig wurde sie im gleichen Atemzug mit diesen genannt. Es genügte offenbar nicht, sich *nur* auf die Nation zu berufen. Sie hatte in der monarchischen Propaganda keine autonome Geltung. Innerhalb der Begriffsreihe Kaiser – Reich – Christenheit – Habsburg besaß die Nation sogar die geringste rechtliche Substanz.[229]

Es war aber gerade diese Unverbindlichkeit, die die Attraktivität des Nationsbegriffs ausmachte. Denn der Kaiser besaß ohnehin wenig rechtliche Handhabe zur Einbindung der Stände in die Reichsaußenpolitik. Mit den traditionellen Herrschafts- und Rechtsbegriffen war buchstäblich kein Staat zu machen. Die Fürsten und Städte konnten, um ihre Unterstützung zu verweigern, auf geltendes Recht verweisen. Umso wichtiger war die nationale Rhetorik. Ihre Aufgabe bestand darin, die Stände zu *freiwilliger* Unterstützung zu animieren. Gelang das nicht – was die Regel war –, erzeugte sie zumindest schlechtes Gewissen. Der monarchische Nationsdiskurs bediente die Affekte und das moralische Pflichtgefühl. Er sollte zu verletztem Stolz, Angst, Hass und Opferbereitschaft verleiten. Den besten Nährboden dafür fanden die Habsburger, wie dargelegt, in den Reichsstädten.

Das propagandistische Potential des Nationsdiskurses beruhte auf Mehrdeutigkeit. Es fehlten nicht nur verbindliche Rechtsregeln, sondern auch Rituale und symbolische Gegenstände, die die Nation konkretisierten. Sie erhielt im Vergleich zu religiösen und ständischen Kollektiven eine minimale Visualisierung, blieb praktisch ein auf Schrift und Rede beschränktes Konstrukt.[230] Darin liegt ein markanter Unterschied zur modernen Nation. Der Mangel an Gegenständlichkeit bedeutete umgekehrt einen Gewinn an Assoziationsreichtum und semantischer Offenheit. Die Leitmotive des Nationsdiskurses blieben unscharf. Wovon die Ehre der Nation im Genauen abhing, wann sie verletzt, wann wiederhergestellt war, fand kaum Präzisierungen. Gab es keinen Kodex der nationalen Ehre, so ließ sich alles Mögliche zur nationalen Ehrensache erklären. Darin lag die Attraktivität des Nationsdiskurses für die monarchische Propaganda.

Die Kontinuität der nationalen Propaganda seit den achtziger Jahren des 15. Jahrhunderts lässt vermuten, dass Friedrich und Maximilian von ihrer mobilisierenden Wirkung überzeugt waren. Ob sie dabei einer

229 Mertens: Reich, S. 57.

230 Ansätze einer bildlichen Konkretisierung der Nation gab es neben seltenen Personifikationen wie dem »Reich Germanie« Maximilians in der Darstellung von Söldnern im Habit ihrer Herkunftsländer, so bei Dürer und Burgkmair; vgl. Burgkmair: Das graphische Werk, Kat. 219.

Fehleinschätzung erlagen, ist schwer zu sagen. Ihr Nationsdiskurs bewirkte nicht, dass sich die Stände stärker an den Lasten der Reichsaußenpolitik beteiligten. Die Fürsten merkten rasch, dass die kaiserliche Rede von der Nation einen Angriff auf ihre Schatullen bezweckte. Sie gingen dem Nationsdiskurs zu Lebzeiten Maximilians eher aus dem Weg. Umgekehrt lässt die politische Rhetorik nach Maximilians Tod darauf schließen, dass auch viele Fürsten die Macht des Nationsdiskurses hoch einschätzten. Sie hievten sich nach der Wahl Karls V. selber in die Position der nationalen Repräsentanten. Dabei schöpften sie nicht nur aus dem monarchischen, sondern auch aus dem humanistischen Nationsdiskurs.

3. Der italienische Humanismus: Kulturimperialismus als Anstoß der Nationalisierung

Aufbau und Argumentation

Setzt sich Kapitel 2 mit den außeritalienischen Voraussetzungen des humanistischen Nationalismus in Deutschland auseinander, so geht es im Folgenden um die Anstöße aus Italien. Dabei interessiert weniger die Frage, wer was von wem gelesen hat, d.h., auf welchen Wegen literarische Motive tradiert und transformiert worden sind, als die diskursive Konstruktion des kollektiv Eigenen und Fremden. Durch den provokativen Charakter dieser Konstruktion, so die hier vertretene Auffassung, intensiviert der italienische Humanismus die Nationalisierung Europas. Daher geht dieses Kapitel den Konstanten und Variablen des humanistischen Italiendiskurses nach. Das methodische Leitprinzip lautet, den italienischen Humanismus als autonome Formation zu erfassen, aus seinen Eigenheiten aber die Hauptwirkung auf den Nationalismus deutscher Humanisten abzuleiten. Aus diesem Grund erhält Petrarca, der Vater des humanistischen Italiendiskurses, mehr Raum als Enea Silvio oder Flavio Biondo, die den deutschen Humanisten Baumaterial für ihre eigene Nationskonstruktion geliefert haben.

Der Renaissance-Humanismus in Italien entwickelt kein Nationskonzept; Italien steht im humanistischen Diskurs nicht einer Vielzahl anderer Nationen gegenüber, sondern bildet eine Insel der Zivilisation, umspült vom Meer der Barbarei. Die Sicht italienischer Humanisten auf die Welt ist vornehmlich bipolar, nicht multipolar. Das hat weitreichende Folgen: Die italienischen Humanisten suchen selten den Wettstreit mit Gelehrten außerhalb Italiens. Wo keine Gemeinsamkeiten zugestanden werden, entsteht keine Konkurrenz. Die Fallhöhe von der Zivilisation zur Barbarei lässt keine Fragen offen. Die Aggressionen der Zivilisierten beschränken sich auf Terraingewinne gegen die Barbarei. Das humanistische Italienkonzept ist daher als imperialistisch zu bezeichnen. Die Unterschiede zum späteren Nationskonzept deutscher Humanisten sind auffällig.

Grundlegend für die Konstruktion Italiens wird der Barbarendiskurs. Die Humanisten ersetzen das mittelalterliche Barbarenbild nicht einfach durch das antike. Ihr Konzept von Zivilisation und Barbarei ist starrer als das der Griechen und Römer. Dem antiken Zivilisationsmodell wohnt, bedingt durch das zyklische Geschichtsdenken, ein ambivalentes Moment inne: Hohe Kultur bricht notwendig in ursprüngliche Rohheit zusammen. Anders im Humanismus: Die vom antiken Rom begründete Ordnung beansprucht überzeitliche Geltung. Die politischen und kulturellen Verhältnisse der europäischen Gegenwart dagegen erscheinen als verkehrte Welt. Dominiert im antiken Barbarenkonzept die ethnographische Deskription, so im humanistischen die Polemik.

Die Humanisten verstehen die Zivilisationsinsel Italien nicht als autonome Einheit. Italien wird von Rom aus gedacht. Der Ruhm Italiens geht von den Taten der Römer aus, Rom hingegen hat Italien wenig zu verdanken. Es herrscht ein Binnenwettbewerb der Stadtstaaten um die Nachfolge der Ewigen Stadt. Was das humanistische Italien zusammenhält, ist der Konsens, dass über das römische Erbe nur auf der Apenninenhalbinsel gestritten werden darf. Für viele Humanisten hat der König von Deutschland ebenso wenig Anrecht auf die Kaiserkrone wie ein französischer Kardinal auf die Papstmütze. Sie postulieren, der Sitz der christlichen Universalgewalten sei in Rom und ihre Besetzung gebühre den Italienern.

Im Verlauf der Generationen wird der humanistische Italiendiskurs immer vielgestaltiger. Schon Cola di Rienzo, der mit dem späteren Humanismus nur die Begeisterung für die römische Republik teilt, treibt die politische Romanisierung Italiens am weitesten. Im Gewand des römischen Tribuns erteilt er italienischen Städten das Bürgerrecht Roms. Was er als italienischen Bund gleichberechtigter Kommunen anpreist, zielt aber auf eine Herrschaft Roms über Italien. Mit dem Begriff des sanguis Italicus evoziert Cola die vage Vorstellung einer italienischen Großfamilie, ohne einen genealogischen Nachweis zu liefern. Das italienische Blut ist damit Metapher für die Solidaritätspflicht der Italiener gegenüber Rom.

Sieht Cola Italien noch kaum von Barbaren umzingelt, so wird Petrarca zum Schöpfer der humanistischen Antibarbaries. Er schafft das Leitbild der zukünftigen Italienkonstrukte, bleibt aber zugleich ein Sonderfall. Sein Leben im freiwilligen Exil löst ihn aus den lokalen und regionalen Netzwerken, denen seine humanistischen Nachfolger verhaftet bleiben. Petrarca betreibt eine Romanisierung Italiens und Barbarisierung Europas. Daher die Appelle an Papst und Kaiser, von Rom aus zu herrschen. Zu Erben des römischen Ruhms werden die Italiener weder durch gemeinsames Blut noch gemeinsame Herrschaft. Dass sie seit jeher ein Völkergemisch bilden, räumt Petrarca unumwunden ein. Ihre zivilisatorische Überlegenheit sieht er klimatisch bedingt: Die geographische Lage Italiens setze Fähigkeiten frei, die überall sonst nur im Verborgenen schlummerten. Daher komme Italien die Herrschaft über die Welt zu. Wer ins Gelobte Land ziehe, dort aufwachse und erzogen werde, erhebe sich zum Italiener. Wer Italien den Rücken kehre, zeuge barbarische Nachkommen.

Schon Petrarcas Antibarbaries wirkt außerhalb Italiens nationalisierend. Seine Erniedrigung der Franzosen zu Barbaren, die zivilisiert sein wollten, aber es nicht sein könnten, ist provokativ an ein französisches Gelehrtenpublikum gerichtet. Dieses sieht sich bei aller Bewunderung für den Laureaten gezwungen, die französische Ehre zu retten. So initiieren französische Gelehrte im Umfeld der Kurie und Krone einen Diskurs zwischen Nationen, die miteinander vergleichbar und damit konkurrenzfähig sind. Ein Hin und Her kollektiver Lästerung und kollektiven Eigenlobs setzt ein. Das Ganze bleibt aber vorläufig ein ephemeres Ereignis.

In Italien fließt Petrarcas Antibarbaries in die außenpolitische Propaganda der Stadt Florenz ein. Coluccio Salutati, Kanzler der Arnorepublik, verschmilzt sie mit der guelfischen Freiheitsrhetorik. Im diplomatischen Verkehr mit den Kommunen Italiens präsentiert er Florenz als Nachfolgerin der römischen Republik und Patronin der Freiheit Italiens. In diesem Gewand bekämpft die Stadt sowohl »ausländische Barbaren« als auch »tyrannische Nachbarn«. Als angebliche Schutzmacht der Schwachen weitet Florenz den Territorialbesitz aus und unterwirft Städte der Toskana. Betont der republikanische Freiheitsdiskurs die Verteidigung des Hergebrachten, so schließt der Anspruch auf die Nachfolge Roms das Recht auf Expansion ein. In Salutatis offizieller Korrespondenz wird der Italiendiskurs gänzlich heteronom. Auch sein eigenes Leben und Sterben legt der Frühhumanist in den Schoß der patria Florentina, nicht einer gens Italica.

Leonardo Bruni entwickelt Salutatis Italiendiskurs weiter. Er konstruiert eine Geschichtstheorie, nach der die Apenninenhalbinsel schon in vorrömischer Zeit von den Barbaren getrennt ist. In ihr erscheinen die Etrusker als Urbewohner der Toskana und Vorbilder der römischen Republik. Die »gens Etrusca« habe sich in zwölf »populi« gegliedert, die sich selbst regierten und zusammen einen lockeren Gemeindebund bildeten. Ihre Kolonien reichten über ganz Italien. In Kriegen gegen die Römer habe gegenseitige Hochachtung geherrscht, während man die barbarischen Invasoren mit unerbittlicher Härte bekämpfte. Damit erscheint der italienische Raum schon in vorrömischer Zeit als föderales Einheitsgebiet. Brunis Einheitskonzept beruht nicht auf dem Prinzip ein Volk – ein Staat, sondern auf der Exklusivität des freiheitlichen Verfassungstyps. Schon die Etrusker hätten sich von der Sippschaftspolitik losgesagt und ihre Gemeinwesen vernunftrechtlich organisiert. Ihre Garantie politischer Freiheitsrechte habe die italienische Zivilisation begründet. Die gens Etrusca wird zum Archetyp des zeitgenössischen Italiens. Denn was Italien in Brunis Augen auszeichnet und von der Barbarenwelt trennt, ist die Freiheit der Städte nach innen und außen: Sie bringe die Talente zur Entfaltung und die Kultur zum Blühen; seit dem Ende der römischen Republik sei Florenz die Leuchte und Garantin der italienischen Freiheit und Zivilisation.

Mit dem Aufstieg des Humanismus zur elitären Bildungsbewegung erhält auch der humanistische Italiendiskurs neue Konturen. Die Poeten und Oratoren rücken nicht bloß Städte und Herrscher, sondern sich selbst ins Zentrum der italienischen Zivilisation. Sie erklären die lateinische Sprache zur Quelle der Zivilisation und die eigene Philologie zum Mittel ihrer Wiederbelebung. So werden die Humanisten zu literarisch bewegten Bewegern Italiens. Lorenzo Vallas sprachgeschichtliche Studien sind dafür prototypisch. Er verankert Ruhm und Größe Roms im Glanz seiner Sprache. Weniger ein Scipio und Caesar als ein Cicero und Vergil erscheinen als Väter der römischen Weltherrschaft, deren Kontinuität dank des Lateins gesichert sei – auch wenn die Stadt ihre politische Macht verloren habe. Indem Valla die lateinische Sprache vom Moder der Jahrhunderte befreit, erneuert er selbst die antike Ausstrahlung Roms und stellt sich an die Spitze der Antibarbaries. Diese grenzt die Italiener nicht mehr systematisch von den Barbaren ab. Rom steht als abstrakte Größe über dem Rest der Menschheit.

Auf anderem Weg stärkt Flavio Biondos »Italia Illustrata« die Autonomie des Humanismus. Seine Binnengliederung Italiens folgt nicht den politischen Grenzverläufen der Gegenwart, sondern der Provinzeinteilung des Augustus. In den historischen Exkursen zu großen Männern der italienischen Geschichte führt Biondo neben Herrschern und Kriegern eine separate Kategorie der Gelehrten. Damit legt er das römisch geprägte Italien als humanistisches Gebilde von zeitlosem Bestand offen, während er die Herrschaftsstrukturen des zeitgenössischen Italiens der Flüchtigkeit anheim gibt.

Die italienische Antibarbaries ruft in Deutschland ähnliche Reaktionen hervor wie in Frankreich ein Jahrhundert zuvor. Die Polarisierung nimmt aber zu. Die italienischen Humanisten formen das Gesicht des deutschen Barbaren aus einer Blütenlese antiker Texte. Die schriftliche Überlieferung der Alten besitzt eine höhere Autorität als Beobachtungen in der Gegenwart. Die realitätsbildende Macht von Texten wirkt im deutschen Humanismus fort. Dessen Italienbild ist ebenso angelesen. Die gegenseitigen Heterostereotype sind oft identisch, auch in ihrer Bewertung. Der Konsens über positive und negative Eigenschaften bleibt weitgehend erhalten. Dissens herrscht über ihre Zuordnung. Indem die deutschen Humanisten Wertmaßstäbe ihrer italienischen Vorbilder übernehmen, den Spieß aber umkehren, ist ein agonaler Diskurs lanciert, in dessen Mittelpunkt die nationale Ehre steht.

3.1. Antibarbaries

Der Kampf gegen die Barbarei gehörte zu den Leitmotiven des Humanismus. Die Poeten und Oratoren führten ihn mit missionarischem Eifer, getragen von der Überzeugung, zur Zivilisierung der Eliten durch die Sprache berufen zu sein. Ihr Barbarenbegriff hatte einen relativ engen Bedeutungsrahmen. Auf Individuen oder Kollektive gemünzt, konnte er einen provisorischen Zustand von Unbildung oder falscher Bildung anprangern oder das endgültige Urteil einer Unfähigkeit zur Zivilisierung fällen. Durchwegs war er negativ besetzt. Er verkörperte alles, was im Gegensatz zur humanistischen Gelehrsamkeit und Lebensform stand. Mehr als jede positive Selbstaussage prägte er das Selbstbild und Prestige der Humanisten. Aus der Exklusion des Barbarischen zogen sie ihren »esprit de corps«[1] und, in einer weiteren Dimension, die Vorstellung einer Erbgemeinschaft des alten Roms. Zu dieser zählten sie nicht nur die Bürger der Ewigen Stadt, sondern alle »populi Italiae«.

Die italienischen Humanisten grenzten die Opfer ihres Barbarenverdikts, ob Italiener oder Ausländer, trotz aller Polemik nicht komplett aus. Ihr missionarischer Antrieb verlangte, die rhetorisch Ausgeschlossenen diskursiv einzuschließen. Die Verunglimpfung der Barbaren verlief komplementär zur Suche nach Jüngern, die aus der Unkultur zur »humanitas« geführt werden sollten. Wie integrativ die rhetorische Ausgrenzung letztlich wirkte, zeigt der europäische Erfolgszug der humanistischen Bewegung. In nuce könnte man die Europäisierung des Humanismus als Bekehrung der Barbaren mit italienischem Segen und unter italienischer Anleitung beschreiben.

1 Black: Humanism, S. 248.

3.2. Der Barbarendiskurs der griechischen und römischen Antike

Der Barbarendiskurs der italienischen Renaissance war eindimensionaler als jener der Antike, den er zu imitieren suchte. Einer Wiedergeburt der antiken Kultur verpflichtet, zielten die Humanisten auf eine umfassende Durchsetzung ihrer als römisch verstandenen Normen. Diesem Bestreben lag ein dichotomisches Wert- und Geschichtsverständnis zugrunde. Es bestand aus simplifizierenden Oppositionen wie Antike – Mittelalter, Italien – Resteuropa oder Rhetorik – Dialektik. Damit entwarfen die Humanisten ein Orientierungssystem, das sie von ihren antiken Vorbildern entfernte.

Der antike Barbarendiskurs verfestigte eine ethnozentrische Wahrnehmung sprachlicher Differenz, zuerst im griechischen, dann im römischen Kulturraum. Seine Logik lautete: Wer unverständlich sprach, war unverständig. So verkörperte der Barbar in Plautus' Komödien den Typus des tierischen Tölpels.[1] »Barbaros« hieß ursprünglich »der Stammelnde«. Mangelnde Sprachbeherrschung blieb aber nicht sein einziges Kennzeichen. Der antike Barbarendiskurs entwickelte einen Motivreichtum, der ihn äußerst vielgestaltig machte. Daher konnte er über Jahrhunderte das Selbstverständnis der Griechen und Römer bestimmen. »Barbaros« setzte sich als Bezeichnung aller Nichtgriechen durch, als sich die Griechen selbst unter das begriffliche Dach der »Hellenes« stellten.[2] An dieser Gleichzeitigkeit lässt sich die Abhängigkeit der Gemeinschaftsbildung von der Konstruktion des Fremden erkennen.

Der Motivreichtum des antiken Barbarendiskurses ging aus der beständigen Selbsthinterfragung griechischer Bildungseliten hervor. Herodots ethnographische Beschreibungen bildeten den Auftakt. Zwar zeichnete er die Lebensform der Nicht-Griechischsprechenden als verkehrte Welt, d.h. als Gegenteil vertrauter Formen der Sozialisation. Er vermied es aber, die Barbaren durchgängig abzuwerten.[3] In seine »interpretatio Graeca« der Ägypter[4]

1 Dauge: Le Barbare, S. 648 f.

2 Lund: Zum Germanenbild, S. 3-9; Kosellecks Aussage, dass »alle Nichtgriechen schon als Barbaren zusammengefasst [wurden], bevor sich die Griechen selbst unter dem Sammelnamen Hellenen begriffen«, wird von Lund nicht bestätigt; Koselleck: Zur historisch-politischen Semantik, S. 218; vgl. auch das Kap. »Griechen und Barbaren« von Jacob Burckhardt in: Griechische Culturgeschichte, Bd. 1, S. 238-252 (v.a. 238).

3 Pohl: Die Germanen, S. 63.

4 »Barbaren aber nennen die Ägypter alle Leute, die nicht die gleiche Sprache sprechen wie sie.« Herodot: Historien 2,158,5; Lund: Zum Germanenbild, S. 11.

und seine Darstellung der Skythen flossen primitivistische Ideale ein, die auf die Schattenseiten der griechischen Ursprungsferne verwiesen. Diese Ideale lebten bis in die römische Kaiserzeit fort: Die Figur des Anacharsis wurde zur Verkörperung des weisen Kritikers zivilisierter Überheblichkeit, und die Kriegskultur der Skythen stand für unverweichlichte Wehrhaftigkeit.[5]

In der platonischen Akademie weitete sich der Barbarendiskurs erneut aus. Sokrates änderte das Kriterium der sprachlichen Differenz. Er bezeichnete alle unverständlichen Reden, auch die in griechischer Sprache, als barbarisch.[6] Damit verlief die Grenze zwischen Zivilisation und Barbarei mitten durch die griechische Kulturgemeinschaft.[7] Auf umgekehrtem Weg näherten sich Griechen und Nichtgriechen an, wenn Gelehrte in den Hochkulturen Vorderasiens Vorläufer der griechischen Philosophie suchten. So wurden barbarische und griechische Kulturen vergleichbar. Insgesamt bildeten sich zwei konträre Typologien des Barbarischen, die beide positiv gewertet werden konnten: die »uralte, ehrfurchtheischende Weisheit östlicher Kulturvölker und die unverdorbene Naturnähe primitiver Menschen«.[8]

Im Hellenismus erreichte der Diskurs eine Spannbreite, die von der Apologie der Zivilisation bis zu ihrer Ablehnung und hartem Primitivismus reichte.[9] Die Hellenisierung der römischen Kultur führte zur Latinisierung des Barbarenbegriffs. Latein wurde zu einem neuen Kennzeichen der Zivilisation,[10] allerdings zu einem umstrittenen. Für viele Griechen blieben die Römer wegen des Lateins Barbaren. Hatten diese das Stigma anfänglich akzeptiert,[11] so überwälzten sie es nach dem 3. Jahrhundert v. Chr. auf alle Nichtrömer. Damit unterstrichen sie ihren Anspruch auf

5 Um die Skythen primitivistisch zu idealisieren, wurde im Anschluss an Herodot auf noch ältere Schriften zurückgegriffen. Im Kontrast zur Streitlust und Militanz, die Herodot hervorgehoben hatte, zeichnete Strabo unter Berufung auf Homer und Aischylos die skythische Lebensform als friedliche Koexistenz vegetarischer Milchtrinker; Herodot: Historien 4,59-78; Dihle: Die Philosophie, S. 186-188; Strabo: Geographie 7,3,7 f.

6 Schneider: Barbar, S. 20.

7 Bereits einige Jahrzehnte zuvor, um 500 v. Chr., hatte Heraklit von Ephesos den Barbarenbegriff mit dem Fehlen geistiger Fähigkeiten in Verbindung gebracht; Lund: Zum Germanenbild, S. 11.

8 Dihle: Die Philosophie, S. 188.

9 Die primitivistische Idealisierung der Barbaren – am provokativsten verkündet und gelebt von den Kynikern – wirkte bis in die römische Kaiserzeit fort; Lovejoy / Boas: Primitivism; Dihle: Die Philosophie, S. 187 f.

10 Begriffe wie Romanitas, civilitas, humanitas und urbanitas verwiesen auf die Beherrschung des Lateins als Referenzwert.

11 Van Acker: Barbarus, S. 125 f., 134.

kulturelle Gleichrangigkeit mit Griechenland. Die doppelte Front des römischen Zivilisationsdiskurses hielt aber an. Rang man mit den Barbaren um deren Zivilisierung, so mit den Griechen um die eigene. Noch Cicero ließ seine Dialogfigur Scipio fragen, ob Romulus ein König über Barbaren gewesen sei. Laelius antwortete darauf:

> Wenn, wie die Griechen sagen, alle entweder Griechen sind oder Barbaren, fürchte ich, war er ein König über Barbaren; wenn dieser Name aber für Sitten, nicht für die Sprachen bestimmt ist, meine ich, sind die Griechen nicht weniger Barbaren als die Römer.[12]

Cicero – für die Humanisten die reinste Verkörperung der »eloquentia« – zählte die Römer nicht wegen, sondern trotz ihrer Sprache zur Zivilisation! Noch in der Kaiserzeit bekämpften römische Autoren die »inanis arrogantia« der Griechen. Da griechische Intellektuelle sich sträubten, die lateinische Kultur auf ihre Augenhöhe zu heben, hing die römische »imitatio« und »aemulatio« in der Luft. Dementsprechend groß war das römische Frustrationspotential.[13]

Die italienischen Humanisten haben die kulturelle Mittellage Roms lange Zeit übersehen. Hätten sie die Problematik erfasst, hätte die römische Antike als Zivilisationsideal auf dem Spiel gestanden. Die humanistischen Literaten besaßen ein anderes Selbstverständnis als die alt-römischen Intellektuellen und blieben deren Kultur trotz großem Nachahmungswillen in vielem fremd. Die unüberwindbare Distanz beruhte auf konträren Voraussetzungen der Kulturbildung. In Rom stand politische Macht kultureller Rückständigkeit bezogen auf Griechenland gegenüber. Diese Rückständigkeit drohte eine Eroberungspolitik zu delegitimieren, die im Namen der Zivilisierung und Pazifizierung erfolgte. Im Italien der Renaissance war es umgekehrt. Die meisten Humanisten nahmen Italien in einer Position politischer Schwäche und kultureller Stärke wahr. Über der Apenninenhalbinsel hing das Damoklesschwert der Barbareneinfälle und des Kollapses in innerer Zwietracht. Die Humanisten bauten kulturelle Wälle gegen Norden, da militärische Wälle fehlten.

Der römische Barbarendiskurs adelte die militärische Unterwerfungspolitik zur kulturellen Mission. Dabei produzierte er aber Ambivalenzen, die mit der nichtlinearen Geschichtsphilosophie der Antike zusammenhingen. Griechen und Römer operierten mit zwei Modellen, um die Kluft zwischen Zivilisation und Barbarei zu erklären. Diese Modelle sind ideal-

12 »Si [est], ut Graeci dicunt omnis aut Graios esse aut barbaros, vereor ne barbarorum rex fuerit; sin id nomen moribus dandum est, non linguis, non Graecos minus barbaros quam Romanos puto.« Cicero: De re publica 1,37,58.

13 Vogt-Spira: Literarische Imitatio, S. 22, 29; Stahl: Griechenhetze.

typisch unterscheidbar, in der Praxis waren sie verflochten. Beide sind griechischen Ursprungs. Auf Hippokrates (ca. 460-370 v. Chr.) zurückgeführt wird die Theorie, dass das Klima Charakter und Fähigkeiten des Menschen bestimme.[14] Mit ihr ließ sich eine hierarchische Typenlehre erstellen. So schrieb man dem Nordmenschen wegen der Kälte seines Lebensraums dickes Blut zu und leitete daraus einen trägen Geist ab.[15] Die Vorstellung von Klimaveränderungen war diesem Modell fremd. Es teilte die Menschheit aufgrund natürlicher Determinanten in eine überzeitliche Ordnung ein. Demnach hatten die Griechen als Bewohner einer gemäßigten Klimazone die Anlagen zu höherer Kultur schon besessen, als sie noch Ziegen hüteten. Für die Menschen aus Wald und Wüste hingegen bestand die einzige Hoffnung darin, dass sie durch Unterwerfung von außen wenigstens halbwegs zivilisiert wurden.[16]

Eine dynamischere Auffassung zivilisatorischer Ungleichheit vertrat das geschichtsphilosophische Modell. Es nahm eine Abfolge gesellschaftlicher Entwicklungsstufen an, die sich zyklisch wiederholten. Die Vorstellung eines Kreislaufs der Geschichte beruhte auf organizistischen Analogien: Die Lehre von den Lebensaltern des Menschen wurde auf den politischen »Körper« übertragen.[17] Der Zyklus begann beim Zustand reiner Barbarei, verstanden als gesetz- und herrschaftsfreier Raum, in dem die Menschen gleich Tieren lebten und sich vom Jagen und Sammeln ernährten.[18] Der Schritt zur zweiten Stufe erfolgte durch Einführung des Ackerbaus und Sesshaftigkeit in Siedlungen. Diese Lebensform galt noch immer als barbarisch. Erst die dritte Stufe stellte den Übergang von der Barbarei zur Zivilisation dar. Als Hauptinnovationen galten die Verdichtung lockerer Siedlungen zu geschlossenen Verbänden (zu Städten im antiken Verständnis), die Entwicklung einer Schriftkultur und der Aufbau einer Herrschaftsordnung, die an kodifizierte Gesetze gebunden war.[19]

14 Die umfassende griechische Klimatheorie, die vom Klima auf den Körper, vom Körper auf den Geist und vom Geist auf Gesellschaft und Politik geschlossen hat, wird heute z.T. nicht mehr direkt von Hippokrates, sondern von einem Anonymus, dem so genannten Pseudohippokrates, abgeleitet. Vor allem über das ethnographische Werk des Poseidonios prägte dessen Werk »Über die Winde, Wasser und Ortslagen« das antike Barbarenbild; Müller: Geschichte, Bd. 1, S. 137-144, 314 f.

15 Timpe: Rom, S. 45.

16 See: Barbar, S. 40.

17 Demandt: Der Fall, S. 45 f.

18 Wie stark die Stufentheorie mit der (pseudo)hippokratischen Klimalehre verzahnt war, zeigt das verbreitete Denkmuster, den barbarischen Urzustand mit dichten Waldgebieten oder Wüstenlandschaften in Verbindung zu bringen; Seneca, De ira 2,15.

19 See: Barbar, S. 41.

Die ambivalente Wertung des Barbarischen entstand dadurch, dass dieser höchste Entwicklungsstand kein finaler Gipfelpunkt war, sondern Scheitel einer Kurve, die früher oder später zu Dekadenz und Abstieg in den Jungbrunnen der rohen Natur führte. Auf der vierten Stufe setzte die Pervertierung zivilisatorischer Errungenschaften ein, auf der fünften folgte deren Einebnung bis zum Rückfall ins barbarische Chaos natürlicher Freiheit.[20] Die Bewertung fremder Völker war davon abhängig, an welchem Punkt der Entwicklungskurve ein Autor die eigene Zivilisation verortete.

Eine Neuordnung des Diskurses setzte mit der Christianisierung des Römischen Reichs ein. Das zyklische Geschichtsverständnis war mit der christlichen Heilslehre kaum vereinbar, auch wenn es im Bild vom Rad der Fortuna fortwirkte. Solange die Christen eine verfolgte Minderheit gewesen waren, hatten sie im Ruch des Barbarischen gestanden. Einmal an die Herrschaft gelangt, machten sie sich den Barbarendiskurs zu Eigen. Sie nützten sein ideologisches Kapital, um die veränderten Hierarchien und kollektiven Zuordnungen zu zementieren. Das legale Fundament setzte das justinianische Zivilrecht.[21] An der Schwelle zum 5. Jahrhundert konfrontierte dann Prudentius, einer der einflussreichsten Dichter der Spätantike, direkt alte und neue Abgrenzungen:

> Römisches und Barbarisches stehen so weit auseinander wie ein vierbeiniges Wesen von einem zweibeinigen oder ein Stummer von einem Sprechenden; und nicht weniger weit entfernt sind die, welche treu Gottes Geboten gehorchen, von jenen, die sinnlosen Kulten und deren Aberglauben huldigen.

Anschließend ersetzte Prudentius, auf die (pseudo)hippokratische Klimatheorie anspielend, die Leitkriterien der Gemeinschaftsbildung: »Gemeinsamkeit von Luft und Himmel führt sie [die Menschen] nicht zur Gleichheit der Religion.«[22]

20 Dauge: Le Barbare, S. 486 f.

21 Justinian berief sich auf seine Vorgänger Gratian und Theodosius, die 380 n. Chr. gesetzlich festgelegt hatten: »Diejenigen, welche diesem Gesetz folgen, sollen den Namen katholischer Christen führen, die übrigen aber, welche Wir für töricht und aberwitzig erklären, als Abtrünnige vom Glauben, mit Ehrlosigkeit bestraft und zunächst mit dem Zorne Gottes, dann aber auch nach Unserem Dafürhalten, welches Wir aus himmlischem Rathschlusse schöpfen wollen, mit (anderer) Strafe heimgesucht werden.« Corpus Iuris Civilis. Codex I, I, § I, zit. nach Schneider: Barbar, S. 51.

22 »sed tantum distant Romana et barbara, quantum / quadrupes abiuncta est bipedi vel muta loquenti; / tantum etiam qui rite Dei praecepta sequuntur, / cultibus a stolidis et eorum erroribus absunt. / non facit ergo pares in religione tenenda / aëris et caeli communio;« Prudentius: Contra Orationem 2, V. 816-821.

Noch vor dem endgültigen Fall Westroms wurde der Barbarenbegriff zum Synonym für Heiden und Ketzer. Zwar verlor sich die heidnisch-antike Semantik im Mittelalter nicht,[23] aber sie wurde zurückgedrängt. Der katholischen Doktrin zufolge konnte es zwischen Christen und Heiden keine Gemeinsamkeiten geben. Vor dem Hintergrund heilsgeschichtlicher Endzeiterwartung war den Barbaren nur eines zu wünschen: ihre Bekehrung in naher Zukunft. In den Briefen der Päpste an die fränkischen Staatsoberhäupter lautete die Gebetsformel zur Unterwerfung der Heiden: »Der Herr möge ihm [dem König] gewähren, alle barbarischen Stämme unserem ewigen Frieden zu unterwerfen.«[24] Die Hierarchie zwischen Christen und Barbaren war unerschütterlich. Der Barbarenbegriff verengte sich von ambivalenter Vieldeutigkeit zu negativer Eindeutigkeit.

In diesem Punkt blieben die italienischen Humanisten dem mittelalterlichen Barbarendiskurs verhaftet. Das Lob der »simplicitas« machte im Italien der Renaissance Halt beim weichen Primitivismus einer gedrechselten Bukolik oder bei der evangelischen Armutsverklärung. Kritisierten Humanisten den Männlichkeitsverlust gehobener Kreise, griffen sie lieber auf den Topos des babylonischen Sündenpfuhls als jenen der römischen Dekadenz zurück.[25] Kam das neue Geschichtsbild von der Zersetzung aller Werte nach der Völkerwanderung ins Spiel, wurden in der Regel externe Faktoren, das heißt die Barbareneinfälle, verantwortlich gemacht.[26] Die Vorstellung, dass eine Zivilisation den Keim ihres eigenen Untergangs in sich trage, hatte im Humanismus keine Konjunktur.

23 Innerhalb der westlichen Christenheit markierte der Barbarenbegriff weiterhin die Binnengrenze zwischen dem romanisierten Sprachgebiet und den germanisch/slawischen Regionen. Auch das fränkische Reich reaktivierte die antike Bedeutung, als es unter Karl dem Großen seinen Anspruch auf die Nachfolge Roms untermauerte, indem es alle nicht unterworfenen, aber zu unterwerfenden Völker als »barbarae nationes« bezeichnete. Und aus der Perspektive Ostroms, das die ursprüngliche griechische Signifikation beibehielt, trug die gesamte Menschheit außerhalb des eigenen Kulturkreises das Barbarenkleid; Van Acker: Barbarus, S. 129; Hay: Italy, S. 54; Nippel: Griechen, S. 39; Schmugge: Nationale Vorurteile, S. 446.

24 »Dominus noster subditas illi faciat omnes barbaras nationes ad nostram perpetuam pacem.« Zit. nach Van Acker: Barbarus, S. 139.

25 Vorbild dafür war u.a. Petrarcas »Liber sine nomine«.

26 Ferguson: Renaissance, S. 8.

3.3. Die Italia im italienischen Humanismus

3.3.1. Imperiale Zivilisation gegen imperiale Barbarei

Der antike Raumbegriff »Italia« überdauerte den Zusammenbruch des Weströmischen Reiches in der geographischen Binnenordnung der Papstkirche. Sie teilte das christliche Abendland in Verwaltungsbezirke ein, die zumeist den Grenzen der römischen Provinzen folgten und deren Namen trugen.[1] Abgesehen von der kirchlichen Raumstruktur entbehrte das mittelalterliche Italien jeglicher Einheitlichkeit. Es enthielt nicht nur eine Vielzahl autonomer Mittel- und Kleinterritorien, sondern auch politischer Systeme, Sprachen und Kulturen. Erst als man sich intensiv mit der Literatur der römischen Antike beschäftigte, erhielt Italien als historischer und sozialer Raum Konturen.

Das stärkste ideologische Band, das Italien seit Petrarca und Cola di Rienzo zusammenhielt, war der Anspruch auf das Erbe Roms und, in Abhängigkeit davon, die Abwehr der Barbaren. Die humanistische Konstruktion Roms und Italiens erfolgte noch ausgeprägter zwischen Buchdeckeln als ihre Nachfolgediskurse im übrigen Europa, die meist an gewachsene Herrschaftsstrukturen gelehnt waren. Da Italien nicht von einem politischen Körper repräsentiert wurde, erhoben die Humanisten die römische Kultur zum Ausweis des italienischen Vorrangs. Daraus ergab sich ein weiterer Unterschied. Im Italien der Renaissance bildete sich keine nationalistische Ideologie multipolarer Abgrenzung. Das humanistische Italienkonstrukt war imperialistisch und damit bipolar: eine herausragende Schar Zivilisierter schaute auf eine gesichtslose Barbarenmasse hinab. Der humanistische Nationalismus entstand außerhalb Italiens, unter dem Einfluss der italienischen Antibarbaries. Es handelt sich um einen Vorgang, dessen Universalisierungsleistung bisher unterschätzt worden ist.

3.3.2. Romanisierung Italiens: Die expansive Republik des Cola di Rienzo

Die Konstruktion eines romzentrierten Italiendiskurses erfolgte schon am Anfang der humanistischen Bewegung, bei Cola di Rienzo und Petrarca. In der ersten Hälfte des 14. Jahrhunderts schwand die Macht von Kaiser

1 Schmidt: Kirche, S. 35, 39-45; zur Geschichte des Begriffes »Italia« im Mittelalter: Münkler u.a.: Nationenbildung, S. 76 f.

und Papst in Italien. Die Kurie geriet durch die Übersiedlung nach Avignon unter Schutz und Einfluss des französischen Königs. Aus der Ferne konnten die Päpste den Kirchenstaat nicht mehr kontrollieren und mussten ihn den zentrifugalen Kräften adliger Sippenkonkurrenz überlassen. Die Kurie nutzte ihren übrig gebliebenen Spielraum, um dem Kaiser das geräumte Feld zu verwehren. So exkommunizierte Johannes XXII. Ludwig IV. und verbot dem römischen König auch die Italienreise, da bei vakantem Imperium der Papst Italien zu verwalten habe.

Die gegenseitige Schwächung der Universalgewalten und die destabilisierende Wirkung der Adelsrivalitäten ermöglichten 1347 einen Umsturz in Rom, an dessen Spitze Cola di Rienzo stand. Der aus ärmlichen Verhältnissen stammende Autodidakt verfolgte das Ziel, die Ewige Stadt und ganz Italien nach antikem Vorbild umzugestalten. Das Experiment dauerte nur wenige Monate und blieb ohne Erfolg. Dennoch wirkte es fort: Es brachte ideologische Entwürfe Roms und Italiens hervor, die überzeitliche Geltung beanspruchten. Vor allem Petrarcas Anteilnahme an den Ereignissen trug dazu bei, dass die Ideale des römischen Revolutionärs auf den italienischen Humanismus abfärbten.

Cola di Rienzo rechtfertigte seine Revolte mit unerhörten Argumenten. Er behauptete die ewige Rechtsverbindlichkeit der römischen Republik, verankert in der »libertas Romana«. Unerhört war nicht nur die historische Erklärung, sondern auch die Wahl der Terminologie. Als Spenderin der römischen Freiheit trat seit der gregorianischen Kirchenreform die Kurie auf. Ihr Freiheitsbegriff war theologischen Inhalts und begründete den päpstlichen Vorrang über die Kirchen der Christenheit. Indem Cola den Begriff säkularisierte und politisierte, wandte er sich nicht nur vom Papst ab, sondern setzte sich symbolisch an seine Stelle. Im einzig erhaltenen Brief an Petrarca vom 28. Juli 1347 bezeichnete er sich als

> Durch Verfügung unseres gnädigsten Herrn Jesus Christus: Nicolaus, der Gestrenge und Gnädige, Tribun der Freiheit, des Friedens und der Gerechtigkeit, erlauchter Befreier der Heiligen Römischen Republik![2]

Im gleichen Brief behauptete Cola, die römische Freiheit sei die Seele und Lebenskraft des populus Romanus.[3] Und am Schluss setzte er die Datierung:

2 »Auctore clementissimo domino nostro Ihesu Christo Nicholaus Seuerus et Clemens, libertatis, pacis iusticieque Tribunus et sacre Romane reipublice liberator illustris«; Cola di Rienzo an Petrarca, Rom, 28. Juli 1347, in: ders.: Briefwechsel, Bd. 2/3, 25, S. 85. Ebenso in: ders.: Aufrufe, S. 110.

3 »tocius populi anima est ipsa libertas.« Ebd.

> Gegeben auf dem Kapitol, auf dem wir unter der Herrschaft der Gerechtigkeit rechten Herzens walten, am 28. Juli der 15. Indiktion, im ersten Jahr der befreiten Republik.[4]

Colas Freiheitsdiskurs blieb trotz republikanischen Anstrichs flexibel und unverbindlich. Initiierte er seine Revolte im Kleid des Volkstribuns, so behauptete er ein paar Wochen später, der populus Romanus habe ihm kaiserliche Machtbefugnisse übertragen: »potestates et auctoritates imperiales«. Gleichzeitig erweiterte er seine eklektizistische Mischtitulatur mit Attributen wie »Augustus« und »zelator Ytalie«. Daraus resultierte die stolze Selbstbezeichnung: »Soldat des Heiligen Geistes, Nikolaus der Gestrenge und Gnädige, Befreier der Stadt, Eiferer für Italien, Verehrer der Welt und erhabener Tribun«.[5] Bald darauf wurde die Kaiserkrönung rituell vollzogen.

Normen einer politischen Verfassung lassen sich aus Colas Freiheitsdiskurs nicht ablesen. Nur einem vagen Prinzip blieb er in seinen Briefen und Edikten treu: Es gibt keine Freiheit außer derjenigen Roms. Freiheit zu erlangen bedeutete, römischer Bürger zu werden. Dieses Postulat der Ausschließlichkeit war der antiken Ideologie der römischen Freiheit entnommen. So hatte Cicero libertas als »propria Romani generis et seminis« bestimmt und die »virtus« zur Eigentümlichkeit »Romani generis et seminis« erklärt.[6]

Cola verstand Rom als Führerin Italiens. Der populus Romanus und die libertas Romana sollten in allen Kommunen Italiens herrschen.[7] Schon in einem frühen Schreiben an die Städte und Fürsten Italiens äußerte er den Wunsch, »dass die Tyrannenreiche zusammenfallen, und Freiheit, Friede und Gerechtigkeit im gesamten Heiligen Italien unverzüglich wiederhergestellt werden mögen«.[8] Wenig später machte er die translatio

4 »Datum in Capitolio, in quo regnante Iusticia recto corde vigemus, die XXVIII. mensis Iulii XV. indiccionis, liberate reipublice anno primo.« Ebd., S. 87 bzw. S. 112.

5 »Spiritus Sancti miles, Nicolaus Seuerus et Clemens, liberator Urbis, zelator Ytalie, amator orbis et Tribunus Augustus.« Rienzos Erlass über die Souveränität des römischen Volkes, Rom, 1. August 1347, in: ders.: Briefwechsel, Bd. 2/3, 27, S. 101.

6 Cicero: Phil. III 29; IV 13; Krattinger: Der Begriff, S. 67.

7 In Briefen, die Cola nach seiner Flucht aus Rom geschrieben hatte, rechnete er zur Italia das Gebiet von den Alpen bis zum Absatz, weiter die Inseln Sizilien, Sardinien und Korsika sowie die Provence, die damals zum Territorium der neapolitanischen Anjous gehörte. Inwieweit dieses geographische Modell bereits für 1347 Gültigkeit hatte, ist unklar. Fest steht, dass die Italia auch einen kleineren Raum bezeichnen konnte, etwa, wenn Cola von »Italia et regnum« sprach, das Königreich Neapel also getrennt aufführte; Piur: Cola di Rienzo, S. 76; Juhar: Romgedanke, S. 110.

8 Ebd., S. 78 f.

imperii des populus Romanus auf das deutsche Kurfürstenkollegium rückgängig. Er reduzierte die translatio auf eine »concessio«, eine vorübergehende Rechtsverleihung, die das römische Volk bei Fehlverhalten der Verwalter zurückziehen könne. Damit leitete er päpstliche Argumente gegen den Kaiser auf seine Mühlen um. Mit seiner »revocatio Imperii« war das Terrain frei, sich selbst mit universalen Vollmachten auszustatten und die Weltgeltung der Stadt Rom neu zu begründen.[9]

Im Rundschreiben vom 9. Juli 1347 nannte der Tribun Rom »die Segensreiche Stadt, Haupt aller Städte der Welt und des gesamten Heiligen Italiens«.[10] Zwei Monate später verkündete er den ungleich egalitäreren Plan eines »fedus amicitie sempiternum«, eines ewigen Freundschaftsbunds zwischen den italienischen Kommunen und Rom.[11] Aufgrund der gegenseitig »angeborenen Hochschätzung«, die durch Krieg und Konkurrenz Schaden genommen habe, entspreche dieser Bund einer höheren Notwendigkeit.

Zwischen diesen beiden Schreiben, am 1. August hatten sich in Rom auf Einladung Colas 200 Vertreter aus 25 Gemeinden versammelt. Der Großteil war aus dem Kirchenstaat, Umbrien und der Toskana angereist.[12] Cola verkündete der bunten Schar,

> dass die heilige Stadt Rom das Haupt der Welt und das Fundament des christlichen Glaubens ist und dass wir jede einzelne sowie die Gesamtheit der Stadtgemeinden Italiens für frei halten. [...] Die jetzt angesprochenen Bürger der italienischen Gemeinwesen erklären wir zu römischen Bürgern, und wir wollen, dass sie sich fortan am Privileg der römischen Freiheit erfreuen.[13]

Das Ritual, das der Kaiser-Tribun zu diesem Anlass inszenierte, fällt unters Kapitel nationalisierender »Invention of Tradition«. Cola ließ zweihundert Ringe und Fahnen weihen und vollzog mit dem angeblichen Se-

9 Ebd.

10 Rundschreiben Rienzos an Mantua, Florenz und Lucca, Rom, 9. Juli 1347, in: ders.: Briefwechsel, Bd. 2/3, 16, S. 50.

11 Rundschreiben Rienzos an die Städte Italiens, Rom, 19. September 1347, in: ders.: Briefwechsel, Bd. 2/3, S. 156; Juhar: Romgedanke, S. 62.

12 Münkler u.a.: Nationenbildung, S. 100.

13 »Declaramus et pronunciamus ipsam sanctam Romanam Vrbem caput orbis et fundamentum fidei christiane ac omnes et singulas civitates Ytalie liberas esse censemus. [...] Et ex nunc omnes prefatos populos et cives civitatum Ytalie facimus, declaramus et pronunciamus cives esse Romanos, ac Romane libertatis privilegio de cetero volumus eos gaudere.« Rienzos Erlass über die Souveränität, Rom, 1. August 1347, in: ders.: Briefwechsel, Bd. 2/3, 27, S. 102 f.

gen des Papstes eine Wiedervermählung Roms, der verwitweten Trägerin des Imperiums, mit Italien, repräsentiert durch die Gesandten der Kommunen.[14]

Sprach Cola von der Befreiung Italiens und der Übertragung des römischen Bürgerrechts auf die »cives civitatum sacre Italie«, so stellte er den italienischen Städten nicht das Recht in Aussicht, die römische Herrschaft aktiv mitzugestalten. Unter der Befreiung Italiens verstand er die Rückübertragung des Imperiums von den »Händen eines fremden Volkes«[15] auf den populus Romanus. Diesen aber repräsentierte er selbst. Sein Freiheitsdiskurs postulierte die Unabhängigkeit der Italiener von äußerer Herrschaft sowie Rechtshoheit Roms über Italien.[16] Mit der Bürgerrechtsverleihung stellte er den Bürgern italienischer Städte nur symbolische Teilhabe am römischen Ruhm in Aussicht.[17]

Die Romanisierung Italiens erhielt in Colas Denken und Handeln eine politische Dimension, die alle späteren humanistischen Konstrukte übertraf. Das galt nicht nur für seine illusionäre Vereinigungspolitik. Römern und Italienern attestierte er einen kollektiven »zelus Ytalie«, eine unbedingte Hingabe für die Sache Italiens. Das heilsgeschichtliche Gewicht des Imperiums übertrug er auf Italien, mit Titeln wie »universa sacra Italia« oder »Roma caput Ytalie« (einer nationalisierenden Engführung der Formel »Roma caput orbis«).[18] Die »nacio« oder »gens italica« verstand er als von Gott auserwählte Gemeinschaft. Ihr oblag die Weltherrschaft des populus Romanus als heilsgeschichtliche Mission.[19] Damit verfolgte der Kaiser-Tribun eine Nationalisierung des Imperiums. Clemens VI. hatte richtig gesehen, als er an Kaiser Karl IV. schrieb, Cola zufolge »dürfe künftig allein ein Mann italienischer Herkunft die höchste Herrschergewalt erlangen«.[20]

14 Burdach: Rienzo und die geistige Wandlung seiner Zeit, in: Rienzo: Briefwechsel, Bd. 2/1, S. 99.

15 Rienzo an Clemens VI., Rom, 11. Oktober 1347, in: ders.: Briefwechsel, Bd. 2/3, 43, S. 167.

16 Juhar: Romgedanke, S. 84.

17 Meier: Mensch, S. 209.

18 Piur: Cola di Rienzo, S. 84. Juhar: Romgedanke, S. 61.

19 Zum Bedeutungsspektrum von »nacio« bei Cola: Juhar: Romgedanke, S. 168.

20 »quibusdam Ciuitatibus Ytalie nonnullas uoces in electione Romani Imperatoris obtulit uel concessit, maiori tamen parte uocum huiusmodi Romano populo reseruata, statuens, quantum in eo fuit, quod de cetero nonnisi Italicus Imperiali culmini presideret [...].« Clemens VI. an Karl IV., Avignon, 5. Februar 1348, in: ders.: Aufrufe, S. 156. Zur Einstellung der Kurie zu Colas »reformatio Romae«, die von anfänglichem Lob und Duldung rasch in vehemente Ablehnung umschlug, Wilkins: Life, S. 63 f.

Die Ausdehnung römischer Vorrechte auf Italien begründete Cola mit kollektiver Verwandtschaft. Dabei blieb er sehr vage. Er konstruierte keinen genealogischen Mythos, sondern prägte einen emotionalisierenden Kollektivsingular: Er beschwor den »sanguis Ytalicus«, das italienische Blut, sich in der Bedrohung von äußeren Feinden zu vereinigen.[21] Während der Begriff der sacra Italia die Apenninenhalbinsel zum heiligen Boden machte, hob der sanguis Ytalicus die Italiener in einen nationalen Adelsstand.

Cola di Rienzos politische Utopie übte auf den humanistischen Italiendiskurs des Quattrocento wenig Einfluss aus. Einzelne Diskurselemente wurden von Coluccio Salutati, dem »Vater« des Florentiner Humanismus, übernommen, aber ideologisch umgebaut. Der Tribun war der humanistischen Nachwelt keine bedeutende Referenz. Sein Latein galt als wenig elegant,[22] sein Leben als exemplarisch gescheitert; es erzählte die Geschichte von steilem Aufstieg, frühem Hochmut, tiefem Fall und schmählichem Tod. Auch die humanistische Antibarbaries hatte in Cola keinen Vorläufer. Er überhöhte die »tota sacra Ytalia« über die »extranei« und »alienae gentes«, nicht über eine Masse von Barbaren.[23] Aus der antiken Literatur zog er kein umfassendes Bildungsideal, sondern Anweisungen zum politischen Handeln. Die antiken Texte gaben den Leitfaden zur »reformatio Urbis«.[24] Seine Nachahmung des alten Roms galt den »gesta«, nicht den »litterae«.

21 Rundschreiben Rienzos an die Städte Italiens, Rom, 19. September 1347, in: ders.: Briefwechsel, Bd. 2/3, 41, S. 155 f.

22 Schon Petrarca lehnte es bezeichnenderweise ab, Cola als »poeta« zu bezeichnen: »Die Dichter, meine ich, die man gemeinhin zur Hand hat, wird er alle gelesen haben. Dennoch ist er ebensowenig ein Dichter als jener ein Weber ist, der einen von andrer Hand gewobenen Mantel trägt. [Poetas, puto, qui comuniter habentur, omnes legerit. Non tamen ideo magis poeta quam textor, ideo quia manibus alienis texta chlamyde induitur.]« Petrarca an Francesco Nelli, Vaucluse, 10. August 1352. Epistolae de rebus familiaribus 13,6, in: ders.: Aufrufe, S. 174.

23 »Et demum satis debet nostra et uestra precordia pungere, quod Romanum imperium cum tot iam Romanorum et Ytalicorum comunibus laboribus et sanguinis effusionibus propagatum, indigni extraneique occupent.« Cola di Rienzo: Briefwechsel, Bd. 2/3, 41, S. 156 f.; Juhar: Romgedanke, S. 167.

24 Juhar: Romgedanke, S. 70 f.

3.3.3. Italien als Schutzgebiet Roms vor den Barbaren: Petrarca

Auch Petrarcas Italiendiskurs hatte politischen Charakter. Umfassender war aber seine kulturelle Dimension. Er wirkte im Gegensatz zu Cola di Rienzos Rhetorik weit in die Neuzeit hinein – und entwarf doch ein anderes Italien als die nachfolgenden Humanistengenerationen. Petrarca verbrachte die längste Zeit seines Lebens, freiwillig und von Gönnern protegiert, außerhalb Italiens. Dort war er der politischen Kleinräumigkeit und Instabilität Ober- und Mittelitaliens weniger ausgesetzt. Aus der Distanz ließ sich die innere Zersplitterung Italiens leichter wegprojizieren. Darin unterschied sich Petrarca von den meisten seiner humanistischen Nachfolger, die zwischen kleinräumig-politischer und gesamtitalienisch-kultureller Solidarität abwägen mussten.

Räumlich fern, aber emotional nah, verfolgte Petrarca auch den Aufstieg und Niedergang von Colas römischer Republik. Mitte Juni 1347 schrieb er dem Tribun einen panegyrischen Brief. Wie dieser sah er die »Romana libertas« von Neuem erstrahlen.[25] Sein Begriffsverständnis war aber differenzierter. Den eigentlichen Befreiungsakt sah er in der Vertreibung der Adelsgeschlechter aus der Stadt.[26] Er nannte Cola einen »dritten Brutus«, der »in unserer Zeit die Tyrannen mit Verbannung und Tod verfolgt«.[27] Zum befreiten »populus Romanus« zählte er nicht alle Einwohner Roms, sondern nur die privilegierte Minderheit, die im Besitz des römischen Bürgerrechts war. Aufgrund seiner Krönung zum poeta laureatus 1341 hielt sich der im toskanischen Hinterland geborene Petrarca selber für einen »civis Romanus«.[28]

Petrarcas Freiheitsdiskurs war weniger elastisch als jener Cola di Rienzos. Als praxisferner Idealist konnte er sich eine gewisse ideologische Konsequenz leisten. Stramm republikanisch dachte Petrarca aber nicht. Cola sprach er das Verdienst zu, den gottgewollten »ordo« wiederhergestellt zu

25 Petrarca an Cola di Rienzo und das römische Volk, Avignon, Mitte Juni 1347, in: ders.: Aufrufe, S. 94 f.

26 Ebd., S. 78 f.

27 »Verum et prospera, sic aduersa fortuna suum finem habet, et illorum et uestre libertati defensor insperatus adfuit, et suum Brutum utraque tulit etas. Tres iam hinc ex ordine celebrantur Bruti: primus, qui Superbum regem expulit; secundus, qui Iulium Cesarem interfecit; tertius, qui nostri temporis tyrannos et exilio et morte persequitur […].« Ebd., S. 82 f.

28 Ders. an das Volk von Rom vom Oktober/November 1352. Liber sine nomine 4, in: ders.: Aufrufe, S. 192 f.

haben. Durch die Befreiung der Stadt von der Adelstyrannei werde die Gegenwart geschichtsfähig.[29] Denn, wie Petrarca in einer späteren Schrift proklamierte: »Was anderes nämlich ist die gesamte Geschichte als das Lob Roms?«[30] Die erwachte römische »virtus« leuchte allen Menschen als Muster der Nachahmung.[31] Die Exklusivität der »Romana libertas« stand für die exklusive »gloria« der Stadt und ihrer Bürger. Die Vertreibung des Adels rechtfertigte Petrarca nicht nur mit dessen Tyrannei, sondern auch mit dessen unrömischem Blut: Sie seien »herbeigelaufene Fremde«, »adventitii et alienigenae«.[32] Sogar seine eigenen Förderer, die Colonna, stellte Petrarca in den Ruch des Barbarischen.[33] Sie stammten aus den »Tälern des Rheins«.[34] Um die Orsini, die Dauerfeinde der Colonna, als Fremde zu brandmarken, genügte der Hinweis, sie kämen aus dem »Tal von Spoleto«;[35] damit sprach er auch Geschlechtern aus dem erweiterten Patrimonium Petri politische Rechte in Rom ab. Ihren Adelsrang leugnete Petrarca nicht, aber er erklärte ihn für wertlos zur Teilhabe an Ruhm und Herrschaft Roms.[36] Der angebliche römische Adel habe das Bürgerrecht gar nie erhalten, sondern usurpiert.[37] Dieser Anklage lag ein Freiheitsverständnis zugrunde, das die Unabhängigkeit Roms von äußerem Einfluss betonte. An anderer Stelle löste es Petrarca ganz von der republikanischen Doktrin: Er sprach Cola als wiedergeborenen Romulus an, der die Frei-

29 Vinken: Du Bellay, S. 52 f.

30 »Quid est enim aliud omnis historia, quam Romana laus?« Petrarca: Contra eum 15.

31 Ders. an Cola di Rienzo, Avignon, Ende Juli 1347, in: ders.: Aufrufe, S. 104.

32 Ebd., S. 78.

33 Die Colonna, deren mächtigster Zweig mit der Kurie nach Avignon disloziert war, hatten neben Petrarcas Dichterkrönung auch die Verleihung des römischen Bürgerrechts in die Wege geleitet. Der Humanist biss hier die Hand, die ihn fütterte; Rehberg: Colonna, in: Reinhardt (Hg.): Große Familien, S. 179.

34 Die Colonna selbst beriefen sich auf keinen geringeren Ahnherrn als Caesar und übernahmen dessen genealogischen Mythos der altrömischen gens Julia. Petrarcas abschätzige Gegentheorie baute auf einem Gerücht auf, dem die kaiserfreundliche Politik der Colonna Vorschub geleistet hatte: Sie seien mit Habsburgern oder Hohenzollern verwandt; ebd., S. 171; Petrarca an vier Kardinäle, Avignon, 18. November 1351. Epistolae de rebus familiaribus 11,16, in: ders.: Aufrufe, S. 206; ders. an Cola di Rienzo und das römische Volk, Avignon, Mitte Juni 1347, in: ders.: Aufrufe, S. 78.

35 Ders. an das Volk von Rom vom Oktober/November 1352. Liber sine nomine 4, in: ders.: Aufrufe, S. 78.

36 Ders. an vier Kardinäle, Avignon, 18. November 1351. Epistolae de rebus familiaribus 11,16, in: ders.: Aufrufe, S. 218.

37 Ders. an Cola di Rienzo und das römische Volk, Avignon, Mitte Juni 1347, in: ders.: Aufrufe, S. 80.

heit der Stadt bewahre, indem er äußere Bedrohungen abwehre.[38] Eine Verkörperung republikanischer Werte konnte man im mythischen Gründerkönig Roms kaum sehen.

Den Ausschluss der Italiener und Barbaren von der römischen Politik bekräftigte Petrarca noch 1351 in einem Gutachten an vier Kardinäle. Es ging um die Frage, ob römische Bürger an der Regierung Roms beteiligt sein sollten. In seiner Antwort bemühte Petrarca erneut republikanische Normen:

> Ich freilich würde [...] ohne Zaudern entgegnen, nach römischer Sitte bestehe der römische Senat einzig aus römischen Bürgern, und Fremde seien am Zutritt zu hindern, nicht allein die aus fernen Ländern hergeschickten, sondern selbst die Latiner, die benachbarte Völkerschaft, die mit der römischen verbunden und mit ihr beinahe ein einziges Ganzes ist; und man müsse sie nicht bloß mit Wort und Feder, nein, womöglich auch mit dem Schwert davor abschrecken.[39]

In Petrarcas römischem Freiheitsdiskurs wurde Rom der Restwelt entrückt. Bedingung der römischen Freiheit war, dass alle Nichtrömer von ihr ausgeschlossen blieben. Colas Ausweitung des populus Romanus auf Italien musste für Petrarca einen rechtswidrigen Akt darstellen. Auch den angeblichen Universalgewalten der Gegenwart sprach er einen römischen Charakter ab. Auf die Frage gelehrter Zeitgenossen, ob das Römische Reich in Rom verankert sei, antwortete er: »Ist die römische Herrschaft nicht in Rom, bitte, wo ist sie dann?«[40] Herrschaftskontinuität war an die Abstammung der Herrschenden und den Herrschaftsort gebunden. Damit verwarf Petrarca eine heilsgeschichtlich sanktionierte Wanderung des

38 Ders. an Cola di Rienzo und das römische Volk, Avignon, Mitte Juni 1347, in: ders.: Aufrufe, S. 92-94.

39 »Certe ego [...] respondere non dubitem romano more senatum romanum nonnisi ex romanis ciuibus constare et externos a limine secludendos, non tantum, quos miserint longinqua terrarum, sed Latinos etiam, gentem proximam atque contiguam Romanis et pene cum eis unum corpus, neque illos solum uerbo uel calamo sed, si fieri possit, etiam gladio deterrendos.« Ders. an vier Kardinäle, Avignon, 18. November 1351. Epistolae de rebus familiaribus 11,16, in: ders.: Aufrufe, S. 208 f.

40 »Quis hanc indignitatem stomachus ferat? Quis non potius euomat penitusque reiciat? Si imperium Romanum Rome non est, ubi, queso, est?« Ders. an das Volk von Rom, Avignon, Oktober/November 1352. Liber sine nomine 4, in: ders.: Aufrufe, S. 184.

41 Auch als Cola in Avignon der Prozess gemacht wurde, betonte Petrarca, dass die römische Herrschaft nur in Rom und in der Hand von Römern sein dürfe. Habe sich ein römischer Bürger der Republik gegenüber schuldig gemacht, könne kein Gericht außerhalb der römischen Kommune Zuständigkeit beanspruchen. In

Imperiums.[41] Die »translatio imperii« gehörte dem unrechtmäßigen Wirkungsbereich der Fortuna an.[42]

Wurden die Italiener in Petrarcas Freiheitsdiskurs von der römischen Politik ausgeschlossen, so kamen sie auf apolitischer Ebene in den Genuß eines Prestigetransfers. Als Cola in päpstlicher Gefangenschaft auf seinen Prozess wartete, ließ Petrarca die Wirkung seiner Taten nostalgisch Revue passieren:

> Ihr werdet Euch erinnern, wie es um Eure Sache bestellt war und wie plötzlich durch den Rat und die Tat eines einzigen Mannes nicht allein Rom, nein ganz Italien zur Hoffnung, (und zu wie großer!), ermuntert wurde, wie groß auf einmal der Ruhm Italiens war, wie verjüngt und reingefegt die römische Glorie, wie groß [...] die Erwartung der Völker, wie verwandelt der Lauf der Dinge, wie anders das Aussehen der Erde [...] und wie nichts sich gleich blieb von allem, was unter dem Himmel ist![43]

In drei konzentrischen Kreisen wird die angebliche Weltwirkung des römischen Tribuns nachgezeichnet: im Zentrum die Stadt Rom, in ihrem Umkreis Italien, das am römischen Ruhm teilhat und aus den römischen Heldentaten eigene Hoffnung schöpft, und in einem dritten Kreis die restlichen Völker, denen die Romana gloria verwehrt bleibt, die mit ihr aber gesteigerte Heilserwartungen verbinden.

Je ernüchterter Petrarca Colas Intermezzo betrachtete, desto deutlicher hob er die vertane Chance für Italien hervor. Im August 1352 begründete er seine Niedergeschlagenheit mit dem Argument:

aussichtsloser Konsequenz appellierte er an die Bürger Roms, die »dignitas« ihrer Stadt zu wahren und sich dafür einzusetzen, dass ihr Tribun einen Prozess nach dem Recht der »communis patria Roma« erhalte. Daher sei der Angeklagte in die Ewige Stadt zu überführen; Ders. an das Volk von Rom, Avignon, Oktober/November 1352. Liber sine nomine 4, in: ders.: Aufrufe, S. 192-194.

42 Vinken: Du Bellay, S. 60, 66, 76 f. Umfassend zu Petrarcas Fortuna-Theorie: Kessler: Petrarca, S. 141-158.

43 »memineritis, quo in statu res uestre fuerant et quam repente unius uiri consilio atque opere, quantam in spem non Roma tantum sed Italia omnis erecta est, quantum subito nomen Italicum, quam renouata ac detersa Romana gloria, quantus hostium metus ac dolor, quantum gaudium amicorum, quanta populorum expectatio, quam mutatus rerum tenor, quam facies orbis alia, quam diuersus habitus animorum, quam nihi sibi simile ex omnibus, que sub celo sunt!« Petrarca an das Volk von Rom, Avignon, Oktober/November 1352. Liber sine nomine 4, in: ders.: Aufrufe, S. 192-194., S. 196.

> Ich hatte in jenen Mann die letzte Hoffnung auf die Freiheit Italiens gesetzt und ihn […] nach der Vollendung des herrlichsten Werkes mehr als andere zu verehren und zu bewundern begehrt.[44]

Die Freiheit Italiens als höchstes Ziel der »reformatio Romae« – diese Vorstellung steht nur scheinbar im Widerspruch zu Petrarcas Konzept der römischen Freiheit. Der Begriff der »libertas Italiae« hatte seit dem Hochmittelalter der Abwehr des Kaisers und dem Selbstregierungsanspruch der Stadtkommunen gedient.[45] Petrarca schraubte den Begriff auf den Schutz vor den Barbaren zurück. Für ihn hätte eine Herrschaft Roms über Italien die Freiheit Italiens nicht vernichtet, sondern dauerhaft gesichert.

Petrarca verfocht nicht sein Leben lang republikanische Ideale. Hingegen zog sich die hierarchische Mittelstellung Italiens unter Rom und über der Barbarei durch sein Gesamtwerk. Die Nähe Italiens zur Ewigen Stadt verstand er zunächst geographisch. Nach den Stadtmauern Roms bildeten die italienischen Grenzen die zweite Festung der Antibarbaries. Wo keine Meere seien, schrieb Petrarca 1366 an Urban V., gebe es »die windumwehten Alpen als Wall gegen das Wüten der Barbaren«.[46] Mit diesem Argument versuchte er den Papst zur Rückkehr nach Rom zu bewegen. Später band Petrarca Italien auch historisch an Rom. Er verlängerte den mythischen Ursprung Roms von Troja rückwärts nach Italien. In seiner Invektive gegen Jean de Hesdin formte er die römische Herkunftstheorie Vergils von einer Wanderungssage flüchtiger Trojaner in eine Rückkehrgeschichte italienischer Aussiedler um:

> Rom wurde in Italien von den Trojanern gegründet; wer aber hat Troja gegründet? – Ein Italiener und Toskaner. Daher steht bei Vergil über die Ankunft der Trojaner in Italien: ›Von hier stammt Dardanus, hierher kehrt er zurück‹.[47]

44 »Loquor enim ardentius et per singulos orationis mee passus subsisto, mestus, ut uides, ut qui in illo uiro ultimam libertatis Italice spem posueram, quem […] post clarissimum illud opus assumptum colere ante alios mirarique permiseram.« Ders. an Francesco Nelli, Vaucluse, 10. August 1352. Epistolae de rebus familiaribus 13,6, in: ders.: Aufrufe, S. 170.

45 Skinner: The Foundations, Bd. 1, S. 7 f.; Grundmann: Freiheit, S. 39.

46 »Esse, ubi desunt maria, Alpes aerias, barbarico oppositas furori;« Petrarca an Urban V., Venedig, 29. Juni 1364 oder 1366. Epistolae rerum senilium 7, in: ders.: Aufrufe, S. 354.

47 »Roma in Italia a Troianis est condita; Troiam vero quis condidit? Nempe Italus fuit et Tuscus. Unde est illud apud Virgilium sub Troianorum ad Italiam adventum: ›Hinc Dardanus ortus / huc repetit‹.« Ders.: Contra eum 27; Vergil: Aeneis 7, V. 240.

Mit dieser Erweiterung der römischen Herkunftssage erlegte Petrarca zwei Fliegen auf einen Streich: Indem er Dardanus, den Gründer Trojas und Sohn des Zeus, zum Italiener machte, gab er den Römern einen italienischen Ursprung. Und mit der Präzisierung, Dardanus komme aus der Toskana, adelte er seine eigene Abkunft mit dem Blut römischer Vorfahren. Die Römer erschienen als Italiener, die aufgrund ihrer Frühgeschichte und ihrer virtus singulären Ruhm erworben hatten. Das Kapital dieser »memoria« blieb ihnen über die Zeiten erhalten, verpflichtete aber zur Nachahmung der Vorväter. Als meritokratisch nobilitierte Italiener ließen die Römer das übrige Italien an ihrem Prestige beschränkt teilnehmen. Für Petrarca noch undenkbar war, dass Taten nichtrömischer Italiener – eine italienische memoria – in die Romana gloria einflossen. Mit anderen Worten: Der Prestigetransfer zwischen Rom und Italien verlief auf einer Einbahnstraße. Die Italiener besaßen keinen Ruhm unabhängig vom römischen Erbe. Wie Cola zielte Petrarca auf eine Romanisierung Italiens, nicht auf eine Italianisierung Roms.

3.3.4. Sprachkritik als Reisebericht – Petrarcas Autopsie von Textlandschaften

Schon in Petrarcas Briefen an Cola di Rienzo drang die Ansicht durch, Rom und Italien seien vom Rest der Welt bedroht.[48] Fortan gingen die Konturen Italiens aus einem umfassenden Feindbild hervor. In einem komplexen Verfahren adaptierte Petrarca den römischen Barbarendiskurs an die eigene Gegenwart. Er operierte dabei mit hierarchisierenden Gegenbegriffen, die eine bipolare Opposition aufbauten. Sein Italiendiskurs lief weder auf ein feindliches »Verhältnis der Nationen zueinander« hinaus, noch begründete er den »Anfang einer groben Völkerpsychologie«.[49] Vielmehr fiel Petrarca hinter die Vielgestaltigkeit mittelalterlicher Kollektivstereotype zurück.[50] Er grenzte Rom und Italien nicht von einer Mehrzahl an Nationen ab, sondern von einer erdrückenden Barbarenmasse. Dieser ordnete er Eigenschaften zu, die sich von einem Gebiet zum andern kaum unterschieden. Die einzig relevante Differenzierung von Nicht-

48 Petrarca an Cola di Rienzo, Avignon, September 1347, in: ders.: Aufrufe, S. 136 f.
49 Münkler u.a.: Nationenbildung, S. 94, 97.
50 Vgl. etwa Alexander: Memoriale 15, S. 34 f.; ders.: Noticia 13, S. 84-87; Jacques de Vitry: Historia, S. 92; weitere Belege bei Schmugge: Nationale Vorurteile; Walther: Scherz.

italienern nahm Petrarca aus institutionellen Gründen vor: Das Kaisertum wurde von einer anderen Barbarenhorde besetzt als das Papsttum.[51]

Nachdem die Hoffnungen auf eine Wiedergeburt der antiken Republik verflogen waren, verlegte sich Petrarca auf die Wiedererrichtung des kaiserzeitlichen Roms. Imperium und Sacerdotium, die Institutionen der römischen Weltgeltung, sollten ihren Sitz in der Ewigen Stadt haben; an ihrer Spitze sollten Italiener stehen, was aber, wie Petrarca aus der Antike wusste, nicht immer durchzusetzen sei.[52] Im Vergleich zu seinem Republikmodell rückten sich Rom und Italien näher.

Als Petrarca Karl IV. bedrängte, seinen Herrschaftssitz von Prag nach Rom zu verlegen, verschaffte er ihm eine italienische Abkunft. Zwar sei er jenseits der Alpen geboren, aber schon als Kind in Feldzügen seines Vaters nach Italien gekommen. Dort habe er glorreiche Siege errungen, vor allem aber eine italienische Erziehung genossen. Schon damals habe sich Italien dem zukünftigen Kaiser als wahre patria offenbart: »Die Deutschen mögen dich als den Ihren beanspruchen, wir jedenfalls betrachten dich als Italiener.«[53]

Petrarcas ideologischer Front gegen die Barbaren lag ein historisch-theologisches Leitmotiv zugrunde, das seine Gegenwartsbetrachtung prägte: die verkehrte Welt. Die gottgewollte Ordnung schien ihm seit dem Untergang des Römischen Reichs auf den Kopf gestellt, weil Rom, die Herrin der Welt, zur Magd geworden sei und Italien, von Barbarenschwertern schwer verwundet, am Fieber dahinsieche.[54] Für Petrarca regierte seit Jahrhunderten die blinde Fortuna. Sie zu bekämpfen hieß, die Universalgewalten aus den Händen der Barbaren zu befreien und nach Rom zurückzuführen.

Den reichsten Gehalt erhielt seine Antibarbaries in der Invektive »Contra eum qui maledixit Italie [!]«. Er verfasste sie in einem Schub von Altersradikalität vor seinem Tod. Die Schrift hing eng mit der kurialen Zeitgeschichte zusammen. Nach Colas Intermezzo hatte Mittelitalien die Talsohle politischer Instabilität durchschritten. Die Versorgungslage Roms hellte sich auf, und unter Innozenz VI. (1352-62) wurde der Kirchenstaat

51 Um Franzosen und Deutsche auseinander zu halten, griff Petrarca auf Caesar zurück (De bello Gallico 4,24), gab dessen ausführlichen Vergleich von Galliern und Germanen aber in grober Simplifizierung wieder; Petrarca: Liber sine nomine 17, in: ders.: Aufrufe, S. 311-313.

52 Ders. an Neri Morando, Mailand, April [?] 1355, Epistolae de rebus familiaribus 20,2, in: ders.: Aufrufe, S. 452.

53 Ders. an Karl IV., Padua, 24. Februar 1351, Epistolae de rebus familiaribus 10,1, in: ders.: Aufrufe, S. 172-174.

54 Petrarca: Rerum vulgarium fragmenta 128, V. 1-6.

stabilisiert. Dessen Nachfolger, der französische Papst Urban V., nahm 1367 einen ersten Anlauf, die Kurie mit Hilfe Karls IV. nach Rom zu verlegen. Der Transfer war bereits im Vorfeld einem heftigen Seilziehen zwischen französischer Krone, Kurie und Kaisertum ausgesetzt. Zahlreiche Schriften und Reden nahmen sich des Gegenstands an.

Petrarca hatte Urban schon im August 1366 zur Rückkehr nach Rom aufgefordert. Sein Brief wurde bald publik. Anfang des folgenden Jahres hielt Anseau Choquart, Professor für kanonisches Recht in Paris, eine Rede vor dem Papst und den französischen Kardinälen.[55] Choquart war in diplomatischer Mission des französischen Königs unterwegs. Er sollte die Kurie von der Abreise aus Avignon zurückhalten. In seiner Rede betonte er die Sicherheit, den Frieden und die gute Versorgungslage in Frankreich und stellte dem das Chaos und Kriegstreiben in Italien gegenüber. Er lobte die Frömmigkeit der Franzosen und tadelte den schändlichen Ursprung und die frühen Christenverfolgungen der Römer. Er hob die zentrale Lage Avignons im papstkirchlichen Raum hervor und warnte vor der »Demokratie« in Italien, die Papst und Klerus bedrohe. Am meisten dürfte Petrarca aber Choquarts Argument geärgert haben, Avignon liege in der Nähe der Universität Paris, wo die Wissenschaften seit der translatio studii Karls des Großen ihren Sitz hätten, präfiguriert von den antiken Druiden.[56]

Auf diese Rede reagierte Petrarca mit einer ersten Schmähschrift. Sie griff vor allem den Anspruch Frankreichs als Sitz des Studiums an. Petrarca argumentierte, dass von den vier Kirchenvätern keiner aus Frankreich gekommen oder dort ausgebildet worden sei. Zwei von ihnen seien geborene Römer und Italiener, ein dritter habe in Italien seine Erziehung und Bildung erhalten, und der vierte habe in Italien zum wahren Glauben gefunden. Weiter behauptete er, man bekomme »oratores et poete« außerhalb Italiens nicht zu hören; Kenner des Lateins seien entweder Italiener oder in Italien geschult.[57] Der Text kam im papstverwaisten Avignon rasch in Umlauf. Petrarcas Phrase »nullus doctus in Gallia« wurde aus dem Kontext gelöst und verallgemeinert.[58] Sein Schreiben provozierte eine erneute Retourkutsche mehrerer französischer Kardinäle. Sie wurde von Jean de Hesdin, einem geistlichen Ritter und Günstling des Kardinals

55 Simone: Il Rinascimento, S. 47-49; Saccaro: Französischer Humanismus, S. 148 f.

56 Französische Teilübersetzung in Ouy: Paris, S. 81 f.; Furr: France.

57 Petrarca: Epistolae rerum senilium 9,1,5.

58 Furr: France, S. 1 f. Die polemische Verkürzung von Petrarcas Behauptung hat ein Weiterleben als angebliche Originalaussage bis in die jüngere wissenschaftliche Literatur gefunden, etwa bei Chastel / Klein: Die Welt, S. 114 f.

Gui de Boulogne, 1369 zu einer »Invectiva Contra Francescum Petrarcham« gebündelt.[59]

Wie Choquart warb Hesdin für den Papstsitz in Avignon mit der politischen Stabilität Frankreichs sowie der guten Versorgungslage. Petrarcas Angriffe parierte er mit einer Aufzählung gelehrter französischer Männer und einem Verweis auf Plato: Dieser habe die Poeten aus dem Gemeinwesen verbannt, so dass Frankreich sie nicht zu vermissen brauche.[60] Hesdins verbale Attacken galten in erster Linie den Römern, die er aber – und darin blieb er Petrarca auf seine Weise treu – mit den Italienern in einen Topf warf.[61]

Die Invektive Petrarcas gegen Hesdin ist erst auf den 1. März 1373 datiert. Zu diesem Zeitpunkt war der Streit um den Papstsitz schon in den Hintergrund gerückt. Petrarca hielt ihn wahrscheinlich für verloren.[62] Dadurch verselbständigte sich die französisch-italienische Konfrontation. Petrarca machte ganz Frankreich zum Brachland der Geschichte. Leitmotiv der Schrift war die Einebnung Frankreichs und seiner Einwohnerschaft zur gesichtslosen Barbarei. Stellvertretend für alle Franzosen nannte Petrarca Hesdin nie beim Namen, sondern verspottete ihn als »hic barbarus«, »Gallus noster« oder »Galliculus«. Jegliche Gemeinsamkeiten zwischen Italienern und Franzosen aufgrund von Religion und Kultur wurden verneint. Petrarcas Oppositionsdiskurs lagen weniger die Begriffe »Italia« und »Gallia« als »Roma« und »Gallia« zugrunde.[63] Die Gallia besaß ein konstantes Attribut: »barbara«. »Bestimmt nämlich«, stellte Petrarca fest, »ist jeder Franzose ein Barbar, aber nicht jeder Barbar ein Franzose.«[64]

Wie in den Briefen an Cola waren die Römer nicht identisch mit den Latinern und Italienern.[65] Rom übertrug den Italienern aber das Privileg der Teilhabe an der Zivilisation.[66] Petrarca unterstellte zudem, dass sich

59 Gedruckt in: Cocchia: La polemica.

60 Ebd., S. 131-134.

61 Hesdin konfrontierte die »Gallia« mit der »Italia sive Roma« bzw. »Italia ac Roma« und erstellte eine Liste von Philosophen, für die gelte: »nullus doctus in Italia«. Wilkins: Petrarch's Later Years, S. 235 f.

62 Furr: France. Eine konträre Ansicht vertritt Wilkins: Petrarch's Later Years, S. 234.

63 Im gesamten Text stehen 136 Nennungen von »Roma« und »Romanus« deren 26 von »Italia« und »Ital[ic]us« gegenüber.

64 »Certe enim omnis Gallus est barbarus, sed non barbarus omnis est gallus.« Petrarca: Contra eum 22.

65 Ebd. 12, 25.

66 Ebd. 26.

alle Italiener für die römische Ehre einsetzten. Hesdins Schrift habe ein allgemeines Erdbeben ausgelöst: »Wie plötzlich hat sich ganz Italien erhoben!«[67]

Petrarca klagte den Gallus stellvertretend für alle Franzosen an, sich der wahren Ordnung mutwillig zu widersetzen. Ungeachtet der Barbarennatur, die ihnen »in den Knochen steckt«, stemmten sich die Franzosen gegen die römische Suprematie.[68] Hesdin war für Petrarca Repräsentant der verkehrten Welt:

> Die Franzosen mögen über sich erdichten und glauben, was sie wollen; jedem ist es schließlich freigestellt, von sich und seiner Geschichte in der Phantasie günstige und großartige Meinungen zu konstruieren. Diejenigen, die das tun, sind, wie jener sagt, ›glücklich in ihrem Irrtum‹.[69] In der Tat ist kein Volk gewandter in dieser Kunst als die Franzosen. Im Übrigen mag er denken, was er will, Barbaren bleiben sie trotzdem, und darüber hat unter Gelehrten niemals ein Zweifel bestanden.[70]

Die Verweigerung der Selbsterkenntnis machte die Franzosen nicht weniger barbarisch, sondern bloß verweichlicht. Einst seien sie wegen ihrer sittlichen Rohheit Franken genannt worden und wirklich wild gewesen. Seit langem aber sehe alles anders aus: Leichtsinnige und fröhliche Menschen seien sie, von gefälligem und ergötzlichem Umgang, gäben sich gerne dem Vergnügen hin und vertrieben ihre Sorgen beim Spielen, Lachen, Singen, Essen und Trinken.[71] Alle Attribute der Zivilisation, mit denen sich die Franzosen schmückten – Weinberge, Städte, Universitäten und lateinische Sprache –, mündeten in ein groteskes Nachäffen der Römer. Anstatt zu sprechen, produzierten sie wüsten Lärm, anstatt den Wein

67 Was den Realitätsgehalt dieser Behauptung betrifft, sei nur darauf hingewiesen, dass Petrarca von Hesdins Polemik erst Jahre nach ihrer Abfassung und nur dank seiner guten Beziehungen Wind bekommen hat. »Quam subito erecta omnis Italia!« Ebd. 7; Wilkins: Petrarch's Later Years, S. 234.

68 Petrarca: Contra eum 4.

69 Das Zitat stammt von Lucan, der die Todesbereitschaft der Gallier in der Schlacht auf den Reinkarnationsglauben zurückführt, der ihnen von den Druiden eingebläut worden sei; Lucan: De bello civili 1,459.

70 »Fingant enim Galli se credantque quod volunt; licet enim cuique de se suisque de rebus opiniones favorabiles atque magnificas animo fabricari, suntque qui hoc faciunt, ut ille ait, ›felices errore suo‹. Ad hoc opus sane nulla gens promptior quam Galli. Ceterum opinetur ut libet, barbari tamen sunt, neque de hoc inter doctos dubitatio unquam fuit.« Petrarca: Contra eum 5.

71 Ebd. 4.

maßvoll zu genießen, tränken sie sich zu Tode.[72] Sie lästerten Rom und Christus und bestätigten so laufend die Perversität ihres Selbstbildes.[73]

Mit diesem Pauschalurteil riskierte Petrarca viel. Seine Ausfälle gegen die Sorbonne, die hoch gehandelten Weine aus Beaune[74] und die französischen Städte drohten sich gegen ihn zu kehren. Verknüpft mit dem Topos der verkehrten Welt, bestätigten sie die reale Hegemonie der französischen Kultur und Politik seiner Zeit. Coluccio Salutati scheint diese offene Flanke der Antibarbaries erkannt zu haben. Er hatte aus nächster Nähe mit verfolgt, wie Petrarcas Brief an Urban V. die Kurie aufwühlte. Schon 1369 berichtete er aus Avignon an Petrarca, dieser habe sich mit seinem Brief an den Papst große Probleme eingehandelt. Die Kritik an den Franzosen hielt er allgemein für berechtigt, aber sie war ihm »nimis mordax« – zu bissig. Gleichzeitig warnte er vor der Gegenattacke der betroffenen Kurialen. Diese hätten weit mehr Argumente bereit als die »blühende Pariser Universität«, die die Welt und den katholischen Glauben erleuchte wie eine Sonne:

> Wenn ihnen die Antike entgegengehalten wird, halten sie das zur Verteidigung Italiens nicht für ausreichend, weil sie beteuern, dass es eitel und verfehlt sei, ihnen das Altertum entgegenzustellen und sich in den höchsten Tönen der Vergangenheit zu rühmen, weil man in der Gegenwart seinen Stammvätern sehr wohl zur Schande gereichen könne; auch würden sie nicht um die Macht in der Antike streiten, die uns abzusprechen die Scham verbietet, sondern um den heutigen Stand der Dinge. Da sind einige, die schon danach trachten, dir die Unzivilisiertheit der Römer vorzuwerfen, die Überheblichkeit der Genueser, die Habgier der Florentiner, die Untauglichkeit der Venezianer für den Krieg, die Gefräßigkeit der Lombarden; und nach und nach gedenken sie, was auch immer sich in Italien findet, zur Anklage heranzuziehen. Ja, es gibt sogar welche, die behaupten, dass der Wein aus Beaune der Nüchternheit am nächsten sei und ganz in die Nähe der Mäßigung rücke, dass aber die italienischen Weine, Vernaccia, Trebbiano, Greco,

72 Ebd. 23.

73 Ebd. 4, 9, 12.

74 Der Wein aus Beaune, damals noch nicht als »Burgunder« bekannt, galt sowohl am französischen Königshof als auch an der Kurie in Avignon als Spitzengewächs, geschmacklich und in seiner gesundheitsfördernden Wirkung. Diese Reputation bewahrte er bis weit in die frühe Neuzeit hinein. Weine aus Italien hingegen waren bis ins 19. Jahrhundert keine Qualitätsprodukte und wurden nur für den lokalen Markt produziert. Die italienischen Eliten tranken hauptsächlich französische und griechische Gewächse; Phillips: Die große Geschichte, S. 106 f., 212 f.

> Fiano und die übrigen, an denen Italien so reich ist, benebelnd und für Hirn, Geist und Körper schädlich seien. Und schließlich bemühen sich alle, ganz Italien und den Verteidiger Italiens schlecht zu machen. Wie erfolgreich sie dabei sind, weiß Gott.[75]

In der Tat überließen viele französische Gelehrte Ende des 14. Jahrhunderts den Italienern das literarische Erbe des antiken Roms. In ihren Augen wog die heidnische Vergangenheit weniger als die christliche Gegenwart. Gegen diese Hierarchie schrieb Petrarca an. Dem Hier und Jetzt sprach er jede Gültigkeit ab. Frankreich war ihm nur falscher Schein.

Das wahre Sein fand er in einem kleinen, bezeichnenden Ort: in Aufbau, Inhalt und Stil von Hesdins Text. Ihm galt das Hauptaugenmerk des Humanisten. Petrarca las ihn als Ausdruck einer ver-rückten Gegenwart, die von barbarischer Selbstüberschätzung gezeichnet sei. Schon Hesdins Auftakt interpretierte Petrarca als Ausdruck einer alles verdrehenden Ignoranz. Hesdin stellte seinen Ausführungen einen Bibelvers voran, der die Rückkehr des Papstes nach Rom mit dem Abstieg von Jerusalem nach Jericho verglich. Dieser Vergleich, so Petrarca, sei grotesk: Wenn schon, könne der Weggang des Papstes von Avignon nur mit dem Auszug des auserwählten Volkes aus Ägypten parallelisiert werden.[76] Zudem habe sich der Autor in der literarischen Gattung vergriffen. Anstatt einen Brief zu schreiben, setze er mit dem Zitieren der Evangelien zu einer Predigt an.

Wenn der Franzose als Nächstes die römischen Zustände mit den Mondphasen gleichsetze und Rom der Vergänglichkeit preisgebe, leugne er, dass nicht Avignon, sondern Rom die Ewige Stadt sei:

75 »nec si opponantur antiqua, id ad defendendam Italiam satis putant, vanum et frustratorium affirmantes antiquitatem obicere maximeque gloriari preterito, cum in presentia tuis progenitoribus longe possis esse dedecori; nec se de antiqua potentia, quam negare pudor vetat, sed de presenti temporum condicione certare. sunt qui iam querant tibi incivilitatem opponere Romanorum, Ianuensium superbiam, Florentinorum avariciam, Ventorum imbelliam, Lumbardorum voracitatem, et carptim quicquid italia continet in accusationem meditantur adducere. quin etiam sunt qui vinum Beunense sobrietati proximum esse contendunt longeque ad temperantiam accedere, multoque magis vina italica, vernaciam, trebianum, grecum, fianum et cetera, quorum feracissima Italia est, fumos et cerebro atque menti et corpori nociva contendunt; et, denique, omnes se acuunt ut confundant Italicum orbem atque Italicum defensorem. que quam efficacia sint Deus novit [...].« Salutati an Petrarca, Avignon, 4. Januar 1369, in: ders.: Epistolario, S. 73-75.

76 Genau das hatte Petrarca in jenem Schreiben an Urban getan, das die ganze Kontroverse losgetreten hatte; Petrarca: Contra eum 3; ders.: Epistolae rerum senilium 9,1.

> Rom wird immer der herausragendste Ort der Welt sein. Und wenn sowohl Päpste als auch Kaiser die Stadt wegen Neid, Hass, Trägheit oder anderem aufgeben, wird der Ruhm sie weiter begleiten.[77]

Rom war identisch mit der Geschichte, die römische Literatur die Vermittlerin der einzig exemplarischen Vergangenheit. Der Untergang der Stadt wäre das Ende der Welt.[78] Sollte es dagegen nach dem Barbaren Hesdin gehen, dann sei Rom bereits gefallen, nicht aber Avignon.[79] Seine barbarische Niedertracht gegen die Ewige Stadt richte sich auch gegen Gottes Heilsplan.[80]

Petrarcas Pathologie des barbarischen Schreibens lässt sich als implizite Rhetoriktheorie lesen.[81] Der Humanist erstellte aus den Symptomen stilistischer Schnitzer und sprachlicher Unebenheiten eine Diagnose, die den Gesamtzustand des Autors erfasste und davon wiederum den Gesamtzustand Frankreichs ableitete. Hesdins Schrift stand nicht für sich selbst. Zu ihrer Nichtigkeit gehörte ebenso die Nichtigkeit ihrer literarischen Verweise. Schöpfte Hesdin bei seiner Eloge auf Paris aus dem »Architrenius« des Johannes von Hauvilla, so konnte auch dieser nur barbarischen Schmutz enthalten:

> O was für sprachliche Ungeheuerlichkeiten, was für ein Durcheinander von Wörtern, das dem Leser nicht bloß Übelkeit und Kopfschmerzen einjagt, sondern ihn gleichzeitig zum Lachen und Schwitzen bringt! So weit geht es: während er alles sagen will, sagt er nichts. […] ›Rose der Welt‹, sagt er, ›Balsamsaft der Erde‹. O übel riechender Balsam, o stinkende Rose!

Zum ekelerregenden Gestank französischer Texte kam der Duft, der in den Straßen französischer Städte liege:

> Von allen Städten freilich – und es waren viele, die ich vom Beginn des Sommers an besucht habe, sei es um Verhandlungen willen, sei es aus dem Bedürfnis, zu sehen und zu lernen – habe ich keine gesehen, die mehr gestunken hat [als Paris]. Mit Ausnahme Avignons, das in dieser traurigen Skala den Spitzenplatz hält.[82]

77 »semper altissimus mundi vertex Roma erit. Et si propter invidiam aut odium aut segnitiem causam ve aliam et pontifices et principes illam sui deserant, gloria illam comitabitur.« ders.: Contra eum 6.

78 Ebd. 14.

79 »Roma igitur ex alto cecidit, non cadet Avinio.« Ebd. 6.

80 Ebd. 7 f., 13.

81 Vinken: Du Bellay, S. 67.

82 »O que monstra sermonis, que verborum inculcatio, non tantum lectori nauseam incutiens ac dolorem capitis, sed risum eliciens ac sudorem! Usque adeo, dum

Der Duft der Sprache übertrug sich hier auf die Straße. Eine ähnliche Logik führte vom wüsten Text zum wüsten Gemüt. In Hesdins Sprache, so Petrarca, überschlage sich der Hass gegen Rom, der den Franzosen von Natur aus[83] eingebrannt sei:

> Dieser Barbar, der den Tadel unserer Angelegenheiten mit dem Lob der seinen vermischt, scheint nicht nur in Zorn geraten, sondern von den Furien gepackt worden zu sein, hat viele Dinge ganz ungeordnet gegen uns ausgespien, als könnte er seinen Magen nicht kontrollieren, sich selbst dabei, wie ich glaube, für einen großen Mann gehalten, dem die Schlechtigkeit dieser Zeiten die Erlaubnis gegeben habe, ungestraft die höchsten Werte in den Schmutz zu ziehen.[84]

Wer mit seiner Sprache gebildete Lateiner zum Brechen reizte, musste auch Lügen in die Welt setzen. Diesen trat Petrarca mit seiner Schrift entgegen. Er konstruierte eine kausale Abfolge von dumpfem Barbarenwesen zu falschem Zivilisationsehrgeiz zu Wahrheitsverleugnung zu sprachlichem Chaos. Vom Endresultat trat Petrarca den Rückbeweis an: Der Hass der Franzosen auf die Römer resultierte aus der Verleugnung ihrer natürlichen Unfähigkeit zur Bildung.[85] Er entlud sich in Texten, die wegen ihrer miserablen Qualität nur Unwahrheiten enthielten. Damit wurde die Lüge zur treuesten Freundin der Franzosen – und »seine Freundin bekämpft man nie«.[86] Die Franzosen standen unter dem Gesetz der »glücklichen Nation, die von sich die beste, von allen anderen aber

vult omnia dicere, nichil dicit. […] ›Rosa‹, inquit, ›mundi, balsamus orbis‹. O fetidum balsamum, o olentem rosam! Equidem ex omnibus civitatibus, quas multas a ineunte etate, nunc negotio tractus, nunc videndi discendique desiderio circuivi, olentiorem nullam vidi. Una excipiatur Avinio, que hac in parte miserie principatum tenet.« Petrarca: Contra eum 24.

83 »Ist der Hass zwischen gewissen Nationen etwa nicht naturgegeben? Bei Sallust lesen wir von der tiefen Feindschaft der Franzosen gegen den Namen Roms, und bei Livius ebenso von ihrer Grausamkeit und ihrem wilden Hass auf alles Römische, und dass es immer noch so ist, erfahren wir in der Realität. [An non naturale inter aliquas nationes est odium? Et profecto Gallorum gentem infestissimam nomini romano apud Crispum, et de immanitate gentis Gallorum et de infestissimo odio in romanum nomen apud Livium legimus, et sic esse realiter experimur.]« Ebd. 13.

84 »hic barbarus, nostrarum rerum vituperationes suarum laudibus intermiscens, non irati tantum sed furentis in morem, nullo ordine multa in nos, stomaci impos, evomuit, magnum, credo, aliquid se se existimans, cui impune maximis obtrectare malitia temporum sit permissum.« Ebd. 6.

85 Ebd. 23.

86 »Sed amicum Gallis est mendacium, et amicum suum nullus oppugnat.« Ebd. 31.

die schlechteste Meinung hat«, und durch die »beklatschte Lüge wenigstens immer fröhlich ist«.[87]

Die gleiche Einheit von Ästhetik, Wahrheit und Moral nahm Petrarca auch für sich in Anspruch, freilich unter umgekehrten Vorzeichen. Seine Invektive diente angeblich dem Ziel, Lügen aus der Welt zu schaffen mit dem Wort der Wahrheit. Der Titel suggerierte noch, dass Petrarca Gleiches mit Gleichem vergelte, eine Schmährede mit einer Schmährede bekämpfe. Der Text schuf aber eine gewaltige Fallhöhe zwischen den Sprechenden. Petrarca setzte den Franzosen mit einem entlaufenen Sklaven gleich; einmal in Sicherheit, belle er wie ein Hund gegen seinen rechtmäßigen Herrn, wohl wissend, dass er im Unrecht sei.[88] Sich selbst stilisierte Petrarca zum unabhängigen, von emotionaler Bindung freien Verteidiger der Wahrheit: Seine Beredsamkeit – die Kunst im sparsamen Umgang mit Worten, im passenden und exakten Zitieren statt räuberischem Kopieren – war nicht nur Schmuck und Zierde; sie brachte die Wahrheit hervor, so wie französische Stillosigkeit in Lüge mündete. »Wahrheit und Erfahrung«[89] waren daher Petrarcas Begleiterinnen. Er blieb seiner Männlichkeit verpflichtet, agierte kühl, sachlich und distanziert. Der Franzose dagegen sei blind vor Eifer für seine »patria«, deliriere in fiebrigem Wahn und erliege weiblichen Anwandlungen. Herablassende Nachsicht übend, meinte Petrarca, den anderen entschuldige

> die Anhänglichkeit an sein Geburtsland, ein eher weiblicher als männlicher Zug, der weit verbreitet ist unter den Menschen, vor allem unter den ungebildeten. Die ehrenvollen Männer hingegen besiegen mit der Kraft ihrer Mannhaftigkeit alle diese Anwandlungen.[90]

Petrarca hielt sich selbst zugute, dass »ich die französischen Sitten nicht verurteile«.[91] Auf den barbarischen Zorn reagierte er mit der Vernunft des Zivilisierten.[92] Als Römer und Italiener war er Herr über seine Affekte. Er hatte ein ruhmvolles Leben lang seinen Mann gestanden. Mit seiner

87 »Felix natio, que de se optime, de aliis omnibus pessime opinatur, grato saltem semper leta mendacio.« Ebd. 22.

88 Ebd. 7.

89 »Ego tamen externo et valido bellatore non moveor, sed in mea opinione persisto, quam, ut reor, experientia veritasque adiuvant«; Ebd. 26.

90 »Sed excuset eum utcunque natalis zone dulcedo quedam feminea, non virilis, et qui multum in rebus hominum usus valet ac presertim rudium. Viri enim egregii virtutis ope vincunt omnia.« Ebd. 6.

91 »Mitto alia, non enim gallicos mores damno […].« Ebd. 4.

92 Zur Opposition von »ratio« und »ira« in der antiken Barbarologie vgl. Lund: Zur Gesamtinterpretation, S. 1879-1881, 1953 f.

Schrift verband er keine sozialen Begehrlichkeiten, sondern diente in völliger Freiheit den Tatsachen.[93] Hesdin verkörperte erneut das Gegenteil. Er war ein Barbar von »dunkelster Herkunft« und besaß keinen literarischen Leistungsausweis.[94] Seine Schmeicheleinheiten für den Papst wollte er mit einem Bischofshut belohnt sehen. Hesdin verkörperte die totale Unfreiheit. Damit trug er das Stigma derer, die dem Reich der Fortuna unterworfen waren.

Petrarcas Rhetorik der Eigentlichkeit machte aus formalen Kriterien der römischen Stil- und Gattungslehre Bedingungen von Wahrheit.[95] Diese Konstruktion stand im Kern seines Barbarendiskurses. Ausgangspunkt war Petrarcas Einsicht, dass er den antiken Gegensatz von Zivilisation und Barbarei an eine Gegenwart herantrug, die anders aussah. Macht, Reichtum und kulturelle Vorrangstellung Frankreichs im 14. Jahrhundert passten schlecht zu den römischen Barbarentopoi über die Gallier. Gerade die antike Ethnographie aber hatte die Autopsie, die Beobachtung des Erfahrbaren vor Ort, zum Wahrheitszertifikat erhoben. Dem Gebot der Autopsie konnte Petrarca nur genügen, wenn er die wahre Ordnung als verdeckt darstellte und sich selbst zu ihrem Enthüller machte.

Zur humanistischen Ersatzautopsie adelte Petrarca die Sprachkritik. Sie wurde der zivilisatorische Gradmesser schlechthin. Allein an der Güte des Lateins blieb die unveränderte Diskrepanz von Zivilisation und Barbarei erfassbar. Ein Barbar, der sprach und schrieb wie Cicero, war ebenso undenkbar wie ein gebildeter und tugendhafter Römer, der seine Worte nicht fand. Die Sprachkritik war verbindliches Diagnostikum eines Gesamtzustands. Ethnographische Beobachtungen vor Ort dagegen konnten nur den täuschenden Schein erfassen. Implizit sprach Petrarca dem Reisebericht jede ethnographische Wissensvermittlung ab.

Die Erhöhung sprachlicher Fähigkeiten zum Kennzeichen menschlicher Vollkommenheit bildete das Fundament der humanistischen Distinktion. Schon Petrarcas Ruhm zu Lebzeiten ging aus dem stilistischen Glanz seiner Texte hervor. Desgleichen sein Selbstbewusstsein. Er fühlte sich zum säkularen Hohepriester von Kaisern und Päpsten berufen. An Kaiser Karl IV. schrieb er: »Du rufst mich nach Deutschland; ich rufe

93 Petrarca: Contra eum 6.

94 Ebd. 7.

95 Während Petrarca in der Invektive »sapientia« von rhetorischen Fähigkeiten direkt abhängig machte, gewährte er ihr in früheren Schriften, vor allem solchen religiös-existentiellen Inhalts (»De ignorantia«, »Secretum«, »De vita solitaria«), größere Autonomie gegenüber der Rhetorik; Seigel: Rhetoric, S. 31-62. Kessler: Petrarca, S. 182-188.

dich nach Italien! Du bist mir durch Autorität überlegen, ich dir in der Sache.«[96]

Das humanistische Sprachkonzept begründete trotz seiner ideologischen Abriegelung Italiens auch die Expansion des Humanismus über Italien hinaus. Denn real wurde Zivilisation nun durch intensives Sprach- und Literaturstudium lernbar – eine Konsequenz, die der Frühhumanist Petrarca noch kaum in Betracht gezogen hat.

3.3.5. Vom humanistischen Barbarendiskurs zur Nationalisierung

Petrarcas Invektive gegen Jean de Hesdin schloss jeden Wettstreit zwischen Italien und dem Rest der Welt aus, heizte ihn damit aber gerade an. Wie lässt sich dieser Widerspruch von Absicht und Wirkung erklären? Erhellend ist ein Vergleich mit dem ethnographischen Barbarendiskurs der Antike. Die griechische und römische Ethnographie blieb einem Binnendiskurs der »Zivilisierten« verhaftet. Er war nicht auf die Zustimmung der »Barbarenvölker« angewiesen. Die kulturelle Kluft war zu offensichtlich. Von ihrer Barbarenidentität erfuhren die betroffenen Völker erst, wenn sie von den Römern unterworfen wurden. Die Stigmatisierung ging dann einher mit dem Versprechen, kollektive Aufnahme in die Zivilisation zu finden. Der römische Barbarendiskurs war dynamisch und flexibel. Kollektive Abgrenzungen verschoben sich mit der Ausdehnung von Herrschaft und Kultur.

Kaum eine literarische Gattung konnte der antiken Ethnographie weniger entsprechen als die Invektive. Angreifen und beleidigen lässt sich nur, wer in den Diskurs eingeschlossen wird. Genau das tat Petrarca. Seine Barbarentheorie sollte von den »Barbaren« rezipiert werden. Die Grenzen des Diskurses waren über die Grenzen der »zivilisierten« Gemeinschaft hinaus gezogen. Bedingung dieser Kommunikationssituation war Petrarcas Ablehnung der Gegenwart. Das Motiv der verkehrten Welt führte zu einer verkehrten Appellstruktur. Die Botschaft an gelehrte Franzosen, sich in ihre kollektive Zivilisationsunfähigkeit zu schicken, löste eine Spirale der Ehrverletzung und Ehrenrettung aus. So kam ein Diskurs in Gang, dessen Antrieb der kollektive Wettstreit war. Vorerst auf das engere

96 »Tu me in Germaniam, ego in Italiam te uoco. Tu autoritate me superas, ego te causa.« Petrarca an Karl IV., Padua, 18. Juli 1361. Epistolae de rebus familiaribus 23,8, in: ders.: Aufrufe, S. 526.

Umfeld der Kurie beschränkt, zog dieser Diskurs unter dem Diktat der Humanisten weitere Kreise.

Der französischen Antwort auf Petrarcas Invektive ging eine weitere Verschärfung der politischen Situation voraus. Zum einen übernahm die florentinische Kanzlei im Krieg gegen Gregor XI. (1375-78) Petrarcas Rhetorik und verbreitete sie in Italien. Zum andern wuchsen während des Großen Schismas (1378-1415) die Spannungen zwischen italienischen und französischen Kardinälen weiter. Ende des 14. Jahrhunderts holten französische Frühhumanisten zum Gegenschlag aus. Nicolas de Clamanges und Jean de Montreuil verwiesen auf exzellente lateinische Prosa aus französischer Feder und behaupteten, die französische Kultur habe Italien längst überholt. Die argumentative Spitze setzten sie ihrer Gegenschrift aber mit der Verwerfung von Petrarcas Rhetorikverständnis auf: Die französischen Literaten hätten es auch in der Beredsamkeit weiter gebracht als die Italiener, denn wahre eloquentia sei der sapientia untergeordnet; Letztere aber gehe Petrarca und den Italienern ab.[97]

Die französische Gegenattacke wurde vom königsnahen Collège de Navarre aus geritten.[98] An ihr war auch Jean Gerson beteiligt. Bereits 1389/90 hatte der junge Theologe eine Geschichte der großen Franzosen gefordert, um die »bissige und missgünstige Beleidigung der Neider des französischen Namens« zurückzuweisen.[99] Das Adjektiv »mordax« signalisierte, dass Gerson Salutatis Kommentar zu Petrarcas Invektive gelesen hatte.[100]

Trotz ihrer Entrüstung bewunderten die französischen Gelehrten die italienischen Frühhumanisten und übernahmen viele ihre Ideale bereitwillig. Petrarca wurde angegriffen, gleichzeitig aber akribisch studiert und imitiert. Hier war der Wille am Werk, die Spieße umzukehren und Italien mit seinen eigenen Waffen zu schlagen. Montreuil erniedrigte sich 1384 vor Salutati in holprigen Sätzen, nur um einige von dessen Briefen zu erhalten. Seine Bitte wurde erhört, und während er mit Eifer Salutatis Stil übte, verfluchte er Italien als neues Babylon, Reich Plutos und einzige Höhle voll Geiz und Ehrsucht.[101] Noch einen Schritt weiter ging Clamanges.[102] Sprachlich begabter als Montreuil, äußerte er sich über die Werke

97 Furr: France.
98 Ouy: Le collège, S. 275-299.
99 »Hec si nostris scribendi sollicitudo obtigisset, viros sane haberemus quos Ytalis Grecisque aut preponere liceret aut opponere, ac unde mordax lividaque emulorum gallici nominis insultacio repercuti posset.« Ouy: La plus ancienne œuvre, S. 472; ders.: Pétrarque, S. 425.
100 Müller: Der französische Frühhumanismus, S. 328 f.
101 Ouy: Pétrarque, S. 421-22; ders.: Paris, S. 83 f.
102 Cecchetti: Petrarca, Pietramala e Clamanges, S. 13-52.

Petrarcas mit Geringschätzung. Er schenke ihnen kaum Beachtung, und wenn, dann ohne Gewinn. Den Laureaten selbst beschimpfte er als Angeber und Schwätzer; ohne Verstand plappere er wie ein Papagei nach, was seine heidnischen Vorbilder sagten. Dieses vernichtende Urteil hinderte Clamanges nicht daran, sich ins Studium von Cicero und Quintilian zu vertiefen[103] und seine profunde Kenntnis von Petrarcas Werk in eigenen Schriften aufblitzen zu lassen. Clamanges gab sich das Doppelimage des »Pétrarque français« und »Anti-Pétrarque«;[104] er inszenierte sich zugleich als französischer Erbe des Italieners und als Gelehrter, dessen Intellekt in überitalienischen Sphären schwebe.

Die Polemik Petrarcas wirkte nicht nur in Frankreich,[105] sondern auch in Italien fort. Das Gespenst einer französischen Entführung des Papsttums blieb lebendig. Dass die Kurie im 15. Jahrhundert wieder unter italienische Kontrolle kam, änderte daran wenig. Die Humanisten stellten sich als Verteidiger Italiens gerne in die Nachfolge Petrarcas. So beurteilte Enea Silvio aus der Rückschau seine Wahl zum Papst 1458 als Rettung Italiens vor den Franzosen. Im Konklave habe er selbst mit verzweifelten Appellen einen Landsmann gehindert, die »Italia patria« zu verraten. Jener nämlich habe seine Stimme einem französischen Kandidaten geben wollen, ohne die fatalen Konsequenzen zu bedenken, die gelautet hätten:

> Entweder geht der Franzosenpapst nach Frankreich und unser liebes Vaterland wird seines Glanzes beraubt, oder er bleibt unter uns, und Italien, die Königin aller Völker, wird zur Dienerin eines fremden Herrn, und wir werden Knechte des französischen Volkes sein. Das Königreich Sizilien wird an die Franzosen übergehen; alle Städte und alle Festungen der Kirche werden Eigentum der Franzosen werden.[106]

Danach kam der vaterlandsmüde Kardinal laut Eneas Bericht in den Genuss einer patriotischen Predigt, die einem römischen Senator Ehre gemacht hätte:

103 Saccaro: Französischer Humanismus, S. 13, 65.

104 Ouy: Pétrarque, S. 429.

105 Symporien Champier nahm ein Jahrhundert später gegen Petrarca eine praktisch identische Haltung ein wie Clamanges und drückte seine Empörung in einer Publikation von Hesdins Schrift aus, die er als »Apologia in Galliae calumniatorem« betitelte; Ouy: Pétrarque, S. 433; Desan: Nationalism, S. 275.

106 »aut ibit in Galliam pontifex Gallus, et orbata est dulcis patria nostra splendore suo; aut manebit inter nos, et serviet regina gentium Italia extero domino erimusque mancipia Gallice gentis. regnum Sicilie ad Gallos perveniet; omnes urbes, omnes arces ecclesiasticas possidebunt Galli.« Piccolomini: Ausgewählte Texte, S. 230.

> Wo bleibt die Liebe zum Vaterland und die ständige Beteuerung, Italien sei mehr als alle anderen Völker? Ich habe geglaubt, wenn alle diese Liebe verleugneten, würdest du nie von ihr lassen. Du hast mich getäuscht, nein vielmehr dich selbst und dein Vaterland Italien, sofern du nicht in dich gehst.[107]

Die Predigt führte endlich zur Bekehrung des Kompatrioten, der fortan nicht ruhte,

> bis er alle Italiener, außer dem Colonna, beim Kardinal von Genua versammelt und ihnen dargelegt hatte, dass in den Latrinen eine Verschwörung angezettelt worden sei und dass die Kirche zugrunde gehen und Italien in ewige Knechtschaft geraten werde, wenn der von Rouen das Papsttum erlange. So sprach er und beschwor jeden Einzelnen, [...] lieber einen Italiener als einen Landesfremden zum Papst zu machen. Wollten sie auf ihn hören, so würden sie vielmehr Enea wählen.[108]

Eneas Schilderungen sind wenig glaubwürdig. Die Quellen zum Konklave von 1458 bestätigen keinen Zusammenstoß italienischer und französischer Interessen.[109] Von 18 Kardinälen kamen nur zwei aus Frankreich, acht aber aus Italien.[110] Eine akute Bedrohung Italiens durch die Franzosen ist daher wenig wahrscheinlich. Mit dem geballten Einsatz petrarkischer Italienrhetorik bezweckte Enea eine raffinierte Selbststilisierung literaturimmanenter Art: Die bedingungslose Treue, die er sich zuschrieb, galt nicht nur dem Vaterland Italien, sondern auch dem humanistischen Übervater Petrarca. Die Schilderung des Konklaves in aufgehellten petrarkischen Farben machte aus dem Humanisten Enea Silvio und Papst Pius II. die personifizierte Erfüllung von Petrarcas unerfüllten Italienwünschen.

107 »ubi amor patrie et vox illa semper Italiam ceteris nationibus preferens? existimabam recedentibus ceteris ab ejus charitate te nunquam recessurum. fefellisti me, immo te ipsum et patriam tuam Italiam, nisi resipiscis.« Ebd., S. 232.

108 »nec quievit, donec apud cardinalem Genuensem, excepto Columnensi, cunctos Italos congregavit exposuitque conjurationem in latrinis factam ecclesiamque perituram et Italiam in perpetuum servituram, si Rhotomagensis pontificatum assequeretur. dixit rogavitque singulos, [...] Italum potius quam exterum eligerent pontificem. quod si audirent, Eneam ceteris preferrent.« Ebd.

109 Pastor: Geschichte, Bd. 2, S. 11.

110 Ebd., S. 5 f.

3.3.6. Wer war »Italien«? – Bausteine einer Gemeinschaft von Nichtverwandten

Durch Petrarcas Unbehagen an der Gegenwart standen die Barbaren wieder mitten in der Christenheit, an den Schalthebeln von Imperium und Sacerdotium. Seine Appelle zur Barbarenvertreibung brachten neue Italien- und Frankreichmodelle hervor. Diese Modelle waren lange nur den Kurialen und Gelehrten in ihrem Umfeld bekannt. Diejenigen, die sich mit ihnen identifizierten, blieben in einem überschaubaren Raum. Ihr Diskurs war nicht auf eine breite Leserschaft ausgerichtet; von den damaligen Möglichkeiten, populäre Wirkung zu erzielen, machte niemand Gebrauch.

Ist nun daraus zu folgern, dass die Italien- und Frankreichkonstrukte nur einer privilegierten Elite Zugehörigkeit verhießen? Wen schloss Petrarca ein, wenn er von Italien und den Italienern sprach? Erste Aufschlüsse gibt Petrarcas Theorie vom genealogischen Ursprung der Römer. Wie erwähnt, verankerte er die römischen Wurzeln in toskanischem Boden. Diese Theorie machte aus Trojanern Italiener, aber sie klärte weder die Abkunft der Italiener, noch behauptete sie eine Blutsverwandtschaft aller Italiener mit den Römern. Der »sanguis Italicus« hatte bei Petrarca eine andere Bedeutung als bei Cola di Rienzo.[111] Der Begriff evozierte die Schlachtfelder, auf denen sich Italiener gegenseitig totschlugen.[112]

Wo italienisches Blut floss, starben für Petrarca keine Verwandten.[113] Die Italiener hatten weder eine gemeinsame Genealogie, eine gemeinsame Frühgeschichte noch einen rein italienischen Ursprung. Petrarca folgte der römischen Geschichtsschreibung, die den »gentes« Italiens verschiedene Herkünfte zugeschrieben hatte, sowie mittelalterlichen Gründungslegenden, die lombardische Städte als gallische Kolonien vorrömischen Ursprungs ausgaben.[114] Damit verband die Italiener nichts weiter, als dass sie in Italien ansässig waren. Gemessen am ideologischen Kitt ständischer Gemeinschaftsbildung war das wenig. Und doch verstand es Petrarca, aus diesen Voraussetzungen Kapital zu schlagen. Zuerst stellte er Jean de Hes-

111 Als gentile Bezeichnung taucht der Begriff bei Petrarca, wenn auch selten, für den antiken Stamm der »Italer« auf, etwa in einem Floruszitat in »De gestis Cesaris« 22, und in »De viris illustribus«, Scipio 10,71.

112 Ders.: Epistolae de rebus familiaribus 11,8.

113 Das »latin sangue gentile«, das Petrarca in der Canzone »Italia mia« anrief, entstand aus der Opposition zum »bavarico inganno«, besaß also keine genealogische Konnotation; ders.: Rerum vulgarium fragmenta 128, V. 65 f., 74 f.

114 Busch: Die vorhumanistischen Laiengeschichtsschreiber, S. 49-51.

dins Verweis auf die gallischen Städtegründungen in Italien die italienische Expansion gegenüber:

> Viele Ausländer haben in Italien Städte gegründet. Wer weiß das nicht? Was tut das zur Sache? Gibt es hingegen eine Gegend der Welt, wo die Italiener nicht auch Städte gegründet haben?[115]

Petrarca zählte Migrationen und multiethnische Koexistenz zur Geschichte jedes geographischen Gebiets. Ihm zufolge besaß kein europäisches Territorium eine einwanderungsfreie Vergangenheit. Zum Prestigefundus erhob er das Verhältnis von eigenen Gründungen im Ausland zu ausländischen Gründungen im eigenen Land. Dank der Römer schwang Italien in dieser Sparte obenaus.[116] Sogar Paris gelte als Gründung Julius Caesars. Maliziös ergänzte Petrarca, fast beneide er die Franzosen um den Gründer ihrer Hauptstadt.[117]

Den Leistungsvorsprung Italiens führte Petrarca auf natürliche Determinanten zurück. Diese lösten Italiens Größe sogar vom römischen Erbe. Im Mittelpunkt stand der »Genius loci« der Apenninenhalbinsel:

> Der Wechsel des Lebensraums ändert nämlich nicht die Gegend, die von einer Einwanderung betroffen ist, sondern die Einwanderer selbst. Daher sind die nach Asien gewanderten Franzosen Asiaten, die nach Phrygien gezogenen Italiener Phrygier und die nach dem Untergang Trojas nach Italien Zurückgekehrten wiederum Italiener geworden. So haben die Unsrigen, die nach Gallien und Germanien übersiedelt waren, die Natur jener Gebiete und die barbarischen Sitten in sich aufgesogen. Auch die Mailänder, deren Stadt von den Galliern gegründet worden ist und die einst Gallier gewesen sind, sind heute ein höchst feiner Menschenschlag und in keiner Weise den Ursprungszeiten verhaftet. So beherrscht und formt eine göttliche Kraft die menschliche Natur.[118]

115 »Multi alienigenae in Italia urbes condiderunt. Quis hoc nescit? Quid ve ad rem? Que autem mundi pars est, ubi non Itali urbes quoque condiderint?« Petrarca: Contra eum 27.

116 Petrarca: Contra eum 27; zum Beweis dieser Behauptung verwies Petrarca auf Seneca: Ad Helviam de consolatione 7,7.

117 Petrarca: Contra eum 27.

118 »Verum hec sedium mutatio non patriam, ad quam pergitur, sed pergentes immutat. Itaque et Galli in Asiam Asiatici, et Itali in Phrygiam profecti Phryges, et post Troie excidium in Italiam reversi Itali iterum facti sunt. Sic nostri in Galliam aut Germaniam translati naturam illarum partium imbiberunt moresque barbaricos. Et Mediolanenses a Gallis conditi, atque olim Galli, nunc mitissimi hominum, nullum servant vestigium vetustatis. Ita vis celestis humana vincit ac moderatur ingenia.« Ebd.

Der Vorrang Italiens war also nur scheinbar meritokratisch errungen. Ihre ruhmreiche Zivilisation verdankten die Italiener dem Lebensraum. Petrarca brachte die (pseudo)hippokratische Klimatheorie in den Barbarendiskurs zurück. Schon im ersten Werbebrief an Urban V. hatte er aus klimatischen Gründen für den Kurienstandort Rom geworben: Italien sei ein Land frei von Extremen.[119] Petrarca wusste römische Autoren an seiner Seite. Vitruv zum Beispiel hatte das italienische Klima zum ideal gemäßigten Nährboden menschlicher Leistungsfähigkeit erhoben.[120] Vielleicht wurde Petrarca auch von französischer Literatur angeregt, was nicht frei von Ironie wäre. Autoren im Umfeld der Krone behaupteten nämlich seit dem späten 13. Jahrhundert, Frankreich liege im »siebten Klima«, dem mildesten von allen, das die Erde fruchtbar und die Menschen gescheit und kräftig mache.[121] Die gleichen Argumente flossen in Petrarcas Ideologie von der nichtverwandten Menschheitselite ein: Die italienische Natur zivilisierte die Menschen, egal woher sie gekommen waren und wie edel ihr Blut sein mochte. Mehr als alle politischen Strukturen und sozialen Hierarchien begründete das Klima die Größe Italiens.[122] Petrarca griff die Ständeordnung nicht direkt an, aber hinsichtlich der Kluft zwischen Zivilisation und Barbarei degradierte er sie zur Bedeutungslosigkeit. Darin lag ein ideologischer Autonomieanspruch seines Italiendiskurses.

Der Verzicht auf einen Herkunftsmythos der Italiener schlug sich auch in der Terminologie nieder. Petrarca verwendete in seinen lateinischen Texten kaum je die Begriffe »gens« oder »natio Italica« im Sinn einer abstrakten Großfamilie. Damit setzte er sich schon in der Wortwahl von Cola di Rienzo ab. Nannte er sich »italus natione«,[123] so benützte er die geographische Herkunftsbezeichnung im herkömmlichen Wortsinn.[124] Auch

119 Petrarca an Urban V., Venedig, 29. Juni 1364 oder 1366. Epistolae rerum senilium 7, in: ders.: Aufrufe, S. 352-354.

120 Vitruvius: De architectura 138; Krattinger: Der Begriff, S. 15.

121 Zu den Lobrednern des französischen Klimas zählten Pierre Dubois, Étienne de Conti und eine Generation später auch Jean Gerson; Beaune: Naissance, S. 320 f.

122 Petrarcas Fundierung seines Italienmodells in Geographie und Klima lädt dazu ein, Rückschlüsse auf die Motive seiner kartographischen Bemühungen zu ziehen. Die historische Karte der Apenninenhalbinsel, die er erarbeitete, ist zwar heute verschollen, war aber noch für die Entstehung von Flavio Biondos »Italia Illustrata« von entscheidender Bedeutung; Clavuot: Biondos »Italia Illustrata«, S. 141 f.

123 Petrarca: Contra eum 12, 26.

124 Entsprechend ist die Passage, »Si suspectum Gallis natio te reddit italica, […]«, zu übersetzen mit: »Wenn es dich den Franzosen verdächtig macht, in Italien geboren zu sein, […].« Petrarca: Contra eum 1; Werner: Volk, Nation, Nationalismus, Masse. III. Mittelalter, in: Geschichtliche Grundbegriffe, Bd. 7, S. 214-217.

der Kollektivsingular natio blieb bei Petrarca in semantischer Nähe zur antiken Literatur. Er bezeichnete in der Regel Abstammungsgemeinschaften außerhalb Italiens, behaftet mit dem pejorativen Etikett des Barbarischen. Die »populi Italie« standen als rational organisierte Gemeinwesen den primitiven Sippenverbänden der »nationes exterae« gegenüber.[125]

Italiener zu sein und der Zivilisation anzugehören war für Petrarca an eine entscheidende Bedingung geknüpft: Man musste vom italienischen Land und Klima geformt sein. Konkret hieß das, in Italien geboren, aufgewachsen und vor allem erzogen zu werden. Die bloße Geburt in Italien befähigte noch keinen Mann, an der italienischen Ehre zu partizipieren. Dazu musste man selber Italien zur Ehre gereichen. Voraussetzung waren »virtus« und »humanitas«, Männlichkeit und Bildung. Diese Eigenschaften kamen zwar nur auf italienischem Boden zum Blühen, aber von allein taten sie es auch da nicht. Man musste seine natürlichen Anlagen veredeln, um große Taten vollbringen zu können. Petrarcas Italiendiskurs wirkte damit nicht nur hierarchisierend nach außen, sondern auch nach innen.

An der Spitze Italiens standen Männer, die durch herrschaftliche, kriegerische oder schriftstellerische Taten eigenen Ruhm angehäuft und diesen auf Italien übertragen hatten. Sie waren Nachfolger der römisch-antiken Helden des Schwerts und der Feder. Indem Petrarca literarische und politische Taten zusammenführte, wertete er die soziale Stellung des Gelehrten massiv auf. Dieser war nicht mehr Diener Gottes oder eines Fürsten, sondern berufen, das Steuer der Macht mitzuführen. Auf der Prestigeleiter der italienischen Gemeinschaft stand der Humanist neben dem Politiker und Krieger auf der obersten Stufe. Er verdiente sich diesen Rang, indem er sein Wissen politisch nutzbar machte und die Taten von Römern und Italienern verewigte. Petrarca löste damit den Appell, den er an sein italienisches Publikum richtete, selber ein: Er verteidigte und steigerte die Ehre Italiens.

Petrarca wählte die schmale Elite von Geist und Gewalt zur Hauptadressatin seiner Kollektivideologie und erhob sie zur autonomen Lenkerin der Geschicke Italiens. Sie repräsentierte alle Ehre, die der Begriff Italiens verhieß. Der großen Masse blieb der passive Stolz auf ihre vergangenen und gegenwärtigen Führer. Aber auch Niedriggeborene durften hoffen, mit Talent und Willen die durchlässigen Trennwände, die die ehrenwerten Italiener umgaben, zu durchstoßen. Petrarca selber hatte es vorgemacht. Im Unterschied zur starren Hierarchie nach außen ließ die inneritalienische Stufenleiter also ein Auf und Ab zu, indem sie den Wettbewerb der Begabten sanktionierte.

125 Petrarca: De otio religioso 1; ders.: Epistolae de rebus familiaribus 4,7,3, 17,3,33, 22,14,58; ders.: Epistolae rerum senilium 14,2,1.

3.3.7. Italien als rhetorische Waffe der Florentiner Außenpolitik: Coluccio Salutati

Petrarcas Italiendiskurs wurde von Coluccio Salutati, der Leitfigur des Florentiner Frühhumanismus, in die Rhetorik der politischen Diplomatie integriert. Dabei wurden Inhalt und Zweck des Diskurses verschoben. Petrarcas Italienkonstrukt musste mit den Interessen der florentinischen Außenpolitik harmonisiert werden, die Salutati als Kanzler der Republik jahrzehntelang vertrat. Salutati hatte während seiner zwei Jahre an der Kurie die Wirkung von Petrarcas Antibarbaries aus nächster Nähe erfahren. Kaum zum Florentiner Kanzler ernannt, löste er den Italiendiskurs aus der kurialen »Innenpolitik« und machte ihn zum Propagandainstrument der florentinischen Außenpolitik.[126] Salutati ergänzte Petrarcas Antibarbaries mit der guelfischen[127] Kampfparole der Freiheit. Diese hatte in Florenz eine lange Tradition, stand aber in Abhängigkeit von der höheren Freiheit der »res publica Christiana«, die im Papsttum verankert war. Salutati übernahm vom guelfischen Freiheitsbegriff kaum mehr als die Worthülle. Er säkularisierte ihn und wies ihn als Merkmal der italienischen Zivilisation aus.[128]

1375 – im gleichen Jahr, als Salutati zum Kanzler der Republik ernannt wurde – brach zwischen Florenz und der Kurie unter Gregor XI. ein Konflikt aus, der als Krieg der Otto Santi bekannt geworden ist. Hintergrund des Konflikts war die angehende Reinstallierung des Papsttums in Italien. Die päpstlichen Legaten hatten beim Wiederaufbau des Kirchenstaats in Kommunen der südlichen Toskana interveniert und die dringende Getreidezufuhr nach Florenz unterbunden. Zudem drohten die päpstlichen Söldnertruppen, die nach dem Krieg gegen Mailand entlassen worden waren, in Mittelitalien zu marodieren.[129] Florenz reagierte auf diese Herausforderung mit aggressiver Panik.[130]

126 Bei der Planung der florentinischen Propagandakampagnen schuf sich Salutati einen beträchtlichen Freiraum. Der Kanzler war nicht nur ausführendes Organ obrigkeitlicher Bestimmungen, sondern entwickelte eigenständig diplomatische Strategien, die erst hinterher von den Kontrollbehörden abgesegnet wurden; Witt: Coluccio Salutati, S. 1; ders.: Hercules, S. 117, 129; Lankgabel: Staatsbriefe, S. 13-17.

127 Als »Guelfen« galten in Italien seit der Stauferzeit papstfreundlich-antikaiserliche Kreise. Ihre Gegner waren die »Ghibellinen«. Das Begriffspaar stand seit dem Spätmittelalter für städtische Parteiungen, die mit der ursprünglichen Ausrichtung nicht mehr viel zu tun hatten.

128 Hörnqvist: The two Myths, S. 114.

129 Brucker: Florentine Politics, S. 280-283.

130 Ebd., S. 289-296.

Die Konfliktlage war für beide Beteiligten insofern neu, als das Florentiner Patriziat traditionell guelfisch war und im Papsttum einen der engsten Verbündeten hatte. Auch in Avignon hatte die Kurie zu den größten Schuldnern der Florentiner Banken gehört.[131] Dass der Papst vom Freund zum Feind mutierte, hing mit dem politischen Machtzuwachs der »gente nuova« am Arno zusammen. Die Schicht der wirtschaftlichen Aufsteiger hatte mit populärem Antiklerikalismus die Guelfenfraktion des Patriziats aus den Ämtern gedrängt.[132]

Parallel zum zögerlichen Kriegsgeschehen startete Florenz eine diplomatische Großoffensive, deren Ziel die Ausweitung der antipäpstlichen Front auf den Kirchenstaat war. Salutati sandte dem römischen Senat und den Städten im weiteren Umland zahlreiche Propagandaschreiben. Sie schürten das Unbehagen über die päpstlichen Eingriffe im Kirchenstaat und riefen zum Aufstand gegen die Kurie auf.[133] Der Italiendiskurs erreichte eine inhaltliche Flexibilität, die bei Petrarca und Cola di Rienzo nicht gegeben war. Hatte Petrarca noch im Namen Italiens die Rückkehr des Papstes nach Rom gefordert, so forderte Salutati nun im Namen Italiens die Vertreibung desselben aus Italien. Ohne Retuschen an Petrarcas Italienkonzept ging das zwar nicht, aber die Leitparole blieb die gleiche: Freiheit Italiens von fremder Herrschaft!

Salutatis Angriffspunkt war die frühere Zugehörigkeit Gregors XI. zur gallikanischen Kirchenprovinz. Dieses Kriterium hatte in Petrarcas Werbungen an den ebenso »französischen« Urban V. noch keine Rolle gespielt. Salutati argumentierte, die Rückkehr des Papstes sei ein Deckmäntelchen für die Invasion barbarischer Tyrannen aus Frankreich. Die Franzosen planten, ganz Italien zu unterwerfen.[134] Neben dem Papst erklärte er die französischen Kardinäle sowie die Rektoren und Legaten des Kirchenstaats zu Feinden Italiens.

Die »libertas Italiae«, für deren Überleben Florenz angeblich kämpfte, erhielt in der ersten Kriegsphase einen einfarbigen Anstrich: Souveränität und Unabhängigkeit von »gentes exterae«. Im Namen der Freiheit Italiens appellierte Florenz an Signorien wie Republiken. »Populi« und »domini« wurden angehalten, gemeinsam dem ausländischen Feind entgegenzutreten.[135] Die Freiheit Italiens stellte Salutati als Summe der Souveränitäts-

131 Herde: Guelfen, S. 261-299; ders.: Politik, S. 113 f.

132 Brucker: Florentine Politics, S. 297 f., 301-303.

133 Ebd., S. 308 f.

134 Florenz an Galeotto Malatesta von Rimini, 7. Dezember 1375 / Florenz an die Römer, 1. Februar 1376, in: Langkabel: Staatsbriefe, S. 100, 110.

135 Florenz an Galeotto Malatesta von Rimini, 6. April 1376 / Florenz an die Römer, 1. Februar 1376, in: ebd., S. 111.

rechte dar, die die italienischen Gemeinwesen für sich beanspruchten. Dass diese Freiheit in jedem Gemeinwesen ein eigenes Gesicht hatte, nahm der Kanzler gewandt auf. Die Motive, die er dem gemeinsamen Freiheitswillen unterlegte, variierten von Adressat zu Adressat. Richtete er sich an die römische Kommune, so hob er das Erbe des alten Roms, »virtus et libertatis studium«, hervor;[136] schrieb er der Stadt Ancona, erinnerte er an den ursprünglichen Freiheitswillen aller Völker Italiens, der die römische Expansion aufgehalten habe, nun aber den Barbaren zu erliegen drohe.[137]

Die italienische Freiheit wurde zum Kernbegriff einer Rhetorik der Defensive, die vordergründig der Heiligkeit des Status quo das Wort redete. Nach Salutati führte Florenz einen Krieg »pro defensione libertatis« und »pro conservatione status«.[138] Die Freiheit zu verteidigen hieß, einen Zustand ursprünglicher Gerechtigkeit zu bewahren oder wiederherzustellen. Der Freiheitswille Italiens schien getragen vom Konsens, dass die hergebrachten Rechte jedes Gemeinwesens unantastbar seien. Salutati verknüpfte »libertas« regelmäßig mit »status«, das je nach Kontext die bestehenden Machtverhältnisse, die politische Verfassung oder die einzelne Herrschaft – den »Staat« – bezeichnete.[139] Das Begriffspaar libertas/status sandte ein Signal multilateraler Sicherheit und Gleichrangigkeit aus. Florenz, so Salutatis Botschaft, stellte sich bescheiden in den Dienst Italiens, verteidigte den Status quo und lehnte den Eigennutz auf Kosten anderer italienischer Territorien ab. Mit dieser rhetorischen Strategie verstand es Salutati, die guelfische Tradition antikaiserlicher Freiheitspropaganda zu flexibilisieren und auszuweiten. Die »defensio libertatis Italiae« wurde zum Schlagwort der Florentiner Außenpolitik.

Eine Ausnahme von der defensiven Kriegsrhetorik stellte Salutatis offizielle Korrespondenz mit Rom dar. Die römischen Bürger wurden an ihre Blutsverwandtschaft mit den Florentinern erinnert und aufgefordert, es ihren Verwandten am Arno gleichzutun und die Pflichten des gemeinsamen Erbes zu erfüllen.[140] Im weiteren Kriegsverlauf kam auch der Freiheitsbegriff ins Spiel, allerdings in veränderter Bedeutung. Salutati stilisierte die römische Freiheit zur vorbildlichen Doktrin politischer Expansion: So hätten die Römer eroberte Völker nicht sklavisch unterjocht, sondern »equis legibus«, mit den für sie selbst geltenden Gesetzen, in süßer

136 Florenz an die Römer, 1. Februar 1376, in: ebd., S. 110.
137 Florenz an Ancona, 13. Februar 1376, in: ebd., S. 112.
138 Ebd., S. 59.
139 Ebd.
140 Florenz an die Römer, 1. Februar 1376, in: ebd., S. 111.

Freiheit regiert.[141] Untypisch war nicht nur die Vorstellung einer erobernden Freiheit, sondern auch ihre Anbindung an konstitutionelle Kriterien. Gerade in der Korrespondenz mit Rom aber trat das politische Selbstverständnis der Arnostadt deutlich hervor. Denn die herrschenden Familien von Florenz inszenierten sich als unmittelbare Nachfahren der Römer, deren freiheitliche Praxis sie fortzuführen dachten.[142] War »libertas« nicht mit »status«, sondern mit »Roma« verbunden, wurde aus der Rhetorik der florentinischen Selbstbescheidung eine Rhetorik der Hegemonie: Florenz führte Krieg um des Friedens willen, blies zum Angriff aus Gründen der Selbstverteidigung und unterwarf andere Kommunen im Namen der Freiheit.[143] Diese Rhetorik diente, römisch-rechtlich abgestützt, während und nach Salutatis Kanzlerschaft als Fanfare der florentinischen Territorialexpansion.[144]

Um die Städte Mittelitaliens zum Widerstand gegen die »gentes exterae« zu mobilisieren, appellierte Salutati auch an den »sanguis Italicus«. Diesen Kollektivsingular, den Cola di Rienzo affektiv aufgeladen hatte, stellte Salutati vereinzelt einem »sanguis transalpinus« gegenüber, der für die »Galli« stand.[145] Wie schon Cola blieb Salutati einen genealogischen Nachweis der italienischen Blutsbande schuldig. Sein Italiendiskurs zielte nicht auf Prestigezuwachs gegenüber den ausländischen Barbaren, sondern auf innere Homogenisierung. Mit dem »sanguis Italicus« versuchte Salutati, die Regierungen anderer Städte im Sinn der florentinischen Interessen zu konditionieren.

141 Florenz an die Römer, 2. August 1377, in: ebd., S. 161.

142 Was Salutati sicher nicht im Sinn hatte, war eine Verwässerung des römischen Bluts zu einem italienischen. Diesen Schluss haben Mayer und Münkler aus dem Schreiben an die Römer vom 1. Februar 1376 gezogen. Salutatis Verpflichtung Italiens auf das Erbe Roms erweitere »die Idee der römischen Abstammung von Florenz zur nationalen Idee«. Diese Weiterung lässt sich im Text nicht nachweisen und ist auch nicht plausibel. Der Kanzler hätte damit seine römischen Adressaten herabgesetzt und den Nimbus von Florenz als Nachfahrin Roms gefährdet. Tatsächlich vermied Salutati in seiner antifranzösischen Hetzkampagne von 1375 bis 1377 jegliche Behauptung einer Blutsverwandtschaft zwischen den alten Römern und der Gesamtbevölkerung Italiens. Italien war ihm zivilisatorische und politische Erbin Roms, aber wie bei Petrarca und Cola lag diesem Erbe kein Stammbaum zugrunde. Das Gütesiegel des römischen Bluts war in der inneritalienischen Konkurrenz zu prestigeträchtig, um es zum Zweck der Koalitionsbildung an alle Italiener zu verschwenden; Münkler u.a.: Nationenbildung, S. 124.

143 Herde: Politik, S. 183.

144 Meier: Mensch, S. 168-170; zu ihrer Fortsetzung vgl. Kap. 3.3.8.

145 Florenz an Galeotto Malatesta, 7. Dezember 1375 / Florenz an Perugia, 7. Dezember 1375, in: Langkabel: Staatsbriefe, S. 100 f.

Salutatis Antibarbaries blieb ideologisch unverbindlich. Sie war ein diplomatisches Instrument, das die außenpolitische Isolation der Arnorepublik abwenden sollte. Die nebulöse Gestalt Italiens konnte Salutati nur recht sein, denn ein politisch verpflichtendes Italienkonzept hätte den florentinischen Handlungsspielraum beeinträchtigt. Die undifferenzierte xenophobe Hetzpropaganda barg aber auch Risiken. Im Frühjahr 1376 wurde eine Kopie seines Schreibens an die Römer dem französischen König zugespielt. Dieser gehörte der überkommenen Guelfensolidarität zufolge auch zu den Verbündeten von Florenz. Salutati hatte diese Solidarität eben beschworen, als er Karl V. um eine Vermittlung zwischen Florenz und der Kurie bat, und im gleichen Atemzug betont, es gebe keine Nation, die Florenz wärmer verehre als die »optima gens Francorum«. Bei ihr vereinige sich Reinheit des Glaubens, Schmuck aller Sitten und einzigartige Bildung.[146] Diese Worte hinderten den Kanzler nicht daran, italienische Adressaten weiterhin zum Aufstand gegen die gallischen Barbaren zu drängen. Als aus Frankreich eine Protestnote eintraf, blieben Salutati nur fadenscheinige Beteuerungen und spitzfindige Erklärungen. Das Exemplar, das der König erhalten habe, müsse mutwillig entstellt worden sein, denn er habe den Begriff der Gallier nur zweimal gebraucht und damit allein die päpstlichen Emissäre, die Italien unterdrückten, gemeint:

> Sonst aber haben wir im ganzen Brief die Begriffe ›Barbaren‹, ›Unkraut‹, ›Ausländer‹ oder ›Fremdlinge‹ gebraucht, und stellen demnach gänzlich in Abrede, dass, wo ›Gallier‹ gelesen werden könnte, das von uns so eingefügt worden sei.[147]

Seiner Abwiegelung setzte Salutati die Krone auf, indem er die »Franci« von den »Galli« trennte. Das klang damals in italienischen Ohren ebenso ungewöhnlich wie in französischen.[148] Bei Caesar, so Salutati, sei nachzulesen, dass Gallien in drei Teile gegliedert sei. Einer von diesen sei die Francia, die alle Gallier an Macht und Adel übertreffe. Von den Galliern, die Florenz in Italien bekämpfe, sei keiner »de gente Francorum«, so dass

146 Herde: Politik, S. 174.

147 »[...]; alibi autem per totam epistulam aut ›barbaris‹ aut ›avenis‹ aut ›externis‹ aut ›exteris‹ usi sumus et sic, ubi ›Gallici‹ reperiatur, hoc per nos insertum fuisse planissime diffitemur.« Florenz an Karl V., 15. Mai 1376, in: Langkabel: Staatsbriefe, S. 125.

148 Salutati bemühte wahrscheinlich verblasste frühmittelalterliche Bedeutungen von »Francia«, die sich auf das Gebiet nördlich der Loire oder der Seine bezogen; Lugge: »Gallia«, S. 160-169; zur semantischen Engführung von »Galli« und »Franci« und zur Raumbezeichnung »Gallia« und »Francia« im italienischen Humanismus vgl. Maissen: Von der Legende, S. 317-327.

Florenz die französische Krone nie beleidigt habe.[149] Wenige Monate später bedankte sich Salutati bei Karl V. für dessen Entgegenkommen und huldigte dem Monarchen in höchsten Tönen: »Zu Recht nennt Sie die Menschheit fränkischer König und König der Franken, das heißt einen freien Herrscher und Lenker eines freien Königreichs!«[150] In den folgenden Jahren betonte Salutati wiederholt die Verbundenheit der Arnorepublik mit der französischen Krone. Er bezeichnete Frankreich als Freiheitsgarantin der italienischen Kommunen und suchte die Unterstützung des Königs in inneritalienischen Konflikten. Seine aus der Not entstandene Unterscheidung von »Franci« und »Galli« ließ er wieder fallen. Einen Monat vor seinem Tod offenbarte er dem französischen König sogar, die Florentiner Bürgerschaft sei »longe plus Gallicana quam Tusca«, französischer selbst als Paris.[151]

Salutatis propagandistischer Opportunismus erzeugte 25 Jahre nach dem Krieg der Otto Santi auch in Italien unerwünschten Widerhall. Diesmal wegen seiner Anbiederung an Frankreich. Florenz und Mailand standen im Krieg. Am heftigsten wurde an der Propagandafront gekämpft. Der in mailändischen Diensten stehende Humanist Antonio Loschi erklärte die Arnostadt zur Plage Italiens. Sie werde von Tyrannen regiert,[152] öffne den wankelmütigen Franzosen in Italien Tür und Tor und hege die vergebliche Hoffnung, mit französischer Hilfe die Italiener zu besiegen. Allein Mailand verteidige Freiheit und Frieden Italiens zum wiederholten Mal.[153] Die Politik von Florenz, so Loschi, richte sich »semper contra salutem Italiae«:[154]

> Ich würde mich wundern, dass unter Italienern eine so große natürliche Abartigkeit sich erhoben hat, dass sie sich von den Franzosen Gutes erhoffen können, wenn ich euch nicht als Gift und Abschaum der Italiener, als bereits langjährige Feinde des Heils Italiens erkannt hätte.[155]

149 Ebd., S. 125-127; Herde: Politik, S. 174 f.

150 »Iure genus humanum vos regem Francum regemque Francorum, hoc est liberum principem et regni liberi moderatorem, appellat.« Florenz an Karl V., 5. September 1376, in: Langkabel: Staatsbriefe, S. 143.

151 Zit. nach Herde: Politik, S. 181.

152 Loschis Invektive wurde von Salutati in seiner Antwort vollständig, Abschnitt für Abschnitt zitiert und zurückgewiesen. Daher stehen im Folgenden für Loschis Schrift die bibliographischen Angaben von Salutatis Gegenschrift; Salutati: Invectiva, S. 82; Witt: Hercules, S. 388.

153 Salutati: Invectiva, S. 116 f.

154 Ebd., S. 118.

155 »mirarer in Italis tantam perversitatem extitisse naturae, ut de Gallis bene sperare possent, nisi vos venenum, ac faecem Italorum iam diu inimicos salutis Italiae cognovissem.« Ebd.

Salutati antwortete mit der berühmten Verteidigungsschrift, die Mailand als tyrannisches Regime brandmarkte. Die Herrschsucht der Visconti bedrohe die außen- und innenpolitische Freiheit der italienischen Kommunen. Um Florenz die Diskurshegemonie über die »libertas Italiae« zu erhalten, führte er diese auf die römische Republik zurück. Die Florentiner, »die wahre und einzige Zierde Italiens«,[156] seien von römischem Blut, folglich von Rechts wegen römische Bürger, folglich Freie, nicht Sklaven.[157] Die Mailänder hingegen gehörten den Lombarden an, deren Namen sie als Immigranten aus der Barbarei, als »Longobardorum sanguis«, ausweise. Ihre tyrannischen Herrscher belegten, dass der »spiritus Italicus« sie nicht erleuchtet habe. Sie gingen unter dem Joch, ohne die Freiheit zu erblicken. Im gleichen Atemzug verteidigte Salutati die Verbundenheit der Arnorepublik mit Frankreich. Dabei ging der republikanische in einen monarchischen Freiheitsbegriff über. Die Galli lebten im Genuss »königlicher Freiheit«, seien Feinde aller Tyrannen, verfügten über eine »naturae bonitas innata« und seien gütig und gebildet.[158]

Leitbegriff von Salutatis Invektive war aber nicht mehr die Freiheit Italiens, sondern die »Florentina libertas«. Salutati stilisierte sie zur Bedingung jeder anderen Freiheit.[159] Dem Florenz der Gegenwart kam die Rolle des antiken Roms zu, beschränkt auf Italien. Um dieses Erbe zu bestätigen, betonte Salutati die kulturelle Vorreiterrolle der Stadt. Er verwies namentlich auf Dante, Boccaccio und Petrarca, während er die zahllosen »Männer der Tat«, die Florenz hervorgebracht habe, nicht einzeln erwähnte. Damit hielt er Loschis Schmähung der Arnostadt als »Abschaum Italiens« für widerlegt.[160]

In der wissenschaftlichen Literatur hat Salutatis Italiendiskurs kontroverse Bewertungen erhalten. Da man sich für die persönlichen Überzeugungen des Kanzlers interessierte, war man vor Probleme gestellt. Berthold L. Ullman ließ sich von der Vorstellung einer Loyalitätenhierarchie leiten und kam zum Schluss: »All we can say is that Salutati was first of all an Italian.«[161] Achatz von Müller meinte, Salutatis Verständnis von der Freiheit Italiens bleibe »letztlich unpolitisch. ›Natio Italica‹ und ›gens Italica‹ schienen ihm allein literarisch einlösbar.«[162] Einen dritten Standpunkt vertrat Peter Herde. Er leitete aus der offiziellen Korrespondenz

156 Ebd., S. 126.
157 Ebd., S. 54.
158 Ebd., S. 83 f., 144.
159 Ebd., S. 88 f.
160 Ebd., S. 125 f.
161 Ullman: The Humanism, S. 81.
162 Müller: Überregionale Identität, S. 280.

des Kanzlers ab, dessen »rhetorischer Ausdruck eines italienischen Nationalgefühls« sei nicht ernst zu nehmen.[163] Salutati habe sich seinem italienischen Solidaritätsdiskurs nie verpflichtet gefühlt.[164] Gegen die verklärende Sicht Hans Barons entwarf Herde das Bild eines machiavellistischen Staatsdieners avant la lettre, der bei der Verfolgung realpolitischer Interessen keine rhetorischen Kniffe scheute.[165]

Herdes Einschätzung von Salutatis Italiendiskurs beruht auf unvereinbaren Prämissen: Bewertungsgrundlage sind die offiziellen Schreiben, Erkenntnisobjekt die persönlichen Zugehörigkeitsgefühle Salutatis. Diese waren im diplomatischen Verkehr der Republik Florenz nicht gefragt. Aus den Kanzleischriften lassen sich nur Salutatis Wirkungsabsichten eruieren. In den 30 Jahren seiner Kanzlerschaft wurde der Italiendiskurs fester Bestandteil der Florentiner Außenpolitik. Seine Hauptbotschaft lautete, die florentinischen Eigeninteressen seien identisch mit dem Wohl Italiens. Salutati war sich offenbar sicher, dass der Italiendiskurs die Eliten anderer Städte mobilisiere. Er setzte bei ihnen konstante Einstellungen voraus, die durch Signale wie »italienische Ehre« und »Freiheit« zu bestimmten Handlungen verleiteten. Salutatis Begriff der »libertas Italiae« war folglich nicht nur literarisch einlösbar, sondern von hochpolitischem Gehalt.

Inwieweit sich Salutatis Wirkungsabsicht erfüllt und sein offizieller Italiendiskurs Florenz politischen Gewinn eingebracht hat, ist schwer zu beurteilen. Vor ihm hatte erst Cola di Rienzo eine vergleichbare Strategie angewandt, sicher nicht erfolglos, aber mit bekanntem Ausgang. Salutati selbst konnte das politische Gewicht des eigenen Wortes nicht hoch genug einschätzen. Im Krieg gegen Mailand kolportierte er, Giangaleazzo Visconti habe geklagt, ein Brief von Salutati schade ihm mehr als tausend florentinische Reiter.[166] Diese Aussage wird gerne als Beleg für die politische Macht der humanistischen Sprache angeführt, als sei hier Salutati

163 Herde: Politik, S. 184.

164 Herde beruft sich u.a. auf folgendes Ereignis: Salutati feierte in einem florentinischen Manifest an die »Gemeinschaft der Italiener« den Sieg des italienischen Söldnerheers Urbans VI. über den französischen Gegenpapst als glorreichen Akt für ganz Italien und rühmte die Soldaten als Kämpfer fürs Vaterland und »liberatores Italie«. Wenige Tage später drohte er aber seinem italienischen Heerführer, er werde ihm den englischen Condottiere John Hawkwood mit dessen deutschen und englischen Söldnern auf den Hals hetzen; Florenz an die »societas Italicorum«, 11. Mai 1379, in: Langkabel: Staatsbriefe, S. 162 f.; Herde: Politik, S. 183 f.

165 Ebd., S. 208.

166 Salutati: Epistolario, Bd. 4, S. 247-252; Enea Silvio gab Viscontis Ausspruch ebenfalls wieder; Müller: Der französische Frühhumanismus, S. 333 (Fußnote 40).

ein glaubwürdiger Gewährsmann.[167] Im Krieg der Otto Santi konnte seine Propaganda die Krisensituation nicht entschärfen, in die sich die Arnostadt manövriert hatte. Die Verknüpfung von franzosenfeindlicher Antibarbaries und italienischer Freiheitsrhetorik erzeugte hohe Opportunitätskosten. Florenz setzte bewährte Außenbeziehungen aufs Spiel und stand nach dem Krieg isoliert da. Im Innern wurde es von der blutigen Restauration des Guelfenregimes und anschließend von der Ciompi-Revolte erschüttert.[168]

Ist der politische Gewinn von Salutatis offiziellem Italiendiskurs zweifelhaft, so hat er die humanistische Literatur nachhaltig geprägt. Er beeinflusste nicht nur Leonardo Brunis Arbeiten, sondern wirkte im 15. Jahrhundert weit über den Florentiner Humanismus hinaus.[169]

Die Hauptadressaten von Salutatis Italiendiskurs waren die Machteliten der italienischen Kommunen. An einer populären Propaganda, die breite städtische Schichten in Aufruhr versetzte, lag Salutati nichts. Bester Beleg dafür ist die innenpolitische Propaganda der Florentiner Regierung im Krieg der Otto Santi. Mit ihr sollte das Kleinbürgertum auf Kriegskurs gegen die Kurie gehalten werden; um ihre junge Macht zu halten, war die gente nuova auf Unterstützung des popolo angewiesen. Ihrer Propaganda zufolge kämpften die Florentiner weder um die Freiheit und Ehre Italiens noch gegen die Franzosen. Der Krieg wurde im Innern um das Heil der Stadtgemeinde geführt, das bedroht sei von der weltlichen Gier des geistlichen Standes und vom Antichrist auf dem Papststuhl.[170] Der starke Antiklerikalismus in Florenz war der Regierung eine stabilere Stütze als die wackligen Kriegsallianzen mit anderen Kommunen, deren Stütze vage gemeinitalienische Werte und Pflichten waren.

Bleibt die Frage nach den *persönlichen* Loyalitäten Salutatis. Sie ist nicht an die Hinterlassenschaft seiner Kanzleitätigkeit zu stellen, sondern an seinen »privaten« Briefverkehr.[171] Seine Zugehörigkeit zu Kollektiven

167 So bei Witt: Coluccio Salutati, S. 4; Müller: Der französische Frühhumanismus, S. 333.

168 Brucker: Florentine Politics, S. 265.

169 Flavio Biondo etwa setzte in seiner »Italia Illustrata« Salutatis Jubelgesang über den Schlachtgewinn der »societas Italicorum« von 1379 fort. Der römische Humanist sprach Alberigo da Barbiano, dem damaligen Heerführer der Truppen Urbans VI., das Verdienst zu, er habe Italien vom Joch der Fremdherrschaft befreit und eine Generation italienischer Condottieri herangezogen; Florenz an die »societas Italicorum«, 11. Mai 1379, in: Langkabel: Staatsbriefe, S. 162 f.; Clavuot: Biondos »Italia Illustrata«, S. 131.

170 Brucker: Florentine Politics, S. 301-303.

171 Anführungszeichen bei »privat« sind deshalb angebracht, weil die humanistische Briefkultur immer halb öffentlichen Charakter hatte. Briefe wurden von den Ab-

klärte er in einem Brief an Francesco Novello da Carrara: »Sum denique gente italicus, patria florentinus, natura et affectione guelphus«.[172] Die italienische Identität stand – zumindest in der Reihenfolge der Aufzählung – an erster Stelle. Der Abstammungsbegriff gens suggerierte eine natürliche Verbundenheit aller Italiener, aus der gemeinsame Eigenschaften, Werte und Abneigungen hervorgingen. Auf dieser Basis konnte Salutati an Petrarcas Antibarbaries anknüpfen. Er zieh die Franzosen und Spanier der Völlerei und Trunksucht, prangerte ihre unmännliche Faulheit an, mit der sie ihren Frauen alle Arbeit aufzwängen,[173] und ließ sich über die Primitivität der französischen Sprache aus.[174]

Ob Salutati Italien einen autonomen Rang zugestand, hing vom Verhältnis des Italieners Salutati zum Florentiner Salutati ab. Was unterschied die Hingabe zur gens von jener zur patria? Salutatis offizielle Schreiben beschworen eine gemeinsame italienische Politik auf der Basis des römischen Erbes. Die privaten Schriften setzten die Akzente anders. Sie leiteten italienisches Prestige aus der kulturellen Abgrenzung von den Barbaren, nicht aus politischen Aktionen ab. Für die patria aber forderten sie eine zu allen Opfern bereite Liebe. Um der edelsten aller Bürgerpflichten Nachdruck zu verleihen, waren Salutati nicht einmal Zitate aus Cicero genug. Er steigerte sich in einen förmlichen Studierstubenblutrausch:

> Ich sehe, du weißt nicht, wie süß die Liebe zum Vaterland ist; wenn es für den Schutz oder die Vergrößerung des Vaterlands nützlich ist, wäre es weder belastend, schwierig oder ein Verbrechen, wenn man seinem Vater mit der Axt den Schädel einschlägt, seine Brüder zerschmettert oder aus dem Schoß der eigenen Frau das unreife Kind mit dem Schwert herausschneidet.[175]

sendern oder Adressaten herumgereicht, kopiert und später auch gedruckt. Raum für Intimes boten sie damit kaum. Von der offiziellen Korrespondenz unterschieden sie sich in Inhalt und Stil. Während Salutati in privaten Briefen einen klassizistischen, an Seneca geschulten Stil pflegte, wandte er als Kanzler den mittelalterlichen »stilus rhetoricus« an, den er virtuos weiterentwickelte; Witt: Medieval Italian Culture, S. 54.

172 Salutati: Epistolario, Bd. 2, S. 254.

173 Ebd., Bd. 3, S. 594.

174 Ebd., Bd. 2, S. 413; Ullman: The Humanism, S. 81.

175 »[...] video ignoras quam sit dulcis amor patriae: si pro illa tutanda augendave expediret, non videretur molestum nec grave vel facinus paterno capiti securim iniicere, fratres obterere, per uxoris uterum ferro abortum educere.« Salutati: Epistolario, Bd. 1, S. 28; zur Einordnung dieser Aussage in die spätmittelalterliche Rezeption des »patria«-Begriffs: Kantorowicz: Die zwei Körper, S. 253 f.

Die patria Florentina genoss bei Salutati in jeder Beziehung den Vorrang vor der gens Italica. Sein Patriotismus verlangte, die italienischen Werte im Interesse der politischen Heimat zu instrumentalisieren. Insofern stand der opportunistische Italiendiskurs von Salutatis offizieller Korrespondenz im Einklang mit seinen privaten Überzeugungen. Petrarcas exilgeprägtes Italienkonzept büßte in der Praxis der italienischen Territorialpolitik massiv an Autonomie ein.

Auf lange Frist war Salutatis flexible Italienrhetorik erfolgreicher als die verbindliche Antibarbaries Petrarcas. Das galt vor allem für die italienische Binnendiplomatie. Die italienischen Territorialherren hätten sich in ein politisches Korsett eingeschnürt, wenn die italienische Freiheit und Solidarität zum Handlungsprinzip geworden wäre. Das änderte sich auch dann nicht, als die Apenninenhalbinsel Ende des 15. Jahrhunderts von den europäischen Großmächten besetzt wurde. Gelehrte wie Machiavelli[176] und Guicciardini[177] frischten zwar die petrarkischen Topoi der Verzweiflung an Italiens Schicksal auf, die politische Propaganda aber blieb in den Bahnen von Salutatis Unverbindlichkeit. Ein gutes Beispiel dafür ist Julius II., der Papst der Künste und Kriege (1503-1513). 1508 koalierte er mit dem Kaiser und dem König von Frankreich, um die »venezianische Tyrannei« zu vernichten, die »ganz Italien besetzen und knechten« wolle.[178] Nachdem er seinen Territorialgewinn eingestrichen hatte, kündigte er den Rauswurf der französischen Barbaren aus Italien an. Sein berühmtes »fuori i barbari« ist zwar nicht belegt,[179] aber andere Quellen zeigen, dass Julius II. Salutatis Italiendiskurs fortsetzte. Den handzahm gewordenen Venezianern schickte er die rührende Botschaft, Tag und Nacht trachte er bloß nach einem: »liberar Italia de' man de Francesi«.[180]

3.3.8. Italien als Raum politischer Hegemonialansprüche: Leonardo Bruni

Die Karriere Leonardo Brunis weist viele Parallelen zu jener Coluccio Salutatis auf. Wie Salutati stammte Bruni aus dem toskanischen Hinterland, benutzte die Kurie als Sprungbrett zu einer steilen Berufskarriere, wechselte von Rom in die Kanzlei der Arnorepublik und erhielt als Kanzler

176 Machiavelli: Il principe 26.
177 Guicciardini: Ricordi, 236, S. 154.
178 Shaw: Julius II., S. 228.
179 Ebd., S. 245; Pastor: Geschichte, Bd. 3/2, S. 775.
180 Pastor: Geschichte, Bd. 3/2, S. 775.

das Florentiner Bürgerrecht. Wie Salutati trug ihm sein kulturelles Kapital beträchtliche informelle Macht ein. Bruni, selbst Schüler Salutatis, nahm dessen Italiendiskurs auf, verdichtete ihn aber zu einer republikanischen Doktrin, die auch im Mittelpunkt seiner Antibarbaries stand.

Im Alter von gut dreißig Jahren und noch weitgehend unbekannt, verfasste Bruni die »Laudatio Florentinae Urbis«. 1404, zwei Jahre nach dem glücklichen Kriegsende gegen Mailand, war sie abgeschlossen. Die »Laudatio« verlieh Florenz den Titel einer »regina Italie«, weil die Stadt in der Mitte zwischen der Adria und dem Tyrrhenischen Meer throne. Zur königlichen Lage kam die edle Herkunft der Bürger. Bruni setzte die Florentiner sogar über die Römer seiner Zeit – als vornehmere Römer. Florenz, so erfand Bruni, sei von republikanischen Römern gegründet worden, die nach dem Niedergang Roms zum Prinzipat die libertas am Leben erhalten hätten.[181] Dieser neue Gründungsmythos untermauerte das Image von Florenz als Hort der Freiheit. Von Beginn an habe sich die Stadt ihrer ebenso ruhmvollen wie singulären Aufgabe angenommen:

> Florenz wusste nämlich, dass es ein Wesensmerkmal des römischen Geschlechts ist, um die Freiheit Italiens gegen die Feinde zu kämpfen, und vernahm, dass seine Vorfahren die Kimbern, Teutonen und die Gallier bekriegt hatten.[182]

Aus historischer Notwendigkeit wurde Florenz Beschützerin der Freiheit. Selbstlos erfüllte die Stadt ihre Pflicht, sich für die Schwachen einzusetzen:

> Florenz hat Ungerechtigkeiten an anderen Städten nie hingenommen, noch hat es sich erlaubt, müßige Zuschauerin anderen Unglücks zu sein. Als Erstes versuchte es jeweils unter Einsatz aller Kräfte, die Sache mittels Verhandlungen und seiner Autorität beizulegen, Feindschaften aufzulösen und den Frieden, wenn immer möglich, schmackhaft zu machen. Hat es sich damit nicht durchsetzen können, ist Florenz immer der Partei beigestanden, der von Mächtigeren Unrecht angetan worden ist. So hat die Stadt zu allen Zeiten die Schutzlosen verteidigt, als halte sie es für ihre Aufgabe, dass keine Bürgerschaft Italiens den Untergang erleide.[183]

181 Bruni: Laudatio, S. 245.

182 »[Florentina] sciebat enim generis esse Romani, pro libertate Italie contra hostes pugnare. Sic maiores suos contra Cimbros, contra Teutones, item contra Gallos audiebat pugnavisse [...].« Ebd., S. 257.

183 »[Florentina] nunquam enim tulit iniurias aliarum urbium, neque otiosam spectatricem se prebuit aliene calamitatis. Sed primum omni studio conata est verbis et auctoritate rem componere inimicitiasque sedare et pacem, si fieri posset, sua-

Bruni identifizierte die Feinde von Florenz mit jenen Italiens – wie Giangaleazzo Visconti, der die populi Italiae gegeneinander gehetzt habe, um sie dann leichter überfallen und ihr Territorium besetzen zu können.[184] Florenz sei jedem einzelnen Italiener stets eine zweite, übergeordnete Heimat. Alle Bewohner, die Gewalt erlitten hätten und aus ihrer Heimat vertrieben worden seien, folgten dem Ruf der großzügigen Republik und fänden in Florenz einen sicheren Hafen:

> So gibt es niemand in ganz Italien, der nicht gleichzeitig zwei Heimatorte zu haben glaubt: seinen jeweils eigenen auf privater Basis, von Staats wegen aber denjenigen der Stadt Florenz. Damit darf die Stadt gewiss als gemeinsame Heimat und sicherstes Asyl von ganz Italien gelten.[185]

Dieser Satz unterstrich erneut den Anspruch auf die Nachfolge des republikanischen Roms: Schon Cicero hatte von den zwei patriae aller Römer gesprochen, »unam naturae, alteram civitatis [Romae]«.[186] Brunis Florenz war aus humanitären Gründen communis patria aller Italiener, und als Erbin Roms garantierte es die konstitutionellen Freiheiten und die Souveränität der italienischen Staaten.

Dieses Bild einer konservativen Schutzmacht, die ihren Ruhm aus der Verteidigung der bestehenden Ordnung schöpfte, wurde in der Laudatio von einem Legitimationsdiskurs herrschaftlicher Ausdehnung überlagert. Nicht nur kulturell und sprachlich ordnete sich Italien Florenz unter, sondern auch politisch.[187] Von der italienweiten Beschützertätigkeit leitete Bruni eine fortdauernde Bindung unter Ungleichen ab. Die Gemeinwesen, die in den Genuss florentinischer Hilfe gekommen seien, anerkannten Florenz als ihre »patrona«. Brunis Kommentar lautete: »Und wo die

dere. Quod si convenire non potuit, ei semper parti opitulata est cui a potentioribus inferebatur iniuria. Sic enim imbecilles omni tempore defendit, quasi ad curam suam pertinere existimaret ne quis Italie populus excidium pateretur.« Ebd., S. 252.

184 Ebd., S. 257.

185 »Itaque omnes qui aut seditionibus pulsi aut invidia deturbati patriis sedibus extorres aguntur, ii se Florentiam universi recipiunt quasi in unicum refugium tutamenque cunctorum. Nec ullus est iam in universa Italia qui non duplicem patriam se habere arbitretur: privatim propriam unusquisque suam, publice autem Florentinam urbem. Ex quo quidem fit ut hec communis quedam sit patria et totius Italie certissimum asilum […].« Ebd., S. 251.

186 Cicero: De legibus 2,2,5. Zu den griechischen Vorbildern dieser hierarchisierenden Differenzierung vgl. Nörr: Origo, S. 583.

187 »Nam quid ego de orationis suavitate et verborum elegantia loquar? in qua quidem re sine controversia superat. Sola enim hec in tota Italia civitas purissimo ac nitidissimo sermone uti existimatur. Itaque omnes qui bene atque emendate loqui volunt ex hac una urbe sumunt exemplum.« Bruni: Laudatio, S. 263.

Stadt nun eine Schutzherrin ist, wer wird da noch abstreiten, dass sie an Würde, Macht, Fleiß und Achtung alle anderen überragt?«[188] Die interventionistische Außenpolitik sei vom Prinzip geleitet, die geretteten Staaten zu behandeln wie heimatliches Territorium.[189]

Wie doppelbödig diese Rhetorik war, zeigt Brunis Verständnis der römischen Freiheit. Ihm zufolge gewährleistete sie die Blüte der Stadt und die Tugenden ihrer Bürger, trieb aber auch die Expansion an. Das römische Blut in den Stadtmauern von Florenz sah er zu Gleichem berufen:

> Daher, Männer von Florenz, gebührt auch euch durch ererbtes Recht die Herrschaft über die ganze Welt und der Besitz des Erbguts eurer Vorväter. Daraus folgt, dass alle Kriege, die von Florenz geführt werden, äußerst gerecht sind, und dieses Volk im Krieg nie im Unrecht sein kann, weil es notwendigerweise alle Kriege zur Verteidigung und Wiedereroberung seiner Gebiete führt, was alle Gesetze und Rechtsvorschriften erlauben.[190]

Jeder Expansionsschritt der Arnorepublik bedeutete nur die Heimholung alten Besitzes. Jede Republik oder Signorie, die sich der Florentiner Machtentfaltung widersetzte, war eine Tyrannis, eine gegen Recht und Gesetz agierende Macht.

Brunis »Lob der Stadt Florenz« stellte eine außenpolitische Doktrin auf, die das gesamte, von den alten römischen Grenzverläufen eingefasste Gebiet Italiens zur hegemonialen Einflusssphäre der Arnorepublik erklärte.[191] Alles, was auf der Apenninenhalbinsel geschah, ging die Stadt unmittelbar an. Wer hier Politik betrieb, bedurfte des florentinischen Segens. Der

188 »Atqui que civitas in periculis alios tutatur, eam fateantur patronam necesse est. Que autem patrona sit, dignitate, potentia, industria, auctoritate precellere quis negabit?« Ebd., S. 251.

189 Ebd., S. 256.

190 »Quamobrem ad vos quoque, viri Florentini, dominium orbis terrarum iure quodam hereditario ceu paternarum rerum possessio pertinet. Ex quo etiam illud fit, ut omnia bella que a populo Florentino geruntur iustissima sint, nec possit hic populus in gerendis bellis iustitia carere, cum omnia bella pro suarum rerum vel defensione vel recuperatione gerat necesse est, que duo bellorum genera omnes leges omniaque iura permittunt.« Ebd., S. 244.

191 Ebd., S. 257; die Interpretation von Hankins und Griffiths, Brunis Hierarchie kollektiver Loyalitäten sei eine kalkulierte Rhetorik staatsdienerischer Schmeichelei, greift zu kurz. Als Bruni die Laudatio schrieb, stand er noch nicht in Diensten der Stadt. Ebenso wenig scheint er das kulturelle Kapital, das ihm die Schrift eingebracht hatte, für seine spätere Kanzlerkandidatur investiert zu haben; Hankins: The »Baron Thesis« after Forty Years, S. 318, 325 f.; Griffiths: The Justification, S. 24.

humanistische Panegyrikus lieferte eine nachträgliche Rechtfertigung für das herrschaftliche Ausgreifen der Stadt in die Toskana seit der Mitte des 14. Jahrhunderts. Im Verlauf dieser Expansion wurden 1351 Prato und Pistoia, 1354 San Gimignano, 1361 Volterra, 1384 Brunis Geburtsstadt Arezzo, 1390 Montepulciano, kurz nach der Niederschrift des Textes Pisa (1405) und später auch Livorno (1421) dem Florentiner distretto einverleibt.[192] Noch Jahre später, im Vorwort seiner »Geschichte des florentinischen Volkes«, schilderte Bruni die Unterwerfung Pisas als Rückeroberung alten Eigenbesitzes.[193] Dieser ideologischenVerzerrung entsprach die römischrechtliche Argumentation von Juristen, die florentinische Bürgerschaft besitze in ihrem Territorium »iura Imperii« und sei daher berechtigt, ihre Untertanen mit unerhörten und außerordentlichen Lasten zu belegen.[194]

Die »Laudatio« richtete sich in erster Linie an ein italienisches Elitenpublikum in- und außerhalb von Florenz.[195] Bruni stellte den politischen Verband von Florenz als einheitlichen Körper gleichberechtigter Teilnehmer dar. Damit bot er den Machtträgern, Gelehrteneliten und gebildeten Mittelschichten einen konsensstiftenden Rahmen. Die oligarchischen Strukturen und sozialen Hierarchien wurden nicht weggeredet, aber geglättet. Die »Laudatio« verhieß dem ganzen Bürgertum Teilhabe an der Ehre der Stadt, ohne den Honoratioren wehzutun. Außerhalb von Florenz suchte die Schrift ihre Leser wohl weniger bei den Herrschaftsträgern als bei den politisch unbefriedigten Sekundäreliten. Ihnen bot Brunis Republikmodell Unterstützung gegen die eigenen Herren, die ihnen vor der Sonne standen.[196] Dieser Appellstruktur entsprach die politische Praxis bei der Eroberung von Pisa. So erhielt ein Pisaner Bürger, der Florenz unterstützt hatte, das Bürgerrecht der siegreichen »civitas superior« und wurde von den Steuern, die man der neuen Untertanenstadt auferlegte, befreit.[197]

In der »Laudatio« stand nicht die Erhöhung Italiens über die ausländischen Barbaren, sondern die Erhöhung von Florenz über Italien im Mittel-

192 Hörnqvist: The two Myths, S. 114; Fubini: La rivendicazione, S. 30, 36; Brucker: Civic World, S. 102-125.

193 Fubini: La rivendicazione, S. 36.

194 Belege in Meier: Mensch, S. 169.

195 Hörnqvist: The two Myths, S. 127.

196 Dass die Schrift kaum über den kleinen Kreis der Florentiner Oligarchie hinaus bekannt wurde, sagt über ihre immanente Rezeptionsabsicht wenig aus. Gleiches gilt für den Befund, dass eine nennenswerte Vervielfältigung des Textes erst ab 1440 einsetzte, geleitet von der zweckdienlichen Absicht, die Konzilsväter von Basel nach Florenz abzuwerben. Bei diesem Projekt dürfte von Vorteil gewesen sein, dass die »Laudatio« weitgehend auf den gemeinschaftsstiftenden Wall der italienischen Antibarbaries verzichtete; Hankins: The civic panegyrics, S. 148 f.

197 Meier: Mensch, S. 170.

punkt. Den historischen Unterbau der italienischen Antibarbaries schuf Bruni mit seinen »Historiarum Florentini populi libri XII«, die zwischen 1416 und 1442 erschienen. Den republikanischen Gründungsmythos von Florenz behielt Bruni bei, er schickte ihm aber eine Geschichte der Etrusker voraus. Diese wurden nicht nur zu Urbewohnern der Toskana, sondern auch zu politischen Vorläufern der Römer und Kulturbringern Italiens.[198] Schon mit dem Ursprungs- und Wanderungsmythos der »gens etrusca« schloss Bruni eine italienische Blutsgemeinschaft aus. Die Etrusker seien aus Lydien in Kleinasien gekommen und früh über den Seeweg nach Italien vorgestoßen. Noch bevor Aeneas mit seinen zukünftigen Römern Troja entflohen sei,[199] hätten die Etrusker das Gebiet von den Alpen bis an die Fußspitze der Apenninenhalbinsel erobert und mit Kolonien besetzt. Damit konstruierte Bruni bereits das Italien der vorrömischen Zeit als politischen Raum von übergeordneter Einheit.[200]

Übergeordnet war diese Einheit aus bezeichnendem Grund: Die gens der Etrusker, so Bruni, bestand aus zwölf »populi«, die anfänglich von einem gemeinsamen König regiert wurden. Dieser steigerte seine Macht, bis es zum Sturz kam. Jeder populus regierte sich fortan autonom, indem er Magistrate ernannte, die sich in einem Rat versammelten und der Bürgerschaft vorstanden.[201] Die politische Verbundenheit aller Gemeinwesen dauerte durch einen Rat fort, der über allen anderen stand, aber nur was Ehre, nicht Macht betraf. Gleichrangigkeit und Eintracht ihrer Bürgerschaften waren das Fundament des etruskischen Reichtums und der etruskischen Stärke. Als die Römer in Italien Fuß gefasst hatten, übernahmen sie von den Etruskern Kleidung, Schriftzeichen, Bildung und Religion. Und schon zu Zeiten der Monarchie gingen sie dazu über, sich politische Insignien und Verfassungselemente der Etrusker anzueignen. Die etruskischen Errungenschaften wirkten in Roms republikanischer Ära fort.[202] Die Wiege der Weltmacht Rom war – wie schon Petrarca mit anderen Mitteln dargelegt hatte – die ursprünglich etruskische Toskana.

Dass sich Etrusker und Römer während Jahrhunderten bekriegt hatten, stellte Bruni nicht in Abrede. Aber er gab diesen Konflikten das Gesicht eines »Gentlemen's war«. Kriege zwischen Römern und Etruskern seien von anderer Art gewesen als Kriege gegen die gallischen Invasoren. Gegen die »gens barbara et efferata« hätten die Etrusker mit unerbittlicher Härte

198 Bruni: History 1,13.
199 Ebd. 1,17.
200 Ebd. 1,14.
201 Ebd. 1,13.
202 Ebd. 1,20.

gekämpft. Gegen die Römer habe sie weder Hass noch Bitterkeit geleitet.[203] Die gegenseitige Hochachtung auf dem Schlachtfeld führte Bruni auf die kulturelle und politische Nähe zurück, die Römer und Etrusker von den barbarisch vegetierenden Horden aus dem Norden getrennt habe.

Mit der Verankerung Roms in der Toskana grenzte Bruni Italien schon für die vorhellenistische Zeit von den Barbaren ab. Die etruskische Verfassung, die angeblich eine einträchtige Verbundenheit autonomer Republiken gewährte, verkörperte den Archetyp der politischen Ordnung Italiens.[204] Die Römer hätten diese Ordnung übernommen und veredelt, solange am Tiber der republikanische Geist wehte.[205]

Existentielle Gefahr drohte der italienischen Verfassung in Brunis Geschichte von den Barbaren jenseits der Alpen. Mit der Ausnahme Karls des Großen, der den Grundstein zur italienischen Städteblüte legte,[206] war es das immer gleiche Bild: Die Barbaren verwüsteten Italien, schöpften den italienischen Reichtum ab und säten Zwietracht unter Bürgern und Städten. Bruni hielt die heilsgeschichtliche Theorie der vier Weltreiche und mit ihr die translatio imperii für geschichtswidrig.[207] Karl dem Großen konzedierte er zwar, dass ihn seine Tugenden und Taten des Kaisertitels würdig machten,[208] aber zwischen dem Römischen und dem fränkischen Reich kappte er jede Verbindung. Gleiches galt für die Herrschaftsrechte der Franken: In deutsche Hände übergegangen, verloren sie ihre Gültigkeit. Karls Imperium wurde, »einmal nach Deutschland abgesunken«, vom »Hort der Sicherheit« zur »Quelle des Verbrechens«.[209] Bruni nahm wie Salutati guelfische Parolen auf und verknüpfte sie mit der humanistischen Antibarbaries:

> Die Partei, die die Kaiser anfeindete […], bestand praktisch vollständig aus den Männern, die der Freiheit der Bürgerschaften enger anhingen; sie hielten es für höchst unwürdig, dass die Deutschen, barbarische Männer nämlich, unter dem Vorwand des römischen Namens in Italien herrschten. Die andere Partei hingegen, jene, die dem kaiserlichen Namen anhingen, erinnerte sich nicht der Freiheit und des Ruhms der

203 Ebd. 1,19.
204 Zur Weiterwirkung von Brunis Etruskermythos im italienischen Humanismus vgl. Helmrath: Die Umprägung, S. 337-342.
205 Bruni: History 1,70.
206 Ebd. 1,76 f.; zu Brunis historischer Einordnung Karls des Großen und der Franzosen in die Geschichte von Florenz: Maissen: Von der Legende, S. 44-49.
207 Goez: Translatio, S. 238.
208 Bruni: History 1,73.
209 Ebd. 1,80.

> Vorfahren und zog es vor, sich Ausländern zu unterwerfen als ihre Landsleute herrschen zu lassen.[210]

Die souveräne Selbstbestimmung der Italiener – das Prinzip, dass Italien von Italienern regiert werde – erhob Bruni zum konstanten Leitziel freiheitlicher Politik. Ihre energischsten Verfechter habe sie seit jeher in Florenz gefunden.

Platz für Gemeinsamkeiten zwischen Barbaren und Italienern gab es bei Bruni kaum. Der »orbis Christianus« hatte sein Monopol als Sakralraum der Geschichte eingebüßt. Bruni verschmolz die politische Verfassung und die Kultur Italiens zu einer singulären Einheit. Ihm zufolge hatte die politische Freiheit, deren adäquate Staatsform die Republik sei, Macht, Reichtum und Bildung der Etrusker und Römer hervorgebracht. Auf die gleiche Grundlage stellte er die gegenwärtige Blüte der italienischen Städte.[211] In einem sich selbst regierenden Volk, so konnte Bruni Sallust und Livius entnehmen, trügen die besten Männer ihren Tatendurst im geregelten Wettstreit aus, der ihre Stadt zu Macht und Größe führe.[212] Ein Einzelherrscher dagegen unterdrücke nicht nur die Rechte seiner Bürger, sondern auch ihr Leistungspotential. Er werde notwendig mit dem Niedergang seines Staats bestraft. Brunis Ideal einer meritokratischen Oligarchie war der römischen Republik entlehnt.[213] Es schmeichelte den tonangebenden Familien von Florenz und gab der jungen, ungefestigten Funktionselite der Humanisten ideologischen Halt.[214]

Für Bruni waren nur freiheitlich regierte Staaten geschichtsfähig. Die Geschichtsschreibung verewigte Taten, die den Nachkommen Ruhm oder wenigstens pädagogischen Nutzen einbrachten. Da das republikanische Rom allein in Italien weiterlebte, galt für die Gegenwart: Außerhalb Italiens gab es keine Geschichte. Wie schon Petrarca übertrug Bruni die römischen Eigen- und Fremdbezeichnungen auf Italien. Von wenigen Ausnahmen abgesehen, nannte er die politischen Kollektive Italiens »populi«, während er die Barbaren in »gentes« einteilte. Bruni verstand »populus« als kollektiven Ehrbegriff, wie der Titel der florentinischen Geschichte

210 »Sed ea, quam imperatoribus adversam [...], ex iis fere hominibus conflata erat qui libertatem populorum magis complectebantur; Germanos autem barbaros homines sub praetextu romani nominis dominari Italis perindignum censebant. Alia vero factio ex iis erat qui imperatorio nomini addicti, libertatis et gloriae maiorum immemores, obsequi externis quam suos dominari malebant.« Ebd. 1,81.

211 Hastings: Introduction, in: Bruni: History, XVII.

212 Hörnqvist: The two Myths, S. 110.

213 Hölkeskamp: Römische »Gentes«, S. 12 f.

214 Najemy: Corporatism, S. 313; ders.: Civic Humanism, S. 86-88.

anzeigt: Nicht die Stadt, sondern ihr populus sollte im Zentrum des Geschehens stehen.[215] Ein »populus« hatte die Blutsbande als Urform der politischen Kohäsion überwunden oder sublimiert und regierte auf der Grundlage positiven Rechts.[216] Gemeinsames Blut blieb zwar eine Prestigequelle, politische Errungenschaften und Ehren gingen aber aus der rationalen Rechtssetzung hervor. Diese zivilisatorische Logik legte Bruni seiner florentinischen Geschichte zugrunde.

Von seiner Warte aus konnte die vielfältige Abstammung der italienischen populi kein Manko darstellen. Im Gegenteil: Die Deutschen und Franzosen wiesen sich als rückständig aus, weil sie noch immer unter die Kategorie politischer gentes und nationes fielen. Brunis Terminologie suggerierte, dass Bildung und Freiheit den Weg über die Alpen nicht gefunden hätten. Bis in die Gegenwart galten ihm die Deutschen und Franzosen als gesichts- und geschichtslose Masse, die nur als Verhinderin von Geschichte, als Störfaktor des geschichtsträchtigen Italiens in die Erinnerung eingedrungen war. Im Licht der Historie füllten die Barbaren die dunklen Schatten aus.

3.3.9. Die Autonomisierung des humanistischen Italiens: Lorenzo Valla und Flavio Biondo

Der humanistische Italiendiskurs stand bei Salutati und Bruni im Dienst der politischen und kulturellen Ausstrahlung von Florenz. Die nachfolgenden Humanistengenerationen gaben ihm eine neue Richtung. Sie verdrängten die Herrschenden aus seinem Zentrum und rückten sich selbst, die Sprachgelehrten, an ihre Stelle.[217] Als italienisches Ruhmesblatt der Gegenwart galt nun die kulturelle Suprematie, nicht der politische Flickenteppich. Noch immer war Rom Quelle aller italienischen Größe, aber als Inbegriff des Römischen verstand man die lateinische Sprache. Roms Vorbildlichkeit war weniger an seine Verfassung und Herrschaftsausdehnung als an die Leistungen seiner Poeten und Oratoren gebunden.

215 Das *italienische* Wort »popolo« besaß im Spätmittelalter eine soziale *und* politische Bedeutung. Sie waren nicht notwendig deckungsgleich. Als soziale Kategorie bezog sich popolo auf die breiten Mittelklassen der Stadtkommunen; politisch war popolo auf die an der Stadtregierung aktiv oder passiv beteiligten Bürger beschränkt. Brunis *lateinischer* Begriff des »populus« war ideologisch stärker aufgeladen; Najemy: Civic Humanism, S. 82.

216 Gschnitzer: Volk, Nation, Nationalismus, Masse. II. Altertum, in: Geschichtliche Grundbegriffe, Bd. 7, S. 154-159.

217 Hay: Italy, S. 61.

In der zweiten Hälfte des 15. Jahrhunderts avancierte die formalistische Sprachästhetik des Ciceronianismus zur stilistischen Leitnorm.[218] Für die Historiker des 19. Jahrhunderts hatte im Ciceronianismus die Selbstzersetzung des Humanismus begonnen. Das formalistische Verständnis von Nachahmung habe in die inhaltliche Beliebigkeit eines quasimusikalischen Wortgeklingels gemündet.[219] Indem Voigt, Burckhardt und ihre Nachfolger den Inhalt zum Maßstab nahmen, übertrugen sie ästhetische Normen des 19. auf das 15. Jahrhundert. Fragt man dagegen nach der intentionalen Stoßrichtung des Ciceronianismus, kommt man zu einem konträren Urteil: Er stand für den Autonomieanspruch des Humanismus. Stilistischer und sprachlicher Glanz dienten nicht nur der Information, sie waren selbst Information. Überspitzt gesagt: Wer brillant schrieb, sagte die Wahrheit. Was in Petrarcas Rhetorikverständnis angelegt war, kam im Ciceronianismus zum Durchbruch. Der Ruhm eines humanistischen Autors beruhte weniger auf inhaltlicher Originalität, logischem Denken oder Rechtgläubigkeit als auf Sprachfertigkeit. Sein kulturelles Kapital ging auf den Mäzen über, ohne dass dieser noch explizit verherrlicht werden musste. Ihm gereichte schon die gelungene sprachliche Form zur Ehre.[220] Einmal etabliert, verschleierten die Humanisten die Hierarchien, denen sie unterworfen waren: der gelehrte Klient sei nicht vom Patron, sondern dieser vom Gelehrten abhängig.

Mustergültig in dieser Hinsicht wurden Lorenzo Vallas »Elegantiarum linguae Latinae libri sex«. 1444 fertig gestellt, gehörten sie zu den erfolgreichsten humanistischen Schriften des 15. Jahrhunderts.[221] In den Vorreden zu den einzelnen Büchern zählte Valla die Verdienste auf, die er sich bei der philologischen Purifizierung des Lateins erworben habe. Er behauptete, seine Arbeit an der Sprache habe den höchsten Ruhm der römischen Geschichte erneuert.[222] Dieser beruhe nicht auf politischer Macht, denn die Reiche der Meder, Perser, Assyrer und Griechen hätten sich fast so weit ausgedehnt. Rom überrage alles aufgrund der dauerhaften Hegemonie des Lateins. Sein Imperium lebe bis in die eigene Gegenwart fort, nicht dank einer translatio, sondern dank der Kontinuität des Lateins. Indem Valla die Sprache von barbarischem Unrat befreite, erstrahlte das Römische Imperium im ursprünglichen Glanz.

218 Marsh: Grammar, S. 103; Kristeller: Humanismus, Bd. 1, S. 25.

219 Paulsen: Geschichte, S. 27 f.; Burckhardt: Die Kultur, S. 129-30; Voigt: Die Wiederbelebung, Bd. 2, S. 368 f.; und noch im 20. Jahrhundert, wenn auch kritischer: Ritter: Die geschichtliche Bedeutung, S. 421-423.

220 Marsh: Grammar, S. 101.

221 Garin: Geschichte, S. 14; Ax: Lorenzo Valla, S. 30.

222 Apel: Die Idee, S. 183-185.

Die barbarische Verunstaltung der lateinischen Rhetorik, Grammatik, Philosophie und Jurisprudenz lastete Valla den »Gothi« an.[223] Damit trugen seine »Elegantiae« maßgeblich zur Stigmatisierung der Scholastik als gotische Wissenschaft bei.[224] »Gotisch« wurde im Quattrocento Etikett für alles Unförmige und Falsche im menschlichen Ausdrucksschaffen, das heißt für alles, was vom klassischen Stilideal abwich. Neben der Konnotation des Barbarischen und Zerstörerischen klang in diesem Etikett auch das »Deutsche« mit.

Die Segnungen der römischen Eroberungen waren für Valla vor allem sprachlicher Art. Den unterworfenen Völkern sei es leichter gefallen, ihre politische Freiheit preiszugeben, weil sie in den Genuss des Lateins gekommen seien. Dieses habe ihnen Zivilisation und menschliche Würde gebracht.[225] Im Vorwort zum ersten Buch legte Valla dar, dass die römische Expansion die Freiheit der besiegten Barbaren nicht ausgelöscht, sondern sublimiert habe. Vallas Freiheitsbegriff war apolitisch und vergeistigt. Der Kontrast zu seinem Lehrer Bruni ist frappant. Hatte Bruni den freiheitlichen Staat zur Bedingung der Herrschafts- und Kulturblüte erklärt, kehrte Valla Ursache und Wirkung um.[226] Er behauptete, dem Latein komme der Rang eines »Samens aller Wissenschaften« zu,[227] es habe die freien Künste in die Welt hinausgetragen und die politische Freiheit der Barbaren durch die höhere Freiheit römischer Bildung ersetzt.[228] Ohne die Sprache der Römer sei »jede Gelehrsamkeit blind und unfrei«.[229] Nur sie konnte den Menschen aus »ländlicher und bäuerlicher Wildheit« in die »urbane Bürgerlichkeit der Sitten« heben.[230] Die »artes liberales« gingen aus ihr hervor:

> Bei uns, das heißt in vielen Nationen, sprechen die Gelehrten nur Latein, die Sprache, in der alle Wissenschaften, die einem freien Mann gebühren, zusammengehalten werden.[231]

223 Valla: Elegantiarum libri, S. 610; Zintzen: Bedeutung, S. 134.

224 Zur Definition der Scholastik vgl. Kristeller: Scholastik, S. 5.

225 Valla: Elegantiarum libri, S. 594-596.

226 Ebd.; vgl. auch Apel: Die Idee, S. 183-185.

227 »lingua Romana cunctarum doctrinarum seminarium [...].« Valla: Opera omnia, Bd. 1, S. 249; Gerl: Rhetorik, S. 239.

228 Valla: Elegantiarum libri, S. 594.

229 »sine qua [Latinitate et elegantia] caeca omnis doctrina est, et illiberalis.« Valla: Opera omnia, Bd. 1, S. 80; Gerl: Rhetorik, S. 237.

230 »agrestis rusticanaque immanitas« – »urbana quaedam morum civilitas« Valla: Opera omnia, Bd. 1, S. 633; Gerl: Rhetorik, S. 244.

231 »[...] apud nos, id est apud multas nationes, nemo nisi romane, in qua lingua disciplinae cunctae libero homine dignae continentur [...]«. Valla: Elegantiarum libri, S. 598.

Vallas Kulturimperialismus grenzte nicht räumlich, sondern kulturell aus: Seit die Goten und Vandalen in Italien eingebrochen waren,[232] hatten die Barbaren überall ein Zuhause, wo schlechtes Latein gesprochen wurde. Dieses Urteil war nicht zuletzt gegen die italienischen Universitäten gerichtet. Valla hatte vor allem die scholastischen Professoren im Visier.

Das dauerhafte Imperium der lateinischen Sprache führte er auf ihre ästhetische Vollendung zurück. Deren Wirkung auf die antiken Barbaren rückte er in die Nähe eines religiösen Erweckungserlebnisses. Die Bewohner der römischen Provinzen, so der Humanist, hätten die lateinische Sprache

> wie einen vom Himmel gesandten Gott bei sich aufgenommen. Gewaltig ist daher das Sakrament der lateinischen Sprache, gewaltig fürwahr ihre Göttlichkeit, welche bei den Fremden, bei den Barbaren und sogar bei den Feinden heilig und gewissenhaft so viele Jahrhunderte hindurch bewahrt wurde, so dass wir Römer nicht so sehr darüber zu trauern brauchen, sondern uns vielmehr daran erfreuen und sie vor den Ohren der ganzen Welt preisen sollten. Zwar haben wir Rom verloren, haben das Reich und die Herrschaft verloren, nicht durch unsere Schuld, sondern durch die Schuld der Zeiten. Und doch herrschen wir immer noch aufgrund dieser glanzvolleren Herrschaft der Sprache in einem großen Teil der Welt. Uns gehören Italien, Gallien, Spanien, Germanien, Pannonien, Dalmatien, Illyrien und viele andere Nationen. Denn überall dort ist das Römische Reich, wo die römische Sprache herrscht.[233]

Italien ist hier den römischen Provinzen nur durch Erstnennung vorangestellt; dass es am römischen Ruhm privilegiert teilhabe, deutete Valla nicht an. Seine Verherrlichung des römischen Sprachimperiums zielte

232 Ebd., S. 606-612.

233 »Ac, ne pluribus agam, de comparatione imperii sermonisque romani, hoc satis est dixisse. Illud iam pridem, tamquam ingratum onus, gentes nationesque abiecerunt; hunc omni nectare suaviorem, omnis serico splendidiorem, omnis auro gemmaque pretiosiorem putaverunt, et quasi deum quendam e caelo dimissum apud se retinuerunt. Magnum ergo latini sermonis sacramentum est, magnum profecto numen quod apud peregrinos, apud barbaros, apud hostes, sancte religiose per tot saecula custoditur, ut non tam dolendum nobis Romanis quam gaudendum sit atque ipso etiam orbe terrarum exaudiente gloriandum. Amisimus Romam, amisimus regnum atque dominatum; tametsi non nostra sed temporum culpa; verum tamen per hunc splendidiorem dominatum in magna adhuc orbis parte regnamus. Nostra est Italia, nostra Gallia, nostra Hispania, Germania, Pannonia, Dalmatia, Illyricum, multaeque aliae nationes. Ibi namque romanum imperium est ubicumque romana lingua dominatur.« Ebd., S. 596.

nicht auf eine Erhöhung Italiens, sondern der humanistischen Studien auf Kosten der Politik. Hatte Bruni die Stadt Florenz zur Nachfolgerin Roms erhoben, so setzte Valla an ihre Stelle die Gelehrten. Er verlagerte die Zivilisation in eine autonome, den herrschaftlichen Zwängen enthobene Sphäre.

Franz Josef Worstbrock hat Vallas Kulturimperialismus als kompensatorische Handlung verstanden. Ihm liege der »spezifisch italienische Anspruch« zugrunde, politische Ohnmacht kulturell zu überwinden.[234] Würde diese Deutung für Petrarcas Italiendiskurs mutatis mutandis zutreffen, so greift sie bei Valla zu kurz. Die politische Großwetterlage war zu Lebzeiten Vallas weit stabiler. Die leitmotivische Klage über die politische Machtlosigkeit Italiens rahmte das Zeitalter des italienischen Humanismus ein, auf dem Höhepunkt der humanistischen Bewegung erklang sie selten. Zudem drückten Vallas »Elegantiae« keinen *italienischen* Anspruch auf Kulturhegemonie aus, sondern einen römischen. Die Humanisten, ob in- oder außerhalb Italiens, waren dazu berufen, das Erbe des Römischen Imperiums zu verwalten. Mit Blick auf die klassischen Vorbilder hob Valla auch die Autoren außerhalb Italiens hervor, die zur Blüte der freien Wissenschaften beigetragen hätten:

> So wurden nach der Verbreitung der lateinischen Sprache nicht nur diese Künste in die Provinzen hinausgetragen, sondern auch das Ingenium der Provinzbewohner nahm zu, so dass es viel mehr hervorragende Provinzbewohner in diesen Wissenschaften gab als Römer, und nicht nur mehr, sondern auch fast noch begabtere.[235]

Um seine Philologie als autonome Heldentat auszuweisen, verglich sich Valla mit Camillus, dem politischen Retter Roms. Spätere Humanisten haben diese Glorifizierung in Variationen weitergesponnen. Sabellicus etwa nannte Valla einen »pater patriae«, der mit seiner »restitutio sermonis« Ebenbürtiges vollbracht habe wie Furius, der den Römern die geraubten Feldzeichen zurückgebracht hatte.[236]

Valla entwickelte subtile Diskurstechniken, mit denen er die Taten der Sprache den Taten der Herrscher voranstellte. Die lateinische Sprache erhob er zum handelnden Subjekt, und zwar zum eigentlichen und ewigen Imperator. Sich selbst inszenierte er als Geschichtsschreiber der Sprache.

234 Worstbrock: Über das geschichtliche Selbstverständnis, S. 511.

235 »Sic propagata lingua latina non solum hae artes ad provincias sunt profectae, sed etiam provincialium ad istas ingenia accessere, ut multo plures eximii in his scientiis provinciales extiterint, quam Romani, nec plures modo sed etiam propemodum praestantiores.« Valla: Opera omnia, Bd. 1, S. 284; Gerl: Rhetorik, S. 237.

236 Gerl: Rhetorik, S. 44.

In dieser Funktion stellte er sich auf eine Stufe mit Livius.[237] Die Geschichtsschreibung galt ihm als edelste aller Wissenschaften. Aus ihr floss »die meiste Erkenntnis der natürlichen Dinge [...], die meiste Erkenntnis der Sitten und die meiste Gelehrsamkeit in aller Weisheit«. Die Historiker stellten »mehr Ernst, mehr Klugheit, mehr bürgerliche Weisheit in ihren Reden dar als irgendwelche Philosophen in ihren Vorschriften«.[238] Zur Königsdisziplin der Geschichte erhob er die Philologie. Erst die Ausgrabung des reinen Lateins ermögliche die politische Geschichtsschreibung. Damit vergangene Wahrheit erfassbar werde, müsse die Sprache vom »Moder und Rost« der Jahrhunderte gereinigt[239] und die antike Eloquenz, die »regina rerum [...] et perfecta sapientia«,[240] reformiert werden. »Die Beredsamkeit«, postulierte Valla, »ist die Mutter der Geschichte.«[241] Was Petrarcas Rhetoriktheorie andeutete, setzte Valla um: Wahrheit wurde eine rhetorische Kategorie. Außerhalb des lateinischen Stilideals, wie es Cicero und Quintilian vorgegeben hatten, lag nicht nur das gotische Reich der Unförmigkeit und Hässlichkeit, sondern das des Irrtums und der Lüge.

Wie Valla löste auch Flavio Biondo die politische Diskrepanz zwischen dem antiken Rom und der italienischen Gegenwart nicht mehr harmonisierend auf. Seine »Italia Illustrata«, eine ethnographisch-historische Studie, entstand zwischen 1448 und 1453, also fast zeitgleich mit Vallas »Elegantiae«.[242] Mit diesen teilte sie aber nur den Autonomieanspruch humanistischer Bildung; in Stil und Inhalt waren die beiden Schriften um Welten getrennt. Biondo orientierte sich bei seiner Konstruktion Italiens nicht an der politischen Geographie der Gegenwart. Italien erschien ihm als natürlich begrenzter Lebensraum, dessen Bewohner durch Sprache und Kultur sowie die Abwehr der »Germanica tyrannorum rabies« verbunden seien. Für die Binnengliederung Italiens lehnte sich Biondo an die antike Regionaleinteilung Plinius' d. Ä. an.[243] Auch bei der topographischen Beschreibung nahm er antike Raumkoordinaten auf: Er

237 Ebd., S. 53.
238 Ebd., S. 246.
239 Valla: Elegantiarum libri, S. 598.
240 Ebd., S. 622.
241 »[...] oratoriae artis, quae historiae mater est.« Valla: Opera omnia, Bd. 2, S. 5; Gerl: Rhetorik, S. 249.
242 Biondo: Italia Illustrata, in: Blondus Flavius Forliviensis, S. 293-422.
243 Biondo verwies durchaus auf die »vocabulum mutatio«, die sich zwischen der Topographie der Antike und dem 15. Jahrhundert zugetragen habe. Auch sah er im Zusammenbruch des Römischen Reichs eine Grundlage der dezentralen politischen Landschaft seiner Zeit; ebd., S. 295; Stauber: »Auf der Grenzscheide [...]«, S. 89; Muhlack: Geschichtswissenschaft, S. 199 f.; Clavuot: Biondos »Italia Illustrata«, S. 33 f.

folgte entweder den Flussläufen oder dem römischen Fernstraßennetz.[244] Insgesamt modifizierte er die antike Raumordnung nur marginal und überging die aktuelle politische Gestalt Italiens.[245] Darin stimmte er mit der spätmittelalterlichen Kartographie überein.[246] Sein Italienkonstrukt vermittelte aber eine umfassendere Botschaft: Dem augusteischen Zeitalter war eine Dauerhaftigkeit höherer Art beschieden als den flüchtigen Herrschaftsstrukturen seit dem Niedergang des Römischen Reichs. Auch wenn die römische Provinzeinteilung kaum mehr sichtbar war, lebte die römische Ordnung fort – aufbewahrt im Gefäß der literarischen Überlieferung.[247] Biondo legte den italienischen Raum als humanistische Konstruktion offen. Dem entsprach auch, dass er die humanistischen Gelehrten als eigenständige Prestigegruppe neben die politischen und militärischen Eliten setzte. Zur Beschreibung einer Stadt gehörte die Aufzählung der Literaten, die in ihr von der Antike bis zur Gegenwart gewirkt hatten. Die Aushängeschilder der »bonae litterae« seit Petrarca nahmen dabei beträchtlichen Raum ein.[248] Hinzu kam ein längerer Einschub, der die Entfaltung der klassischen Studien über mehrere Generationen bis in die jüngste Vergangenheit nachzeichnete.[249]

Wie Valla ließ Biondo vom Postulat der historia magistra vitae nicht ab und sah in der »Italia Illustrata« ein Erziehungsinstrument der intellektuellen, vor allem aber der politischen Eliten Italiens.[250] Entscheidend ist aber, dass Biondo diesen Erziehungsauftrag aus ideologischer Distanz zur zeitgenössischen Politik wahrnahm. Sein Blick auf die Gegenwart erfolgte durch die Brille einer kontrafaktischen Gelehrsamkeit. Der politische Gehalt des Humanismus ging nicht mehr in der Verherrlichung der aktuellen Politik auf, sondern galt vermehrt einer vergeistigten Ersatzpolitik in eigener Regie.

244 Müller: Die »Germania generalis«, S. 243 f.

245 Stauber: »Auf der Grenzscheide [...]«, S. 88-90; Müller: Die »Germania generalis«, S. 247.

246 Clavuot: Biondos »Italia Illustrata«, S. 55.

247 Biondos Ausblendung der zeitgenössischen politischen Landkarte behinderte die produktive Rezeption seiner »Italia Illustrata« im deutschen Humanismus. Celtis, Cochlaeus und Aventin nahmen für ihr Konzept der »Germania Illustrata« den politischen Reichsverband der Gegenwart zum Maßstab, nicht die antike Provinz Germanien. Damit konnten sie Biondos Modell der historischen Landestopographie trotz eifrigem Bemühen nicht auf die deutschen Verhältnisse übertragen.

248 Biondo: Italia Illustrata, S. 346 f., 373 f., 376 f.

249 Clavuot: Biondos »Italia Illustrata«, S. 130.

250 Ebd., S. 24-27.

3.4. Das stereotype Bild der Deutschen im italienischen Humanismus

Im Visier der Antibarbaries italienischer Humanisten standen im 14. und 15. Jahrhundert weit mehr die Franzosen als die Deutschen.[1] Das heißt nicht, dass Deutschland vom italienischen Barbarenverdikt weniger betroffen war. Für den humanistischen Bildungsimperialismus war Frankreichs Selbstverständnis als Sitz des Studiums eine größere Herausforderung als die imperialen Würden des deutschen Königtums. Der argumentative »Aufwand« zur Barbarisierung der Franzosen war weit höher als im Fall Deutschlands. Zudem wurde die Italianisierung der Universalmächte für das Papsttum kategorischer eingefordert als für das Kaisertum. Den Italienern, so der Tenor, gebühre nicht nur der Sitz, sondern auch die Besetzung des Stuhls Petri. Italienische Humanisten des Quattrocento hoben das Papsttum zunehmend in den Rang der einzig legitimen Universalmacht der Christenheit. Die Kulturpatronage und humanistische Durchdringung der Kurie trug hier ihre Früchte. Hauptfeinde des Papsttums – und damit auch Italiens – blieben so die Franzosen. Aus der Rückschau erscheint Petrarcas literarischer Beitrag zu dieser Feindkonstruktion bedeutsamer als die politischen Friktionen an der Kurie oder die Konflikte zwischen Papsttum und französischer Krone.

Die Anfeindung der Deutschen erreichte erst eine vergleichbare Intensität, als Italien zum Streitobjekt der europäischen Großmächte wurde.[2] Als noch Luther auf den Plan trat und die Reformation als Bedrohung der katholischen Kirche erkannt wurde, erhielt Deutschland in der italienischen Barbarenbekämpfung sogar Priorität. Die Stereotype, mit denen italienische Humanisten die Deutschen bedachten, waren mit wenigen Ausnahmen in die ideologische Front der Antibarbaries eingereiht. Einzeln wurden sie auch anderen Völkern angeheftet. Spezifisch humanistisch waren weniger die Stereotype selbst als ihre historische Fundierung und diskursive Verknüpfung. Viele Attribute waren den Deutschen schon im Mittelalter zugedacht worden. So hatte König Robert von Neapel 1313 nach dem Tod Heinrichs VII. dem Papst zu bedenken gegeben, Könige »de lingua Germanica« seien für die Kaiserkrone ungeeignet, weil sie einem Volk angehörten, das mehr barbarischer Wildheit anhänge als dem christlichen Glauben und bei dem laut Thomas von Aquin Raub keine Sünde sei.[3]

1 Amelung: Das Bild, S. 74 f.
2 Ebd., S. 91.
3 Zit. bei Walther: Imperiales Königtum, S. 105; vgl. auch Jäschke: Zu universalen und regionalen Reichskonzeptionen, S. 422 f.; Miethke: Einleitung, S. 110.

Wie ihre mittelalterlichen Vorläufer entnahmen die Humanisten die Kennzeichen der deutschen Barbarei ethnographisch verwertbaren Passagen der antiken Literatur. Deren Gültigkeit lag vor aller empirischen Beobachtung. Standen die Franzosen seit Caesar im verweichlichten Zustand der Semibarbarei, waren gleichzeitig zivilisationshungrig und -unfähig, so verharrten die Deutschen im Status der rohen Barbarei. Die Stereotype der Deutschen unterstrichen so gut wie immer ihre kollektive Wildheit. Sie widmeten ihr Leben dem Krieg und der Jagd, zogen mordend und plündernd durch fremde Länder, konnten in ihrer Sprache nur wüste Laute ausstoßen, entbehrten jeglicher Bildung und damit auch tieferer Religiosität, hatten keinerlei Tischsitten, waren so ungewaschen wie ihre Städte dreckig, strotzten vor Unvernunft, Wankelmut und Treulosigkeit, litten unter blindem Jähzorn und verfielen der Trunksucht, wo immer Alkohol greifbar war.[4] Das einzige Klischee der Deutschen, das halbwegs positiven Gehalt hatte, war die handwerkliche Geschicklichkeit. Es erhielt mit der Erfindung des Buchdrucks und der Bombarden weiteres empirisches Gewicht. Bezeichnenderweise hatte es keine antiken Wurzeln. Es ließ sich aber problemlos in die Antibarbaries einreihen, weil es in den Augen der italienischen Humanisten für eine geistig anspruchslose Tätigkeit stand.[5] Der Triumph in den »artes mechanicae« konnte den Barbaren überlassen werden, hatten sie doch im Gegensatz zu den »artes liberales« eine dienende Funktion und waren eines freien Mannes nicht würdig.

Der Charakterzug jähzorniger Grausamkeit wurde dem deutschen Adel und seinen Untertanen spätestens seit dem Ende des 11. Jahrhunderts nachgesagt. Bereits im Frühmittelalter wurde die antike Stammesbezeichnung teutonicus, die einem 102 v. Chr. von den Römern vernichteten Barbarenvolk galt, mit der fränkischen Vulgärsprache theodiscus gleichgesetzt.[6] Während des Investiturstreits verlieh Papst Gregor VII. dieser Angleichung offiziöse Geltung, indem er den römischen König herabsetzend als »rex Teutonicorum« betitelte.[7] Im gleichen Zug wurde auch die Formel des »furor teutonicus«, die Lucan geprägt hatte,[8] auf die Deutschen übertragen.[9] Sie stand für blinde Zerstörungswut. »Furor« und »rabies« der Deutschen wurden von den Erfahrungen, die man im

4 Amelung: Das Bild.
5 Ebd., S. 172, 175.
6 Brühl: Deutschland, S. 189-231; Koselleck: Volk, Nation, Nationalismus, Masse. I. Einleitung, in: Geschichtliche Grundbegriffe, Bd. 7, S. 150.
7 Thomas: Sprache, S. 50 f.; ders.: Julius Caesar, S. 263; Ehlers: Die Entstehung, S. 270.
8 Lucanus: Bellum civile 1, V. 255 f.
9 Schmugge: Nationale Vorurteile, S. 458.

mittelalterlichen Italien mit den Deutschen machte, immer wieder bestätigt. Denn die nördlichen Reichsbewohner kamen in bewaffneten Zügen der römischen Könige nach Italien, und seit dem 14. Jahrhundert dienten sie auch in Söldnerheeren italienischer Stadtstaaten.

Schon Petrarca integrierte den furor teutonicus in die humanistische Antibarbaries.[10] Im »Trionfo della Fama« bezog er den »tedesco furor« noch auf den antiken Barbareneinfall der Kimbern und Teutonen.[11] In der Canzone »O aspettata«[12] wandte er das Schlagwort aber auf die zeitgenössischen Deutschen an. Leicht variierend setzte er es auch zweimal in der Canzone »Italia mia« ein: Er stilisierte die Alpenkette zum natürlichen Schutz vor der »tedesca rabbia« und setzte dem »furor de lassù«, der Wut aus dem Norden, die »vertú« der Italiener entgegen.[13] Blindes Wüten gegen die gelobte oder gewünschte italienische Tugendhaftigkeit – diese Opposition weitete sich nach 1494 auf alle politischen Akteure aus, die in Italien einfielen.[14] Deutsche, Eidgenossen, Franzosen und Spanier wurden so gemeinsam zu mutwilligen Zerstörern zivilisatorischer Errungenschaften.

Petrarcas Canzone »Italia mia« griff noch ein weiteres Stereotyp der antiken Ethnographie auf. Das lyrische Ich warnte die politischen Eliten Italiens davor, den »käuflichen Herzen« der barbarischen Söldner zu trauen. Diese böten nur ihren Dienst an, um Italien zu verwüsten und auszuplündern.[15] Zur nördlichen Wut gesellte sich damit die Gefahr des »bavarico inganno«, der betrügerischen Natur der Bayern, deren Name pars pro toto für alle Deutschen stand.[16] Begriffliche Wurzel dieses Stereotyps war die »perfidia Germanorum«. Unberechenbarkeit, List und Treulosigkeit galten in der Antike als charakteristische Wesenszüge der Barbaren. Die Römer hefteten sie vor allem jenen Völkern an, die militärische Erfolge gegen sie erzielt hatten – so auch den Puniern.[17] Schon Caesar sprach wegen der Verhandlungstaktik germanischer Gesandter von der »Hinterhältigkeit und Heuchelei« der Germanen.[18] Später waren es vor allem die Kommentare zur »clades Variana«, die die Germanen lügnerisch und listig nannten. Für Strabo hatte nicht die Verschlagenheit eines Einzelnen, Arminius, die Römer in den Tod getrieben, sondern die bodenlose Ver-

10 See: Barbar, S. 57.
11 Petrarca: Trionfo della Fame 2, V. 109-117.
12 Ders.: Rerum vulgarium fragmenta 28, V. 52-57.
13 Ebd. 128, V. 33-35, 78-80.
14 Amelung: Das Bild, S. 168.
15 Petrarca: Rerum vulgarium fragmenta 128, V. 21-25.
16 Ebd., V. 65 f.
17 Thollard: Barbarie, S. 53.
18 »[...] perfidia et simulatione usi Germani [...].« Caesar: De bello Gallico 4,13.

räterei aller Cherusker. Ihren treulosen Charakter übertrug Strabo auf die übrigen Germanen.[19] Velleius Paterculus beurteilte die Germanen im gleichen Kontext als einen »bei all ihrer Wildheit äußerst schlauen und zur Lüge geborenen Menschenschlag«.[20] Auch Tacitus nahm den topischen Vorwurf auf, reflektierte ihn aber kritisch und konzentrierte ihn auf Arminius, der den Verrat als Befreiungsinstrument für die Cherusker eingesetzt habe.[21] Unter den italienischen Frühhumanisten warf Giovanni Boccaccio den Deutschen am nachdrücklichsten einen betrügerischen Charakter vor.[22] Ob Zufall oder nicht – Boccaccio war auch der erste italienische Gelehrte, der ein Manuskript der »Annalen« in seinen Besitz gebracht hatte und Auszüge daraus in seinen Schriften zitierte.

Auf das Deutschenbild italienischer Humanisten übte Tacitus aber keinen markanten Einfluss aus. Erstens waren seine Schriften bis Ende des 15. Jahrhunderts nur wenigen Insidern bekannt, zweitens entsprach seine Sprache nicht dem klassischen, an Cicero orientierten Stilideal, und drittens musste die Ambivalenz von Tacitus' Barbarenbild auf die meisten italienischen Humanisten befremdlich und wenig bestärkend wirken. Enea Silvio hat denn auch die »Germania« des Tacitus so einseitig negativ gelesen, wie sie die deutschen Humanisten später ins Positive kehrten.

Der Ruf der Raublust und Habgier, der den Deutschen in Italien anhaftete, ging auch auf antike Quellen zurück. Für die Römer war es ein Spezifikum barbarischer Kriegsführung, nicht aus Gründen der Sicherheit oder des territorialen Zugewinns zu kämpfen, sondern aus purem Antrieb zum Beutemachen. Entsprechend häufig wurde das kriegerische Naturell der Germanen auf die Sitte zurückgeführt, sich durch Raub bzw. durch den Verkauf des Geraubten zu bereichern. Wo immer möglich, wollten sie ehrlicher Arbeit aus dem Weg gehen.[23] Im italienischen Humanismus wurden »praedae studium« und »avaritia« sowohl den deutschen Söldnern in italienischen Diensten als auch dem deutschen Adel nachgesagt.[24] Als der päpstliche Gesandte Campano 1471 in Regensburg ausharrte, um eine Rede vor dem Reichstag zu halten, beklagte er sich nicht nur über den

19 Strabo: Geographie 7,1,4.

20 »in summa feritate versutissimi natumque mendacio genus« C. Velleius Paterculus: Historia Romana 2,118, zit. in: Herrmann (Hg.): Griechische und lateinische Quellen, Bd. 1, S. 280 f.

21 Tacitus: Annalen 1,46, 1,58.

22 »[...] fraude qua plurimum Theutones valent«. Zit. nach Amelung: Das Bild, S. 43.

23 Im italienischen Humanismus breit rezipiert wurde Caesar: De bello Gallico 4,1 f., 6,22 f.

24 Amelung: Das Bild, S. 169 f.

sauren Wein, fehlende Urbanität und Unkenntnis der studia humanitatis, sondern auch über die adligen Werte:

> Ungeheuer weit ist Deutschland, ungeheuer mächtig und enorm adlig, aber alles in allem ist es eine einzige Räuberhöhle, und im Adel genießt der größere Räuber den größeren Ruhm.[25]

Zu den wenigen Klischees über die Deutschen, die nicht direkt in einem antiken Germanenstereotyp wurzelten, gehörte ihre Sprache. Schon in der italienischen Vulgärliteratur des Mittelalters war das deutsche Idiom Sinnbild für Unverständlichkeit und Unverstand.[26] Dieses Motiv nahmen die Humanisten bereitwillig auf. Selbst Enea Silvio, der in seiner »Germania« von 1458 zu konstatieren wagte, die Deutschen seien ihrem Barbarenzustand entwachsen, schickte diesem Lob die Einschränkung hinterher: »preter sermonem patrium«.[27] Die Ideologisierung der Sprachbarriere verband sich mit der Weigerung italienischer Eliten, auch bei längeren Aufenthalten im Reich die deutsche Sprache zu lernen – eine Haltung, die bis weit ins Zeitalter der Konfessionalisierung anhielt und die gegenseitigen Feindbilder zusätzlich verhärtete.[28]

Das Klischee, barbarisch zu sprechen, haftete den Deutschen nicht nur wegen ihrer unverständlichen Vulgärsprache an. Die Bezeichnung der Scholastik als »gotische Wissenschaft« führte dazu, dass die mittelalterliche Philosophie und Theologie insgesamt als deutsches Produkt abqualifiziert wurde. Scholastische Gelehrte wurden als Deutsche verunglimpft, egal woher sie kamen und welche Mundart sie sprachen. Ermolao Barbaro schrieb 1485 an Pico della Mirandola über das Verhältnis von Rhetorik und Philosophie:

> Eines weiß ich, dass du es weißt: Während so vieler Jahrhunderte ist kein einziges erinnerungswürdiges Werk in lateinischer Sprache hervorgegangen, dessen Autor der griechischen Sprache nicht mächtig gewesen wäre. Ebenso wenig zähle ich zu den Autoren lateinischer Sprache diese Germanen und Teutonen, die während ihrer Lebenszeit nicht wirklich gelebt haben, und noch weniger jetzt leben werden, wo sie gestorben sind; oder wenn sie leben, dann zu ihrer eigenen Strafe und Schande: Nicht umsonst werden sie für gewöhnlich schmutzig, ungeschickt, kulturlos und barbarisch genannt. Wer würde nicht lieber gar nicht existieren als mit solch einem Ruf? Gewiss bekam man von ihnen

25 Voigt: Italienische Berichte, S. 176-178.
26 Amelung: Das Bild, S. 33, 76.
27 Piccolomini: Germania 2,27.
28 McClung: Italian »Natural Superiority«.

> auch gewisse nützliche Dinge zu hören; sie zeichneten sich aus durch Intelligenz, Gelehrsamkeit und den Besitz vieler guter Dinge. Was ich ihnen auch noch absprechen könnte, spreche ich ihnen nicht gesamthaft ab. Aber was Schriftstellern ewiges Lob und Gedenken verleiht, ist ein glänzender und eleganter Stil, oder wenigstens ein reiner und züchtiger, wie er etwa in den christlichen Autoren griechischer und lateinischer Sprache hervortritt.[29]

Barbaros Abwertung der Philosophie gegenüber der Rhetorik fand bei Pico keine Zustimmung. Pico nahm den Brief zum Anlass, die scholastische Philosophie mit einer virtuosen Rhetorik der Antirhetorik zu verteidigen. Wen Barbaro aber mit »isti Germani et Teutonae [!]« gemeint hatte, stand für Pico außer Zweifel, und einige dieser »Deutschen« nannte er gleich beim Namen: Thomas von Aquin, John Scotus, Albertus Magnus und Averroes.[30] Aus dem Stereotyp des grobschlächtigen Deutschen, der es zu keinem geraden Satz brachte, wurde damit im italienischen Humanismus ein umfassenderer Umkehrschluss: Unelegantes Latein galt allgemein als deutsches Produkt.

Das Deutschenbild italienischer Humanisten entstand in einem engen Rahmen. Die Polarität von Zivilisation und Barbarei wurde fast vollständig aus literarischer Überlieferung gespeist. Die »spezifischen« Merkmale des Deutschen waren letztlich Merkmale griechischer und römischer Selbstbestätigung. Sie formten die Wirklichkeit der Renaissanceeliten mehr als jeder soziale Austausch zwischen Deutschen und Italienern. Die Realitäten schaffende Macht literarischer Diskurse ist kein humanistisches Spezifikum. Sie gilt auch für die folgenden Prozesse der europäischen Nationalisierung, Konfessionalisierung und Kolonialisierung. Erfahrungen mit dem Fremden sind nie von vorurteilsloser Neugier oder Scheu geleitet. Der Fremde wird stets zum vertrauten Anderen, den man schon aus den Büchern kennt.

29 »Unum te scio scire: nullius latina lingua tot saeculis extare monumenta, qui litteris graecis caruerit. Nec enim inter auctores latinae linguae numero Germanos istos et Teutonas[!], qui ne viventes quidem vivebant, nedum ut extincti vivant; aut si vivunt, vivunt in poenam et contumeliam: appellantur enim vulgo sordidi, rudes, inculti, barbari. Quis malit sic esse quam prorsus non esse? At enim utile aliquid dixerunt, valuere ingenio, doctrina, bonarum rerum copia. Non nego penitus quod et possum negare; sed sermo nitidus et elegans, saltem purus et castus, qualis vel in auctoribus christianis, Graecis Latinisque, perspicitur, laudem et memoriam sempiternam scriptoribus conciliat.« Barbaro an Pico della Mirandola, in: ders.: Epistolae, S. 85 f.

30 Breen: Giovanni, S. 395.

Wie sehr die Konstruktion des Fremden ein diskursimmanenter Vorgang war, zeigen auch die späteren Gegenkonstruktionen deutscher Humanisten und Reformatoren. Die Klischees, die den Italienern in Deutschland anhafteten, waren mehrheitlich identisch mit jenen, die den Deutschen in Italien anhafteten! In Italien, so lästerte es von Celtis bis Luther, herrschten Unglauben, Sittenlosigkeit und endemische Völlerei; das Papsttum sei ein italienisches Instrument zur Ausplünderung Deutschlands und zur Befriedigung der italienischen Geldgier; wo sie auftraten, agierten die Italiener mit Trug und Tücke, und gegenüber ihren Feinden zeichneten sie sich durch Grausamkeit aus. Im Prozess der Nationalisierung humanistisch gebildeter Eliten ab 1500 fischten alle aus dem gleichen Vorratstopf, um sich selbst und den Nachbarn ein »eigentümliches« Gesicht zu geben. Angesichts der weitgehenden Übereinstimmung der Stereotype bestand die Hauptdifferenz zwischen italienischem Deutschlandkonstrukt und deutschem Italienkonstrukt darin, dass auf der einen Seite zivilisatorische Größe und Ordnung wüster Rohheit gegenüberstand, auf der anderen aber ursprüngliche Reinheit und Bildung dekadenter Selbstzersetzung.

4. Humanistischer Nationalismus in Deutschland

Aufbau und Argumentation

Der Humanismus fasst im Reich erst gegen Ende des 15. Jahrhunderts definitiv Fuß – zu einem Zeitpunkt, als die typographische Revolution die europäische Gelehrtenwelt nachhaltig verwandelt. Die ersten deutschen Humanisten akzeptieren das italienische Barbarenverdikt und konzentrieren sich im Bewusstsein ihrer Unterlegenheit auf die imitatio ihrer Vorbilder. Erst die so genannte zweite Generation wertet das gleiche Verdikt zur absichtlichen Ehrverletzung der Deutschen um und entwickelt einen Abwehr- und Emanzipationsdiskurs, in dessen Zentrum die »defensio patriae« und der »honor nationis« stehen. Dabei wird die vertikale Opposition von Zivilisation und Barbarei des italienischen Humanismus in eine horizontale Konfrontation der Nationen überführt. Die Hierarchie zwischen den Nationen erscheint nicht mehr a priori vorgegeben, sondern wird, so die Suggestion des Nationsdiskurses, in einer umfassenden Konkurrenz ermittelt.

Dieses Konzept eines Wettkampfs der Nationen universalisiert Elemente der humanistischen Konkurrenzkultur in Italien. Schon dort bestimmt ein »agonales Prinzip« (Burckhardt) die Einstellung zu den antiken Vorbildern und die Beziehungen unter den Literaten. Es erhält im Ideal des Verdienstadels eine wirkungsmächtige Konkretisierung: Individueller Rang und Ansehen werden von der Geburt losgekoppelt und dynamisiert. Verbindet man Burckhardts Kulturtheorie mit Bourdieus Kapitaltheorie, lässt sich das agonale Prinzip des Humanismus als Strategie deuten, das symbolische Kapital der Ehre vom Geburts- auf den Geistesadel zu transferieren. Der alte Adel wird dabei nicht ausgeschlossen, sondern zur Selbsttransformation unter humanistischer Anleitung aufgerufen. Die humanistische Rhetorik der Ehre bezweckt die Nobilitierung des Humanismus durch Humanisierung der Nobilität.

Der humanistische Nationalismus in Deutschland verknüpft den gelehrten Ehrdiskurs in Italien mit dem habsburgischen Nationsdiskurs im Reich. Er weitet das agonale Prinzip auf abstrakte Kollektive aus. Gegenüber dem dualistischen Modell von Zivilisation und Barbarei bedeutet der nationalistische Multilateralismus einen intellektuellen Universalisierungssprung. Der Zuwachs an Komplexität wird aber sogleich reduziert. In der Praxis unterlaufen die deutschen Humanisten den inter-nationalen Wettstreit auf folgenreiche Weise. Die Austragung von Ehrkonflikten ist, wie Bourdieu gezeigt hat, auf eine Öffentlichkeit angewiesen, die die Regeln der Konfliktaustragung festlegt und das symbolische Kapital verteilt. Diese öffentliche Sanktionsinstanz jedoch schließt der Nationalismus aus. Der Wettstreit unter Nationen wird nicht in einer höheren Ehrgemeinschaft ausgetragen, die den Spielstand überwacht. Der humanistische Nationalismus kennt keine neutralen Autoritäten, sondern nur Parteien. Das agonale Prinzip bleibt daher über weite Strecken Simulation. Die deutschen Humanisten inszenieren sich zugleich als Streiter und Schiedsrichter, und so steht der Sieger des Nationenwettstreits im Voraus fest. Dieser autistische Selbstbestätigungsdiskurs trägt zur Aufspaltung der christlich-abendländischen Gelehrtenwelt bei. Die nationale Beschränkung des inter-nationalen Wettkampfs begünstigt die Imagination und später die Entstehung nationaler Kommunikationsräume.

Die deutschen Humanisten weiten den nationalen Wettkampfdiskurs auf alle Themen aus, die mit Prestige besetzt sind: Herrschaft, Topographie, Klima, Bevölkerungsreichtum, Frömmigkeit, Sitten, mechanische und freie Künste usw. Dabei projizieren sie das agonale Prinzip in die Vergangenheit. Die Geschichte wird zum Schauplatz nationaler Konfrontationen und zum Prestigefundus für die Gegenwart. Um ihn auszuschöpfen, braucht es die humanistischen Gelehrten. Sie stellen sich ins Zentrum des inter-nationalen Wettkampfs. Indem sie nationale Heldentaten dem Vergessen entreißen und mit ihren Texten die deutsche Zivilisiertheit beweisen, fällt ihnen bei der Akkumulation nationaler Ehre eine doppelte Provision zu. Sie rechnen literarische Qualität zum nationalen Ehrkapital und können so auch jene Autoren als Nationalhelden feiern, die sich am Nationsdiskurs gar nicht beteiligen. Die literarische Leistung erhält damit hohen Eigenwert – es sei denn, ihre Erzeuger geraten in die Mangel nationalistischer Bekenntnispflicht. Erasmus etwa, der nur christlicher Weltbürger sein will, wird aufgrund seines Geburtsorts von Franzosen und Deutschen bedrängt, sich zu ihrer Nation zu bekennen. Als er weiter laviert, wird er von Hutten moralisch verurteilt und aus der deutschen Nation ausgestoßen.

Der Nationsdiskurs deutscher Humanisten ist von komplementären Reaktionshaltungen geprägt, die man als Antibarbaries und Antiromanitas bezeichnen kann. Die Antibarbaries umfasst zum einen Aufrufe an die politischen und intellektuellen Eliten, die humanistischen Studien zu pflegen und hinter dem Kaiser die Reihen zu schließen. In diesen Aufrufen wird der Barbarenbegriff gezielt als aufrüttelnde Zustandsdiagnose eingesetzt, um die humanistische Bildung als einzigen Weg zu kulturellem und politischem Vorrang auszuweisen. Zum andern wendet sich die Antibarbaries – scheinbar – nach außen, an Italiener und Franzosen. Gegenüber den fremden Verleumdern wird nun dem Barbarenverdikt jede Rechtfertigung abgesprochen. Mit literarischen Funden aus der Vergangenheit und gelehrten Erfindungen zur deutschen Geschichte versucht man zu beweisen, dass Deutschland seit jeher, oder zumindest seit Karl dem Großen, zivilisiert gewesen sei und den Vergleich mit Italien aufnehmen könne.

Die Antibarbaries bezweckt eine nationale Prestigeakkumulation mit den Mitteln der »interpretatio Romana«: Man versucht, Deutschland eine mit Rom vergleichbare Geschichte und Gegenwart zu geben. Die Antiromanitas dagegen konstruiert einen polaren Gegensatz zwischen Deutschland und Italien bzw. Frankreich. Sie greift auf ein weiteres Darstellungsprinzip der antiken Ethnographie zurück, den »mundus inversus«, vertauscht aber dessen Vorzeichen: Den negativen Pol bilden die sittlich-religiöse Dekadenz Italiens und die parvenühaft verweichlichte Semibarbarei Frankreichs, den positiven die reine Ursprünglichkeit des freien Deutschlands. Die humanistischen Nationalisten erheben die deutsche Nation zum Hort wahrer Männlichkeit und reinen Adels. Die deutsche Geblütstheorie wird zum funktionalen Äquivalent der italienischen Klimalehre. Indem man alle möglichen Nordbarbaren der Antike mit den Deutschen identifiziert, kann man die Völkerwanderung mit anschließender Zerstörung Roms als deutsche Heldentat feiern. Unter Anwendung einer nationalen Seuchenmetaphorik rufen Humanisten zur Abschottung Deutschlands von fremden Gütern und Sitten auf. Deren angebliche Importeure – Kaufleute, Juristen und Kleriker – werden als Vaterlandsverräter angeprangert. Kaum in kausaler, dafür aber in motivgeschichtlicher Hinsicht stellt die humanistische Antiromanitas einen ideologischen Markstein hin zum modernen Nationalismus dar – in und außerhalb Deutschlands.

Lassen sich Antibarbaries und Antiromanitas motivisch trennen, so sind sie in der nationalen Mythenkonstruktion eng verwoben. Der von Celtis erfundene Druidenmythos ist diesbezüglich exemplarisch. Gegen die antiken Quellen behauptet Celtis eine Einwanderung gallischer Druiden nach Deutschland. Die Druiden hätten den Deutschen neben griechischer Kultur auch den monotheistischen Glauben vermittelt. Damit verschafft Celtis der deutschen Nation im Sinn der Antibarbaries eine alte Hochkultur und spricht sie zugleich im Sinn der Antiromanitas vom zivilisatorischen Einfluss Roms bzw. der Papstkirche frei. Die Plausibilitätsprobleme eines deutschen Druidenmythos nimmt der Neuplatoniker Celtis wohl deshalb in Kauf, weil der viel bewunderte Begründer des humanistischen Neuplatonismus, Marsilio Ficino, die Druiden in die Reihe der »prisci theologi« aufgenommen und mit den höchsten Intellektuellenweihen ausgezeichnet hat.

Um die Absichten und Wirkungen der humanistischen Nationalisten zu erschließen, bedarf es einer Analyse ihrer gesellschaftlichen Positionen.

Die meisten Nationalisten stehen im weiteren Umfeld des habsburgischen Hofes. Ihre Beziehung zu Maximilian kann als lockeres Patronageverhältnis bezeichnet werden. Der Monarch integriert die Humanisten als politische Propagandisten und Ruhmesredner in seine weit verzweigte Klientel und verspricht als Gegenleistung Reputation und soziale Protektion. Die humanistischen Nationalisten gehören nicht zum engeren Hof, sondern werden vom König sporadisch und aus Distanz mit der Abfassung von Gutachten oder Reden beauftragt. Das sichert ihnen eine gewisse ideologische Eigenständigkeit, verhindert aber die von ihnen gewünschte Ratgeberrolle für eine kaiserliche Nationalpolitik. Der Einfluss der humanistischen Nationalisten auf Maximilian bleibt insgesamt gering.

Um ihren Lebensunterhalt zu sichern, sind die Humanisten ohnehin auf andere Netzwerke angewiesen. Über städtische Kontakte kommen sie an kirchliche Pfründen oder Posten in der Stadtverwaltung heran, über höfische Beziehungen erhalten sie Eintritt in den Lehrkörper der Universitäten. Die soziale Welt der neuen, ständisch heterogenen Gelehrtenelite sind die Reichs- und Universitätsstädte Ober- und Südwestdeutschlands. Ihr Nationskonzept hat denn auch unleugbare Wurzeln im städtischen Habitus und bürgerlichen Gemeinschaftsdenken: Geht der nationalistische Ehrbegriff auf die Adelskultur zurück, so die nationalistische Xenophobie auf städtische Abgrenzungsmechanismen.

Trotz ihrer Einbindung in lokale und regionale Netzwerke favorisieren die humanistischen Nationalisten im seltenen Fall von Loyalitätskonflikten den Kaiser und die von ihm repräsentierte deutsche Nation. Diese Prioritätensetzung hängt mit dem Selbstverständnis der deutschen Humanisten zusammen. Der humanistische Nationsdiskurs entwickelt zwei komplementäre Intellektuellenkonzepte, die auf neuen Wegen kulturelles und soziales Kapital in Aussicht stellen. Mit der Ehrrhetorik und dem Bildungsimperativ der Antibarbaries betreiben die Humanisten eine Selbstnobilitierung zum nationalen Geistesadel, die sie in den kaiserlichen Dichterkrönungen offiziell bestätigt sehen. Umgekehrt erheben sie ihre politischen Forderungen und ihre antiwelsche Sittenkritik als säkulare Priester der Nation; sie verkünden die Wahrheit über die Deutschen, bekämpfen das Ausländisch-Böse und weisen den Weg zum nationalen Heil. Für die Rolle des säkularen Priesters schafft Celtis mit dem Druidenmythos eine wirkungsmächtige Präfiguration. Mit diesen Selbstentwürfen tragen die humanistischen Nationalisten zur Säkularisierung des intellektuellen Rollenverständnisses an der Wende zur frühen Neuzeit bei. Je stärker sich aber die Humanisten im Verlauf des 16. Jahrhunderts zum Bildungsstand an städtischen Gymnasien und Universitäten formieren, desto schwächer wird ihr Selbstverständnis als säkulare Priester. Diese

Entwicklung ist symptomatisch für die neuzeitliche Sozialisierung der Intellektuellen: Die offiziellen Bildungsanstalten sichern sich mit ihrer hierarchisierten Titelvergabe das Monopol der Intellektuellennobilitierung. Für Autodidakten und Künstler bleibt nur die Rolle der säkularen Wahrheitsverkünder mit sakraler Aura erreichbar.

Die Funktionsanalyse des humanistischen Nationalismus beschränkt sich auf seine Trägergruppen. Eine Nationalisierung breiter Schichten wird von den Humanisten weder angestrebt noch bewirkt. Obwohl die Nation eigentlich alle Deutschsprachigen einschließt, bleibt sie ein elitäres Zugehörigkeitskonzept. Die Annahme einer makrosozialen Funktion des humanistischen Nationalismus wäre also anachronistisch. Seine Hauptwirkung auf die Humanisten kann man von seiner kontrafaktischen Ausrichtung in politischer, kultureller und sozialer Hinsicht ableiten. Der Nationalismus, so die abschließende These dieses Kapitels, hilft den Humanisten, die gesteigerte Dynamik und Komplexität des sozialen Wandels im 15. und 16. Jahrhundert aufzufangen. Er verschleiert, dass die Humanisten selbst einen neuen Sozialfaktor darstellen und den »spätmittelalterlichen Verdichtungsprozess« antreiben. Er verleiht ihnen imaginären Halt in einer mobilisierten Gesellschaft, die ihnen einen festen sozialen Rang verwehrt. Letztlich wirkt er dahin, dass sich die Humanisten entgegen ihren eigenen Parolen aus dem politischen Reformprozess ausklinken. Vor den komplexen Problemen finden sie Zuflucht bei simplen Scheinrezepten.

4.1. Das agonale Prinzip

4.1.1. Kultur kommt von Konkurrenz: Burckhardts Griechen

Der Begriff des Agonalen hat in der Kulturgeschichte einen illustren Ursprung: In seinen Vorlesungen zur »Griechischen Culturgeschichte« von 1872-86 führte Jacob Burckhardt die zivilisatorische Sonderstellung der alten Griechen auf ein »agonales Prinzip« zurück. Alle Bereiche des griechischen Lebens – von der Politik über den Sport bis zu Wissenschaft und Kunst – seien einer unerbittlichen Konkurrenz ausgesetzt gewesen. Mit dieser Theorie bezog Burckhardt Stellung gegen die neuhumanistische Projektion eines harmonisch vollendeten Griechentums: Zivilisation und Kultur der Hellenen seien nicht der menschlichen Ausgeglichenheit, sondern der kollektiven Unrast in einem dauerhaften Verdrängungskampf entsprungen.[1] »In jedem begabten Griechen«, so mutmaßte Burckhardt, »wohnte ein Tyrann und ein Demagog«.[2]

Burckhardts Konzept des Agonalen beruht auf fragwürdigen Annahmen über die griechische Kultur,[3] eignet sich aber europaweit zur kulturgeschichtlichen Beschreibung.[4] Seine Übertragung auf den humanistischen Nationalismus bietet sich aus zwei Gründen an: Es liefert eine Herkunftstheorie für das Wettkampfverhalten in Literatur und Kunst, und es nennt soziale Voraussetzungen für das Aufkommen von Konkurrenz.

Die Anfänge des »agonalen Wesens« verankerte Burckhardt in der griechischen Adelsherrschaft (8.-6. Jh. v. Chr.), die dem Zusammenbruch des Königtums folgte. An der Spitze der Macht angelangt, habe der Adel

1 Zum polemischen Gehalt von Burckhardts Griechenbild vgl. Kaegi: Jacob Burckhardt, Bd. 7, S. 22-36.

2 Burckhardt: Griechische Culturgeschichte, Bd. 1, S. 140.

3 So nahm Burckhardt in Hegel'scher Manier eine jahrhundertelange Einheit des »griechischen Geistes« an und behauptete fälschlicherweise die Singularität der griechischen Wettstreitkultur; Nippel: Jacob Burckhardt, Griechische Kulturgeschichte, in: Reinhardt (Hg.): Hauptwerke, S. 84.

4 Die Ausweitung des Agonalen auf außergriechische Zusammenhänge ist nicht neu. Die Altertumswissenschaften haben schon früh auf eigenständige Parallelen der Wettkampfpraxis in anderen Kulturen hingewiesen, und Johan Huizinga hat das agonale Prinzip 1939 auf eine allgemeine anthropologische Grundlage gestellt. Ihm zufolge hatte Burckhardt verkannt, dass der kulturellen Praxis generell ein Spielelement zugrunde liege, dass Agonalität notwendiger Bestandteil jeder Gesellschaft sei. Diese Universalität des Agonalen hat Pierre Bourdieu, wie weiter unten gezeigt wird, auf ethnologischer Basis bestätigt; Huizinga: Homo, S. 16; Kaegi: Jacob Burckhardt, Bd. 7, S. 89; Bourdieu: Entwurf, S. 15-46.

eine interne Leistungskultur entwickelt, um seinen sozialen Vorrang laufend zu bestätigen. Weil »das gegenseitige Emporschrauben und Zernichten noch nicht an der Tagesordnung« war, habe der adlige Agon eine gesunde Mitte gewahrt; seine Beschränkung auf die edlen Familien und die Ritualisierung seines Ablaufs wirkten mäßigend. Aus Burckhardts Auffassung, mit der sozialen Ausweitung des Agonalen habe dessen Pervertierung eingesetzt, spricht der konservative Antiliberalismus des 19. Jahrhunderts. So problematisch diese Wertung ist, so aufschlussreich ist das kulturgeschichtliche Entwicklungsmodell. Denn bis in die europäische Moderne wirkt die »edle Beschäftigung« als Archetyp und Leitbild agonalen Gruppenverhaltens. Bei den alten Griechen, konstatierte Burckhardt, habe der »aristokratische Staat« jene »reiche Fülle von bevorzugten Einzelmenschen« hervorgebracht,

> welche zusammen das Ideal des griechischen Lebens im Sinne ihrer Jahrhunderte verwirklichten: gemeinsame Waltung im Staat, Kriegstüchtigkeit, Glanz in den Wettkämpfen, und edle Muße für dieß Alles. Mit ihnen beginnt im Großen dasjenige agonale Wesen, derjenige Wettstreit unter Gleichen, welcher dann in zahllosen Gestaltungen das ganze Thun und Denken der Hellenen durchzieht.[5]

Wer Zugang zum Agon hatte, musste vorerst vererbte Ehre mitbringen und persönliche Ehre davontragen. Die Abschließung des Adels nach unten wurde mit einem internen Leistungsprinzip legitimiert, das die Edlen zu Höchstleistungen zwang und damit als Beste der Gesellschaft bestätigte. Aus der adligen Konkurrenz, so Burckhardts Folgerung, ging später die intellektuelle und künstlerische Produktivität der Griechen hervor. Nach dem Zerfall der Adelsherrschaft erlangte das agonale Prinzip universale Geltung. Alle Tätigkeiten, die dem Licht der Öffentlichkeit ausgesetzt waren, wurden zu einer »Sportart«. Gleichzeitig bedeutete der individuelle Erfolg eine meritokratische Nobilitierung. Das Geschäft des Dramatikers, des Philosophen und des Bildhauers drehte sich letztlich um die persönliche Ehre, die heller zu glänzen hatte als jene der beruflichen Mitstreiter.

Voraussetzung einer Wettstreitkultur ist, wie Burckhardt erkannt hat, die Annahme, dass sich Ebenbürtige gegenüberstehen. Konkurrenz kann nur da entstehen, wo eine Hierarchie nicht im Voraus zementiert ist. Genau diese Voraussetzung schloss alle Nichtgriechen vom Wettstreit aus. Was ursprünglich den griechischen Adligen vom Bauern getrennt hatte,

5 Burckhardt: Griechische Culturgeschichte, Bd. 1, S. 137.

trennte später den Griechen vom Barbaren. Die vertikale Abgrenzung verlagerte sich in eine horizontale. Ein Grieche hatte einem Barbaren nichts zu beweisen; die Kluft erschien zu tief, es gab kein verbindendes Element, dem Agonalität entwachsen konnte. Die Dynamik des Agons entfaltete sich damit in einem geschützten Binnenraum, »losgesprochen von allem Thun der Racen und Kasten«, das heißt den (vermeintlich) starren Gesellschaftsordnungen der asiatischen und skythischen Barbaren enthoben.[6]

Auf die Nationalisierung des Humanismus angewandt, legt Burckhardts Konzept einen schon angesprochenen Wendepunkt offen: Der italienische Humanismus schloss Agonalität im Verhältnis zu Nichtitalienern aus. Ein kategoriales Gleich zu Gleich und damit Wettbewerb ließ er nur innerhalb Italiens zu. Erst die Humanisten außerhalb Italiens weiteten den gelehrten Agon ins Inter-nationale. Sie verstanden das italienische Zivilisationsmodell als Angriff auf die Ehre ihrer Nation und hoben sich damit selber auf das Niveau der Konkurrenzfähigkeit. Das bipolare Kollektivmodell ihrer italienischen Vorbilder ersetzten die Humanisten in Deutschland, Frankreich und Spanien durch ein multipolares. Dessen interne Rangfolge war, wie ihre Rhetorik unterstellte, in beständigem Wettbewerb zu ermitteln. Der virtuelle Wirkungsbereich des agonalen Prinzips vergrößerte sich von Italien bis an die Grenzen des christlichen Abendlands. Mit den Türken zu wetteifern erschien weiterhin absurd. Hier war nur vernichtende Gegenwehr gefragt. Wie die alten Griechen gegenüber den Skythen glaubte kein Humanist den Türken die eigene Überlegenheit beweisen zu müssen.

Auch die von Burckhardt behauptete soziale Ausweitung des Agonalen lässt sich auf den deutschen Humanismus übertragen: In seine Konstruktion der Nation als Ehrgemeinschaft floss adliges Konkurrenzdenken ein, vermittelt durch den politischen Nationsdiskurs der Habsburger.[7] Dabei erfuhr es eine nachhaltige Universalisierung: Agonalität wurde zum Antrieb kultureller Leistung und überständischer Kollektivbildung. Der humanistische Nationsdiskurs stellte sogar ein doppeltes Wettkampfprinzip auf: Zwischen den Nationen wurde alles, was vergleichbar schien, zum Gegenstand der Konkurrenz, und innerhalb der eigenen Nation hatte man sich in nationalistischen Taten zu überbieten.

6 Burckhardt verleugnete hier Abhängigkeiten der griechischen von der vorderasiatischen Kultur, die auch das Agonale betrafen. Zugleich brachte er das griechische Selbstverständnis des Vorhellenismus treffend zum Ausdruck; ebd., S. 243.

7 Vgl. Kapitel 2.2.4.

Ein agonales Kulturverständnis entwickelte der Humanismus nicht erst mit seiner Nationalisierung. Schon die Einstellung italienischer Humanisten zu ihren antiken Vorbildern war agonal: Die imitatio römischer Autoren sollte nicht Selbstzweck, sondern Mittel zur aemulatio, zum Wetteifer mit ihnen sein. Gleichzeitig wurden die großen Männer des antiken Roms in Ranglisten ihres jeweiligen Tätigkeitsfeldes klassiert, von der Politik über die Plastik bis zur Poesie. Und seit Petrarca gehörte die Gattung des »paragone« zu den literarischen Genres des Humanismus.[8] Gegenstand des paragone war der wertende Vergleich: zwischen den Künsten, Staatsformen, Städten, Religionen, Adelstypen, Staatslenkern und Gelehrten.

Humanisten führten ihren agonalen Habitus zwar auf antike Wurzeln zurück, stillschweigend folgten sie aber auch mittelalterlichen Vorbildern. Im 12. und 13. Jahrhundert hatte sich an Schulen und Universitäten ein Streitritual als Instrument der Wahrheitsfindung ausgebildet: die »disputatio«. Sie bestand aus einer streng geregelten Abfolge von Reden und Gegenreden, abgeschlossen vom Urteilsspruch einer neutralen Instanz.[9] Dieses agonale Ritual spielte bei der Entwicklung der scholastischen Methode eine wichtige Rolle. Damit war seine Wirkung aber nicht erschöpft: Der Aufstieg der humanistischen Oratorik erfolgte in Abhängigkeit von der scholastischen Disputationskultur, wie etwa das Beispiel des Basler Konzils zeigt.[10] Diese Abhängigkeit wussten viele Humanisten mit ihrer polemischen Abgrenzung von der Scholastik zu verschleiern. Ihre Ausweitung und Intensivierung des agonalen Habitus trug auch zur partiellen Verdrängung der Scholastik bei.

Ausdruck einer umfassenden Agonalität waren auch Lob und Tadel unter den Humanisten selbst. Den rituellen Spielcharakter dieser Interaktionsformen hat die Humanismusforschung lange übersehen. Überschwängliches Lob wurde als Heuchelei, Schelte als gezieltes Vernichtungsinstrument enttarnt, und dahinter fand man die niederen Motive entwurzelter Individualisten: Geltungssucht und Geldgier.[11] Urheber dieses Urteils war ironischerweise Burckhardt selber bzw. dessen 1860 erschienene »Kultur der Renaissance in Italien«.[12] Fasziniert und zugleich angewidert von der angeblichen Unausgewogenheit und Rücksichtslosigkeit des hu-

8 Kristeller: Humanismus, Bd. 2, S. 67-69.

9 Zur disputatio vgl. den Art. »Disputation« in: Lexikon des Mittelalters 3 (1986), S. 1116-1120.

10 Helmrath: Kommunikation, S. 141-143.

11 Geiger: Renaissance, S. 468-470; Paulsen: Geschichte, S. 45-53; von Martin: Soziologie, S. 70.

12 Burckhardt: Die Kultur, S. 153.

manistischen Umgangs, blieb Burckhardt verdeckt, dass die Humanisten Lob und Tadel als rhetorische Kategorien verstanden, die selbst Objekte des Wetteifers waren.[13] Der antiken Rhetorik zufolge war es Aufgabe des Redners, zu loben und zu tadeln, um seine Zuhörer vor eine klare Wahl zu stellen und damit zu beeinflussen.[14] Der große Redner war nicht an unerschütterlichen Überzeugungen erkennbar, sondern daran, dass er Verschiedenes, ja Gegenteiliges wirkungsvoll anpreisen oder ablehnen konnte. Die Humanisten haben dieses Rednerideal verinnerlicht. Dass sie oft, wenn auch nicht immer, freundschaftlichen Austausch pflegten, nachdem sie sich mit verbalem Schmutz übergossen hatten, beruhte auf dem Einverständnis, sich in allen rhetorischen Tonlagen messen zu müssen.

Sogar im Nationsdiskurs blieb die kohäsive Funktion der humanistischen Konkurrenz erhalten, wenn auch nur schwach. Die Empörung über das pauschale Barbarenverdikt hinderte deutsche und französische Humanisten nicht daran, mit italienischen Gelehrten zu korrespondieren und sie als ihre Lehrer zu preisen. Und trotz aller Angriffe auf italienische Autoren strebte man danach, als französischer Petrarca oder deutscher Ficino dazustehen. Im unbedingten Willen, gegen die italienischen Humanisten einen literarischen Wettstreit zu führen, schwang die Hochachtung für deren Leistungen mit. Damit wurde die kollektive aemulatio von der diachronen (Antike – Renaissance) auf die synchrone Ebene der Nationen verlagert. Ohne diese kohäsive Funktion der Agonalität hätte sich der Humanismus unmöglich so schnell und nachhaltig europäisieren können.

Die nationale Agonalität entfaltete auch starke Zentrifugalkräfte in der res publica litteraria. Der gelehrte Wettstreit autonomisierte sich und sprengte den Rahmen innerhumanistischer Rangstreitigkeiten. Die integrative Wirkung humanistischer Agonalität wurde von der ausgrenzenden Wirkung nationalistischer Selbstbeschwörung überlagert. Die Anleihen des humanistischen Nationalismus beim Gravaminadiskurs und bei der monarchischen Propaganda begünstigten diesen Vorgang.[15] Diese diskursiven Abhängigkeiten waren aber nicht entscheidend. Um die Mechanismen aufzuzeigen, die zur Eigendynamik des humanistischen Nationalismus geführt haben, sind die Strukturen traditionaler Ehrkonflikte ins Blickfeld zu rücken. Denn als Ehrkonflikt inszenierten die Humanisten den nationalen Wettstreit, und es wird entscheidend sein, zu sehen, inwiefern diese Inszenierung der Konfliktpraxis entsprochen hat.

13 Mertens: Jakob Wimpfeling, S. 43.
14 Kristeller: Humanismus, Bd. 2, S. 67.
15 Vgl. Kap. 2.2.2.-2.2.4.

4.1.2. Die Ehre der Nation: Wie das Ausland zur Windmühle wird

Die Nation, verstanden als abstrakte Ehrgemeinschaft, ist im 21. Jahrhundert trotz unübersehbaren Auflösungstendenzen noch allgegenwärtig. Und doch ist schwer verständlich, was die Verklammerung von honor und natio in vormodernen Gesellschaften bedeutet hat. Im postindustriellen Rechtsstaat sind Ehrvorstellungen dysfunktional geworden – ein Bremsklotz materialistischer Effizienz, ein irrationales Handlungsprinzip.[16] Sie überdauern, wenn überhaupt, als hartnäckiger Archaismus. Ehre kann nur da von Bedeutung sein, wo »es heilige Dinge gibt, das heißt Dinge, die es verdienen, verteidigt zu werden«.[17] In der zukunftsgläubigen Gesellschaft der Moderne sind diese Dinge am Aussterben. Nur noch schwach klingt daher die Leitstimme nach, die Ehre in der Ständegesellschaft innehatte.

Um sich den Funktionen ständischen Ehrverhaltens anzunähern, ist eine Definition Max Webers hilfreich: Weber grenzte die »ständische Lage« von der ökonomisch bedingten »Klassenlage« ab und bezeichnete sie als »jede typische Komponente des Lebensschicksals von Menschen [...], welche durch eine spezifische, positive oder negative, soziale Einschätzung der ›Ehre‹ bedingt ist, die sich an irgendeine gemeinsame Eigenschaft vieler knüpft«.[18] Die ständische Ehre, so Weber, mutet jedem, »der dem Kreise angehören will«, eine »spezifisch geartete Lebensführung« zu.[19]

Das voluntaristische Moment in Webers Definition kommt nicht von ungefähr: Erscheint die Ständegesellschaft mit ihrer Rechtsungleichheit und sozialen Segregation als starres System, so öffnet die ständische Ehre den Blick auf ihre innere Dynamik.[20] Teilhabe an der Ehre eines Standes war nicht nur an die Geburt geknüpft, sondern an Verhaltensnormen. Die Ehre wirkte als »verhaltensleitender Code« und vermittelte die Welt der »weichen Bedeutungen« mit den »harten materiellen Fakten und Interessen«.[21] Wer nicht im Sinne der ständischen Konventionen handelte, tat seiner Sippe und seinem Stand Schande an und verlor seine Ehre. Umgekehrt verhalf ehrenwertes Verhalten zu Prestige und Aufstieg, der

16 Vgl. die Beiträge in: Vogt / Zingerle (Hg.): Ehre; zum Spannungsverhältnis von Recht und Ehre in der Vormoderne vgl. Schuster: Ehre, S. 42-54.

17 Bourdieu: Entwurf, S. 35.

18 Weber: Wirtschaft, S. 534.

19 Ebd., S. 535; vgl. Vogt / Zingerle: Zur Aktualität, S. 20.

20 Zur problematischen Konnotation des Statischen im Standesbegriff vgl. Oexle: »Die Statik [...]«, S. 46.

21 Schreiner / Schwerhoff: Verletzte Ehre, S. 10.

unter Umständen über Standesgrenzen hinweg führte. Individuelle und ständische Ehre standen in einer spannungsreichen Abhängigkeit.[22]

Ehre bedeutet in traditionalen Gesellschaften, wie Pierre Bourdieu auf ethnologischer Basis dargelegt hat, »symbolisches Kapital«.[23] Sie ist eine entscheidende Ressource im Verdrängungskampf um soziale Anerkennung und Status und lässt sich in ökonomisches und soziales Kapital konvertieren.[24] Soziale Dynamik erzeugt das Ehrkapital aufgrund seiner Instabilität: Ehre ist Risikokapital, in kurzer Zeit zu gewinnen, leicht angreifbar und schnell verloren. Wer Ehre akkumuliert hat, muss sie dauernd bestätigen. Die Ehre selbst schreibt vor, dass sie der Konkurrenz auszusetzen ist, und zwar in der Öffentlichkeit der Ehrbaren, die das Ehrkapital verteilen.[25] Nur wer sich herausfordern lässt und auf Herausforderung adäquat reagiert, ist ehrbar. Denn »die Herausforderung gereicht dem Herausgeforderten zur Ehre«.[26] Gleichzeitig schreibt die Ehre vor, nur auf Herausforderungen von Männern zu reagieren, die an Ehre einander ebenbürtig sind. Wer dieses Gesetz missachtet, sieht sich entehrt. Das Gleiche gilt für den Herausforderer.[27] Darum kein Wettkampf zwischen Adligen und Bauern, Zivilisierten und Barbaren, Männern und Frauen.

Ehrkonzepte wirken in agonalen Beziehungen als regulierende Kraft. Je nachdem, wie sich eine Ehrgemeinschaft intern hierarchisiert und nach außen abschließt, erfährt das agonale Prinzip stärkere oder schwächere Ausprägung. Gleichzeitig gilt: Je komplexer die Beherrschung der Verhaltensregeln ist, die die Ehre vorschreibt, desto nachhaltiger heben sich die Ehrbaren von den Ehrlosen ab.

War Ehrfähigkeit im frühen Mittelalter dem Adel vorbehalten, so nahm im hohen Mittelalter jeder Berufsstand eigene Ehre in Anspruch. Sie

22 Schwerhoff: Verordnete Schande?, S. 184 f.

23 Ähnlich formuliert Schuster aufgrund der mittelalterlichen Begriffsgeschichte: »Das Reden über Ehre ist innerhalb der ständischen Ordnung Reden über den Anspruch auf Macht.« Bourdieu: Entwurf, S. 11-46, 335-377; Schuster: Ehre, S. 47.

24 Bourdieus Kapitaltheorie löst das materialistische Kapitalverständnis von Marx aus dem Korsett des Basis-Überbau-Schemas und erweitert es um die Kategorien des sozialen, kulturellen und symbolischen Kapitals. Letzteres bezeichnet keine eigenständige Kapitalsorte, sondern die soziale Repräsentation und Wahrnehmung der drei anderen, gegenseitig konvertierbaren Kapitalsorten. Das symbolische Kapital liegt damit der »symbolischen Konstituierung der sozialen Wirklichkeit« zugrunde; Reichardt: Bourdieu, S. 79; Bourdieu: Ökonomisches Kapital.

25 Eine überzeugende Interpretation adligen Ehrverhaltens auf der Basis von Bourdieus Kapitaltheorie liefert Garnier in: Injurien, S. 527-530.

26 Bourdieu: Entwurf, S. 16.

27 Ebd., S. 16 f.

wirkte nach innen disziplinierend und nach außen stabilisierend.[28] In den Städten kam der Ehre allmählich auch eine überständische Ordnungsfunktion zu.[29] Parallel dazu okkupierte die offizielle Rechtsprechung traditionale Räume des Ehrhabitus. Ehrnormen und kodifiziertes Recht überlappten sich immer mehr.[30] Trotz Ausdifferenzierung und Verschriftlichung der Ehrdiskurse in der frühen Neuzeit blieben die Ehrnormen adliger Lebensführung bis ins 19. Jahrhundert mustergültig.[31] Ehrkonzepte nichtadliger Eliten zielten auf konkurrenzierende Nachahmung adligen Ehrverhaltens, von denen sich der Adel erneut abheben musste. Die Pluralisierung der Ehrdiskurse stand in dialektischem Bezug zu Strategien, bestehende Hierarchien durch Rangordnungen aller Art zu verhärten.[32] Der Vorrang der Standesehre führte zur sozialen Segregation in abgeschlossene »Ehrenräume«, die die Entfaltung agonaler Beziehungen unterbanden.

An den Funktionen traditionalen Ehrverhaltens gemessen, fiel der Ehrdiskurs humanistischer Nationalisten aus dem Rahmen. War Ehre generell ein knappes und sozial einseitig verteiltes Gut, so schloss die nationale Ehre die ganze Gesellschaft vom König bis zum Knecht ein.[33] Ausgrenzung erfolgte nicht über die Vertikale der sozialen Hierarchie, sondern über die Horizontale des Raumes. Die Humanisten hoben die überständische Integration nationaler Ehre gebührend hervor, hielten aber zugleich an einer sozialen Funktionsteilung fest: Beruf und Stand sollten bestimmen, wie sich ein Deutscher um die Nation verdient machen und an

28 Die disziplinierende Funktion der Ehre betonte bereits Simmel, der ihre verhaltenssteuernde Wirkung in jenem sozialen Handlungsbereich verortete, den das Gesetz und die gängige Moral nicht erreiche; Simmel: Soziologie, S. 403.

29 Schuster: Ehre, S. 61.

30 Ebd., S. 49-51.

31 Dinges: Die Ehre, S. 33-36; Vogt / Zingerle: Zur Aktualität, S. 20 f.

32 Dinges: Die Ehre, S. 36.

33 Diese umfassende Integration kommt implizit im Verständnis der Nation als Sprachgemeinschaft und explizit in zahlreichen Quellen zum Ausdruck, etwa in Georg Kirchmairs Bericht über den Abzug der Landsknechte von Mailand 1516 und ihre Rebellion gegen Kaiser Maximilian: Nachdem Maximilian von seinen Soldaten als »apfelkunig« und »strokunig« verspottet worden sei, habe er an diese appelliert, nicht seinetwegen, sondern allein für die nationale Ehre von der Rebellion abzusehen: »Hörend mich, ir lieben Teutschen! Ir lieben, erkannten, ir vertrautten lantzknecht! Verlierend nicht eur herlich lob, daz do schwebt in Asia und Affrika, an mir, eurem herrn. Pin ich ietz eur herr, so ist doch die herschaft Gottes und nicht mein. Wellet ir mein nicht verschonen, so gedengkht an die eere der teutschen nacion! Ir seit ja teutsch, euch hab dan der luft alhie in der zeit fünf jar, so ir hie seit, walische hertzn und gemuet eingewärt! Gedengkht, das ir lanzknecht und nit Schweitzer seit!« Kirchmair: Denkwürdigkeiten seiner Zeit, in: Wiesflecker-Friedhuber (Hg.): Quellen, S. 249.

ihrer Ehre teilhaben könne. Es ist unübersehbar, dass diese nationale Aufgabenteilung vor allem ihren Erfindern zugute kam. Kein Stand erhielt bei der Verteidigung und Vermehrung nationaler Ehre mehr Verantwortung als die Humanisten. Die Bemühungen um eine funktionsteilige Ehrgemeinschaft verschränkten sich mit dem Streben nach eigenem symbolischem Kapital.

Die Nation war im Innern als Gemeinschaft konzipiert, deren Mitglieder im Dienst der gemeinsamen Ehre friedlich miteinander konkurrierten. Nach außen dagegen trat sie als souveränes, geschlossenes Ehrsubjekt auf. Entscheidend ist nun, dass der agonale Raum, in dem das abstrakte Ehrsubjekt anderen Nationen gegenübertrat, nicht mehr einer Ehrgemeinschaft vorbehalten war. Darin lag der Bruch der nationalen mit der ständischen Agonalität. Die Hauptfunktion ständischen Ehrverhaltens, die Abschließung des Standes nach außen, entfiel. Zwar blieb der Wettkampf der Nationen auf den Raum der Christenheit beschränkt, aber diese bildete keine übergeordnete Ehrgemeinschaft. Denn der Nationalismus diente nicht dem Zweck, die Christenheit über die Heidenvölker zu erheben. Vielmehr betrieb er die Paganisierung und Verketzerung nationaler Widersacher.

Die Vorstellung einer schrankenlosen Konfrontation nationaler Ehrsubjekte setzte die erwähnten zentrifugalen Kräfte des humanistischen Nationalismus frei. Die integrative Funktion des Wettstreits war außer Kraft gesetzt. Mehr noch: Der Wettstreit unter Nationen musste weitgehend rhetorische Simulation bleiben. Denn eine entscheidende Bedingung agonaler Beziehungen entfiel: die von allen Parteien anerkannte Öffentlichkeit, die den Ausgang des Wettkampfs bewertet und entsprechende Sanktionen fällt. Diese Öffentlichkeit stellte im traditionalen Ehrkonflikt die Ehrgemeinschaft selbst dar. Die humanistischen Nationalisten sahen aber kein neutrales Publikum vor, und so traten sie als Doppelinstanz auf: Sie waren Partei und Schiedsrichter. Damit war der Wettkampf unter den Nationen entschieden, bevor er begonnen hatte. Eine aktive Gegenpartei wurde gar nicht gebraucht, es genügte, sie als Imagination lebendig zu machen. Jede Nation trug ihren eigenen Wettkampf aus, nach selbst zugeschnittener Regelauslegung. Der humanistische Nationalismus kreierte das Paradox eines Wettkampfs, der nicht auf Interaktion angewiesen war – als kollektiver Emanzipationsdiskurs ein sicherer Wert. Der Autismus des permanenten Siegens ohne Gegner führte über kurz oder lang zur Entfremdung der gebildeten Eliten Europas.[34]

34 Ein eindrückliches Beispiel des nationalistischen Aneinandervorbeiredens mit daraus folgender Entfremdung ist der öffentliche Briefwechsel Jakob Wimpfe-

Die Diskrepanz zwischen ständischem und nationalem Ehrdiskurs lässt sich an einem konkreten Beispiel illustrieren: dem spätmittelalterlichen Turnier, einem Vorläufer des modernen Sports. Zur Wettkampfteilnahme berechtigt waren allein Männer rein adliger Abstammung, deren Vorfahren nie ehrenrührig geworden waren. Schon früh entstand ein Korpus von Spielregeln, deren Einhaltung von adligen Kampfrichtern überwacht wurde. Auf den Turnieren rückte die interne Standeshierarchie in den Hintergrund: Ritter konnten sich mit Fürsten messen. Umso stärker trat die Fallhöhe zum dritten Stand hervor. Während ihrer späten Blüte im 15. Jahrhundert fanden Adelsturniere fast nur in Städten statt – unter Ausschluss der Stadtbürger.[35] Diesen »eingemauerten Bauern«, deren Macht längst auf das Land ausstrahlte, demonstrierte der Adel seinen Vorrang auf dem Ursprungsterrain der Ehre: dem des Krieges. Das Turnier ist daher als Teil eines städtefeindlichen Adelsdiskurses interpretiert worden.[36] – Am Wettstreit turnierender Ehrenmänner gemessen, kämpften die humanistischen Nationalisten gegen Windmühlen. Anstatt unter der Aufsicht verschiedener Nationen die Klingen zu kreuzen, wurden vor heimischem Publikum geduldige Attrappen geschlagen.

Man könnte nun annehmen, die deutschen Humanisten hätten die agonale Rhetorik in der diskursiven Praxis ausgehebelt, um ihr kulturelles Unterlegenheitsgefühl gegenüber Italien zu kompensieren. Daran mag etwas sein, es trifft aber nicht den Kern des Problems. Dieser ist im ideologischen Universalisierungssprung zu suchen, den die Nationalisierung Europas bewirkte. Im Vergleich zur Bipolarität von Zivilisation und Barbarei schuf die Multipolarität gleichgeordneter Nationen einen massiven Zuwachs an Komplexität. Diese musste reduziert werden, damit das Nationsmodell eine Orientierungsleistung erbringen konnte. Als solche Reduktion von Komplexität ist die faktische Beschränkung der agonalen Rhetorik auf den nationalen Binnendiskurs zu sehen.[37] Der nächste Universalisierungssprung erfolgte erst im 20. Jahrhundert mit dem Aufbau

lings mit Robert Gaguin im Anschluss an die so genannte Brautraub-Episode (Karl VIII. hatte 1492 Maximilians Tochter Margarethe von Burgund als Gattin abgelehnt und sich mit Anna von der Bretagne vermählt, die bereits Maximilian versprochen war); die den Briefen beigelegten Gedichte Wimpfelings dt./lat. in Knepper: Nationaler Gedanke, S. 192-196; die Korrespondenz in Wimpfeling: Briefwechsel, Bd. 1, S. 172-197.

35 Morsel: Die Erfindung, S. 355.

36 Graf: »Der adel [...]«, S. 193.

37 Zum soziologischen Entwicklungsmodell von Komplexitätszuwachs und -reduktion vgl. Luhmann: Soziale Systeme, S. 47-51.

übernationaler Institutionen, denen die Aufsicht und Bewertung des inter-nationalen Wettbewerbs zukam. Der Sport mag das auffälligste Beispiel dieser Universalisierung sein. Sie hat sich aber auch in Wissenschaft, Kultur, Wirtschaft und Politik niedergeschlagen. Erklärten sich die deutschen Humanisten selbst zu Siegern des inter-nationalen Wettstreits, so feiert man heute am inbrünstigsten *über*national zertifizierte Nationalhelden wie Nobelpreisträger und Sportstars. Der individualistische Kult des genialen Einzelmenschen, den Olympiaden und Nobelpreisverleihungen praktizieren, wird aufgehoben in der Teilhabe der ganzen Nation am symbolischen Kapital des Siegers.

Obwohl die deutschen Humanisten den Wettstreit mit anderen Nationen in einem nationalen Binnendiskurs simulierten, wirkte dieser dynamisierend und meritokratisierend. Denn die eigentliche Konkurrenz trugen die Humanisten nicht zwischen den Nationen, sondern in der eigenen Nation aus. Sanktionen konnten nur innerhalb der nationalen Ehrgemeinschaft getroffen werden. Individuen und Stände waren nach humanistischem Gutdünken am nationalen Leistungsausweis zu messen. Dieser Grundsatz ließ sich in nationalistisch eingefärbte Kritik an der Scholastik und Jurisprudenz ummünzen oder in politische Ermahnungen an die Fürsten, dem übergeordneten Vaterland zu dienen. Um eigenes symbolisches Kapital zu generieren, waren die Humanisten nicht auf eine umfassende Nationalisierung der Eliten angewiesen; es genügte, diese vom Nutzen nationalistischer Propaganda für ihre eigenen Zwecke zu überzeugen.

4.1.3. Die Universalität nationaler Agonalität

Als der Humanismus nach 1450 in Deutschland zögerlich Fuß fasste, erwuchs dem italienischen Barbarenverdikt lange wenig Opposition.[38] Die ersten deutschen Poeten und Oratoren stimmten der italienischen Ferndiagnose vorbehaltlos zu. So unterschiedliche Gelehrte wie Peter Luder (ca. 1417-1476) und Rudolf Agricola (1444-1485) begegneten dem italienischen Kulturimperialismus des Quattrocento mit uneingeschränkter Bewunderung.[39] Gegenüber in- und ausländischen Briefpartnern beklagten sie die hartnäckige Unfähigkeit ihrer barbarischen Landsleute zu klassi-

38 Zur frühen Empörung über den italienischen Barbarendiskurs am Konstanzer Konzil vgl. Kap. 2.2.2.

39 Joachimsen: Frühhumanismus, S. 265; Worstbrock: Conrad Celtis, S. 11-13; Kettemann: Peter Luder, S. 13-17.

schen Studien. Und sie selbst beschränkten sich auf die imitatio ihrer Vorbilder, ohne eine aemulatio ins Auge zu fassen.

Die Nationalisierung des deutschen Humanismus setzte mit der so genannten zweiten Generation, »the high-tide of german humanism«,[40] ein. Ihre literarische Produktion fiel etwa in die Zeit von 1490 bis 1530.[41] Angeführt von Conrad Celtis, deutete diese Generation das italienische Barbarenverdikt zur absichtlichen Ehrverletzung um und ging zur nationalen Abwehr über. In ihrer Erwiderung wurde alles, was in irgendeiner Form mit Prestige besetzt war, zum kompetitiven Feld. Schauplätze der Auseinandersetzung wurden so unterschiedliche Themen wie Herrschaft und Territorium, Natur und Klima, Religion und Moral oder Wissenschaft und Kultur. In den humanistischen Schriften traten diese Schauplätze nur in den Kapitelüberschriften getrennt auf; argumentativ waren sie eng verwoben. Alles hing voneinander ab: Der erste Platz in der Moralstatistik war Beweis für den ersten Platz in Sachen Frömmigkeit und jener wiederum für die Herrschaftsbefähigung der Deutschen usw.

Einzig die deutsche Sprache erhielt, obwohl sie ein Leitkriterium der Nationszugehörigkeit war, keinen prestigeträchtigen Platz. Ihren ästhetischen Gehalt und ihr hohes Alter zu preisen reizte die wenigsten Humanisten. Zulässig waren allenfalls Vergleiche mit anderen Vulgärsprachen. Die ästhetische Überlegenheit der klassischen Sprachen blieb unangetastet.[42] Für die größte Auszeichnung der deutschen Sprache hielten Celtis und seine Schüler, dass sie griechische Versatzstücke aufgenommen habe. Dabei erhielt sie aber kaum Eigenwert, sondern diente als Beweismittel für eine angebliche deutsche Hochkultur vorrömischen Datums. Medi-

40 Spitz, Humanism, S. 208.

41 Die zweite Generation des deutschen Humanismus reichte ungefähr von Jakob Wimpfeling (1450-1528), Conrad Celtis (1459-1508), Johannes Trithemius (1462-1516), Conrad Peutinger (1465-1547), Willibald Pirckheimer (1470-1530), Heinrich Bebel (1473-1518) bis zu Johannes Aventinus (1477-1534) und Johannes Cochlaeus (1479-1552). Von ihr noch stark geprägt waren die erst in den achtziger Jahren geborenen Beatus Rhenanus (1485-1547) und Ulrich von Hutten (1488-1523), die bereits in jungen Jahren eine bedeutende Stellung in der humanistischen Bewegung einnahmen.

42 Das gilt sogar für Irenicus, dessen Kapitel »De lingua Germanorum« das Lob der deutschen Sprache weit trieb, damit aber kaum die allgemeine Einstellung deutscher Humanisten zu ihrer Muttersprache wiedergab. Irenicus betonte das hohe Alter und die Eigenständigkeit des Deutschen, da es nicht aus einer Gelehrtensprache hervorgegangen sei und Griechisches und Lateinisches freiwillig aufgenommen habe. Das Motiv der ursprünglichen Sprache, das hier anklingt, haben französische Autoren schon früher auf die eigene Sprache gemünzt, während sie Deutsch und Englisch als trübes Gemisch von dunkler Herkunft darstellten; Irenicus: Germaniae exegesis 2,30, fol. 37^r-38^r; Beaune: Naissance, S. 295.

um und ästhetisches Objekt nationaler Agonalität konnte, zumindest bis zur Reformation, nur das Latein sein.[43] Auch nach 1520 zeigte die steigende Zahl deutschsprachiger Publikationen kaum eine Aufwertung des Deutschen zur Kunstsprache an; der ästhetische Anspruch wurde von den Reformatoren gezielt zugunsten der Breitenwirkung zurückgestellt.

Romantisch gesinnte Historiker haben betont, die fehlende Wertschätzung des Deutschen stelle ein Defizit des humanistischen Nationskonstrukts dar.[44] Man kann auch das Gegenteil behaupten: Die Simulation eines umfassenden Wettstreits zwischen den Nationen hielt der Humanismus konsequenter aufrecht als die romantischen Schüler Herders.[45] Die Omnipräsenz des Lateins – als Medium der Auseinandersetzung und als Ruhmesquelle – nährte die Illusion, der Kontostand jeder Nation sei für die nationalen Kontrahenten einsehbar, da diese mit identischen Zeichen und Methoden Buchhaltung führten. Die eigene Nation in den Spitzenrang zu stellen wirkte in lateinischer Sprache überzeugender als in deutscher, denn es geschah unter den virtuellen Augen ausländischer Leser.[46] Die Humanisten waren sich dieses Vorteils bewusst. Sie belehrten zeitgenössische Fürsprecher einer vulgärsprachlichen Literatur, der Ruf der eigenen Nation dürfe nicht in den Grenzen ihrer Sprache eingeschlossen sein.[47]

4.1.4. Wettkampfterrain 1: Herrschaft und Territorium

Lobten die Humanisten Herrschaft und Territorium, so stellten sie den deutschen Besitz des Imperiums ins Zentrum. Er erschien als augenfälligstes Zeichen des deutschen Vorrangs. Dass das Kaisertum zu Recht

43 Die deutschen Humanisten des 16. Jahrhunderts akzeptierten meist Eneas Diktum, das einzig Barbarische, was den Deutschen noch anhafte, sei ihre Sprache; Piccolomini: Germania 2,27.

44 Vgl. die Kritik dieses breiten Urteils im 19. und frühen 20. Jahrhundert bei Ritter: Die geschichtliche Bedeutung, S. 422 f.

45 Zu Herders Nationskonzept, das ein konfliktfreies Nebeneinander der Nationen zeichnete, mit seinem organizistischen Theoriegerüst aber bereits alle Anlagen für endlose Grenzkonflikte und einen sozialdarwinistischen Verdrängungskampf besaß, vgl. Barnard: Zwischen Aufklärung, S. 72-86, 145 f.; Wenskus: Über die Möglichkeit, S. 2 f.

46 Wimpfeling beabsichtigte sogar, Exemplare seiner Epitoma direkt den Italienern Baptista Mantuano und Philippo Beroaldo zukommen zu lassen; Lehr: Nationale Geschichtsschreibung, S. 40.

47 In Frankreich wurde dieses Argument schon um 1400 vorgebracht, etwa von Jean de Montreuil; Beaune: Naissance, S. 307.

und endgültig in deutschen Händen liege, wurde historisch-meritokratisch bewiesen. Die translatio imperii sei den Taten Karls des Großen zu verdanken, und da Karl Deutscher sei, kämen seine Verdienste auf das deutsche Gemeinschaftskonto. Auf der Grundlage des Dekretale »Venerabilem« von 1202 formulierte der Tübinger Johannes Naucler: »Das Imperium [...] wurde nicht auf Karl selbst, sondern in der Person Karls auf die Deutschen übertragen.«[48]

Aber nicht erst der Frankenkönig habe das deutsche Herrschervolk aus dem Schatten anderer Nationen geführt. Es zeichne sich seit jeher durch überragende Kriegserfolge aus. Die deutschen Humanisten konstruierten dank italienischer Hilfeleistung ein neues Altertum, indem sie Deutsche und Germanen genealogisch gleichschalteten. So wurde jedes gewonnene Scharmützel gegen die antiken Römer zur Vorleistung für die translatio imperii. Damals wie heute hätten die Deutschen als Kriegsvolk par excellence zu gelten.[49] Und damals noch mehr als heute hätten sie danach gestrebt, Deutschland Ehre zu erweisen:

> Also die Teutschen irs gefallens weit und prait zerrissen all gränitz und raubten, würgten wen si nur ankamen oder wer in nur zu tail ward. Die mechtigisten reichsten reichstet wurden zerrissen, das volk erschlagen und erwürgt, den übrigen war nichts überpliben dan wainen und zittern. Die Teutschen hetten sich in alle gegent außgeprait und warn auch der mainung, si wölten fürter auch in welsche land rucken, alda auch dergleichen gelt und guet, land und leut gewinnen und groß êr einlegen.[50]

Die deutsche Weltherrschaft hatte für viele Humanisten schon in der Spätantike begonnen. Cochlaeus konstatierte, dass die Stämme, »die der einstigen Herrin der Welt Rom und dem ganzen Italien so viele Niederlagen zufügten, es besiegten und zugrunde richteten, Deutsche waren«.[51]

48 »imperium [...] non in Carolum sed in persona Caroli in Germanos translatum fuit.« Naucler: Memorabilium [...] commentarii, Bd. 2, fol. 625.

49 Aventin erhob den Krieg der »alten Teutschen« zum nationalen Gottesdienst, getragen von der Idee der Unsterblichkeit der Seele (s. Kap. 4.3.2.); Aventin: Chronica, S. 372; vgl. auch Wimpfelings Lob auf die deutsche »Klugheit in militärischen Dingen«, das den Krieg nicht mehr als adlige Betätigung zeichnete, sondern als meritokratisches Bewährungsfeld – womit Wimpfeling die deutschen Kriegstaten in noch höherem Glanz erstrahlen ließ; Wimpfeling: Epitoma 52.

50 Aventin: Bayerische Chronik 2,319, Bd. 1, S. 1040.

51 »dicte gentes, que mundi dominam olim Romam totamque Italiam tot cladibus affecere, vicere, pessundedere, Germani fuere.« Cochlaeus: Brevis descriptio, S. 56 f.

Und Aventin bilanzierte, dass »die groben unglaubigen Teutschen allenthalben an die oberhand« gekommen seien.[52] Die translatio imperii stellte aus dieser Sicht nur eine längst fällige Anpassung an bestehende Machtverhältnisse dar. Diese nationalistische Umwertung der Völkerwanderungszeit ist in zweierlei Hinsicht bemerkenswert: Erstens erfolgte sie schon vor der Rezeption des Tacitus – Zeichen dafür, dass der Wille zur Konstruktion eines deutschen Gegenaltertums unabhängig von neuen Literaturfunden entstand.[53] Vorbild waren Lobredner Frankreichs, die den Untergang Roms schon früh als nationale Eigenleistung interpretiert hatten.[54] Indem nun deutsche Humanisten das Gleiche behaupteten, stellten sie ihre Nation auch in Konkurrenz zu den Franzosen. Zweitens konnte man die Italiener kaum mehr ärgern als mit einem nationalen Verdienstkreuz für die Zerstörung Roms. Ein solches verlieh Aventin den Deutschen im übertragenen Sinn: Ihre Zerstörung Roms interpretierte er, anknüpfend an spätantike Deutungen der Barbareneinfälle,[55] als Bestrafung römischer Sünden. Mit ihren Morden, Plünderungen und Brandschatzungen seien die deutschen Heiden Gottes Zuchtrute an den römischen Christen und, so die kühne Folgerung Aventins, funktionale Vorgänger der heutigen Türken gewesen.[56]

Mit ihren Verdiensten um den christlichen Glauben überragten die Deutschen nicht nur die Nationen des Abendlandes, sondern alle Vorgängerimperien der Weltgeschichte. Jene, so führte Heinrich Bebel in einer

52 Aventin: Bayerische Chronik 2,396, Bd. 1, S. 1119.

53 So sprach schon 1493 Hieronymus Müntzer vom »Germanorum imperio dilatato« in der Völkerwanderungszeit, was Georg Alt im gleichen Jahr als »Erweytterung der Teutschen nation mit teutscher zungen« übersetzte; zit. nach Stauber: Hartmann Schedel, S. 180.

54 Vgl. etwa das »Tragicum argumentum de miserabili statu regni Francie« von 1357; Vernet: Le »Tragicum argumentum […]«, S. 112, 132 (§ 2).

55 So verstanden Hieronymus und Orosius die Barbareneinfälle als göttliche Strafe über die heidnischen und arianischen Römer ihrer Zeit. Eine Zuchtrute Gottes sahen sie vor allem in den Goten, die sie im Gegensatz zu Aventin aber nicht mit den Germanen identifizierten. Ebenso wenig geriet ihre Darstellung zu einem Loblied der Zerstörer Roms, denn sie wollten in den Goten nur eine Korrektur der bis zum Weltende währenden römischen Geschichte erkennen. Orosius: historiae adversum paganos 7,22,6-9, 7,41,3-6, in: Herrmann (Hg.): Griechische und lateinische Quellen, Bd. 4, S. 282-285, 292 f.; Hieronymus: epistulae 123,15,1-123,16,2, in: ebd., Bd. 4, S. 242-245; Demandt: Der Fall, S. 56-67.

56 Aventin: Bayerische Chronik 2,425, Bd. 1, S. 1153; an anderer Stelle erscheinen die Deutschen sogar als apokalyptische Gottesstrafe: ebd. 2,396, Bd. 1, S. 1121; in der Türkenschrift Parallelisierung der alten Deutschen mit den Türken, die – darin war sich Aventin mit Luther einig – Gottes strafende Hand gegen die sündigen Christen seien; Aventin: Ain warnus, S. 197, 205 f.

Rede vor Kaiser Maximilian aus, seien reine Gewaltreiche gewesen, Produkte der Machtgier, nicht des Glaubenseifers, und daher von Beginn an dem Untergang geweiht. Allein bei den Deutschen sei dem Reich Dauer beschieden, weil »die Unsrigen alle Beschwernisse, alle Gefahren, überhaupt jeden Kriegszug auf sich genommen haben für Gott, für den Glauben, um die christliche Religion zu stärken«.[57] Aus dem gleichen Grund sprach Bebel dem französischen König den Titel »rex christianissimus« ab.[58] Weil Karl der Große Deutscher, nicht Franzose gewesen sei, könne nur der Kaiser als »Allerchristlichster Herrscher« gelten.[59] Jakob Wimpfeling sprach, diese antifranzösische Spitze verschärfend, von der »christianissima Germania«.[60]

Dass die Deutschen die einzig legitimen Herren Europas seien, untermauerte man mit Theorien über den genealogischen Ursprung des Adels. Europas Edelleute, so die Behauptung, seien ursprünglich Deutsche. Wahres Adelsblut sei deutsches Blut. Auf diese Idee kamen die deutschen Humanisten dank Gian Antonio Campano bzw. dessen Türkenkriegsrede von 1471.[61] Um die versammelten Fürsten in Regensburg von ihrer militärischen Sendung zu überzeugen, hatte der päpstliche Gesandte dargelegt, dass »Deutschland eine lebendige und immerwährende Quelle des Adels war oder eher ein Meer, das alle Gegenden Europas mit seinem Glanz wie mit einer Art Flut des Adels überschwemmt hat«.[62] Obwohl

57 »Nostrorum autem omnes labores, omnia pericula, omnis denique militia suscepta est, pro Deo, pro fide, proque augenda Christiana religione.« Bebel: Oratio, S. 97, Sp. 1 f. Das gleiche Argument ausführlicher dargetan: ebd., S. 103, Sp. 1.

58 Schirrmeisters Behauptung, der französische König habe diesen Titel erst seit dem späten 15. Jahrhundert getragen, ist falsch; der Titel hatte sich schon viel früher durchgesetzt, und zwar so breit, dass auch eine Gesandtschaft des römischen Königs und der Kurfürsten 1444 Karl VII. konstant als »rex Christianissime« ansprach; vgl. RTA, Bd. 17, S. 450-454; Schirrmeister: Nationale Auto- und Heterostereotypen, S. 30.

59 Bebel: Quod imperator Romanorum iure sit Christianissimus dicendus, in: Opera Bebeliana, f. giii.

60 Wie Bebel verlieh Wimpfeling Maximilian auch den Titel eines »Christianissimus Romanorum Rex«. Wimpfeling: Responsa, S. 146; ders.: Epitoma 9.

61 Campanos Einfluss auf die Rezeption des Tacitus im deutschen Humanismus ist allgemein hoch einzuschätzen. Celtis etwa übernahm die Leitmotive des deutschen Ruhmesstrebens, Militarismus und unvermischten Bluts maßgeblich von Campano, ebenso die Etymologie von »Germani« und die Abgrenzung von den »Galli«; vgl. Mertens: Die Instrumentalisierung, S. 75-77.

62 Wegen ihrer Langzeitwirkung werden hier Campanos Ausführungen zum deutschen Ursprung des Adels vollständig wiedergegeben, und zwar in jener Edition, die von deutschen Humanisten gelesen wurde – auch wenn sie viele Setzfehler aufweist: »Jene [die Deutschen] waren nach innen so einträchtig, nach außen so

Campano in Deutschland seit der Publikation seines Briefwechsels als »Feind und Verleumder der Deutschen« galt,[63] war seine Adelstheorie zu verheißungsvoll, um nicht auf die Mühlen der nationalen Prestigegewinnung geleitet zu werden. Von Wimpfeling über Bebel und Jakob Spiegel bis zu Johannes Basilius Herold diente sie als Beweis deutscher Überlegenheit.[64] Um die Seriosität der Theorie zu verbürgen, argumentierten

tüchtig: Sie erwarben nicht nur das Kaisertum, sondern brachten auch eine so große Menge vornehmer Männer hervor, dass sie über den übrigen Erdkreis hochadlige und königliche Familien verbreiteten, als ob überall Kolonien des Adels gegründet worden wären. Und es gibt wohl in Frankreich keine Familie, nicht einmal die königliche, keine in Spanien oder in Italien, die etwas vornehmer ist, die, wenn sie nach ihren Ursprüngen sucht, nicht sogleich verkündet, dass sie aus Deutschland sei und sich rühmt, von Euch, wie aus einer Art Pflanzstätte wahren Adels, gekommen zu sein. Denn wer, bitte, hat die so berühmte, so gelobte, Familie der Könige der Franzosen hervorgebracht? Deutschland, mit dem Deutschen Pippin als Urheber. Wer das so ausgezeichnete Haus Spaniens, das jetzt das Königtum innehat und sich beinahe bis nach Afrika ausdehnt? Deutschland, mit dem deutschen Westgoten Richard als Urheber. Wer hat so viele hochadlige Familien über ganz Italien, als wäre der Schoß des Adels ausgeschüttet worden, gegossen, gestreut, gepflanzt? Deutschland, mit dem Deutschen Heinrich als Urheber, der die Ordelaphi, Varani, Malatesta, Manfredi, Galassi, Feretrani, Visconti, Gonzaga und zahllose andere Adlige sowohl einsetzte als auch begüterte, so dass wahrhaftig gesagt werden kann, dass Deutschland eine lebendige und immerwährende Quelle des Adels war oder eher ein Meer, das alle Gegenden Europas mit seinem Glanz wie mit einer Art Flut des Adels überschwemmt hat. [Sic illi domi concordes, foris strenui: et acquisiere Imperium, et tantam illustrorum[!] uirorum multitudine[m] pepererunt, ut per reliquum orbem ueluti coloniis nobilitatis usquequaque deductis familias nobilissimas et Regias propagauerint. [N]ec ulla sit familia in Galliis, ne Regia quidem, nulla in Hispania aut in Italia paulo illustrior, quae, si antiquitatem repetat suam, non statim e Germania esse se praedicet et ueluti e seminario quodam uerae nobilitatis e uobis uenisse glorientur. Nam quis obsecro familiam Gallorum Regum tam celebrem, tam laudatam protulit Germania, Pipino Germano auctore. Quis Hispaniae domum tam insignem, qu[a]e nunc regnum obtinet et prope ad Lybiam[!] usque protenditur? Germania, Richardo V[i]sigotho Germano auctore. Quis tot nobilissimas familias per uniuersam Italiam tanquam excusso gremio nobilitatis fudit, spersit[!], seminauit? Germania, Heinrico Germano auctore, qui Ordelaphos, Varanos, Malatestas, Manfredos, Galassos, Feretranos, Vicecomites, Gonzagas aliasque innumerabiles et instituit nobiles et locupletauit, ut uere dici possit fontem nobilitatis uiuum et perennem fuisse Germaniam an mare potius, quod omnes Prouincias Europae suo splendore uelut aestu quodam nobilitatis inundauit.]« Campano: Oratio, S. 92; zu Campanos Rede umfassend: Blusch: Enea Silvio; ders.: Zur Rezeption; zur Qualität der Ausgabe Mertens: Die Instrumentalisierung, S. 75.

63 Vgl. Kap. 3.4.; Zitat (»Germanorum hostis et detractor«) nach Wimpfeling: Epitoma 68.

64 Bebel: De laude 16, S. 128; zu Wimpfeling und Spiegel vgl. Knepper: Nationaler Gedanke, S. 126, 142; zu Herold vgl. Burckhardt: Johannes Basilius Herold, S. 159.

Wimpfeling und Thomas Wolf etymologisch: Der Name »Germania« gehe auf »germen«, Keim, zurück, woraus zu schließen sei, dass er ursprünglich den »wahren Keim des Adels« bezeichnet habe.[65] Mit dieser Theorie identifizierten sie edles Blut nicht nur mit deutschem Blut, sondern hoben die deutsche Nation in einen ursprünglichen, durch überragende virtus ausgezeichneten Adelsstand. Der Gefahr, dass die Könige Frankreichs durch die Hintertür wieder Deutsche wurden, wusste Wimpfeling vorzubeugen: Der volkstümlichen Wissenstradierung gemäß stamme die französische Dynastie von einem Metzger ab.[66] Um die nationale Geblütslehre zu kanonisieren, desavouierte man auch die trojanisch-römischen Stammbäume, die in der Reichsnobilität höchstes Ansehen genossen,[67] als schändliche Märchen.

Campanos schmeichelnde Worte, verfasst in rein zweckdienlicher Absicht, entfalteten über die deutschen Humanisten eine Langzeitwirkung bis ins 18. Jahrhundert. Nachdem Irenicus und Aventin der ursprünglichen Identität von deutscher Geschichte und Adelsgeschichte weiteren Nachdruck verliehen hatten,[68] verstärkte Cyriacus Spangenberg in seinem »AdelsSpiegel« von 1591 die etymologische Beweislast und griff die deutschen Geschlechter an, die weiterhin im Ausland ihre Vorfahren suchten.[69] In die gleiche Kerbe schlug 1610 Johann Oettinger, der alle römischen Adelsgeschlechter mit dem Fall Roms für ausgestorben erklärte und nur Deutschland als Adelsquelle gelten ließ.[70] Schließlich nahm man den Faden sogar in Frankreich auf und spann ihn weiter: Über den Frankenmythos Boulainvilliers' (1658-1722)[71] wirkte die Lehre vom deutschen Adelsblut

65 Diese Etymologie war aus einer Glosse des Johannes Teutonicus abgeschrieben (»Germania a germine dicitur, est enim verum germen Nobilitatis«), ging aber letztlich auf Isidor von Sevilla (Etymologiae 9,2,97) zurück; Wimpfeling: Epitoma 68; zu Wolf vgl. Knepper: Nationaler Gedanke, S. 42.

66 Wimpfeling: Germania, S. 32, 35; zu einem gegenteiligen Schluss kam Aventin, allerdings zu einem Zeitpunkt, als die französische »Gefahr« für den deutschen Besitz des Imperiums in den Hintergrund gerückt war; seine Behauptung, »so ist auch der iezig künig in Frankreich mit allem siem geschlecht ain geporner Teutscher, von gepurt ein Sachs«, stand in der Tradition von Campanos nationaler Adelsgenealogie und pries letztlich die dauerhafte Machtstellung des deutschen Bluts in Europa; Aventin: Bayerische Chronik 1,99, Bd. 1, S. 211.

67 Brough: The Goths, S. 45.

68 Aventin: Sämmtliche Werke, Bd. 1, S. 313; Irenicus: Germaniae exegesis 1,47, fol. 23^{v}-24^{r}, 3,2, fol. 56^{r}; s. auch Cordes: Die Quellen, S. 125.

69 Spangenberg: AdelsSpiegel 2,1, fol. 5^{r}-5^{v}, 7,4, fol. 95^{v}, 6,6, fol. 51^{v}, 54^{v}.

70 Oettinger: Warhaffte Historische Beschreibung, S. 193; vgl. auch Brough: The Goths, S. 45-50.

71 Boulainvilliers: Essais; Tholozan: Henri de Boulainvilliers, S. 91-95, 102.

fort bis zur Umformung der Geblüts- in anthropologische Rassentheorien bei Gobineau (1816-1882).[72]

Motivisch verknüpft mit dem Wettkampfterrain von Herrschaft und Territorium waren Ausdehnung, Topographie, Klima und Bevölkerungszahl Deutschlands. Franciscus Irenicus verlieh der deutschen Luft das Qualitätssiegel, sie lasse die Deutschen älter werden als alle anderen Völker.[73] Vom deutschen Boden behauptete er, er berge einen Metallreichtum, der größer sei als jener Arabiens oder Indiens. Den Rhein hinunter ließ er nicht nur Wasser, sondern reines Gold fließen. Und nirgends ragten die Berge weiter in die Höhe als in Deutschland.[74] Erfinderisch musste Irenicus dabei nicht sein, denn schon Jahre zuvor hatte Wimpfeling ins gleiche Horn geblasen. Der Elsässer machte den Italienern und Franzosen[75] die gemäßigte Klimazone streitig, die jene in gegenseitiger Konkurrenz für sich beansprucht hatten:[76]

> Außerdem steht Deutschland allen voran wegen des wohltuenden Wehens der Winde, der Menge an breiten Flüssen und warmen Quellen, der angenehmen Nutzbarkeit von Forsten und Bergwäldern, des Mangels an grausamen und wilden Tieren, der großen Fruchtbarkeit des Bodens. Nichts von dem, was das Leben braucht, hat Gott Deutschland versagt: Reichtümer, Weiden, Seen, Feldfrüchte, Weinberge und Weine verschiedener Art, [...] Wolle, Leinen, Kleidung, Rinder, Pferde, Metalle: Gold, Silber, Kupfer, Eisen; nicht nur die Berge, sondern auch die Flüsse Rhein und Donau sorgen dafür, dass Deutschland we-

72 Gobineau: Essais.

73 Irenicus: Germaniae exegesis 1,51, fol. 25v.

74 »Montes Germaniae altissimi sunt«; ebd. 7,8, 2,10; vgl. auch Ridé: L'image, Bd. 1, S. 355.

75 Zum klimatologischen Vorrangsdiskurs in Italien und Frankreich vgl. Kap. 3.3.6.

76 In Deutschland hatte schon Celtis mit seiner 1495 beim Nürnberger Rat abgegebenen »Norimberga« eine lokale Mikroklimatheorie aufgestellt, die den sandigen Boden, die mit Quellwasser gefüllten Flüsse und die saubere Luft für den gesunden, kräftigen und intelligenten Menschenschlag der Stadt verantwortlich machte. Die Natur, so Celtis, erhebe die Bürger Nürnbergs über den Rest der Deutschen, vor allem über die Bayern, deren Lokalklima verdummend wirke. In der »Germania generalis« ordnete Celtis den Deutschen auch noch »ihre« Gestirne zu, erklärte ihre Eigenart also astrologisch. Auch in Wimpfelings klimatologischer Begründung des deutschen Vorrangs geben sich Regionalismus und Nationalismus die Hand. Die Überlegenheit Deutschlands gegenüber andern Ländern sei an erster Stelle dem Elsass zu verdanken, das allen Naturreichtum auf kleinstem Raum versammle. Hier blieben Wein und Getreide bis zum 60. Jahr unverdorben, und die milde Luft sorge für »göttliche Begabungen«; Wimpfeling: Epitoma 70; Celtis: De origine 6, S. 148-151; Mertens: Die Instrumentalisierung, S. 82; Müller: Die »Germania generalis«, S. 95.

> der dem Paktolos noch dem Tajo nachsteht. Weit ab liegt es dagegen vom Meer, das Plato den Lehrmeister der Unredlichkeit nennt.[77]

Bebel fügte dem noch erste Ranglistenplätze in den Kategorien der territorialen Ausdehnung und der Einwohnerzahl hinzu:

> Es gibt kein Land der Welt, das so volkreich wäre, wo so viel Mut und Kraft wachse, was ja auch die fernsten Völker wissen. […] Welches Volk hat seine Landesgrenzen so weit in alle Erdenwinkel ausgedehnt wie das unsere?[78]

Im Gegensatz zur geographischen Konstruktion Italiens als abgeschottete Zivilisationsinsel schloss das deutsche Nationsmodell das Recht, ja die Pflicht zur territorialen Expansion als nationale Ruhmesquelle ein.[79] Enea Silvios Konzept einer umfassenden »mutatio« der deutschen Geschichte zu Reichtum, Rechtgläubigkeit und Raumgewinn seit der Antike wurde von seinen deutschen Lesern in die Zukunft verlängert.[80]

4.1.5. Wettkampfterrain 2: Religiöser Leistungsausweis

Das nationale Aufrechnen religiöser Taten hatte schon im Mittelalter Konjunktur, wurde von deutschen Humanisten aber ausgeweitet. Ihre religiösen Argumente dienten nicht nur der Rechtfertigung der imperialen Würden, sondern unterstellten eine Art internationalen Frömmigkeitsindex. Deutschlands Verdienstvorsprung im Gottesdienst wurde auf

77 »Praeterea ipsa Germania, benignissimo ventorum afflatu, latissimorum fluviorum & Thermarum copia, nemorum & saltuum jucunda utilitate, crudelium ferorumque animalium carentia, & magna soli fertilitate Principatum obtinet. Quicquid est, quo vita nostra carere non potest, id omne Deus Germaniae non invidit, opes, pabula, lacus, fruges, vineta, variique generis vina […] vellera, lina, vestes juvenci, equi, metalla, aurum, argentum, aes, ferrum, non solum montes, sed & flumina Rhenus, Danubiusque proferunt, ut nec Pactolo, neque Tago cedat Germania, longe a mari distans, quod Plato improbitatis magistrum appellat.« Wimpfeling: Epitoma 71.

78 »Nec est item ex universo terrarum orbe alia natio, ubi sit tanta populi multitudo, ubi sit tantum roboris atque animi, id quod etiam remotissimis a nobis gentibus est in aperto. […] Quae est demum gens alia, quae suos fines adeo longe lateque in omnes mundi angulos protulerit, ut nostra?« Bebel: Oratio, S. 97, Sp. 2, 98, Sp. 1.

79 Stauber: »Auf der Grenzscheide […]«, S. 92 f.; ders.: Hartmann Schedel, S. 180; Ridé: Un grand projet.

80 Zum »mutatio«-Konzept Enea Silvios vgl. Müller: Die »Germania generalis«, S. 250-257.

verschiedene Faktoren zurückgeführt. Irenicus berichtete, die Deutschen hätten die größte Zahl an Heiligen hervorgebracht.[81] Wimpfeling machte geltend, dass sich die Deutschen durch dauerhaften Gehorsam gegenüber dem Heiligen Stuhl auszeichneten.[82] Das war schon vor der Reformation eine mutige Behauptung. Der gleiche Autor beendete seinen »Abriss der deutschen Geschichte« mit dem Satz:

> Schließlich sind die Deutschen die ergebensten und gehorsamsten [Gläubigen] der allerheiligsten Religion Christi, von der sie weder durch Fesseln noch durch Kerkerhaft, noch zuletzt durch den Tod selbst weggerissen werden können, so wie man sie auch nicht von der Wahrheit [...] abweichen sieht, was in der Tat als das Heiligste und Vorzüglichste von allem zu erachten ist.[83]

Angesichts der topischen Behauptung, der deutsche Ruhm leite sich von der Opferbereitschaft für den Glauben ab, könnte man meinen, die Humanisten hätten die nationale Konkurrenz in den Dienst der Christenheit gestellt. Tatsächlich schreckten mehrere Humanisten davor zurück, ihre heidnischen Vorfahren in die Waagschale des nationalen Prestigevergleichs zu werfen. Für Naucler, Trithemius, Brant und Cochlaeus besaßen deutsche Heiden kaum Lobenswertes, das Zeitalter deutscher Größe begann erst unter dem Dach der Christenheit.[84] Die humanistischen Architekten des deutschen Altertums jedoch sahen das anders: Von Celtis über Hutten bis Aventin waren die Schlachtenerfolge und die moralische Integrität der alten Deutschen ein nationaler Referenzpunkt ersten Ranges. Hätten ihre Vorfahren auch nicht an Christus geglaubt, so sei ihr Handeln und Denken doch ehrwürdiger gewesen als das der meisten Gläubigen der Gegenwart. Den alten Deutschen kam auch in religiöser Hinsicht die Rolle idealtypischer Christen avant la lettre zu: Mit ihrem Monotheismus und ihrem Glauben an die Unsterblichkeit der Seele präfigurierten sie das Christentum.[85] Antike Kommentare über die Götterwelt der Germanen wurden ausgeblendet. Celtis eliminierte in seiner Ausgabe

81 Ridé: L'image, Bd. 1, S. 355.
82 Wimpfeling: Epitoma 71.
83 »Sunt demum Germani Sacrosanctae Christi Religioni deditissimi, ac observantissimi, a qua nec vinculis, nec carcere, nec ipsa denique morte divelli possunt, sicut, neque a veritate [...] recedere videntur, quod profecto sanctissimum & omnium praestantissimum est diiudicandum.« Ebd.
84 Zur Haltung des Sponheimer Abtes Trithemius s. Arnold: Johannes Trithemius, S. 134.
85 Dieses Motiv steht im Zusammenhang mit der Nationalisierung der neuplatonischen prisca theologia durch Celtis und seine Schüler; vgl. Kap. 4.4.

von Tacitus' »Germania« die Erwähnung von Menschenopfern (Kap. 9), spätere Editoren folgten seinem Beispiel.[86] Bei Aventin hatte »Tuitsch«, der taciteische Stammvater der Deutschen, sogar die zeitgenössischen Forderungen der Kirchenreform eingelöst: kein Bilderkult, keine Geistlichen, keine Opfergaben jedweder Art.[87] Nicht als einen Typus Luthers, sondern als christlicheren Moses wollte der bayrische Hofhistoriograph den deutschen Stammvater verstanden haben; wie die Zehn Gebote

> tailt auch künig Tuitsch sein recht und ordnung in acht hauptstück: von dem gotsdienst, ê, landschaft und rechten, narung, erbschaft, pauen, begrebnus und zum lesten von der straf.[88]

Die kontrastierende Parallelisierung mit der jüdischen Geschichte durchzog Aventins Gesamtentwurf der deutschen Frühgeschichte.[89] Leitmotiv war die Ironie zwischen Selbstbild und Realität des jüdischen Volkes: Hatte Gott den alten Deutschen Freiheit und Macht gewährt, so rangen die Juden vergeblich darum und führten Mal für Mal ihr Selbstbild des »Auserwählten Volkes« ad absurdum.[90] Selbstherrliche Architekten ihrer kollektiven Verblendung waren die »jüdischen pfaffen« und das »jüdisch pabstum«[!], die als Vorboten von Kurie und Klerus erschienen.[91] Hatte schon Celtis den jüdischen Wucher in Deutschland mit den kirchlichen Abgaben nach Rom verglichen, so erstellte Aventin dieser funktionalen Verwandtschaft einen historischen Unterbau.[92] Vor allem aber erhob er die Deutschen zum eigentlichen Volk Gottes.

86 Celtis ersetzte in Tacitus' Text, seine eigene Vorlage wissentlich verfälschend, »humanis« durch »huius«; die germanischen Menschenopfer wurden von deutschen Humanisten allgemein totgeschwiegen; Tacitus hatte sie nicht nur in Kap. 9, sondern auch in Kap. 39 erwähnt, wo er sie als »horrendus« und »barbarus« qualifizierte; Mertens: Die Instrumentalisierung, S. 74.

87 Aventin: Chronica, S. 345 f., 372; ders.: Bayerische Chronik 1,12. Bd. 1, S. 77.

88 Als Referenz für diese Behauptung diente Aventin die Bemerkung im »Pseudoberosus« des Giovanni Nanni: »Anno huius Nyni .iiii. Tuyscon gygas Sarmatas legibus format apud Rhenum.« Vgl. Kap. 4.3.2.; Nanni: Berosus 5 »De Nyno: filio Beli«, in: Asher: National Myths, S. 208 f.; Aventin: Bayerische Chronik 1,12. Bd. 1, S. 76; Gotthelf: Das deutsche Altertum, S. 9 f.

89 Vgl. etwa die Kap. 12-37, in der deutsche und biblische Urgeschichte parallel ausgebreitet werden; Aventin: Bayerische Chronik, Bd. 1, S. 76-117.

90 Mit gleicher Ironie zeichnete Aventin bereits die jüdische Geschichte in vorchristlicher Zeit: ebd. 1,178, Bd. 1, S. 403 f.; noch unmissverständlicher die Darstellung des jüdischen Aufstands gegen Rom mit der nachfolgenden Diaspora: ebd. 2,62, S. 635.

91 Ebd. 1,178, Bd. 1, S. 403 f., 1,185, Bd. 1, S. 420-21.

92 Celtis' Judenbild entspricht, von seiner nationalistischen Einbettung abgesehen, den damals gängigen Vorstellungen des christlichen Antijudaismus. Die Nähe

4.1.6. *Wettkampfterrain 3: Moral- und Sittenindex*

Die humanistische Behauptung eines Frömmigkeitsvorsprungs der Deutschen ging einher mit der Betonung ihrer sittlichen Überlegenheit. Mit Belegen aus Tacitus wurde sie zum überzeitlichen Wesensmerkmal stilisiert. Das italienische Barbarenetikett kehrten die deutschen Humanisten in unverfälschte Einfachheit (simplicitas), Reinheit (integritas), Treue (fides), Bescheidenheit (modestia) und Mannhaftigkeit (virtus) um. Geschickt Objektivität vortäuschend, ließ Hutten den römischen Sonnengott von der Warte des Allwissenden aus urteilen: »sye [die Deutschen] getrawen einander wol, vnd leben in guter trew vnd glauben, frey vnd redlich, on allen trug vnd vntrew; sye wissen auch von keinem hinderlist.«[93] Der Vergleich mit den Italienern folgte auf dem Fuß:

> die Italianer sycht man zu allen zeiten hässig, kar vnd geytzig sein, vil begeren, nach gewinn stellen, betryegen, glauben brechen, vnd hinderlist üben, sich in hassz vnd misszgunst vntereinander selbs verdecken, heymlich mörden, gifft geben, allweg nach betrug dencken, vnd mit vntrew vmbgehen, irer keiner den anderen glauben, nichts öffentlich oder auffrichtlichen thun [...].[94]

Das deutsche Italienbild stand bereits vor Luthers Auftreten im Zeichen der Dekadenz: Ungläubigkeit, Geldgier, Genusssucht und raffinierte Betrügereien grassierten überall, wo Italiener auftauchten – auch in Deutschland. Die Franzosen, obgleich mit ähnlichen Klischees bedacht, verkörperten den komplementären Typus des Emporkömmlings: Sie waren auf Äußerlichkeiten bedacht, prahlerisch und ruhmsüchtig, ihre Macht beruhte auf Usurpation, und ihr Ehrenwort war so schnell gegeben wie gebrochen.[95] Zum Bild des Parvenüs passte auch Wimpfelings Unterstellung, die Kapetinger stammten von Fleischern ab.

Fielen sowohl Italiener wie Franzosen durch Egoismus und Unzuverlässigkeit auf, so ordnete sich der »freie Deutsche« der Gemeinschaft unter

bzw. Ferne zum modernen Antisemitismus ist bei den humanistischen Nationalisten Deutschlands gleich wie irgendwo sonst in Europa; Celtis: De origine 15, S. 198 f.

93 Hutten: Die Anschawenden, in: ders.: Gespräch büchlin, S. 168.

94 Ebd.

95 Das Motiv der usurpatorischen Natur der Franzosen bei Wimpfeling: Contra facilem credulitatem Germanorum, in: Herding: Wimpfeling: Adolescentia, S. 201; der Vorwurf der usurpatorischen Franzosennatur ertönte auch in den Debatten um den Titel »rex christianissimus« und um die Lilien als Münzzeichen und Herrschaftssymbol der französischen Krone; zu den Franzosenstereotypen bei den Elsässer Humanisten s. Knepper: Nationaler Gedanke, S. 24 f., 64-66.

und gehorchte seiner Obrigkeit. Eigennütziges Verhalten war undeutsch. Schon Tacitus hatte ihre Großzügigkeit und Gastfreundschaft hervorgehoben.[96] Nur wurde diese von den Ausländern schamlos ausgenutzt, sei es über kirchliche Abgaben oder über absichtliche Verdrehungen der Wahrheit. Als solche wischte Wimpfeling das Klischee des deutschen Säufers vom Tisch:

> Niemand würde je bestreiten, dass die Deutschen freundlich, umgänglich und großzügig mit ihrem Geld sind, da sie nicht nur unter sich, sondern auch gegen Fremde und Ausländer die Gastfreundschaft (eine ehrenvolle Art der Großzügigkeit) ausüben. Ihre Häuser stehen den Gästen nicht nur leicht offen, sondern sie selbst zeigen den Herumirrenden auch freundlich und ohne Überdruss den Weg. Dennoch, je mehr sie danach streben, ihre Tugend den übrigen zugute kommen zu lassen, und je mehr sie sich Lob verdienen sollten, desto mehr ziehen sie sich den schändlichen Makel des Lasters zu, denn sie werden der Völlerei und Trunksucht beschuldigt von denen, die ihre Habgier und ihren widerwärtigen Geiz mit gespielter Mäßigung und vorgetäuschter Genügsamkeit nicht zu verbergen wissen.[97]

Das italienische Barbarenverdikt wurde mit der Behauptung ausgehebelt, schon die alten Deutschen hätten die »simplicitas morum« *bewusst* gewählt. Aus moralischen Skrupeln seien sie davor zurückgeschreckt, die Annehmlichkeiten der Zivilisation zu genießen: Sie wollten keine »weich und wibisch leut« werden.[98] Dank ihrer sittlichen Vollkommenheit bedurften sie auch keiner Gesetze.[99] Aventin glaubte bei antiken Autoren sogar die Bestätigung zu finden,

> das unser vorvodern, die alten Teutschen, allem überflus in claiden essen trinken pauen, allem pracht mähtikait reichtum und gelt hessig und

96 Tacitus: Germania 21.

97 »Germanos comes, faciles, & pecuniae liberales esse, nemo unquam negaverit, quum non solum inter sese, sed etiam in advenas & peregrinos hospitalitatem (decorum Liberalitatis genus) observent, quorum domus hospitibus non modo facile patent, sed etiam ipsi errantibus comiter & sine fastitio vias demonstrant: tamen in quo Virtutem suam caeteris impendere nituntur, & in quo laude mereri debent, in eo ignominiosam vitii labem sibi comparant, gulae enim & ebrietatis arguuntur ab his, quo suam avaritiam & odiosam ienacitatem simulata moderatione fictaque frugalitate norunt obumbrare.« Wimpfeling: Epitoma 69.

98 Aventin: Chronica, S. 348.

99 Gemäß Tacitus: Germania 19, 26; das Argument bei Bebel: Epistola ad Gregorium Lamparter […] De laudibus, atque philosophia Germanorum veterum, in: ders: Opuscula nova, fol. A ii^{r}.

> feind sein gewesen, haben mêr auf das eisen dan gelt gehalten, betruegen sich einer slechten g'ringen nit hochgültig (so überal leicht zue bestellen, zue wegen zu bringen war) kost, ließen sich benüegen an milch käs prot haberprein, truegen an ir claine wolfspelzlein, so si am jait fiengen, ir altfränkisch säk und kittel.[100]

Stand es um die deutschen Sitten der Gegenwart schlechter als früher, so sei dies auf mangelnden Widerstand gegen den Einfluss des Auslandes zurückzuführen. Die Deutschen verdankten den Ausländern nichts außer ihren Lastern.[101] Um ihre Reinheit zu bewahren, bedurften sie – so die humanistische Parole! – der Abschottung. Aus Italien drohte der Einzug von Habsucht, Heuchelei und Homosexualität, aus Frankreich Sklavenmoral, Syphilis und Schwelgerei.[102] Die Humanisten verstanden sich damit im doppelten Sinn als Verteidiger deutscher Sitten: gegen ausländische Verleumder und als Sittenwächter im Innern.[103] Ihre Kenntnis der deutschen Geschichte gewährleistete Erhalt und Wiederherstellung der deutschen Reinheit.

4.1.7. Wettkampfterrain 4: Mechanische Künste

In nächste Nähe zu ihren eigenen nationalen Verdiensten stellten die Humanisten die deutschen Erfolge in den »artes mechanicae«. Technische und handwerkliche Leistungen wurden nicht mehr systematisch von Kunst und Wissenschaft getrennt.[104] Sie standen nun in gegenseitiger Abhängig-

100 Aventin: Bayerische Chronik 1,140, Bd. 1, S. 306 f.

101 Ridé: L'image, Bd. 1, S. 258.

102 Für die Verweichlichung und den mangelnden Freiheitswillen der Franzosen stand unter anderem Caesars »De bello Gallico« Pate (6,24); die Syphilis wurde mit Ausnahme Frankreichs europaweit als »morbus Gallicus« bezeichnet. Hutten, der selber an der Geschlechtskrankheit litt und starb, ließ den Papstlegaten Cajetan »die frantzosen haben«, um damit die Verdorbenheit der italienisch regierten Papstkirche bildlich zu machen (Gespräch büchlin, S. 39); deutlich früher schon hatte Celtis die Italiener verketzert, indem er ihnen die Todsünde der Päderastie vorwarf (vgl. Kap. 4.3.2.). Möglicherweise handelte es sich dabei um eine Ausweitung des topischen Sodomievorwurfs an die Lombarden; Sieber-Lehmann: Spätmittelalterlicher Nationalismus, S. 300; Celtis: Quattuor libri amorum 2,9, S. 45; üb. in: Kühlmann u.a. (Hg.): Humanistische Lyrik, S. 109; ders.: Briefwechsel 2,27; Preiss: Konrad Celtis, S. 214.

103 Diese Koppelung ist besonders ausgeprägt in Celtis: Oratio; ders.: Quattuor libri amorum; ders.: Norimberga; Bebel: Triumphus Veneris, in: Opera Bebeliana, fol. aii-gv; Hutten: Gespräch büchlin; Aventin: Bayerische Chronik.

104 Zum Verhältnis von artes mechanicae und artes liberales im Mittelalter vgl. Böhm: Artes; dies.: Technische Bildung.

keit. Diese Annäherung bedarf der Erklärung. Voraussetzung war, dass der Begriff der »artes« in Abgrenzung zur »natura« alle Gebiete des menschlichen Wissens und Könnens abdeckte.[105] Die Humanisten ließen sich vom gemeinsamen Gesichtspunkt der Innovation leiten. Im Mittelpunkt stand die »felix Germania inventrix artis«.[106] Damit konnte die deutsche Erfindung des Buchdrucks, des Schießpulvers oder der Bombarde in einem Atemzug mit den Kreuzgedichten von Hrabanus Maurus (ca. 780-856) gepriesen werden. Das gängige Bild vom deutschen Haudrauf kontrastierend, stellten die Humanisten »subtilitas« (Scharfsinn) und »ingenium« (Einfallsreichtum) als herausragende deutsche Eigenschaften dar.[107]

Die Aufnahme von Erfindungen in den inter-nationalen Leistungsvergleich war selbst ein innovativer Akt. Denn der Typus des Erfinders wurde erst im 15. Jahrhundert erfunden. Die humanistische Antikerezeption wirkte hier inspirierend. Anstöße kamen von der »Historia Naturalis« Plinius' d. Ä., die im siebten Buch eine eigene Kategorie der »inventiones« und »inventores« anführte, aber auch von der vitruvianischen Architekturtheorie, die überzeugende Problemlösungen als »inventiones« klassifizierte.[108] So umfasste das Verb »invenire« im 15. und 16. Jahrhundert ein Bedeutungsspektrum, das von »erfinden« und »entwerfen« bis zu »finden« und »entdecken« reichte.[109] In den mechanischen wie in den freien Künsten wurde die »inventio« zum Leistungsausweis. Im Ruhm des inventors manifestierte sich, zumal im Kreis der Humanisten, ein umfassender Einstellungswandel zu technischen und künstlerischen Neuerungen: Auch wer mit den Händen arbeitete, konnte erleuchtet werden. Dadurch wurden nicht nur Malerei und Architektur, die schon in der Antike hohes Ansehen genossen hatten, aufgewertet, sondern alle dynamischen Handwerksberufe. Erst vor diesem Hintergrund wird der Renaissance-Typus des Universalerfinders à la Leonardo da Vinci verständlich und der Rezeptionserfolg von Polydor Vergils Erfinderbiographien erklärbar.[110]

Das Gefallen der Gelehrten am Handwerk hing auch vom neuen Selbstverständnis der Handwerker und Techniker ab. Diese hatten ihre

105 Popplow: Reproduzierbare Originalität, S. 49.

106 Wimpfeling: Nachwort zu »De laudibus sanctae crucis«, Straßburg, 11. Juli 1502, in: ders.: Briefwechsel, Bd. 1, S. 357.

107 Mertens: Eine Mentelin-Handschrift, S. 169.

108 Popplow: Reproduzierbare Originalität, S. 49-52; Kemp: From »Mimesis«, S. 348-350.

109 So wurde auch Kolumbus als »inventor« Amerikas bezeichnet; Popplow: Reproduzierbare Originalität, S. 51-53.

110 Polydorus Vergilius: De inventoribus rerum libri tres, Venedig 1499, Paris 1502, Straßburg 1509, erweitert auf acht Bücher, Basel 1525 und Paris 1528; vgl. Mertens: Mittelalterbilder, S. 179 (Endnote 30).

Emanzipation schon vorangetrieben, bevor die Vertreter der artes liberales die artes mechanicae aus dem Dunkel der Unfreiheit hoben. Gesteigertes berufliches Selbstbewusstsein und technische Innovationen standen in einem dialektischen Bezug und begründeten die wirtschaftliche Revolution des Spätmittelalters.[111] Die neue Leistungskultur fand ihren Niederschlag in Abhandlungen, in denen Handwerker oder Ingenieure ihre Tätigkeit beschrieben. Dabei konnte es sogar vorkommen, dass technische Errungenschaften einem nationalen Konto gutgeschrieben wurden. Eine Frühform des agonalen Prinzips auf diesem Gebiet lässt sich in Deutschland Anfang des 15. Jahrhunderts nachweisen, im »Bellifortis« des Eichstätters Conrad Kyeser (geb. 1366). Zwischen 1402 und 1405 entstanden, stellte dieses reich bebilderte Werk die Herstellung und Verwendung militärischer Maschinen vor.[112] Kyesers Widmung an König Ruprecht betonte Deutschlands Überlegenheit im Krieg und leitete aus ihr den Besitz des Kaisertums ab.[113] Damit aber nicht genug: Die freien und mechanischen Künste gezielt auf eine Ebene stellend, erhob der Autor die »Theutunia« zum intellektuellen Zentrum der Welt:

> So, wie der Himmel durch die Sterne geschmückt wird, so strahlt Deutschland durch die freien Künste, wird durch seine Handwerker geehrt und durch mancherlei Künste geschmückt, für welche wir uns zu Recht rühmen.[114]

Der »Bellifortis« wurde im süddeutschen Raum und in Österreich offenbar breit rezipiert. Aus dem 15. Jahrhundert sind um die zwanzig Abschriften bekannt.[115] Es ist daher nicht auszuschließen, dass das Werk einzelnen Humanisten unter die Augen kam und ihre nationalistische Instrumentalisierung der mechanischen Künste mit angeregt hat.

Noch wahrscheinlicher ist ein Motivtransfer von Handwerkern zu Humanisten beim nationalistischen Lob des Buchdrucks. Denn schon 1460 stand im Impressum eines anonymen, vermutlich von Gutenberg selbst besorgten Druckes, die »Harmonie von Matrizen und Typen« sei ein »freigebiges Geschenk« Gottes, mit dem er die »berühmte deutsche Nation [...] vor den anderen Völkern der Erde vorzuziehen und zu verherr-

111 Stromer: Eine »Industrielle Revolution«, S. 109-129.

112 Eine Deutung und historische Einordnung des Werks bietet Gille: Ingenieure, S. 72-93.

113 Conrad Kyeser: Bellifortis, fol. 2B.

114 »sicud celum ornatur sideribus, sic alemania prefulget disciplinis liberalibus, honestatur mechaniis diversisque artibus adornatur, in quibusquidem gloriari nos oportet.« Ebd.

115 Quarg: Einleitung, S. XXV-XXXII.

lichen« gedacht habe.[116] Im humanistischen Lob deutscher Erfindungen nahm der Buchdruck einen überragenden Platz ein. Conrad Celtis pries ihn als nützlichste Innovation aller Zeiten. Daraus schloss er, dass die Italiener »die Deutschen nicht mehr stumpfer Trägheit zeihen können, da sie sehen, dass durch unsere Kunstfertigkeit der römischen Literatur vieler Jahrhunderte Dauer zuwächst«.[117] Sebastian Brant beschrieb den Buchdruck in einem Lobbrief an seinen Verleger als tausendfach beschleunigtes »Von-alleine-Schreiben«. Es komme nicht nur Gelehrten und Studenten, sondern der ganzen Menschheit zugute. Die bewegten Lettern eröffneten Bildungschancen für jedermann und seien damit Motor der Zivilisierung und Egalisierung:[118]

> Spärlich waren vordem die Bücherbestände der Gelehrten, selten und nur auf wenige verteilt die Bibliotheken im Land. Viele Städte besaßen vormals kaum einzelne Bücher, heute aber findet man sie zahlreich in jedem Haus. [...] Früher kaum den Reichen, ja einem König zugänglich, sieht man in heutiger Zeit Bücher in der bescheidendsten Hütte.[119]

Von Deutschland aus sah Brant ein neues Goldenes Zeitalter aufsteigen. Dank dem Buchdruck würde in naher Zukunft der translatio imperii endlich die translatio studii folgen. Damit griff er ein Leitmotiv von Celtis auf, der die Aufgabe seiner Zeit darin gesehen hatte, den kulturellen Rang Deutschlands mit dem politischen in Einklang zu bringen.[120] Habe Deutschland, so Brant, schon jetzt einen Cicero, Vergil und Hesiod, so trete bald auch ein Homer aus seiner Mitte. Er prophezeite Deutschland

116 »hic liber egregius [...] in urbe maguntina nacionis indite germanice. Quam dei clemencia tam alto ingenii lumine. dono et gratuito. ceteris terrarum nacionibus preferre. illustrare et dignatus est [...] patronarum formarum et concordia proporcione et modulo. impressus atque confectus est.« Heger (Hg.): Spätmittelalter, Bd. 1, S. 373; Lutz: Die deutsche Nation, S. 12.

117 »Iam tandem Italici non poterunt viri / Germanos stolida carpere inertia, / Cum nostris videant crescere ab artibus / Romanis saecula litteris.« Celtis: Libri odarum 3,9, S. 74; üb. in: Kühlmann u.a. (Hg.): Humanistische Lyrik, S. 56-59.

118 Wie Brant stellte später auch Aventin einen Zusammenhang zwischen Buchdruck und Bildung als angeblichem Breitenphänomen her; Aventin: Bayerische Chronik 1,148, Bd. 1, S. 328.

119 »Rara fuit quondam librorum copia doctis: / Rara inquam et paucis bibliotheca fuit. / Singula perque olim vix oppida, pagina docta: / Nunc per quasque domos multiplicata iacet / [...] / Et qui divitibus vix regi obvenerat olim, / Nunc liber in tenui cernitur esse casa.« Brant: Ad dominum Johannem Bergmann de Olpe, V. 7-14, in: ders.: Kleine Texte, 228, Bd. 1.2, S. 392 f.; lat./dt. in Auszügen in Schnur (Hg.): Lateinische Gedichte, S. 16-21.

120 Dazu Müller: Die »Germania generalis«, S. 213-216; Worstbrock: Translatio artium.

die menschheitsbeglückende Einheit von Macht und Bildung, wie sie die großen Weltherrschaften, jene des Augustus und Karls des Großen, vorgelebt hatten. Der Buchdruck läutete für Brant keine neue Epoche ein, warf das Alte nicht über den Haufen, sondern brachte die Deutschen auf neuen Wegen zurück zu ihrer Bestimmung aus der Karolingerzeit.[121] Seien die Deutschen immer »durch Treue und Waffen« aufgefallen, so würden sie bald »an Einfallsreichtum, Gelehrsamkeit und dichterischer Eingebung überlegen sein und alle Männer der Welt besiegen«. Diesen Sieg, der nicht einer einzelnen Person, sondern dem »Germanum ingenium« zu verdanken sei, konnte Brant nicht genug feiern:

> Was den weisen Griechen, den kundigen Welschen verborgen blieb, das erfand das deutsche Genie: die neuste Kunst. Sage mir, der du Italiens Boden bebaust: was hast du, das sich mit gleichem Wert einer solchen Erfindung misst? Frankreich, das du so stolz Nacken und Stirne erhebst, zeige doch ein Werk, das sich mit diesem vergleicht! Sagt, ob ihr noch weiterhin die Deutschen Barbaren nennt, da doch dieses Werk allein ihrer Kunst zu verdanken ist? Glaube mir, bald wirst du sehen (ja, platze nur vor Neid, Römer!), wie die Musen am Ufer des Rheins Sitz nehmen.[122]

Auffallend ist, dass das humanistische Lob der Buchdruckerkunst – anders als die nationalistische Vereinnahmung der Literaten – keine Nationalhelden gebar. Der Erfinder selbst, Johannes Gutenberg, stand nicht im Mittelpunkt, ja fand oft nicht einmal Erwähnung. Die »ars impressoria« wurde als deutsche Kollektivleistung gefeiert, gemäß dem Prinzip, dass die Begabung eines Einzelnen in den nationalen Anlagen wurzle. Celtis stellte Gutenberg zwar auf eine Stufe mit Dädalus, nannte ihn aber nicht beim Namen, sondern sprach nur vom »Nachkommen Mainzer Bürger«. Ansonsten legte er alles Gewicht auf Ruhm und Rehabilitierung der deutschen Nation.[123] Brant sprach die Deutschen und – pars pro toto – das

121 Mertens: Mittelalterbilder, S. 36.

122 »Quae doctos latuit graecos, Italosque peritos / Ars nova, Germano venit ab ingenio. / Dic age si quid habes lacialis cultur [!] agelli: / Quod tali invento par sit, et aequivalens? / Gallia tuque, adeo: recta cervice, superbam / Quae praefers frontem: par tamen exhibe opus: / Dicite si post hac videatur barbara vena: / Germanis: quorum hic prodiit arte labor? Crede mihi, cernes (rumparis Romule quamvis) / Pierides rhaeni mox colere arva sui. / Nec solum insigni probitate excellere et armis: / Germanos orbis scaeptra tenere simul: / Quin etiam ingenio, studiis, musisque beatis: / Praestare: et cunctos vincere in orbe viros.« Brant: Ad dominum Johannem Bergmann de Olpe, V. 17-30, in: ders.: Kleine Texte, 228, Bd. 1.2, S. 393.

123 Celtis: Libri odarum 3,9, S. 74, üb. in: Kühlmann u.a. (Hg.): Humanistische Lyrik, S. 58.

ingenium des »rheinischen Volks« als Erfinder an und streifte Gutenberg mit keiner Silbe. Desgleichen Johannes Cochlaeus in seinem Lob der »Inventa Germanorum«.[124] Schon fast eine Ausnahme stellte Wimpfeling dar, der sein Kapitel zum Buchdruck mit dem Satz einleitete:

> Im Jahre Christi 1440, unter der Herrschaft des römischen Kaisers Friedrich III., wurde dem ganzen Erdkreis vom Straßburger Johannes Gutenberg eine große und beinahe göttliche Wohltat erwiesen, weil eine neue Art des Schreibens gefunden wurde.[125]

Der Grund, warum Wimpfeling den Erfinder namentlich würdigte, ist schnell gefunden: Er wollte ihn als Straßburger vereinnahmen. Gutenberg, so Wimpfelings Version, sei nicht nur Straßburger, sondern habe die bewegten Lettern auch in Straßburg erfunden. In Mainz sei die Technik nur »erfolgreich vervollkommnet« worden. Wimpfeling zeichnete eine Geschichte des Buchdrucks, die im In- und Ausland von Straßburgern angetrieben und geprägt worden sei.[126]

Man kann den Umstand, dass dem Erfinder des Buchdrucks nur sporadisch ein persönlicher Ehrenkranz gewunden wurde, auf Ungleichzeitigkeiten in der Aufwertung der artes mechanicae zurückführen. Der Aufstieg handwerklich-technischer Betätigung zum Wirkungsfeld des ingeniums implizierte noch keine Gleichrangigkeit des Handwerkers mit dem Intellektuellen. Die mechanische inventio fand hohe Anerkennung, der inventor (noch) nicht.[127] Dieser blieb Diener, sei es der Herrschaft, der Gesellschaft oder der wahren, freien Kunst. Nichts veranschaulicht das besser als die humanistischen Elogen auf den Buchdruck: Mit ihm wurde das wichtigste Instrument der eigenen Prestigegewinnung gelobt.

Als eine zweite, ältere deutsche Erfindung, die oft im gleichen Atemzug mit dem Buchdruck genannt wurde, galten Schießpulver und Kanone. In den humanistischen Texten blieb der Erfinder anonym, wurde aber moralisch kontrovers beurteilt. Deutsche Tüchtigkeit im Kriegshandwerk, von der Herstellung bis zur Anwendung von Waffen, entsprach dem gän-

124 Cochlaeus: Brevis descriptio 3,3-5, S. 62-65.

125 »Anno Christi M.CCCC.XL. Friderico III Romanorum Imperatore regnante, magnum quoddam ac pene Divinum beneficium collatum est universo terrarum orbi a Joanne Gutenberg Argentinensi, novo scribendi genere reperto.« Wimpfeling: Epitoma 64.

126 »Inde Moguntiam veniens eandem feliciter complevit.« Ebd.

127 Höchstens Maler, Bildhauer und Architekten schafften, da bereits von der Antike nobilitiert, eine Rangerhöhung auf das Niveau der freien Künste, allerdings in Italien leichter als in Deutschland.

gigen Klischee und stand einer imperialen Nation an sich gut.[128] Allerdings konnte auch den Humanisten die Zerstörungskraft der Bombarden nicht verborgen bleiben. Das Lob deutscher Geschütze lief entweder auf eine Gewalt- und Machtapologie hinaus oder auf die Behauptung, es handle sich um eine Verteidigungswaffe zum Schutz der Obrigkeiten und ihrer Untertanen.[129] Wimpfeling schrieb, dass es »nichts Kunstfertigeres, nichts Schrecklicheres« gebe als die Kanone, und ließ, Campano zitierend, den »überaus scharfsinnigen« Erfindergeist der Deutschen hochleben.[130] Celtis dagegen wünschte dem Urheber ewige Höllenpein und fällte das Urteil, er sei des deutschen Namens unwürdig.[131] Unterstützung fand er bei Erasmus, für den die Kanone pures Teufelswerk war; sie zu taufen wie Schiffe, wenn möglich noch mit Heiligennamen, sei eine abscheuliche Blasphemie.[132] Cochlaeus wiederum platzierte sich zwischen Wimpfeling und Celtis, zählte die Bombarde zu den »wunderbaren Erfindungen« der Deutschen, hielt den Buchdruck aber für »weit nützlicher, schätzenswerter und dem ganzen Erdkreis willkommener als jene«.[133]

Zum Bereich der technisch-handwerklichen »inventiones« gehörten auch Malerei und Plastik, während die Architektur, von Enea Silvio und Wimpfeling in einem Atemzug mit der Mathematik genannt, an der Schwelle zu den freien Künsten stand. In der Malerei schuf sich persönlichen und nationalen Ruhm, wer seine Werke im Ausland absetzte. Wimpfeling wertete dieses Kriterium am höchsten und bestätigte damit den Primat des agonalen Prinzips.[134] Die deutsche Überlegenheit in der Architektur sah er vor allem im Turm des Straßburger Münsters verkörpert: »Mit seiner Ziselierung, seinen Statuen, Abbildern und Bildnissen«, vor allem aber mit der Höhe »von 515 Ellen« sei es das prächtigste Gebäude der Erde. Es stelle nicht nur die zeitgenössischen Bauten des Auslands in den Schatten, sondern auch die sieben Weltwunder des Altertums: Würden die »von den gelobten Autoren gelobten Künstler« auferstehen, sie »gäben wohl offen zu, von den Unseren besiegt worden zu sein«.[135]

128 Cochlaeus hob die natürliche Entwicklung von der deutschen Kriegskultur zur Erfindung der Bombarde eigens hervor; Cochlaeus: Brevis descriptio 3,4, S. 62 f.
129 Herding: Humanistische Friedensideen, S. 11 f.
130 Wimpfeling: Epitoma 63; Campano: Oratio, S. 93.
131 Celtis: Libri odarum 3,8, S. 72; Preiss: Konrad Celtis, S. 237.
132 Herding: Humanistische Friedensideen, S. 12.
133 »Reliquum est inventum isto longe utilius honestiusque ac toti terrarum orbi gratius, ars inquam impressoria […]« Cochlaeus: Brevis descriptio 3,5, S. 64.
134 Wimpfeling: Epitoma 66.
135 »Hac una structura nihil in universo Orbe contenderim esse preciosius, nihil excellentius. Quis satis mirari, satis laudare potest, Argentinensem turrim, quae caelatura, statuis, simulachris, variarumque rerum effigie, omnia Europae aedificia

4.1.8. Wettkampfterrain 5: Freie Künste

Noch höher schätzten die Humanisten das nationale Kapital ihres eigenen Berufsstands ein, der Literaten. Das Lob einzelner Meister und ihrer Werke, wie in der Architektur und Malerei geschehen, genügte hier nicht. Denn die humanistische Gemeinschaft führte die deutsche Nation in doppelter Hinsicht zum Sieg: als Verkünderin und Lobrednerin nationaler Ruhmestaten und als Schöpferin vollendeter Werke. Je nach Gewichtung dieser beiden Aufgaben entstanden divergierende Selbstentwürfe. Die Einschätzungen literarischer Wertschöpfung reichten dabei von gänzlicher Heteronomie bis zu weitgehender Autonomie.

Als heteronom verstanden die Humanisten ihre Rolle bei der »Ausgrabung« der deutschen Nationalgeschichte. Ansatzpunkt war hier nicht der Lobgesang, sondern die Klage: Ihre Annahme von der Größe deutscher Taten kontrastierte mit dem Befund, dass darüber nahezu nichts zu lesen war, am allerwenigsten aus der Feder deutscher Vorfahren. »Man möchte deshalb«, schrieb Bebel stellvertretend für viele, »weinen und klagen über das ungerechte Geschick unserer Vorfahren, dass bei den Deutschen sehr viele gefunden werden, die Vorzügliches tun, einer, der darüber schreibt, aber nicht«.[136] Die deutschen Ahnen hätten ein humanistisches Grundprinzip fahrlässig missachtet: ohne memoria keine gloria – ohne Sänger kein Ruhm.[137] Egal, ob edle Bescheidenheit oder barbarische Unfähigkeit an der Wurzel des Übels vermutet wurden, die Humanisten geißelten es als Verschleuderung nationalen Kapitals.[138] Dieser Tadel war stets ein

facile excellit, cuius altitudo excedit numerum CCCCC. & XV. cubitorum. Miraculum est, tantem molem in tam altum attolli potuisse, quid si isti a laudatis Autoribus laudati artifices reviviscerent, Scopa, Phidias, Ctesiphon, Archimedes, profecto in Architecturae disciplina se victos esse a nostris […].« Ebd.

136 »Libet itaque lamentari & deflere iniquam Majorum nostrorum conditionem, quod apud Germanos reperti sint qui egregia facerent plurimi, qui scribere nullus.« Bebel: Oratio, S. 97, Sp. 1; vgl. auch Celtis: Oratio 5, S. 20-22; Pirckheimer: De bello 1, Prooemium; Wimpfeling: Epitoma 53; Micyllus: Der Römischen Keyser Historien, Vorwort, fol. aiii^{v}- aiv^{r}.

137 In Pirckheimers Worten: »Jegliche Leistung wird nämlich nur so hoch bewertet, ›wie sie zuvor von Geistesgrößen mit Worten bekannt gemacht wurde‹, so sagte einmal jemand [i.e. Sallust: Catilina 8,4]. […omnes res gestae tantae habeantur, ›quantum ea verbis‹ (ut ille ait) ›praeclara potuere extollere ingenia‹.]« Pirckheimer: De bello 1, Prooemium.

138 Noch Caspar Brusch, der kaum als Nationalist in Erscheinung trat, bedauerte im Vorwort zur »Deutschen Chronik« des Aventin, dass die Deutschen »so faul und laß gewesen seind«, dass sie »der studien, freien künsten und irer eignen historien so gar nicht geacht«; Brusch: Vorwort zu Aventin: Chronica, S. 301 f.

heimliches Selbstlob, rückte er doch den Wert der eigenen Arbeit ins rechte Licht. Zur Verewigung nationaler Taten wurde denn auch neben der Historie die Poesie und Rhetorik für wichtig erachtet.

Der Vorwurf schriftstellerischer Faulheit galt vor allem den Vorfahren aus dem Altertum; mit Ausnahme der Karolingerzeit kamen aber auch die jüngeren Ahnen schlecht weg. Aventin ging mit ihnen besonders hart ins Gericht: Damalige Sammlungen deutscher Heldenlieder[139] seien leichtfertig verloren oder aus niederen Motiven verpfuscht worden.[140] Den dabei angerichteten Schaden zu beheben war ebenfalls Humanistenpflicht. Um die wahre Dimension der deutschen Geschichte zu ergründen, sahen sie sich gezwungen, philologische, vor allem aber psychologische Umwege zu gehen: Sie griffen zu »ausländischen« Texten, in der Absicht, deren Optik, die durch Eigenliebe verzerrt sei, zu korrigieren.

Die nationale Selbstkritik verband sich so mit dem Vorwurf an ausländische Historiker, sie hätten aus Neid ihr eigenes Gebot der Unparteilichkeit verletzt und »mit Erdichtungen und lügenhafter Erfindung [...] unsere ruhmvollen Taten« herabgesetzt.[141] Dieser Vorwurf ging bis zur Unterstellung, Ausländer hätten Werke, die die alten Deutschen in ihrem wahren Glanz darstellten, absichtlich vernichtet. Vor allem das Verschwinden der »Zwanzig Bücher Kriege in Germanien« Plinius' d. Ä. war Objekt dieser Spekulationen.[142] Ihr eigenes Lob der deutschen Nation klassifizierten die Humanisten, die Doppelrolle des Schiedsrichters und Spielers mimend, als unparteiliche, wahrheitsgetreue Darstellung.[143]

139 Aventin bezog sich wahrscheinlich auf Tacitus, der die germanische Geschichte in alten Liedern überliefert glaubte; Tacitus: Germania 2; Joachimsen: Tacitus, S. 286.

140 Aventin: Chronica, S. 331.

141 »Externos autem multos fore, qui suis historiis praeter omnem legem historiae virtuti nostrae velut aspides obstrepant ambitu et lenocinio orationis, ne dicam figet mendaci inventione, quibus illud genus hominum in laudes suas effusissimum est, rebus a nobis clarissime gestis derogantes.« Celtis: Oratio 5, S. 24 f.; s. ders.: De Italis historiographis, in: ders.: Fünf Bücher Epigramme 2,58, S. 35; griff Celtis Gegenwartsautoren an, so unterstellte Wimpfeling sogar antiken Historikern, die in Italien uneingeschränkte Hochachtung genossen, nationalistische Parteilichkeit und absichtliches Totschweigen deutscher Ruhmestaten: Wimpfeling: Epitoma 53; vgl. auch Pirckheimer: De bello 1, Prooemium.

142 Auf die Existenz dieser »Bellorum Germaniae libri viginti« hat Plinius d. J. hingewiesen in: Epistulae 3,5,4, zitiert in: Herrmann (Hg.): Griechische und lateinische Quellen, Bd. 3, S. 164 f.; die Theorie ihres absichtlichen Verschwindens bei Trithemius im Widmungsbrief des »Catalogus illustrium virorum« an Jakob Wimpfeling, Sponheim, 2. Februar 1491, in: Wimpfeling: Briefwechsel, Bd. 1, S. 165.

143 So z.B. bei Bebel in: ders.: Widmungsbrief des »Triumphus Veneris« an Conrad Peutinger, in Opera Bebeliana; Knepper: Nationaler Gedanke, S. 28 f.

Der kritische Gehalt dieser Klagen über fehlende Vorläufer ist zu relativieren. Sie dienten dem Zweck, auf dem eben gerodeten Feld der deutschen Geschichte eigenes Saatgut zu streuen. Der Nationalmythos von den fleißigen Kriegern und faulen Schreibern half darüber hinweg, dass es keine deutsche Vergangenheit gab, weder im Politischen noch im Imaginären. Mit den Klagen über fehlende Quellen schufen sich die Humanisten den Freiraum, eine deutsche Geschichte zu gestalten und als natürlich gewachsen erscheinen zu lassen. Dass sie diesen Freiraum benötigten, lag nicht an der Quellenarmut, sondern an der Gegenläufigkeit der Quellen. Das Bedürfnis nach einem deutschen Ersatzaltertum ließ sich nicht mit den Regeln philologischer Quellenkritik befriedigen. Fanden diese trotzdem einmal Anwendung, wie in Beatus Rhenanus' »Rerum Germanicarum libri tres« von 1531, war die Dekonstruktion des nationalistischen Geschichtsentwurfs, ob gewollt oder ungewollt, kaum zu vermeiden.[144]

Im Gegensatz zur politischen Geschichtsschreibung wurde literarische Wertschöpfung in der Gegenwart als autonom gedacht. Kunstvolles Schreiben wurde noch immer an die Politik angelehnt, aber in einer Weise, die seine Eigenständigkeit im Nationenwettstreit unterstrich. Die humanistische Kulturtheorie beruhte auf dem Prinzip, dass Wissenschaft und Literatur nur unter starker und stabiler Herrschaft erblühten. Dass sich politische Krisen künstlerisch produktiv auswirken könnten, war undenkbar. Daran änderte auch die Auseinandersetzung mit dem politisch schwachen und kulturell starken Italien wenig. Lobten die deutschen Humanisten den Aufschwung der litterae in ihrem Land, klang unweigerlich das Lob der kaiserlichen Macht mit. Und der gleichen Logik entsprach, dass ein literarisches Werk der politischen Nation schon Prestige verschaffte, wenn der Autor als Deutscher gelten konnte. Nationalistischer Inhalt war damit keine Bedingung für den nationalen Wert eines Textes. Der literarische Gehalt an sich war bedeutsamer. Das galt für längst tote, nun als deutsch reklamierte Autoren ebenso wie für jene der Gegenwart. So kam es, dass die größten Nationalhelden der Feder gar keine Nationalisten waren, der allergrößte sogar ein bekennender Antinationalist.

Als dieser galt unumstritten Erasmus von Rotterdam. Bewunderung brachten ihm alle Humanisten entgegen, besonders stürmisch gefeiert und umworben wurde er von nationalistischer Seite. Schon bevor Erasmus

144 Muhlack: Beatus Rhenanus, Jakob Wimpfeling; ders.: Beatus Rhenanus (1485-1547); ders.: Die Germania, S. 149-151; ders.: Geschichtswissenschaft, S. 227-257; Beck: Tacitus' Germania, S. 157 f.; Hirstein: Tacitus' »Germania«; Schäffer: Beatus Rhenanus; Mertens: »Landesbewusstsein«, S. 212 f.

nach Basel zog, nahm man ihn als deutschen Gelehrten in Anspruch.[145] Im Juli 1514 erfuhr Brant von Wimpfeling, dass »jener Allerhervorragendste und die Zierde Deutschlands« in Straßburg Halt machen werde.[146] Erasmus' Anreise durch das Elsass nach Basel gestaltete sich wie eine Triumphfahrt. In Straßburg und Schlettstadt wurden ihm von Honoratioren und Humanisten prachtvolle Empfänge bereitet.[147] Dass er dabei als deutscher Nationalheld gefeiert wurde, blieb ihm nicht verborgen; bald merkte er auch, dass er sich dieser Vereinnahmung kaum entziehen konnte. So wurde er zu einem frühen Opfer des Anpassungsdrucks, den Nationalisten auf Andersdenkende ausübten. Die Humanisten griffen nicht nur zum Zuckerbrot, sondern auch zur Peitsche, um aus ihm einen Deutschen zu machen.

Als sich Erasmus bei Wimpfeling für den Empfang durch die Straßburger Sodalitas nachträglich bedankte, grüßte er ihn mit den Worten: »Desiderius Erasmus grüßt Jakob Wimpfeling, ein Deutscher den Deutschen, ein Theologe den Theologen, den Hochgelehrten der Wissensdurstige.«[148] Die Selbstinszenierung als Deutscher durchzog das ganze Schreiben. Erasmus zeigte sich Wimpfeling nicht nur mit Dankesworten erkenntlich, sondern mit einer Annäherung an dessen Gedankengut.[149] Er beglückwünsche »unser Deutschland«, das so viele und außerordentliche Männer erzeugt und erzogen habe, die nicht nur in jedem Wissensgebiet, sondern auch in Sittenreinheit und Bescheidenheit glänzten.[150] Auch wenn die Verehrung in keinem Verhältnis zu seinen Verdiensten stehe, sei er stolz auf das Lob von Männern, die »zu ehrlich zum Schmeicheln und zu

145 Im Januar 1513 erschien in Straßburg eine Neuauflage einiger seiner Werke mit einem Vorwort von Sebastian Murrho, das ihn als Helden der deutschen Literatur anpries; Tracy: Erasmus, S. 282.

146 »Adest hic excellentissimus ille et Germanie decus Desiderius Erasmus Roterdamus in diuersorio ad aureum agnum [i.e. die Herberge ›Zu dem guldin Schoff‹].« Wimpfeling an Sebastian Brant, Straßburg, Juli 1514, in: ders.: Briefwechsel, Bd. 2, S. 757.

147 Tracy: Erasmus, S. 282.

148 »Desiderius Erasmus Iacobo Wimphilingo, Germanus Germano, theologus theologo, literarum scientissimo literarum sitientissimus salutem dicit.« Erasmus an Jakob Wimpfeling, Basel, 21. September 1514, in: ders.: Opus epistolarum, Bd. 2, S. 17; s. auch Wimpfeling: Briefwechsel, Bd. 2, S. 773.

149 Neben der Rhetorik des Nationalen gehörte zu dieser Annäherung auch ein ausführliches Lob auf die Stadt Straßburg und Maximilian I.; Wimpfeling: Briefwechsel, Bd. 2, S. 773 (Fußnote 1).

150 Erasmus an Jakob Wimpfeling, Basel, 21. September 1514, in: ders.: Opus epistolarum, Bd. 2, 305, S. 17.

deutsch zum Heucheln« seien.[151] Allein der »humanissimus« Hieronymus Gebwiler – er sage das als »Deutscher in deutscher Aufrichtigkeit« – habe das Lob seiner Person übertrieben.[152] In summa gefalle ihm sein Deutschland mehr und mehr, so dass er sich schäme, es so spät kennen gelernt zu haben.[153]

Erasmus' Versuch, Wimpfelings Chauvinismus mit nationaler Rhetorik zu besänftigen, konnte nicht verschleiern, dass er von dessen Nationskonzept um Welten getrennt blieb. In seinem langen Brief tauchte nie der Gedanke auf, einer natürlichen Gemeinschaft anzugehören, der man ein Leben lang verpflichtet sei. Erasmus beschrieb seine Nationszugehörigkeit als Resultat einer Gesinnungstat, die von der hohen Bildung und den guten Sitten der Deutschen motiviert sei. Das implizierte die Möglichkeit, je nach Überzeugung, Sympathie und persönlicher Bindung einer Nation den Rücken zu kehren, gleichzeitig mehreren oder gar keiner Nation anzugehören. Und tatsächlich schrieb er 1520 einem englischen Briefpartner, er drohe seinen deutschen Verehrern, Franzose zu werden, wenn diese nicht aufhörten, ihn so belästigend zu lieben.[154] Von einer Nation vereinnahmen ließ sich Erasmus nie. Am treffendsten beschreiben dürfte ihn das unpopuläre Bekenntnis: »In der Regel sind mir alle Nationen gleichgültig.«[155] Wiederholt ließ der Vielgereiste seine Briefpartner wissen, für ihn gelte »ubi bene, ibi patria«, und er wünsche, nicht Bürger einer Stadt, sondern Bürger der Welt zu sein.[156] Sein voluntaristisches Nationsmodell entsprang dem Bedürfnis, die nationalistischen Bewunderer seiner Person nicht vor den Kopf zu stoßen. Erfolg war ihm dabei wenig beschieden.

Die deutschen und französischen Humanisten erkannten rasch, dass Erasmus kein nationalistischer Ideologe war. Seine Briefe, die die Ehre jedes Adressaten erhöhten, wurden herumgereicht und fanden den Weg in die Druckerpressen. Man konnte ihnen leicht entnehmen, dass Erasmus

151 »Nam nec errare iudicio possunt tam eruditi nec derident tam amici nec adulantur tam integri nec simulant Germani.« Ebd., S. 18.

152 Ebd., S. 21 (das gleiche Wortspiel wenig später, leicht variiert und mit antiitalienischer Spitze an Ulrich Zasius, Basel, 23. September 1514, in: ebd., 307, S. 26).

153 Ebd., S. 23.

154 Erasmus an John Fisher, 1520, in: ders.: Opus epistolarum, Bd. 4, 1129, S. 322; vgl. Huizinga: Erasmus, S. 42.

155 »Ego fere erga nationes omnes alba, quod aiunt, sum amussis.« Die Aussage stammt aus einem Brief von 1527 an den französischen Humanisten Guillaume Budé; ders.: Opus epistolarum, Bd. 7, 1840; vgl. Huizinga: Erasmus, S. 34.

156 »Ego mundi ciuis esse cupio, communis omnium vel peregrinus magis.« Erasmus an Ulrich Zwingli, Basel, September 1522, in: ders.: Opus epistolarum, Bd. 5, 1314, S. 129; ders. an Willibald Pirckheimer, 15. Juli 1529, in: ebd., Bd. 8, 2196, S. 234.

alle Nationen lobte und tadelte. Was die Nationalisten aber stärker irritierte, war Erasmus' Unentschlossenheit, ob er »natione«, seinem Geburtsort zufolge, als Deutscher oder Franzose zu gelten habe. Er wählte, die antike Geographie vorschiebend, die für ihn bezeichnende Antwort: sowohl als auch.[157] Damit vergraulte er beide Lager. Schon 1515 hatte Heinrich Bebel den Humanistenfürsten bedrängt:

> Dies eine erbitte ich von dir: Bekenne dich in deinen Schreiben öffentlich als Deutscher, damit weder die Engländer noch die Franzosen [...] sich mit dir brüsten oder dich als ihren Mitbürger ungebührlich feiern können![158]

Erasmus ließ Bebels Brief unbeantwortet, reagierte später aber auf entsprechende Forderungen aus Frankreich. Nachdem ihm Louis Ruzé auseinander gesetzt hatte, er könne nicht leugnen, Franzose zu sein,[159] bekannte er sich zu seinem Antinationalismus:

> Weder bestätige ich noch streite ich ab, Franzose zu sein; meinem Geburtsort gemäß kann offen bleiben, ob ich Deutscher oder Franzose bin. Freilich ist es angemessen, dass unter den Liebhabern der Wissenschaften die Unterschiede der Länder kleinstmögliches Gewicht haben. Jeden, der sich den Musen verschrieben hat wie ich, betrachte ich als meinen Mitbürger.[160]

Das nationalistische Seilziehen um Erasmus war damit nicht abgeschlossen. Letztlich erging es ihm mit dem nationalen Glaubensbekenntnis ähnlich wie später mit dem religiösen, wenn auch die Folgen weniger gravierend

157 Vor Erasmus hatte schon Thomas Murner das Prinzip der »Mononationalität« zurückgewiesen, 1502 im Streit mit Wimpfeling um die Nationalität Karls des Großen: »Die ganze Täuschung unserer Gegner kommt daher, dass sie glauben, derselbe Mensch könne nicht zugleich für einen Franzosen und für einen Deutschen gelten. [ex eo tamen omnis adversae partis deceptio, quod ut non possit idem Gallus atque Germanus haberi arbitrantur.]« Murner: Germania Nova, S. 208 f.; Erasmus an Guillaume Budé, 19. Juni 1516, in: ders.: Opus epistolarum, Bd. 2, 421, S. 253; zusätzliche Belege in Huizinga: Erasmus, S. 41 f.

158 »hoc vnum te rogo, vt ita palam te Germanum declares tuis scriptis, ne vllo modo aut Angli aut Galli [...] possint de te superbire aut suum te ciuem imodice gloriari.« Bebel an Erasmus, Tübingen, 20. Januar 1515, in: Erasmus: Opus epistolarum, Bd. 2, 321, S. 46.

159 Louis Ruzé an Erasmus, Leiden, 16. März 1519, in: ebd., Bd. 3, 926, S. 506 f.

160 »Gallum esse me nec assevero nec inficior; sic natus, ut Gallusne an Germanus sim, anceps haberi possit. Quanquam apud studiorum cultores minimum habere momenti par est regionum discrimina: quisquis communibus Musarum sacris initiatus est, hunc ego ὁμοπάτριδα duco.« Erasmus an Louis Ruzé, Mechelen, März 1519, in: ebd., Bd. 3, 928, S. 511.

waren. Auf die Einheit der christianitas bedacht und Parteiungen abgeneigt, ließ er sich zwischen die Fronten treiben. Huttens öffentlicher Angriff im Jahr 1523 bildete zugleich den Höhepunkt der nationalen und den Übergang zur religiösen Polemik.[161] Hutten warf Erasmus Verrat an der Reformation vor und machte dafür seinen feigen Charakter verantwortlich. Um ihn als ewigen Zauderer, Heuchler und Opportunisten hinzustellen, konnte der Vorwurf nicht ausbleiben, er habe es mit der Religion wie mit der Nation. Die »Gallogermania« erschien Hutten die passende Verbannung für einen, der in der Lutherfrage jeder Partei nach dem Mund rede:

> Und da du ein solcher [hinterlistiger und falscher] bist, wiltu doch gleichwol fur gut deutsch gehalten seyn, ruemest dich auch wie deine weyße mit deutscher nation sere uberein kome. Du salt wissen Erasme; dz dys gar nichts uberal deutsche stucke seint, sondern etwan frembder und wilder nation leichtfertigkeit und unbestendigkeit, und dere volcker art, die alle augenblick gewandt, und widderumb gewendt werden, bey wilchen nichts bestendiges, sondern alles nach des gluckes unbestant, gehandlet und gethan wirt. Darumb heb dich auß Erasme, zu den weibischen walen [Welschen], und zu deinen Cardinaln, gen Rome, bey wilchen alle betriegerey frey ist, und ein jtzlicher nach seinem muetwillen lebet, oder zeuch zu deinen frantzosen deutschen, wirstu villeicht bey den selbigen deiner art vnnd gattung fynden.[162]

Erasmus hatte Huttens »Expostulatio« richtig gelesen, als er in seiner Gegenschrift konstatierte: »Me relegat e Germania.«[163]

Geriet das lebende Denkmal Erasmus im ersten Reformationsjahrzehnt durch die Polemik Huttens, Luthers und Melanchthons ins Wanken, so blieb ihm doch der Ehrentitel des »gelertisten Teutschen und Niderlenders« erhalten.[164] Im zweiten Rang folgte, ebenso unumstritten, Johannes

161 Hutten: Expostulatio; zur Entstehungsgeschichte der »Expostulatio« und dem Zerwürfnis zwischen Erasmus und Hutten s. Augustijn: Einleitung, Spongia, in: Erasmus: Opera omnia, Bd. 9/1, S. 93-114.

162 »Verum interim, talis cum sis, belle convenire tibi cum Germanis ad morum rationem dicis. Imo non Germanorum sunt haec, sed levitatis et inconstantiae plurimum peregrinae, hominum qui quovis momento verti ac reverti possunt; quorum nihil stabile, omnia ad incerta fortunae mobilia et lubrica. Proinde in Italiam et ad illos in fidem abs te acceptos Romae cardinales facesse hinc talia, ubi suis cuique moribus suoque ingenio vivere licet; aut ad illos remigra Gallogermanos tuos, si forte patrium sit hoc illis commune tecum vitium.« Hutten: Expostulatio, S. 239.

163 Zit. nach Huizinga: Erasmus, S. 43.

164 In der »Bayerischen Chronik« des Aventin begleitet fast jede Erwähnung des Erasmus das Epitheton »hochgelert(est)«, während die oben zitierte nationale

Reuchlin. Irenicus und Cochlaeus stellten ihn sogar auf gleiche Höhe wie Erasmus.[165] Als sein größtes Bildungskapital galt die Beherrschung der »drei edeln Sprachen«, Hebräisch, Griechisch und Latein.[166] Zur nationalen Ikone wurde Reuchlin aber wie Erasmus aufgrund seiner hohen Wertschätzung in Italien und Frankreich. Dass er sich diese nicht mit bloßer Sprachkenntnis, sondern mit neuplatonischen Studien verdient hatte, interessierte wenig. Eine weitere Parallele zu Erasmus war, dass Reuchlin selten nationalistische Töne anstimmte.[167]

Im Unterschied zu Erasmus wurde Reuchlin in seiner nationalen Gleichgültigkeit aber nicht behelligt. Erstens gab es an seiner Nationszugehörigkeit keinen Zweifel, und zweitens verhalf ihm der Ketzerprozess, den Theologen aus dem Dominikanerorden gegen ihn anstrengten, zu einem produktiven Missverständnis: Er wurde, vermittelt durch das humanistische Gemeinschaftswerk der »Dunkelmännerbriefe«, zur populären Symbolfigur des humanistischen Reformwillens und danach – wie Erasmus kurze Zeit – zur Präfiguration Luthers. Schließlich hatte er noch das »Glück« zu sterben, bevor die junge humanistische Anhängerschaft Luthers dazu überging, die ältere Humanistengeneration, die der Reformation nach 1520 den Rücken kehrte, zu attackieren.[168] Eine späte Abkanzelung blieb ihm damit erspart.

Reuchlins Ruhm als deutsche Galionsfigur erbte für kurze Zeit Luther selbst.[169] Später, als auch die letzten Humanisten merkten, dass Luther nicht aus ihrem Holz geschnitzt war, erschien Melanchthon, der Großneffe und Schüler Reuchlins, als dessen Nachfolger. Allerdings drängte

Zuordnung nur einmal erfolgt; Aventin: Bayerische Chronik 8,105, Bd. 2, S. 554; zum Streit mit Luther um den freien Willen s. die Beiträge in Pesch (Hg.): Humanismus und Reformation; Brecht: Martin Luther, Bd. 2, S. 202-222; über Melanchthons Verhältnis zu Erasmus: Augustijn: Humanisten, S. 130-132.

165 Samuel-Scheyder: Johannes Cochlaeus, S. 514, 698; Irenicus: Germaniae exegesis 2,37: »Comparatio Capnionis [Reuchlins] ac Erasmi«, fol. 41^{v}.

166 Vgl. Celtis: »Ad Ioannem Reuchlin«, in: ders.: Libri odarum 3,24, S. 89; üb. in: Kühlmann u.a. (Hg.): Humanistische Lyrik, S. 61-63.

167 Ein Hauch nationaler Agonalität kam in der Widmung seines Hauptwerks, »De arte cabalistica«, an Papst Leo X. auf; Reuchlin: De arte cabalistica, S. 112.

168 So baute Hutten noch den verstorbenen Reuchlin als leuchtendes Gegenbild zu Erasmus und Präfiguration Luthers auf (S. 212); als Gelehrter sei er dem Erasmus ebenbürtig gewesen (und habe darum dessen Neid hervorgerufen), als Mensch aber weit überlegen, »allezeyt trew, bestendig, lauter, vnnd offentlich«. Vgl. Hutten: Expostulatio, S. 183, 199-205.

169 Bernstein: Der Erfurter Humanistenkreis, S. 160; zur Annäherung des jungen Luther an die Humanisten s. Moeller: Die deutschen Humanisten; Junghans: Der junge Luther.

der Glaubensstreit das nationalistische Gelehrtenlob in den Hintergrund. Melanchthons Rang als »praeceptor Germaniae« blieb auf das reformatorische Lager beschränkt. Dass er von altgläubigen Humanisten dennoch bewundert wurde, bezeugt eine Aussage von Cochlaeus, einem der schärfsten Gegner Luthers. Noch 1525 beteuerte er, Melanchthon wäre zur Leuchte des Jahrhunderts und zum größten Trumpf im Wettstreit mit Italien geworden, hätte er sich von der »Hussitischen Barbarei« in Wittenberg nicht verführen lassen.[170]

Abschließend bleibt zu fragen, ob das variable Verständnis der Autonomie literarischen Schaffens auch variable Intellektuellenrollen bedingte. Tatsächlich lassen sich zwei komplementäre Gelehrtentypen ausmachen. Sie unterschieden sich nicht in sozialer, sondern in funktionaler Hinsicht.[171] Dem Ruhmesdiener der Kaiser und Krieger, der die Funktion einer nationalen Gedächtnisstütze hatte, stand der geniale Gelehrte gegenüber, der seine literarischen Taten in Eigenregie erbrachte und selbst nicht an die Front des Nationenwettkampfs vorrückte. Auffallend ist, dass sich die Humanisten *als Nationalisten* mehrheitlich auf Seiten der Diener postierten und sich als Erzeuger heteronomer Kunst betrachteten. Die Ausnahme, die die Regel bestätigt, war Conrad Celtis, der die nationalistische Bewegung ideologisch angeschoben und sozial vernetzt hatte. Seine Selbstinszenierung als Nationalist *und* Nationalheld machte indes keine Schule, und als Nationalheld stand er nach seinem Tod trotz vieler Schüler im Schatten von Erasmus und Reuchlin. Mit ihrer geteilten Doppelfunktion sicherten sich die Humanisten die breiteste Aktionsfläche im virtuellen Wettstreit der Nationen. Dabei verstanden sie es, den nationalen Lohnausweis, den sie sich selbst ausstellten, in symbolisches Kapital zu konvertieren.

4.1.9. Die Autonomisierung der Nation

Kein deutschtümelnder Humanist hatte die Absicht, den Wettkampf der Nationen auf Kosten der abendländischen Einheit zu betreiben. Genau diesen Vorwurf bekamen sie aber von Kritikern wie Erasmus und Murner zu hören.[172] Ganz aus der Luft gegriffen war er nicht. Die Autonomisie-

170 Cochlaeus: De libero Arbitrio Hominis, Praefatio, zit. in Samuel-Scheyder: Johannes Cochlaeus, S. 698.

171 Zur Sozialisierung der Humanisten und ihrer gesellschaftlichen Selbstprojektion vgl. Kap. 4.5.

172 Zum Antinationalismus des Erasmus vgl. Kap. 2.1.4; zu Murner s. Hirschi: Das humanistische Nationskonstrukt, S. 393 f.; Borries: Wimpfeling, S. 28-35.

rung nationaler Zuordnungen konnte aufmerksamen Beobachtern nicht verborgen bleiben. Zeichen gab es viele. So steigerte sich die nationale Agonalität schon vor der Reformation bis zur rhetorischen Verketzerung oder Verteufelung des Gegners. Während Maximilian von Frankreich je nach politischer Lage als Bruder oder Erbfeind sprach,[173] blieben humanistische Nationalisten dem Erbfeindkonzept treu und unterfütterten es ideologisch. Als der Elsässer Hieronymus Gebwiler nach Maximilians Tod der habsburgischen Königskandidatur das Wort redete, attestierte er den Deutschen ein »genuinum odium in Gallos«, einen angeborenen Hass gegen die Franzosen.[174] An anderer Stelle variierte er die Erbfeindrhetorik zur nationalistischen Beschwörung, vorgetragen von der allegorischen Germania:

> Dass seine süßesten Lieben geschändet werden, Töchter / und Gattinnen beide, kann mein Volk nicht ertragen, / Noch ertrage ich, das freie Deutschland, einen Tyrannen, Franzose, / Der einen jeden wie seine Knechte züchtigen möchte.[175]

Auch nachdem die Kandidatur Franz' I. gescheitert war, verklangen die schrillen Töne nicht. Aventin nannte die Franzosen noch um 1530 »teutscher nation abgesagten feind«.[176] Die Verteufelung Frankreichs wurde bis Mitte des 16. Jahrhunderts seltener und schwächer, blieb aber abrufbar. Als Ludwig XIV. nach 1670 aggressiv nach Osten expandierte, schwoll die

173 Vgl. Kap. 2.2.4; an der humanistischen Erbfeindrhetorik zerbricht Wolfgang Reinhards Unterscheidung von modernem »Nationalismus« als Religionsersatz und vormodernem »Nationalbewusstsein«, beruht sie doch auf dem Grundsatz, dass die vormodernen »Erbfeinde« allein der Kategorie »Barbaren, Heiden, Moslems, Türken« angehörten. Schon der spätmittelalterliche Nationalismus nährte sich aus der Säkularisierung sakraler Feindkonzepte (vgl. Kap. 2.2.1.); Reinhard: Geschichte, S. 443 f.

174 Gebwiler: Libertas Germaniae 10, S. 225, Sp. 1.

175 Das Gedicht spielt mit der Doppelbedeutung von »Gallus« (»Franzose« – »Hahn«), die in der Übersetzung nicht adäquat wiedergegeben werden kann; »Ut sua stuprentur dulcissima pignora, natae / Uxoresque simul, gens mea ferre nequit / Libera nec patior Germania, Galle, tyrannum, / Qui velit ut servos plectere quemque suos.« Gebwiler: Germania Gallum alloquitur, zit. nach Knepper: Nationaler Gedanke, S. 199; vgl. ebd. S. 62 f.

176 Den Titel eines »abgesagt ewig todfeind« der Deutschen verlieh Aventin auch den »alten Römer und Walhen« und darüber hinaus allen universalen Vorläuferreichen; Bebel wiederum blieb mehr der Gegenwart verhaftet und nannte die Venezianer die »alten natürlichen Feinde der Deutschen« (»Sunt autem Veneti Germanorum antiqui, & genuini hostes«); Aventin: Bayerische Chronik 8,48, Bd. 2, S. 495, 1,12, Bd. 1, S. 78, 1,140, Bd. 1, S. 307, 4,16, Bd. 2, S. 127; Bebel: Apologia, S. 115, Sp. 2.

Erbfeindrhetorik wieder zum Chor an, angetrieben von protestantischer Flugschriftenpropaganda.[177] Von diesem Diskurs führte ein direkter Strang zur Ideologie des »deutschen Erzfeindes« im 19. Jahrhundert.[178] Die deutschen Barden der napoleonischen Befreiungskriege waren weniger erfinderisch, als moderne Historiker gerne glauben.[179]

Wurden die Franzosen verteufelt, so traf die Schweizer der Vorwurf der Ketzerei. Dies aus bezeichnendem Grund: Die Eidgenossen wurden nicht als Ausländer, als eigenständige Nation angegriffen, sondern als Abtrünnige (»apostati«). Aus Geldgier und störrischem Ungehorsam dienten sie den Feinden Deutschlands und fielen damit unter die Verräterkategorie der »deutschen Welschen« oder »semigalli«, vor denen ein Elsässer Sprichwort warnte.[180] Ketzer waren die Schweizer im wörtlichen und übertragenen Sinn. Vor Schlachten beteten sie kollektiv »kniend und mit zertanen armen«[181], was jenseits des Rheins die Gemüter erhitzte. Johannes Winckel, Theologieprofessor an der Universität Freiburg, schrieb eine Streitschrift gegen diese Bethaltung und warf den Eidgenossen vor, sie hielten sich für das auserwählte Volk, präfiguriert von Israel.[182] Wimpfeling versah Winckels Schrift mit Anmerkungen und brachte sie in Umlauf.[183] Später sorgte er mit eigenen Publikationen dafür, dass er in Basel zur persona non grata wurde. Der Titel seines »Soliloquiums« machte aus den anvisierten Adressaten kein Geheimnis: »für die Schweizer, damit sie zu Verstand kommen«.[184] Konkret meinte er damit, dass sie wieder beteten wie jedermann, ihre rechtmäßigen Obrigkeiten anerkannten und dem Reich dienten. Denn »inoboedientia« und »rebellio«[185] seien bei diesen

177 Bosbach: Der französische Erbfeind, S.117-139; Schmidt: Ein französischer Kaiser?, S. 149-177.

178 Sieburg: Deutschland, S. 106 f.

179 Wehler: Nationalismus, S. 68-70; Dörner: Die symbolische Politik, S. 79-83; Burkhart: Ehre, S. 241-244.

180 Dieses Sprichwort taucht in leichten Variationen beim »Oberrheinischen Revolutionär«, bei Wimpfeling, seinen humanistischen Gesinnungsgenossen sowie später in Luthers Tischreden auf; Franke (Hg.): Das Buch, fol. 14a; Herding: Vorwort, in: Wimpfeling: Adolescentia, S. 133 f.; Luther: Tischreden, fol. 605r; Knepper: Nationaler Gedanke, S. 45.

181 Lat. »genibus flexis distentisque in modum crucis brachiis«; nach Ochsenbein: Jakob Wimpfelings literarische Fehde, S. 44-46.

182 Hinweise darauf, dass sich die Schweizer tatsächlich als Nachfolger des auserwählten Volkes der Bibel verstanden, finden sich seit den Burgunderkriegen, vgl. Marchal: Bellum, S. 126-128; zu Winkel ebd., S. 54.

183 Ebd.

184 Wimpfeling: Soliloquium.

185 Marchal: Bellum, S. 116.

»Hinterwäldlern« und »Barbaren« überall am Werk.[186] Nicht nur von der katholischen Kirche hätten sie sich abgewandt, sondern auch vom Reich und dem christlichen Kriegsgesetz.[187] Wimpfeling behauptete sogar, die Schweizer kämpften im Krieg gesetzloser als Türken und Hussiten; damit schloss er sie rhetorisch aus der Christenheit aus.[188] Auf ihre militärischen Erfolge hätten sie sich nichts einzubilden, denn »Gott lässt auch die Heiden und Ketzer siegen, um sie später nur umso härter zu bestrafen«.[189] Als der Elsässer Humanist vernahm, dass seine Angriffe nicht nur eidgenössischen, sondern auch kaiserlichen Unmut erregt hatten, verteidigte er sich gegenüber Maximilian mit dem Argument, er habe die Schweizer »bekehren wollen«.[190] Wimpfelings Wille dürfte im umfassenden Sinne zu verstehen sein.

Die Autonomisierung der Nation drückte sich auch in Unterstellungen an andere Nationen aus, kirchliche Institutionen zur Selbstbereicherung und Ausbeutung der Deutschen zu missbrauchen. Diese Vorwürfe waren pikant, weil sie Kirche und Religion als Mittel zum Zweck darstellten. Wurden sie in den Gravamina an die römische Kurie und Italien adressiert,[191] so richteten sie die Humanisten auch gegen Frankreich. Im Elsass griffen sie neben den »annatae Romanae«, den Abgaben nach Rom für die Verleihung einer Pfründe, die »herumstrolchenden oder stationären Bettelschelme der französischen Religionsgemeinschaft« an.[192] Wimpfeling, der hier einmal mehr das Zepter führte, nationalisierte dabei die Opposition zwischen Weltklerus (dem er selbst angehörte) und Ordensklerus. Ungeachtet dessen, wo die jeweiligen Orden historisch verwurzelt waren und woher ihre Mitglieder stammten, behaftete er sie mit dem Etikett des Französischen:[193] Benediktiner, Zisterzienser, Prämonstratenser,

186 Wimpfeling: De integritate, fol. A8r-8v, üb. in Ochsenbein: Jakob Wimpfelings literarische Fehde, S. 57.

187 Marchal: Bellum, S. 118-124.

188 Ebd., S. 123.

189 Ebd., S. 125; zur Verketzerung der Eidgenossen trug auch der populäre Vorwurf bei, sie trieben Unzucht mit ihren Kühen. Das Heterostereotyp der »kueschnäggler« und »kuegehiger« war seit der zweiten Hälfte des 14. Jahrhunderts in Umlauf; Sieber-Lehmann/Wilhelmi: In Helvetios, S. 8.

190 Wimpfeling an Maximilian I., Straßburg, 6. Mai 1507, in: ders.: Briefwechsel, Bd. 2, S. 581-586; Ochsenbein: Jakob Wimpfelings literarische Fehde, S. 65.

191 Vgl. Kap. 2.2.3.

192 »circulatores aut stationarii mendosi Gallicae religionis«; Wimpfeling: Agatharchia, fol. 8v.

193 Ebd.; vgl. auch Singer: Die Fürstenspiegel, S. 205.

Valentinianer (gemeint war die bei Valence gegründete Kongregation vom heiligen Rufus) und Antoniter.[194] Ein deutschsprachiger Mendikant konnte damit für Wimpfeling ebenso unter die Kategorie der »deutschen Welschen« fallen wie die Eidgenossen. Dieser Verleumdung bediente sich der Kreis um Wimpfeling in der Kontroverse mit dem Franziskanerpriester Thomas Murner.[195] Man bekämpfte die sozialen Konkurrenten des Ordensklerus, indem man sie partiell von der deutschen Nation ausschloss und als Franzosen oder Italiener entlarvte.[196]

Ein drittes Anzeichen für die Autonomisierung des Nationsdiskurses ist der humanistische Türkendiskurs. Wimpfeling, Brant und Hutten forderten eine Nationalisierung des Türkenkriegs.[197] Dass die militärische Rettung der Christenheit Aufgabe der Deutschen sei, hatten im 15. Jahrhundert schon die päpstlichen Gesandten Enea Silvio und Campano gepredigt. Im Gegensatz zu ihnen beriefen sich deutsche Humanisten weniger auf imperiale Pflichten als auf eine doppelte Uneinigkeit. Sie akzeptierten die Unfähigkeit der christlichen Mächte zu gemeinsamem Handeln und bekämpften zugleich die Selbstzerfleischung der deutschen Fürsten. Anstatt der deutschen Nation Schande anzutun, sollten sich die Reichseliten dem hehren Zweck widmen, die Christenheit zu retten und die Nation mit Ruhm zu bedecken.[198] Damit wurde der Türkenkrieg von den deutschen Humanisten als Instrument der Nationsbildung angepriesen. Dass sie in den Wind sprachen, ist nicht auf die anbrechende Reformation, sondern auf den Primat dynastischer Erbfolgepolitik zurückzuführen. Nach der Fürstenkonkurrenz um territoriales Erbe hatte die Lösung des Türkenproblems europaweit zweite Priorität.

194 Bebel übernahm diesen Standpunkt: In seinem »Triumphus Veneris« von 1509 griff er die von Wimpfeling aufgezählten Orden als französische Plünderer Deutschlands an, die unter dem Vorwand der »Ehre der Religion […] alljährlich das Geld von unserem Land zusammenraffen«; Bebel: Triumphus Veneris 4, in: Opera Bebeliana, fol. eii.

195 Borries: Wimpfeling, S. 44 f.

196 Den Franziskanern warf Wimpfeling vor, sie unterminierten Deutschland mit »italienischen Sitten« [»mores Italici«], die die religiöse und moralische Disziplin bedrohten, und forderte sie explizit auf, die »Deutschen nach deutscher Art leben zu lassen«; Wimpfeling an die Franziskaner-Konventualen in Schlettstadt, Straßburg, 4. Mai 1511, in: ders.: Briefwechsel, Bd. 2, S. 681.

197 Zu Wimpfeling und Hutten Mertens: Nation, S. 125 f.; zu Brant Knepper: Nationaler Gedanke, S. 101-103; Wimpfeling: Epitoma 60; Hutten: Ad principes Germanos.

198 Mertens: Nation, S. 126.

4.2. Antibarbaries

Die humanistischen Nationalisten verfolgten das Ziel, den Nationenwettkampf auf verschiedene Lebensbereiche auszuweiten und zugleich die humaniora als agonale Leitdisziplin zu etablieren. Um politische und gelehrte Eliten vom nationalen Vorrang des eigenen Tuns zu überzeugen, scheuten sie weder Aufwand noch Wege. Will man diese breit gefächerten Bestrebungen zu einem Leitmotiv bündeln, so bietet sich der Begriff der »Antibarbaries« an. Dieser drückt das spezifische Unbehagen an der eigenen Gegenwart aus, das die humanistische Bewegung in ganz Europa begleitete, sowie den umfassenden Reformwillen, den dieses Unbehagen freisetzte. Die Antibarbaries steht für die Nachahmung des italienischen Humanismus, die Bildungsreform und das Lob der deutschen Zivilisation.

Die Antibarbaries wirkte an zwei Fronten: einer inneren, die dem italienischen Barbarenverdikt laut zustimmte und eine Reform der Bildung, der Erziehung und des politischen Verhaltens betrieb, und einer äußeren, deren Ziel die Emanzipation der eigenen Nation vom italienischen Barbarenverdikt war. Diese beiden Fronten generierten inhaltlich konträre, intentional aber kongruente Diskurse, die sich in ein und derselben Schrift abwechseln konnten.

4.2.1. Die »Heimatfront«: Zivilisierung und Pazifizierung der rohen Deutschen

Die Reformrhetorik deutscher Humanisten hob sich vom italienischen Barbarendiskurs kaum ab. Wandten sie sich an ein deutsches Publikum oder kommunizierten im kleinen Kreis ihrer Gesinnungsgenossen, malten sie den Zustand ihrer Nation zuweilen in grellsten italienischen Farben. Die Deutschen befänden sich im Zustand finsterer Barbarei und müssten mit allen Mitteln aus dem Dunkel geführt werden. Aus Italien kam das Licht, sei es durch deutsche Italien- oder italienische Deutschlandreisende.[1] Der anklägerische Ton von Celtis' Ingolstädter Rede 1492 machte Schule. Deutschland, so proklamierte Celtis vor der juristischen Fakultät der Universität, müsse die Schande abstreifen, ein imperiales Barbarenvolk zu sein:

> So sehr gefällt uns unsere Nichtsnutzigkeit und hässliche Barbarei, weil uns, wie ich glaube, die Götter zürnen, damit wir nicht zugleich

1 So etwa Celtis: De Germanis Italiam petentibus, in: ders.: Fünf Bücher Epigramme 1,87, S. 20.

> mit der Herrschaft Roms auch den Glanz gelehrter Bildung Italiens annehmen und in dieser herrlichen Art schriftstellerischer Betätigung mit denen, die wir doch bewundern, wetteifern. [...] Wenn jemand im Hinblick auf eine solche Bildung die unsere genauer betrachten wollte, dann würde er ›Sand ohne Kalk‹ und eine Sprache ohne Blut finden, da wir zwar bereit sind, andere mit solchen Ausdrücken, wie Schulbuben sie gebrauchen, zurechtzuweisen, dabei aber unseren eigenen Gestank nicht riechen; und ich glaube, es ist von den unsterblichen Göttern gut eingerichtet, dass sie uns eine geradezu primitive und gewöhnliche Bildung zugestanden haben. Andernfalls würden wir mit unserem Gequake und dem Unrat unserer Worte anderen und dazu noch Gelehrteren als uns nicht einmal erlauben aufzumucken.[2]

Celtis' Kritik galt weniger den 90% Analphabeten im Land als dem Gelehrtenstand und der Nobilität. Appellierte Celtis an die »deutschen Jünglinge«,[3] das Blatt zu wenden, war vorrangig die kleine Minderheit gemeint, die sich ein Studium an den höheren Fakultäten leisten konnte und gerade deshalb von der Überlegenheit der humaniora überzeugt werden musste. Diese Elite, so Celtis, habe den jämmerlichen Zustand Deutschlands zu verantworten. Die Fürsten würden »zu Recht als Barbaren verlacht«, weil sie »trotz der Gunst der Stunde die edlen Wissenschaften« verachteten und sich von gelehrten Tölpeln umgeben ließen.[4] Bei den Gelehrten herrsche die Krankheit vor, formloses und leeres Geschwätz zu produzieren. Ihre Bildung sei sklavisch und korrupt; sie diene nur der kirchlichen oder weltlichen Karriere und befriedige niedere Habgier.[5] Linderung für Deutschland versprach allein die italienische Schule des Humanismus:

> Ich werde auch keinen anderen Grund für die dauernde Blüte Italiens anführen als den, dass seine Bewohner uns allein durch den glücklichen

2 »Adeo usque vilitas nostra nobis placet et foeda barbaries infestis, credo, numinibus, ne cum imperio Romano Italicarum litterarum splendorem etiam induamus et in hoc pulcherrimo scribendi genere cum illis, quos tamen miramur, certemus. [...] Quod si ad talem eruditionem nostram quis accuratius intueatur, arenam sine calce et vocem sine sanguine offendet, dum alios reprendere vocabulariter, velut elementares pueri, parati sumus, proprium autem foetorem non sentimus, beneque consultum a diis immortalibus nobis arbitror, quod plebeiam nobis et vulgarem quandam doctrinam concesserunt. Alias nostra blacteratione et verborum colluvie ne mutire quidem alios et doctiores nobis permitteremus.« Celtis: Oratio 9, S. 34 f.

3 Die Anrede »Germani iuvenes« findet sich in der Ingolstädter Rede wie in der Panegyris; Celtis: Oratio 9, S. 32; ders.: Panegyris, S. 12, V. 128.

4 ders.: Oratio 8, S. 28.

5 Ebd. 8, S. 28 f., S. 36.

> Umstand ihrer Liebe zu den Wissenschaften und im Bemühen um diese übertreffen. Damit schrecken sie andere Völker wie mit Waffen ab und ziehen mit Begabung und Fleiß Bewunderung auf sich.[6]

Nicht nur an dieser Stelle stellte Celtis einen Zusammenhang zwischen Bildung, Gesellschaft und Macht her. Was für Italien galt, galt unter umgekehrten Vorzeichen auch für Deutschland. Seine Macht blieb wertlos, solange seinen Einwohnern der Ruf von »Tieren oder Wahnsinnigen« anhaftete. Wer aber durch Bildung die Barbarei abstreifte, ließ die ganze Nation erstrahlen. Denn das Land im eigentlichen Sinn urbar zu machen stand in Celtis' Augen noch bevor – trotz freundlicherem Klima, Trockenlegung der Sümpfe, Rodung der Wälder und Städtebildung. Solange Geschichte und Geographie Deutschlands nicht ins kulturelle Gedächtnis eingedrungen waren, blieb der Sitz des Imperiums Niemandsland und das Leben roh und ungemütlich. Celtis initiierte daher das Großprojekt der »Germania illustrata« – anders als Biondo seine »Italia Illustrata« – als nationales Zivilisierungsprogramm:

> Ihr müsst euch sehr schämen, die Geschichte der Griechen und Römer nicht zu kennen, noch mehr aber solltet ihr euch schämen, die Lage unseres Gebiets und Landes, Gestirne, Flüsse, Berge, Altertümer und Völkerschaften nicht zu kennen sowie schließlich auch das, was fremde Menschen über uns so kundig zusammengetragen haben.

Dem Tadel an den deutschen Gelehrten folgte unmittelbar eine Anklage des deutschen Raubrittertums:

> Lasst endlich ab, edle Männer, von diesem räuberischen Unwesen und beseitigt es, denn von ihm sagen jene [fremden] Autoren, dass es bei uns geradezu als Tugend gelte! Und es ist schon verwunderlich, dass bis heute in bestimmten Teilen Deutschlands seit über 1500 Jahren diese angeborene Krankheit fortdauert, da wir die Anführer des räuberischen Haufens nicht beseitigen können.[7]

6 »Nec ego aliam semper florentis Italiae causam reddidero, quam quod illi nos non alia felicitate quam litterarum amore et earum studio antecedunt. Quibus ipsi alias gentes tanquam armis terrent et in admirationem sui per ingenium et industriam trahunt.« Ebd. 8, S. 30 f.

7 »Magno vobis pudori ducite Graecorum et Latinorum nescire historias et super omnem impudentiam regionis nostrae et terrae nescire situm, sidera, flumina, montes, antiquitates, nationes, denique, quae peregrini homines de nobis ita scite collegere […]. Exuite, generosi viri, exuite et purgate latrocinia, quae illi apud nos tanquam virtuti data commemorant! Mirumque est, quod in quibusdam adhuc

Erst wenn ein Gebiet von den »litterae« erfasst, geformt und verewigt werde, lasse sich seine Bevölkerung pazifizieren und zivilisieren. Und erst dann könne Deutschland dem Chaos der Bürgerkriege entrinnen, den Territorialverlust an den Grenzen aufhalten und dem Imperium seine Würde zurückgeben.[8] Durch das Sprachrohr Conrad Celtis' wiesen die Griechen und Römer Deutschland den Weg, »dass durch die Kräfte der Sprache und das Wirken der Weisheit menschliche Gesellschaften, Städte, Religionen, Götterkult, reinste Sitten und größte Reiche erhalten und gelenkt werden können«.[9]

Was Celtis den Ingolstädter Rechtsprofessoren und -studenten weismachte, war unerhört: Vor Gelehrten, deren Doktortitel einem Adelsbrief gleichkam, pries er Rhetorik, Dichtung, Philosophie und Geschichtsschreibung als Gipfel intellektueller Leistung und Heilsversprechen für Deutschland. Es handelte sich um Fächer, die an deutschen Universitäten bestenfalls als Propädeutikum für den Übertritt in die höheren Fakultäten anerkannt waren.[10] Eben erst hatte Celtis eine außerordentliche Lektur erhalten, und sein einziger Titel, der des kaiserlich gekrönten »poeta laureatus«, war auf akademischem Parkett ein zweifelhafter Ausweis, da nicht ins geltende Wissenschaftssystem integriert.[11] Vehementer hätte der Neuankömmling die universitären Hierarchien kaum attackieren können.

Celtis benützte die nationale Antibarbaries als Instrument zur Etablierung der humanistischen Studien auf elitärer Ebene. Was die Juristen längst erreicht hatten, beanspruchte er für die Poeten und Oratoren: die symbiotische Beziehung von fürstlicher Macht und Bildung. In mittelbarer Nähe des Hofes wollte er auch den universitären Humanismus sehen. Praktisch gleichzeitig zur Ingolstädter Rede legte er den bayrischen Herzögen und dem Pfalzgrafen bei Rhein sein Bildungsprogramm vor.[12] In dieser Lobrede forderte er für das neue Fach der nationalen Geschichtsdichtung sogleich

Germaniae partibus supra mille et quingentos fere annos ingenuus ille morbus perduret, dum latrocinalis agminis principes non submovemus.« Ebd. 5, S. 22 f.

8 Ebd. 8, S. 30.

9 »Quamobrem convertite vos, Germani, convertite vos ad mitiora studia, quae sola vos philosophia et eloquentia docere potest. Cogitate non sine causa factum esse, quod Graeci Romanique imperii autores tanta opera et vigilantia illis rebus studuerint et earum rerum praeceptores summis honoribus ornaverint, nisi intellexissent linguae viribus sapientiaeque partibus hominum coetus, urbes, religiones, deorum cultum et sanctissimos mores amplissimaque imperia conservari et gubernari posse.« Ebd. 10, S. 36 f.

10 Ebd. 10, S. 38-41.

11 Mertens: Zu Sozialgeschichte, S. 335 f.; Schirrmeister: Triumph, S. 2 f., 32.

12 Celtis: Panegyris.

die Eingliederung in den Kanon der höheren Universitätsdisziplinen Jurisprudenz, Theologie und Medizin.[13]

Während sich Celtis' nationale Antibarbaries an den Universitäten nicht erwartungsgemäß durchsetzte, entfaltete sie außerhalb der etablierten Bildungsinstitutionen Wirkung, und zwar in ideologischer wie sozialer Hinsicht. Die deutschen Humanisten nahmen am missionarischen Selbstbild der Italiener Maß und gelobten, Deutschland zu zivilisieren. Ihre Absicht schlug sich in einem Selbstbestätigungsdiskurs nieder, der den Italienern Hochachtung entgegenbrachte. So schrieb der gleiche Wimpfeling, der aus moralhygienischen Gründen vor Reisen ins Ausland warnte, an seinen Schüler und Intimus Thomas Wolf:

> Ich lobe die Begabungen der Italiener, die, von klein auf gut unterrichtet, notwendige und nützliche Dinge lernen. Sie haben uns die Bücher von griechischen Philosophen und sogar von Theologen wie Chrysostomos und ähnlichen aus der griechischen Sprache ins Latein übersetzt. Wenn wir doch endlich unter den Deutschen, wenigstens in dieser unserer Stadt Straßburg, mit ersten Versuchen die Italiener nachahmen würden![14]

Acht Jahre zuvor war Wimpfeling mit den Deutschen noch härter ins Gericht gegangen. Zu einem Brief von Dietrich Gresemund (1477-1512) aus Padua, der ihm den Neid auf die »gloria litteraria« der Italiener eingestand, hatte er eigenhändig angemerkt:

> Dass die Deutschen von den Italienern verachtet und verspottet werden und uns alle Laster vorgeworfen werden, ist daraus ersichtlich, dass sie, wenn sie versuchen, irgendwem einen Schimpfnamen beizulegen, ihn »Deutschen« rufen und der Vater das Kleinkind oder das Knäblein, das etwas falsch gemacht hat, ein »deutsches Schwein« nennt. […] Wenn sie uns nur nicht zu Recht, sondern zu Unrecht Vorhaltungen machen würden! Denn die meisten unserer Landsleute sind Rohlinge, Schweine und Bauerntölpel, seichte [Menschen] in prunkvoller Kleidung, in weibischen Kopfbedeckungen und Schu-

13 Müller: Die »Germania generalis«, S. 212.

14 »Laudo ego ingenia Italorum, qui a teneris annis bene instituti necessaria et utilia discunt. Illi nobis Graecorum philosophorum immo et theologorum sicuti Crisostomi et similium libros e Graeca lingua latinos reddiderunt. Utinam tandem apud Germanos, saltem in hac urbe nostra Argentina, in dandis primis rudimentis imitemur Italos.« Wimpfeling an Thomas Wolf d. J., Straßburg 1. März 1503, in: ders.: Briefwechsel, Bd. 1, S. 423.

hen, in Tobsucht, Unbedachtheit, Trunksucht, Verachtung der Wissenschaften etc.[15]

Das vernichtende Urteil über die eigenen Landsleute unterstrich die Exklusivität des humanistischen Ranges und die Dringlichkeit der selbst auferlegten Zivilisierungsmission.[16] An ihrem Gelingen kamen lange keine Zweifel auf, und aus diesem Optimismus zog die humanistische Bewegung ihre Reformenergie. Zum gleichen Selbstbestätigungsdiskurs gehörten Jakob Spiegels Grußworte an die Mitglieder der Schlettstädter Sodalitas: »Lebt wohl und triumphiert, ihr hochberühmten Besieger der Barbarei!«[17]

Auf sozialer Ebene wurde der zivilisatorische Auftrag den Sodalitates übertragen. Das Programm, in Deutschland »Regionalvertretungen« der neuen Bildung zu gründen, ging auf Celtis zurück, der von seiner Italienreise die Anregung nach Hause genommen hatte, eine platonische Akademie zu gründen. Als er 1491 erstmals von diesem Projekt sprach, äußerte er zugleich die Hoffnung auf eine translatio studii von Italien – und nicht etwa von Frankreich! – nach Deutschland.[18] Initiative auf organisatorischer Ebene ergriff Celtis aber erst 1495. Im Gegensatz zu den Akademien in Florenz und Rom schwebte ihm eine virtuelle Dachgemeinschaft von Gelehrten und Machtträgern vor, die ganz Deutschland umfasste. Diese »Sodalitas litteraria per Germaniam« stellte die frühe Projektion einer Gelehrtengemeinschaft dar, die eine Nation repräsentierte.[19] In institu-

15 »Germanos ab Italis despici irriderique et omnia nobis vicia obiectari ex hoc patet, quod cum ignominiosum aliquod nomen cuicumque tribuere conantur, appellant eum Didischo et pater infantem aut puerulum, qui minus recte aliquid faecit, nominat porcum dedischo. […] Vtinam non vere, sed falso nos arguerent: sunt enim plerique ex nostratibus rudes, porci et inurbani, in veste miranda breui[!], in mytris muliebribus calciisque, in furia, in precipitatione, in ebrietate, in despiciencia litterarum etc.« Wimpfeling, zit. nach ders.: Briefwechsel, S. 240 (Fußnote 3).

16 Dieses Postulat taucht in vielen pädagogischen Schriften Wimpfelings auf, auch in solchen, in denen der Nationsdiskurs keinen dominanten Platz einnimmt, etwa im »Wegweiser für die deutsche Jugend«; Wimpfeling: Isidoneus Germanicus 21.

17 »Valete et triumphate barbariei victores incliti.« Jakob Spiegel an die Schlettstädter Sodalitas, Augsburg, 1. März 1520, in: Wimpfeling: Briefwechsel, Bd. 2, S. 840.

18 »Ego junctis mihi, de quibus plenus spei essem pro doctrinae et morum compositione, Academiam illam Platonicam erigerem et aperirem. […] non solum Romanum imperium et arma, sed et litterarum splendorem ad Germanos commigrasse.« Celtis an Sixtus Tucher, Ingolstadt 1491, in: ders.: Briefwechsel, S. 32.

19 Bezeichnungen für gelehrte Freundeskreise mit regelmäßigen Zusammenkünften gab es im Humanismus viele, wobei sie sich semantisch kaum voneinander unterschieden: Von den Begriffen »academia«, »contubernium«, »coetus«, »sodalitas« oder »sodalitium« war derjenige der Akadamie aber der prestigeträchtigste, da er den Vergleich mit dem Gelehrtenkreis Platons und Sokrates' heraufbeschwor.

tioneller Hinsicht sah aber alles bescheidener aus als auf dem Papier.[20] Die deutsche Sodalitas erfuhr ihre stärkste Konkretisierung in der Briefpost an Conrad Celtis, die er unter der Rubrik aufbewahrte: »Libri epistolarum et carminum Sodalitatis litterariae ad Conradum Celten«.[21] Auf diese Weise kam sogar der Kaiser zu einer Mitgliedschaft. Dennoch ist Celtis' virtuelle deutsche Gelehrtengemeinschaft nicht als bloße Fiktion oder stilistische Spielerei zu beurteilen, sondern als »Entwurf eines noch zu schaffenden humanistischen Netzwerks«.[22]

Dieses Netzwerk nahm in den Jahren vor der Reformation tatsächlich Gestalt an. Seine Verknüpfungen liefen nicht an einer zentralen Schaltstelle zusammen, sondern in regionalen Knotenpunkten, was Celtis' Vorstellung einer »Septenaria Sodalitas litteraria Germaniae«, einer siebenteiligen deutschen Gelehrtengemeinschaft, relativ nahe kam.[23] Die Sodalitates waren im städtischen Leben verankert, mit Verbindung zu nahen Fürstenhöfen. Ihre Konzentration im oberdeutschen Raum hing damit zusammen, dass die Dichte humanistischer Bildung in nördlicher und östlicher Richtung abnahm. Die Sodalen huldigten untereinander der Idee einer Gleichheit aller Gleichgesinnten,[24] nutzten ihre Beziehungen aber zur Stärkung klientelärer Strukturen. So stand die Mitgliedschaft nicht nur Poeten und Oratoren, sondern auch städtischen Amtsträgern, bildungsbeflissenen Prälaten und Adligen offen.[25] In Heidelberg wurde

Dass er sich im deutschen Humanismus trotz florentinischen, römischen und neapolitanischen Vorbildern nicht durchsetzte, könnte damit zusammenhängen, dass die Reichsuniversitäten den Akademiebegriff zusehends für sich beanspruchten; Klaniczay: Celtis, S. 89, 104 f.; ders.: Die Akademie, S. 4.

20 Schirrmeister: Triumph, S. 170 f.

21 Zit. nach Klaniczay: Die Akademie, S. 13.

22 Müller: Konrad Peuginger, S. 173 f.; Entners Einspruch, dass Celtis' »Septenaria sodalitas litteraria Germanie« nur Teil einer stilistischen Spielerei mit der Zahl Sieben darstelle, ist entgegenzuhalten, dass der Einsatz von Stilfiguren – und sei er noch so exzessiv – nicht zwingend die inhaltliche Irrelevanz des Gesagten belegt. Celtis' Briefwechsel zeigt zur Genüge, dass für sein Selbstverständnis die *Projektion* einer nationalen sodalitas, in deren Mitte er selber stand, grundlegend war; Entner: Was steckt […]?, S. 1084 f.

23 Die gesamtdeutsche Sodalitas stellte sich Celtis zuerst als vier-, ab 1500 dann als siebenteilig vor; Wuttke: Conradus Celtis, S. 183 f.; Müller: Konrad Peutinger, S. 173.

24 Diesen Aspekt etwas einseitig betont hat Greschat in: Humanistisches Selbstbewusstsein, S. 374; zur gesellschaftlichen Funktion der Sodalitates für die Humanisten vgl. Treml: Humanistische Gemeinschaftsbildung, S. 46-77.

25 Andermann: Bildung, S. 34.

ein Mäzen des Celtis, der Wormser Bischof Johann von Dalberg, zum »princeps Sodalitatis litterariae per Germaniam« proklamiert und nahm in der lokalen »Sodalitas Rhenana« den Vorsitz ein.

Institutionellen Charakter nahmen aber auch die regionalen Sodalitates kaum an. Es gab weder Statuten noch Mitgliederkarteien, der Teilnehmerkreis fluktuierte stark, und die Zusammenkünfte folgten keinem festen Ablauf.[26] Loser Kontakt zwischen einzelnen Sodalitates kam durch Korrespondenz und gegenseitige Besuche zustande.[27] Erste Zerfallserscheinungen machten sich bereits nach Celtis' Tod bemerkbar. Als die anbrechende Reformation um 1520 einen Keil zwischen die ältere und die jüngere Humanistengeneration trieb und die Prioritäten sich verschoben, lösten sich die Gebilde geräuschlos auf.[28] Aber auch zuvor wirkten die Sodalitates nicht als »Kampftruppen« und »Propagandaorganisationen« der humanistischen Bewegung, wie Paul Joachimsen aus den publizistischen Attacken während der Reuchlin-Affäre geschlossen hat.[29] Zu aggressivem Aktivismus waren sie schon aus organisatorischen Gründen nicht in der Lage, grundlegender aber war, dass sie es gar nicht sein wollten. Denn sowohl die Bemühungen um klienteläre Vernetzung als auch das Leitbild einer platonischen Akademie standen einer Breitenwirkung im Weg. Die Sodalen schmückten sich wohl mit dem Auftrag, Deutschland nachhaltig zu zivilisieren und zu nationalisieren, strukturell zielten sie aber auf elitäre Abschließung nach unten. Dieser Spagat wurde nicht zur Zerreißprobe, da die nationale Zivilisierungspropaganda ohnehin nur der kleinen Elite von Geist und Gewalt galt.

Das Sodalitatesprojekt trug vor allem zur Kohäsion unter den Humanisten bei. Schon per Briefverkehr wirkte die Imagination einer Symbiose von Gelehrsamkeit und Macht integrativ, denn einzelne Mitglieder der nationalen Sodalitas bekamen einander gar nie zu Gesicht.[30] Celtis' literarische Kollektivprojekte verstärkten diese Wirkung: In Heidelberg legte er eigene Arbeiten und Textfunde gewählten »censores« aus der Sodalitas zur Kritik vor, bevor er sie im Namen der Sodalitas drucken ließ. Und bis zu seinem Tod rechnete er fest mit seinen Sodalen, um das landeskundliche Großvorhaben der »Germania illustrata« voranzutreiben.[31] Sozialgeschicht-

26 Müller: Konrad Peutinger, S. 167-169; Rüegg: Der Humanist, S. 154.
27 Klaniczay: Celtis, S. 98 f.
28 Lutz: Die Sodalitäten, S. 47.
29 Joachimsen: Der Humanismus, S. 442 f., 461.
30 Müller: Konrad Peutinger, S. 170 f.
31 Klaniczay: Celtis, S. 98 f., 102.

lich betrachtet, waren die Sodalitates im kleinen Rahmen, was die deutsche Nation im großen war: Instrument der sozialen Integration und elitären Etablierung für den neuen, säkular missionierenden Gelehrtentyp.

4.2.2. Die »Außenfront«: Deutschland – Hort der Zivilisation

Wandte sich der humanistische Nationsdiskurs von der aufrüttelnden Zustandsdiagnose im Innern ab und den ausländischen Widersachern zu, übermalte er das Bild der eigenen Nation mit hellsten Farben. Komplementär zur nationalen Bildungsmission erfolgte der Nachweis, dass Deutschland seit jeher ein fruchtbarer Boden der Zivilisation gewesen sei und hohe kulturelle Verdienste erworben habe. Man stellte die Deutschen als römisch-christliche Idealmenschen dar. Für das methodische Vorgehen standen spätantike Schriften Pate. So demonstrierte die Gotengeschichte des Jordanes, wie man aus militärisch erfolgreichen, aber geschichtslosen Barbaren neue Idealrömer machte, die zur »Weltherrschaft« prädestiniert erschienen.[32]

Unter solchen Vorzeichen erschien das italienische Barbarenverdikt nur noch als Ehrverletzung der deutschen Nation. Von der nationalen Selbstkritik wendete sich das Blatt zur beleidigten Abwehr. Wie aggressiv diese ausfallen konnte, zeigt ein Brief, den der Maulbronner Zisterziensermönch, homo trilinguis und Freund Reuchlins, Conrad Leonberg, 1498 an Jost Galtz von Ruffach schrieb. Leonberg ging mit seinem Adressaten hart ins Gericht, ja sprach ihm alle Würde ab, weil er es gewagt habe, Campano zu loben – jenen Feind der Deutschen und, ergo, sittlich verworfenen Menschen:

> Ein Weichling, Schwuler, Wichser, einer, der sich einen blasen lässt [sit venia verbis, d. Ü.], ein Epileptiker beschimpft die Deutschen, feindet die Deutschen an, geht auf die Deutschen los! Ich lobe die Gewandtheit seiner [Campanos] Rede, seinen sauberen und schlichten Stil lobe ich, sein Geschimpfe ist mir verhasst, ich ertrage es nicht, ich halte es nicht aus. Du, mein Jost, den Deutschland ernährt hat, bist unwürdig, wenn du das gleichmütig ertragen kannst; *ich* schäme mich nicht, Deutscher zu sein. Du siehst, dass die Musen, [wie] einst aus Griechenland nach Latium, nun aus Latium nach Deutschland gewandert sind, und den-

32 Jordanes' Werk entstand in der Mitte des 6. Jahrhunderts n. Chr. Es beruhte maßgeblich auf der Chronik des römischen Historikers Cassiodor (ca. 490-580), der die Herrschaft der Goten über Westrom nach 410 als historische Folgerichtigkeit zu legitimieren versucht hatte.

noch wagt Campano sich zu rühmen, dass er jene Regensburger Rede geschrieben habe, die Italien lese, Deutschland aber nicht kapiere.[33]

Um dem überheblichen Ausland den Reichtum der deutschen Kultur entgegenzuhalten, ging man auch auf Reisen. Schon die italienischen Humanisten waren in deutschen Klosterbibliotheken auf Klassikerjagd gegangen, nun traten die deutschen in ihre Fußstapfen.[34] In erster Linie suchten sie aber »autochthones« Schrifttum. Anregungen hatte Enea Silvio gegeben. 1449 schrieb er an Gregor von Heimburg, in St. Gallen schöne Bücher gesehen zu haben, deren Autoren Deutsche seien.[35] Systematisch geforscht wurde erst auf Celtis' Initiative hin.[36] Er entdeckte den »Ligurinus« und die Roswitha von Gandersheim, deren editio princeps von 1501 als Trophäe der gesamten deutschen Sodalitas gefeiert wurde.[37] Von Celtis inspiriert, grub der Sponheimer Abt Johannes Trithemius karolingische Schriftsteller aus (darunter auch fiktive), denen er einen fränkisch-deutschen Stempel aufdrückte. Und auf Drängen Wimpfelings exzerpierte er aus seinem »Liber de scriptoribus ecclesiasticis« von 1494 jene Autoren, deren Deutschtum aufgrund von »lingua« und »mores« gesichert sei.[38] Diese ver-

33 Zum Thema der translatio studii, die in Celtis' Werk einen prominenten Platz einnimmt, vgl. Kap. 4.1.7. Der Brief von Leonberg: »hominem mollem, cynedum, masturbatorem, irrumatorem et comitiali morbo laborantem Germanis maledicere, Germanos insectari, incessere Germanos! Laudo eloquenciam, tersum et facilem caracterem dicendi laudo, maledicentiam eius execror, non fero, non sustineo. Tu, mi Jodoce, si equo animo sustinere potes, indignus es, quem Germania aluit; ego me Germanum esse non vereor. Vides Musas, que olim e Grecia in Lacium, nunc e Lacio Germaniam commigrasse, et tamen Campanus audet gloriari se oracionem illam Ratisponensem scripsisse, quam Italia legat, Germania non capiat.« Zit. nach Schlecht: Zur Geschichte, S. 357 f.

34 Poggio etwa fand in der St. Galler Klosterbibliothek die vollständige »Institutio oratoria« des Quintilian, die, wie er berichtete, im Schimmel und Staub auf dem Grund eines nachtschwarzen Turmes gelegen sei, der ihm wie ein Kerker erschien; aus einem unbekannten Kloster in den Alpen entführte er zudem den bis dahin unbekannten Lukrez; vgl. Voigt: Italienische Berichte, S. 56 f.

35 Worstbrock: Über das geschichtliche Selbstverständnis, S. 518.

36 Erfolgreichster humanistischer Quellenentdecker in Deutschland wurde Celtis' Schüler Aventin. Auf sein Fundkonto gingen unter anderem die Chronik Hermanns des Lahmen, die Vita Kaiser Heinrichs IV. samt dessen Briefen, das »Fragmentum de Arnulfo duce«, das Tagebuch Tagenos und die »Annales Altahenses«; Schmid: Die historische Methode, S. 391; eine umfassendere Auflistung von Aventins Funden, die z.T. von Celtis und Hutten herausgegeben wurden, bei Schnabel: Deutschlands geschichtliche Quellen, S. 101.

37 Preiss: Konrad Celtis, S. 311.

38 Trithemius: Catalogus illustrium virorum, praefatio, in: ders.: Opera, Bd. 1, S. 123; Ridé: L'image, Bd. 1, S. 285-290.

sammelte er im »catalogus illustrium virorum« zu einem literarischen Pantheon des deutschen Gelehrtentums. Damit wolle er, wie er 1495 im Widmungsbrief an Wimpfeling schrieb, »die verlogenen Lobredner der eigenen Nation« überführen, die Deutschland barbarischer Unkultur ziehen.[39]

Auch Bebels »Proverbia Germanica« von 1508 waren ein gegen Italien gerichteter Beitrag zur deutschen Antibarbaries. Es handelte sich um eine Sammlung von ca. 600 Sprichwörtern, die Bebel nach eigener Aussage aus dem Deutschen ins Latein übertragen habe. Damit wolle er die lateinische Sprache um vorbildliche Formulierungen ergänzen und beweisen, dass auch die deutschen Vorfahren eine Philosophie entwickelt hätten.[40] Dieses Argument war Erasmus entlehnt, der in seinen »Adagia« Sprichwörter als Überreste einer verschütteten Urphilosophie bezeichnet und sich dabei auf Aristoteles berufen hatte.[41] Über Erasmus hinaus ging Bebel aber mit der Behauptung, die alten Deutschen hätten dank ihrer Selbstbeschränkung, Sprichwörter nur auf mündlichem Weg zu überliefern, ihre sittliche Reinheit bewahrt:[42]

> Ich aber will mit den einschlägigsten Beweisen darstellen, dass wir gerade deshalb reiner, edler und besser als die übrigen Völker dastehen. Wie nämlich Cornelius Tacitus schreibt, vermochten bei unseren Vorfahren gute Sitten mehr als anderswo gute Gesetze. Unsere Gerechtigkeit ist also durch die Güte der Natur unserem Gemüt eingeboren, nicht durch Gesetze herausgebildet.[43]

Seien die alten Deutschen auch roh und wild gewesen, folgerte Bebel weiter mit Tacitus, so »hat uns doch Unkenntnis des Lasters weit mehr genützt als anderen Völkern das Wissen um die Tugend«.[44] Von der Antike

39 Trithemius: Widmungsbrief des »Catalogus illustrium virorum« an Jakob Wimpfeling, Sponheim, 2. Februar 1491, in: Wimpfeling: Briefwechsel, Bd. 1, S. 165.

40 Bebel: Epistola ad Gregorium Lamparter [...] De laudibus, atque philosophia Germanorum veterum, in: ders: Opuscula nova, fol. A ii^{r}-ii^{v}; Ridé: L'image, Bd. 1, S. 421.

41 Treml: Humanistische Gemeinschaftsbildung, S. 147 f.

42 Die positive Konnotation mündlicher Überlieferung dürfte auch auf Tacitus: Germania 2, gestützt sein, wo »carmina antiqua« als einziges »memoriae et annalium genus« der Germanen bezeichnet werden.

43 »Ego vero ideo clariores nos, illustrioresque atque meliores caeteris gentibus luculentissime ostendare. Apud nostros maiores etenim, vt Cornelius Tacitus tradit, plus boni mores valuerunt, quam alibi bonae leges, iusticiaque nostra ingeniis, insitaque naturae bonitate, non legibus culta.« Bebel: Epistola ad Gregorium Lamparter [...] De laudibus, atque philosophia Germanorum veterum, in: ders: Opuscula nova, fol. A ii^{r}; üb. von Schäffer: Beatus Rhenanus, S. 150.

44 »Si concedam nos rudes, & barbaros fuisse, tamen multo plus profecit in nobis ignoratio vitiorum, quam in aliis gentibus cognitio virtutis.« Ebd.

schloss er auf die Gegenwart. Einsam und unerreicht sah er die deutsche Sittsamkeit über dem Abschaum griechischer und römischer Dekadenz schweben. Ebenso wenig wie Erasmus konnte er sich aber vorstellen, dass die Sprichwörter direkt der Volkskultur entwachsen seien. Er behalf sich mit der Hypothese, ein Weiser habe den »vulgus« »kluge, zugespitzte und elegant formulierte« Sentenzen gelehrt, »woraus sich das Volk seine eigene Lebensweisheit und einen Spiegel der guten Sitten erstellte«.[45] Um das hohe literarische und philosophische Niveau der Sprichwörter zu belegen, stellte ihnen Bebel sinnverwandte Zitate römischer Autoren zur Seite. So wurde die Vorbildlichkeit der römischen Zivilisation durch die Hintertür wieder bestätigt.

Was Bebels Widmungsbrief zu den »Proverbia Germanica« andeutete, wurde in anderen Schriften zum Leitmotiv der deutschen Antibarbaries: die Umwertung des italienischen Barbarenbegriffs. Man griff dazu auf den antiken und mittelalterlichen Barbarendiskurs zurück.[46] Wimpfeling bemühte die Gleichung Barbar=Heide. Um die Widersprüchlichkeit des italienischen Verdikts doppelt zu unterstreichen, zitierte er einen italienischen Gewährsmann:

> Wenn, wie es bei Enea steht, das Christentum die Barbarei ausgelöscht hat, wir aber den Glauben pflegen und lieben, dann werden wir zu Unrecht wie Sklaven und Knechte (von denen aber gleichwohl Geld herausgepresst werden soll) durch den Schimpfnamen ›Barbaren‹ entehrt.[47]

Gleich mit einer Kaskade von Argumenten erhob Irenicus Einspruch.[48] Die Deutschen nur ihrer Mundart wegen als Barbaren zu stigmatisieren sei unzulässig, habe doch schon der Athener Anaxarsis betont, die Menschen unterschieden sich nach ihrer »virtus«, nicht nach ihrer »lingua«.[49] Und wenn auch: Im Vergleich mit der italienischen und griechischen

45 »[...] non alia ratione fieri potuit, quam generalibus quibusdam sententjis, prouerbiisque vsitatis, quae primum ab sapiente aliquo non minus prudenter, atque acute, atque eleganter in vulgus exposita, suam vulgo [!] philosophiam, & speculum vitae viuendae fecit.« Ebd., fol. A iii^{r}; üb. nach Schäffer: Beatus Rhenanus, S. 150.

46 Zur Begriffsgeschichte von »Barbar« bis zum italienischen Humanismus vgl. Kap. 3.1.

47 »Si enim iuxta Eneam religio barbariem detersit et nos religionem colimus et amplectimur, immerito et iniuste foedo barbarorum titulo ut sclavi et mancipia (a quibus aurum emulgendum sit) contaminamur.« Wimpfeling: Responsa, S. 130.

48 Zu Irenicus' sprachzentrierter Antibarbaries vgl. die detaillierten Ausführungen bei Münkler u.a.: Nationenbildung, S. 220-229.

49 Irenicus: Germaniae exegesis 2,30, fol. 38^{r}.

Mundart trage die deutsche die Siegespalme davon. Das Italienische sei seit den Einfällen der Dacer, Langobarden und Goten kontaminiert; eine entsprechende Zersetzung habe das Griechische erlebt. Die deutsche Sprache dagegen habe ihre Anleihen beim Latein und Griechischen auf freiwilliger Basis gemacht und ihren Reichtum bewahrt.[50] Zudem sei sie älter als Latein, das ja anfänglich, aus Sicht der alten Griechen, ebenfalls eine Barbarensprache gewesen sei. Auf Irenicus' Ausflug in die Begriffsgeschichte schrumpfte das Barbarenetikett nicht nur zur Bedeutungslosigkeit zusammen, sondern mutierte, bis Deutschland im Zentrum der Zivilisation stand. Die alten Römer hätten nicht nur die Ungebildeten, sondern aus Missgunst auch diejenigen, die sich dem Römischen Imperium widersetzt hätten, als Barbaren bezeichnet. Seit der translatio imperii seien die Deutschen endgültig über jeden Verdacht erhaben, wie seinerzeit die Römer: »Nur noch diejenigen haben uns den Barbarennamen angehängt, die von Neid getrieben und in ihrer Ehre getroffen waren.«[51] Schließlich zitierte auch Irenicus Enea Silvio, dessen Urteil umso mehr zu glauben sei, weil er es sich als Italiener abgerungen habe.[52]

Es war Hutten vorbehalten, den von Wimpfeling und Irenicus freigelegten Weg bis zum Ende zu gehen, das heißt bis zur semantischen Wendung des italienischen Barbarenbegriffs um 180 Grad. Den Spieß umzukehren hieß aber auch, die humanistische Antibarbaries der Antiromanitas ganz zu unterwerfen. Sein kategorisches Urteil ließ Hutten wiederum den objektiven Sonnengott fällen:

> Phaeton: Seind dann Teütschen nach für ein barbarisch geacht? Sol: Als Rom vrteylet, nit weniger dann auch Frantzoßen, vnd alle andere völcker außwendig Italien. Will man aber gute sitten, vnd achtung freüntlicher beywonung, auch fleyß der tugent, beständigkeit der gemüt vnd redlicheit ansehen, so ist dises ein wol gesitte nation, vnd dargegen die Römer mit der aller ausserlichsten barbarey verstallt. Dann erstlich seind sye von weychmutigkeit, vnd weybischem leben verdorben leüt. Darnoch ist bey jnen grosse wanckelmütigkeit, vnd mer dann weybische vnbeständigkeit, wenig glaubens, betrug vnd boßheit, damit sye allen fürtreffen.[53]

50 Ebd.

51 »Inde autem postquam Imperium Germanis cessit et Germani excepti sunt: et hos pauci criminabantur nostrae tempestatis Barbaros nisi qui invidia moti et gloria eorum offensi, Barbarorum nomen nobis adscripserunt.« Ebd.; eine leicht abweichende Übersetzung bei: Münkler u.a.: Nationenbildung, S. 223.

52 Irenicus: Germaniae exegesis 2,30, fol. 38r.

53 Eine nationalistische Schubumkehr des Barbarenmotivs vollzieht Hutten nicht nur in den »Inspicientes«, sondern auch im »Vadiscus«; allerdings orientiert er

Was die Italiener als Untauglichkeit zur Zivilisation brandmarkten, wurde aus deutscher Sicht zur Verweigerung von verweichlichendem Luxus, Amoralität und Unglauben.

Die Grenze zur Antiromanitas streifte auch Wimpfelings Ceterum censeo, die deutsche Jugend solle von Auslandstudien absehen.[54] Zum Konzept des nationalen Bildungswettbewerbs gesellte sich die Angst, junge Deutsche seien in Italien Einflüssen ausgesetzt, die der Moral und Frömmigkeit schadeten. Verband Wimpfeling sein Postulat 1483 noch mit der Forderung, an deutschen Universitäten Lehrstühle für Rhetorik und Geschichtsschreibung einzurichten, um die Ehre nicht zu besudeln, so kam er 1514 bereits zum Schluss:

> Wir Deutschen beherrschen fast den ganzen geistigen Markt des gebildeten Europas. Was wir aber auf den Markt bringen, das sind meist edle Erzeugnisse, die nur der Ehre Gottes dienen, dem Heil der Seelen, der Bildung des Volkes.[55]

Dieser Behauptung stellte er eine Liste berühmter Landsleute zur Seite, die Italien nicht gesehen oder zumindest erst nach ihrer Ausbildung besucht hätten. Zu ihnen gesellte er sich selbst mit dem Vermerk, nie einen Fuß auf italienischen und französischen Boden gesetzt zu haben.

Das Spektrum von der Antibarbaries zur Antiromanitas loteten auch die Deutungen Karls des Großen als deutschen Nationalhelden aus. Die nationalistische Vereinnahmung Karls war – im Gegensatz zur Figur des Arminius – in jeder Beziehung verheißungsvoll. Erstens schmälerte sie Frankreichs Anspruch auf die Kaiserkrone und auf den Vorrang im Studium, der mit Karls angeblicher Universitätsgründung von Paris legitimiert wurde.[56] Zweitens stand Karl auch bei italienischen Humanisten in hoher Achtung, galt er doch als Wegbereiter der nachantiken italienischen Städteblüte.[57] Drittens ließ sich Karls jahrhundertealter Nimbus

sich dort nicht am Sitten-, sondern am Frömmigkeitsindex und greift damit den christlichen Barbarenbegriff auf; Hutten: Die Anschawenden, in: ders.: Gespräch büchlin, S. 164 f.; ders.: Vadiscus, in: ebd., S. 65 f.

54 Die Kapitelüberschrift in seiner Diatriba von 1514 lautete: »Germanos in patria sua bene institui et doctos atque eloquentes evadere posse.« Dazu Herding: Vorwort, in: Wimpfeling: Adolescentia, S. 141.

55 Zit. nach Knepper: Jakob Wimpfeling, S. 110 f.

56 Zum französischen Mythos Karls des Großen vgl. Kap. 3.3.5.; weiter: Kämpf: Pierre Dubois, S. 28-31.

57 Zum italienischen Karlsbild, das maßgeblich von Brunis »Geschichte des florentinischen Volkes« geprägt war, vgl. Kap. 3.3.8.; weiter Maissen: Von der Legende, S. 44-49; Clavuot: Biondos »Italia Illustrata«, S. 32 f., 105 f.

als christlicher Idealherrscher ausschlachten (Befriedung Europas, Bekehrung der Heiden, Beförderung der Bildung).[58] Und viertens ermöglichten die karolingischen Quellen, insbesondere Einhards »Vita Karoli Magni«, Karl als ersten deutschen Humanisten zu präsentieren.[59]

Maßgebend für das Karlsbild des deutschen Humanismus wurde Trithemius' Gelehrtenkatalog.[60] Mit wenigen Sätzen steckte der Sponheimer Abt den Rahmen ab, den nachfolgende Autoren ausfüllten. Den Hauptakzent legte er auf das Bild eines platonischen Philosophenherrschers im christlichen Gewand. Dabei wurde weniger seine Rolle als Mäzen als seine intellektuelle Eigenleistung hervorgehoben. So habe er zahlreiche Sprachen beherrscht, insbesondere Latein, Griechisch und Hebräisch, die freien Künste gepflegt, sich in die Religion vertieft, eine große Bibliothek angelegt, das alte Recht seines Herrschaftsgebiets sammeln und kodifizieren lassen und selber Rechtsstudien über die Sachsen, Alemannen und Franken verfasst.[61] Damit nicht genug: Gestützt auf Einhard, führte Trithemius aus, dass Karl eine fragmentarische Grammatik seiner Muttersprache, also des Deutschen, hinterlassen habe. Der Sponheimer Abt konnte sich die Bemerkung nicht verkneifen, er selbst habe sie vor Augen gehabt.[62]

Die Stilisierung Karls zum ersten Philologen der deutschen Sprache gehörte zum umfassenden Plan, den fränkischen König als Vorkämpfer in eigener Sache, als mustergültigen humanistischen Nationalisten neu zu erfinden. War Tacitus der Steinbruch für die Errichtung eines deutschen Ersatzaltertums, so Einhard für den Mythos eines deutschtümelnden Frankenkönigs. Dabei hatte Einhard nur einen einzigen »harten« Beweis für Karls Nationalität geliefert, und auch diesen rein zufällig. Auf den Hin-

58 Zum mittelalterlichen Karlsbild s. Lohse: Das Nachleben; Pfeil: Karl; Schmid: Geblüt, S. 123 f.

59 Einhards Lebensbeschreibung Karls war den Humanisten um Trithemius schon lange vor ihrer editio princeps im Jahr 1521 durch Hermann Graf von Neuenahr bekannt.

60 Arnold: De viris; ders.: Johannes Trithemius, S. 134; Brann: The abbot, S. 236-239; Ridé: L'image, Bd. 1, S. 287.

61 Von Karls Bildung hatte Einhard berichtet, dass er »eloquentia copiosus« gewesen sei, die artes liberales »studiosissime« gepflegt habe und nach der Kaiserkrönung seine Zeit den »leges populi« gewidmet habe. Allerdings hatte Einhard ebenso vermerkt, dass Karl Latein aktiv und passiv beherrscht, Griechisch aber besser verstanden als gesprochen und zeit seines Lebens nie richtig schreiben gelernt habe. Trithemius' Behauptung, Karl sei ein »homo trilinguis« gewesen, entbehrte jeder Grundlage; Einhard: Vita 25, 29.

62 Bei Einhard fehlte natürlich eine nähere Umschreibung von Karls Muttersprache; Einhard: Vita 29; Trithemius: Catalogus illustrium virorum, in: ders.: Opera, Bd. 1, S. 125.

weis, Karl habe den Winden und Monaten Namen in seiner »propria lingua« gegeben, zählte er diese einzeln auf; ihres althochdeutschen Klanges wegen kamen sie den deutschen Humanisten höchst gelegen.[63] Zu einem Nationalisten verklären ließ sich Einhards Karl in erster Linie, weil er mit Herrschertugenden des römischen Vaterlandsdiskurses ausgestattet war, die Einhard aus Suetons Kaiserviten zusammengetragen hatte. So mussten die Humanisten Karls Erscheinung, Gesinnung und Handeln nur das Epitheton »deutsch« anhängen, um den strammen Patrioten vor sich zu haben.

Wimpfeling bemühte sich schon in seiner »Germania« von 1501, dem Frankenkönig eine natürliche Bevorzugung seiner Nation zu unterstellen. Karl habe sich oft in Deutschland aufgehalten, wo er Klöster und Kirchen gegründet und Burgen und Städte gebaut habe. Solche Investitionen hätte ein Franzose nie außerhalb seiner patria getätigt.[64] Der Komplementärbeweis folgte auf dem Fuß: Wäre Karl Franzose gewesen, hätten ihn die stolzen Schwaben, Bayern und Ostfranken gar nicht eingelassen, weil sie, wie zu Caesars und Augustus' Zeiten, nicht tolerierten, von Fremden unterjocht zu werden.[65]

Die Krone aufgesetzt wurde dem neuplatonisch-patriotischen Karlsbild von Aventin. Dass Karl die deutsche Sprache in Schrift und Rede »nach griechischer art« geordnet habe, gehörte noch zum Diskurs der Antibarbaries. Der »Teutsche künig Karl« wurde damit an den Anfang einer Tradition gestellt, an deren Ende Celtis, Trithemius, Dalberg und der Autor standen. Diese hatten in ihren etymologischen Studien nämlich »vil dergleichen tausent wort« gefunden, »so den Kriechen und Teutschen ain ding haissen«.[66] Mit der Schilderung von Karls deutscher Sittenzucht schlug Aventin aber eine Brücke zur Antiromanitas. Karl, so hob er an, habe nicht nur Gesichtszüge »nach der Teutschen art« besessen, auch

63 Einhard: Vita 29.

64 Wimpfeling: Germania, S. 22 f. (Einhards Bericht über Karls Bauprojekte in Aachen, Mainz, Ingelheim und Nimwegen in: Vita 17).

65 Ebd.

66 Diese Passage steht im ersten Buch der »Bayerischen Chronik«. Aventin nimmt ihr Leitmotiv, die Aufnahme Karls in die Ahnengalerie humanistischer Sprachwissenschaftler, im vierten Buch wieder auf. Dort parallelisiert er die königlichen Verdienste um die deutsche Grammatik noch stärker mit den eigenen Anstrengungen, die deutsche Sprache vom Küchenlatein zu befreien und ihrer Eigenheit mit festen Übersetzungsregeln gerecht zu werden. Unterstellte er Karl aber, die deutsche Sprache nach den Regeln des Lateins geordnet zu haben, so behauptete er selber, sie sei dem Griechischen verwandt, ja die alten Deutschen hätten sogar die griechische Schrift gebraucht; vgl. Aventin: Bayerische Chronik 1,14, Bd. 1, S. 85, 4,42, Bd. 2, S. 156, 1, Vorrede, Bd. 1, S. 5 f., 14.

> mit claidern, schuechen hat er sich alwegen gehalten nach der teutschen art, so dieselbigen zeit im brauch war: nit vil köstlicher dan der g'main man trueg er pfaid und joppen oder leibrock [...]. Fremder nation und ander monier claidung, wiewol köstlich, veracht er ganz.[67]

Bei Einhard war Karls Präferenz für fränkische Kleidung noch Ausdruck eines amor patriae gewesen, der die Liebe und Fürsorge für Ausländer einschloss.[68] Bei Aventin wurde sie zum Zeichen einer nationalen Abschottungsideologie. Karls Eroberungen in Italien und Frankreich, so Aventins paradoxe Erklärung, hätten die Deutschen ausländischem Einfluss ausgesetzt. Nicht alle Deutschen seien so standhafte Nationalisten gewesen wie ihr Herr. Darum habe dieser durchgreifen müssen:

> Die Teutschen und die Franken, nachdem sie g'mainlich under den Walhen und Franzosen zu kriegen pflegten, namen sich derselben kurz zerhaut mäntelein und röcklein an. Da solchs sach kaiser Karl, war er zornig und schrier: »o ir Teutschen und freien Franken, wie seit ir als unbesunnen und unbeständig! das ir deren claidung, die ir überwunden und bestritten habt, der ir herren seit, annembt, ist nit ain guet zaichen, bedeut nichts guets: ir nembt in ire claider, so werden sie euch euere herzen nemen. Was sollen dise wälsche flecken und hadern? Decken den ganzen leib nit, lassen in wol halben blos, sein weder für kelt noch für hitz, für regen noch für wind guet; und wo ainer im veld seins g'machs (mit züchten zu reden) mues tuen, bedeckens ainen nit, erfrieren ainem die bain.« Lies demnach ain landpot ausgên, das man solch Franzosen claider in Teutschland weder kaufet noch verkauft.[69]

Die Antibarbaries ist hier gänzlich der Antiromanitas gewichen: Karls Gefolgsleute, die schon damals »von den venedigischen kaufleuten auslendig köstlich gefill kauften«, verschwendeten ihr Geld an Fremde und verfielen der Dekadenz, ja übten letztlich Verrat an ihrer Nation. Wessen Kleider man trägt, dessen Kind man wird, war Aventins Devise. Die nationalistische Intervention des Kaisers habe die Deutschen seinerzeit vor Unheil bewahrt, während seine Nachfolger, mit Ausnahme Ludwigs des Bayern, die Zügel schleifen ließen. Zu Karls Erben in der Gegenwart setzte Aventin die Humanisten ein mit ihrem Tadel der deutschen Verwelschlichung.

67 Aventin: Bayerische Chronik 4,39 f., Bd. 2, S. 151-153 (die entsprechende Stelle bei Einhard: Vita 23).
68 Zwei Kapitel weiter vorne hatte Einhard betont: »Er liebte die Ausländer und nahm sich ihrer mit großer Aufmerksamkeit an. [Amabat peregrinos et in eis suscipiendis magnam habebat curam.]« Einhard: Vita 21.
69 Aventin: Bayerische Chronik 4,40, Bd. 2, S. 153 f.

Zur Blüte der deutschen Nationalgeschichte wurde Karls Herrschaft in der »Bayerischen Chronik« noch in anderer Hinsicht. Erstens stamme Karl in agnatischer Linie vom bayrischen Herzogtum ab und sei auch in Bayern geboren.[70] Damit unterstellte Aventin, dass die damalige Blüte Deutschlands in Bayern verwurzelt sei, mehr noch: dass die Nation blühe, wenn die Bayern an ihrer Spitze ständen. Um den Nationalismus regionalistisch abzustützen, tat Aventin Einhards Darstellung Gewalt an.[71] Zweitens attestierte der Humanist auch einem deutschen Widersacher Karls nationalistisches Handeln. So habe der Dänenkönig Gottfried seinen Willen, »herr und künig in teutschen landen« zu werden, damit gerechtfertigt,

> er wär ain guter rechter alter Teutscher, kaiser Karl wär ain halber Walch und Franzos, het welsch sitten glauben breuch angenomen, verderbet ganz Teutschland, das solt frei sein; darumb wölt er sein vaterland wider erledigen von den Walhen und Franzosen, die verdempften mit iren angebornen lastern die alten tugent, glaub und trauen der Teutschen.[72]

Aventins Erfindung nationalistischen Widerstands gegen Karl kam utopischer Gehalt zu, auch wenn er Gottfrieds Handeln letztlich verurteilte.[73] Die Utopie bestand darin, dass im Goldenen Zeitalter der deutschen Geschichte jeder politische Akteur für die Ehre und Freiheit der Nation gelebt habe. Aventin projizierte sein Zukunftsideal einer nationalistischen Fürstenpolitik rückwärts ins Reich Karls des Großen. Für ihn wie für die meisten seiner nationalistischen Zeitgenossen war die Geschichtsschreibung ein Instrument, die zu realisierende Idealgestalt der deutschen Nation durch legitimierende Vergangenheitsutopien abzustützen.

70 In jüngeren Jahren war Aventin noch seinen humanistischen Zeitgenossen gefolgt, die Karl aufgrund von Einhards Bericht in Ingelheim bei Mainz auf die Welt kommen ließen. Mit seiner regionalistischen Kehrtwende folgte Aventin der bayrischen Hofhistoriographie, die den Frankenkönig seit Andreas von Regensburg als Urahn des eigenen Herrscherhauses reklamierte; Schmid: Die historische Methode, S. 372; ders.: Die kleinen Annalen, S. 81; Aventin: Bayerische Chronik 4,1-2, Bd. 2, S. 117.

71 Einhard zufolge hatte Karl den »übermütigen« und »törichten« bayrischen Herzog Tassilo im Krieg unterworfen; Einhard: Vita 11.

72 Aventin: Bayerische Chronik 4,18, Bd. 2, S. 129 f.; Karls Krieg gegen die Dänen bei Einhard: Vita 14.

73 Aventin kennzeichnete Gottfried als Heiden und ließ ihn eines noch schmählicheren Todes sterben, als es Einhard getan hatte. Dieser hatte behauptet, Gottfried sei vom eigenen Leibwächter (»a proprio satellite«) umgebracht worden, Aventin ließ ihn vom eigenen Sohn ermorden, der seine entehrte Mutter rächte; Aventin: Bayerische Chronik 4,24, Bd. 2, S. 135.

4.3. Antiromanitas

Die Antiromanitas steht für die Abschottung Deutschlands gegen ausländischen Einfluss, für den nationalen Selbstbestimmungswillen und den Kult reiner Ursprünglichkeit. Schließt die Antibarbaries die Vorstellung einer fortlaufenden Diskontinuität, konkret: einer Zivilisierungsgeschichte Deutschlands ein, so legt die Antiromanitas den Akzent auf die Kontinuität nationaler Tugenden, Selbst- und Feindbilder. Auch für diese Doktrin gab es antike Vorbilder, Cato an erster Stelle,[1] aber die deutschen Humanisten scheinen nicht aus ihnen geschöpft zu haben. Die gleichen Nationalisten, die sich für die Entbarbarisierung Deutschlands einsetzten, richteten ideologische Barrieren auf, mit denen sie die Deutschen seit dem Anfang der Geschichte von der »Romanitas« trennten.

Was inhaltlich als Schizophrenie ins Auge springt, erscheint intentional als zwei Seiten einer Medaille. Die Behauptung einer genealogischen, moralischen und religiösen Minderwertigkeit »welscher« Nationen setzte den nationalen Agon mit anderen Mitteln fort. Dabei wurde der Intellektuellentypus des Bildungsaristokraten mit jenem des Sittenwächters verschmolzen, der »außlendisches mißleben« bekämpfte und die »klarheit teütsches geruches« beschützte.[2]

Die Antiromanitas des deutschen Humanismus ist in der Gesamtgeschichte des Nationalismus als folgenreiche Innovation zu sehen, weniger in kausaler als in motivischer Hinsicht. Sie entwickelte Techniken diskursiver Kollektivbildung, die für den modernen Nationalismus grundlegend wurden. Dazu gehört erstens ein nationalistischer Freiheitsbegriff, der neben Politik auch Kultur und Gesellschaft einschließt und die Autarkie der Nation zur agonalen Kategorie macht; zweitens eine Feindrhetorik, die religiöse Feindbilder säkularisiert und Seuchenvokabeln metaphorisch ausbeutet; drittens schließlich der Kult reiner Ursprünglichkeit – territorial, genetisch und sittlich-moralisch.

Die deutsche Antiromanitas widerlegt die Auffassung von Historikern, die Konstruktion nationaler Exklusivität setze erst in der Moderne ein. Hans Carl Finsen hat diese Auffassung diskurstheoretisch zu untermauern versucht. Ihm zufolge bringt erst Ende des 18. Jahrhunderts eine neue »Redestrategie« die »authentische Nation« hervor, die »nationale Identi-

1 Zu Catos virtuoser Ablehnung der Hellenisierung Roms vgl. Jehne: Cato.

2 Zitate aus Hutten: Die Anschawenden, in: ders.: Gespräch büchlin, S. 176.

tät [...] aus einer exklusiven nationalen Eigenart« ableite.[3] Finsen bleibt einem romantischen Sprachverständnis verhaftet, wenn er die Ideologie der authentischen Nation nur im Rahmen einer »angeblich authentischen Rhetorik« denken kann.[4] Ohne die neue Qualität des romantischen Sprachnationalismus zu bestreiten, ist ihm – und mit ihm den Theoretikern der »romantischen Kulturnation« – entgegenzuhalten, dass die authentische Nation schon im deutschen Humanismus Gestalt annimmt. Ihre lateinische »Verfasstheit« klingt nur in modernen, romantisch gestimmten Ohren dissonant.

4.3.1. Diskursreferenzen: Gravamina, disciplina morum, Tacitus

Die deutsche Antiromanitas schloss an drei verschiedene Diskurse an, die außerhalb des Reichs schwach ausgeprägt waren. Zum einen weiteten deutsche Humanisten die romfeindliche Rhetorik des Gravaminadiskurses aus und richteten sie gegen ganz Italien, ja sogar gegen Frankreich.[5] Zu denken ist hier neben Hutten vor allem an Celtis, Wimpfeling, Irenicus und Aventin. Weiter eigneten sich die Humanisten den politischen Diskurs der »disciplina morum« an, der im 15. Jahrhundert neue Dynamik erhalten hatte.[6] Galt die Sittenzucht im Mittelalter als Königsaufgabe, wurde sie seit dem Basler Konzil zur Reichsverantwortung umgedeutet und den territorialen Obrigkeiten auferlegt. Dieser Vorgang wurde von Gesetzgebungen begleitet, die das legislatorische Vakuum behoben, das den König an der Durchsetzung der »disciplina morum« gehindert hatte. 1495 veröffentlichte der Wormser Reichstag Strafandrohungen gegen Zutrinken und Gotteslästerung,[7] und 1497 wurde ein Reichsabschied erlassen, der zusätzlich die »Uberflüßigkait der Klaidung«, das heißt den

3 Finsen hat den frühneuzeitlichen Nationsdiskurs in eine »ars-Kultur« eingebettet, die die Nation, antiker Redetradition entsprechend, als »Menschenwerk, als Kunstwerk feiert«. Ohne die abendländische »Stratumkultur« zu spalten, sei ein Wettbewerb entstanden, in dem sich jede Nation »durch einen perfektionierten Klassizismus vor den übrigen Nationen als die wahre Erbin Roms« inszeniert habe. Integriert Finsens Theorie treffend die humanistische Antibarbaries (am Beispiel Frankreichs), so blendet sie die deutsche Antiromanitas aus. Die Vorstellung einer frühneuzeitlichen Stratumkultur Europas ist auch angesichts der Konfessionsblöcke problematisch; Finsen: Die Rhetorik, S. 11-15.

4 Ebd., S. 15.

5 Zum Gravaminadiskurs vgl. Kap. 2.2.3.

6 Zum Folgenden: Schubert: König, S. 281 f.

7 RTA, M. R., Bd. 5, 458, S. 575-577.

Kleiderluxus, verurteilte.[8] Im Verlauf des 16. Jahrhunderts weitete sich die »disciplina morum« schließlich zur obrigkeitlichen »Reformation guter Polizey«.[9]

Schon im Vorfeld des Wormser Reichstags wurde der Diskurs der »disciplina morum« auch auf Adel und Fürsten gemünzt und mit xenophoben Motiven verknüpft. Im »Traum des Hans von Hermansgrün«, dessen Autor ein Gesandter des Magdeburger Erzbischofs war, trat der auferstandene Friedrich Barbarossa vor den versammelten Reichstag der Gegenwart und stellte fest:

> Ihr scheint nicht zu wissen, meine Fürsten und Ritter, von wem ihr Worte vernehmt; das verwundert mich nicht. Ihr seid ja so weit von den väterlichen Tugenden und Sitten zu Gebräuchen fremder Völker entartet, dass ihr auch uns fast zu Unbekannten geworden seid. Nur eure Stimmen und eure Sprache verstehen wir, ansonsten sind uns eure Sitten, Waffen, Gesinnungen und Kleidung fremd.[10]

Umstritten ist, ob der Autor im Auftrag Maximilians oder aus Eigeninitiative geschrieben hat.[11] Für die humanistische Antiromanitas jedenfalls wurde die Disziplinierungspropaganda Maximilians wegweisend. 1506 wandte er sich mit einer Ermahnung an die Stände, »berurend das gold und die syden, so ietzo von allen menschen, edlen und unedlen an claidern und clainotern, so gmaincklich und gebruchlich getragen wurt«.[12] Durch den Kleiderluxus, so die königliche Argumentation, blute Deutschland finanziell aus: »Tütscher nation sehr schedlich und pfentlich« sei, dass »darmit merklich gelt und guet usß Tutschen landen in Wellsche land

8 Diese Ordnung schrieb jedem Stand die Grenzen des für ihn erlaubten Kleiderschmuckes vor; auf dem Freiburger Reichstag 1498 wurde sie, wie auch der Beschluss gegen das Zutrinken, mit Nachdruck bestätigt; Abschied des Königlichen Tags zu Lindau, in: Müller (Hg.): Des Heiligen Römischen Reichs, Bd. 2,2, S. 116; Kleider-Ordnung / auf dem Reichs-Tag zu Freyburg anno 1498, in: ebd., S. 515 f.; Ein Beschluss gegen das Zutrinken auf dem gleichen Reichstag ebd., S. 524.

9 Zu den ersten Ansätzen einer Policeyordnung auf dem Wormser Reichstag und ihrer weiteren Entwicklung im frühen 16. Jahrhundert vgl. Härter: Policeygesetzgebung; Schubert: König, S. 282.

10 »Ignorare mihi videmini, principes et milites mei, a quibus verba audituri sitis; nec mirum. Tantum enim a patriis virtutibus et moribus in ritum exterarum gencium degenerastis, ut et nobis ipsi prope ignoti sitis. Voces tantum et linguas vestras intelligimus; ceterum mores, arma, ingenia et corporis habitum ingoramus.« Der Traum des Hans von Hermansgrün, in: Weinrich (Hg.): Quellen zur Reichsreform, S. 386 f.

11 Weinrich: Einleitung, in: ders. (Hg.): Quellen zur Reichsreform, S. 21.

12 Janssen (Hg.): Frankfurts Reichscorrespondenz, S. 737.

verhandelt und verschwempt« werde, wo doch »in ander weg der Tutschen aignen und gemainen nutz [...] besser anzelegen wer«.[13] Maximilians Kritik des Kleiderimports war von der Absicht geleitet, durch Schutz und Förderung des deutschen Textilgewerbes finanzielles Kapital im Reich zu binden, das dem Zugriff des königlichen Fiskus offen stand. Diese Politik hatte Vorläufer im Frankreich Ludwigs XI.[14] Galt Maximilians Sorge dem Geldabfluss, so nahmen die Humanisten die obrigkeitliche Kleiderluxusdebatte zum Anlass, die Korrumpierung der Deutschen durch ausländische Sitten zu geißeln. Auch Luther klinkte sich früh in diesen Diskurs ein, zieh die Deutschen aber zuerst der Missachtung des Herrn, »hat doch got uns, wie andern landen, gnug geben«.[15]

Eine dritte Referenz der Antiromanitas stellten die Schriften des Tacitus dar, allen voran die »Germania«. Mitte des 15. Jahrhunderts in einer deutschen Abtei entdeckt und in italienischen Humanistenkreisen bekannt gemacht,[16] spielte diese kleine ethnographische Studie den deutschen Nationalisten ideal in die Hände. Ulrich Muhlack hat sogar behauptet, man hätte die »Germania«, wäre sie nicht gefunden worden, erfinden müssen.[17] Seine weitere Argumentation ist ein interessanter Ausgangspunkt für die folgenden Betrachtungen: Um den Schein nationaler Autonomie zu wahren, so Muhlack, sei die Konstruktion eines deutschen Altertums unumgänglich gewesen. Zugleich habe sich die Nationalgeschichte antiken Wertvorstellungen fügen müssen, um Ebenbürtigkeit mit Rom zu beanspruchen. Daher habe in Deutschland ein »nationales Interesse an einer ›interpretatio Romana‹ des alten Germanien« bestanden.[18] »Was sie als eigene deutsche Kultur hinstellen«, erschien Muhlack »aus Merkmalen der antiken Kultur zusammengesetzt oder nach antiken Vorstellungen geformt«.[19]

Diese Deutung ist im Ganzen zutreffend, man kann sie aber wie Finsens Theorie der »ars-Kultur« um eine entscheidende Differenzierung ergänzen: Die deutschen Humanisten konstruierten ihre Nationalgeschichte

13 Ebd.; noch 1518 wiederholte Maximilian gegenüber den Ständen die gleichen Argumente, um der »uberschwengklich kostlicheit mit kleydung und zerung, ubermessigem zudrincken, auch hochzeiten und anders hohers niders stands, dergleichen spils, gotslesterung« einen Riegel vorzuschieben; ebd., S. 968.

14 Schmidt: »Bien public«, S. 196-198.

15 Luther: An den christlichen Adel deutscher Nation, in: WA, Bd. 6, S. 465 f.

16 Zur Überlieferung der ältesten erhaltenen Abschriften bis ins Dritte Reich vgl. Mertens: Die Instrumentalisierung, S. 40-44, 58 f.

17 Muhlack: Die Germania, S. 138.

18 Ebd., S. 139.

19 Ebd.

wohl im Rückgriff auf antike Kategorien, aber im Rahmen der Antiromanitas auf Kategorien der Barbarei, nicht der Zivilisation! Die »Germania« wurde zur Hauptreferenz der Nationalisten, weil Tacitus neben der interpretatio Romana, das heißt der sprachlich-inhaltlichen Angleichung der germanischen an die römische Welt,[20] auch Stilmittel der Umkehrung verwendete. Diese setzten die Germanen in einen »mundus inversus«, in eine verkehrte Welt.[21] Der eigentliche »Glücksfall« bestand darin, dass Tacitus' polarisierende Vergleiche nicht eindeutig gewertet waren. Aus seinen ambivalenten Kontrastierungen, in denen Zeitkritik am römischen Prinzipat mitschwang, formten die deutschen Humanisten die reine, heile Gegenwelt, in der sich das deutsche Geschichtssubjekt von den »welschen« Nationen abschottete.

Ein romanisiertes Bild der Germanen zeichnete Tacitus vor allem in seinen Ausführungen zu Götterkult, politischer Verfassung und Freiheitsdoktrin. So verehrten die Germanen den Merkur als höchsten Gott und opferten dem Herkules, dem Mars und der Isis (Kap. 9). Ihre Herrschaftsordnung stattete Tacitus mit Elementen der klassischen Mischverfassung aus. Meritokratische Aristokratie, Wahlmonarchie und demokratische Volksversammlung schränkten sich gegenseitig ein, wenn auch in chaotischer Weise (Kap. 7, 11). Schließlich floss in Tacitus' Theorie der germanischen Freiheit, die im Innern und Äußern allem politischen Handeln zugrunde liege, stellenweise kaiserzeitliche Republiknostalgie ein (Kap. 11, 25, 37).[22] Gleichzeitig erklärte die Theorie dem römischen Publikum, warum Germanien nicht erobert werden könne.[23]

Leitendes Stilprinzip der »Germania« war aber die Inversion, nicht die Parallelisierung. Selbst die interpretatio Romana konnte in eine Kontrastierung kippen, wenn sie, wie im Fall des Freiheitsmotivs, Rom ein römisches Ideal in germanischem Gewand entgegenhielt. Tacitus' ethnographische Beschreibung schuf eine umfassende Gegenwelt Roms. Die feuchte Kälte stand im Gegensatz zur Milde des Mittelmeerraums, die Kargheit der Böden zur Fruchtbarkeit Italiens (Kap. 2, 5). Die Absenz von Geld und Edelmetallen kontrastierte mit römischer Prunksucht und Kapitalwirtschaft (Kap. 5); Blockhütten, Erdlöcher und Streusiedlungen

20 Tacitus selbst verwendete den Begriff der interpretatio Romana in diesem Sinn; Tacitus: Germania 43,3.

21 Ebd. 16,1, 22,1, 45,6; Lund: Zur Gesamtinterpretation, S. 1865; zum ethnographischen Stilmittel des »mundus inversus« in der griechischen und römischen Antike ders.: Zum Germanenbild, S. 26-29.

22 Timpe: Die Absicht, S. 110.

23 Lund: Zur Gesamtinterpretation, S. 1955 f.

mit zivilisierter Architektur und römischem Städtebau (Kap. 16); Nacktheit und funktionale Bekleidung mit dem Modebewusstsein römischer Oberschichten (Kap. 17) – schmückten sich die Römer, um Mitmenschen zu beeindrucken, so die Germanen, um Feinde einzuschüchtern (Kap. 38). Die Militarisierung aller Lebensbereiche erschien als bedrohliches Gegenstück zur schleichenden Pazifizierung des römischen Bürgertums, das Krieg nur noch als Randereignis wahrnahm.[24] Konflikte unter Völkern und Individuen wurden in Germanien im Jähzorn angefacht und im Blutrausch beendet, während die Römer Gewalt einsetzten, wo Verstand und Gesetz es forderten. Sahen die Römer sich selbst als Einwanderer aus Troja, Italien als Vielvölkergebiet und das Imperium großen Migrationen ausgesetzt, so machte Tacitus die Germanen zu Urbewohnern unvermischter Abstammung und erklärte sie »von Zuwanderung und gastlicher Aufnahme fremder Völker gänzlich unberührt« (Kap. 2).[25] Schließlich spielte auch Tacitus' Bild der germanischen Frau als keusche Jungfrau, treue Gattin, seherische Beraterin und standhafte Kriegerin auf die angebliche Zügellosigkeit römischer Damen an (Kap. 8/18-19).

Die alte, schon von Heinrich Heine vertretene Deutung, Tacitus habe dem römischen Publikum einen »Sittenspiegel« vorgehalten, um den Ist-Zustand des Prinzipats mit dem Soll-Zustand eines freien und wehrhaften Römertums zu konfrontieren, unterstellt dem Werk einen Appellcharakter, den es explizit nicht hat. Zudem negiert sie die ambivalenten Wertungen, die Tacitus' Gegenüberstellungen enthalten.[26] So ist das Leitmotiv der »libertas Germanorum« abwechslungsweise konnotiert mit militärischer Stärke (Kap. 37), Bedrohung Roms (Kap. 33), permanentem Kriegszustand (Kap. 14), Disziplinlosigkeit (Kap. 11), leichtsinniger Selbstgefährdung (Kap. 24), barbarischer Irrationalität und unverfälschter Ehrlichkeit (Kap. 22).[27] Die »Germania« war kein Werk des harten Primitivismus, ihr Germane kein edler Wilder, den die Natur zu Freiheit, Einfachheit und Reinheit erzogen hatte; vielmehr stand er für den »homo

24 Manfred Fuhrmann hat betont, dass Tacitus die bellizistische Kultur der Germanen mit den überkommenen Idealen der römischen Adelsgesellschaft im Einklang gehalten, sich gleichzeitig aber von der Omnipräsenz der germanischen Gewaltkultur distanziert habe. Diese Ambivalenz hat, wie zu zeigen sein wird, bei Tacitus System; Fuhrmann: Die Germania, S. 120 f.

25 »Ipsos Germanos indigenas crediderim minimeque aliarum gentium adventibus et hospitiis mixtos […].« Tacitus: Germania 2.

26 Timpe: Die Absicht, S. 109 f.

27 Zur Bedeutungsspanne von libertas im weiteren Zusammenhang der »Germania« vgl. See: Barbar, S. 46 f.; in Tacitus' Gesamtwerk: Morford: How Tacitus.

iracundus«, den die stoische Charakterlehre als aufbrausend, abergläubisch, ängstlich-aggressiv, wankelmütig und ohne Ausdauer zeichnete.[28]

Von stoischem Denken durchdrungen war auch das Wertegefüge, das die »Germania« implizit vermittelte. Indem Tacitus Rom und Germanien zu Gegensätzen aufbaute und selbst keine feste Position bezog, disqualifizierte er beide Ordnungen gleichermaßen. An ihre Stelle setzte er wortlos das stoische Ideal einer Gesellschaft, die zu allen Extremen gleiche Distanz wahrte, sich im Gleichgewicht der goldenen Mitte hielt, zugleich den Ursprüngen verhaftet war und dem Gesetz der Vernunft gehorchte. Der leicht moralisierende Ton, der Tacitus' Kontrastierungen begleitete, hatte somit keinen parteiischen Klang. Er brachte vielmehr jenen ungenannten Ort in Schwingung, der die Extreme Roms und Germaniens ausbalancierte.

4.3.2. Deutschland – Insel reiner Ursprünglichkeit und Männlichkeit

Die Abschottungsideologie humanistischer Nationalisten kann man in einen historischen Unterbau, eine holzschnittartige Herrschaftsdoktrin und eine restriktive Morallehre unterteilen. Sowenig die Antiromanitas diskursiv von der Antibarbaries getrennt war, so wenig waren es die Leitmotive innerhalb der Antiromanitas: Von den alten Deutschen schloss man auf die Fürsten- und Kirchenpolitik der Gegenwart, von dieser auf die Bedrohung deutscher Sitten usw.

Der historische Unterbau der Antiromanitas hatte in Tacitus' »Germania« eine nahezu perfekte Verankerung gefunden – nahezu, weil auch dieser Text von den Humanisten zugespitzt werden musste. Tacitus' Behauptung der Ureinwohnerschaft und unvermischten Abstammung hatte einen ambivalenten Beigeschmack. Von ihr waren nicht nur Sittenreinheit und Freiheitswille, sondern auch geistige Beschränktheit und Unfähigkeit zur Zivilisation abzuleiten. Die deutschen Humanisten verknüpften daher den taciteischen Ursprungsmythos mit dem Motiv reinen Adels. Ihr unvermischtes Blut von den Anfängen bis zur Gegenwart zeichnete die Deutschen vor allen anderen Nationen aus.[29] Am anderen Ende der Skala standen die Römer als »passim collecta populi colluvies«, als planlos

28 Lund: Zur Gesamtinterpretation, S. 1879-1881.
29 Vgl. Kap. 4.1.4.

zusammengestoppeltes Volksgemisch.[30] Um diesen Gegensatz aufrechtzuerhalten, musste man die mittelalterlichen Herkunftsmythen der Sachsen, Franken, Schwaben und Bayern verwerfen oder umbauen. Denn ihnen zufolge waren die Deutschen Einwanderer aus verschiedenen Ländern, politisch vereint durch die militärische Gewalt Caesars oder Karls des Großen.[31] Die meisten Humanisten dagegen leiteten die politische Einheit des Reichs aus der Blutseinheit aller Deutschen ab.

Einseitig war auch die Rezeption des taciteischen Freiheitsbegriffs. Die gegenseitige Bedingtheit innerer und äußerer Freiheit und ihre chaotische Wirkung in primitiven Kulturen interessierte die wenigsten Humanisten. Umso stärker betonten sie den Zusammenhang von Abschottung, Wehrhaftigkeit und Sittenreinheit. Der Begriff der deutschen Freiheit wurde einseitig nach außen gewendet. Als verfassungspolitisches Schlagwort kam er kaum zur Sprache und blieb ohne konkreten Gehalt.[32] Aventins Verknüpfung von deutscher Freiheit und kriegerischer Expansion war in dieser Hinsicht symptomatisch: »Künig Herman wolt sein Teutschen das freiest volk in der ganzen welt machen, die all ander nation überziehen, von niemant überzogen sollen werden.«[33] Für Hutten definierten sich »deutsch« und »frei« gegenseitig, ohne einer weiteren Präzisierung zu bedürfen. In ihrer Affektbezogenheit drückte die Freiheitsparole nur den Anspruch auf Selbstbestimmung des nationalen Akteurs aus. Erst um 1530, mit der Publikation von Althamers Tacituskommentar und Rhenanus' »Deutscher Geschichte«, erhielt der verfassungspolitische Freiheitsbegriff allmählich Konturen.[34]

Tacitus' Ursprungstheorie warf auch Probleme auf, die nur mit anderen Quellen zu bewältigen waren. Erstens schwieg sich die »Germania« über den Zeitpunkt der Selbstzeugung der Germanen aus. Blieb das Alter der Deutschen in der Schwebe, waren sie in der Konkurrenz mit anderen Nationen im Nachteil. Zweitens konkurrierte die Indigenitätstheorie die mittelalterlichen Herkunftsmythen, die mehrheitlich aus dem Alten Testa-

30 Bebel: Oratio, S. 101, Sp. 2; in der Schrift »Über den Ruhm, das Altertum, das Reich, die Siege und die Taten der Alten Deutschen« bezeichnete Bebel die Stammväter der Römer zudem als »Wegelagerer und Räuber« und ihre trojanischen Vorfahren als »Verräter«; Bebel: De laude 16, S. 128.

31 Mertens: Landeschronistik, S. 25 f.

32 Hölzle: Die Idee, S. 13 f.

33 Aventin: Bayerische Chronik 1,28, Bd. 1, S. 109.

34 Althamer: P. Cornelii Taciti; Rhenanus: Res; Hölzle: Die Idee, S. 13 f.; Willoweit: Von der alten deutschen Freiheit, S. 23-25; Hirstein: Tacitus' »Germania«, S. 219, 253; Muhlack: Die Germania, S. 149-151; ders.: Geschichtswissenschaft, S. 227; ders.: Der Tacitismus, S. 174 f.; Mertens: »Landesbewusstsein«, S. 212 f.

ment abgeleitet waren. Gemäßigte Nationalisten wie Rhenanus und Melanchthon lehnten die nachträgliche Harmonisierung von Tacitus und Bibel ab,[35] aber die meisten Humanisten wollten darauf nicht verzichten.[36] Dieser Umstand erstaunt wenig, versprach die Integration der Bibel in die »Germania« doch mehrfachen nationalen Prestigegewinn: Deutschland war von Beginn an in Gottes Heilsplan integriert, zum Besitz des Imperiums prädestiniert und religiös in die Nähe eines vorchristlichen Christentums gerückt.

Um diesen Gewinn einzustreichen, mussten die deutschen Humanisten nicht selber Quellen fälschen, sondern konnten einen zweiten Glücksfall in Anspruch nehmen. 1498 hatte der päpstliche Bibliothekar Giovanni Nanni (1432-1502) unter dem Namen Annius Viterbensis in Venedig und Rom eine gefälschte Quellensammlung herausgegeben. Deren »wertvollstes« Stück war ein Geschichtsdokument über den Ursprung der europäischen Völker. Als Autor hatte Nanni den chaldäischen Priester-Philosophen-Historiker-Prinzen Berosus aus dem 4./3. vorchristlichen Jahrhundert vorgeschoben.[37] Dieser »Pseudoberosus« traf in mehrerer Hinsicht den Nerv der Zeit. Von Spanien bis Schweden beflügelte er – ohne Nannis Absicht[38] – die nationalen Origokonstruktionen und gab den neuplatonischen Spekulationen über die theologischen Vorläufer Christi Nahrung.[39] Obwohl schon früh und von verschiedener Seite als Fälschung entlarvt,[40] wurden Nannis »Antiquitates« zum publizistischen

35 Schmid: Die historische Methode, S. 358; Münkler u.a.: Nationenbildung, S. 240.

36 Allein schon aus diesem Umstand heraus ist Borsts Diktum, dass die deutschen Humanisten »die Bibel links liegen ließen«, zurückzuweisen; Borst: Der Turmbau, Bd. 3, Teil 1, S. 1053.

37 Zu Nannis Komposition des Berosus vgl. Stephens: Giants, S. 106 f.; zu den antiken Berichten über Berosus bzw. Berossos vgl. ebd., S. 111, sowie Verbrugghe / Wickersham: Berossos; Mertens: Die Instrumentalisierung, S. 86.

38 Nanni selbst ging es neben synkretistisch-neuplatonischen Anliegen um die Aufwertung der Etrusker zu einem der ältesten Kulturvölker und um die Lossprechung der römisch-etruskischen Ursprungskultur von griechischen Einflüssen. Im Zentrum dieser regionalistischen Bemühungen stand seine Heimatstadt Viterbo, die er aufgrund pseudoarchäologischer Studien als »Tetrapolis« rekonstruierte; Goez: Die Anfänge, S. 18 f.; zu Nannis Anleihen bei der prisca theologia des griechenbegeisterten Marsilio Ficino vgl. Stephens: Giants, S. 105 f.

39 Zu Frankreich vgl. Asher: National Myths, S. 44-87, und Stephens: Giants, S. 139-184; zu Schweden Wiffstrand Schiebe: Annius; ausführlich zum Inhalt der »Antiquitates«: Münkler u.a.: Nationenbildung, S. 242-249.

40 Kaum ein Jahr nach Erscheinen der »Antiquitates« hatte Sabellicus, 1504 Pietro Crinito, 1506 auch Lefèvre d'Etaples (1460-1536) die Echtheit der »Antiquitates«

Bestseller. Bis 1551 erschienen in Italien, Frankreich, Deutschland und den Niederlanden rund zwei Dutzend Auflagen.[41]

Nannis falscher Berosus brachte, versehen mit einem »kritischen« Kommentar des »Herausgebers«,[42] biblische und antike Abstammungsmythen in Einklang. Er erhob die Stammväter der europäischen gentes zu prisci theologi, die von ihrem gemeinsamen Vater Noah in die »humana sapientia« sowie in Theologie, heilige Riten und Geheimnisse der Natur eingeweiht worden seien.[43] Da Nanni Tacitus gelesen hatte, wurde auch Tuisco, aus der Erde gestiegener Urvater der Deutschen, zum Adoptivsohn Noahs und zum ersten Gesetzgeber am Rhein.[44] Damit hielten die Humanisten den Beleg für das hohe Alter der Deutschen in der Hand.[45] Zudem konnten sie den Deutschen schon in der ersten Generation nach der Sintflut hohe Kultur, strenge Sitten und religiöse Nähe zum biblischen Monotheismus attestieren.[46] Mit Nannis Ergänzungen zu Tacitus konnte man den Trojanermythos nicht nur wegen seiner Unglaubwürdigkeit, sondern auch wegen seiner Unrühmlichkeit angreifen: Die Trojaner waren schließlich weit jünger als Noahs Söhne.

Auszuschlachten gab es im »Pseudoberosus« noch mehr. Hatte Tacitus die Ostgrenzen Germaniens sehr vage umschrieben, so machte Nanni

bestritten. Rhenanus, selber Schüler Lefèvres, präsentierte zwar in seinem »Germania«-Kommentar von 1519 noch den berosischen Stammbaum der Deutschen, folgte später aber Lefèvres Urteil und sprach ihm jede Echtheit ab. Rhenanus: Commentariolus, S. 105 (im Druck von 1519 S. 57); ders.: Res, S. 39; Muhlack: Das Projekt, S. 150 f.; Goez: Die Anfänge, S. 18; Stephens: Giants, S. 368.

41 Eine unvollständige Liste bei Goez: Die Anfänge, S. 12 (Fußnote 37).

42 Nannis Kommentar zu einer anderen Fälschung, dem »Pseudomethastenes«, hat Werner Goez sogar als Gründungstext der »historischen Methoden-Lehre« bezeichnet – nicht obwohl, sondern weil es sich um eine absichtliche Irreführung gehandelt habe. Der Druck, seinen Falsifikaten Glaubwürdigkeit zu verleihen, habe Nanni zur Ausarbeitung und Präsentation methodischer Regeln veranlasst, die er selber fingierte; Goez: Die Anfänge, S. 12-14.

43 Nanni: Berosus 3, in: Asher: National Myths, S. 198.

44 Ebd., S. 208.

45 Die Betonung der »vetustas« der Deutschen war etwa in Bebels Rede an Maximilian von 1501, in den »Sermones Convivales« Conrad Peutingers von 1505 und in der »Germaniae exegesis« des Irenicus auf den »Pseudoberosus« abgestützt; Irenicus: Germaniae exegesis 3,1, fol. 56^{r}; Bebel: Oratio, S. 101, Sp. 2; Peutinger: Sermones, S. 203, Sp. 2, S. 204, Sp. 1.

46 Aventin etwa legte das Gewicht seiner Nanni-Rezeption, wie in Kap. 4.1.5. gezeigt, auf die prisca theologia und machte »Tuitsch« zum deutschen Kulturschöpfer und Gesetzgeber in religiösen und weltlichen Belangen; vgl. auch Gotthelf: Das deutsche Altertum, S. 10-12.

Tuisco zum Herrscher vom Rhein bis zum Don.[47] Die Deutschen, so die humanistische Lesart, waren also von Anfang an zur Herrschaft über Europa berufen. Weiter hatte Nanni die Skythen zu den ersten Schülern Noahs erklärt. In Armenien ansässig, seien sie in den Genuss seiner Weisheiten gekommen, bevor er nach Italien, seiner zweiten und letzten Wirkungsstätte, abgereist sei.[48] Im Kommentar bezeichnete Nanni seine Quellen als »Caldaei atque Scythici libri«.[49] Obwohl er die Römer nicht in Opposition zu den Skythen, sondern zu den Griechen stellte (denen er eine junge, wertlose Sekundärkultur unterschob), fanden seine Skythen Eingang in die deutsche Antiromanitas. Die Humanisten übernahmen Nannis Kommentarzitat aus der »Historia naturalis« Plinius' d. Ä., »der Name der Skythen ist überall auf die Sarmaten und Germanen übergegangen«,[50] und versahen die skythische Macht, Kultur und Religion mit dem Etikett des Deutschen und Antirömischen. Die deutsche Zivilisation wurde so zur ältesten der Welt – ein Motiv, in dem sich Antiromanitas und Antibarbaries wiederum die Hand gaben.[51] Dass die Skythen im italienischen Humanismus, bei Biondo und Enea Silvio, als Vorfahren der Türken galten, störte die deutschen Nationalisten offenbar nicht.[52] Darin zeigt sich einmal mehr, dass der humanistische Nationsdiskurs autonomen Gesetzen gehorchte.

Mit dem erleichterten Namens- und Prestigetransfer leistete Nanni einen Beitrag zu einer argumentativen Leitstrategie der Antiromanitas. Sie bestand darin, möglichst viele antike Barbarennamen mit den Deutschen zu identifizieren. Namen, die im italienischen Humanismus mit blinder Zerstörungswut und jahrhundertelanger Dunkelheit konnotiert waren, wurden im deutschen Humanismus zu Glanzlichtern der eigenen Natio-

47 Ebd., S. 202; vgl. Tacitus: Germania 1.

48 Nanni: Berosus 3, in: Asher: National Myths, S. 198.

49 Ebd., S. 196.

50 »Scytharum nomen usquequaque transiit in Sarmatas atque Germanos [...].« Plinius Secundus d. Ä.: Historia naturalis 4,25.

51 Zu Irenicus vgl. Münkler u.a.: Nationenbildung, S. 252; zu Aventin: Bayerische Chronik 1,99, Bd. 1, S. 206 f.

52 Enea Silvio bezeichnete die Skythen wenig schmeichelhaft als »schmutziges und schimpfliches Volk, verhurt in allen Sorten der Unzucht, das verzehrt, was die anderen Völker verabscheuen: Fleisch von Ochsen, Wölfen und Geiern, und – noch schrecklicher – menschliche Frühgeburten. [Gens truculenta et ignominiosa in cunctis stupris et lupanaribus fornicaria, comedit quae caeteri abominantur, iumentorum, luporum ac vulturum carnes et, quod magis horreas, hominum abortiva.]« Piccolomini: Cosmographia, in: ders.: Opera omnia, S. 383 f.; Meserve: Medieval Sources; Helmrath: Pius II.

nalgeschichte verwandelt. Und dies aufgrund der gleichen Taten: der Bekämpfung und abschließenden Zerstörung Roms!

Noch wichtiger als Nanni waren zwei andere Voraussetzungen für die Etikettierung zahlreicher Barbarenvölker als Deutsche. Erstens leitete schon die antike Ethnographie aus geographischen Konstanten ethnische Kontinuitäten ab. Wie das Beispiel des Plinius zeigt, wurden Barbarennamen der älteren, vorrangig griechischen Literatur mit neueren Bezeichnungen wie »Germani« harmonisiert. Ethnische Kontinuitätsmodelle dieser Art wirkten in der Völkerwanderungszeit fort, etwa in Jordanes' Versuch, die Goten auf die Skythen zurückzuführen.[53] Umgekehrt hielt die griechische Literatur an den herkömmlichen Begriffen fest. So hießen in der »Römischen Geschichte« von Cassius Dio aus dem 3. Jahrhundert n. Chr. Caesars Gegner östlich des Rheins immer noch Kelten, während sich in der lateinischen Ethnographie nach Caesar der Germanenbegriff durchgesetzt hatte.[54] Zweitens vereinfachte die anthropologische Typenlehre der Antike, die seit Pseudohippokrates' Klimatheorie zum Inventar ethnographischer Beschreibungen gehörte, eine nachträgliche Identifikation verschiedener Barbarennamen. So unterschieden sich die Sitten der »Waldbarbaren« zwischen Kleinasien und Westeuropa kaum. Diese Übereinstimmungen erhielten im Humanismus neuen Gehalt, da die »mores« zu einem Leitkriterium der Nationszugehörigkeit avancierten. Die deutschen Humanisten registrierten schon die »völkerkundlichen Wandermotive«, die Eduard Norden 1920 von Herodot über Poseidonius bis Tacitus nachgewiesen hat.[55] Sie zogen aus ihnen aber konträre Schlüsse: Verstärkte Nordens Studie die Zweifel an der Authentizität der taciteischen »Germania«, so konstatierten die Humanisten eine gewaltige Herrschaftsausdehnung der alten Deutschen und eine jahrtausendelange Kontinuität ihrer Sittenreinheit.

Aus der Inexistenz des Germanennamens in der vorhellenistischen Ethnographie folgerte man, dass sowohl Kelten, Skythen und Sarmaten,

53 Getica 30 f., 67.

54 Cassius Dio: Römische Geschichte 38,34,2, 51,22,6, in: Herrmann (Hg.): Griechische und lateinische Quellen, Bd. 3, S. 270-287, 292 f.; zur unsicheren Bedeutungsgeschichte des Germanenbegriffs vor Caesar vgl. Lund: Zum Germanenbild, S. 88 f.

55 Norden: Die germanische Urgeschichte; zu Nordens Topostheorie in der ethnographischen Literatur der Antike vgl. Pohl: Die Germanen, S. 63; Bringmann: Topoi in der taciteischen Germania, S. 59-62; Timpe: Die Absicht, S. 108; Lund: Zur Gesamtinterpretation, S. 1868 f.; ders. bestätigt Intertextualitäten der Germanenbeschreibung bei Caesar und Tacitus mit Poseidonius, Platon und Pseudohippokrates in: Zum Germanenbild, S. 50-53, 64-67, 74.

ja sogar die Thraker Deutsche gewesen seien – mithin alle Barbaren, die nördlich und nordwestlich Griechenlands den europäischen Kontinent besiedelt hatten.[56] Diesen Befund übertrug man auf die ethnographische Landkarte der Kaiserzeit, mit dem Ergebnis, dass sogar die »Galli« einen deutschen Ursprung erhielten, wenn auch mit anschließender Degeneration durch Sprach- und Blutsvermischung.[57] Einer der wenigen, die bei der nationalen Vereinnahmung von Barbaren Zurückhaltung übten, war erneut Rhenanus. Dass die Franzosen ursprünglich Deutsche gewesen seien, lehnte er aufgrund ihrer Sprache und Kultur ab.[58] Ebenso bestritt er die skythische Abstammung der Goten. Er behauptete die Identität von Goten und Deutschen, während er die Skythen den Geten, Franzosen und Spaniern zuordnete.[59] Aber auch Rhenanus konstruierte nationale Kontinuitäten, wo keine waren:

> Uns gehören die Triumphe der Goten, Vandalen und Franken. Uns gehören Ruhm und Ehre ihrer Reiche, die sie in den berühmtesten römischen Provinzen und sogar in Italien und in Rom, der Königin aller Städte, gegründet haben.[60]

Schon drei Jahrzehnte zuvor (1501) hatte Heinrich Bebel eine umfassende Liste deutscher Stammesnamen erstellt, um die »Märchen gewisser Leute« zu entkräften. Sie umfasste die »Franken, Burgunder, Goten, Vandalen, Gepiden, Rugier, Heruler, Turkilinger, Langobarden, Normannen, Pikten, Quaden, Schotten, Angeln, Schwaben und Sachsen«. Damit nicht genug, aus dem »Pseudoberosus« ergänzte er noch die Hunnen.[61] Aventin, der Irenicus folgte und zusätzliche griechische Namen ins Feld führte, löste den Wirrwarr der Begriffe etymologisch auf:

> Das ist auch zu vermerken, das diese namen Scythae, Cimbri, Getae, Daci, Dani nicht eigne namen eins volks seind, sonder gemeine kriegsnamen, als zu unsern zeiten die Schweizer und landsknecht. Scytae

56 Irenicus: Germaniae exegesis 1,11-14, fol. 6v-8r; Aventin: Bayerische Chronik 1,99, Bd. 1, S. 206-217.

57 So bei Aventin: Bayerische Chronik 1,99, Bd. 1, S. 209.

58 Rhenanus: Res 1, S. 79/2, S. 111 f.

59 Ders. an Bonifaz Amerbach, 17. August 1531, in: ders.: Briefwechsel, S. 404.

60 »Nostri enim sunt Gotthorum, Vandalorum Francorumque triumphi. Nobis gloriae sunt illorum imperia in clarissimis Romanorum provinciis atque adeo Italia ac ipsa Roma regina urbium cunctarum constituta […].« Ebd., S. 402.

61 »Franci, Burgundiones, Gothi, Vandali, Gepidae, Rugi, Heruli, Turcilingi, Longobardi, Normanni, Picti, Quadi, Scoti, Angli, Suevi, Saxones, omnes Germani sunt, contra fabulas quorundam. […] Et Berosus Hunnum, a quo Hunni veniunt, in arbore Germanorum ponit.« Bebel: De laude 19, S. 130.

> heissen wir, das die alten Teutschen wol mit dem bogen haben schissen können; Gothi aber von der güte und tugent; Cimbri von der kriegparn, mennlichen tapferkeit, wie dann noch ein gemein sprichwort bei uns gêt: du bist ein guter alter kempfer oder kemper auf sachsisch sprach. Die Dani oder Davi haben iren namen, das sie an der Tonau gewont haben, die Tonauer.[62]

Indem Aventin Stammesnamen zu bloßen Eigenschaftsnamen der Deutschen umdeutete, verschweißte er zusammenhanglose Partikel des antiken Barbarendiskurses zum Einheitsbild einer gewaltigen deutschen Front. Sie habe alle Weltreiche bedroht und zuletzt das römische vernichtet. Die Macht der Deutschen habe sich bis nach Kleinasien, Spanien und Afrika erstreckt, wenn auch ihr Zentrum immer in Deutschland geblieben sei.[63] Aventins etymologischer Expansionsdrang führte bis zur Behauptung, der Apostel Paulus habe Briefe an die Deutschen geschrieben, »dan die Kriechen nennens in der gemain Galatas, Celtas, Cimbros, Gallograecos das ist ›die milchweissen teutschen kempher, so Kriechenland überzogen haben‹«.[64]

Militärische Schlagkraft, Tatendrang und Eroberungen der alten Deutschen wurden auf ihre Sittenstrenge zurückgeführt, an der alles Ausländische abgeprallt sei. Fundament der deutschen Sitten wurde die reine Männlichkeit. Rhenanus übersetzte den Germanennamen mit »viriles«, Aventin auf Deutsch mit »die des mans gern«;[65] von Mannus, dem Sohn Tuiscos und zweiten König der Deutschen, leitete er die Etymologie ab: »Nach im sein wir die Mannen genant worden und teutsche land Mannreich.«[66] Nichts verabscheuten die Deutschen daher mehr als Sitten und Güter, die sie zu »waich weibisch leut« machten.[67] In Rom dagegen seien,

62 Aventin: Chronica, S. 399.

63 Ebd., S. 343; ders.: Bayerische Chronik 1,99-102, Bd. 1, S. 206-226.

64 Zur Gleichsetzung von Deutschen und Galatern dürften Aventin wiederum »Wandermotive« der antiken Ethnographie motiviert haben. So wurden die Galater bei Poseidonios (zitiert in Diodorus 5,24-28) als groß gewachsene, blonde, Bier trinkende Kelten beschrieben, die zwischen den Alpen und der Rhonemündung lebten. Aventin klammerte aber Livius' Bemerkung aus (38,17,1-20), dass die Galater verweichlicht und entartet seien, nachdem sie aus Gallien nach Kleinasien ausgewandert seien und sich dort mit Griechen zu »Gallo-Graeci« vermischt hätten; Aventin: Bayerische Chronik 1,181, Bd. 1, S. 410 f.; Lund: Zum Germanenbild, S. 42 f.

65 Aventin: Bayerische Chronik 1,222, Bd. 1, S. 548; Beck: Tacitus' Germania, S. 158.

66 Ebd. 1,16, Bd. 1, S. 89.

67 Dieser Pejorativ tritt in Aventins Schriften als Gegenbegriff zu deutschen Tugenden immer wieder auf, unter anderem in: Chronica, S. 348; ders.: Bayerische Chronik, S. 116, 161.

wie Hutten festhielt, »die Männer keine Männer«; in seinen deutschen Schriften wurde aus den »weibischen Welschen« ein topischer Stabreim.[68] Bereits zuvor hatte Celtis die Päderastie als ausländische »Seuche« diagnostiziert, deren Herd »Italiens Luxus« sei.[69] Ins gleiche Bild passte die Nationalisierung der Wollust als erbliche Todsünde der Italiener.[70] Schon Romulus nämlich sei ein Hurensohn und Vererber »großartiger Laster« wie Prostitution, Schlemmerei und Geldgier gewesen.[71] Diesen Topos sündiger Dekadenz griff Leonberg auf, als er Campano als schwulen Lüstling diffamierte.[72] Und ins gleiche Horn blies später Irenicus, der den Stadtgründer Roms wegen Brudermords und Vergewaltigung der Sabinerinnen verurteilte.[73]

Den italienischen und französischen Lastern stemmte sich die deutsche Reinheit entgegen.[74] Reinheit wurde dabei körperlich und geistig verstanden. Wimpfeling erhob die »integritas« zu einer christlich-männlich-deutschen »Monstertugend«[75], die alles Mögliche umfasste: Ernsthaftigkeit (maturitas) als Unterscheidungsvermögen des Echten vom Falschen, Standhaftigkeit (constantia), Wahrhaftigkeit (veritas), Unverdorbenheit (sinceritas) und Einfachheit (simplicitas).[76] Gegenbild des reinen Mannes war die Unstetigkeit und moralische Schwäche, traditionell verkörpert von der Frau. Auch Wimpfeling erweiterte die weibliche Labilität zum Kenn-

68 »Ego dicam, Roma venit, [...] ubi sunt viri non viri [...].« Hutten: Bulla vel bullicida, S. 317; üb. in: ders.: Die Schule, S. 65.

69 Celtis zielte bewusst auf die Verketzerung der Italiener, galt die Päderastie doch als Inbegriff der Unzucht und diese als Todsünde; die Trunksucht der Deutschen verharmloste er kontrastiv zur lässlichen Sünde; Celtis: De cavillo Italorum, in: ders.: Fünf Bücher Epigramme 2,27, S. 27; noch drastischer der Vorwurf der Sodomie und Päderastie in: ders.: Quattuor libri amorum 2,9, S. 45; üb. in: Kühlmann u.a. (Hg.): Humanistische Lyrik, S. 109; ders.: Briefwechsel 2,27; Preiß: Konrad Celtis, S. 214.

70 In Italien wiederum wurden die Griechen, vor allem Orpheus, als Erfinder des »amor puerorum« angegriffen; Walker: Orpheus, S. 114.

71 Zur Deutung des römischen Gründungsmythos beim so genannten »Oberrheinischen Revolutionär« vgl. Kap. 2.2.3.; Celtis: Vox Romuli ad Romanos, in: ders.: Fünf Bücher Epigramme 3,13, S. 49; s. auch Celtis' Epigramme zu Romulus in 1,52, 54, S. 13 f.

72 Dass Leonberg Anleihen bei Celtis machte, zeigt auch seine Behauptung einer translatio studii von Italien nach Deutschland, die er schon für abgeschlossen hielt (vgl. das Zitat vorne in Kap. 4.2.2.); Schlecht: Zur Geschichte, S. 357 f.

73 Irenicus: Germaniae exegesis 3,1 f., fol. 56^{r}.

74 Zum Konzept der »integritas morum« vgl. auch Kap. 4.1.6.

75 Herding: Vorwort, in: Wimpfeling: Adolescentia, S. 133.

76 Wimpfeling: De integritate 26.

zeichen des »alienigena«, des Ausländers. Vor allem die Italiener galten ihm als unrein, so dass er angehende Theologen vor Romreisen warnte.[77] Setze man sich dem Einfluss der Ewigen Stadt aus, laufe man Gefahr, als »Germanus italicatus«, als »dutscher Wale«, zurückzukehren und die integritas der deutschen Männer zu infizieren.[78]

Das Motiv der deutschen Männlichkeit war ein trübes Gemisch aus interpretatio Romana von »virtus«, dem Leitbegriff des antiken und humanistischen Adelskonzepts, und primitivistischer Verherrlichung reiner Ursprünglichkeit.[79] Letztere konnte, wie in Aventins Nationalgeschichte, auch leitmotivische Züge tragen. Um ihre Männlichkeit zu bewahren, hätten die deutschen Männer der Vorzeit nicht nur die Nähe zu Frauen und Ausländern, sondern auch zu Büchern abgelehnt! Dazu schilderte er folgende Episode: Als »Goten und Baiern und ander Teutschen« Athen und dessen »berüembtist [...] hohen schuel der ganzen Welt« erobert hätten, »brachten si ainen grossen haufen püecher an den markt zesam, legtens über ainen haufen, woltens verprent haben«.[80] Ein deutscher Landsknecht aber habe das Autodafé verhindert, indem er seinen Landsleuten riet:

> Last den narren, den Kriechen, die püecher; weil si damit umgên, werden si lauter ungeschikt zu kriegen weiber daraus, die sich nit weren dörfen; ist besser und uns wägerer, si gên mit der schrift und feder dan mit dem harnisch und wer umb.[81]

77 Ebd.; Herding: Vorwort, in: Wimpfeling: Adolescentia, S. 133.

78 Herding: Vorwort, in: Wimpfeling: Adolescentia, S. 133 f.

79 »Virtus« stand in der antiken und humanistischen Literatur für das männliche Gegenprinzip zur weiblichen »Fortuna« mit Zentralwerten wie rationaler Kontrolle, Tatkraft bei gleichzeitiger Vorsicht, weitblickendem Handeln, körperlich-geistiger Stärke, Ausdauer, Bildung und Weltgewandtheit. Der wahre Adel galt als Verkörperung der »virtus«. Die italienischen Humanisten sahen ihre eigene Schriftstellerei als Erneuerung römischer virtus; vgl. etwa Rüegg: Der Humanist, S. 159 f.; zum italienischen »virtus«-Konzept als Merkmal der Zivilisation vgl. Kap. 3.3.2, 3.3.6.

80 Aventin: Bayerische Chronik 2,239, Bd. 1, S. 956.

81 So abenteuerlich Aventins Berichte aus der »deutschen« Vergangenheit auch anmuten, er hat sie sich selten aus den Fingern gesogen. Vielmehr bestand seine Vorgehensweise darin, Passagen antiker und mittelalterlicher Texte nationalistisch umzuschreiben und in seine deutsche Ruhmesgeschichte einzugliedern. In dieser Verbindung von Quellennähe und nationalistischem Erfindungsreichtum offenbart sich Aventins Virtuosität als humanistischer Historiker. Auch die Geschichte von der verhinderten Verbrennung der athenischen Bücherschätze hat eine spätantike Quelle: Laut Demandt berichtete Petrus Patricius (fr. 169), dass der gotische König 269 n. Chr. befohlen habe, den Athenern nicht die Bücher zu verbrennen, weil sie das Lesen von der Kriegsübung fern halte; Demandt: Geschichte, S. 466 f.

Konsequent unterstellte Aventin, der Begriff der »groben (unsinnigen) Teutschen« sei nicht nur in Rom eine stehende Wendung gewesen,[82] sondern auch bei den Deutschen: als ehrenvolle Selbstbezeichnung! Aventin selbst wollte den Begriff in diesem Sinn verstanden wissen.[83] So habe ein deutscher Krieger keinem Geringeren als Alexander dem Großen die sittliche Fallhöhe von den Deutschen zu den Griechen erläutert:

> Bei uns groben Teutschen ist der brauch nit, das wir ein aid schwern, das wir eim holt wellen sein, brief darumb nemen und geben: wir halten sunst glauben und trauen aneinander, tuet einer dem andern was im lieb ist [...]. Ir wizigen Kriechen seit so fürsichtig und weis, das ir aneinader selbs nit, auch andern menschen nit vertraut, wölt brief und sigel haben, man mues euch ein gelerten aid schwern bei got und all sein'n heiligen. Ir seit ie guet fein toret leut, das ir maint, das einer die göter, von denen er villeicht nichts helt, siecht ir nit, wais nit, ob si sein oder nit, fürcht, vor augen hab, si nit betriege.[84]

Das Prinzip reiner Männlichkeit übertrug Aventin sogar auf die deutschen Frauen. Dabei griff er den griechisch-römischen Gendertopos von der Unterentwicklung oder Absenz der Geschlechterrollen bei den Barbaren auf und wertete ihn um. Bereits »Herimannus«, der »man des hers« und fünfte König der Deutschen, habe eine Kriegsordnung erlassen, die Mann *und* Frau zum Krieg als nationalen Gottesdienst verpflichtete. Sie habe den Deutschen die Unsterblichkeit der Seele [!], den Kriegsleuten aber »ewige êr und herlichkeit, auch das höchst ort im himmel« verheißen.[85] Das Motiv der Genderidentität radikalisierend, taufte Aventin die Amazonen zu deutschen »kriegsweibern« um. Mit abgebrannten Brüsten herumziehend, hätten sie alles kurz und klein geschlagen. Sie verehrten eine Kriegsgöttin namens »Hecs«, das heißt »Hersschlag [...], mit vil dutten [...], haissens bei den Lateinern Diana, bei den Kriechen Artemis Tau-

82 Ebd., Bd. 1, S. 555, 604, 610, 1119, 1153, 1183.

83 Neben dem im Haupttext zitierten Beleg führte Aventin an anderer Stelle an, »die grob, hert teutsch nation« des Altertums sei »an land und leuten mächtig, frei des römischen reichs, für sich selbs und besunder geweltig« gewesen, weil sie absichtlich auf zivilisatorische Güter verzichtet und die Armut vorgezogen habe; ebd. 2, Vorrede, Bd. 1, S. 584.

84 In der gleichen fingierten Rede wurde Alexander als »rauber und mörder«, angetrieben von »gir und geit«, bezeichnet – ein Bild, das mit dem antiken und mittelalterlichen Bild des Makedonenkönigs radikal brach; ebd.: 1,161, Bd. 1, S. 356 f., 359 f.

85 Aventin: Chronica, S. 372.

rica«.[86] Als weiteren Beleg weiblicher Militanz griff er das römische Wandermotiv von kämpfenden Barbarenfrauen in der Wagenburg auf.[87] Dieses schmückte er zum autonom operierenden Frauenverband aus. Nachdem ihre Männer von den Heeren des Augustus und Tiberius »êrlich erschlagen worden«, fingen die unzimperlichen Frauen »ain neue schlacht an«:

> Da si werlos warn, kain waffen mêr hetten, schluegen si ir aigne kinder umb den erdpoden, warfens den römischen knechten under die augen, schluegen ins umbs maul, wollten ie lieber mitsambt iren kindern umb ir vaterland und haimat frei êrlich sterben dan schentlich in gefänknus komen.[88]

Neben den heroischen Taten der standhaft Primitiven schilderte Aventin auch eine deutsche Geschichte der erschlaffenden Männlichkeit: die Nationalgeschichte Frankreichs. Das Verhängnis habe früh seinen Lauf genommen. Während in Deutschland Herimannus seine Untertanen auf »kriegen hauen und stechen und was zum ernst gehört« getrimmt habe, sei »ehem des Reins« ein König namens »Bard« auf dem Thron gesessen und habe ein »widerwertig« Kontrastprogramm aufgezogen:

> Der erfand die kunst des singens, stift ein grosse cantrei, setzt auf fest und feiertag, lernet die leut tanzen singen springen hofirn; muesten die

86 Aventin schöpfte hier vor allem aus der Gotengeschichte des Jordanes. Dieser (bzw. Cassiodor) hatte die Goten mit den Skythen und Geten identifiziert, aber von den Germanen abgegrenzt (Getica 30 f., 67). Da die Amazonen in griechischen Texten mit den Skythen in Verbindung gebracht wurden, konnte Jordanes aus ihnen edle gotische Kriegerinnen machen (Getica 44, 49-52, 56 f.). Aventin wiederum hielt wie die meisten seiner Zeitgenossen die Goten für Deutsche und konnte so seinerseits die archetypischen Mannweiber nationalistisch vereinnahmen. Er stützte die Deutung der Artemis Taurica auf Jordanes, zog aber weitere Aspekte seiner Darstellung aus Herodot (Historien 4,110-117) oder Pseudohippokrates. Letzterer schilderte die Skythenfrauen als bogenschießende Kriegerjungfrauen, deren rechte Brust in der Jugend weggebrannt worden sei, damit ihre Wachstumskraft auf Schulter und Oberarm übertragen werde; Pseudohippokrates: Über Winde, Wasser und Ortslagen 17; Aventin: Bayerische Chronik 1,65, S. 148-153.

87 Hatten Plutarch, Orosius und Florus das Motiv auf die Invasion der Kimbern und Teutonen in Italien bezogen, so übertrug es Caesar auf die Germanen seiner Zeit; Plutarch: Mar. 27,2-5; Orosius 5,16,13, 17-19; L. Annaeus Florus: Epitoma de Tito Livio 1,38,16-18; Caesar: De bello Gallico 1,51,2 f.; vgl. auch Trzaska-Richter: »Furor teutonicus«, S. 138 f.

88 Dass die Frauen ihre Kinder töteten, um sie als Waffen zu benutzen, entsprang wohl allein Aventins Phantasie. Bei Plutarch, Florus und Orosius mordeten die Frauen ihre Kinder in der Schlacht bei Vercellae (101 v. Chr.), um ihnen die Gefangenschaft zu ersparen; vgl. Plutarch, Mar. 27,2-5; Aventin: Bayerische Chronik 2,16, Bd. 1, S. 614 f.

> leut allerlai tänz und lieder lernen, den drotter, fierltanz und raien. [...] Es war gleich ein widerwertig ding: ehem des Reins gegen nidergang lernet man tanzen und singen, was zue scherzen schimph und kurzweil dient, herehem gegen aufgang kriegen hauen und stechen und was zum ernst gehört.[89]

Schon um 1530 wurden also antifranzösische Topoi mit Hof- und Adelskritik vermengt. Diese Doppelkritik mündete über den »À-la-mode«-Diskurs des 17. Jahrhunderts und die deutsche Aufklärung (Lessing) in den romantisch-bürgerlichen Nationalismus des 19. und 20. Jahrhunderts.

4.3.3. Vaterlandsverräter und Träger ausländischer »Krankheiten«

Solange sich die Humanisten in martialischen Vergangenheitsphantasien ergingen, diente ihre Antiromanitas vorrangig der Generierung von Nationalprestige. Die Gewichte verschoben sich, sobald man den Fokus auf die Gegenwart richtete. Zwar stellten auch die humanistischen Erfindungen zur nationalen Frühzeit einen mittelbaren Gegenwartsbezug her; denn eine Geschichtsschreibung, die »magistra vitae« sein sollte, musste Vergangenheit als Spiegel des Hier und Jetzt darstellen. Einen *unmittelbaren* Aktualitätsbezug schuf man dagegen, indem man die xenophobe Abwehr mit sozialer Ausgrenzung im Innern der Nation koppelte. So wurde der innere Feind, angesteckt vom Ausländischen und die deutsche Gesundheit angreifend,[90] zum Leitmotiv des Abschottungsdiskurses. Man stigmatisierte keine Randständigen, also weder Kriminelle, Fahrende noch Juden, sondern vielmehr Repräsentanten der gelehrten, politischen und wirtschaftlichen Spezialisierung: Kaufleute, Bankiers, Juristen, scholastische Theologen und Bettelmönche.[91] Die sozialen Feindgruppen gehörten also – wie die Humanisten selbst – zu den Trägern der gesellschaftlichen Mobilität und Dynamik im Spätmittelalter! Die Mobilität selbst wurde den Huma-

89 Aventin: Bayerische Chronik 1,39, Bd. 1, S. 118.

90 Celtis sprach von der Kontamination Deutschlands durch fremde Krankheiten nicht nur im übertragenen, sondern auch im konkreten Sinn, was ohnehin nahe lag, wie das Beispiel des »morbus Gallicus« zeigt; für die Antike nahm er ein nahezu »keimfreies« Deutschland an: »Selten kam Krankheit vor, und es gab keine ansteckenden Keime aus der Fremde. [Rarus erat morbus: peregrinaque semina nulla.]« Celtis: Quattuor libri amorum 2,9, S. 45; üb. in: Kühlmann u.a. (Hg.): Humanistische Lyrik, S. 109-111.

91 Vgl. Hirschi: Das humanistische Nationskonstrukt, S. 390 f.

nisten suspekt. Noch Luther behauptete, die italienische Luft bekomme deutschen Lungen nicht.[92] In die Antiromanitas flossen nicht nur agonale Einstellungen ein, sondern auch ideologische Abwehrreflexe gegen soziale Dynamik und Differenzierung.[93] Die Humanisten, die selber Produkt dieser Prozesse waren, erstellten ein starres Freund-Feind-Schema, das die Komplexität der eigenen Lebensgrundlagen radikal reduzierte.

Als Modernisierer und Erreger von »Auslandsversessenheit«[94] klagten die Humanisten vor allem Kaufleute, Bankiers und Juristen an. Zwischen Handeltreibenden und Kreditgebern wurde kaum differenziert, vielleicht deshalb, weil die bekanntesten Handelshäuser auch im Kreditgeschäft tätig waren. Die Polemiker gegen die städtische Klasse der »Neureichen« verbanden den obrigkeitlichen Diskurs der »disciplina morum« mit populären Vorstellungen bescheidener Lebensführung und materieller Verteilungsgerechtigkeit.[95] Im Zentrum stand die neue Idee einer nationalen Selbstversorgung. Am dezidiertesten verfocht sie Ulrich von Hutten. Er verband die humanistische Antiromanitas mit der Vergangenheitsutopie eines staatstragenden, bodenverhafteten Reichsrittertums. Handelswaren aus dem Ausland wurden zu Krankheitserregern, die Körper und Geist angriffen:

> Es ist doch kaum glaublich, dass Dinge, die nicht von hier stammen, den hier Geborenen gut bekommen. Würde es sich so verhalten, hätte die Natur dafür gesorgt, dass sie auch hier wachsen. Deswegen verlangt man nach ihnen nicht zum täglichen Gebrauch, sondern nur zum Vergnügen. Nicht um den Körper zu erhalten, sondern um ihn zu ergötzen, setzt ihr [die Kaufleute] diese Reizmittel in Umlauf. So ist die Gefährdung der Gesundheit nicht verwunderlich und ebenso die Neigung, jeder Art von Krankheit zu verfallen. Außerdem habt ihr die Seide eingeführt und unendliche Sorten ausländischer Kleidung, durch die Deutschlands angeborene Kraft verweichlicht wird und die besten Sitten verdorben werden, indem durch euch sich weibische Putzsucht und schändliche Weichlichkeit im Leben der Menschen

92 Dieser Topos wurde von humanistischen Italienreisenden wie Celtis und Dietrich Gresemund aus eigener Erfahrung bestätigt; Celtis: Libri odarum 2,3, S. 36 f.; Gresemund an Jakob Wimpfeling, Padua, 26. November 1495, in: Wimpfeling: Briefwechsel, Bd. 1, S. 239; Luther: Tischreden, fol. 606^{v}.

93 Zum Folgenden s. auch Kap. 4.5.

94 »Peregrinitas«, nach Hutten: Praedones, S. 370; üb. in: ders.: Die Schule, S. 137.

95 Zur populären Kaufmanns- und Bankierskritik am Beispiel der Fugger s. Brady: Zwischen Gott, S. 42.

> ausgebreitet haben. [...] gegen die Natur ist es, behaupte ich, Dinge zu importieren, die hier nicht wachsen.[96]

Als Beschützer der nationalen Natur vor ausländischer Krankheit stellte Hutten die Raubritter dar. Sie besorgten mit dem Schwert, was Hutten mit der Feder bezweckte: »fremde gewonheit ab zu thun«. Bei »dißen edlen« fand er noch »abbildung der alten tugent«. Das italienische Klischee, Deutschland sei eine Räuberhöhle, wurde ins Positive gewendet.[97] Hutten lobte die Räuber, dass

> sye alle die zarten verweneten, vnd wollüstiger, von den sich andere ergeren, die auch Teütschem land ein böses geschrey machen, bezwungen, das sye entweders von dem weychen leben liessen, vnd ein besser wesen an sich nämen, oder aber baldt auß dem land weichem müsten, ehe dann die reüdikeit irer ergernuß weyter vmb sich griffe.[98]

Hutten kam den Raubrittern insofern zuvor, als er die Kaufleute schon einmal verbal aus der Nation ausschloss: »die achte ich, wo sye jre sitten nit anderen, unwirdig daz sye teütschen genennt werden«.[99] Wie Hutten[100] bemühte auch Aventin die Geschichte, um zu beweisen, dass Deutsches und Merkantiles unvereinbar seien:

> Die kaufleut hetten bei jnen [den alten Deutschen] kein platz, si liessen auch weder wein noch ander ding, so zum geschleck dienet, in ir land füren; dann si meinten, die tugent oder kraft des menschen würden dardurch geschwecht und es würden weich zaghaft leut davon.[101]

Die Kaufleute stehen hier wieder für das weibliche Prinzip, das die deutschen Sitten bedrohe. Was früher alle Deutschen ausgezeichnet habe, gelte

96 »Incredibile enim est ut conveniant his corporibus quae hic nata non sunt: si convenirent enim, natura factum esset ut hic quoque nascerentur: itaque non usui haec, sed deliciis quaeruntur, nec ut serventur corpora, sed ut oblectentur utenda datis; unde mira non est corruptio et proclivis in omne genus morborum lapsus. Praeterea sericum intulistis et infinita peregrini vestitus genera, quibus genuinum illud Germaniae robur emollitur, et optimi corrumpuntur mores ad muliebrem lauticiam, et infamem per vos mollitiem deducta hominum vita. [...] contra naturam dico adportari quae hic non nascuntur.« Hutten: Praedones, S. 369 f.; üb. in: ders.: Die Schule, S. 136.

97 Vgl. Kap. 3.4.

98 Ders.: Die Anschawenden, in: ders.: Gespräch büchlin, S. 175 f.

99 Ebd., S. 176.

100 Ders.: Praedones, S. 370; üb. in: ders.: Die Schule, S. 137.

101 Auch Hutten bemühte in diesem Kontext die Vorstellung des nationalen Männlichkeitsverlusts, in: Die Anschawenden, in: ders.: Gespräch büchlin, S. 172; Aventin: Chronica, S. 348.

heute nur noch für die Bayern: Sie »achten nit der kaufmannschaft, kumen auch die kaufleut nit vast zu innen«.[102]

Die humanistische Kritik an den Juristen war nicht aggressiver, aber vielstimmiger als jene an den Symbolfiguren des Kommerzes. Ihre Argumente waren nicht durchweg nationalistisch. Schon in Italien hatten Humanisten Advokaten, gelehrte Räte und Rechtsprofessoren attackiert, zum einen wegen ihres Statusvorteils, der sich an Universitäten und Fürstenhöfen in höheren Gehältern und rosigeren Karriereaussichten niederschlug und ihnen den Vorwurf der Geldgier und des Eigennutzes eintrug,[103] zum andern wegen des instrumentellen Charakters ihrer Gelehrsamkeit. Dass die Juristen den Humanismus früh und intensiv rezipierten, milderte die Kritik kaum.[104] Gerade jene Humanisten, die in ihrer Jugend eine juristische Laufbahn anvisiert hatten, behaupteten die Unvereinbarkeit von jura und humaniora am heftigsten. Sie bildeten eine illustre Reihe: Petrarca, Boccaccio, Salutati, Bruni, Beccadelli, Valla, Poggio, Enea Silvio usw.[105] Die Juristen, so der Tenor, lernten nur Paragraphen auswendig, es sei denn, sie erfänden spitzfindige Distinktionen, um Prozesse in die Länge zu ziehen. Zudem – und das wurde für das Schimpflichste gehalten – sprächen sie ein jämmerliches Latein.[106] Die italienischen Humanisten bemühten das Bild des zweibeinigen Esels, der nur die absurde Logik seiner Spezialistensprache verstehe und ein Rechtssystem perpetuiere, das mit der Welt nichts mehr zu tun habe.[107]

Traten diese Motive auch im deutschen Humanismus auf, so mit einer entscheidenden Verschiebung. In Italien galten die Angriffe gegen die Rechtsgelehrten nicht dem römischen Recht, so wie die Ablehnung der scholastischen Theologie nicht gegen das Christentum gerichtet war. Juristen und Theologen wurden mit dem gleichen Vorwurf konfrontiert: Verrat an den antiken Vätern ihrer Disziplin. Als deren Retter inszenierten sich die Humanisten. Sie rekonstruierten die Theologie der Kirchenväter und den Ursprungsgehalt des römischen Rechts. Mit ihrer Polemik

102 Aventin: Bayerische Chronik 1, Beschreibung Baierns, Bd. 1, S. 42.
103 Voigt: Die Wiederbelebung, Bd. 2, S. 477.
104 Zur frühen Aufnahme der humanistischen Textphilolologie und des humanistischen Antikeverständnisses an juristischen Fakultäten Italiens und Deutschlands vgl. Buck: Die Rezeption des Humanismus; Burmeister: Einflüsse des Humanismus.
105 Voigt: Die Wiederbelebung, Bd. 2, S. 479.
106 Ebd., S. 477-483.
107 So Piccolomoni an Wilhelm von Stein, Wien, 1. Juni 1444, In: Wolkan (Hg.): Briefwechsel des Enea Silvio, Bd. 1, S. 327-329 (üb. in Piccolomini: Ausgewählte Texte, S. 438-441).

gegen die Rechtsgelehrten bezweckten sie, als einzige Exegeten des römischen Rechts dazustehen. In Deutschland dagegen traten mit diesem Anspruch die wenigsten Humanisten, schon gar nicht die nationalistisch gesinnten, auf. Sie lehnten das römische Recht als fremd, neu, ungerecht und eigennützig ab und griffen die Juristen als dessen Importeure an. Mit ihrer Abwehrhaltung waren sie nicht allein. Die Gründung des Reichskammergerichts 1495 hatte dem römischen Recht und seinen Experten einen nachhaltigen Aufschwung beschert, zugleich aber der populären Juristenhetze neue Nahrung gegeben.[108]

Cochlaeus, der sonst wenig durch romfeindliche Stellungnahmen auffiel, mutmaßte, »dass kaum jemals ein Fürst, nicht einmal ein Tyrann, so schädlich gewirkt hat als Justinian«.[109] Bebel verfasste eine »Rede zur Verteidigung der Kaiser gegen Justinian«, die er in einem Aufruf an das deutsche Vaterland gipfeln ließ:

> Lebt wohl, alle Deutschen, und lasst nicht zu, dass durch Worte und besonders durch Waffen unser Lob, unser Ruhm und unsere Ehre zugrunde gerichtet werden! Denn auch ich schreibe dies nur aus Liebe zum Vaterland, und ich begehre nicht, gegen Phantome zu kämpfen, wenn ich gegen diesen Justinian schreibe, freilich ohne jeden Tadel. Aber aus Mitleid gegenüber dem Vaterland musste ich etwas tun, womit ich den älteren und gelehrteren Deutschen als mir etwas mehr Gelegenheit gab, Deutschland zu verteidigen.[110]

Die nationalistische Ablehnung des römischen Rechts lässt sich nur bedingt damit erklären, dass für das Studium der Rechte lange Zeit der Gang ins Ausland, vor allem nach Italien, die Norm war. Für die »Humanistentaufe« galt bekanntlich Ähnliches. Der entscheidende Unterschied zwischen den beiden Bildungswegen bestand darin, dass man, um Humanist zu werden, keinen institutionalisierten Parcours ablief. Damit standen die humaniora allen offen, die Begabung mit Willen verbanden. Das adelnde Rechtsstudium dagegen blieb jenen vorbehalten, die aus ver-

108 Burmeister: Einflüsse des Humanismus, S. 161; Janssen: Geschichte, Bd. 1, S. 578-595.

109 Zit. nach Janssen: Geschichte, Bd. 1, S. 590.

110 »Valete omnes Germani, atque verbis & maxime armis laudem, gloriam, atque honorem nostrum non sinite pessundari, nam & ego, nonnisi amore patriae, haec scribo, nec cum larvis luctari cupio, cum contra Justinianum illum scribo, sine vituperatione tamen. Sed patriae misertus non potui vel saltem aliquid facere, quo provectioribus aetate, atque doctoribus me Germanis praeberem uberiorem occasionem, defendendi Germaniam.« Bebel: Apologia, S. 115, Sp. 2.

mögendem Haus kamen.[111] Aus humanistischer Sicht verband den Juristen mit dem Kaufmann, dass er im Ausland große Summen ausgab, um, mit fremdem Tand geschmückt, in Deutschland als Parvenü zu glänzen.

Zum idealen Gegenbild des römischen Rechts stilisierten deutsche Humanisten das alte Gewohnheitsrecht. Hutten taufte es zum »summum jus Germanorum« um.[112] Wimpfeling klagte, das schriftliche Recht diene der Machtsteigerung seiner Experten und ihrer fürstlichen und kaufmännischen Mandanten. Die Rechtsprechung spezialisierter Fachgelehrter assoziierte er mit Eigennutz, die traditionelle Laiengerichtsbarkeit mit Gemeinnutz. Darüber hinaus stand die Jurisprudenz im Gegensatz zur Theologie, erschien als »Repräsentantin des Weltlichen schlechthin«.[113] Für Wimpfeling standen das »Reich und seine Ehre« auf dem Spiel.[114]

Trotz Verweisen auf mittelalterliche Theologen und Humanisten, die seine Aussagen stützten,[115] huldigte der Elsässer Humanist (dessen Biographie auch ein abgebrochenes Rechtsstudium aufweist) populärem Rechtsdenken, das im naiven Jedermann den Garanten der Gerechtigkeit sah. So hatte bereits 1493 eine deutschsprachige Flugschrift mit xenophoben Motiven gegen die Rechtsgelehrten polemisiert. In Versen wurden diese als »Rechtsbieger«, »Beutelschneider« und »Blutsauger« beschimpft und die Fürsten zu ihrer Vertreibung aufgefordert: »Die bringent fremdes recht ins lant, / Es ist ein jammer und klagen, / Die wissen herren vul unverstand / Die wird man all verjagen.«[116]

111 Wie ihr gesellschaftliches Umfeld war auch die spätmittelalterliche Universität ein soziales System ausgeprägter Inegalität, die sich bei Auslandstudien noch verstärkte. Dass der Auslandsaufenthalt deutsche Studenten zur Einheit verschweißt habe, ist eine moderne Illusion. In Bologna etwa wohnten die deutschen Rechtsstudenten im feinen Stadtviertel San Domenico, während die Artisten im Armen- und Vergnügungsviertel um die Franziskanerkirche logierten. Rainer Schwinges hat treffend bemerkt, eine Gemeinschaft der Deutschen sei »erst auf dem Studentenfriedhof bei San Francesco sichtbar«. Schwinges: Deutsche Universitätsbesucher, S. 2-6, 352; vgl. auch Kap. 2.2.1.

112 Zit. nach Ridé: L'image, Bd. 1, S. 459; Huttens ausführliches Plädoyer für das alte »deutsche« Gewohnheits- und Fehderecht: Hutten an Crotus Rubeanus, 1518, in: Böcking (Hg.): Epistolae, Bd. 1, S. 179-181; die Idylle des alten, juristenfreien Deutschlands bei Celtis: Quattuor libri amorum 2,9, S. 46; üb. in: Kühlmann u.a. (Hg.): Humanistische Lyrik, S. 111.

113 Herding: Vorwort, in: Wimpfeling: Adolescentia, S. 130.

114 Vgl. Knepper: Nationaler Gedanke, S. 34 f.; Janssen: Geschichte, Bd. 1, S. 594 f.

115 Vgl. das Autograph Wimpfelings »Ad studia sacrarum litterarum«, dessen Inhalt in der »Apologia pro republia christiana« wieder aufgenommen wurde; zit. in Herding: Vorwort, in: Wimpfeling: Adolescentia, S. 126-128; s. auch ders.: Einleitung, in: Wimpfeling: Briefwechsel, S. 42.

116 Zit. nach Janssen: Geschichte, Bd. 1, S. 590 f.

Das schärfste Geschütz fuhren die Humanisten gegen die Advokaten auf, während Richter und Dozenten eher aus der Schusslinie genommen wurden. So ließ sich vermeiden, dass namhafte Mitglieder der res publica litteraria wie Reuchlin, Brant und Zasius getroffen wurden. Sogar humanistische Rechtsgelehrte griffen die Anwälte an. Ulrich Zasius, Professor für römisches Recht an der Universität Freiburg, warf ihnen vor, sie vergifteten die Gerichte und verwirrten das Gemeinwesen, und Brant, Doktor beider Rechte und Professor in Basel, nannte sie heimliche Raubritter, die ihre Seele ins Tintenfass versenkten.[117]

Der rhetorische Ausschluss der Juristen aus der deutschen Nation wurde von einzelnen Humanisten historisch untermauert. Pate stand der antike Historiker Florus, der das Gemetzel der varianischen Legionen mit ausgesuchten Grausamkeiten geschmückt hatte:

> Nichts war blutiger als dieses Gemetzel in Sümpfen und Wäldern, nichts war unerträglicher als der Hohn der Barbaren, besonders aber gegenüber den Gerichtsherren. Den einen stachen sie die Augen aus, den anderen hieben sie die Hände ab; einem wurde der Mund zugenäht, zuvor aber die Zunge herausgeschnitten. Diese hielt ein Barbar in der Hand und sagte: »Endlich hast du Natter aufgehört zu zischen.«[118]

Hatte Florus' Schilderung auf Abscheu und Wut gegen die Barbaren gezielt, so schrieben Hutten und Aventin das gleiche Zitat ins nationale Heldenbuch. Ersterer ersetzte dabei die Gerichtsherren durch Advokaten, Letzterer sogar durch die Dreizahl der »redner[!], vorsprecher [Advokaten] und galgenprediger«.[119] Die Kontinuität deutscher Juristenfeindschaft sah Hutten bis in die jüngste Vergangenheit gewahrt. Noch zu Großvaters Zeiten, so ließ er Sickingen in den »Räubern« behaupten, seien »diese Doktorlein bei uns unbekannt« gewesen: »So kurz erst ist es her, daß sie mit ihren roten Hüten eingedrungen sind, um nach ihrem Belieben ganz Deutschland einem Gewitter gleich zu verwüsten.«[120]

117 Brant: Narrenschiff 77; Janssen: Geschichte, Bd. 1, S. 587.

118 »Nihil illa caede per paludes perque silvas cruentius, nihil insultatione barbarorum intolerantius, praecipue tamen in causarum patronos. aliis oculos, aliis manus amputabant, unius os sutum, recisa prius lingua, quam in manu tenens barbarus ›tandem‹ ait ›vipera sibilare desisti‹.« L. Annaeus Florus: Epitoma de Tito Livio 2,30,36-38, zitiert in: Herrmann (Hg.): Griechische und lateinische Quellen, Bd. 3, S. 180 f.

119 Hutten: Praedones, S. 386; üb. in: ders.: Die Schule, S. 161; Aventin: Bayerische Chronik 2,12, Bd. 1, S. 605.

120 Hutten: Praedones, üb. in: ders.: Die Schule, S. 155.

Die humanistische Polemik gegen den geistlichen Stand galt vor allem den scholastischen Theologen und den Bettelorden. Auch hier traten nationalistische Motive neben anderen auf; der Antiklerikalismus italienischer Humanisten verband sich mit der Romkritik der Gravamina, später mit der lutherischen Propaganda.[121] Von Wimpfelings Verunglimpfung mehrerer Orden als französische Ausbeuter der Deutschen war schon die Rede.[122] Als derselbe vom Franziskanerpriester Thomas Murner wegen seiner nationalistischen Vereinnahmung Karls des Großen zum schlechten Christen gestempelt wurde,[123] reagierten die Gesinnungsgenossen Wimpfelings mit einer Gegenkampagne, die in Murners Umkreis ein ganzes Nest von »Verrätern des deutschen Vaterlands« ausmachte.[124]

Celtis dagegen lobte den Rat von Nürnberg, weil er die Klöster der Stadt unter die eigene Vormundschaft gestellt habe. Nur so könne verhindert werden, dass

> die Mönche durch die Stadt streunen und wie dreiste Aasgeier bei Gelagen und in Kneipen einfallen oder aus Geldgier mit Seelen Geschäfte machen und von den Tischen der Armen wie die raffgierigsten Harpyien das Essen mitnehmen.[125]

Aventin stimmte, von der reformatorischen Rhetorik beeinflusst, noch aggressivere Töne an. Mit etymologischen und historischen Argumenten erklärte er die Geistlichkeit zum undeutschen Stand:

121 Zu den humanistischen Angriffen auf die Geistlichkeit in Italien s. Voigt: Die Wiederbelebung, Bd. 2, S. 212-218; zu den Gravamina vgl. Kap. 2.2.3.

122 Vgl. Kap. 4.1.9.

123 Zur literarischen Fehde, die in Straßburg ein kommunalpolitisches Nachspiel hatte, vgl. Borries: Wimpfeling; Hirschi: Das humanistische Nationskonstrukt, S. 393 f.

124 So griffen Peutingers »Sermones Convivales« alle jene als »patriae Germaniae desertores« an, die sich von der deutschen Nationalität Karls des Großen und der ununterbrochenen Herrschaft der Deutschen über das Elsass nicht überzeugt zeigten (Peutinger: Sermones, S. 203, Sp. 1, 208, Sp. 1, 212, Sp. 1.). Dem Verdacht, in Straßburg seien deutsche Verräter am Werk gewesen, ist sogar die Geschichtsschreibung des 19. und frühen 20. Jahrhunderts aufgesessen (Martin: Jakob Wimpfelings Germania, S. 20 f.; Knepper: Nationaler Gedanke, S. 52-54). Dass Wimpfelings frühere Behauptung, »oratores semigalli« wollten das Elsass an die Franzosen ausliefern, gegen die habsburgfeindliche und frankreichfreundliche Politik der Kurpfalz gerichtet war, wurde erst später erkannt; Mertens: Jakob Wimpfeling, S. 50; Wimpfeling: Germania, S. 14.

125 »[...] in multis Germaniae locis per urbem vagi, conviviorum et cauponarum importunae volucres aut avaritiae studio animarum negotiatores et a pauperum mensis velut rapacissimae Harpiae cibus auferentes [...].« Celtis: De origine 9, S. 165.

> Der Tuiscon aber hat weder kirchen noch altar gebaut, weder opfer oder priester aufgericht. Darumb auch dise namen noch heut zu tag den unsern unkant sein; dann altar, opfer und pfaff sein vom latein, kirchen aber, priester, bischoff, pfar und pfarrer seind von den griechischen sprach herkommen.[126]

Zudem seien die Bekehrer der Deutschen, Sankt Severin und Bruder Victor, keine Geistlichen, sondern Laien gewesen und hätten »die gaistlichen ires geiz und stolz halben« bestraft.[127] Nur den Benediktinerorden sprach Aventin vom Vorwurf der Habgier, Ignoranz, Volksverdummung und Romhörigkeit frei. Wo Tuisco gebaut habe, bauten später die Benediktiner, und in ihren Klöstern sei Forschung zur deutschen Geschichte betrieben worden.[128]

Die Brücke von der humanistischen Kirchen- und Kleruskritik zur reformatorischen Propaganda hatte zuvor schon Ulrich von Hutten geschlagen. Dass die deutsche Nation einen Stand duldete, der einem fremden Herrn, dem Papst, hörig sei, widersprach in seinen Augen dem Prinzip der deutschen Freiheit.[129] Die Geistlichen seien eine »verstellung vnd vnzyer der gantzen nation, [...] haben nichts teütsches an jn, wiewol sye für andern das lustigest wesen haben, am reichsten vnd gewaltigsten seind«.[130] Der Aufruf zur Vertreibung der Geistlichen in einem »bellum sacerdotale«, einem »Pfaffenkrieg«, folgte auf dem Fuß.[131] Huttens Reformationsprogramm kam ohne theologischen Inhalt aus, es galt einfach der nationalen Reinigung vom Ausländischen. Neben dem Randtext »Daz teütschland einer reformation bedörffe« formulierte er:

> Vnd wär den Teütschen heylsam vnd gut, das sye mit angehengtem fleyssz fern vonn jn tribn, den frembden überfluß, vnnd die außländischen weyche des lebens, ir wesen widerumb zu der vorigen starckmütikeit, vnnd alten tugend brächten.[132]

126 Aventin: Chronica, S. 346; ebenso in der Bayerischen Chronik: »Pfaf, pischof pfarrer priester münch sein nit teusch nämen, kommen auß dem latein und kriechischen zue uns.« Aventin: Bayerische Chronik 1,12, Bd. 1, S. 82.

127 Ders.: Ain warnus und anzaigung, S. 206; Aventin stützt sich dabei u.a. auf die Anfang des 5. Jahrhunderts entstandene Lebensbeschreibung des Sankt Severin durch Eugippius.

128 Ders.: Chronica, S. 332 f., 337, 340, 345 f.

129 Vgl. Huttens Ausführungen über »Vnser geistlichen der Romer stalknecht« in: Vadiscus, in: ders.: Gespräch büchlin, S. 64.

130 Ders.: Die Anschawenden, in: ders.: Gespräch büchlin, S. 178.

131 Ebd.; ders.: Praedones, S. 402-405; üb. in: ders.: Die Schule, S. 185-189.

132 Hutten: Die Anschawenden, in: ders.: Gespräch büchlin, S. 179.

Höhepunkt der nationalistischen Antiromanitas waren die ersten Reformationsjahre, als die lutherische Bewegung von humanistischen Publizisten getragen wurde.[133] Im reformatorischen Diskurs, der sich wie nie zuvor der Vulgärsprache bediente, geriet sogar das humanistische Stilideal in den Ruch des Ausländischen, Gezierten und Unwahrhaftigen.[134] Später wurde die nationalistische Polemik gegen die Repräsentanten der sozialen Ausdifferenzierung von der religiösen Frontenbildung überlagert. Zwar nahm die protestantische Propaganda mehrere Motive der Antiromanitas auf, zielte aber nicht mehr primär auf die Abschottung der deutschen Nation, sondern auf den Schutz des evangelischen Gemeindechristentums. Luther selbst klopfte in der kleinen Runde seiner Tischgesellschaften antiitalienische Sprüche, klammerte sie in Flugschriften fürs breite Publikum aber eher aus.[135]

133 Moeller: Reichsstadt.
134 Hess: Deutsch-lateinische Narrenzunft, S. 39 f., 129-132; Junghans: Der junge Luther, S. 234.
135 Vgl. Kap. 5.2.1.

4.4. Nationalisierung der prisca theologia: Der Druidenmythos

Wie dicht Antibarbaries und Antiromanitas verwoben sein konnten, zeigt exemplarisch der von Celtis erfundene Mythos einer griechisch-deutschen Hochkultur. Als ihre Träger bestimmte er die Druiden. Setzt man verschiedene Passagen aus seinen Schriften zusammen,[1] ergibt sich folgendes Bild: Vom römischen Kaiser Tiberius wegen ihres Widerstands aus Frankreich vertrieben, ließen sich die Druiden, »eine Art Philosophen, die unter den Franzosen nach griechischer Art lebten«, im fränkischen Teil des Hercynischen Waldes nieder – dort, wo Celtis selbst herkam. Ihr Name entstammte dem griechischen »drys«, Eiche. Die Eiche verkündete nach altem Glauben, wie noch die Bibel zeigte,[2] den Willen Gottes. Die Druiden deuteten die Orakel der Eichen, bauten Klöster und sangen »in unberührten Wäldern« Lieder für den »deutschen Gott«:

> Keiner kannte die italienischen Götter und wollte sie auch nicht kennen, die so oft Waffen in unser Land trugen, sondern es gab einen einzigen Gott, von dem das Volk seinen Namen hat, dieser wurde nach altüberlieferter Religion verehrt.[3]

Dem deutschen Gott mussten weder Abgaben noch Opfer gebracht werden. Neben dem Gebetsgesang stellten die Druiden geheime Naturforschungen an, waren Seelsorger und Heilkünstler, bildeten das rohe Volk, lehrten den Häuser- und Städtebau und walteten als Gesetzgeber. Sie trugen lange Bärte, griechische Mäntel mit Kapuze und ließen sich auf Steinbildern, die Celtis angeblich in einem Kloster gesehen hatte, mit »einem Buch und einem Stock wie Diogenes« abbilden. Unter den ersten deutschen Kaisern verbreiteten sie den Christenglauben, gelangten danach zu Reichtum und Herrschaft über Städte und fanden Gefallen am weltlichen Leben. Ihrer griechischen Bildung verdankten die Deutschen »sanfteres Sinnen und Trachten«, Gesetzestreue und Wohlgesittetheit: »So wuchs

1 Celtis: De origine 3, S. 122-127; ders.: Libri odarum 3,28, S. 92-94; ders.: Quattuor libri amorum 1,12, S. 24, 2,9, S. 46 f., 3,13, S. 72; ders.: De situ et moribus Germanie additiones, V. 197-205, S. 103.

2 Unter anderem Richter 6,11.

3 »Sed druides castis cecinerunt carmina siluis / Carmina teutonico quae placuere deo / Nec italos nouit: voluit nec nosse penates / Qui totiens nostris aera tulere plagis / Sed deus vnus erat a quo sunt nomina genti / Hic cultus patria religione fuit.« Celtis: Quattuor libri amorum 2,9, S. 46; üb. in: Kühlmann u.a. (Hg.): Humanistische Lyrik, S. 113.

unser deutscher Teil, / So dass er nun den italienischen und französischen / Geistern ebenbürtig sich erhebt.«[4]

In Franken blieben, wie Celtis an anderer Stelle betonte, griechische Kultur, Kleider und Sprache bis in die Gegenwart erhalten. Schon bevor die Druiden aus Gallien vertrieben worden seien, hätten Griechen Celtis' Heimatstadt Würzburg gegründet und in ihren Tempeln Druiden eingesetzt. So konnte Celtis von sich behaupten: »Niemand wundere sich also, dass ich, griechischem Blut entsprossen, Hellenisches wieder in meine Heimat gebracht habe.«[5]

Es wäre verwegen zu behaupten, die ethnographischen Quellen der Antike hätten Celtis die Druidentheorie aufgedrängt. Keine antike Schrift behauptete, die Druiden seien Monotheisten,[6] und keine antike Schrift brachte die Druiden mit den Germanen in Verbindung. Im Gegenteil: Caesar trennte die Germanen von den Galliern, weil bei ihnen keine Druiden lebten. Noch Enea Silvio zitierte diese Passage, um die Rohheit der alten Deutschen zu unterstreichen.[7] Celtis besaß nur zwei vage Anhaltspunkte: eine Bemerkung Plinius' d. Ä., Tiberius (Kaiser 14 bis 37 n. Chr.) habe ein Dekret gegen die Druiden erlassen, um ihre Magie und ihre Menschenopfer zu unterbinden; und die zusammenhanglosen Aussagen des Tacitus, die germanische Geschichte werde in alten Liedern überliefert, vorzeiten seien Gallier in Germanien eingewandert und am Ufer des Rheins lägen Grabsteine mit griechischen Inschriften.[8] Diese Inschriften hatte Tacitus auf die Sage bezogen, Odysseus' Irrfahrt habe auch nach Germanien geführt. Celtis schaltete sie mit Caesars Bemerkung kurz, die Druiden hätten sich des griechischen Alphabets bedient.[9] Schließlich wandelte Celtis den gallischen Gott Teutates in einen »deus teutonicus«, einen deutschen Gott, um.

Was also brachte Celtis dazu, gegen die Übermacht der antiken Quellen eine Zivilisierung Deutschlands durch die Druiden zu behaupten?

4 »Sic nostra crevit pars Alemanica, / Ut Italicis et Gallicanis / Ingeniis modo par resurgat.« Celtis: Libri odarum 3,28, S. 94.

5 Ebd. 1,12, S. 24; üb. in: Kühlmann u.a. (Hg.): Humanistische Lyrik, S. 83.

6 Diesbezüglich hätte Celtis höchstens Plinius missverstehen können, hatte dieser doch im Zusammenhang mit dem druidischen Eichenkult von der Anbetung eines Gottes gesprochen, den Druiden dabei aber keineswegs einen Eingottglauben unterstellt. Den Polytheismus der Druiden hatten Diodorus, Mela, Lucan und Tacitus hervorgehoben, und auch Caesars Beschreibung der gallischen Götterwelt schloss den Druidenglauben ein; Plinius Secundus d. Ä.: Historia naturalis 16,249; Kendrick: The Druids, S. 113.

7 Caesar: De bello Gallico 6,21; Piccolomini: Germania 3,7.

8 Plinius Secundus d. Ä.: Historia naturalis 30,13; Tacitus: Germania 2 f., 28.

9 Caesar: De bello Gallico 6,14.

Und was brachte deutsche Humanisten und Gelehrte bis ins 17. Jahrhundert dazu, dem Mythos aufzusitzen, ihn weiterzuspinnen und sogar der konfessionellen Frontenbildung dienstbar zu machen?[10] Bis heute sind zahlreiche Vermutungen angestellt worden. Joachimsen spekulierte, der Nährboden dieser Ideen sei die Bibliothek des Sponheimer Abtes Trithemius gewesen, wo »Celtis zum ersten Male der Reichtum der historischen Überlieferung deutscher Vergangenheit vor Augen« getreten sei.[11] Später sei Celtis auch noch auf den »Pseudoberosus« hereingefallen.[12] Preiss dagegen nahm an, die Druidenlegende wurzle »in einer fränkischen Lokalfabel«, blieb aber nähere Angaben schuldig.[13] Muhlack sah Celtis von der Absicht geleitet, Enea Silvios Zivilisierungstheorie zu widerlegen: »Was Enea Silvio auf die päpstliche Missionierung, das führt Celtis auf die Druiden zurück.«[14] Gernot Müller deutete den Druidenmythos als Teil eines Geschichtskonzepts, das von »einer kosmischen Verbesserung der Lebensverhältnisse und einer historischen Entwicklung der Kulturentstehung« ausgehe. Celtis habe weder eine »Umdeutung der antiken Quellen« vorgenommen noch sich auf »deren Teilrezeption« beschränkt.[15]

Diese Reihe von Herleitungsversuchen wird hier mit folgender These verlängert: Es war die »prisca theologia« des Florentiner Neuplatonismus bzw. ihre Aufwertung der Druiden zu europäischen Urintellektuellen, die Celtis dazu anregte, für einen nationalen Druidenmythos alle Plausibilitätsprobleme zu umgehen, die von antiken Quellen aufgeworfen wurden.

Der Begriff prisca theologia bezieht sich auf einen alten Strang der christlichen Geschichtstheologie, dem fehldatierte Texte zugrunde lagen.[16] Frühe Kirchenväter[17] beriefen sich bei ihren Angriffen gegen heidnische Philosophen auf angeblich uralte Schriften, die in verschlüsselter Form die wahre Religion verkündeten: die Lehre vom dreieinigen Gott, von der Schaffung der Welt durch das Wort usw. Diese Texte, zu deren Autoren

10 Gotthelf: Das deutsche Altertum, S. 64-67.

11 Joachimsen: Geschichtsauffassung, S. 112.

12 Nanni hatte in seinen phantastischen Völkerstammbaum auch einen »Dryius« eingebaut, abstammend vom keltischen (das heißt französischen) Urahn »Samotus«; Nanni: Berosus 5 »De. vi. rege Assyriorum«, in: Asher: National Myths, S. 214 f. Zur eminenten Bedeutung der pseudoberosianischen Schrift für den französischen Druidenmythos vgl. Asher: National Myths, S. 44-87; Joachimsen: Tacitus, S. 285 f.

13 Preiss: Konrad Celtis, S. 275.

14 Muhlack: Geschichtswissenschaft, S. 213.

15 Müller: Die »Germania generalis«, S. 424.

16 Walker: The Ancient Theology, S. 1 f.

17 So etwa Lactantius, Clemens von Alexandria und Eusebius; vgl. ebd.

man Hermes Trismegistos, Orpheus und Pythagoras zählte, entstanden größtenteils in den ersten vier Jahrhunderten n. Chr. Um den Vorrang der jüdisch-christlichen Offenbarung zu bewahren, behauptete man, die heidnische Theologie gehe auf Moses' Wirken in Ägypten zurück. Motivisch schloss die prisca theologia an die antike »prisca philosophia« an, die den Ursprung der Philosophie außerhalb der griechischen Oikumene gesucht und eine anfängliche Einheit von Religion, Philosophie, Poesie und Musik angenommen hatte.

Eine Renaissance der prisca theologia löste im Italien des Quattrocento der Florentiner Neuplatoniker Marsilio Ficino aus. Beeinflusst von byzantinischen Gelehrten,[18] publizierte er 1474 sein Werk »De Christiana Religione«. Dieses spann die neuplatonischen Theorien über den Ursprung des Wissens virtuos fort. Wie Ficinos spätere Originalwerke, die »Theologia Platonica« (1476) und »De Triplici Vita« (1489), wurde das Buch ein publizistischer Großerfolg und europaweit rezipiert.[19] In Deutschland schob Ficinos Philosophie die humanistische Bewegung mit an und prägte sie fortan entscheidend.[20] In Italien markierte sie eine Wende des humanistischen Antikebezugs und Rhetorikverständnisses.

Ficinos Hauptanliegen war die Versöhnung Platos mit dem christlich-jüdischen Glauben. Sie erfolgte durch eine Annäherung von beiden Seiten. In Anlehnung an den Neuplatoniker Numenius erschien Plato als attisch sprechender Moses und jede Religion in indirekter Weise vom christlichen Gott beseelt.[21] Damit wurde die Literatur der heidnischen Antike wie kaum je zuvor mit dem Christentum versöhnt. Ficinos religiöser Synkretismus war in einen »intellektuellen Synkretismus« eingebettet: Am Anfang des Denkens waren Theologie, Philosophie, Poesie, Musik und Gesetzgebung eins; es gab keine Spaltung der Intellektuellen in getrennte Disziplinen, sondern eine einheitliche, göttlich inspirierte Schöpfungskraft.[22]

18 Kristeller: Die Philosophie, S. 57 f.

19 In Deutschland gehörten, um nur die Bekanntesten zu nennen, Rudolf Agricola, Celtis, der junge Erasmus, Reuchlin, Wimpfeling, Trithemius, Peutinger, Pirckheimer, Mutianus und Agrippa von Nettesheim zu den Ficino-Verehrern. Als »De Christiana Religione« 1507 in Straßburg gedruckt wurde, schrieb Wimpfeling das Vorwort; vgl. Hankins: Plato, Bd. 2, S. 745; Holzberg: Willibald Pirckheimer, S. 51 f.; Wimpfeling: Briefwechsel, Bd. 2, S. 610 f.

20 Dazu pointiert Spitz: The Religious Renaissance, S. 12.

21 Kristeller: Die Philosophie, S. 187; Hankins: Plato, Bd. 1, S. 292; Walker: The Ancient Theology, S. 12.

22 Zu diesem Vorstellungskomplex gehörte auch das Bild des göttlich inspirierten Künstlers und des Sakralstatus seiner Schöpfungen; bereits Anfang des 14. Jahrhunderts hatte der Paduaner Albertino Mussato den göttlichen Rang der Poesie

Die implizite Gegenwartskritik dieses Wissensmonismus[23] explizierte Ficino mit der Ergänzung von Listen spätantiker Neuplatoniker, in denen die prisci theologi ihrem Alter nach aufgeführt waren. Am Schluss der Liste fügte er in einem Brief neben Plotin sich selbst an.[24] Die gleiche Botschaft vermittelte sein Beitritt in den Priesterstand, als er die Niederschrift von »De Christiana Religione« begann (1473). Damit erhielt Ficino den Nimbus eines Priester-Philosophen-Musiker-Arztes.

Seine Liste der ehrwürdigen prisci theologi umfasste neben Namen mit schriftlicher Hinterlassenschaft auch Lehrer und Gruppen, deren Weisheit mündlich tradiert worden sei. Im Vorwort zu »De Christiana Religione« zählte er zu Letzteren die indischen Brahmanen, die persischen Magier und – die gallischen Druiden.[25] Damit stattete Ficino die Druiden mit den höchsten Weihen intellektueller Gründerleistung aus.

Ficino konnte sich auf antike Texte stützen. Nachdem Caesar behauptet hatte, die druidische Hauptlehre bestehe darin, »dass die menschliche Seele unsterblich sei und nach dem Tod aus einem Körper in den anderen übergehe«, führte Diodorus Siculus (ca. 90-21 v. Chr.) den Druidenglauben auf die pythagoreische Seelenlehre zurück.[26] Diese Ableitung übernahmen in der Folge mehrere Autoren, und schließlich gliederte der Kirchenvater Clemens von Alexandria im 3. Jahrhundert n. Chr. die Druiden in die Reihe der prisci philosophi ein.[27]

ausführlich begründet; spätere Autoren beriefen sich in übertragener Lesart auf Aristoteles' Metaphysik (1.3.983b,28-30) als älteste Referenz; vgl. Kallendorf: From Virgil, S. 44 f.

23 So hatte für Ficino die Teilung der Philosophie und Theologie, die erst in jüngster Vergangenheit erfolgt sei, zur Folge, dass ignorante Priester, unfromme Philosophen und eine skeptische Jugend in der guten Gesellschaft einen zersetzenden Einfluss ausübten; vgl. Hankins: Plato, Bd. 1, S. 290.

24 Ficino: Opera, S. 872; Walker: Orpheus, S. 105.

25 Ficino: Opera, S. 1; Walker hat aus den verschiedenen Aufzählungen bei Ficino eine repräsentative Liste zusammengestellt (die Theologen ohne schriftliche Hinterlassenschaft in Klammern): (Adam, Enoch, Abraham, Noah), Zoroaster, Moses, Hermes Trismegistos, (Brahmanen, Druiden, Magier), David, Orpheus, Pythagoras, Plato, die Sibyllen; diesen konnten als christliche Nachfolger die spätantiken Neuplatoniker, Pseudodionysius Areopagita und Ficino selbst angefügt werden; Walker: The Ancient Theology, S. 20.

26 Diese unwahrscheinliche Verknüpfung wurde dadurch erleichtert, dass den Römern der Glaube an die Unsterblichkeit der Seele ursprünglich fremd war, was sie dazu verleitete, zwischen verschiedenen Varianten dieses Glaubens vorschnell kausale Bezüge herzustellen; Caesar: De bello Gallico 6,14; Diodorus Siculus: Historiae 5,28,6; Kendrick: The Druids, S. 82, 105, 110.

27 Kendrick: The Druids, S. 105 f.

Drei Indizien legen nahe, dass Celtis von Ficinos prisca theologia zur Erfindung des deutschen Druidenmythos angeregt worden ist: erstens die inhaltliche Anknüpfung des Druidenmythos an die prisca theologia, zweitens Celtis' intellektuelles Selbstverständnis, drittens die neuplatonischen Interessen der Humanisten, die den Mythos übernommen haben.

Zum Motivtransfer: Celtis brachte die Druiden mit der pythagoreischen Lehre in Verbindung,[28] verglich ihre Zivilisierung Deutschlands mit dem Wirken des priscus theologus Orpheus[29] in Griechenland und zeichnete die Druiden als archetypische Universalintellektuelle – Priester, Sänger-Poeten, Philosophen, Ärzte, Gesetzgeber und Naturforscher in Personalunion.[30]

Zu Celtis' Person: Celtis hatte Ficino in jungen Jahren auf seiner Italienreise in Florenz gehört,[31] besaß in seiner Bibliothek eine Schrift des Hermes Trismegistos[32] und organisierte seine Sodalitates nach dem Leitbild der florentinischen und römischen »Academia Platonica«.[33] Vor allem aber stellte er seine eigene Biographie in die Tradition der prisci theologi. Auf der Basis einer astrologischen Zahlenmystik verklärte er seine Wandertätigkeit ex post zum »zehnjährigen philosophischen Reisen nach Art von Moses, Pythagoras und Platon«.[34] Umso edler erschien die Frucht, die das Wandeln in alten Spuren hervorbrachte: die »Vier Bücher Amores«. Mit seiner autobiographischen Inszenierung stellte sich Celtis auch in die Nachfolge der nationalen prisci theologi – der Druiden. Ihre Verherrlichung als nationale Kulturschöpfer war ein heimliches Selbstlob. Ganz in die Gegenwart holte Celtis die Druiden in der Ode »Ad Ioannem Tritemium druidam, abatem in Spanhaim«.[35] Was Trithemius in den Augen Celtis' zum Druiden weihte, waren sein »Gesang« in den drei ehrwürdigen Sprachen,[36] seine Erforschung alten Geheimwissens, die Schätze seiner

28 Celtis: Libri odarum 3,28, S. 93.

29 Ebd.

30 Ebd., S. 93 f.; ders.: Norimberga 3, S. 122-127.

31 Conradi Celtis per Sodalitatem litterariam Rhenanam vita, in: ders.: Briefwechsel S. 610.

32 Henkel: Die Bücher des Conrad Celtis, S. 156.

33 Celtis an Sixtus Tucher, Ingolstadt 1491, in: ders.: Briefwechsel, S. 32; vgl. Kap. 4.2.1., sowie Preiss: Konrad Celtis, S. 135-152; Klaniczay: Celtis, S. 84-86.

34 Wuttke: Conradus Celtis, S. 184, 191; vgl. Celtis an Fuchsmagen und Krachenberger, Wien, 1. November 1497, in: ders.: Briefwechsel, S. 295; Celtis: Quattuor libri amorum, Praefatio, S. 1-7.

35 Celtis: Libri odarum 3,28, S. 92.

36 Es handelt sich dabei um eine grobe Übertreibung: Trithemius schrieb ein nach ciceronianischen Maßstäben unelegantes Latein, hatte kümmerliche Griechisch-

Bibliothek, sein pythagoreischer Vegetarismus und der Einklang all dieser Leistungen mit der monastischen Lebensform.[37]

Zu den Rezeptionsträgern des Mythos: Der Sponheimer Abt freute sich über das Lob des Celtis, das ihn mit Menschen opfernden Heidenpriestern gleichsetzte. Diese Reaktion wird angesichts von Trithemius' eigenen neuplatonischen Schwärmereien verständlich. Gab Celtis mit seinem Druidenmythos den Anstoß zur Nationalisierung der prisca theologia, so verband ihn Trithemius mit den magischen Arcana. Dabei knüpfte er an Cicero, Caesar und Plinius an.[38] Die von Celtis betonte öffentliche Funktion der Druiden trat zurück.[39] Für Trithemius wurden sie zu Vorläufern seiner eigenen okkulten Studien, die ihn eine Zeit lang mit anderen deutschen Neuplatonikern wie Agrippa von Nettesheim verbanden.[40] Auch in sozialer Hinsicht galten ihm die Druiden als eigene Präfigurationen. Als uralter, vorchristlicher Mönchsorden stützten sie seine Behauptung, dass die Wissenschaft unter Mönchskutten beheimatet sei.[41] Die damit verbundene Unterscheidung von Gelehrsamkeit und Rhetorik, »res« und »verba«, stand wiederum in der Tradition platonischer Rhetorik der Antirhetorik.[42] Wie stark Trithemius vom Neuplatonismus geprägt war, zeigt auch sein Gelehrtenkatalog »kirchlicher Schriftsteller«.[43] Zur nicht geringen Irritation einiger Leser enthielt er neben Theologen auch Philosophen,

kenntnisse und von Hebräisch so gut wie keine Ahnung; vgl. Brann: The abbot; Müller: Graecus.

37 Celtis: Libri odarum 3,28, S. 92 f.

38 Noel Branns Aufteilung des antiken Druidenbilds in eine »poseidonische« Tradition, die die öffentliche Funktion der Druiden betont habe, und eine »plinianische«, in deren Zentrum die Geheimwissenschaften gestanden hätten, geht nicht auf, da seit Caesar in den meisten Schriften beide Aspekte Erwähnung fanden. Auch Branns Folgerung, Celtis und Trithemius fußten in der plinianischen Tradition, stimmt zumindest für Celtis nicht, stand bei ihm doch die missionarische Leistung der Druiden zur Zivilisierung Deutschlands im Zentrum; Cicero: De Divinatione 1,41,90; Caesar: De bello Gallico, Plinius Secundus d. Ä.: Historia naturalis 30,13; Kendrick: The Druids, S. 90; Brann: Conrad Celtis, S. 18-20; Celtis: De origine 3, S. 122-127.

39 Brann: Conrad Celtis, S. 20.

40 Walker: Orpheus, S. 107-114.

41 Sein Ausspruch »Scientia latet in cucullis« hat von Seiten des Weltgeistlichen Wimpfeling heftigen Widerspruch hervorgerufen; vgl. Wimpfeling: Briefwechsel, Bd. 2, S. 604 f.; Brann: The abbot, S. 262; ders.: Conrad Celtis, S. 16 f.; Müller: Graecus, S. 216.

42 Zur neuplatonischen Rhetorik der Antirhetorik vgl. Breen: Giovanni; Gray: Renaissance Humanism, S. 209 f.; Grassi: Rhetoric, S. 55-58; zu Trithemius' Aufwertung uneleganter Gelehrsamkeit und Trennung von »res« und »verba« vgl. Arnold: Johannes Trithemius, S. 29 f.; Brann: The abbot, S. 207, 219, 247.

43 Trithemius: De scriptoribus.

Mediziner, Juristen, Historiker und Poeten – unter ihnen Celtis und Ficino.[44] Sie alle hätten sich, wie sich Trithemius im Nachhinein rechtfertigte, um die Kirche verdient gemacht.[45]

Auch nach Trithemius wurde die Rezeption des Druidenmythos von neuplatonischen Ideen gelenkt. Aventin war nicht nur Schüler Celtis', sondern auch des Pariser Neuplatonikers Lefèvre d'Etaples.[46] Wie Ficino und Celtis vertrat er einen Synkretismus von Poesie, Philosophie, Prophetie, Theologie und Seelsorge. Den ursprünglichen Einheitsbegriff geistiger Schöpfungskraft sah er, gestützt auf Aristoteles, in der griechischen Bedeutung von »Poet« erhalten.[47] Die griechische Sprache aber, so Aventins kühne Behauptung, sei der deutschen nicht nur eng verwandt,[48] sie habe auch ihre Schriftzeichen von ihr übernommen! Erfunden habe das griechische Alphabet nämlich, wie »etlich schreiben«, der deutsche Stammvater und priscus theologus Tuisco.[49] Demnach waren die Deutschen schon in der Wiege ihrer nationalen Existenz vom Fluch des Analphabetismus befreit. Aventin folgerte weiter, man müsste die deutsche Sprache eigentlich in griechischer Schrift wiedergeben, da sie »gar kain gemainschaft mit der lateinischen sprach hat«.[50] Um selbst auf das griechische Alphabet umzusatteln, waren ihm die praktischen Hindernisse aber zu groß.

Indem Aventin die griechisch-deutsche Kulturschöpfung auf Tuisco zurückdatierte, wetzte er die von Celtis hinterlassene Scharte einer relativ späten Zivilisierung Deutschlands aus. Damit verlor der Druidenmythos den ursprünglichen Leitzweck. Und doch verzichtete Aventin nicht auf ihn. In der »Deutschen Chronik« kombinierte er Caesars und Plinius' Angaben mit Celtis' Migrationsgeschichte.[51] In der »Bayerischen Chronik« jedoch wertete er den Mythos um: Vom französischen König »Drud« gegründet,[52] bildeten die Druiden einen Mönchsorden, der die Gallier mit

44 Kaum einen anderen Autor lobte Trithemius in so hohen Tönen wie Ficino, der »eine unerreichte Zierde und Krone der platonischen Theologie« sei; vgl. Brann: The abbot, S. 215 f.

45 Arnold: Johannes Trithemius, S. 120.

46 Zur Verbreitung des Neuplatonismus über Frankreich nach Deutschland vgl. Luchsinger: Der Basler Buchdruck, S. 120; zu Aventins Studien in Paris vgl. Schmid: Die historische Methode, S. 358 f.; Strauss: Historian, S. 38.

47 Aventin: Bayerische Chronik 1,187, Bd. 1, S. 422 f.

48 Zum Beweis dieser Aussage führte Aventin die Forschungen des Trithemius, Celtis und Johanns von Dalberg an; ebd. 1, Einleitung, Bd. 1, S. 15.

49 Aventin: Chronica, S. 351.

50 Ebd.; ders.: Bayerische Chronik 1, Einleitung, Bd. 1, S. 14.

51 Aventin: Chronica, S. 366 f.

52 Nach der Genealogie des »Pseudoberosus«; Nanni: Berosus 5 »De. vi. rege Assyriorum«, in: Asher: National Myths, S. 214 f.

Menschenopfern und Bilderkult zum Narren hielt. Nachdem die römischen Eroberer den druidischen Götzendienst verboten hatten, flohen diese »dieb, mörder und räuber« über den Rhein nach Deutschland. Ihr Glaube, den Aventin in Kontrast zur bilderfreien, monotheistischen Religion Tuiscos stellte, ließ sie als Präfigurationen der Bettelorden erscheinen.[53] Damit wurde aus Celtis' Gründungsmythos der deutschen Kultur ein Mahnmal der Sittenverderbnis Deutschlands durch ausländische Kleriker. Noch Lohenstein degradierte die Druiden zu katholischen Priestern, die »ausländischen Gottesdiensten Thür und Thor aufgesperrt« hätten, während er die Barden zu Vorläufern der evangelisch-deutschen Geistlichkeit stilisierte.[54]

In Frankreich wurden die Druiden zwar schon im Mittelalter als gelehrte Archetypen bemüht,[55] zu Urvätern der französischen Nationalkultur avancierten sie aber erst im Renaissance-Platonismus. War Celtis' Nationalisierung der prisca theologia mit hohen Plausibilitätsproblemen verbunden, so hatte man auf französischer Seite leichteres Spiel. Antike Autoren hatten die Druiden als gallische Priesterelite definiert, so dass es französischen Ficino-Verehrern und Neuplatonikern nicht schwer fiel, sie als nationale Kultur- und Religionsgründer zu vereinnahmen.[56] Dabei griffen sie auch auf den Stammbaum des »Pseudoberosus« und Trithemius' fränkisch-trojanische Origokonstruktion zurück.[57] In der Anciennitätsliste der prisci theologi schoben sie die Druiden in die vordersten Ränge.[58] Wie in Deutschland wurde die griechische Hochkultur auch in Frankreich zum einheimischen Ableger[59] und die römische zum wertlos Neuen und Inbegriff des Fremden. Mit seiner Stoßrichtung gegen das antike Griechenland und Rom bereitete der französische Druidenmythos den Boden für die »Querelle des Anciens et des Modernes«.

53 Aventin: Bayerische Chronik 1,26, Bd. 1, S. 105-107.

54 Zit. nach Gotthelf: Das deutsche Altertum, S. 66.

55 Man stilisierte sie etwa zu Vorläufern der Pariser Universität; vgl. Kap. 3.3.4.

56 So im 16. und Anfang des 17. Jahrhunderts Symphorien Champier, Lefèvre d'Etaples, Charles de Bouelles, Pierre de la Ramée, Louis Le Roy, Etienne Forcadel, Le Fèvre de la Boderie, Estienne Pasquier und Sébastien Rouillard.

57 Trithemius: De origine; vgl. Asher: National Myths, S. 13-15, 19, 24, 44-78.

58 Vgl. Walker: The Ancient Theology, S. 66-100; Asher: National Myths, S. 63-102; Böhm: »Gallica Gloria«, S. 66-71.

59 Die sprachliche Eleganz der griechischen Philosophie deutete Champier als Degeneration der französischen Urkultur; vgl. Walker: The Ancient Theology, S. 100.

4.5. Sozialgeschichte des humanistischen Nationalismus

4.5.1. *Zur funktionalistischen Methode*

Die modernistische Nationalismusforschung hat die Frage nach den Funktionen, oder eher nach *der* Funktion des Nationalismus ins Zentrum der Aufmerksamkeit gerückt. Weniger der Entstehung des nationalistischen Diskurses als der Aufgabe, die der Nationalismus in der Gesellschaft wahrnehme, gelte es nachzugehen. Gellner brachte die Leitnorm des funktionalistischen Ansatzes auf die Formel, man solle »Gesellschaften in erster Linie unter dem Gesichtspunkt der synchronen Interaktion von Institutionen anstatt unter dem Aspekt der Vergangenheit betrachten«.[1] In der Praxis war die synchrone und diachrone Ebene schwerer trennbar als in der Theorie. Sogar Gellner beabsichtigte, mittels funktionalistischer Methode einen genetischen Prozess zu erklären.[2] Das Resultat war eine zirkuläre Beweisführung: Die Funktionsanalyse des modernen Nationalismus sollte seine Inexistenz in der Vormoderne belegen.[3]

Neben dem »problem of causation«[4] besteht eine weitere Gefahr des funktionalistischen Ansatzes in der affirmativen Einstellung zum Objekt. Der soziologische Funktionalismus beruht auf der metaphorischen Analogie von Gesellschaft und biologischem Organismus.[5] Schon die Frage nach der Funktion eines sozialen Phänomens impliziert die Annahme seines Nutzens für die Gesellschaft. So wie jedes Organ einen Beitrag zur Lebenserhaltung eines Organismus leistet, trägt jedes soziale Subsystem zum Funktionieren der Gesellschaft bei. Vor diesem Hintergrund riskiert das funktionalistische Auge, destruktives Gegeneinander als harmonisches Miteinander wahrzunehmen. Was sich gesellschaftlich durchsetzt, wird automatisch für notwendig und sinnvoll gehalten.

Auf eine dritte Schwierigkeit funktionalistischer Methoden hat Breuilly hingewiesen: das Auseinanderhalten von Absichten und Wirkungen.[6] Da nur Wirkungen funktional relevant sind, besteht hier die Gefahr, aus fal-

1 Gellner: Nationalismus, S. 151.
2 Ebd.
3 Zur Problematik der Kausalerklärungen modernistischer Theorien vgl. Kap. 1.1.1.
4 Smith: Nationalism, S. 36; zur grundsätzlichen Schwierigkeit des Funktionalismus, Veränderungen erfassen und kausal erklären zu können, vgl. Strasser: Functionalism.
5 Strasser: Functionalism, S. 6-14.
6 Breuilly: Nationalism, S. 33.

schen Prämissen falsche Konklusionen zu ziehen. Mit anderen Worten: Heuristischen Mehrwert schafft eine funktionalistische Theorie nur, wenn sie soziale Funktionen jenseits der Intentionen von Akteuren sucht. Um ein Beispiel zu geben: Die Bewahrung von Traditionen gehört zu den Absichten von Nationalisten, der Traditionsbruch häufig zu ihren Wirkungen.

Um die Analyse des humanistischen Nationsdiskurses mit einer Funktionsanalyse zu verbinden, sind die Parameter des modernistischen Ansatzes zu ändern. Der humanistische Nationalismus blieb auf eine kleine, elitäre Minderheit beschränkt und hat über diese hinaus keine unmittelbare Wirkung gezeitigt. Eine Funktionsanalyse auf der sozialen Makro-Ebene hinge daher im Leeren. Der humanistische Nationalismus stand aber in engem Bezug zur monarchischen Politik des Spätmittelalters. Die Wechselwirkung von königlicher Propaganda und humanistischem Diskurs ist ein Indiz dafür. Für eine funktionalistische Betrachtung bietet sich daher die Meso-Ebene des habsburgischen Herrschaftsapparats an. In diesen Apparat eingeschlossen war der »weitere Hof«. Zu ihm gehörten die gelehrten Eliten, die aus räumlicher Distanz, das heißt in Städten königsnaher oder -offener Landschaften,[7] in die Herrschaftspraxis eingebunden wurden.[8] Ihr Dienst erfolgte häufig unabhängig vom politischen Tagesgeschäft. Die Beschränkung auf diese Meso-Ebene hat den Vorteil, dass dem Nationalismus kein gesamtgesellschaftlicher Nutzeffekt unterstellt wird. Was für Kaiser Maximilian I. funktional war, musste weder für den Poeten Celtis noch für die Reichsbevölkerung funktional sein.

Um eine differenzierte Sicht der Problematik zu erhalten, wird im Folgenden zuerst die soziale und politische Position der Humanisten im vorreformatorischen Reich abgesteckt. Von dieser Positionsbestimmung lassen sich in einem zweiten Schritt Rückschlüsse auf die intentionale Ausrichtung des humanistischen Nationsdiskurses ziehen. Und daraus kann zuletzt seine funktionale Bedeutung annäherungsweise erschlossen werden.

7 Peter Moraw zählt zu den königsnahen Landschaften des spätmittelalterlichen Reichs Franken, Mittelrhein-Untermain, Teile Schwabens und »dahinschwindend« den Saale-Mittelelbe-Raum, zu den königsoffenen Landschaften Oberrhein und oberen Niederrhein, während er ganz Norddeutschland den königsfernen Gebieten zuordnet; Moraw: Von offener Verfassung, S. 175.

8 Zum Konzept des »engeren« und »weiteren Hofs« s. Mertens: Landeschronik, S. 30.

4.5.2. *Vertikale Mobilität: Klienten und Patrone*

Viele Historiker haben dem Humanismus nicht nur in geistesgeschichtlicher, sondern auch in sozialgeschichtlicher Hinsicht eine Pionierrolle zugeschrieben: die Geburt des »freien Literatentums«. Die Hartnäckigkeit, mit der sich dieses Bild gehalten hat, ist ohne Burckhardts Konzept des Renaissancemenschen nicht zu denken.[9] Dieses erweiterte Hans Baron zum Dualismus eines republikanischen Bürgerhumanismus und eines kontemplativen Literatentums.[10] Baron identifizierte sich mit der »Bodenständigkeit« der politisch aktiven Humanisten, denen er einen westlich-liberalen Anstrich gab. Das freie Literatentum zeichnete er in den moralisierenden Farben Burckhardts.[11] Alfred von Martin integrierte Barons Dualismus in eine »Soziologie der Renaissance«. Demnach war die moderne Intelligenz ein Geschöpf des italienischen Stadtstaats, degenerierte aber schon an ihrem Geburtsort zum politisch verantwortungslosen Ästhetentum.[12] Von Martin lehnte sich mit seinem Begriff der »freischwebenden Intelligenz« an die Wissenssoziologie Karl Mannheims an. Er verstand unter »freischwebend« aber etwas anderes. Hatte Mannheim darin ein korrigierendes Gegengewicht zu den Machtträgern gesehen,[13] so hielt es von Martin für ein Kennzeichen entwurzelter Individualisten, die gegen Geld jedes Herrn Lob sangen und Symptom einer breiten Dekadenz seien.[14]

Die Offenheit dieser Modelle zur Moderne erleichterte ihre Anwendung außerhalb der italienischen Renaissance. Burckhardts Kategorien der Entwurzelung, Amoralität, Ruhmsucht und Spottlust wurden schon im 19. Jahrhundert auf den deutschen Humanismus übertragen.[15] In der gleichen Tradition, wenn auch ohne wertende Note, stand Muhlacks Einordnung der Humanisten als »erste Literaten der europäischen Geschichte, die nur dies sein wollen«.[16] Münkler und Grünberger führten den humanistischen Nationsdiskurs wiederum auf die Existenz »freischwebender

9 Vgl. Kap. 1.3.
10 Baron: The Crisis; ders.: Bürgersinn.
11 Zur Kritik von Barons Modell vgl. Hankins: The »Baron Thesis«.
12 Von Martin: Soziologie, S. 62.
13 Mannheim bezeichnete mit der »freischwebenden Intelligenz« jene Gelehrtenschicht, deren »einziges Kapital ihre Bildung« sei; in ihnen, die er hauptsächlich der akademischen Intelligenz zurechnete, glaubte er eine Gruppe ohne »ideologische Seinsgebundenheit« gefunden zu haben, die den Ideologien der Machtträger objektivierend entgegentrete; Mannheim: Ideologie, S. 12 f., 136.
14 Von Martin: Soziologie, S. 107 (s. auch S. 70-79).
15 Geiger: Renaissance, S. 468-470; Paulsen: Geschichte, S. 45-53; vgl. auch Kap. 4.1.1.
16 Muhlack: Die humanistische Historiographie, S. 4.

Intellektueller« zurück, wobei sie sich einmal auf von Martin, einmal auf Mannheim beriefen.[17] Ihrer Theorie zufolge gehörten die deutschen Humanisten zu den »staatsfernen« Intellektuellen, denen die Erfindung des Buchdrucks eine alternative Ausübung von Macht ermöglichte:

> Die Druckerpresse wurde geradezu zur Kompensation ihres fehlenden Zugangs zu den Machthabern, denn erst durch sie konnten sie ihre Macht- und Einflusslosigkeit im Sinne fehlenden Zugriffs auf fiskalische, militärische und administrative Ressourcen, auf Rechts- und Zwangsmittel kompensieren. [...] Mit Hilfe der Druckerpresse verfügten sie über das Instrument, mit dem sie den Ressourcen und Symbolen der Macht in den Händen der staatsnahen Intellektuellen Paroli bieten konnten: die Macht der Symbole und Narrationen. Durch sie erst schufen sie die imaginierte Gemeinschaft der Nation.[18]

Indem Münkler und Grünberger hinter den humanistischen »Vorboten deutschen Größenwahns«[19] eine Strategie vermuteten, politische Ohnmacht durch mediale Gegenmacht aufzufangen, projizierten sie Bedingungen des modernen Nationalismus ins vorreformatorische Reich. Die Sozialisierung der deutschen Humanisten nahm, an der *damaligen* Gesellschaft gemessen, gerade einen gegensätzlichen Verlauf.

In der Geschichte des alten Reichs hat es wohl keine Gelehrtenbewegung gegeben, die so schnell in die fürstlichen Machtnuklei vorgestoßen ist wie der Humanismus. Wofür die Doktoren des Rechts zwei Jahrhunderte benötigt hatten, brauchten die deutschen Humanisten zwei Generationen.[20] Die Beispiellosigkeit dieses Aufstiegs wird noch deutlicher, wenn man die Vielfalt der sozialen Herkunft berücksichtigt. Entstammten die gelehrten Räte zumeist niederem Adel und städtischen Eliten, öffnete sich der Humanismus bis zum Bauernstand. Bebel und Celtis, zwei vom Kaiser gekrönte Dichter, waren Söhne eines Pächters und Winzers, Erasmus ein uneheliches Kind niederster Herkunft.[21]

Schon die Pioniere der humanistischen Bewegung im Reich standen in nächster Nähe zum Königtum. Ihr sozialer Entfaltungsraum waren die Kanzleien Karls IV. (Johann von Neumarkt, Petrarca) und Friedrichs III.

17 Münkler u.a.: Nationenbildung, S. 24 f., 119 f., 261.

18 Ebd., S. 25.

19 Ebd., S. 261.

20 Zur Generationeneinteilung vgl. Kap. 4.1.3.

21 Diese Beispiele waren keine seltenen Ausnahmen, aber auch nicht die Norm: Die meisten deutschen Humanisten entstammten den städtischen Mittel- und Oberschichten; vgl. Treml: Humanistische Gemeinschaftsbildung; Zorn: Die soziale Stellung.

(Enea Silvio). Nachhaltig Fuß fasste der Humanismus im Süden Deutschlands mit der Generation Rudolf Agricolas (1444-1485), Felix Fabris (1441-1502) und Hartmann Schedels (1440-1514). Von da an dauerte es nur wenige Jahrzehnte, bis ihre Nachfolger Eingang in die Klientel Maximilians I. (1459-1519) fanden. Die nationalistischen Literaten gehörten dabei zu den Ersten. Ihre Propaganda redete der kaiserlichen Macht das Wort, lehnte sich an den monarchischen Nationsdiskurs an und verstärkte den habsburgischen Solidaritätsdruck auf die Stände.[22]

Die Einbindung der Humanisten in den habsburgischen Herrschaftsapparat erfolgte durch einen von beiden Seiten geleisteten symbolischen Kapitaltransfer. Der Kaiser holte schriftliche Gutachten und Beraterdienste ein, verlieh Titel und Ehre, hob die Rhetoren auf die Reichstagsbühne und schuf Universitätslehrstühle für nichtpromovierte [!] Literaten. Die Humanisten verpflichteten sich zur publizistischen Unterstützung der kaiserlichen Politik, zum Lob des Monarchen und seiner Dynastie in Schrift und Rede. Die Erhöhung der deutschen Ehre war diesen Pflichten inhärent.[23] Das vertikale Loyalitätsverhältnis erscheint als klassischer Ausdruck einer klientelären Beziehung. Wie der humanistische Sprachgebrauch zeigt, haben es die Beteiligten genau so verstanden. Dem »patronus« Maximilian traten die Humanisten ausdrücklich als »clientes« gegenüber.[24]

Maximilians Drang zur literarischen Selbstglorifizierung begünstigte zwar die Kooperation mit den Literaten,[25] ungleich wichtiger war aber der politische Strukturwandel.[26] Die Reichspolitik des 15. Jahrhunderts steigerte die Bedeutung des gesprochenen und geschriebenen Wortes in nie da gewesener Weise. Das Gesandtschaftswesen verdichtete sich zur ständigen Diplomatie;[27] der Reichstag wurde zum institutionellen Forum der

22 Zur intentionalen Stoßrichtung der habsburgischen Rhetorik des Nationalen und ihrer Verklammerung mit dem humanistischem Nationsdiskurs vgl. Kap. 2.2.4.

23 So schrieb Wimpfeling nach der Brautraubepisode an den jungen König Maximilian I., er erbiete sich, »die Ehre und den Glanz deines und unseres Deutschlands Namen zu verteidigen und die verräterische Hinterhältigkeit der Franzosen zu offenbaren [honorem ac splendorem nominis tui Germaniaeque nostrae defendere et Francorum perfidiam proditoriam manifestare mihi liceat]«. Wimpfeling an Maximilian I., Februar 1492, in: ders.: Briefwechsel, Bd. 1, S. 199.

24 Schirrmeister: Triumph, S. 39, 221-228; Mertens: »Bebelius [...]«, S. 160.

25 Müller: Gedechtnus, S. 48-103.

26 Zum Folgenden Mertens: Maximilians gekrönte Dichter, S. 115.

27 Lunitz: Diplomatie und Diplomaten, S. 163-168; Mattingly: Renaissance Diplomacy, S. 156-158.

politischen Rede, und die kaiserliche Publizistik warb über die Reichseliten hinaus mit nationaler Rhetorik um politische Unterstützung.[28] Der Humanismus lieferte für diese Politik des bewegenden Wortes die Bedienungsanleitung und das Personal. Die Humanisten setzten sich auf der politischen Bühne als Experten persuasiven Sprechens durch. Diesen Erfolg verdankten sie vor allem dem programmatischen Unterbau der humanistischen Rhetorik: Die Erfolgsgeschichte der römischen »res publica« beruhe auf der Macht der geschliffenen Rede.

Trotz ihrer raschen Aufnahme in die habsburgische Klientel blieben die nationalistischen Humanisten von politischen Entscheidungsprozessen ausgeschlossen.[29] Nicht nur räumlich, sondern auch strategisch wirkten sie, wenn überhaupt, aus der Ferne auf den Monarchen ein.[30] Maximilian nutzte ihre Dienste punktuell und sporadisch. Wahrscheinlich betrachtete er sie bloß als Verstärker seiner nationalen Propaganda gegenüber den Reichsständen. Da die Humanisten jenen Sekundäreliten nahe standen, die der Kaiser mit seinem Nationsdiskurs zu mobilisieren versuchte, machte ihre Einbindung in seine Propaganda Sinn.[31]

Für die Humanisten lag die Attraktivität des kaiserlichen Patrons primär im Ehrkapital, das er auf seine Klienten übertrug. Die Nähe zum Monarchen sicherte kaum einem Literaten den Lebensunterhalt, und schon gar nicht deckte sie die hohen Kosten für humanistische Studien.[32] Dazu mussten herkömmliche Versorgungsquellen angezapft werden: kirchliche Pfründen (Wimpfeling, Cochlaeus), geerbtes Vermögen (Rhenanus, Pirckheimer), landesherrlicher Sold am Fürstenhof (Aventin, Hutten) oder an der Universität (Naucler, Bebel), Stellen in der Stadtverwaltung (Peutinger), im Lehramt (Gebwiler) oder in der Rechtsprechung (Brant).[33] Erst

28 Vgl. Kap. 2.2.4; zum politischen, gesellschaftlichen und kulturellen Verdichtungsprozess in Ober- und Südwestdeutschland vgl. Moraw: Von offener Verfassung, S. 389-392.

29 Es ist hier wichtig, zwischen den nationalistischen Literaten und den humanistisch gebildeten Juristen am habsburgischen Hof zu unterscheiden: Letztere verkehrten im engen Kreis des Monarchen und übten, obwohl von ihrem Herrn notorisch schlecht informiert, einen weit größeren Einfluss aus als die Poeten, Redner und Historiker; vgl. Müller: Gedechtnus, S. 34-47; Mertens: Maximilian, S. 181; Treml: Humanistische Gemeinschaftsbildung, S. 17-20.

30 Mertens: Maximilian, S. 179.

31 Zu den Adressaten von Maximilians Nationsdiskurs vgl. Kap. 2.2.4.

32 Celtis war diesbezüglich eine (partielle) Ausnahme. Maximilian rief für ihn das »collegium poetarum et mathematicorum« an der Universität Wien ins Leben, an dem er seine letzten sieben Lebensjahre verbrachte.

33 Am Beispiel Straßburgs hat Francis Rapp aufgezeigt, dass in der zweiten Humanistengeneration noch gut 85% (18 von 21) dem geistlichen Stand angehört und

im Zug der Reformation erhielten die Humanisten an Universitäten und städtischen Schulen institutionalisierte Stellen und formierten sich zum Bildungsstand. Außer im Fall des herausragenden und darum atypischen Erasmus galt noch für alle Gelehrten der zweiten Generation: »Humanism earned no one a living.«[34] Humanismus war kein Beruf, sondern eine Berufung ohne vorgegebene Einkommensquellen. Ein freies Literatentum hatte schon aus wirtschaftlichen Gründen keine Chance. Der Humanismus war eine ständisch heterogene, von inneren Abhängigkeiten und Rangunterschieden geprägte Bewegung, deren »Grenzen quer zur herrschaftsständischen Gliederung der Gesellschaft« verliefen.[35] Entscheidend war, dass für die interne Rangfolge weniger die ständische Herkunft als die literarische Leistung den Ausschlag gab.

Die unvermeidliche Verflechtung der Humanisten in verschiedene Loyalitäten führte, zumal zwischen landesherrlicher und kaiserlicher Gewalt, auch zu Spannungen. So hatte Bebel, vom König gekrönter »poeta laureatus« und Professor an der württembergischen Universität Tübingen, einen Balanceakt zu bestehen, als die Interessenkollisionen zwischen dem württembergischen Herzogshaus und Habsburg einem offenen Konflikt entgegensteuerten. Dass Bebel eher dem Kaiser zuneigte, hatte damit zu tun, dass der Schwäbische Bund, dem ein Gutteil von Bebels regionalistischer Loyalität galt, auf Seiten des Kaisers, das heißt der nationalen Ikone, stand.[36]

Insgesamt ist anzunehmen, dass die Harmonie zwischen dem Kaiser und den nationalistischen Humanisten recht beschränkt war. Die knappe Kasse des Hauses Österreich war nur der eine Grund. Auch die wechselseitigen Erwartungen entsprachen sich wenig, was die Humanisten aus Solidaritätsgründen nicht an die große Glocke hängen konnten. Maximilian anerkannte die humanistischen Nationalisten wohl als Experten persuasiven Sprechens, nicht aber als politische Erzieher. Die Enttäuschung ihrer nationalen Hoffnungen in den Kaiser lässt sich an mehreren Beispiel zeigen. Erstens investierte Maximilian viel Geld und persönliche Energie in ein genealogisches Projekt, das die trojanische Herkunft der Habsburger

ihren Lebensunterhalt durch Pfründen gesichert hatten. In der nachfolgenden Generation war der Anteil der Geistlichen allerdings auf gut die Hälfte geschrumpft (13 von 25). Die Karrieren der Laien hatten in die städtische Verwaltung und gerichtliche Praxis, ins Schulamt oder in die Medizin geführt; Rapp: Die elsässischen Humanisten, S. 88 f.

34 Matheson: Humanism, S. 25; zu den Berufskarrieren deutscher Humanisten vgl. Treml: Humanistische Gemeinschaftsbildung, S. 15-40.

35 Müller: Gedechtnus, S. 254.

36 Schirrmeister: Nationale Auto- und Heterostereotypen, S. 38 f.

untermauerte.[37] Die Tacitus- und Berosus-gläubigen Nationalisten aber gossen ihren Spott über jene Fürsten, die beim trojanischen Verlierer- und Flüchtlingsvolk ihre Ahnen suchten. Zweitens war dem Kaiser, wie der gesamten Fürstenelite Europas, der Gedanke dauerhafter Feindschaften zwischen christlichen Machtträgern fremd; so standen dem Abschließen und Aufkündigen von Bündnissen kaum ideologische Hindernisse im Weg. Maximilian verharmloste den europäischen Hegemonialkampf zur vorübergehenden Unterbrechung der »amicitia« unter den christlichen Oberhäuptern. Die Humanisten dagegen förderten die Perpetuierung nationaler Feindbilder. Eine fremde Nation galt erst als vertrauenswürdig, wenn sie die Überlegenheit der imperialen Macht Deutschlands anerkannt hatte.[38] Hutten und Bebel forderten im Namen der »patria communis« Germania die Unterwerfung Italiens, um endgültig die französische Konkurrenz um das Imperium auszuschalten.[39] Drittens verlieh der Kaiser den Humanisten Titel, mit denen diese nicht viel anzufangen wussten oder deren Geltung sie umgekehrt überschätzten.[40] Letzteres galt für den »poeta laureatus«.[41] Durch die Dichterkrönung trat der Poet in ein rechtlich fixiertes Treueverhältnis zum Kaiser und verpflichtete sich, fortan das Lob des Imperators zu singen.[42] Celtis verstand die Krönung als Aufstieg zu quasiimperialen Würden der Kunst. Aus dem Humanistenethos, den Musenflug über die Alpen zu erzwingen und Deutschland im imperialen Glanz erstrahlen zu lassen, leitete Celtis ab, er selbst habe als Komponist und Dirigent des kaiserlichen Ruhmeswerks zu walten. Maximilian aber entwarf seine »Gedechtnus« in Eigenregie, ja verfasste sie sogar selbst – zu Celtis' Unwillen in deutscher Sprache. An die lorbeergekrönten Dichter delegierte er bloß die Ausführung fest umrissener Pläne und die Über-

37 Moeglin: Dynastisches Bewusstsein, S. 620-630; Mertens: Mittelalterbilder, S. 37 f.

38 Mertens: Maximilians gekrönte Dichter, S. 112 f.

39 Ebd.; Hutten: Ad divum Maximilianum; Bebel: Triumphus Veneris 4, in: Opera Bebeliana, fol. di^v-e^r.

40 Zu Ersteren gehörten etwa die Titel des Kaplans, familiaris oder königlichen Rats, mit denen sich die Humanisten selbst nicht schmückten; dazu und zum Folgenden vgl. Mertens: Maximilian, S. 179 f.; ders.: Maximilians gekrönte Dichter; ders.: »Bebelius […]«.

41 Schirrmeister: Triumph, S. 195-228.

42 Maximilian hat den Dichterlorbeer nicht nur deutschen, sondern auch italienischen Humanisten verliehen. Zu seiner Herrschaftszeit wirkten über 30 poetae laureati, von denen z.T. aber gar keine Schriften überliefert sind. Unter den betont nationalistisch auftretenden Humanisten erhielten die Poeten Celtis (noch von Friedrich III.), Bebel und Hutten die Ehre einer Dichterkrönung; vgl. Schirrmeister: Triumph; Mertens: »Bebelius […]«, S. 156; ders.: Maximilians gekrönte Dichter, S. 105.

setzungen seiner Werke ins Latein.[43] Der Kaiser stellte die gekrönten Dichter etwa auf die Stufe der von Celtis verachteten Herolde.

Das divergierende Rollenverständnis war Ausdruck der ideologischen Distanz zwischen Patron und Klienten. Diese Distanz begründete auch den autonomen Geltungsanspruch des humanistischen Nationskonzepts. Die Initiative der Humanisten, den Monarchen propagandistisch zu unterstützen, war nie mit der Bereitschaft verbunden, die eigenen politischen Utopien auf dem Altar des Herrendienstes zu opfern. Von der Einbindung in klienteläre Strukturen, sei es auf städtischer, territorialer oder Reichsebene, versprachen sich die Humanisten keine Existenz als bloße Werbeagenten. Ihr Ziel war der Rang politischer Erzieher und Ratgeber.

4.5.3. Horizontale Mobilität: Stadtkultur und Buchdruck

Obwohl der Humanismus schnell und nachhaltig die Höfe eroberte, blieben seine Protagonisten in der städtischen Gesellschaft verankert. Die Humanisten lebten und arbeiteten in Städten, führten ihre Reisen von Stadt zu Stadt und bauten ein Kommunikationsnetz auf, dessen Knotenpunkte Städte waren. Im Zeitalter Maximilians konzentrierte sich die humanistische Kultur denn auch im südwest- und oberdeutschen Raum, dessen Städtedichte höher war als in Niederdeutschland und den östlichen Reichsgebieten.[44] Nicht nur in kapitalkräftigen und königsnahen Reichsstädten, sondern auch in Universitätsstädten wie Tübingen, Erfurt und Ingolstadt wurde der Humanismus heimisch. Die Hochschulen wirkten dabei als Bindeglieder zum Fürstenhof und zur intellektuellen Außenwelt.

Obwohl die Stadt mit ihrer Ballung an Klöstern, Kirchen und Geistlichen ein Ort breiter und intensiver Frömmigkeit war,[45] bildete sie auch den Nährboden für eine vernunft- und leistungsorientierte Laienkultur wie den Humanismus. Das städtische Recht definierte die Kommune als einen Friedensraum, der »keine personalen Sonderrechte duldete«.[46] Je-

43 Müller: Gedechtnus, S. 75 f.; Mertens: Maximilians gekrönte Dichter, S. 109.

44 Während im ober- und westdeutschen Raum etwa 20-30% der Bevölkerung stadtsässig waren, lebten in Norddeutschland und den östlichen Reichsgebieten nur 10-20% in Städten; Isenmann: Die deutsche Stadt, S. 19.

45 Moeller: Reichsstadt, S. 12-15.

46 Dieses Rechtsverständnis ist allerdings nicht als Vorbote moderner Rechtsgleichheit zu verstehen. Das städtische Recht garantierte zugleich eine relativ stabile politische, soziale und wirtschaftliche Ungleichheit, die durch Visualisierungsrituale (Kleiderordnung) zusätzlich akzentuiert wurde; Isenmann: Die deutsche Stadt, S. 75.

der Bürger war dem gleichen Recht unterworfen, und dieses Recht war schriftlich fixiert. Bereits vor dem Einzug des römischen Rechts hatte das Stadtrecht damit einen Prozess der Rationalisierung und Ökonomisierung eingeleitet, der die rituelle Symbolik der Rechtsgeschäfte zugunsten einer gesatzten Rechtsprechung zurückdrängte.[47]

Rationalisierend und meritokratisierend wirkte die Stadt auch als Zentrum der Warenveredlung, des Handels und Kreditwesens. In der zweiten Hälfte des 15. Jahrhunderts wuchs das Handwerk und Großgewerbe stark, begünstigt durch technische Revolutionen.[48] Die Expansion des Kapitalmarkts verlieh dem städtischen Leben eine neue Dynamik.[49] Die gesteigerte Komplexität der wirtschaftlichen Wertschöpfung verlangte mehr abstraktes Denken als die übersehbaren Strukturen der Landwirtschaft. Ohne die schriftliche Fixierung wirtschaftlicher Abläufe wäre der Frühkapitalismus des Spätmittelalters undenkbar gewesen.[50] Damit hatte die Stadt entscheidenden Anteil am Funktionswandel der Schrift von einem sakralen zu einem zweckrationalen Zeichensystem.[51] Die städtische Verwaltung beschleunigte diesen Prozess mit ihrem frühen Bedarf an Experten schriftlicher Kommunikation. Als solche setzten sich die Humanisten durch. Entsprechend waren in der spätmittelalterlichen Stadt die Alphabetisierungsraten höher als auf dem Land.[52] Vor diesem Hintergrund erscheint der Buchdruck als städtische Erfindung vorgezeichnet. Die städtische Wirtschaft schuf, obgleich sie kaum dem Prinzip der Konkurrenz unterworfen war, ein Umfeld, das persönlicher Leistung Entfaltungsmöglichkeiten bot. Das Konzept des Verdienstadels, das die Humanisten propagierten, war trotz seiner antiken Herkunft im Habitus des städtischen Wirtschaftslebens verankert.[53]

Die Reichs- und Universitätsstädte waren nicht nur Nährboden des Humanismus, sondern auch des vormodernen Nationalismus.[54] Die weit-

47 Ebd., S. 84.

48 Unter die Kategorie des Großgewerbes fallen Textil- und Waffenherstellung, Seidenproduktion, Glasindustrie, Metallverarbeitung und Bergbau. Diese Wirtschaftszweige profitierten alle von technischen Innovationen; Stromer: Eine industrielle »Revolution«, S. 111-131; Goertz: Pfaffenhass, S. 37-40.

49 Maschke: Deutsche Städte, S. 6, 12, 16.

50 Moraw: Von offener Verfassung, S. 279-281.

51 Rüegg: Der Humanist, S. 161 f.

52 »Man schätzt, dass vor dem Beginn der Reformation zehn bis dreißig Prozent der Städter und damit zwei bis sechs Prozent aller Deutschen lesen und schreiben gelernt hatten.« Moraw: Von offener Verfassung, S. 324.

53 Rüegg: Der Humanist, S. 162.

54 Zur Bedeutung der Städte für die spätmittelalterliche Nationalisierung in Böhmen vgl. Kap. 2.2.1.

gehende Ausschaltung der geburtsständischen Ordnung in der Stadt machte die Nation als überständische Gemeinschaft erst vorstellbar. Erleichtert wurde diese Abstraktion zum einen durch das Stadtrecht, das nicht nur den einzelnen Bürger, sondern die Stadt selbst zur juristischen Person erklärte. Als Körperschaft (lat. »universitas«) hatte die Stadt eigenes Vermögen und eigene Schulden und war ihren Bürgern ein abstraktes Subjekt, dem sie sich politisch verpflichteten.[55] Zum andern verstanden sich die Reichsstädte als Mikrokosmos des Reiches. Dem Reichsstädter verdichtete sich das Reich in seiner eigenen Stadt – »so sehr, dass die Reichsstadt ›das Reich‹ heißen« konnte.[56] Dieses reichsstädtische Bewusstsein weiteten die Humanisten zum nationalen. Ihre ideologische Verankerung der Nation im Kaisertum hatte also reichsstädtische Wurzeln.

Solche lassen sich auch für die sakrale Überhöhung und xenophobe Abschottung der Nation finden. Die deutschen Stadtbürger des Spätmittelalters verstanden sich als »corpus christianum im kleinen« und attestierten ihrer Regierung »halb-geistlichen Charakter«.[57] Städtische Theologen und Prediger verliehen dem himmlischen Jerusalem Züge ihrer Kommunen.[58] Die Vorstellung der eigenen Auserwähltheit begünstigte Fremdenfeindlichkeit und Angst vor innerstädtischem Verrat.[59] Von der Seuche über den Krieg bis zu den Lastern orteten städtische Bedrohungsszenarien die Gefahrenquellen außerhalb der eigenen Körperschaft.[60] Zum Gefühl der gefährdeten Schicksalsgemeinschaft trug auch die Stadtarchitektur bei.[61] Als gewaltige Burg, deren Mauern unliebsame Eindringlinge abwehrten, aber auch die Bewegungsfreiheit der eigenen Bürger einschränkten, versinnbildlichte die Stadt die Trennung von innen und außen, von Gut und Böse, von Ordnung und Chaos.[62] Im Verlauf des 15. Jahrhunderts lässt sich eine ideologische Verfestigung dieses Selbstverständnisses feststellen. Die Polarisierung zwischen Stadt und Land nahm zu, mit dem diskursiven Ergebnis, dass aus der Eigenschaftsbezeichnung »Adel« ein kollektiver Gegenbegriff zum »Bürger« wurde.[63] Als Bindemittel des städtischen Zu-

55 Isenmann: Die deutsche Stadt, S. 92; Sieber-Lehmann: Spätmittelalterlicher Nationalismus, S. 363-390.

56 Schmidt: Die deutschen Städtechroniken, S. 65.

57 Moeller: Reichsstadt, S. 12-15.

58 Meier: Mensch, S. 23-54.

59 Sieber-Lehmann: Spätmittelalterlicher Nationalismus, S. 390-398.

60 Schmidt: Die deutschen Städtechroniken, S. 76-78.

61 Graus: Die Nationenbildung, S. 87.

62 Zur Stadtmauer als Metapher für die Sicherheit und Abgeschlossenheit der wahren Christen in der mittelalterlichen Theologie vgl. Meier: Mensch, S. 36-38.

63 Morsel: Die Erfindung, S. 340 f.

sammenhalts wirkte eine institutionalisierte Kultur der Bedrohung. In jährlichen »Schlachtengedenktagen« wurde die Erinnerung an (oft fiktive) Belagerungen, nächtliche Überfälle, militärische Siege und Niederlagen wachgerufen.[64] Zu den Konflikten, die den Adelshass in Süddeutschland nährten, gehörten der Armagnakeneinfall und die Burgunderkriege, von denen auch eine nationalisierende Wirkung ausging. Schon 1444/45 übertrug sich die städtische Bedrohungsideologie, begünstigt durch die rege Diplomatie zwischen den isolierten Reichsstädten, auf die abstrakte Größe der »Tuytschen lande«.[65] In der reichsstädtischen Publizistik, die die französische Gefahr beschwor, schwang bis ins 16. Jahrhundert das Misstrauen gegen den Adel der näheren Umgebung mit.

Als Kristallisationspunkt der nationalistischen Xenophobie kann die Korrelation der städtischen Abschottungsmentalität mit einer gesteigerten sozialen Mobilität gesehen werden. Die Bildung des Kapitalmarkts beschleunigte den sozialen Auf- und Abstieg, konzentrierte das Vermögen in den Händen weniger und riss die Schere zwischen Arm und Reich auf.[66] Parallel dazu akzentuierte sich die soziale Fragmentierung der Stadtbevölkerung. Urbanen Abschottungsideologien kam die Funktion zu, innere soziale Spannungen abzufedern, die durch die Interaktion von rechtlich gleichen, wirtschaftlich und politisch aber extrem ungleichen Akteuren entstand.

Die soziale Mobilität führte zugleich über die Grenzen der Kommune hinaus – in horizontaler wie vertikaler Richtung. Dem Sog der Bildungseliten zum Fürstenhof entsprach das Streben des Patriziats nach einem ländlichen Rentnerleben adligen Zuschnitts. Städtische Wahrnehmungsmuster erfassten dabei einen weiteren, abstrakteren Raum. Am unteren Ende ihrer Sozialhierarchie waren die Städte seit jeher auf Zuwanderung angewiesen; vor allem die höhere Sterberate, die die städtische Siedlungsdichte forderte, begünstigte eine regelmäßige Landflucht. Seit etwa 1470 wurde diese Bewegung zur Stadt infolge der Bevölkerungszunahme, des dauernden Preisanstiegs und des städtischen Wirtschaftswachstums beschleunigt.[67] Komplementär zur Grenzziehung nach außen entwickelte die spätmittelalterliche Stadt einen diskreten »Apparat der Anverwandlung«, der aus Landbewohnern Städter machte.[68] Hier wirkte die Ab-

64 Graf: »Der adel [...]«, S. 197 f.

65 Vgl. Kap. 2.2.4. bzw. RTA, Bd. 17, S. 322-327, 428-622.

66 Maschke: Deutsche Städte, S. 12, 16.

67 Diese Entwicklung gilt vor allem für die größeren Gewerbe- und die Handelsstädte Ober- und Südwestdeutschlands; Lutz: Reformation, S. 4-11.

68 Sieber-Lehmann: Spätmittelalterlicher Nationalismus, S. 376.

schottungsideologie, so paradox es klingen mag, als Instrument der Integration.[69]

Den nachhaltigsten Mobilisierungsschub dürfte für die städtischen Bildungseliten jedoch die Erfindung des Buchdrucks ausgelöst haben. In den ersten Jahrzehnten des typographischen Zeitalters wirkte die Explosion des Büchermarktes wie eine unermessliche Steigerung gelehrter Reisetätigkeit. Hatte sich die intellektuelle Neugier zuvor durch mündliche Kommunikation, Korrespondenzen, Handschriftensuche und -zirkulation genährt, so brachte der Buchdruck die ganze Welt des Wissens in jede größere Stadt und machte es an ein und demselben Ort abrufbar. Gelehrt sein konnte nun auch, wer sich physisch nicht bewegte. Die Universalisierung des Informationsflusses selbst erzeugte ein neues, abstrakteres Raumbewusstsein. Die unmittelbarste Wirkung des Buchdrucks spielte sich nicht in der sozialen, sondern in der imaginären Welt ab.

Diese Abstrahierung des Raumes ging auch in den Nationsdiskurs ein. Lange vor der Herausbildung eines deutschen Kommunikationsraums mit eigener Informationszirkulation und vulgärsprachlicher Codierung wurde der deutsche Raum schon als Sprach-, Kultur- und Werteeinheit imaginiert.[70] Der Nationsdiskurs klassifizierte Informationen nach der abstrakten Raum- und Kollektivordnung des Eigenen und Fremden. Er versah Publikationen mit spezifischen Herkunftsetiketten, die rezeptionssteuernde Wirkung hatten und damit vorgängige Informationsträger waren. Diese Orientierungsleistung konnte weder das bipolare Raumkonzept der Stadt noch jenes der Christenheit (die in kurzer Zeit mit der Ausdehnung des typographischen Netzes identisch war) erbringen.

Vor diesem Hintergrund erscheint die Europäisierung des Humanismus nicht als Ursache, sondern als Katalysator des vormodernen Nationalismus. Auch sie wurde vom Buchdruck angetrieben. Konfrontiert mit der leicht zugänglichen italienischen Literatur, fanden sich die Gelehrteneliten nördlich der Alpen in einem kulturellen Entwicklungsland wieder. Mit dem Nationalismus wurde ein Emanzipationsdiskurs geschaffen, der

69 Es handelt sich um einen Mechanismus, der noch heutige Integrationsprozesse prägt: Immigranten grenzen sich häufig, sobald sie sozial eingegliedert sind, umso radikaler von nachstoßenden Einwanderern ab, weniger um ihre Errungenschaft teuer erscheinen zu lassen als um ihre Fremdheit durch Überbietung der Einstellungen Einheimischer abzuwaschen.

70 Wahrnehmbar wird ein gesamtdeutscher Kommunikationsraum erst zu Beginn der Reformation, allerdings auch nur bis zum Beginn der Konfessionalisierung wenige Jahrzehnte später; eine abweichende Theorie bei Giesecke: Der Buchdruck, S. 202, 335 f., 385-419.

diese Rückständigkeit erfolgreich abarbeitete. Der Buchdruck gewährte einen Überblick über die literarische Produktion Europas und machte so einen nationalen Gelehrtenwettbewerb erst vorstellbar. Die höhere Dichte der Druckorte in Südwest- und Oberdeutschland gegenüber der in Norddeutschland hing direkt mit der geographischen Konzentration des Humanismus zusammen.[71]

4.5.4. Priesterweihe und Nobilitierung: Die soziale Selbstreferentialität im Nationsdiskurs

Aufgrund ihrer Schriften und ihrer sozialen Stellung sind die humanistischen Nationalisten als politisierte Intellektuelle zu verstehen. Um anachronistische Konnotationen zu vermeiden, ist diese Kategorisierung zu präzisieren. Im Unterschied zum Konzept der »freischwebenden Intelligenz« ist nicht gemeint, dass die Humanisten aus Enttäuschung über ihre politische Einflusslosigkeit zur Druckerpresse griffen, um oppositionelle Meinungsbildung zu betreiben. Ebenso wenig wird behauptet, die humanistischen Nationalisten seien in der politischen Schriftstellerei aufgegangen. Diese Position wäre so falsch wie die gegenteilige Einschätzung, die deutschen Humanisten seien »ganz unpolitische Köpfe« gewesen.[72] Das Thema der guten Herrschaft und politischen Konkurrenz war eines von vielen, die sich die Humanisten antikisierend anverwandelten. Ihr politischer Diskurs war idealistisch, aber das waren damals fast alle Gelehrtenbeiträge zur Herrschaftsorganisation. Gemessen am engen Spielraum, den spätmittelalterliche Machtträger den Gelehrten gewährten, loteten die Humanisten das Potential politischen Intellektuellentums aus. Dies galt für den Verfassungsdiskurs in Italien wie für den Nationalismus in Deutschland. Hier wie dort dürfte die schillernde Freiheitsrhetorik der Humanisten am nachhaltigsten gewirkt haben, wenn auch in unterschiedlicher Richtung.

In Deutschland erhoben die Nationalisten den Anspruch, das Herrschaftsgebiet der Deutschen müsse mindestens ihr eigenes Siedlungsgebiet umfassen, also bis nach Preußen und Siebenbürgen reichen.[73] Die-

71 Andermann: Bildung, S. 25.

72 Joachimsen: Tacitus, S. 293.

73 Celtis etwa beklagte das Los der deutschen Siedler in Siebenbürgen, die unter dem »pannonischen [i.e. türkischen] Joch« stünden, und verurteilte umgekehrt die »teutonica gens« in Preußen, weil sie treulos einem »sarmatischen« [i.e. polnischen] Tyrannen diene; Celtis: Quattuor libri amorum 1,15, V. 33-36, S. 30, 2,9, V. 120-125, S. 46.

sem Prinzip lag bereits die Unterscheidung von Herrschaftseinheit und Abstammungsgemeinschaft zugrunde, modernisiert ausgedrückt: von Staat und Nation. Ideologisches Verbindungsglied dieser Einheiten war die »libertas Germaniae«, verstanden als Freiheit der Deutschen von fremder Herrschaft, ja fremden Einflüssen insgesamt. Hatte die Forderung nach Einheit von Staat und Nation in der antifranzösischen Polemik um die linksrheinischen Gebiete defensiven Charakter,[74] so verlieh ihr Celtis expansiven Gehalt:

> Nehmt die alte Gesinnung wieder an, deutsche Männer, mit der ihr so oft Schrecken und Furcht über die Römer gebracht habt, und richtet eure Blicke nach den Ecken Germaniens und fasst seine ganz und gar zerrissenen Grenzen zusammen. Schande über Schande, dass wir unserem Volk das Joch der Sklaverei auferlegt haben und dass wir ausländischen und barbarischen Königen Steuern und Abgaben zahlen! O freies und starkes Volk, o edle und tapfere Nation und des Römischen Imperiums durchaus würdig, deinen berühmten Seehafen und den Zugang zu unserem Ozean haben der Pole und Däne in Besitz! Im Osten aber stehen mächtige und bedeutende Völker, Markomannen, Quaden, Bastarner und Peukinger unter fremder Herrschaft und leben gleichsam vom Körper unseres Deutschlands getrennt.[75]

Die Körpermetapher stellte die Einheit herrschaftlicher und nationaler Räume als Notwendigkeit der Natur dar. Wie in der Moderne galt das Prinzip eine Nation – ein Staat nur für die eigene Nation. Um es zu erfüllen, musste diese ja andere Nationen unterwerfen. Dennoch begründete Celtis nicht die organizistische Rhetorik des modernen Nationalismus. Seine Körpermetapher galt nicht der Nation, sondern dem Staat. Celtis schloss an den antiken und mittelalterlichen Herrschaftsdiskurs an, der die monarchische Einheit von Herrscher und Beherrschten als Organismus beschrieben hatte.[76] Er evozierte weniger Blutseinheit und kollektive Ver-

74 Vgl. Kap. 4.1.9.

75 »Induite veteres illos animos, viri Germani, quibus totiens Romanis terrori et formidini fuistis et ad angulos Germaniae oculos convertite limitesque eius laceros et distractos colligite! Pudeat, pudeat nationi nostrae iugum et servitutem imposuisse externisque et barbaris regibus tributa et vectigalia pendere. O liberum et robustum populum, o nobilem et fortem gentem et plane dignam Romano imperio, cuius inclitum maris portum et claustra Oceani nostri Sarmata et Ducas possident! Ab oriente autem valentissimae gentes serviunt, Marcomanni, Quadi, Bastarnae et Peucini et quasi a corpore Germaniae nostrae separate vivunt.« Celtis: Oratio 6, S. 24 f.

76 Struve: Die Entwicklung, S. 292 f.

schmelzung als den Dualismus von Haupt und Gliedern.[77] Das romantische Nationskonzept, das den nationalen Organismus der toten Maschinerie der Staatsgewalt entgegenstellte, war im Humanismus noch nicht angelegt.

Das Programm einer nationalen Arrondierungspolitik war unvereinbar mit den habsburgischen Erbschaftsprojekten. Auf anderem Gebiet schlossen sich humanistische Nationalisten Maximilians Prioritäten jedoch an. Dieser hatte aus militärischen Gründen mehrmals eine Gesetzgebung durchzusetzen versucht, »das yetz und fürohin in ewig zeit kain Teütscher wider uns und das heilig rich zyehen oder dyenen sol in kain weise«.[78] Die königliche Forderung an Fürsten und Städte, den Reislauf von Söldnern nach Frankreich zu unterbinden und drakonisch zu bestrafen, wurde von den Humanisten zum nationalen Prinzip erklärt. Die antike patria-Rhetorik auf die deutsche Nation übertragend, geißelten sie den Solddienst außerhalb Deutschlands als Vaterlandsverrat und nationale Schande. Das Vorbild Roms wurde dabei, wie in Aventins Begründung, unmittelbar gegenwärtig:

> Die alten Römer haben für die gröst verrätterei gehalten, wo einer wider sein herren, wider sein haimat und nation eim frembden zue zoch, wie unser Teutsch dem künig von Frankreich. Ist's ein verräterei, wen einer ein einigen menschen verrät, so ist's vil mêr, wo einer ein ganze nation, sein vaterland, so viel an im ist, verläst und zu desselbigen öffenlichen feind felt; von deswegen ein ietlicher sein leib und leben setzen sol, wie all alt haiden sagen und all Römer getan haben. Es stêt auch in den alten baierischen und teutschen rechten, das ein ietlicher, es sei wer der wöll, geistlich weltlich, ein fürst ein pischof, der sich zu seiner nation oder seins künigs feind nur verpind (ich geschweig im zueziech), hab leib und leben verworcht.[79]

Stellten die Humanisten politische Prinzipien auf, denen die deutsche Nation zu folgen habe, so beabsichtigten sie kaum, diese selber umzusetzen.[80] Für ihre politische Einflussnahme konzipierten sie die klassisch-moderne Intellektuellenrolle: die des säkularen Priesters.[81] Nicht der Herrschaft über

77 Vgl. Kap. 2.1.1; Kantorowicz: Die zwei Körper, S. 274.

78 Der Wortlaut entstammt einem Ausschreiben Maximilians vom Reichstag zu Konstanz 1507; Janssen (Hg.): Frankfurts Reichscorrespondenz, S. 926; vgl. Kap. 2.2.4.

79 Aventin: Bayerische Chronik 2,290, Bd. 1, S. 1010 f.

80 Eine Ausnahme stellte der Ritterhumanist Hutten dar; vgl. Kap. 2.1.4.

81 Eine Theorie der Intellektuellen als moderne Priester hat der Soziologe Helmut Schelsky aufgestellt. Seine Studie von 1975, die gegen die Frankfurter Schule pole-

Menschen, sondern der Herrschaft über Bedeutungen galt ihr Streben. Da diese Bedeutungen, gerade im politischen Diskurs, säkularer Natur waren, musste ihre Wahrheit von einer Stellvertreterinstanz des Sakralen verbürgt werden. Als solche wirkten antike Schriften. Sie heiligten den humanistischen Diskurs zur Wahrheit.

Versteht man die Humanisten als Verwalter und Vermittler geheiligter Bedeutungen, wird ihr Einfluss auf die Eliten erst erklärbar. Dass der Humanismus die Scholastik verdrängt habe, weil er überlegene Problemlösungen bot oder eine überlegene Ästhetik propagierte, ist ein schwaches Argument.[82] Denn für die Herrschaftspraxis des Spätmittelalters in Stadt und Territorium waren die humanistischen Rezepte aus Tacitus, Livius oder Cicero wenig praktikabel. Die Humanisten verstanden es aber, diesen Rezepten unter Berufung auf die Antike einen sakralen Wahrheitsstatus zu verleihen. Darum wirkten sie auf die Herrschenden attraktiv und konnten wiederum für deren politische Propaganda und Selbstinszenierung eingesetzt werden.

Auch als Sittenwächter und Bekämpfer welscher Einflüsse nahmen die Humanisten die nationale Priesterrolle ein. Im Druidenmythos fand ihr Rollenideal eine archetypische Verankerung. Der moralische Rigorismus, mit dem sie Kleiderluxus, Fernhandel und Kreditwesen den Kampf ansagten, markierte ihre Autorität als Besitzer eines heiligen Bedeutungsschatzes. Die Antiromanitas propagierte die Austreibung des Ausländischen als quasireligiösen Reinigungsakt; Begriffe wie »deutsche Freiheit« und »unvermischtes Blut« wirkten als Embleme der nationalen Reinheit.[83] Damit versahen die Humanisten nicht nur sich selbst, sondern auch die

misiert, vergibt aber das heuristische Potential des Priesterbegriffs durch dessen rein pejorative Konnotierung, die holzschnittartige Gegenüberstellung von »Heilslehrern« und »Arbeitern« bzw. »Priestern« und »Wissenschaftlern« sowie durch einen schillernden Klassen- und Herrschaftsbegriff. Der hier verwendete Intellektuellenbegriff folgt Schelsky nur insofern, als er die Möglichkeit einer säkularen Priesterrolle einschließt. Diese wird als eine von mehreren Rollen verstanden, in denen Intellektuelle gesellschaftlichen Einfluss geltend machen und symbolisches Kapital akkumulieren. Der Begriff des Intellektuellen ist hier weiter gefasst als jener Schelskys. Er bezeichnet all jene, deren Beruf das reflektierende Denken und dessen schriftliche Vermittlung ist; Schelsky: Die Arbeit, S. 12-15, 94-98; zur Kritik Schelskys vgl. Löwenthal: Neues Mittelalter; zur Definition des Intellektuellen vgl. Le Goff: Die Intellektuellen, S. 7.

82 Zur Kritik dieser Theorie im europäischen Kontext vgl. Black: Humanism, S. 273 f.

83 Die unvermischte Abstammung der Deutschen wurde zugleich, wie unten gezeigt wird, als Ausweis nationalen Adels verstanden.

Nation mit sakraler Bedeutung, obwohl sie den biblischen Mythos des auserwählten Volkes kaum bemühten. Den plakativsten Ausdruck erhielt die Heiligkeit der Nation in der Verpflichtung aller Deutschen, fürs Vaterland ihr Leben zu lassen.

Das humanistische Selbstbild ging aber nicht in der säkularen Priesterrolle auf. Ebenso hohes Gewicht kam dem Konzept des Geistesadels zu.[84] Versprach der Intellektuellentyp des Priesters moralische Überlegenheit und sakrale Ausstrahlung, so jener des Geistesaristokraten eine meritokratisch erworbene Nobilitierung. Als säkulare Priester platzierten sich die Humanisten außerhalb der Ständehierarchie, als »nobilitas animi« strebten sie einen Rang auf Adelshöhe an. Dieser Anspruch war nicht neu, aber die Humanisten mussten neue Wege gehen, um seine Anerkennung zu erzwingen. Denn im Gegensatz zu Theologen und Juristen winkte ihnen über den universitären Titelerwerb kein spezifischer Verdienstadel.[85] Ihre alternative Aufstiegsstrategie lässt sich auf die Formel bringen: Nobilitierung des Humanismus durch Humanisierung der Nobilität.

Als noble Tätigkeit und Ausweis ehrbaren Status inszenierte der Nationsdiskurs die humaniora in mehreren Variationen. Er formte Karl den Großen und Maximilian (den novus Carolus) zu politischen Nationalhelden und Leitbildern adliger Distinktion, weil sie, so ein Argument, humanistische Studien betrieben hätten.[86] Umgekehrt drohte er den deutschen Fürsten mit Verlust der nationalen *und* ständischen Ehre, sollten sie die Humanisten nicht an ihre Höfe holen und sich von ihnen ausbilden lassen. Geburt allein, so der Tenor, adle nicht mehr, und Verdienste könnten nur nach gründlicher Bildung erworben werden. Diese Drohungen und Versprechen erzielten bei den Spitzen des Adels nur langsam Wirkung. Schneller ließen sich die reichsstädtischen Eliten überzeugen.[87] Dem Kaiser und dem Reich emotional verbunden[88] und vom alten Adel in die

84 Wenn Le Goff apodiktisch festhält, »der Humanist ist ein Aristokrat«, dann hat er nur die eine Seite des humanistischen Selbstverständnisses erfasst; gerade von dem, was den Humanisten als Intellektuellen ausmacht, bleibt Entscheidendes auf der Strecke: der Wahrheitsanspruch der eigenen Lehren; Le Goff: Die Intellektuellen, S. 168.

85 Als moderner und vollendeter Typus des Geistesaristokraten ist denn auch der Akademiker zu betrachten, der in einem autonomen, fein ziselierten, aber umso steileren Hierarchiegefüge sein Prestige in Form von gesellschaftlich anerkannten Titeln auf Lebenszeit erwirbt.

86 Vgl. Kap. 4.2.2.

87 Zorn: Die soziale Stellung; Müller: Gedechtnus, S. 25.

88 Schmidt: Die deutschen Städtechroniken, S. 66.

Schranken gewiesen,[89] winkte ihnen der Humanismus als geistiger Ritterschlag und seine nationale Richtung als weitere Annäherung zum habsburgischen Hof.

Der nationalistische Ehrdiskurs enthielt eine ausgefeilte Rhetorik der kollektiven Ehrvermehrung und Selbstadelung. Als Gemeinschaft unvermischten Blutes und Keimzelle des europäischen Adels stieg die deutsche Nation in einen überständischen Adelsrang auf. Die Humanisten steigerten mit ihrer »patriae laus« den »honor nationis«, an dem alle Deutschen partizipierten, abgestuft nach Verdienst und Stand. Schon der humanistische Kompetenzanspruch, selbst die Ehre Dritter zu vermehren, implizierte den eigenen vornehmen Rang. Vor diesem Hintergrund verstanden die Humanisten die kaiserliche Dichterkrönung als offizielle Anerkennung ihres Intellektuellenadels.

Um ihren Statusanspruch durchzusetzen, führte kein Weg an der Anerkennung durch die Reichseliten vorbei. Die Öffentlichkeit, die die humanistischen Nationalisten suchten, war keine neue Ersatzmacht der durch den Buchdruck mediatisierten Machtlosen, sondern die höfischen und städtischen Eliten. Damit kennzeichneten sie letztlich auch die nationale Ehre als elitäres Gut und ihren Nationalismus als nobles Streben. Obwohl ihr Nationskonstrukt alle Deutschen einschloss, wandte sich ihr Nationsdiskurs in der Praxis nur an eine kleine, aber umso feinere Minderheit. Eine Nationalisierung breiter Schichten wurde, mit Ausnahme des reformatorischen Hutten, nie in Betracht gezogen. Gleiches galt für die humanistische Bildungsreform. Die Humanisten suchten, um Michael Schillings Kategorien anzuwenden, die »Öffentlichkeit der Herrschaftsträger«, während sie die »Öffentlichkeit des gemeinen Mannes« mieden. Die »Öffentlichkeit des Privatmanns« (in Habermas' Worten: der »räsonierenden Privatleute«) lag zur Zeit des frühen Buchdrucks noch jenseits des Horizonts.[90]

Die klare Abgrenzung nach unten markierte schon das humanistische Latein. Auch spätere deutsche Schriften und Übersetzungen durchbrachen diese Grenze nicht. Vielmehr wollte man mit ihnen eine unerwünschte Abgrenzung nach oben vermeiden, da den meisten Adligen die lateinische Sprache nicht zuzumuten war.[91] Hätten die Humanisten populäre Wir-

89 Moraw: Von offener Verfassung, S. 118.

90 Schilling: Bildpublizistik, S. 160 f.; Habermas: Strukturwandel, S. 70-74.

91 Als Eberlin von Günzburg 1526 die »Germania« des Tacitus erstmals ins Deutsche übertrug (von einer Übersetzung im modernen Sinn kann nicht gesprochen werden, denn Günzburgs Text gibt Tacitus z.T. nur summarisch wieder und ist mit längeren, erläuternden Passagen aus Rhenanus' »Commentariolus« gespickt), lei-

kung erzielen wollen, wäre es unumgänglich gewesen, die schriftlichen Erfindungen nationaler Traditionen in eine einfache symbolische Bildsprache zu übersetzen und mittels Holzschnitten Analphabeten zugänglich zu machen. Die wenigen Bilder aber, die etwa Luther in den ersten Reformationsjahren als deutschen Nationalhelden darstellten, zielten nicht in diese Richtung. Sie waren gespickt mit gelehrten Anspielungen auf die Scholastik und antike Mythologie und mit lateinischen Kommentaren versehen.[92] Mit anderen Worten: Sie feierten Luther als Alter Ego der Humanisten, als elitären Nationalisten, nicht als populären Helden.

4.5.5. Mit dem Rücken voran: Zur Funktion des humanistischen Nationalismus

Die Forschung zur spätmittelalterlichen Nationalisierung hat durchaus funktionalistische Deutungen erbracht, wenn auch nicht unter diesem Namen. Es handelt sich um rudimentäre Funktionsanalysen, die an kausale Erklärungen gekoppelt sind. Sie folgen in der Regel einem festen Argumentationsmuster: Der humanistische Nationalismus sei Produkt einer Krise und wirke als psychische Kompensation derselben. Bei der Krisendiagnose gehen die Meinungen aber schon auseinander: František Graus führt die Nationalisierung Europas seit der Hussitenzeit auf »die ›Krisenzeit‹ des Spätmittelalters« zurück, die sich, so die vage Präzisierung, in einer »teilweisen Erschütterung der Werte und Lebensformen« manifestiert

tete ihn die Hoffnung, Fürsten und Bischöfe durch Tacitus' Überlieferung der deutschen Frühzeit zu veranlassen, dass sie »ire wberige reichtumb da hin wenden, gelert lewt dar zu bestellen«. Die Schrift wollte er einem Grafen ohne humanistische Bildung widmen, aber dazu kam es nicht, denn sie wurde weder publiziert noch handschriftlich verbreitet. Erst 1535 erschien in Mainz eine Übersetzung der »Germania«, zusammen mit den »Annalen« und »Historien«. Obwohl der Übersetzer, Jacobus Micyllus, den deutschen Tacitus »dem gemeynen nutzen zu gut / vnd vnserm vatterland zu ehren« darbrachte, war seine Arbeit nicht für ein breites Publikum bestimmt. Im Vergleich zu den billigen, teilweise mit Holzschnitten verzierten Kleinformaten, in denen die lateinischen Tacituskommentare von Rhenanus, Althamer und Willich erschienen, wirkte das großformatige Übersetzungswerk mit seinen knapp 500 Folioseiten wie eine Prachtausgabe. Gewidmet war es Micyllus' Herrn, dem Grafen Ludwig zu Stolberg; Günzburg: Ein zamengelesen bouchlin, S. 33; Masser: Einführung, in: ebd., S. 14; Micyllus: Der Römischen Keyser Historien, fol. aiv.

92 Vgl. die Darstellung Luthers als »Hercules Germanicus«, der im Mönchsgewand die Keule über den Leichen des Aristoteles, Thomas von Aquin und anderen schwingt; Scribner: For the Sake, S. 33 f.

habe.[93] Heinrich Lutz konstatiert bei den Humanisten ein »tiefes Leiden an der Realität deutscher Kultur und Gesellschaft«, ja »eschatologische Angst«, die der »überspannte Humanisten-Patriotismus« kompensiert habe.[94] Ridé sieht am Ursprung des deutschen Nationalismus »la crise générale du Saint Empire«, deren Symptome die politische Zersplitterung im Innern, die Ohnmacht des Kaisers und Territorialverluste an den Reichsgrenzen gewesen seien; mit ihrer Nationalgeschichte hätten die Humanisten »l'absence d'homogénéité horizontale« durch eine »continuité verticale« ideologisch aufgefangen.[95]

Den humanistischen Nationalismus kausal von einer umfassenden Gesellschaftskrise abzuleiten ist an sich nicht problematisch. Problematisch und symptomatisch für die Sozialwissenschaften insgesamt ist, dass die Inflation der Krisendiagnosen einhergeht mit ihrer Pauschalisierung bis zur reinen Beliebigkeit.[96] Dabei dient der Krisenbegriff selber als Erklärung und benennt weiter wenig. So verweisen die oben genannten Beispiele nicht auf Phänomene, die für die Zeit von 1470 bis 1520 spezifisch sind. Identische Krisenmerkmale könnten für die Zeit vom Mittelalter zur Aufklärung beliebig viele aufgezählt werden. Und in der Tat hat die Inflation der Krisendiagnosen zur Folge, dass die Geschichte als eine einzige Krise erscheint bzw. als unendliche Abfolge von Krisensituationen, die sich alle verdächtig ähnlich sehen.

Vergleicht man die soziale und politische Welt, in der sich die Humanisten bewegten, mit der Welt, die ihr Nationalismus entwarf, so fallen in erster Linie scharfe Kontraste auf: Der eigenen Durchbrechung der spätmittelalterlichen Ständegesellschaft standen ideologische Grenzziehungen von der Politik bis zur Kultur gegenüber; auf die Ausdifferenzierung der Gelehrtenberufe reagierte man mit der Projektion eines nationalen Universalintellektuellentums; der Beschleunigung und Komplexitätssteigerung politischer Abläufe setzte man das Programm einer homogenen und dissensfreien Nationalpolitik entgegen, der Intensivierung des Fernhandels

93 Graus: Die Nationenbildung, S. 144; eine kritische Prüfung des Arguments von der »Krise des Spätmittelalters« bietet Schuster in: Die Krise; zum umfassenden, aber auch etwas beliebigen Schlagwort vgl. weiter die Beiträge in Seibt / Eberhard (Hg.): Europa 1400; Berg: Deutschland, S. 74-92.

94 Lutz übergeht mit dieser Deutung die kapitale Tatsache, dass das Jüngste Gericht aus der nationalistischen Geschichtskonstruktion deutscher Humanisten nahezu vollständig verschwunden ist; Lutz: Das Ringen, S. 92.

95 Ridé: L'image, Bd. 1, S. 79-87, Bd. 2, S. 1219.

96 Zur Krisenrhetorik als ritueller Intellektuellenalarm in der modernen Gesellschaft vgl. Schneider: Der Barbar, S. 9.

und Ausbildung frühkapitalistischer Wirtschaftsformen das Ideal autarker Selbstversorgung; die zunehmende soziale Mobilität und gesamteuropäische Elitenvernetzung verdrängte man im Konstrukt deutscher Geblüts- und Sittenreinheit. Für die Humanisten, die selber Produkt der spätmittelalterlichen Umwälzungen waren und diese weiter vorantrieben, schuf der Nationalismus eine imaginäre Zugehörigkeit und stabile Ordnung, die in einer haltlosen Wirklichkeit Halt gab. Dieser Halt war ideologischer, nicht praktischer Natur. Der Nationalismus formte weder eine konkrete Gemeinschaft noch feste Handlungsmuster. Er filterte die Wahrnehmung, ordnete den massiv angestiegenen Informationsfluss und suggerierte Geborgenheit. In seiner kontrafaktischen Welt hatte jedes Ding seinen festen Platz. Ihr sprachen die Humanisten zwar normative Geltung für die reale Welt zu, funktional wirkte sie aber in entgegengesetzter Richtung: Sie klinkte die Humanisten aus der komplexen Realität des politischen Geschehens aus und entließ sie in ein ideelles Reich eigener Gesetzmäßigkeit. Zum umfassenden Reformprozess weltlicher und kirchlicher Herrschaft im Reich hatte ihr Nationalismus wenig beizutragen, auch wenn seine Rhetorik bei den politischen Entscheidungsträgern auf eine gewisse Gegenliebe stieß.

Um ihre ideologische Ankerfunktion wahrzunehmen, musste die Nationskonstruktion zur »Natur« verschleiert werden. Diese Leistung erbrachte vor allem die Erfindung der deutschen Urgeschichte als Idealtyp reinen Deutschtums. Aber auch die Antibarbaries hatte in Karl dem Großen einen traditionsbildenden Kern. Der humanistische Nationsdiskurs federte die eigene Innovationsleistung ab, indem er Neuerungen als Rückkehr zu altehrwürdigen Wurzeln präsentierte. Dabei ging er so weit, die eigenen sozialen Voraussetzungen ideologisch zu verwerfen. Denn war die Nationalisierung der Bildungseliten Teil des »spätmittelalterlichen Verdichtungsprozesses«,[97] so wandte sich der humanistische Nationsdiskurs gegen ebendiesen Verdichtungsprozess. Die Reduktion von Komplexität, die der Nationalismus leistete, hatte ihren Preis in einer beträchtlichen Realitätsverweigerung.

Die Verschleierungsleistung des Nationsdiskurses wirkte, wie die ersten Reformationsjahre zeigen, auch auf breitere städtische Kreise anziehend. Letztlich aber wurde die funktionale Wirkung des Nationalismus von je-

97 Zu dessen Faktoren zählt Moraw im 15. Jahrhundert das Bevölkerungswachstum, die Entstehung des Postwesens, die Explosion der Kapitalflüsse sowie des Metallabbaus und der Metallverarbeitung, die Erfindung des Buchdrucks, die schnellere und einfachere Bewältigung des Raumes und – die Entstehung eines nationalen Zusammengehörigkeitsgefühls; Moraw: Von offener Verfassung, S. 389-392.

ner der Reformation weitgehend aufgehoben. Denn was der Nationalismus funktional im kleinen Rahmen leistete, leistete die Reformation im großen: Sie ersetzte die Pluralität spätmittelalterlicher Normen, die den reformhungrigen Zeitgenossen als fundamentale Bedrohung erschien, durch eine »normative Zentrierung«.[98] Der Wandel von normativer Vielgestaltigkeit zu Uniformität erfasste neben der Theologie auch die Kirchenstruktur und die religiöse Praxis – mithin den Großteil der Lebenswirklichkeit der vormodernen Gesellschaft.

98 Hamm: Von der spätmittelalterlichen reformatio, S. 76-78.

5. Deutsche Nationsdiskurse im Zeitalter Karls V. und der Reformation

Aufbau und Argumentation

Zu Lebzeiten Maximilians etabliert sich der deutsche Nationsdiskurs in relativer Geschlossenheit, inhaltlich wie personell. Die Divergenzen über die politische und kulturelle Tragweite des Nationalismus, die zwischen Monarch und Humanisten, aber auch unter den Humanisten auftreten, führen selten zu offener Polemik oder zur Konstruktion eines oppositionellen Nationsdiskurses. Auch außerhalb der eigenen Reihen erwächst den humanistischen Nationalisten kein gezielter Widerstand, geschweige denn eine soziale Konkurrenz, die ihnen den Rang als Anlagespezialisten des nationalen Kapitals streitig machen würde. Die diskursive Kombination von aristokratischem Ehrverständnis, städtischer Xenophobie und imperialem Herrschaftsdenken ist auf das heterogene Elitenpublikum, das die humanistischen Nationalisten suchen, wirksam zugeschnitten. Ihre Parolen sind offen und unbestimmt genug, um über Standesgrenzen hinweg Anklang zu finden. Das Ausbleiben einer lauten Infragestellung verstärkt die moralische Eindringlichkeit der nationalen Anrufe. Davon ziehen wiederum die Humanisten einen Gewinn an intellektueller Autorität.

Den Kulminationspunkt öffentlicher Resonanz erreicht der deutsche Nationalismus indes erst nach Maximilians Tod. Die zufällige Gleichzeitigkeit von Luthers Auftritt auf der Bühne der Kirchenreform und der Wahl eines römischen Königs öffnet dem Nationsdiskurs ein Forum, das alle bisherigen Maßstäbe sprengt. Nun werden nationalistische Handlungsmaximen zu politischen Entscheidungsfaktoren. Das gewaltige Echo, das Luthers Kritik an Organisation und Praxis der Papstkirche auslöst, weckt Hoffnungen auf eine Autonomie der deutschen Kirchennation. »Wiederbringung der deutschen Freiheit« lautet die von humanistischen Kreisen lancierte und in vulgärsprachlicher Breitenpropaganda verbreitete Leitformel. Die deutsche Sprache erhält ihren Ritterschlag als Künderin des religiösen und politischen Erwachens Deutschlands. Für kurze Zeit entsteht ein nationaler Kommunikationsraum mit eigener Informationsgenerierung und -zirkulation.

Luther selbst identifiziert seinen Wirkungsraum von Beginn an mit der deutschen Nation, obwohl seinen Reformforderungen keine nationalistischen, sondern theologisch-universalistische Überzeugungen zugrunde liegen. Mit einer bewusst vieldeutigen Freiheitsrhetorik verwischt Luther in frühen Jahren die Kluft zwischen sich und den Humanisten. Gerade die Nationalisten unter ihnen sehen in Luther einen neuen, energischen Parteigänger. Als sie ihren Irrtum erkennen, bricht nicht nur eine reformatorische Illusion zusammen, sondern auch die Einheit des humanistischen Nationsdiskurses.

Aus ganz anderen Gründen erscheint auch die Wahl des römischen Königs als Entscheidung über die deutsche Freiheit. Die Dreierkandidatur der Könige von Spanien, Frankreich und England bedroht das nationalistische Prinzip der Selbstregierung und weckt Ängste, ein ausländischer Kaiser werde den Deutschen das Imperium rauben. Je näher die Wahl rückt, desto stärker treibt die Kurfürsten die Frage um, welcher Stellenwert der Nationalität des Kandidaten zukomme. Und in den Wahlkampfzentralen der Könige von Frankreich und Spanien wird an Strategien gefeilt, den eigenen Kandidaten so deutsch wie möglich erscheinen zu lassen. Dabei kommen nationalistische Argumente zum Tragen, die das Selbstverständnis des europäischen Hochadels unterlaufen. Im habsburgischen Lager scheut man sich nicht, den im Reich unbekannten Karl gegen jede Realität als von deutscher Sprache und Kultur durchdrungene Persönlichkeit anzupreisen. Damit gewinnt Karl die reichsstädtische Öffentlichkeit für sich und anschließend, unterstützt von den höchsten Bestechungsgeldern, auch die Königswähler.

1519 wirken die Humanisten noch als Brückenbauer zwischen den Nationsdiskursen der Kirchenreform und der Kaiserwahl. In Karl begrüßen sie nicht nur den deutschen Enkel Maximilians, sondern den vermeintlichen Vollstrecker ihrer Autonomieforderungen gegenüber Rom. Aber schon zu diesem Zeitpunkt zeichnet sich ab, dass ihnen die Diskurskontrolle aus den Händen gleitet und das humanistische Nationskonstrukt in einer Vielzahl polarisierender Deutschlanddiskurse zerrieben wird. In gewisser Weise wird den Humanisten der Erfolg ihrer Rhetorik zum Verhängnis. Die Kur- und Reichsfürsten erkennen im politischen Nationsdiskurs ein Mittel zur Machtkonsolidierung. Nach Maximilians Tod nutzen sie ihr aktives Wahlrecht dazu, den Kandidaten massive Konzessionen zur Eindämmung von deren ausländischer Machtbasis abzuringen. Gleichzeitig hieven sie sich in die Position von Wächtern über die nationale Freiheit. Damit geht bereits vor Karls Herrschaftsantritt die politische Repräsentation der deutschen Nation vom Monarchen auf die Fürsten über. Der neue Nationsdiskurs, verankert im Begriff der deutschen Libertät, mutiert auf der Reichsbühne zu einem Legitimationsvehikel fürstlicher Privilegien gegenüber dem Kaiser. Die propagandistische Flexibilität der nationalistischen Rhetorik kehrt sich nun gegen ihre humanistischen Konstrukteure. Mit nahezu identischen Parolen wird einer Politik das Wort geredet, die das humanistische Wunschbild einer expansiven, monarchisch gestrafften Nation ins Gegenteil kehrt. Komponisten des fürstlichen Nationsdiskurses sind nicht mehr die Historiker, Poeten und Oratoren, sondern die humanistisch gebildeten Juristen in den Hofkanzleien.

Im Zeitalter der Glaubensspaltung erhält der fürstliche Nationsdiskurs als einziger die explizite Bestimmung, den überkonfessionellen Zusammenhalt im Reich zu gewährleisten. Die Beschwörung der gemeinsamen Sorge um die Nation bietet den Fürsten eine antikaiserliche Verständigungsbasis über religiöse Gräben hinweg. Damit können sie die konfessionell bedingte Einengung ihres politischen Spielraums hinauszögern. Innerhalb und über die Reichsgrenzen hinaus schließen deutsche Fürsten im Namen der deutschen Libertät gemischtkonfessionelle Bündnisse gegen Karl V., dessen Machtballung europaweit die Solidarisierung der Schwächeren provoziert.

Karl selbst kann und will seinen Status als »edles deutsches Blut« und neuer Nationalheld nur kurze Zeit aufrechterhalten. Nach der gewonnenen Wahl hat die nationale Anbiederung an die Deutschen ihre Schuldigkeit getan. Kampflos überlässt der junge König die politische Repräsentation Deutschlands den Reichsfürsten. Zugleich versiegt die Breitenpropaganda in Schrift und Bild, die Karl im Vorfeld der Wahl die Gunst der reichsstädtischen Öffentlichkeit eingetragen hat. Deutschland sinkt in seiner Herrschaftsagenda zur Peripherie ab. Verantwortlich dafür ist weniger die schiere Größe der Ländermasse, über die der Habsburger herrscht, als die imperiale Ideologie, die ihm seine burgundisch-italienisch-spanische Entourage auf den Leib schreibt. Deren Kaiserideal ist aus Bestandteilen des heidnisch-antiken und messianischen Universalreichsgedankens zusammengesetzt. Karls Großkanzler Gattinara erklärt Italien zum neu-alten Gravitationszentrum der imperialen Monarchie und fordert von Karl die Unterwerfung Frankreichs zur Realisierung eines christlichen Friedensreichs unter kaiserlicher Schirmherrschaft. Im Innern geeint, könne die Christenheit mit aller Kraft den Türkenkrieg in Angriff nehmen. Für die Reichsfürsten wird der imperialistische Friedensdiskurs zum Schleifstein ihrer nationalen Freiheitsrhetorik.

Bis zur militärischen Zuspitzung des kaiserlich-fürstlichen Dualismus 1546 bleibt die Libertätsrhetorik auf den erlauchten Kreis der Territorialherren und ihrer Funktionseliten beschränkt. Um politisch wirksam zu sein, bedarf der fürstliche Nationsdiskurs keiner Popularisierung. Im Gegenteil: Bündnisse mit konfessionellen Gegenspielern lassen sich einer religiös aufgewühlten Öffentlichkeit nur schwer erklären.

Daher bleiben die Foren des gedruckten Wortes, vom Gelehrtendisput bis zur Massenpropaganda, dem polarisierenden Nationsdiskurs des Religionsstreits überlassen. Die Konfessionalisierung nationalistischer Denkmuster erfolgt früh und radikal, im Unterschied zur schleichenden Konfessionalisierung sozialer Handlungsmuster. In der religiösen Flugschriftenpropaganda ändert sich das Verhältnis zwischen den Hauptmotiven des humanistischen Nationsdiskurses – Antibarbaries und Antiromanitas – markant: Was komplementär war, wird polar.

Die Weichen sind schon Ende 1520 gestellt, als Luthers Bruch mit der römischen Kirche unübersehbar wird. Die evangelische Propaganda prägt einen Nationsdiskurs, der sich aus der humanistischen Antiromanitas und dem populären Antiklerikalismus speist. Das xenophobe Element gegen die Welschen wird forciert, wenn auch mit Nuancierungen. Während Luther und seine humanistischen Mitstreiter die Italiener für die antichristliche Papstkirche haftbar machen, ordnen sie den Franzosen wegen ihrer angeblichen Autonomie von Rom eine gewisse Vorbildlichkeit zu. Demgegenüber steht die altgläubige Reaktion gegen die Reformation im Zeichen der humanistischen Antibarbaries und des agonalen Prinzips. Koordiniert die Kurie die ordnungspolitischen Schritte gegen die lutherische Bewegung, so bleibt die publizistische Propaganda deutschen Autoren überlassen. Diese rekrutieren sich mehrheitlich aus Luthers Anhängern der ersten Stunde: den theologisch gebildeten Humanisten. Sie brandmarken die Reformation als Ketzerbewegung, die Deutschland in eine Wüste barbarischer Unkultur zurückverwandle. Luther wird vorgehalten, die deutschen Humanisten der jüngeren Generation vom Schaffen nationaler Ruhmesschriften abzuhalten. Und der Reformator selbst steht als Spalter der Nation am Pranger.

Schon Jahre vor dem Bauernkrieg bezichtigen katholische Pamphletisten die Reformatoren der Volksverhetzung. Mit ihrer Ablehnung der guten Werke und ihrer Verteufelung der Geistlichen säten die Lutherischen den Aufruhr im ungebildeten Volk, um anschließend das begehrte Kirchengut zu ernten. Der elitäre Tenor von altgläubiger Seite, die evangelische Anbiederung beim Volk führe zur umfassenden Barbarisierung Deutschlands, erzeugt in den ersten Jahren keinen wirksamen Widerstand gegen die Reformation. Erst der Massenaufstand von 1525 bietet die Gelegenheit, die Evangelischen diskursiv in die Enge zu treiben. Den Bauernkrieg interpretieren katholische Autoren als »self-fulfilling prophecy« der Reformation. Luther, so eine wiederholte Anklage antikischer Färbung, habe einen Bürgerkrieg angezettelt und den deutschen Boden mit deutschem Blut getränkt. Um seine eigene Haut zu retten, habe er die irregeführten Bauern auf dem Altar des Fürstendienstes geopfert. Von den erschütternden Ereignissen beflügelt, gelingt es katholischen Publizisten, eine wichtige Waffe der evangelischen Propaganda zu entschärfen: den ebenso vielgestaltigen wie massenwirksamen Freiheitsbegriff.

Zwanzig Jahre später, am Voraband des Schmalkaldischen Kriegs, ist das Fanal des Bauernkriegs im evangelischen Lager schon verblasst. Das kaiserliche Vorhaben, den Protestantismus als politische Kraft zu vernichten, führt zu einer singulären Verdichtung der Nationsdiskurse. Die frühreformatorische Freiheitsrhetorik wird reaktiviert und unter dem Eindruck der existentiellen Bedrohung nationalistisch radikalisiert. Neu ist, dass die evangelische Antiromanitas in protestantischen Flugschriften gezielt mit dem fürstlichen Libertätsdiskurs kombiniert wird. Dessen Popularisierung stellt den Versuch dar, den fürstlich-kaiserlichen Dualismus zu einem deutsch-welschen Dualismus auszuweiten. Lutherische Pamphletisten stempeln Karl V. zum ausländischen Tyrannen und zur Marionette des Papstes, um alle sozialen Schichten zum Widerstand gegen den Kaiser zu mobilisieren. Trotz hohen propagandistischen Aufwands wird der antikaiserliche Nationalismus aber nicht massentauglich. Die Unantastbarkeit des Kaisertums ist in der Reichsbevölkerung zu tief verankert, um in wenigen Monaten Gehirnwäsche ausgelöscht zu werden.

Erfolgreicher ist die Identifikation von Protestantismus und deutscher Nation. Im Widerspruch zu Luthers Theologie konstruiert die evangelische Propaganda vor dem Krieg eine sakrale deutsche Nation in Anlehnung an das Volk Israel. Die Deutschen seien von Gott auserwählt, das Evangelium bis zum Jüngsten Tag zu bewahren. Die katholische Reichsbevölkerung wird explizit aus der deutschen Nation ausgestoßen. In einigen Flugschriften treten weibliche Personifikationen Deutschlands auf, die als radikale Protestantinnen gegen Papst und Kaiser polemisieren.

Gleichzeitig intensivieren die protestantischen Fürsten auf dem diplomatischen Parkett den überkonfessionellen Nationsdiskurs. Im Namen der deutschen Libertät bieten sie Franz I. die kaiserlichen Hoheitsrechte über die französischsprachigen Reichsgebiete an, sollte er sie im Kampf gegen den Kaiser unterstützen. Damit definieren sie politische Räume unter Berufung auf Sprachgrenzen neu! 1546 lehnt Frankreich das Angebot noch ab. Als dieses 1552 erneut auf den Tisch kommt, nimmt es der neue König Heinrich II. aber dankend an und besetzt die Reichsstädte Toul, Metz und Verdun. Die Rückeroberung durch Karl V. scheitert und leitet seinen Abschied von der politischen Bühne ein.

Bleibt der gelehrte Nationsdiskurs humanistischer Prägung: Der Humanismus sichert seine Kontinuität im Zeitalter der Reformation durch einen einschneidenden Transformationsprozess. Mit seiner Institutionalisierung an Universitäten und Gymnasien wird der Anspruch auf Formung der politischen und intellektuellen Eliten durchgesetzt. Diesen Erfolg erkauft man aber mit einer stärkeren Instrumentalisierung humanistischen Wissens. An Universitäten kommt der Humanismus nur selten über den Rang einer Hilfswissenschaft von Theologie und Jurisprudenz hinaus. Und an Fürstenhöfen werden Klassikerkenntnis und lateinische Sprachbeherrschung zu Bestandteilen edler Distinktion. Die nachhaltige Elitendiffusion des Humanismus macht die kleine Gruppe der Apostel überflüssig, die die humanistische Bildung als höchste Vervollkommnung des Menschen verstanden und vorgelebt hat. Die Glaubensspaltung führt zum raschen Zerfall der humanistischen Gruppenideologie. Humanistenfreundschaften überleben die Zerreißprobe eines konträren religiösen Engagements selten. Nur wer sich publizistisch aus der konfessionellen Polarisierung heraushält, kann sein vorreformatorisches Gelehrtennetzwerk aufrechterhalten.

Im Gegensatz zu den Reichsfürsten formen die Humanisten keinen neuen Nationsdiskurs, der explizit ein Gegengewicht zur religiösen Spaltung bilden und die überkonfessionelle Einheit der deutschen Nation stärken soll. Von der Minderheit der Gelehrten, die sich der konfessionellen Polarisierung entziehen, wählen die einen die neue Rolle des oppositionellen Intellektuellen, der sich jeder Orthodoxie verweigert und sich sein Leben unter dem Damoklesschwert obrigkeitlicher Vertreibung oder Einkerkerung einrichtet. Den Anhängern und Gegnern der Reformation gleichermaßen suspekt, bringt sich dieser Typus um jeden konstruktiven Einfluss auf das Zeitgeschehen. Der andere Typus zieht sich in jene Nischen des Nationsdiskurses zurück, die vom Glaubensstreit unberührt geblieben sind. Hier wird die religiöse Spaltung nicht problematisiert, sondern gezielt ausgeblendet. Antibarbaries und Antiromanitas werden stark zurückgenommen. Auf den Inhalt des dabei entstehenden Nationsdiskurses trifft der Begriff der Akonfessionalität besser zu als jener der Überkonfessionalität. Trotz ihres eingeschränkten Entfaltungsraums nutzen einzelne Gelehrte den Windschatten der fesselnden Gegenwart, um die nationale Vergangenheit mit neuen Erkenntniszielen und verfeinertem wissenschaftlichem Besteck zu sezieren. Dabei gerät das agonale Prinzip weitgehend aus dem Blickfeld. Der Anspruch auf ideologische Durchdringung der politischen Eliten wird zurückgeschraubt. In erster Linie schreibt man für seinesgleichen.

In der kurzen Phase des konfessionellen Tauwetters nach dem Augsburger Religionsfrieden erfährt der imperialistische Nationsdiskurs aus dem Zeitalter Maximilians I. eine beschränkte Rückkehr. An dieser sind nicht zuletzt protestantische Humanisten beteiligt, die in den Thronfolger Kaiser Ferdinands, den späteren Maximilian II., einen zukünftigen Kaiser ihres Glaubens projizieren. Bis zur Aufwertung der deutschen Sprache zum nationalen Prestigegut Ende des 16. Jahrhunderts dreht der gelehrte Nationsdiskurs aber vorwiegend epigonale Schlaufen. Eine verwaiste Baustelle ist die deutsche Nation aber im konfessionellen Zeitalter nie.

5.1. Von der »libertas Germaniae« zur »teutschen Libertät«

5.1.1. Die Bumerangwirkung der habsburgischen Wahlpropaganda

Der Tod Kaiser Maximilians 1519 und die Wahl seines Nachfolgers veränderten den deutschen Nationsdiskurs ebenso stark wie die fast zeitgleich einsetzende Reformationsbewegung. Die Auswirkungen beider Ereignisse lassen sich bis Mitte des 16. Jahrhunderts weitgehend getrennt verfolgen, obwohl sie in mancher Hinsicht voneinander abhängig waren. Während im religionspolitischen Nationsdiskurs um die kirchliche Gestalt Deutschlands gerungen wurde, stand im reichspolitischen die Frage der politischen Repräsentation im Zentrum. In dieser Frage stellte das Wahlverfahren von 1519 die Weichen neu. Dies lässt sich aus den Bedeutungsverschiebungen des nationalen Freiheitsbegriffs ersehen. Ihnen soll daher im Folgenden nachgegangen werden.

Der Begriff der deutschen Freiheit hat zwei Wurzeln. Zum einen die Schriften des Tacitus: in erster Linie die »Germania«, in zweiter die »Annalen« mit ihrer Darstellung des Arminius als »liberator Germaniae«, in dritter die Schilderung des Bataveraufstands in den »Historien«.[1] Zum andern mittelalterliche Deutungen des Frankennamens. Schon im 12. Jahrhundert formulierte ein französischer Autor:

> Jenes Land, das zuvor Gallia geheißen hat, heißt jetzt Francia, das heißt frei von jeder Knechtschaft anderer Völker. Deswegen wird der Franke frei genannt, weil er zu Ruhm und Herrschaft über alle anderen Völker berufen ist.[2]

Hier werden aus dem Frankennamen imperiale Herrschaftsrechte für Frankreich abgeleitet. Im Reich kam diese Argumentation später auf. Man beanspruchte die Abstammung von den Franken für die Deutschen und degradierte die Franzosen zu fränkischen Bastarden (»francigenae«).

1 Vgl. Kap. 4.3.1.-4.3.2; Tacitus: Germania 11, 25, 37; ders.: Annalen 2,10,1, 2,15,3, 2,44,2, 2,45,3, 2,46,3, 2,88,2; ders.: Historien 4,25,3, 4,64,1, 4,65,1, 5,25,1-2.

2 »terra illa quae antea vocabatur Gallia, nunc vocatur Francia, id est, ab omni servitute aliarum gentium libera. Quapropter Francus liber dicitur, quia super omnes gentes alias decus et dominatio illi debetur.« Hämel (Hg.): Der Pseudo-Turpin, S. 89.

Der deutsche Besitz des Imperiums wurde so verteidigt.[3] Es brauchte eine weitere Konfrontation mit Frankreich, damit der Begriff der deutschen Freiheit ins Spiel kommen konnte. 1444 fiel das Armagnakenheer in die linksrheinischen Reichsgebiete ein; bei der Suche nach Motiven für den Einmarsch tauchte in den betroffenen Gebieten auch das Gerücht auf, der französische König habe gesagt, »he wulle vor dutsche fryheit und adel wider das hus Ostereich striten«.[4] Damit wurde der nationale Freiheitsbegriff Jahrzehnte vor dem Bekanntwerden des Tacitus bereits als antikaiserlich-ständische und frankreichnahe Formel verwendet. Eine direkte Verbindung zum fürstlichen Libertätsdiskurs unter Karl V. lässt sich aber nicht nachweisen.[5]

Bis 1519 behauptete sich im reichspolitischen Nationsdiskurs der Kaiser als Garant der deutschen Freiheit. Die humanistische Propaganda trug entscheidend dazu bei. Sie stilisierte Maximilian zum »Vater des Vaterlandes, Befreier Deutschlands und Wiederhersteller der Freiheit des Reiches«.[6] Verteidiger der nationalen Freiheit zu sein hieß für die Habsburger nicht, den Reichseliten politischen Entfaltungsraum zu gewähren, sondern als »Schild der Deutschen wider fremde Nation« aufzutreten.[7] In dieser Rolle intervenierte Maximilian 1505 sogar beim Papst: Im Anschluss an ein Mandat Julius' II., das den Hochmeister des deutschen Ordens zum Lehenseid für den König von Polen aufforderte, schrieb Maximilian an das Kardinalskollegium, es gehe nicht an, dass »unser blutsverwandter den gehor-

3 Vgl. Kap. 2.1.3.

4 Zum Armagnakeneinfall und der damit verbundenen Konstruktion eines städtischen Nationsdiskurses in den westlichen Reichsgebieten vgl. Kap. 2.2.4.; das Zitat stammt aus einem Schreiben des Xantener Kanonikers Peter van Hasselt an den Trierer Erzbischof Jacob von Sirk, in: Janssen: Frankreichs Rheingelüste, S. 8.

5 Obwohl sich die »deutsche Freiheit« als politisches Schlagwort erst mit der humanistischen Tacitusrezeption etablierte, blieb ihre Herleitung vom Frankennamen erhalten. Auch in humanistischen Kreisen wurde sie aufgegriffen. Dabei konnten regionalistische Motive im Vordergrund stehen, wie Philipp Melanchthons »Loblied Frankens« von 1539 zeigt: »Des Weiteren scheint ihr Name nicht der für einen einzigen Stamm gewesen zu sein, sondern für viele, die sich verbanden, um die Freiheit Deutschlands zu verteidigen: Denn heutzutage bezeichnet man bekanntlich als Franken einen Freien, von unserem Ausdruck ›die freien ancken‹, das heißt freie junge Männer, so wie wir heute die Soldaten ›freie knecht‹ nennen. [Porro nomen videtur fuisse non unius gentis, sed multarum, quae coniunxerunt se ad defendendam Germaniae libertatem: constat enim hodie Francum dici liberum, a nostra appellatione, ›die freien ancken‹, id est, liberi iuvenes, sicut nunc appellamus milites ›die freien knecht‹.]« Melanchthon: Encomium Franciae, Sp. 388.

6 So der Wortlaut in Wimpfelings Gutachten zu einer Pragmatischen Sanktion für das Reich von 1511, zit. nach Knepper: Nationaler Gedanke, S. 37.

7 Vgl. Kap. 2.2.4.

sam leisten und den Polen sich unterwerffen sollte«. Denn für die deutschen Fürsten sei es untragbar, »das ihr blut, so von natur frey ist, unter frembder dienstbarkeit« lebe. Ging es dagegen um die Verteidigung der ständischen oder fürstlichen Herrschaftsrechte gegenüber dem Kaiser, genügte vorläufig der Verweis auf die »althergebrachte(n) Freiheit(en)«.[8]

Wie konnte unter diesen Voraussetzungen die politische Repräsentation der Nation in kurzer Zeit vom Monarchen auf die Reichsfürsten übergehen und der Begriff der deutschen Freiheit vom außen- zum innenpolitischen Schlagwort umgepolt werden? Offenbar hat Maximilian selber den Anstoß gegeben. Schon im Schreiben von 1505 an den Papst erhob er die Fürsten zu Trägern und Verfechtern einer nationalen Freiheit, legte den Akzent aber noch auf die Freiheit von *fremder* Herrschaft. Als er 1518 für die Königswahl seines Enkels Karl zu werben begann, machte er eine rhetorische Wende. Diese resultierte aus der Notwendigkeit, französische und englische Thronansprüche abzuwehren. Ohne von Karl, der damals schon König von Spanien war, die nötigen Vollmachten abzuwarten, wandte er sich an die Königswähler.[9] Wenn die von den Deutschen durch männliche Taten erworbene Kaiserkrone in französische Hände komme, schrieb er dem sächsischen Kurfürsten, werde das nicht bloß Spott und Schmach, sondern auch den Verlust der Libertät nach sich ziehen, die die Fürsten bisher als freie Deutsche besessen hätten. Sei der französische König einmal im Besitz des Reiches, werde er die Fürsten trotz seiner Versprechen, sie bei ihren Freiheiten zu belassen, in die gleiche Servitut wie die Franzosen – und in jüngster Zeit auch die Italiener – drängen. Des Weiteren leite Franz I. von Karl dem Großen ein Erbrecht auf die deutsche Krone ab, so dass zu befürchten sei, er wolle sie bei der Krone Frankreichs erblich behalten. Mit der freien Wahl der Kurfürsten sei es dann vorbei.[10] Durch eine Wahl Karls von Spanien hingegen, schloss der Kaiser, bleibe das Reich bei der deutschen Nation, sei Karl doch ein geborener Erzherzog von Österreich.[11]

8 Janssen (Hg.): Frankfurts Reichscorrespondenz, S. 554; Wiesflecker-Friedhuber (Hg.): Quellen, S. 201, 204.

9 RTA, J. R., Bd. 1, S. 91 f.

10 Ebd., S. 92.

11 Dass es sich bei Maximilians Schreckgespenst einer französischen Tyrannei und »Monarchia Mundi« nicht um eine isolierte Argumentation handelte, zeigen verschiedene Schreiben späteren Datums. So warnte der habsburgische Sekretär Jakob Spiegel im Februar 1519 den von Frankreich fast schon gekauften Kurfürsten von Brandenburg, es sei »der Franzosen Praktiqua allein dahin gegrundt, zerruttung und zerstorung im heiligen reich und sich selbst gross zu machen«, und es werde König Franz »nit ruen, bis er die ganz monarchei erobert und e.f.g. und ander stende irer regirung beraubet und seinem tirannischen gewalt underwerfe«; zit. nach Weicker: Die Stellung, S. 58.

Am Augsburger Reichstag stellte Maximilian eine Urkunde aus, die im Namen Karls weitreichende Wahlversprechen machte. Sie verpflichtete diesen für das Reichsregiment »kain ander dann der rechter Deutscher naction herkomen und geborn« zu ernennen und dieses auf eigene Kosten »ungeverlich im mitte der Deutschen nation« zu errichten. Auch die Reichsämter dürften nur mit »gebornen Deutschen« besetzt werden. Karl müsse zudem »den merern tail in deutschen landen sein persondlich residenz und wesen haben« und »für sich selbs, auch sein gubernatores, stathalter und regenten sich mit und gegen des heiligen reichs, auch in iren aigen sachen, handlungen und gescheften, in reden und schriften keiner andern dan Deutscher sprach gebrauchen«.[12]

Diese Bedingungen hatten die Kurfürsten von Mainz, Köln und der Pfalz sowie der König von Polen als Vormund des böhmischen Kurfürsten dem Kaiser für ihre Wahlstimme abgerungen. Ihre Vorsichtsmaßnahmen zeigen, dass sie Karl wegen seiner Machtbasis in Spanien, Italien und Burgund als ausländischen Kandidaten wahrnahmen. Daran änderte auch die habsburgische Propaganda, die Karl als Deutschen anpries, wenig. Die Wahlkapitulation von 1519 verschärfte die Auflagen noch, indem sie dem gewählten König verbot, Reichstage »ausserhalb des reichs Deutscher nation« durchzuführen, im Reich »pundnus oder einung mit frömbden nationen« ohne Zustimmung der Kurfürsten abzuschließen und »fremde kriegsfolk« ohne Plazet der Reichsstände nach Deutschland zu führen.[13] Wie einseitig dieser Vertrag ausfiel, ist daran abzulesen, dass die Kurfürsten ihrerseits keine Verpflichtung eingingen.[14] Damit hatten sie sich, unterstützt von der habsburgischen Wahltaktik, binnen einem Jahr in die Position der Wächter der politischen Reichsautonomie und des nationalen Selbstschutzes gehievt. Bis zum rhetorischen Anspruch der Fürsten, allein die deutsche Freiheit zu repräsentieren, war es, begünstigt durch den weiteren Lauf der Geschichte, nur ein kleiner Schritt.

Dem jungen König Karl mussten einzelne, schon von Maximilian eingegangene Verpflichtungen der Wahlkapitulation bekannt vorkommen. Bereits 1518 hatten die spanischen Cortes ihrem neuen, landesfremden Herrn das Zugeständnis abgetrotzt, an Ausländer keine Ämter zu vergeben und nur gebürtige Spanier zu Botschaftern des Königreichs zu ernennen. 1523 wurde diese Forderung erneuert. Karl galt damit auch in Spanien zu Beginn seiner Herrschaft als ausländischer Potentat – ein Zeichen

12 Ebd., S. 112.
13 RTA, J. R., Bd. 1, 387, S. 868, 870.
14 Hinrichs: Deutschland, S. 106.

dafür, dass Europa schon im 16. Jahrhundert so weit nationalisiert war, dass Herren mit landesfremder Machtbasis politischer Widerstand erwuchs.[15]

5.1.2. *Nationalität als Wahlkriterium*

Der Aufstieg der Nationalität zum Wahlkriterium hatte ein ganzes Bündel von Voraussetzungen. Die habsburgische Propaganda mochte den Initialstoß gegeben und die anderen Kandidaten unter Zugzwang gesetzt haben, entscheidend war aber, dass sie auf fruchtbaren Boden fiel. Deutsche Humanisten hatten in der Frage, wer als König kandidieren dürfe, schon lange die Achillesferse der nationalen Selbstbestimmung ausgemacht und eine rechtshistorische Beweiskette aufgebaut, die ausländische Kandidaten ausschloss. Ihre Argumente flossen, begünstigt durch die Verrechtlichung der Reichspolitik, vor der Königswahl in die Gutachten fürstlicher Rechtsberater ein und von da in die Maximen der Kur- und Reichsfürsten. Wie einflussreich die gelehrten Funktionseliten der Fürsten waren, lässt sich daran ersehen, dass ein Teil der habsburgischen Bestechungsgelder für sie bestimmt war.

Die Situation war paradox: Einerseits hatten reichsinterne Kandidaten gegen die Könige von Spanien, Frankreich und England mit ihren prall gefüllten Wahlkampfkassen keine Chance. Andererseits trieb die Königswähler die Frage um, ob ein Ausländer überhaupt wählbar sei.[16] So sahen sich die Kandidaten aufgefordert, ihr Deutschtum oder zumindest ihre Verwandtschaft mit den Deutschen zu beweisen. Diese Situation war für den europäischen Hochadel, der sich jenseits nationaler Grenzen bewegte, ungewöhnlich. Die dynastische Geblütsideologie wurde in einen nationalen Rahmen gezwängt, das adlige Einheitskonzept von Blut und Charakter um die Sprache ergänzt. Wie behelfsmäßig das Nationskriterium war, zeigt der contrafaktische Gehalt von Karls Selbststilisierung. In seiner Ahnenreihe führte bloß eine von vier Linien ins Reich, wenn auch die agnatische. Karl selbst war in der burgundischen Hofkultur aufgewachsen, hatte eine Erziehung in französischer Sprache genossen und vor der Wahl höchstens passive Deutschkenntnisse erworben. Da er während der Wahlkampagne in Spanien weilte und erst 1520 ins Reich kam, konnten die deutschen Fürsten schwer einschätzen, was von seinem Deutschtum zu

15 Pietschmann: Zum Problem, S. 62-70; Ochoa: Die Diplomatie, S. 187.

16 Die von den Fuggern vorgeschossenen Bestechungsgelder als allein ausschlaggebend zu betrachten wird den kurfürstlichen Motiven nicht gerecht.

halten sei. Diesen Umstand nutzten die habsburgischen Propagandisten. Sie verfassten Briefe in deutscher Sprache, ließen sie von Karl abschreiben und schickten sie ins Reich.[17] Ihre Bereitschaft, Karls Biographie zu manipulieren, unterstreicht, wie hoch sie den nationalen Wahlfaktor einschätzten. Tatsächlich dürfte die nationalistische Rhetorik die Wahlchancen Karls gegenüber Franz I. erhöht haben und erst später zum Bumerang geworden sein.

Einige Monate vor der Wahl forderte Kurfürst Friedrich von Sachsen Gelehrte der Wittenberger Universität und Räte seines Vetters Georg von Sachsen auf, Gutachten zu erstellen, »wie es in der wal eines Romischen konigs sol gehalten werden nach ordnung der recht, ob auch seiner von einer andern denn Teutscher nacion moge gewelt werden«.[18] Die sieben Gutachter kamen, ihre humanistische Bildung unter Beweis stellend, zum Schluss, der römische Kaiser müsse ein Deutscher sein.[19] Wurde Karl von Spanien dieses Prädikat attestiert, so fand der französische König nicht einmal seine Abstammung von Karl dem Großen bestätigt. Während die meisten Gutachter mehr oder weniger diskret eine Wahl Karls nahe legten, votierte einer für den sächsischen Kurfürsten als wahren deutschen Kandidaten.

Hauptbeweisstück der Gutachter war das Dekretal »Venerabilem«, das Papst Innozenz III. 1202 ausgestellt hatte.[20] Ihre Argumentation beruhte auf der tendenziösen Auslegung einer einzigen Formulierung des Dekretals. Diese lautete, der apostolische Stuhl habe »das Römische Reich in der Person Karls des Großen von den Griechen auf die Deutschen übertragen«.[21] Daraus leitete man die Einschränkung des passiven Wahlrechts auf die Deutschen ab – eine Folgerung, die im Dekretal nicht angelegt war. Dieses nämlich hatte bloß den Rechtsstatus der »deutschen« Königswahl im Verhältnis zur päpstlichen Kaiserkrönung zu regeln versucht.[22] Der päpstliche Rechtstext vertrat die Auffassung, dass sich die »translatio in Germanos« seit den Ottonen im *aktiven* Wahlrecht der Kurfürsten

17 Laubach: Wahlpropaganda, S. 226.

18 Zit. nach Klippel: Die Aufnahme, S. 102.

19 Zu den sächsischen Gutachten vgl. die Ausführungen in den RTA, J. R., Bd. 1, S. 621-629.

20 Corpus Iuris Canonici, Bd. 2, Sp. 79-82.

21 »praesertim, quum ad eos ius et potestas huiusmodi ab apostolica sede pervenerit, quae Romanum Imperium in personam magnifici Caroli a Graecis transtulit in Germanos.« Ebd., Sp. 80.

22 Zu den Entstehungszusammenhängen des Dekretale »Venerabilem« vgl. Hugelmann: Die deutsche Königswahl, S. 43-97; zu seiner Auslegung im 13. und 14. Jahrhundert vgl. Schubert: König, S. 32 f.; Barisch: Lupold, S. 283.

niedergeschlagen habe.[23] Für die Einschränkung des passiven Wahlrechts spielten nationale Kriterien aber keine Rolle: Von der Kaiserwahl ausgeschlossen waren »nur« Exkommunizierte, Tyrannen, Idioten, Häretiker und Heiden.[24]

Die anachronistische Lesart des Dekretals wurde den Gutachtern von Humanisten vermittelt, die sich wiederum auf Rechtsgelehrte des 15. Jahrhunderts stützten. Der Basler Kanonist Peter von Andlau hatte Friedrich III. 1460 einen »Libellus de Caesarea monarchia« gewidmet und darin festgehalten, die päpstliche translatio imperii »in inclitam nacionem Germanorum« sei »active et passive« zu verstehen.[25] Dabei berief er sich auf Nicolaus de Tudeschis, gen. Panormitanus (1368-1445), der am Basler Konzil gewirkt und gegen die juristische Lehrmeinung das Dekretal »Venerabilem« neu ausgelegt hatte.[26] Bekannt ist auch, dass Peter das »Memoriale« des Alexander von Roes benutzt hat, in dem das passive Wahlrecht schon auf die Deutschen beschränkt war.[27] Spätestens über Wimpfelings »Germania« von 1501 wurde das Dekretal den deutschen Humanisten bekannt.[28] Sie verbanden mit ihm kaum kanonistisches Interesse, sondern setzten es als Beweis von Karls Deutschtum und damit gegen die französischen Ansprüche auf die Kaiserkrone und das Reich ein.[29]

Die sächsischen Gutachten über die Rechtslage der Königswahl wurden sofort politisch instrumentalisiert. Georg von Sachsen, stramm antifran-

23 In dieser Hinsicht stimmten auch der »Sachsenspiegel« von 1220/35 und der »Schwabenspiegel« von 1275 mit der päpstlichen Position überein; Ersterer formulierte: »de dudschen scolen dorch recht den koning kesen« (Landrecht III, 52), und Letzterer präzisierte diese Identifizierung von Deutschen und Königswählern mit den Worten, die vier Laienfürsten »súln Túsche man sin von vatter und von muoter oder van aintwederm [von einem der beiden]« (§ 130a); dass der römische König Deutscher sein müsse, wurde hingegen nicht gefordert; Thomas: Sprache, S. 54, 84.

24 Corpus Iuris Canonici, Bd. 2, Sp. 80.

25 Peter von Andlau: Libellus 2, Titel 3, S. 186 f.

26 Auch wenn der »Libellus« erst 1603 gedruckt wurde, dürfte er zur Verbreitung des Dekretals als multiples Beweismittel im Dienst nationaler Interessen beigetragen haben. Denn in den Schriften Lupolds von Bebenburg, der humanistischen Erstreferenz in Sachen »Venerabilem«, konnte der Ausschluss von Ausländern zur Königswahl nicht nachgewiesen werden. Zu Peters einseitigem Rückbezug auf Panormitanus bei der nationalen Beschränkung des passiven Königswahlrechts vgl. Hürbin: Peter von Andlau, S. 145 f.; eine Gesamtinterpretation der politischen Theorie Peters von Andlau bietet Walther: Gelehrtes Recht; zu Lupolds Translationstheorie vgl. Kap. 2.1.2.

27 Vgl. Kap. 2.1.3; Grundmann: Über die Schriften, S. 199, 226; Mertens: Reich, S. 81.

28 Wimpfeling: Germania, S. 24 f.

29 Goez: Translatio, S. 252.

zösisch eingestellt, nutzte ihren Sukkurs, um die deutschen Kurfürsten, vor allem aber seinen Vetter zur Wahl eines deutschen Kandidaten zu bewegen. In seinen Briefen operierte er mit nationalistischer Rhetorik. Den sächsischen Kurfürsten ließ er wissen, es sei ihm nicht verborgen geblieben, »das ir zcum theil gut Francoschiß seit«.[30] Er selber, bekannte Georg, wäre »gantz ungern [...] Francoschiß«, und er werde allen Kurfürsten in Frankfurt schreiben, »das wir ein Francossen nicht zcu ein hern leyden kontn«.[31] Denn für ihn waren die »Francoßen [die] erbfint Deutzen gzunges«.[32]

Das habsburgische Erbfeindmodell, verbunden mit der Ehre der deutschen Sprachnation, fand im Herzog von Sachsen einen umtriebigen Anwalt. Der Landgraf von Hessen, der in späteren Jahren wiederholt die Zusammenarbeit mit Frankreich gegen Karl V. suchen sollte, wurde von Georg ermahnt, er »wolle ein guter Deutscher, wie wir nicht zweifeln, sein und bleiben und dasjenige, dadurch Deutscher nacion zu ere solle oder moge erhalten werden, getreulich helfen furdern«; es sei bekannt, »das dem Franzosen gar wenig zu vertrauen ist«, und es wäre eine Straftat an der Nationalgeschichte, »das man das kaiserthumb, wolchs unser vorfarn und die Deutsche nacion durch vil schwere, redeliche, manliche und tugentliche thette den Deutzschen erlanget, ane den Franzosen widerumb solle komen lassen«.[33] Mit seinen moralischen Appellen an die deutsche Nation brachte Georg den sächsischen Kurfürsten vorerst nur zum Lippenbekenntnis, »das uns ein Teutzscher, so der durch uns eintrechtiglich erwelt und Gott gnad darzu verleihen wolt, am erlichsten und nutzlichsten sein solt«.[34] Zu diesem Zeitpunkt, Ende April 1519, mochte sich der Kurfürst noch nicht festlegen. Seine Taktik bestand darin, durch Lavieren und vage Zusagen die Kandidaten zu weitergehenden Konzessionen zu bewegen. Kurz vor der Wahl entschied er sich für Karl.

Dem Nationskriterium kam im Lauf des Wahlkampfs immer mehr Bedeutung zu. Selbst das Umfeld Karls scheint von der Eigendynamik der nationalen Frage überrascht worden zu sein. Zwar glaubte der König von Spanien schon im März 1518, mit seiner »affinité et proximité de linaige«

30 »Francoschiß« ist hier mit »frankreichfreundlich« gleichzusetzen. Die Etikettierung fand aber Eingang in die populäre Lieddichtung und wurde da signifikant verschärft: Der Vorwurf an den Herzog von Braunschweig, »Franzos du wollest sin«, zog dessen symbolischen Ausschluss aus der deutschen Nation nach sich; Liliencron (Hg.): Die historischen Volkslieder, Bd. 3, S. 236.

31 RTA, J. R., Bd. 1, 296, S. 704.

32 Ebd., S. 705 f.

33 Ebd., S. 750.

34 Zit. nach Weicker: Die Stellung, S. 240.

zur deutschen Nation könne er das Reich »billiger kaufen« als der französische König.[35] Diese Erwägung bewegte sich aber noch im Rahmen dynastischen Loyalitätsdenkens. Sie wurde gegenstandslos, als Franz mit geschickter Diplomatie, Heiratsversprechen und Bestechungsgeldern erste Werbungserfolge verzeichnete. Nun galt es, die Investitionen des französischen Königs zu überbieten.[36] Aber auch damit war die Wahl nicht gewonnen. Auffallend ist, dass die nationalistische Rhetorik in den letzten Wochen vor der Wahl nochmals zugespitzt wurde und das Pendel erst danach definitiv zu Karl schwenkte.[37] Der spanische König präsentierte sich im Juni 1519 deutscher denn je. Neben der Abstammung wurde auch seine Erziehung und Kultur ins Feld geführt. Dem Kurfürsten von Sachsen empfahl er sich als »ain Teutscher von gebluet und gemuet, von gepurt und zungen«,[38] den Königswählern als »geporner und erzogner teutscher, der auch teutscher sprach zu reden und zeschreiben bericht und geübt« sei.[39]

Auch Franz I. flocht nationale Argumentationsmuster in seine Wahlpropaganda ein, obwohl seine Ausgangslage in dieser Hinsicht wenig Erfolg versprach. In ihrer Freiheits- und Nationsrhetorik unterschieden sich die Kandidaturen des spanischen und des französischen Königs ohnehin nicht stark.[40] Wie Karl setzte Franz auf die Doppelstrategie, den Fürsten die Libertät zu garantieren[41] und seine Verwandtschaft mit der deutschen Nation zu beweisen. Zudem stempelten sich beide Kandidaten gegenseitig zu Ausländern. Seinen Gesandten gab Franz die Instruktion mit, bei den Kurfürsten gegen Karl einzuwenden, seine Staaten seien von Deutsch-

35 RTA, J. R., Bd. 1, S. 73.

36 Dies unternahm Karl nicht nur mit exorbitanten Kreditsummen der Augsburger Bankiersfamilie Fugger, sondern auch mit – relativ vagen – dynastischen Vermählungsversprechen gegenüber Kursachsen, Kurbrandenburg und Bayern; vgl. Kohler: Die innerdeutsche und außerdeutsche Opposition, S. 109 f.; Weicker: Die Stellung.

37 RTA, J. R., Bd. 1, S. 337.

38 Ebd., 322, S. 747.

39 Werbungen Karls I. und Franz' I. bei den Kurfürsten vom 9./14. Juni 1519, in: Kohler (Hg.): Quellen, S. 47.

40 Die Unterschiede lagen eher in der Gewichtung des Türkenkriegs und des päpstlichen Einflusses, die bei Franz in beiden Fällen aus taktischen Gründen stärker ausfiel; Laubach: Wahlpropaganda, S. 210-220.

41 Während Karl den Kurfürsten in Aussicht stellte, »all stend bey iren oberkaiten, liberteten, eeren unnd recht helffen zu beschirmen«, so dass unter seiner Regierung »Teutsch nation bey jrer freyhait« bleibe, beschwichtigte Franz die Wähler, er sei »wissend, das sy hoch begirig sein, in freyem stand zu leben« und wolle dem »alzeit ain merer und handthaber« sein; Werbungen Karls I. und Franz' I. bei den Kurfürsten vom 9./14. Juni 1519, in: Kohler (Hg.): Quellen, S. 46-52.

land zu weit weg und Spanier und Deutsche könnten sich nicht vertragen.[42] Umgekehrt betonte er, die Franzosen seien den Deutschen seit jeher freundschaftlich verbunden. Der Herzog von Braunschweig warf für Franz ein, er kleide sich wie ein Deutscher.[43] Und um die nationale Affinität historisch zu untermauern, schob der König im offiziellen Werbeschreiben nach, dass »die Teutschen und Frantzosen vor zeytten ain gemain wesen gehept und sy zů baider seyt jren ursprung von ainander genommen hond«; die französischen Könige hätten »teutschen nation mit Templen, Clöstern und gemainen und sondern gepewen geziert und mitt mancherlay Costlichaiten begabt haben«.[44]

Es war ein riskantes Unterfangen, den deutschen Fürsten die »widerbekommung des reichs« durch ihren französischen Cousin schmackhaft zu machen.[45] Denn Franz hausierte mit jenen Argumenten, die die deutschen Humanisten in den zwei Jahrzehnten zuvor gebetsmühlenhaft verworfen hatten.[46] Die Kollision war umso unausweichlicher, als der humanistische Nationalismus zum Zeitpunkt der Königswahl auf dem Gipfel seines politischen Einflusses stand. Dass noch die Kurie dem französischen König unter die Arme griff und seine Wahl mit den gleichen Argumenten betrieb (»Franci ex vestris sunt«), dürfte ihm angesichts der antirömischen Breitenstimmung mehr geschadet als genützt haben.[47] Im Umfeld des Königs scheint man den Nachteil, den ihm die Nationalitätsdebatte einbrachte, erkannt zu haben. Parallel zur germanophilen Anbiederungsrhetorik bemühte man sich darum, die juristischen Wahlgutachten aus Sachsen zu entkräften. Der französische Kanzler Antoine Duprat betonte, weder das Dekretal »Venerabilem« noch die Goldene Bulle bestätigten eine Einschränkung des passiven Wahlrechts auf die Deutschen. Zudem habe sich der Papst vorbehalten, den Deutschen das Imperium zu entziehen, sofern sie ihre Pflichten gegenüber der Christenheit versäumten. Das sei seit längerem der Fall.[48] Duprat fand mit dieser scharfsinnigen Argumentation in Deutschland wenig Gehör. Je länger das Rennen dau-

42 RTA, J. R., Bd. 1, S. 155.
43 Ebd., 89, S. 283; Laubach: Wahlpropaganda, S. 215.
44 RTA, J. R., Bd. 1, S. 51.
45 Zit. nach Lutz: Kaiser Karl V., Frankreich, S. 84.
46 Auch nach der gescheiterten Kaiserkandidatur brachte Franz I. die französisch-deutsche Blutsverwandtschaft ins Spiel, wenn es darum ging, mit den deutschen Fürsten antihabsburgische Koalitionen zu schmieden; vgl. Kohler (Hg.): Quellen, S. 195.
47 Vgl. das Schreiben des päpstlichen Nuntius Orsini an den Kurfürsten von Sachsen, in: RTA, J. R., Bd. 1, S. 759.
48 Laubach: Wahlpropaganda, S. 220-222; RTA, J. R., Bd. 1, S. 623.

erte, desto geringer wurden die Wahlchancen des französischen Königs. Das nationale Handicap dürfte ein gewichtiger Grund für sein Scheitern gewesen sein.[49]

5.1.3. Die reichsstädtische Xenophobie als antifranzösische Drohkulisse

Zu einem neuen, bisher unterschätzten Wahlfaktor entwickelte sich auch die (reichs)städtische Öffentlichkeit. Unter dem Einfluss der antirömischen Pamphlete und Holzschnitte der ersten Reformationsjahre wurde die Stadtbevölkerung noch xenophober, als sie ohnehin schon war.[50] Wie der Reichsadel[51] stellte sie sich fast geschlossen hinter Karl, aus der Überzeugung, es mit einem Deutschen zu tun zu haben. Die populistische Selbstinszenierung Maximilians, die humanistische Meinungsbildung und die habsburgische Wahlpropaganda, die das städtische Publikum mit Flugschriften und Bildern fütterte, hatten ganze Arbeit geleistet.[52] Karls Tante Margarethe, die seine Kandidatur aus den Niederlanden vorantrieb, äußerte sich sehr erfreut, dass das deutsche Volk »mal affectionné aux Francois« sei, und forderte, alle Hebel in Gang zu setzen, »pour encoires plus les anymer contre eulx«.[53]

Zu einem Wahlfaktor konnte die städtische Einheitsfront für die »deutsche« Kandidatur Karls nur werden, weil die Königswahl selbst ein reichsstädtisches Ereignis war. Diesen Zusammenhang bringen die Briefe des englischen Wahlagenten Richard Pace aus Frankfurt und Mainz drastisch zum Ausdruck. Am 10. Juni 1519 berichtete Pace, der König von Kastilien habe die Zuneigung des ganzen Volkes, das gegen Franz I. zu kämpfen bereit sei. Aus Furcht komme der französische Gesandte nicht nach Frankfurt, sondern sitze im fernen Koblenz. Pace selbst sei fast aus Frankfurt

49 Der evangelische Kommentator Johannes Sleidan verdichtete den kurfürstlichen Wahlakt auf diesen einen Punkt: In fingierten Reden ließ er zuerst den Trierer Kurfürsten die französische und den Mainzer die habsburgische Kandidatur anpreisen. Den Ausschlag habe dann Friedrich von Sachsen mit dem Hinweis gegeben, dass der Franzose von Gesetzes wegen ausscheide, während Karl als deutscher Fürst wählbar sei. Trotz vieler Vereinfachungen gelang Sleidan eine präzise Verdichtung der französischen und habsburgischen Wahlkampfrhetorik; Sleidan: Commentarii, S. 20-26; Laubach: Wahlpropaganda, S. 247.

50 Zur städtischen Xenophobie vgl. Kap. 4.5.2.

51 Laubach: Wahlpropaganda, S. 229 f.

52 Zur habsburgischen Bildpropaganda vor der Königswahl vgl. Wohlfeil: Grafische Bildnisse, S. 28-34, 47.

53 RTA, J. R., Bd. 1, 104, S. 318.

vertrieben worden, weil man ihn für einen Franzosen gehalten habe. Einen Tag später berichtete er, vergangene Nacht sei der Gesandte des Papstes in Verkleidung geflohen, nachdem er sich für den französischen und gegen den spanischen König ausgesprochen habe. Er habe »recht daran getan, da er hier seines Lebens nicht mehr sicher war«. Und am 24. Juni schrieb Pace, die deutschen Grafen sammelten sich auf einem Schloss in der Nähe Frankfurts, wo sie im Fall einer Wahl Franz' I. den Krieg gegen Frankreich verkünden wollten.[54] Währenddessen weilten unten in der Stadt die Kurfürsten »in großer Bestürzung und Furcht vor dem Volk«.[55]

Tatsächlich befürchteten die Kurfürsten, die Wahl eines Ausländers führe zum Aufruhr des »gemeinen Manns«. In den Aufzeichnungen des Mainzer Kurfürsten Albrecht von Brandenburg, in denen er sich Rechenschaft über sein Wahlverhalten ablegte, taucht der »gemeine Mann« gleich zwei Mal als politischer Faktor auf. Albrecht riet von der Wahl deutscher Fürsten ab, weil sie zu klein und machtlos seien, um als Kaiser gefürchtet zu werden, und zu wenig Geld hätten, um den Anforderungen des Amtes zu genügen. Viel Geld aber sei vonnöten, damit

> der arm gemein man sonder merklich ursach und not nit mit aufsetzen und schatzungen uberladen und beswert werde, dann daraus wurde nichts guts folgen, allein ein buntschuch.[56]

Kam die Wahl eines deutschen Kandidaten aus materiellen Gründen nicht in Frage, so die eines Ausländers aus emotionalen Gründen. Sie würde, so Albrechts Annahme, das Ehrgefühl des »gemeinen Manns« verletzen, so dass mit Aufständen zu rechnen wäre. Um dem vorzubeugen, schlug er vor:

54 Tatsächlich behauptete der Graf von Königstein, er habe im Namen von mehr als dreißig Gleichgesinnten einigen Kurfürsten erklärt, sie würden eine Wahl des französischen Königs, falls nötig, mit kriegerischen Mitteln zu verhindern suchen; ebd., 147, S. 411-421; Laubach: Wahlpropaganda, S. 230.

55 Auch wenn diese Schilderungen mit Vorsicht zu genießen sind, weil sie der Erfolglosigkeit des englischen Wahlagenten einen fatalistischen Anstrich gaben und Pace in Mainz von Anhängern Karls umgeben war, haben sie die Stimmung der reichsstädtischen Öffentlichkeit treffend erfasst. Zumindest ein Fall ist überliefert, in dem es gegen die päpstlichen Legaten beinahe zu Ausschreitungen kam, die durch das Eingreifen des Erzbischofs von Mainz verhindert wurden; RTA, J. R., Bd. 1, S. 495; Laubach: Wahlpropaganda, S. 231.

56 Kohlers Einschätzung, Albrecht spiele hier allein auf die Bauernunruhen am Oberrhein von 1513/17 an, lässt sich aus dem Kontext nicht ableiten. Es ist wahrscheinlicher, dass der Erzbischof auch die soziale Unrast städtischer Unter- und Mittelschichten im Blick hatte; RTA, J. R., Bd. 1, 378, S. 843 f.; Kohler (Hg.): Quellen, S. 45.

> Item vor allen dingen must je der konig, so man keinen Teutschen kurfursten oder fursten haben kann, von seinem stam und herkomen ein Teutscher sein, domit die ere von unser nacion nit entwendt, auch der gemein man derhalben gesetigt wurde, der dann itzonder zu entporungen und bosen aufruren leichtlich zu bewegen ist.[57]

Diesem Profil entsprach natürlich Karl. Mit seiner Wahlempfehlung dürfte der Mainzer Kurfürst vor allem die Einstellung des »gemeinen Manns« in den Städten getroffen haben. Dort zirkulierten die Flugblätter mit Karls Konterfei und seinen schriftlichen Selbstdarstellungen als Deutscher. Nachdem die Wahl über die Bühne gegangen war, stellte ein Spruchdichter in der populären Gattung des »neuen Lieds« den Kurfürsten ein gutes Zeugnis aus:

> Jr churfürsten allgemeine / sind aller eren werd / dass ir hand gwelt alleine / den ganz Teutschland hat bgärt / das ist Carle von Osterich / [...] Fürwor so muß ich jehen / got hat es selb gethon / es wär groß mord geschehen / wär er nit darzu kon.[58]

5.1.4. Deutschland: Peripherie eines universalen Kaiserreichs

In den Monaten nach seiner Wahl stand Karl V. im Reich auf dem Höhepunkt seiner Popularität. Noch hatte ihn niemand zu Gesicht bekommen, aber für Adlige wie Städter war er Projektionsfläche aller möglichen Anliegen.[59] Die humanistischen Träger der frühreformatorischen Bewegung erhoben ihn zum neuen Nationalhelden, der die deutsche Nation vom römischen Joch befreie und Frankreich in die Schranken weise. Hutten begrüßte den jungen Kaiser als »widerbringer der teütschen freyheit«, und Luther auserkor »den deutschenn[!] keyßer« zum Haupt seiner Kirchenreform.[60]

Einen ersten Dämpfer erlitten diese Hoffnungen, als Karl aus seiner Treue zur römischen Kirche keinen Hehl machte und Luther den Kampf erklärte. Nach dem Reichstag von Worms 1521 reiste der König aus Deutschland ab, ohne den Reichsverband eingehend kennen gelernt, geschweige denn ein politisches Netzwerk aufgebaut zu haben. Mit ihm ver-

57 Ebd., S. 844.

58 Autor dieses Lieds war Pamphilus Gengenbach, in: Liliencron (Hg.): Die historischen Volkslieder, Bd. 3, S. 234.

59 Kohler: Karl V., S. 72.

60 Hutten: Vadiscus, in: ders.: Gespräch büchlin, S. 85; Luther: An den christlichen Adel deutscher Nation, in: WA, Bd. 6, S. 465,18; Hölzle: Die Idee, S. 19.

schwanden die nationalistischen Töne, die Karls Ansehen im Reich begründet hatten.[61] Für die nächsten acht Jahre regierte er von Spanien aus. Nicht nur geographisch, sondern auch politisch rückte Deutschland in weite Ferne. Die Herrschaftskonsolidierung in Spanien, vor allem aber die Kriege gegen Franz I. um Italien diktierten die Agenda. Weil Karl dafür kaum auf die Unterstützung der Reichsstände angewiesen war, erledigte sich Maximilians Nationsdiskurs fast von selbst. Erst 1530 erschien Karl zum zweiten Mal in Deutschland, nach einem längeren Aufenthalt in Italien, wo ihn der Papst zum Kaiser gekrönt hatte. Sein Bruder Ferdinand, Erzherzog von Österreich, hatte ihn zu dieser Reise und zur Ausschreibung eines Reichstags drängen müssen.[62]

Das Absinken Deutschlands zur Peripherie eines europäischen Großreichs war kein Zufall. In Karls politischer Prioritätenliste stand Deutschland weit hinten. Sie wurde von seinem höfischen Umfeld mitdiktiert. Karl besaß schon einen festen Beraterstab, rekrutiert aus den Funktionseliten Burgunds und Spaniens, bevor er zum römischen König gewählt wurde. Daran änderte sich nach der Wahl wenig. Auch am königlich-kaiserlichen Hof dominierten die burgundischen Geschlechter, gefolgt vom kastilischen Hochadel.[63]

Treibende Kraft hinter seiner Bewerbung um die Kaiserkrone und Chefideologe der habsburgischen Politik war der Großkanzler Mercurino Gattinara (1465-1530).[64] Der gebürtige Piemontese und Doktor der Rechte hatte schon zehn Jahre in burgundischen Diensten der Habsburger gestanden, als ihm Karl 1518 das Großkanzleramt »omnium regnorum ac dominiorum«, das heißt über alle seine Herrschaftsgebiete, übertrug. Gattinara sah seinen Herrn von Beginn an auserkoren, eine Weltherrschaft aufzubauen, die die Christenheit endlich befriede. Karls Inszenierung als »original Allemand« erachtete Gattinara als Mittel zum Zweck der imperialen Herrschaft.[65] Das Kaisertum sah er nicht in der deutschen Nation verankert. Kurz nach der Königswahl stellte er ein politisches Programm auf, in dem Heinrich Lutz »einen Umbruch von geradezu revolutionärer Wucht«

61 Zum raschen Verebben der Bildpublizistik im Dienst Karls vgl. Wohlfeil: Grafische Bildnisse, S. 47.

62 Kohler: Karl V., S. 202-208.

63 Millán: Der Hof, S. 125, 143-147.

64 Zu Gattinaras Person, seiner Stellung in Karls Herrschaftsapparat und seiner Herrschaftsdoktrin vgl. Headly: The Emperor; Lutz: Karl V., S. 129; ders.: Christianitas, S. 20-24; Kohler: Karl V., S. 95-100; König: Monarchia Mundi, S. 58-84; ders.: Plus ultra; Bosbach: Monarchia, S. 46 f.; Cheneval: Die Rezeption, S. 356-359.

65 RTA, J. R., Bd. 1, S. 526 (Fußnote 3).

gesehen hat, gemessen an der pluralistischen Herrschaftsordnung der spätmittelalterlichen Christenheit.[66] Gattinara schwebte eine »Monarchia Universalis« vor, in der dem Imperator die Oberhoheit über alle christlichen Territorien zukomme. Der Papst, die europäischen Monarchen und deutschen Fürsten sollten zu ausführenden Organen seiner Politik degradiert werden. Wer sich der kaiserlichen Gewalt widersetzte und auf die Freiheit pochte, stand im Unrecht.[67] Geographisches und politisches Zentrum der Universalmonarchie hatte, wie in der Antike, Italien zu sein.[68] Damit, so Gattinaras Theorie, könne die befriedete Christenheit alle Ressourcen für den Kampf gegen die Ungläubigen freisetzen. Dem zukünftigen Kaiser stellte er, aristokratische Ehrkonkurrenz ins Spiel bringend, die Weltherrschaft als höchsten Ruhm eines Sterblichen in Aussicht.[69]

Der Herrschaftsideologie des Piemonteser Juristen lagen Quellen zugrunde, die italienische und deutsche Humanisten eher ignoriert hatten. Zu seinen wichtigsten Referenzen gehörten imperiale Auslegungen des römischen Rechts und theologische Weltreichskonzepte ghibellinischer Prägung. Schon diese hatten dem an politischer Instabilität leidenden Italien das Rezept einer autoritären, sakral legitimierten Einherrschaft verschrieben und dazu den Imperator ins Land gerufen. Wie sehr Gattinara der ghibellinischen Tradition des 14. Jahrhunderts verbunden war, zeigt sein Interesse an Dantes »De monarchia« (entstanden ca. 1313).[70] Von den gut drei Dutzend Handschriften, die vor der Editio princeps 1559 in Basel existierten, brachte der Großkanzler eine in seinen Besitz. Als sich der Papst und der französische König 1526 in der Liga von Cognac gegen Karl V. verbündeten, versuchte Gattinara, Dantes Werk im Rahmen einer Gegenkampagne in Druck zu bringen. Dazu klopfte er bei keinem Geringeren als Erasmus an und legte ihm ans Herz, mit einer philologischen Bearbeitung und Edition des Manuskripts der kaiserlichen Sache zu dienen.[71] Gattinara hatte sich an den Falschen gewandt. Erasmus hielt nichts von expansiven Herrschaftsprogrammen, am wenigsten von solchen im Namen Christi. Das Imperium war ihm eine beständige Quelle des Krieges.[72]

66 Lutz: Christianitas, S. 21; zu Gattinaras Vorentwürfen der umfassenden Leitideologie ab 1517 vgl. Kohler: Karl V., S. 98.
67 Kohler: Karl V., S. 96.
68 Vgl. etwa Gattinaras Denkschriften von 1521 und 1527 in Kohler (Hg.): Quellen, S. 60 (Fußnote 1), 84, 133.
69 Lutz: Christianitas, S. 20 f.
70 Dazu und zum Folgenden Cheneval: Die Rezeption, S. 356-359.
71 Gattinara an Erasmus, Valladolid, 12. März 1527, in: ders.: Opus epistolarum, Bd. 6, S. 470 f.
72 Erasmus an Willibald Pirckheimer, 1524, in: ebd., Bd. 5. S. 396.

Dante hielt er für einen zweitrangigen Dichter der italienischen Vulgärsprache, und wie viele seiner humanistischen Zeitgenossen kannte er ihn nur dem Namen nach.[73] Breitere Aufmerksamkeit wurde Dantes Weltreichstheorie in Deutschland erst zuteil, als die »Monarchia« 1557 auf dem römischen Index landete. Kontraproduktiver hätte die kirchliche Zensur nicht sein können. Es dauerte zwei Jahre, bis in Basel protestantisch-kaiserfreundliche Kreise die Schrift in einer lateinischen und einer deutschen Fassung herausgaben.[74]

Die krummen Wege der Danterezeption im Zeitalter Karls V. zeigen, dass Gattinaras Ideologie der »Monarchia Universalis« nach Karls Herrschaftsantritt in Deutschland keine Wurzeln schlagen konnte.[75] Das Ideal eines Weltfriedens durch Weltherrschaft ließ sich weder mit dem politischen Denken der humanistischen Nationalisten noch mit jenem der Fürsten vereinbaren. Es negierte jegliche Ansprüche auf nationale Ehre, Konkurrenz und Selbstbestimmung und machte alle Herrschaftsträger zu Kreaturen von Kaisers Gnaden.

5.1.5. Antikaiserliche Fürstenpolitik im Namen der deutschen Libertät

Karls Kaisertum, vor allem aber die Reformation führten nach 1520 zu einer rasanten Beschleunigung der politischen und sozialen Veränderungen im Reich. Im Schatten der in Italien betriebenen »Weltpolitik« breitete sich der neue Glauben aus und schuf vollendete Tatsachen, ohne auf koordinierten Widerstand zu stoßen. Das monarchische Vakuum, das Karl im Reich hinterlassen hatte, konnte sein Statthalter in Österreich, Ferdi-

73 Naucler bewies schon eine überdurchschnittliche Dantekenntnis, wenn er den Inhalt der »Monarchia« in einem Nebensatz zu skizzieren versuchte; Wimpfeling kannte Dante nur dem Namen nach, ebenso Aventin, der ihn zu den »gelerten rät« Ludwigs des Bayern zählte und zugleich zum Wiederbringer des »alt hoch römisch latein« ernannte. Einer der besten Dantekenner dürfte der zwei Generationen ältere Hartmann Schedel gewesen sein: Er besaß eine Handschrift der »Divina Commedia« und würdigte Dante in seiner Weltchronik von 1493; Naucler: Memorabilium [...] commentarii, fol. 251^{v}; Aventin: Bayerische Chronik 8,23, Bd. 2, S. 460; Herding / Mertens: Einleitung, in: Wimpfeling: Briefwechsel, Bd. 1, S. 39 f.; Cheneval: Die Rezeption, S. 383.

74 Zur Publikation der »Monarchia« durch Johannes Herold und den Drucker Oporin s. Bietenholz: Der italienische Humanismus, S. 106-108; Burckhardt: Johannes Basilius Herold; Cheneval: Die Rezeption, S. 377-387.

75 Der Kontrast zu Spanien, wo Gattinara Juristen und Theologen zur theoretischen Weiterführung seines Programms anregte, ist augenfällig; König: Monarchia Mundi, S. 85-122.

nand, nur begrenzt auffüllen. Vorerst mit limitierten Befugnissen ausgestattet, wurde er von der Türkenabwehr an der ungarischen Grenze absorbiert. Dass die habsburgischen Heiratsprojekte mit deutschen Fürstenhäusern fallen gelassen wurden[76] und Ferdinands Hof mit spanischen Edelleuten besetzt war, erschwerte den Aufbau einer deutschen Machtbasis zusätzlich.[77]

Die Reichs- und Universitätsstädte Mittel- und Oberdeutschlands, in denen Maximilian starken Rückhalt genossen hatte, wurden zu Zentren der Reformation.[78] Ihre Distanz zum Reichsoberhaupt nahm weiter zu, als die lutherischen Reichsfürsten 1531 einen Verteidigungsbund gegen den Kaiser schlossen und reformierte Städte als Bündnispartner zweiter Ordnung aufnahmen. Unter ihnen bildeten die Reichsstädte Oberdeutschlands die große Mehrheit.[79] Es erstaunt daher nicht, dass Karl den Städten mit konstantem Misstrauen begegnete.[80] Die habsburgische Klientel in den Reichsstädten reduzierte sich auf gebildete Eliten, die der Reformation früh den Rücken gekehrt oder von Anfang an ablehnend gegenübergestanden hatten. Die politische Marschrichtung ihrer Gemeinden konnten sie selten bestimmen.

Die schwache Präsenz des Kaisers im Reich erleichterte es den Fürsten, die nationale Freiheitsrhetorik gegen das Haus Habsburg zu kehren. Wirklich frei wurde das Terrain aber erst mit dem Bauernkrieg von 1525. Die Aufstände veränderten die politischen Diskurse sofort und nachhaltig.[81] Mit den Massakern an den Bauernhaufen kamen die vielstimmigen und widersprüchlichen Freiheitsgesänge der Frühreformation zum Verstummen.[82] In adligen und städtischen Eliten, ob alten oder neuen Glaubens, herrschte die Gewissheit, dass der Freiheitsbegriff als populäres Schlag-

76 Es handelte sich um Kursachsen, Kurbrandenburg und Bayern; Kohler: Die innerdeutsche und außerdeutsche Opposition, S. 109 f.

77 Laferl: Die Kultur; Pinette: Die Spanier.

78 Moeller: Reichsstadt; Dickens: The German Nation.

79 Insgesamt wurden 15 Städte in den Schmalkaldischen Bund aufgenommen, 10 davon waren Reichsstädte aus dem oberdeutschen Raum. Straßburg, angeführt vom Stättmeister Jakob Sturm, übte den bedeutendsten Einfluß aus; Brady: Zwischen Gott; Press: Philipp von Hessen, S. 67; Fabian: Die Entstehung.

80 Reinhard: Governi.

81 Die diskursiven Wirkungen sind wahrscheinlich höher einzuschätzen als die soziopolitischen. Zu den Auswirkungen des Bauernkriegs auf den Herrschaftsdiskurs und die Herrschaftspraxis Strauss: The Reformation, S. 201; zur Diskussion der soziopolitischen Wirkungen Blickle: Die politische Entmündigung; Winterhager: Bauernkriegsforschung.

82 Zur Polysemantik des Freiheitsbegriffs bis zum Bauernkrieg und zur Stellung des nationalen Freiheitsbegriffs im publizistischen Kampf dieser Zeit vgl. Kap. 5.2.

wort Chaos und Zerstörung gesät habe. So trat man das Recht, einen Freiheitsdiskurs zu führen, gerne den fürstlichen Ordnungshütern und ihrer intellektuellen Gefolgschaft ab. Da der *nationale* Freiheitsbegriff von den Aufständischen kaum benutzt worden war und seine positive Konnotation bewahrt hatte, ließ er sich zum Emblem fürstlicher Selbstbestimmung machen. Forum des neuen Diskurses war weder die Gelehrtensodalität noch der Marktplatz, sondern das fürstliche Kabinett. Hier benützte man den nationalen Freiheitsbegriff, im Gegensatz zu humanistischen Texten, auch in der Mehrzahl. Sie ist untrügliches Zeichen für einen Privilegierungsdiskurs, impliziert die Rede von »Freiheiten« doch Abstufungen. Mit dem Anspruch der Reichsfürsten, als Kollektiv die Nation zu repräsentieren, lief die »erhaltung teuscher nation freiheiten, privilegien und wolfart« auf fürstliche Machtsteigerung hinaus.[83]

Die Leitstimmen des nationalen Libertätsdiskurses gehörten Akteuren, die im Bauernkrieg besondere Verdienste erworben hatten. Der lutherische Landgraf Philipp von Hessen dirigierte das Gemetzel an den aufständischen Bauern in Thüringen; der fürstliche Rat der katholischen Herzöge von Bayern, Leonhard von Eck, führte das Heer des Schwäbischen Bundes zum Sieg über die süddeutschen Bauern. Ihr Ansehen war durch die erfolgreiche Erstickung der Bauernaufstände gestiegen.[84] Ohne Konsultation des Reichsoberhaupts hatten sie eine Massenbewegung, die unter anderem »Reichsfreiheit«, d.h. direkte kaiserliche Untertanenschaft, erstrebte, in kurzer Zeit zum Erliegen gebracht.

Nach dem Bauernkrieg schlug Bayern, umklammert von habsburgischen Territorien im Norden, Westen und Süden, einen dezidiert antikaiserlichen Weg ein. Unter Ecks Federführung wurde an einer Koalition geschmiedet, die religiöse und nationale Gräben überwand.[85] Lutherische Fürsten waren ebenso willkommen wie das Papsttum und Frankreich – die habsburgischen Gegner auf der europäischen Bühne. Im Reich wurde der Landgraf von Hessen für die folgenden Jahre zum wichtigsten bayrischen Partner.

Zum Steigbügel des nationalen Libertätsdiskurses wurde das habsburgische Projekt, Erzherzog Ferdinand zum römischen König wählen zu lassen, sobald Karl Kaiser sei.[86] Als sich das Vorhaben konkretisierte, gin-

83 Zitat aus den Verhandlungen deutscher Fürsten mit der französischen Krone in Scheyern 1532, in Pfeiffer: »Christliches Verständnis«, S. 105.

84 Lutz: Kaiser Karl V. und Bayern, S. 110 f.

85 Zur autokratischen Stellung Ecks in der bayrischen Politik vgl. Metzger: Leonhard von Eck (1480-1550), S. 20-23.

86 Zuvor hatte schon die habsburgische Besetzung Württembergs den fürstlichen Widerstand gegen Ferdinand provoziert. Der vertriebene Herzog Ulrich warnte die

gen habsburgkritische Fürsten in die Offensive. 1527 schloß Graf Albrecht von Mansfeld, der am kursächsischen Hof verkehrte, die Habsburger aus der deutschen Nation aus: Sie seien »der geburt nach nicht vor deucze« zu halten; daher sei aus dem Kreis der Reichsfürsten ein »christlicher könig«, das heißt ein Lutheraner, zu wählen.[87] Das Ziel einer evangelischen Königskandidatur wurde von fürstlicher Seite aber nicht weiter verfolgt.

Stärker waren die diplomatischen Fäden, die Eck spann, um eine bayrische Hauskandidatur aufzustellen. Schon 1526 erhielt Herzog Wilhelm IV. päpstliche Unterstützung.[88] Ecks Wahlpropaganda beruhte auf der Opposition von habsburgischem Erbkaisertum und fürstlich garantierter deutscher Libertät.[89] Sie richtete sich nicht nur an die Reichsfürsten, sondern auch an den französischen König. Diesem wurde eine bayrische Denkschrift überbracht, die davor warnte, die Habsburger wollten

> das Reich erbrechtlich an sich ziehen und die Libertät und Freiheit Deutschlands sowie das freie Kaiserwahlrecht auslöschen, dessen Erwerb so viel Mühe und Schweiß gekostet hat, oder sie wollten das Reich an Spanien übertragen, den Feind Deutschlands.[90]

Es gelte daher, so das Memoriale weiter, die Kurfürsten

> an die alte vererbte Freiheit Deutschlands zu erinnern, damit sie diese jetzt mit all ihrer Macht behalten und verteidigen wollen, und nicht davor zurückzuscheuen, einen deutschen Fürsten zum Kaiser zu wählen [...], der ein streng katholisches Leben führt [...] und vor allem das Wohl und die Ehre des deutschen Staates erstrebt.[91]

deutschen Fürsten 1526, dass die Habsburger ein Fürstengeschlecht nach dem andern vertreiben und austilgen wollten, um »die freyheit teutscher nation [...] in ein erbliche regierunge und ungewonte frembde dinstparkeit« zu ziehen. Landgraf Philipp unterstützte den Herzog mit der Forderung nach Rückgabe der entwendeten Fürstentümer: Nur so könnten die Fürsten verhindern, einen »erbkaiser« zu haben und »unterm jugch« zu leben; zit. nach Pfeiffer: »Christliches Verständnis«, S. 101 f.

87 Zit. nach Kohler: Die innerdeutsche und außerdeutsche Opposition, S. 117; ders.: Antihabsburgische Politik, S. 96 f.

88 Lutz: Kaiser Karl V. und Bayern, S. 110 f.

89 Pfeiffer: »Christliches Verständnis«, S. 104.

90 »[...] lesquelz par droict heriditaire veullent occuper ledit empir et oster la liberté et franchise d'Allemaigne et le franc povoir d'eslire empereur, qui a cousté si cher et acquis a si grand peine et sueur, ou la transporter en Espaigne, ennemye d'Allemaigne.« RTA, J. R., Bd. 7/2, 103, S. 1127.

91 »[...] ayant souvenance des vertuz et ancienne hereditalle liberté d'Allemaigne, ilz la veullent maintenant garder et deffendre de tout leur povoir; et qu'ilz n'ayent craincte d'eslire a empereur quelque prince d'Allemaigne, [...], de bonne vie catholique, [...] et surtout tresdesirant le bien et honneur de la chose publicque d'Allemaigne [...].« Ebd., S. 1128.

In der Königswahl von 1530/31 blieben alte Seilschaften und gut gefüllte Wahlkampfkassen erfolgreicher als schillernde nationale Freiheitsparolen: Der bayrische Kandidat hatte gegenüber Ferdinand das Nachsehen.[92] Wenige Tage später gründeten evangelische Fürsten und Städte den Schmalkaldischen Bund, um den neuen Glauben nach dem Scheitern der Religionsgespräche politisch abzusichern. Vorläufig aber durchbrach die antihabsburgische Solidarität im Namen der nationalen Freiheit die religiösen Fronten. Noch im Wahljahr wurde ein überkonfessionelles Bündnis geschlossen, angeführt von Bayern, Hessen und Kursachsen, das dem neuen König die Anerkennung verweigerte. Nachdem man sich verständigt hatte, die Wahl Ferdinands bezwecke, »teutsch nacion von iren lang hergeprachten freiheiten in unerhorte dinstperkeit« zu führen,[93] suchte man erneut Verhandlungen mit Frankreich. Um den Allerchristlichsten König zu bewegen, mit offiziellen Ketzern zu kooperieren, beschworen Hessen und Sachsen die Verteidigung der deutschen Freiheit gegen Ferdinand, den sie als »König von Böhmen und Ungarn« bezeichneten.[94] Bayern schloss sich an, schlug Beratungen über den »Ruhm Deutschlands und die angestammte Freiheit des Heiligen Römischen Reiches« vor und drückte seine Sorge über »die Würde des deutschen Volkes« aus.[95] Die Strategie hatte Erfolg. Bei den Verhandlungen, die im Mai 1532 geführt wurden, erläuterte der Humanist Guillaume du Bellay, der die französische Delegation anführte, dass der französische König des »hl. reichs teuscher nation eren, freiheit, wolfart, gedeyen« fördern und dafür sorgen wolle, »dass die teusche nation bey irn privilegien und freyheiten bleiben«. Am Ende wurde ein Vertrag geschlossen, der alle Parteien zur »beschützung der uffgenommen Teutschlands freiheit« verpflichtete.[96]

Handlungsfähig wurde das Bündnis jedoch nie. Frankreich drängte die deutschen Partner zum Angriff, um die habsburgischen Militärressourcen im Reich zu binden. Der Kurfürst von Sachsen aber sah sich, von Luthers Gehorsamsgebot beeinflusst, nur zur Verteidigung gegen einen feindlichen Angriff befugt. Als Philipp von Hessen mit französischer Rückendeckung die Habsburger aus Württemberg vertrieb, um den protestantischen Herzog Ulrich zu reinstallieren, zog er sich Kritik aus Sachsen

92 Pfeiffer: »Christliches Verständnis«, S. 104.

93 So Leonhard von Eck 1531, zit. nach Lauchs: Bayern, S. 26.

94 »Ungariae et Bohemiae rex Ferdinandus«, zit. nach Pfeiffer: »Christliches Verständnis«, S. 105.

95 Es gelte, so die Instruktion für die bayrischen Gesandten, »Germaniae gloriae et avitae libertati sacri Romani imperii expeditius consulere«, um nicht »Germaniae gentis dignitatem« verlustig zu gehen; zit. nach Pfeiffer, ebd.

96 Zit. nach Pfeiffer, ebd. S. 10 f.

und die Feindschaft Bayerns zu.[97] Die Solidaritätsrhetorik der deutschen Libertät hatte für eine Weile ausgedient.[98]

Aus dem Gesagten könnte der Eindruck entstehen, beim deutschen Libertätsdiskurs habe es sich bloß um ein Deckmäntelchen zur Rechtfertigung unheiliger Allianzen gehandelt. Das mag tatsächlich oft der Fall gewesen sein. Es gibt aber auch Hinweise, dass er eine stabile wenn auch rudimentäre Grundbedeutung hatte.[99] Aufschlussreich ist die Erfindung einer Libertätstradition, die der antimonarchischen Fürstenpolitik einen reichsrechtlichen Anstrich gab. Dabei griff man nicht auf Tacitus oder die Humanisten zurück, sondern auf die Goldene Bulle von 1356 und die Wahlkapitulation von 1519.[100] Nur: Keines der beiden Dokumente enthielt einen als »deutsch« gekennzeichneten Freiheitsbegriff. Der Goldenen Bulle zufolge lebten im Reich »diversae nationes«, die sich »durch Sitten, Lebensweise und Sprache« unterschieden, so dass jeder Fürst neben dem Deutschen auch Latein, Tschechisch und Italienisch zu lernen habe.[101] Im Begriff der deutschen Libertät wurden also Rechtsansprüche gebündelt, die zuvor nicht diese Etikette getragen hatten. Auf diesem Weg erhielt er reichsrechtlichen Gehalt. Er stand für Privilegien und Rechte, die man durch die Wahl Ferdinands zum römischen König bedroht sah.[102] Inso-

97 Lutz: Kaiser Karl V. und Bayern, S. 111 f.

98 Pfeiffer: »Christliches Verständnis«, S. 107.

99 Joachim Lauchs überschätzt aber wohl die Handlungsorientierung des Libertätsdiskurses, wenn er dem Lotsen der bayrischen Politik, Leonard von Eck, unterstellt, in der Libertät das »unverbrüchliche politische Fernziel« gesehen zu haben, während ihm die Religion eine »letztliche Nebensächlichkeit« gewesen sei. Für das »gemeinsame Streben nach Verwirklichung der Libertät« habe Eck im Landgrafen von Hessen einen kongenialen Partner gefunden, während er von seinen eigenen, traditionsverhafteten Landesherren eher behindert worden sei. Problematisch ist, dass Lauchs' Auffassung von Libertät mit dem Libertätsbegriff des Reformationszeitalters nicht übereinstimmt. Denn weder Konflikte zwischen Reichsfürsten noch mit den Landständen des eigenen Territoriums wurden im Namen der Libertät, schon gar nicht im Namen der *deutschen* Libertät ausgetragen. Was Lauchs als umfassendes politisches Programm beschreibt, nahmen die damaligen Politiker kaum als solches wahr; Lauchs: Bayern, S. 1 f., 16, 226, 311-314.

100 Belege und Deutungen in Pfeiffer: »Christliches Verständnis«, S. 100-102, 104 f.; Luttenberger: Libertät, S. 111; Schmidt: Geschichte, S. 78; Kohler: Karl V., S. 102 f.; Lauchs: Bayern, S. 26 f.

101 Die Goldene Bulle 31, S. 98 f.

102 Im Fall der Goldenen Bulle waren es die Rechte der Reichsvikare bei Thronvakanz, die mit einer Königswahl zu Lebzeiten des Kaisers hinfällig wurden; davon betroffen waren die Kurfürsten von Sachsen und der Pfalz; Pfeiffer: »Christliches Verständnis«, S. 101.

fern nahm das Angstgespenst der Erbmonarchie wahrnehmbare Konturen an.[103]

Wichtigste Quelle des nationalen Libertätsdiskurses war die Wahlkapitulation Karls V. Wie gezeigt, hatte sie die Fürsten zu Wächtern über die politische Reichsautonomie befördert.[104] Der Nationsbegriff war im Vertragstext eng an die Reichsstände und deren Privilegien gebunden.[105] Sogar das fürstliche Pochen auf Verbindlichkeit der Goldenen Bulle war der Wahlkapitulation entlehnt, hatte diese doch die Rechtsgültigkeit der Bulle bestätigt.[106] Gegen die harten Auflagen der Wahlkapitulation, die Karls Macht im Reich eindämmten, sollte dieser bald mehrfach verstoßen.[107] Zum Politikum wurden die Verstöße aber erst nach dem Bauernkrieg, als die Fürsten ihre Machtinteressen aggressiver verfolgten. War die deutsche Libertät mehr als eine Leerformel, dann als Emblem des Widerstands gegen diese Verstöße.

Ihr rudimentärer Rechtsgehalt reichte aber nicht, um sie zum überkonfessionellen Kompass des politischen Handelns zu machen. Dazu war sie zu sehr diplomatisches Instrument. Was den nationalen Freiheitsbegriff attraktiv machte, war seine inhaltliche Flexibilität je nach Kontext und Adressatenkreis. So rechneten die protestantischen Stände ihre Selbstbestimmung in Religionssachen zur deutschen Libertät, ja griffen unter dem Motto »Teutsche Nation ist ein frey Reich, und billich das feyest auff aller Welt« sogar den katholischen Herzog von Braunschweig an, der die evangelischen Städte seines Territoriums bedrohte.[108] Diese Auslegung des nationalen Freiheitsbegriffs lehnte Bayern vehement ab,[109] hielt es aber mit Hessen für gerechtfertigt, im Namen der Libertät den Kaiser anzugreifen, während Sachsen nur die Selbstverteidigung gegen kaiserliche Aggression erlaubte. Frankreich wiederum appellierte an die deutsche Libertät, um das Kriegsdienstverbot deutscher Söldner für aus-

103 Das heißt nicht, dass die Fürsten die Goldene Bulle stets beim Wort nahmen; so hatte die Wiedereinsetzung des Herzogs Ulrich in Württemberg mit den Rechtsregeln der Goldenen Bulle nichts zu tun, was die Akteure nicht hinderte, als ihre Verteidiger aufzutreten; Luttenberger: Libertät, S. 111; Pfeiffer: »Christliches Verständnis«, S. 106.

104 Vgl. Kap. 5.1.1.

105 Wahlkapitulation Karls V., Art. 5 f., in: RTA, J. R., Bd. 1, 387, S. 867; ähnlichen Wortlauts ist auch der Art. 22 ebd.

106 Ebd., Art. 30, S. 874 f.

107 Kohler: Karl V., S. 102 f.

108 Des sächsischen Kurfürsten und des Landgrafen Philipp Ausschreiben gegen den Braunschweiger 1539. In: Hortleder (Hg.): Der Römischen Keyser [...] Handlungen 1, S. 954; Hölzle: Die Idee, S. 24.

109 Lauchs: Bayern, S. 259.

ländische Mächte aufzuheben und den französischen Gesandten Zugang zum Reichstag zu verschaffen.[110]

Da die besprochenen Referenztexte keinen nationalen Freiheitsbegriff enthalten, lässt sich die »teutsche Libertät« nur auf das Eindringen des humanistischen Nationsdiskurses in die fürstlichen Kanzleien und Kabinette zurückführen. Im Fall des bayrischen Rats Eck ist die Nähe zu deutschtümelnden Humanisten unübersehbar. Aus einer bürgerlichen Familie stammend, die durch Bildung und Fürstendienst in den erblichen Adelsstand aufgestiegen war,[111] hörte er in jungen Jahren die Vorlesungen des Conrad Celtis an der Universität Ingolstadt.[112] Seit seiner Jugend verband ihn eine Freundschaft mit Aventin. Später, als er die Fäden der herzoglichen Politik in den Händen hielt, wurde er zum wichtigsten Patron des bayrischen Hofgeschichtsschreibers. Dieser hatte Ecks Protektion auch nötig: 1528 wurde Aventin »ob evangelium« gefangen gesetzt, elf Tage später konnte er aber in sein Tagebuch schreiben: »liberatus ab Leonardo de Egk«.[113] Nach dieser Episode wurde dem radikalen Kirchenkritiker sogar die Erziehung von Ecks einzigem Sohn übertragen.[114]

Auch Philipp von Hessen kam früh in Berührung mit deutschen Humanisten. Sein Kanzler Johann Feige von Lichtenau war Mitglied des Erfurter Humanistenkreises.[115] Bevor er sich 1524 der Reformation zuwandte, stand er in enger Beziehung zu Georg von Sachsen, der mit seinen humanistisch gebildeten Räten 1519 die Ehre der deutschen Nation gegen Franz I. in die Waagschale geworfen hatte.[116] Die sächsischen Kurfürsten wiederum hatten einen ganzen Kreis lutherischer Humanisten um sich versammelt, die Arminius zum schillernden Nationalhelden erhoben. Spalatin, kurfürstlicher Privatsekretär und Hofhistoriker, dürfte dabei den größten Einfluss ausgeübt haben. Sein Arminius von 1535 war kein populärer Freiheitskämpfer, der die Fesseln fremder Dienstbarkeit sprengte, sondern ein ambivalenter Landesfürst, der mit den falschen Mitteln – Aufruhr gegen die Obrigkeit – den richtigen Zweck – die Verteidigung der angestammten Freiheit – verfolgte.[117]

110 Luttenberger: Libertät, S. 105.
111 Weinfurter: Herzog, S. 11 f.
112 Metzger: Leonhard von Eck, S. 6; die ADB ist bezüglich des Geburtsjahrs Ecks 1480 hingegen skeptisch und vermutet ein früheres Datum (Bd. 5, S. 604-606); vgl. auch NDB, Bd. 4, S. 277, Sp. 2, 279, Sp. 1.
113 Leidinger: Zur Geschichte, S. 11; Metzger: Leonhard von Eck, S. 23.
114 ADB, Bd. 5, S. 605.
115 Heinemeyer: Johann Feige von Lichtenau, S. 139-141.
116 Vgl. Kap. 5.1.2.
117 Spalatin: Historia Arminii 1, S. 63, 5, S. 77; vgl. auch Ridé: Arminius, S. 242 f.

Zusammenfassend lässt sich sagen, dass das nationalistische Freiheitspostulat des Humanismus in dem Moment, als es breitere Geltung erlangte, von fürstlicher Seite okkupiert und ins Gegenteil verkehrt wurde. Denn hatte der nationalistische Freiheitsdiskurs ein geeintes Reich unter kaiserlicher Vormundschaft angestrebt, um alle politischen Energien gegen das Ausland zu richten, so diente die deutsche Libertät dem fürstlichen Partikularismus und sanktionierte politische Koalitionen mit dem deutschen »Erbfeind« gegen das Reichsoberhaupt. Mit der Politisierung der deutschen Freiheit wurde ihre nationalistische Stoßrichtung zurückgebunden. So blieb die fürstliche Politik auch *nach* der Übernahme einer nationalen Rhetorik von nationalistischen Handlungsmaximen weitgehend frei.

5.2. Reformation, Glaubensspaltung und konfessioneller Nationsdiskurs

Die Reformation war, mehr als alles zuvor, ein nationales Ereignis.[1] Als solches aber war sie von kurzer Dauer. Im Moment, als sich Deutschland als Kommunikationsgemeinschaft konstituierte, setzte schon die Glaubensspaltung ein. Luther erschien in den ersten Jahren seines Wirkens nicht als Neuerer, sondern als möglicher Vollender alter Anliegen. Diese Optik prägte Anhänger wie Gegner. Für die einen schloss er einen langen und zähen Reformprozess ab, für die andern fuhr er da fort, wo die hussitischen Ketzer aufgehört hatten.

Zu den anfänglichen Antrieben der Reformation gehörte nicht nur der Humanismus, sondern auch der vom Gravaminadiskurs genährte populäre Antiklerikalismus.[2] Der Ruf nach Kirchenreform, der aus diesen Kreisen erscholl, war nicht theologisch motiviert, sondern moralisch, ökonomisch – und nationalistisch. Luthers erste kirchenkritische Schriften wurden über die städtischen Humanistenzirkel vertrieben.[3] Und reißenden Absatz fanden sie unter den romkritischen bis romfeindlichen Trägern der Gravamina. Der Anfangserfolg der Reformation beruhte maßgeblich auf der Wahrnehmung Luthers als neuer Galionsfigur der deutschen Antiromanitas: Luther habe die Stimme erhoben, um den Geldabfluss von Deutschland nach Rom zu stoppen, die deutsche Kirchennation von der Kurie zu lösen und in die gleiche Autonomie zu führen, die andere Nationen bereits genossen.

Der humanistisch gebildete Augustinermönch nährte diese Projektionen bis zu einem gewissen Grad.[4] Er setzte sich für die Reform der deutschen Nation, nicht die der Christenheit ein, schürte den Hass gegen die Geistlichen und nutzte die antirömischen Konnotationen, die der zeitgenössische Freiheitsbegriff im profanen Kirchenreformdiskurs hatte.[5] Des

1 In diesem Urteil folge ich Schmidt: Luther.

2 Zum Gravaminadiskurs als Nährboden der Reformation und Katalysator von Luthers früher Resonanz vgl. Kap. 2.2.3. sowie Scheible: Die Gravamina, S. 394 f.; Goertz: Pfaffenhass, S. 54-68.

3 Zur These: »Ohne Humanismus keine Reformation« vgl. Moeller: Die deutschen Humanisten; ders.: Reichsstadt, S. 19.

4 Zu Luthers humanistischer Bildung und seiner Nähe zum Erfurter Humanistenkreis vor seinem Ruf nach Wittenberg vgl. Junghans: Der junge Luther; Luthers eigenen Beitrag zum produktiven Missverständnis seiner Person und seiner Anliegen hebt auch Moeller hervor in: Die deutschen Humanisten, S. 54.

5 Luther prägte zwischen 1517 und 1525 nicht nur eine theologische Freiheitsrhetorik, sondern verwendete daneben auch einen profanen Freiheitsbegriff mit schil-

Weiteren änderte er nach 1517 seinen Namen von Luder zu Luther – eine Verdeutschung seiner Briefunterschriften mit »Eleutherius« (griech. für »der Befreite«), die bei Humanisten Anklang gefunden hatten.[6] Diese hielten Luther für einen der ihren, viele sogar für den geistigen Bruder des Erasmus mit zupackenderem Temperament.[7] Einige, allen voran Hutten, ersetzten zugleich den lateinischen Hexameter durch den deutschen Knittelvers und verkündeten, was sie unter Luthers Reformation verstanden: die Befreiung Deutschlands von politischer, kultureller und – an letzter Stelle – religiöser Fremdbestimmung. 1520 rief der militante Hutten Luther auf: »Retten wir die gemeinsame Freiheit, befreien wir das schon lange unterdrückte Vaterland!«[8] Zu diesem Zeitpunkt hatte Hutten seine antirömisch-nationalistischen Dialoge »Vadiscus«, »Trias Romana« und »Inspicientes« schon publiziert, während Luther noch immer an der Redaktion seiner bahnbrechenden Schriften arbeitete.[9] Der Reformator wurde damit in ein nationalistisches Licht getaucht, in dem er sich selber nie gesehen hatte. – Den Karren der Reformation brachten produktive Missverständnisse in Fahrt.

Sobald aber hinter Luthers Forderungen nach Unterbindung der kirchlichen Missbräuche und nach Autonomie der deutschen Kirchennation eine Theologie zum Vorschein kam, die das Tau zum katholischen

lernder Bedeutung. So forderte er in seiner Schrift »An den christlichen Adel deutscher Nation« von 1520 eine Verfassungsreform der deutschen Kirche mit dem Ziel, »deutscher Nation zuhelffen, widerumb Christen und frey werden noch dem elenden, heydnischen und unchristlichen regiment des Bapsts«; dieser »lasz unser land frey von seinen unertreglichen schetzen und schinden, geb widder unszer freyheit, gewalt, gut, ehre, leyb und seele, und lasz ein keyszertumb sein, wie einem keyszertumb gepurt«. Luther: An den christlichen Adel deutscher Nation, in: WA, Bd. 6, S. 431,17 f., S. 464,36-39; Günter: Martin Luthers Vorstellung, S. 99; zu Luthers Freiheitsbegriff und seiner frühen Wirkung vgl. Schempp: Die christliche Freiheit, S. 199; Lobenstein-Reichmann: Freiheit, S. 80.

6 Jacobi: »Christen heißen Freie«, S. 139-149; Junghans: Der junge Luther, S. 308-311; Bernstein: Der Erfurter Humanistenkreis, S. 160; Moeller / Stackmann: Luder – Luther – Eleutherius.

7 Vgl. Augustijn: Humanisten, S. 125; Bernstein: Der Erfurter Humanistenkreis, S. 129 f.

8 »Vindicemus communem libertatem, liberemus oppressam diu iam patriam.« Ulrich von Hutten an Martin Luther, 4. Juni 1520, in: Böcking (Hg.): Epistolae, Bd. 1, S. 356.

9 Gemeint sind die drei revolutionären Schriften Luthers von 1520: »An den christlichen Adel deutscher Nation« erschien im August, die »Babylonische Gefangenschaft der Kirche« im Oktober und »Von der Freiheit eines Christenmenschen« im November. Huttens Dialoge waren bereits im April 1520 in lateinischer Sprache in den Druck gegangen; eine deutsche Übersetzung folgte Anfang 1521.

Glauben zerriss, war es um die Reformation als nationales Ereignis geschehen. Die ersten und hartnäckigsten Feinde erwuchsen Luther in jenen Kreisen, die ihn zu Beginn getragen hatten: bei den theologisch gebildeten Humanisten der zweiten Generation. Zu dieser Gruppe gehörten Johannes Cochlaeus, Johannes Eck, Hieronymus Emser und Thomas Murner. Sie verliehen dem innerdeutschen Widerstand gegen Luther ein erstes, prägnantes Profil und blieben fortan federführend in der propagandistischen Bekämpfung der Reformation.[10] In ihren Flugschriften argumentierten sie nicht nur im Namen der römischen Kirche und des Glaubens, sondern wie die Gegenseite im Namen der deutschen Nation. Damit sprachen sie der Reformation ab, was sie bis 1520 zu sein schien: eine nationale Bewegung zur Befreiung aller Deutschen vom römischen Joch. Luther, so der Tenor von altgläubiger Seite, treibe die deutsche Nation in den inneren Ruin und raube ihr alle Ehre im Ausland.

Im Unterschied zu den Theologen Eck, Cochlaeus, Emser und Murner kehrten die meisten Vertreter der älteren Humanistengeneration der Reformation enttäuscht den Rücken, ohne mit fliegenden Fahnen ins feindliche Lager zu wechseln. Sie, die den Nationsdiskurs in den zwei Jahrzehnten zuvor geprägt hatten, blieben der alten Kirche entweder kritisch verbunden, zogen sich in die Studierstube zurück oder wählten einen auf Aussöhnung bedachten »mittleren Weg«, auf dem sie sich zwischen den Oppositionsblöcken zerrieben und zu fossilen Überresten einer älteren Zeit erstarrten.[11] Ihre Gegenwartsbetrachtung war schon in den zwanziger Jahren von nostalgischer Sehnsucht nach dem Zeitalter Maximilians durchtränkt.[12] Im Übrigen räumten sie das Feld den jungen Jüngern Luthers, die ihren humanistischen Bildungsoptimismus mit der misanthropi-

10 Die Unterscheidung eines »deutschen« und eines »kurialen Widerstands« gegen die Reformation macht deshalb Sinn, weil die Eindämmungsversuche Roms lange nicht mit denen aus Deutschland koordiniert waren und die deutsche Bekämpfung Luthers oft einherging mit offenem Misstrauen und Kritik gegenüber Rom; zum Konflikt des Cochlaeus mit dem päpstlichen Nuntius Aleander vgl. Samuel-Scheyder: Johannes Cochlaeus, S. 410-412; zu Johannes Ecks humanistischer Bildung und Vernetzung vgl. Iserloh: Johannes Eck, S. 7-20; Schindling: Die Reichsverfassung, S. 177 f.; zu Emsers humanistischer Tätigkeit vor der Reformation vgl. ADB, Bd. 6, S. 96 f.; zu Murner ebd., Bd. 23, S. 67-76.

11 Als leitenden Repräsentanten dieses »mittleren Wegs« hat Heinrich Lutz den Augsburger Stadtschreiber Conrad Peutinger eingestuft; ihm zufolge endeten Peutingers Bemühungen um Vermittlung zwischen den Glaubensparteien der Reichsstadt 1529 im »Bankrott«; Lutz: Konrad Peutinger, S. 224, 259, 268, 295; ADB, Bd. 26, S. 563 f.

12 Ebd., S. 245, 266 f.

schen Theologie des Reformators zu harmonisieren suchten.[13] Von den oberdeutschen Reichsstädten verlagerte sich die Dynamik der humanistischen Kultur nach Norden an die lutherischen Landesuniversitäten, vor allem nach Wittenberg. Luthers engste Weggefährten nach 1520 waren praktisch alle jünger und dem Humanismus enger verbunden als er.[14]

5.2.1. »Meine lieben Deutschen, die vollen Säue« – Luther und die deutsche Nation

Die nationale Bedeutung, die der Person Luthers seit den ersten Reformationsjahren zugeschrieben worden ist, steht in keinem Verhältnis zur Randstellung, die die deutsche Nation in seinem Denken eingenommen hat. Ebenso wenig ist das, was die protestantische Theologie, Germanistik und Historiographie in Luthers Glauben, Gelehrsamkeit, Sprache und Leben als spezifisch deutsch bezeichnet hat, vom Reformator in diesem Licht gesehen worden.[15] Wenn Luther deutsch schrieb, hielt er sich nicht für deutscher als ein dem Latein treu ergebener Scholastiker. Wenn er das reine Evangelium gegen die kanonischen Schriften in Stellung brachte, sah er darin keine Tat eines Deutschen, sondern die eines Christen. Wenn er demütigen Gehorsam gegenüber der Obrigkeit befahl, machte er diesen nicht zum deutschen Verhaltenszug – im Gegenteil! In seiner prophetischen Erkenntnis des »wahren Glaubens« erblickte er keine deutsche Tiefe. Und schon gar nicht sah er sich von einem deutschen Geist bewegt.[16] Im kulturprotestantischen Lutherbild des späten 18., 19. und frühen 20. Jahrhunderts sind Person und Langzeitwirkung des Reformators durcheinan-

13 Bei der dritten Humanistengeneration lässt sich ein Trend zum Berufswechsel unter Luthers Einfluss ausmachen: weg von städtischen und höfischen Ämtern, Geschichts- und Poesievorlesungen hin zur Theologie und zum Predigt- und Pfarramt; Moeller: Die deutschen Humanisten, S. 58.

14 Ebd., S. 56-58.

15 Zu nationalistischen Lesarten des Reformators in der modernen Germanistik vgl. Stackmann: Probleme, S. 7-10.

16 Leopold von Ranke hat in der Hegel'schen Diktion rückwärts gewandter Teleologie wirkungsmächtig formuliert, Luthers Glauben und Wirkung gründe darin, »daß der in die Tiefe des germanischen Wesens gesenkte Geist des Christenthums nach und nach zu dem Bewußtseyn seines von allen zufälligen Formen unabhängigen Selbst gereift war, sich nach seinem Ursprung zurückwandte [...]«. 1925 hieß es in Gerhard Ritters Luther-Biographie noch immer, der Reformator habe »dem metaphysischen Wesen der Deutschen zum Selbstbewusstsein« und »dem Sehnen der deutschen Seele zu seiner Erfüllung« verholfen; Ranke: Deutsche Geschichte, Bd. 2, S. 112; Ritter: Luther, S. 17, 151; vgl. auch Lutz: Die deutsche Nation, S. 17.

der geraten. Die deutsche Maske konnte Luther nur aufgesetzt werden, weil die lutherische Kultur ein auf Deutschland konzentriertes Phänomen blieb und damit nachträglich mit dem Deutschen »an sich« identifizierbar wurde.

Allerdings: Luther führte einen deutschen Nationsdiskurs, wenn auch einen anderen als jene nationalistischen Nachgeborenen, die sich auf ihn beriefen. In der ersten Expansionsphase der Reformation, als ihr im Reich noch kein gefestigter Widerstand entgegentrat, identifizierte Luther seinen Wirkungsraum in verblüffender Selbstverständlichkeit mit der deutschen Kirchennation bzw. dem politischen Reichskörper. Von diesem Standpunkt rückte er fortan nicht mehr ab. Dass sein realer Wirkkreis zuerst auf Städte, dann auf Territorien beschränkt war und er selbst zum Schützling eines Fürsten wurde, hinderte ihn nicht daran, weiter zu verkünden, er suche »alleyn des gantzen Deutschen lands glück und heyl«.[17]

Damit stellte er sich, obwohl von theologisch-universalistischen Motiven geleitet, in die Tradition der Gravamina und des humanistischen Nationalismus. Den Boden ihrer Argumentation betrat er aber nie. Die nationale Ehre bedeutete ihm so gut wie nichts. Ebenso wenig trieb ihn das finanzielle Ausbluten Deutschlands an. Es ging ihm um die gottgewollte Ordnung der Kirche, in der für Werkglauben kein Platz sei. Die räumliche Beschränkung seiner Propaganda auf Deutschland verband sich mit keinem Glauben an die Auserwähltheit der Deutschen. Ihr lag vielmehr die anfängliche Konzeption einer Universalkirche als Föderation von Nationalkirchen zugrunde, die den Papst als symbolisches Oberhaupt anerkannten.[18] 1520 sah Luther noch vor, den »primat in Germanien« zu einem der römischen Kurie ebenbildlichen nationalen Verwaltungsapparat aufzubauen.[19] Vor diesem Hintergrund gelangte Luther auch zur Annahme, in anderen Ländern sei die Kirchenreform weiter fortgeschritten als in der »elenden« deutschen Nation.[20] Dabei sprach er Frankreich eine Vorbildfunktion zu.[21]

17 Luther: An die Ratsherren aller Städte deutsches Lands, dass sie christliche Schulen aufrichten und halten sollen, in: WA, Bd. 15, S. 53; Lutz: Die deutsche Nation, S. 19 f.

18 Günter: Martin Luthers Vorstellung, S. 102.

19 Luther: An den christlichen Adel deutscher Nation, in: WA, Bd. 6, S. 431,5-8.

20 Ebd., S. 405,20.

21 »Wie kommen wir Deutschen dartzu, das wir solch reuberey, schinderey unserer guter von dem bapst leyden mussen? hat das kunigreich zu Franckreich sich's erweret, warumb lassen wir Deutschen uns alszo narren unnd effen?« Ebd., S. 417,12-15.

Dem Nationsbegriff kam kein prominenter Rang in Luthers Wortschatz zu. Ungleich häufiger sprach er von den »deudschen landen« oder »Deudschland«, den »deudschen« als Sprach- und Schicksalsgemeinschaft und der »Deudschen Sprach« als künstlicher Summe aus »mancherley Dialectos«. Eine Ausnahme stellt die bahnbrechende Reformschrift »An den christlichen Adel deutscher Nation« von 1520 dar, in der Luther den politischen Apparat und die ständische Gestalt der Papstkirche verwarf. Bezeichnete »deutsche landt« im Text »alle stend«, so hatte der Nationsbegriff meist eine engere, auf die Reichsstände beschränkte Bedeutung.[22] Er war stärker politisiert und zugleich sozial exklusiver als »Land«. Damit umfasste er genau jene Eliten und Funktionen, deren Beeinflussung Luther aus theologischen Gründen scheute: die Obrigkeiten und ihr gottbefohlenes Regiment auf Erden. Die relative Seltenheit des Nationsbegriffs in Luthers übrigen Schriften lässt sich aus diesen Bezügen teilweise erklären.

Die weltliche Ausgestaltung der reformatorischen Kirche hatte für Luther zeitlebens niedere Priorität. Nach der für ihn atypischen, von der lauter werdenden Gravaminadebatte begleiteten Adelsschrift zog er sich aus dem Diskurs der Reichs- und Kirchenreform zurück.[23] Sein Ziel einer nationalen Reformation unter kaiserlicher Regie war spätestens 1521 gescheitert. Fortan überließ er es den reformatorischen Landesfürsten und Reichsstädten, seine Glaubenslehre in eine irdische Form zu gießen. Aber erst gegen Ende seines Lebens rang er sich dazu durch, den Kaiser als Bedrohung des evangelischen Glaubens anzuerkennen, und übte sich im halbprivaten Kreis in fürstlicher Libertätsrhetorik.[24]

Gestützt auf seine Zwei-Schwerter-Lehre, verstand sich Luther als Künder der unsichtbaren Kirche Gottes; ihre weltliche Gestalt war Sache der Obrigkeiten. Nur wenn er die Trennung der zwei Reiche verwischt oder durchbrochen sah, schaltete er sich in den politischen Diskurs ein. Luthers Bauernkriegsschriften sind dafür exemplarisch. Indem die aufständischen »Rottengeister« vom Evangelium politische Ansprüche ableiteten, hatten sie sich dem Teufel ausgeliefert und gehörten, wenn sie sich nicht bekehren ließen, ausgerottet.

22 Die Belegstellen sind angegeben in WA, Bd. 62 (Ortsregister), S. 76, Sp. 2.

23 Zur Vorgeschichte der Schrift vgl. die tendenziöse, aber abgesehen davon aufschlussreiche »Voruntersuchung« in WA, Bd. 6, S. 381-397; ebenso Köhler: Die Quellen, S. 111-129.

24 Luther: Tischreden, Bd. 5, 5653b, 5981, S. 286 f., 415; Günter: Martin Luthers Vorstellung, S. 173.

Mit seinem Dualismus von verborgenem Gottesreich und irdischer Herrschaft setzte Luther der Entfaltung eines konfessionellen Nationalismus, der deutsch und evangelisch gleichsetzte, enge Grenzen. Den Gedanken eines christlichen Staats lehnte Luther ab.[25] In einer der Sünde und dem Teufel verfallenen Welt konnte die Obrigkeit nur die äußere Ordnung aufrechterhalten und den Fortbestand des Lebens sichern. Herrschaft war ein Zwangsinstrument zur Eindämmung der Sünde, der Staat »eyn rechter vorlaufft der hellen und ewiges todtes«.[26] Ein katholischer Fürst handelte im gleichen göttlichen Auftrag und war für seine Untertanen ebenso unantastbar wie ein protestantischer. Kein irdisches Gemeinwesen konnte für sich beanspruchen, von Gott auserwählt zu sein. Der Kaiser, »der arme sterbliche Madensack«, spottete der Macht Gottes, wenn er sich anmaßte, den christlichen Glauben zu beschirmen.[27] Nicht einmal gegen die Türken durfte im Namen Christi Krieg geführt werden, weil »ynn solchem heer villeicht kaum funff Christen sind und villeicht erger leute fur Gott denn die Türken«.[28] Die kleine Schar der wahren Christen war in der Welt zerstreut, immer in der Minderheit und nur dem Herrn bekannt.[29] Sie konnten sich nicht finden und waren außerstande, ein auserwähltes Gemeinwesen auf Erden zu bilden. Aus Luthers Gott ließ sich schlecht ein Nationalist machen.

Diese Feststellung ist deshalb bedeutsam, weil Jean Calvins Theologie für die Konstruktion einer sakralen Nation günstigere Voraussetzungen schaffen sollte. Obwohl der Genfer Reformator Luthers Zwei-Schwerter-Lehre in weiten Teilen folgte, ordnete er mit der Forderung nach einer »christlichen Politik« den Staat letztlich der Kirche unter.[30] Sperrte sich Luthers Glaubenslehre gegen jede Form der Theokratie,[31] so überführte Calvin das universale Theokratiemodell des Mittelalters in eine neue Pluralität theokratischer Gemeinwesen.[32] Theokratie hieß für Calvin nicht Priesterherrschaft, sondern weltliches Laienregiment im Namen und

25 Holl: Luther, S. 330 f., 347.

26 Luther: Ein Sendbrief von dem harten Büchlein wider die Bauern, in: WA, Bd. 18, S. 389; Günter: Martin Luthers Vorstellung, S. 26; Baur: Gott, S. 244 f.

27 Vgl. Brecht: Luther und die Türken, S. 12.

28 Luther: Vom kriege widder die Türcken, in: WA, Bd. 30/2, S. 111,19 f.; zu Luthers Trennung von politia und ecclesia vgl. Holl: Luther, S. 344 (Fußnote 4); Lutz: Christianitas, S. 32 f.

29 Luther: Von weltlicher Obrigkeit, in: WA, Bd. 11, S. 251.

30 Baur: Gott, S. 229.

31 Luthers radikale Absage an ein »evangelisches Gemeinwesen« in: Von weltlicher Obrigkeit, in: WA, Bd. 11, S. 251,22-31.

32 Baur: Gott, S. 238 f.

Dienst Gottes. Klassisches Vorbild dieses sakralen Herrschaftskörpers war das Volk Israel, auf das Calvin wiederholt verwies.[33] Damit standen die ideologischen Grundlagen für einen sakralen Nationalismus bereit, wie er auf den Britischen Inseln und unter calvinistischen Kolonisten in Amerika ausgebildet worden ist.

Waren Zwingli und Calvin vom Humanismus erasmianischer Prägung beeinflusst, so positionierte sich Luther mit seinen theologischen, politischen, ästhetischen und historischen Ansichten in demonstrativer Distanz zum Humanismus. Die Geschichte war ihm in erster Linie eine »ancilla theologiae«; in irdischen Belangen diente sie »zur Warnung vor den Rottengeistern«.[34] Luther entledigte sie allen ideologischen Gewichts, das ihr die Humanisten zuvor aufgeladen hatten. Die Geschichte war ihm keine Ruhmesquelle großer Männer, Familien und Nationen, sondern ein Spiegel der Ohnmacht und Verworfenheit des Menschen. Bezeichnend in dieser Hinsicht ist seine revolutionäre Theorie der translatio imperii von 1520.[35] Sie entstand unter dem Eindruck von Vallas philologischem Beweis der Fälschung der konstantinischen Schenkung, den Hutten kurz zuvor veröffentlicht hatte. Luther erklärte die Übertragung des Römischen Reichs auf die Deutschen kurzerhand für Unrecht. Der Papst habe nicht wegnehmen und weitergeben können, was ihm nie gehört habe. Damit aber nicht genug: Das Römische Reich, das vierte nach dem Traum des Daniel, sei zum Zeitpunkt der translatio längst zerstört gewesen – eine Vorstellung, die zu Luthers Endzeiterwartung passte. Den Deutschen habe der Papst ein »ander Römisch reich« gegeben, mit dem Ergebnis, dass die Deutschen »des Bapsts knecht wurden«. War die translatio päpstliche Willkür, so entsprang sie doch einem göttlichen Entschluss, denn der Herr wirke »zu weylen durch vorreterey boser, untrewer menschen«.[36] Auf den Erwerb des Reichs konnten sich die Deutschen aber nichts einbilden:

> Darumb wie niemant kann das fur grosz achten, das yhm ein reich wirt zuteyllet, szonderlich szo er ein Christen ist, so mugen wir Deut-

33 Calvin: Predigten über das 2. Buch Samuelis, S. 32; Baur: Gott, S. 107.

34 WA, Bd. 25, S. 289.

35 Luther: An den christlichen Adel deutscher Nation, in: WA, Bd. 6, S. 462-465.

36 Erst in hohem Alter, 1545, gelangte Luther zur Auffassung, die translatio imperii durch den Papst habe nicht stattgefunden. Den »Bapstesel« ließ er wissen: »Die Deudschen haben das Römische reich nicht von deinen gnaden, sondern von Carolo Magno und von den Keisern zu Constantinopel, du hast nicht ein harbreit davon gegeben, aber unmesslich viel hast du davon gestolen [...].« Luther: Wider das Papsttum zu Rom, vom Teufel gestiftet, in: WA, Bd. 54, S. 298; vgl. Goez: Translatio, S. 285; Ridé: L'image, Bd. 2, S. 695-707.

> schen auch nit hoch faren, das uns ein new Romisch reich ist zugewendet, den es ist fur seinen [i.e. Gottes] augen ein schlechte gabe, die er den aller untuchtigsten das mehrmal gibt.[37]

Damit hatte Luther jegliche Verbindung zu den nationalen Verdiensttheorien deutscher Humanisten gekappt. Seine Theologie stumpfte die Geschichte als Lanze im Wettkampf der Nationen völlig ab. Waren die humanistischen Nationalisten bestrebt, den Deutschen eine große Vergangenheit zu errichten, so reduzierte sie Luther bis zur Bedeutungslosigkeit: »Got dem Hern ists ein klein ding, reych und furstenthum hyn und her werffen.«[38]

Luthers Schriften würgten den humanistischen Nationsdiskurs nicht ab, sie nahmen ihm den Wind aus den Segeln. Der Reformator selbst griff Floskeln des agonalen Diskurses auf, warf sie in die Runde seiner Tischgesellschaften – und trieb ihnen alle Kraft aus. Im Stil eines Wimpfeling konnte er zur patriae laus anheben:

> Deutschland ist ein sehr gut land / hat alles gnug was man haben sol / zu erhalten dis Leben reichlich / Es hat allerley Früchte / Korn / Wein / Getreide / Saltz / Bergwerck etc. Und was aus der Erden zu komen vnd zu wachsen pflegt.

Anstatt diese Vorzüge in schmeichelhaften Kontrast zum Ausland zu stellen, folgte ein Vergleich mit den Bewohnern Deutschlands:

> Allein mangelts an dem / das wirs nicht achten noch recht brauchen / wie wir billich solten / Gott zu ehren vnd dem Nechsten zu nutz / vnd dancken im dafür / Ja wir mizsbrauchens auffs aller schendlichste / viel erger denn die Sewe.[39]

Luthers dualistisches Denken prägte auch seine Rede über die deutsche Nation. Es ging ihm weniger darum, den Nationalismus mit weltverachtenden Pointen lächerlich zu machen, als die Unvereinbarkeit von irdischem Streben und göttlichem Willen aufzuzeigen. Wenn Luther zur Behauptung ansetzte: »Germania semper fuit optima natio«, so schwang dabei keine Ironie mit, nur konnte er diese Aussage nicht ohne den Zu-

37 Luther: An den christlichen Adel deutscher Nation, in: WA, Bd. 6, S. 463,19-23.

38 Ebd.

39 Luther: Tischreden, fol. 601^{v}; diese auf Deutschland bezogene Antithese von natürlichem Reichtum und Lasterhaftigkeit der Bewohner erhob Luther in einer anderen Tischrede zum allgemeinen Grundsatz: »Deus non vni cuncta dat / Gott gibt einem nicht alles / je besser Land / je vnartiger / vngeschickter / gröber Volck.« Ebd., fol. 603^{v}.

satz treffen: »es wirdt ir aber gehen sicut ilium [Troja], et dicetur: Germania fuit, Es ist aus.«[40] Das nahe Weltende warf seine Schatten voraus, machte die Menschen verworfener denn je. Die »feinen Leute« waren für Luther tote Vergangenheit, sie hatten vor der Sintflut in Eintracht und Mäßigung gelebt.[41] Die Deutschen der Gegenwart bildeten ein Volk von Sündern, wie die ganze Welt »reiff zur Schlachtbanck«:[42]

> Mit Deutschen ists aus [...]. Deudschland ist gewesen / was es gewesen ist / Die grosse eusserste Bozsheit wird teglich immer je reiffer zum Schlachten. [...] Ich will Deudschland warsagen / nicht aus dem Gestirn / Sondern verkündige jr Gottes Zorn aus der Theologia vnd Gottes Wort / Denn es ist vnmüglich / das Deudschland solte also vngestrafft hingehen / Es mus eine grosse Schlappe nehmen.[43]

Auch Luthers Jonglieren mit nationalen Stereotypen diente nicht der nationalen Selbstbestärkung, sondern der Betonung menschlicher Schwächen. Damit schloss er an den mittelalterlichen nationes-Diskurs im Umfeld der Universitäten an. Dieser hatte, wenn es um Kollektivstereotype der nationes ging, die Sündhaftigkeit des Menschen in einer neuen, vermeintlich konstanten Vielfalt dargestellt, ohne eine bestimmte natio zu privilegieren.[44] Im 16. Jahrhundert erfuhr er, als Antithese zum nationalen Agon der Humanisten, eine beschränkte Renaissance.[45] Luthers Völkerbetrachtungen waren hingeworfene Variationen über die Niederträchtigkeit des Menschen. Dabei konstruierte er keinen Zusammenhang von Geblüt und Gemüt:

> Es kann woll komen / das ein fromer Vater einen bösen Sohn zeuget / Und widerumb ein böser Vater einen fromen Son hat. Ezechias der frome Gott fürchtige König ist von einem Gottlosen Vater gezeuget / Und er hat einen Gottlosen son gehabt.[46]

40 Ridé: L'image, Bd. 2, S. 710.
41 Luther: Tischreden, fol. 601v.
42 Ebd., fol. 603r.
43 Ebd., fol. 602r.
44 Vgl. etwa Jacques de Vitry: Historia, S. 92; etwas milder, aber von ähnlichen anthropologischen Auffassungen geleitet: Alexander: Memoriale 15, S. 34 f.; ders.: Noticia 13, S. 84-87; zur Anthropologie Alexanders von Roes s. auch Kap. 2.1.3.
45 So führte der Neuplatoniker Agrippa von Nettesheim die Wissenschaft der Nationallaster und -tugenden zu neuen Höhen – mit dem Ziel, universale Morallehren als gelehrte Eitelkeiten ohne Kenntnis der Vielfältigkeit des Menschen zu entlarven; Agrippa: Über die Fragwürdigkeit, S. 109; sein umfassender Katalog nationaler Verhaltensweisen ebd., S. 109 f.
46 Luther: Tischreden, fol. 606r.

Seine nationalen Charakterstudien waren als Momentaufnahmen auf einem Weg gedacht, der unvermeidlich zum Schlimmeren führte. Sie beruhten auf der Überzeugung, dass »ein land das ander hasset, als Walhen, Hispanier, Ungern und Deutschen«.[47] Fand ein kultureller Austausch zwischen Nationen statt, war es ein Austausch von Lastern: »Die Deudschen lernen von Hispaniern stelen / So lernen die Spanier von Deutschen Fressen und Saufen.«[48] Die Franzosen zeichnete Luther als Meister der Verstellung: »Sie schreiben anders / denn sie reden / Und reden anders / den sie es meinen.«[49] Den Schotten unterstellte er maßlosen Hochmut; sie seien »die aller hoffertigsten / stöltzsten vnd vnuerschemtesten / meinen vnd lassen sich düncken / sie seien alleine Leute für andern«.[50] Die Spanier beschrieb er als machtsüchtige Wüteriche, »were ein sehr hefftig / Tyrannisch vnd grausam Volck / Sie weren die rechte Frösche vber die Wahlen«.[51] Und die Venezianer erschienen ihm als geldgierige Windfahnen, die sich, um in Geschäfte zu kommen, immer an die Seite des Siegers stellten, egal ob er Türke oder Kaiser heiße.[52]

Solche Pauschalurteile grenzten fast an Lobsprüche, gemessen an Luthers Ausfällen gegen die Italiener. In ihnen sah er die menschliche Bosheit zur Perfektion getrieben, durch die Nachahmung ihres eigenen Auswuchses und Vorbildes, des Papstes.[53] Gottlosigkeit, Stolz, Sodomie, Luxus und skrupelloser Ehrgeiz gepaart mit List und Tücke seien in diesem Volk allgegenwärtig. Luther verlangte, deutsche Gesellen nur dann nach Italien reisen zu lassen, »wenn sie jren Catechismum zuvor wol gelernet haben / vnd in Gottes wort recht vnterrichtet sind«.[54] Andernfalls würden sie als »Tescho Italiano« heimkehren, und ein »Deudscher Wall« sei bekanntlich »ein lebendiger Teufel«.[55] Luther beschrieb die Italiener als »subtile / listige Mörder / die einen können alle Sinne tödten / heimlich mit Gifft«.[56]

47 Luther: Vermahnung an die Pfarrherrn wider den Wucher zu predigen, in: WA, Bd. 51, S. 411,12 f.

48 Luther: Tischreden, fol. 603v.

49 Ebd.

50 Ebd., fol. 607^{v}.

51 Ebd., fol. 610^{r}.

52 Ebd., fol. 608^{r-v}.

53 Zur populären Antiromanitas Luthers vgl. Scribner: Luther's Anti-Roman Polemics; ders.: For the Sake.

54 Luther: Tischreden, fol. 606^{v}.

55 Ebd., fol. 606^{r}; zum verbreiteten Topos der moralischen und politischen Gefährdung Deutschlands durch »deutsche Welsche« (lat. »Germani Italicati« bzw. »Semigalli«) vgl. Kap. 4.1.9., 4.3.2.

56 Ebd., fol. 606^{v}.

Vor allem aber seien sie ein Volk von Heiden, das Christus nur auf der Zunge führte:

> Die Italianer verachten vnd verdamen andere Nationen / da sie doch fur Gott ein grewel sind / Gotlos vnd hoffertig / Ir fasten ist scheinbarlicher vnd besser / denn vnsere herlichsten Malzeiten. Ire kleidung ist köstlich / halten sich reinlich / Tragen wir ein Elen Sammet für ein Gülden / so tragen sie ein Elen für sechs Gülden / Jre Keuscheit ist wie zu Sodom / das beweiset vnd zeuget die that / sind in einen verkereten Sinn gegeben / Denn sie achten der Ehe nichts / die doch Natürlichs vnd Göttlichs Rechtens ist.[57]

In Luthers Italienbild verschränkte sich das nationalistische Dekadenzmotiv der Humanisten mit der biblischen Rhetorik kollektiver Sündhaftigkeit: Rom war die Hure Babylon, Italien Sodom und Gomorrha.[58] Aus italienischen Klöstern hatte sich die schreckliche Seuche der Sodomie schon bis nach Deutschland vorgearbeitet.[59]

Kam Luther auf die Deutschen zu sprechen, so erging es ihnen nicht viel besser, es sei denn, er wollte sie vor dem Einfluß Italiens schützen.[60] In seinen Propagandaschriften sprach er zu »meinen lieben Deutschen« – um ergänzend fortzufahren: »die vollen sewe«.[61] Dass Gott die Deutschen mit den Türken züchtige, überraschte Luther nicht, da »unser Deudsch volck ein wust wild volck ist, ia schier halb Teuffel halb Menschen«.[62] Eher erstaunte ihn, dass »wyr Deutschen, die wyr viel erger denn die Juden

57 Ebd., fol. 606^{v}-607^{r}; weitere Beispiele für Luthers Überzeugung von der Gottlosigkeit der Italiener ebd.

58 Dass Luther zu solchen Tiraden nicht nur im vertrauten Kreis ausholte, zeigt seine Schrift »Vom kriege widder die Türcken« von 1529, die die Türken und das Papsttum als zwei Gesichter des Antichrists darstellte, dem schon ganz Italien, wo »florentzische breute« skrupellos »Welsche hochzeit« feierten, verfallen sei; WA, Bd. 30/2, S. 142,14-26.

59 »[...] contagium hoc horribile ex monasteriis Italicis primi intulerunt in Germaniam.« WA, Bd. 43, S. 55,12; dass Deutschland durch »Welsche sitten« kaputtgehen würde, behauptete Luther öfters; vgl. WA, Bd. 51, S. 236,21-26, 262,31, 549,1-3.

60 Den Glaubensstreit gegen die katholische Kirche konnte Luther noch 1530 mit einer nationalistischen Rhetorik übertünchen, die Hutten Ehre gemacht hätte. In einem Brief an den Kardinal Erzbischof von Mainz [!] geißelte er die Arroganz italienischer Kurialen, die in Deutschland nur »eitel klotze« und »auff dem reichstage eitel affen« vermuteten, und klagte, dass »Wir deudschen« dem Papst und »seinen walen« so lange glaubten, »bis sie uns bringen nicht ynn ein schweis bad, sondern ynn ein blut bad«. Dem Papst, dem »florentzisch fruchtlin«, gefalle es am besten, »wenn deudsche fursten ynn einander fielen«; WA, Bd. 30/2, S. 410,24-411,7.

61 Luther: Eine heerpredigt widder den Türcken, in: WA, Bd. 30/2, S. 160,17.

62 Ders.: Vom kriege widder die Türcken, in: WA, Bd. 30/2, S. 107,14 f.

sind, […] dennoch nicht so vertrieben und erwürgt« worden seien.[63] Luthers bevorzugtes Ebenbild des Deutschen war das Schwein. Es stand in erster Linie für Völlerei und Trunksucht, in zweiter für teuflische Verstocktheit. Die »Deutsche saw« saufe sich »so vol, das sie ihre muttersprach vergißet«.[64] Galten unstillbarer Hunger und Durst schon seit Generationen als deutsche Laster, so steigerte sie der Reformator zu nationalen Kardinalsünden.[65] Seinen Landsleuten stellte er einen speziellen Teufel zur Seite:

> Es mus aber ein jglich land seinen eigen Teufel haben, Welschland seinen, Franckreich seinen. Unser Deudscher Teufel wird ein guter weinschlauch sein und mus Sauff heissen, das er so dürstig und hellig ist, der mit so grossem sauffen weins und biers nicht kann gekület werden. Und wird solcher ewiger durst und Deutschlands plage bleiben (hab ich sorge), bis an den Jüngsten tag.[66]

Den »umliegenden lendern« konnte er nicht verargen, dass sie die Deutschen als »bestien und tolle thyier« wahrnahmen:[67]

> Es ist kein verachter Nation / denn die Deudschen / Italianer heissen vns Bestien / Franckreich vnd Engelland spotten vnser / vnd alle andere Lender / Wer weis / was Gott will vnd wird aus den Deudschen machen / Wiewol wir eine gute Staupe fur Gott wol verdienet haben.[68]

Anerkennende Worte fand Luther für die deutsche Einfalt und Ehrlichkeit. Bei diesem Thema konnte er sogar einen angenehmen Ausflug in die Geschichte machen:

> Uns Deudschen hat keine tugend so hoch gerümbt, und (wie ich gleube) bis her so hoch erhaben und erhalten, als das man uns fur trewe, warhafftige, bestendige leute gehalten hat, die da haben Ja Ja, Nein Nein lassen sein, wie des viel Historien und bücher zeugen sind.[69]

Von der raren laus Germanorum konnte der Reformator eine Brücke zur deutschen Sprache schlagen. Denn waren die Deutschen auch ein wüstes und verworfenes Volk, ihre Sprache transportierte die Wahrheit ohne ver-

63 Luther: Ein Sendbrief von dem harten Büchlein wider die Bauern, in: WA, Bd. 18, S. 396,30 f.
64 WA, Bd. 49, S. 758,34; vgl. auch Bd. 54, S. 217,2.
65 Dutzende von Belegstellen in WA, Bd. 62 (Ortsregister), S. 66, Sp. 1, S. 68, Sp. 2.
66 Luther: Auslegung des 101. Psalms, in: WA, Bd. 51, S. 257,5-10.
67 WA, Bd. 15, S. 36,10.
68 Luther: Tischreden, fol. 603v.
69 Luther: Auslegung des 101. Psalms, in: WA, Bd. 51, S. 259,7-10.

führerischen Zierrat. »Deudsch reden« war für Luther gleichbedeutend mit »verständlich reden«, »undeudsch« bedeutete das Gegenteil.[70] Wer etwas auf Deutsch sagte, redete Klartext.[71] Auf Lüge und Verstellung hatten sich andere Sprachen spezialisiert. Schon der junge Luther war begeistert über ein unbekanntes deutsches Manuskript, das »arm und ungesmuckt [...] yn worten« sei, aber gerade deswegen »kunst und gotliche weißheit« enthalte. Als er es 1518 unter dem Titel »Ein deutsch Theologia« herausgab, feierte er in humanistischer Manier die deutschen Theologen als beste der Christenheit, verließ den Boden humanistischer Agonalität aber mit dem Ausruf:

> Ich danck Gott, das ich yn deutscher zungen meynen gott also höre und finde, als ich und sie mit myr alher nit funden haben, widder in lateynischer, krichscher noch hebreischer zungen.[72]

Mit diesem Ausruf erhob Luther das Deutsche nicht zur heiligen Sprache. Nationalistische Theorien wie die des »Oberrheinischen Revolutionärs«, Adam habe deutsch gesprochen, lagen ihm fern.[73] Luthers Gott hatte keine Muttersprache, er teilte sich den Menschen in allen Idiomen mit. Eher konnte sich der Reformator mit der humanistischen Theorie von der Verwandtschaft des Griechischen und Deutschen anfreunden.[74] In einem Tischgespräch von 1538 behauptete er:

> Die Deudsche Sprach ist die aller volkomenste / hat viel gemeinschafft mit der griechischen Sprache / Die Latinische Sprache ist gering vnd dünne gnug / nicht reguliret / Den sie hat nicht zwifache Buchstaben / [...] Das hat die Griechische Sprach fein / welcher auch die Deudsche nachfolget.[75]

Die Sprache, egal welche, war für Luther ein irdisches Werkzeug ohne Heilsgehalt. In seinen Tischreden hielt er das Hebräische hoch, weil es

70 »Wenn solche wort nicht klar sind, weis ich nicht, wie man deudsch reden sol.« WA, Bd. 19, S. 485,13; »[...] auffs einfeltigst klar und deudsch so viel gesagt [...]«; WA, Bd. 22, S. 112,16; zu Luthers Verständnis von »undeutsch« vgl. die Angaben in: WA, Bd. 62 (Ortsregister), S. 74, Sp. 2, S. 77, Sp. 1.

71 Zur Verankerung dieser Konnotation des Deutschen im reformatorischen Diskurs und ihrer polaren Gegenüberstellung zum welschen Trug des geschliffenen Lateins vgl. Hess: Deutsch-lateinische Narrenzunft, S. 39 f.

72 Luther: Vorrede zu der vollständigen Ausgabe der »deutschen Theologie«, in: WA, Bd. 1, S. 378,19-21, 379,8-10.

73 Vgl. Kap. 2.2.3.

74 Zu diesen von Celtis ausgehenden nationalen Sprachtheorien vgl. Kap. 4.4.

75 Luther: Tischreden, fol. 606^{r}.

»am einfachsten« und »allerbesten« sei – und nicht etwa, weil es sich um die Sprache Gottes handle.[76] Dass die Deutschen eine klare, wahrheitsverbundene Sprache besaßen, hatte vor Gott keine Relevanz. Auch hier verweigerte sich Luthers Denken einer Sakralisierung der Nation.

Sein Sprachverständnis wurzelte in platonischem Gedankengut: Wort und Sache waren zweierlei, die Sprache ein Gefäß zum Transport und zur Aufbewahrung von Bedeutung.[77] Je diskreter und durchsichtiger die sprachliche Hülle, desto reiner und unverstellter die Botschaft. Mit dieser Rhetorik der Antirhetorik stellte sich Luther gegen die ciceronianische Sprachästhetik, dafür aber in die Tradition des florentinischen Neuplatonismus (wenngleich er vom klassizistischen Stil eines Ficino oder Pico um Welten getrennt blieb).[78] Obwohl selbst ein humanistisch geschulter Stilist, verleugnete Luther regelmäßig die rhetorische Gestalt seiner Texte.[79] Mangel an Eleganz bedeutete ihm Zugewinn an Wahrhaftigkeit; rhetorische Virtuosität war ihm verdächtig. Den Humanisten Cochlaeus verspottete er als Repräsentanten einer »sophistischen« Theologie.[80] In seinem berühmten Traktat »Über den geknechteten Willen« etikettierte er Erasmus' Schriften als »Kehricht oder Kot in goldenen oder silbernen Schüsseln«.[81] Ihre virtuose Sprache diene nur dazu, des Autors Blöße in der Theologie zu verdecken. Noch Jahre später beschrieb er Erasmus mit der Kurzformel »verba sine re«, sich selbst aber mit dem Gegenteil: Inhalt ohne Worte! Zugleich zeichnete er Melanchthon mit einem »res et verba« aus, darüber hinwegsehend, dass er ihn hauptsächlich als Theologen bewunderte.[82] Für den humanistischen Rhetoriker und Historiker Melanchthon hatte Luther zwar Anerkennung übrig, interessierte sich aber weiter nicht für ihn.[83] Am liebsten hätte er den Humanisten nur an der theologischen Fakultät gesehen.[84]

76 Zu Luthers Sprachdenken vgl. Borst: Der Turmbau, Bd. 3/1, S. 1066-1069.

77 WA, Briefe, Bd. 1, S. 126,31-33.

78 Zur neuplatonischen Rhetorik der Antirhetorik und ihrer breiten Aufnahme bei deutschen Intellektuellen vgl. Kap. 4.4.

79 Stolt: Studien, S. 118-139; Junghans: Der junge Luther, S. 80-82.

80 Luther: Adversus armatum virum Cocleum, in: WA, Bd. 11, S. 300,21-18; vgl. auch Samuel-Scheyder: Johannes Cochlaeus, S. 415-425.

81 »quisquiliae vel stercora aureis argenteisque vasis«; Luther: De servo arbitrio, in: WA, Bd. 18, S. 601,10.

82 »Res et verba Philippus, verba sine re Erasmus, res sine verbis Lutherus, nec res nec verba Carolstadius.« WA, Tischreden, Bd. 3, 3618 [1. August 1537], S. 460 f.

83 Zum Verhältnis von Luther und Melanchthon vgl. die eher harmonisierende Darstellung bei Scheible: Luther; zu den theologischen Kon- und Divergenzen Luthers und Melanchthons Flogaus: Luther.

84 Stupperich: Philipp Melanchthon, S. 45.

Zusammenfassend kann Luthers Einstellung zu Deutschland und den Deutschen trotz seiner notorischen Schimpftiraden als affektive Bindung bezeichnet werden. Luther war insofern nationalisiert, als er die Deutschen für eine vorgegebene Gemeinschaft hielt und nicht durchschaute, dass seine Gefühle für sie auf Projektionen beruhten. Diese überdauerten unhinterfragt die Erfahrung der Glaubensspaltung. Als längst feststand, dass seine Lehre in weiten Teilen Deutschlands auf Ablehnung stieß, redete Luther sein Publikum weiterhin mit »meine lieben Deutschen« an. Je stärker ihm der Wind aus der eigenen Nation entgegenblies, desto größer wurde seine Hassliebe zu den Deutschen. Erschienen sie ihm als eine Herde von Schweinen, so verstand er sich selbst unausgesprochen als Schweinehirten, der seine verstockten Kreaturen vor den Anfechtungen des Teufels bewahren wollte. Sein prophetisches Selbstbild verhinderte eine Abwendung vom früh gewählten Wirkungskreis. Dieser war und blieb die deutsche Nation, obwohl die Reformation früh eine andere Richtung genommen hatte. Luther ging so weit, die drohende Vernichtung seiner Glaubenslehre mit dem Ende Deutschlands gleichzusetzen: »Nemen sie das evangelion aus dewczschen landen, so sol das landt myt weg.«[85]

5.2.2. Evangelische Antiromanitas und katholische Antibarbaries

In den frühen zwanziger Jahren nahm der publizistische Widerstand gegen Luthers Theologie und Kirchenreform sprunghaft zu. Im Gegensatz zur Kurie erkannten die deutschen Gegner der Reformation früh, dass Luther und seine humanistischen Mitstreiter nur mit ihren eigenen Mitteln aufzuhalten waren: mit vulgärsprachlicher Breitenpropaganda in Wort und Bild. Parallel zum von Rom eingeschlagenen Rechtsweg der Exkommunizierung Luthers setzte in Deutschland eine publizistische Kampagne zur Verketzerung des Reformators ein. Diese Kampagne wurde nicht zentral entworfen und gesteuert, sondern entstand aus eher unkoordinierten Einzelinitiativen deutscher Publizisten. Die organisatorische Straffung und inhaltliche Konsolidierung der antilutherischen Propaganda war ein Prozess, der Jahrzehnte in Anspruch nahm. Bereits vor dem Bauernkrieg aber wurden die zentralen Motivstränge entworfen, die später zu einem uniformen katholischen Luther- und Protestantenbild verknotet wurden. Dazu gehörte ein altgläubiges Konzept der deutschen Nation, das darauf angelegt war, Luther zur nationalen Gefahr aufzubauen. Inner-

85 WA, Bd. 31/2, S. 303.

halb des theologisch-politischen Grabenkampfes entstand damit ein nationaler Subdiskurs, in dem zwei konträre Nationsmodelle aufeinander prallten. Diese gingen aus der Spaltung des humanistischen Diskurses hervor.

Damit die inhaltliche Stoßrichtung der altgläubigen Reaktion verständlich wird, ist zuerst ihre Angriffsfläche, die reformatorische Propaganda vor dem Bauernkrieg, zu erläutern. Die frühe Reformbewegung wurde, bevor Luther seiner Theologie Gestalt gab, von einem Geist der Verneinung getragen.[86] Die negativen Stimuli des Antiklerikalismus und der Antiromanitas konnten, mussten aber nicht nationalistisch besetzt sein. Nahm die reformatorische Antiromanitas gegenüber der humanistischen an Militanz zu, so verlor sie an Agonalität. Zu den negativen Stimuli gesellte sich aber früh ein positiv besetztes Losungswort: Freiheit. Sein Gehalt variierte stark, sofern er überhaupt fassbar war. Das Einzige, was alle Schattierungen des frühreformatorischen Freiheitsbegriffs verband, war die positive Konnotation und die Gegenwartsdiagnose der Knechtschaft. Dieser Minimalkonsens war revolutionär genug. Im Mittelalter hatte der Freiheitsbegriff meist ambivalente Konnotationen wachgerufen.[87] Legitime Freiheit balancierte auf dem schmalen Grat zwischen Aufruhr und Sünde und war unabhängig von gottbefohlener Hinnahme von Herrschaft nicht denkbar. Noch im 15. Jahrhundert war »Freiheit« ein verbreiteter Name für Landstreicher; das Adjektiv »vogelfrei«, das einen recht- und schutzlosen Zustand bezeichnete, hat diese Bedeutung bis in die Gegenwart getragen.[88]

Das subversivste Potential hatte im Mittelalter ein aus der Bibel abgeleiteter Freiheitsbegriff. Dem Alten und Neuen Testament entnahm man den Gedanken, dass alle Menschen freier Herkunft, weil gleicher Abstammung seien und durch Christus erneut in Freiheit gesetzt worden seien. Diese Auffassung fand seit dem Hochmittelalter Eingang in mehrere inoffizielle Rechtsbücher.[89] Mit einem solchen Freiheitsverständnis konnte

86 Moellers Widerspruch gegen die Theorie des Negativ-Anstoßes fällt wenig überzeugend aus, weil er Predigten, die nach 1522 entstanden sind, zur Bewertungsgrundlage hat; Moeller: Was wurde, S. 191; zur antiklerikalen Atmosphäre als Ferment der Reformation vgl. Dülmen: Reformation, S. 23 f.; Goertz: Pfaffenhass, S. 63.

87 Zur mittelalterlichen Begriffsgeschichte von Freiheit vgl. die Beiträge in Fried (Hg.): Die Abendländische Freiheit; ders.: Über den Universalismus der Freiheit; Arnold: Freiheit; Grundmann: Freiheit.

88 Graus: »Freiheit«, S. 410.

89 So in den Sachsen- und Schwabenspiegel, in das französische Rechtsbuch Philipps de Beaumanoir und die Reformatio Sigismundi; vgl. Arnold: Freiheit, S. 14 f.; Grundmann: Freiheit, S. 49 f.

man die Rechtsgültigkeit der Leibeigenschaft, aber auch ständische Rechtsungleichheit allgemein angreifen.[90] Die Forderung nach ihrer Aufhebung ließ sich mit Anleihen beim antiken Naturrecht flankieren.[91] Die Wirkung, die Luthers Freiheitsrhetorik zwischen 1520 und 1525 erzeugte, ist ohne diese Vorgeschichte nicht zu verstehen.

Luthers Auffassung der menschlichen Freiheit fußte in einer Dialektik der polaren Gegensätze, die höchstens von wenigen Gelehrten, geschweige denn vom Kirchenvolk durchschaut wurde. Luther leitete die Freiheit des Christen aus seiner Ohnmacht ab, Einfluss auf sein Heil zu nehmen. Seine Sünde war zu groß und sein Wille zu klein, um durch Taten vor Gott zu bestehen.[92] Indem Gottes Gnade den wahren Christen von seinen Sünden erlöste, entfiel der Zwang zu guten Werken. Er war als Gläubiger nur Gottes Willen unterworfen. Insofern war er »eyn freyer herr uber alle ding« und das allgemeine Priestertum irdischer Ausdruck seiner Befreiung.[93] Umgekehrt war er durch die Last der Erbsünde im irdischen Dasein geknechtet. Was der Mensch auf Erden aus eigenem Willen schuf, war Auswurf seiner Verworfenheit.[94] Darum bedurfte er der göttlichen Gnade – und der herrschaftlichen Züchtigung.[95] Jeder Herrscher, ob gut oder schlecht, war von Gott eingesetzt. Jeder Untertan hatte seine irdische Knechtschaft widerstandslos zu etragen. Christliche Freiheit und fleischliche Knechtschaft bedingten sich gegenseitig.

Mögen viele städtische Prediger Luthers Rechtfertigungslehre verstanden haben, so blieb das ungelehrte Kirchenvolk doch lange dem eingeübten und einfachen Werkglauben verhaftet.[96] Bemerkenswert ist aber, dass

90 Dass die Existenz des Adels der biblischen Geschichte nicht standhalte, drückte ein weit verbreiteter, John Ball zugeschriebener Zweizeiler aus dem englischen Bauernaufstand von 1381 am prägnantesten aus: »Als Adam grub und Eva spann, / Wo war denn da der Edelmann?«; Köhn: Freiheit, S. 387.

91 Graus: »Freiheit«, S. 412.

92 Luther: De servo arbitrio, in: WA, Bd. 18, S. 670,36-38.

93 Luther: Von der Freiheit eines Christenmenschen, in: WA, Bd. 7, S. 21,1 f.

94 Martin Brecht hat zu Luthers Position treffend bemerkt, »er wünschte gar nicht, einen freien Willen zu haben, mit dem er sich um das ewige Heil bemühen könnte«. Brecht: Moral, S. 87.

95 Luther: Von weltlicher Obrigkeit, in: WA, Bd. 11, S. 251.

96 Moellers Einschätzung, die Lutherrezeption der frühen Reformationsjahre sei überaus werktreu ausgefallen, während Missverständnisse erst kurz vor dem Bauernkrieg aufgekommen seien, wird durch die Studien von Edwards, Conrad und Goerlitz entkräftet; Strauss behauptet noch für die zweite Hälfte des 16. Jahrhunderts (wenn auch mit dem einseitigen Quellenmaterial der Visitationsberichte) eine Immunität des lutherischen Kirchenvolks gegen die reformatorische Theologie; Moeller: Was wurde; ders.: Die Rezeption; Edwards: The Reception; Con-

auch gebildete Lutheraner an der Freiheitslehre ihres Lehrers vorbeitheologisierten. Luthers Gegnern kann man ein vorsätzliches Missverständnis unterstellen, seinen Anhängern kaum. Von dreizehn Schriften, die zehn Autoren in Straßburg zwischen 1520 und 1533 zur Verteidigung von Luthers Freiheitstraktat verfasst hatten, vermittelten ganze drei ein Freiheitsverständnis, dem Luther hätte zustimmen können.[97]

Luther war an diesen Missverständnissen nicht unbeteiligt. Erstens stimmte seine Freiheitstheologie nicht immer mit seiner Freiheitsterminologie überein.[98] Wiederholt klang die nationalistische Antiromanitas an, wenn auch ohne agonale Komponente. Sie unterstützte den militanten Antiklerikalismus und – unfreiwillig – den Aufstand der Reichsritter von 1522/23.[99] Zweitens rief Luthers Rekurs auf die Bibel jene älteren Argumentationen wach, die aus der Heiligen Schrift weltliche Ansprüche abgeleitet hatten. Kurzfristig dürfte Luther das kakophonische Echo seiner Freiheitsrhetorik genützt haben. Es mobilisierte breite, wenn auch heterogene Reformkräfte und lähmte den antilutherischen Widerstand. Bald aber häuften sich die Kosten in Form der bäuerlichen Freiheitsforderungen. Vor und nach 1525 musste Luther, eingekeilt zwischen radikalisierten Reformern und altgläubigen Propagandisten, in immer schrilleren Worten seine scharfe Trennung von christlicher und fleischlicher Freiheit verteidigen.

Katholische Publizisten hatten schon vor der Bauernerhebung auf diese Situation hingearbeitet. In ihren Flugschriften wurde der reformatorische Freiheitsdiskurs systematisch auf einen Nenner reduziert: Aufruhr und Zerstörung. Aus dieser Perspektive mutierte die Kaskade der Aufstände nach 1522 (Wittenberger Unruhen, Reichsritteraufstand, Bauernkrieg, Täuferbewegung) in eine »self-fulfilling prophecy« von Luthers freiheitsversessenem Wüten. Der Reformator, seit seiner Exkommunikation auf dem Wormser Reichstag »non homo«, wurde als Ausgeburt des Teufels für alle Unruhen verantwortlich gemacht, egal wie vehement er diese verurteilte.[100] So schloss Cochlaeus schon in einem auf 1520 datierten Schrei-

rad: Reformation, S. 94-107; Goerlitz: Pfaffenhass; Strauss: Luther's House; ders.: The Reformation, S. 195 f.

97 Edwards: The Reception, S. 105 f.

98 Vgl. Kap. 5.2.

99 Der Aufstand der Reichsritter wurde von Humanisten mitgetragen (Hutten, Bucer, Oekolampad), die sich Luthers Anliegen nahe wähnten; Goertz: Pfaffenhass, S. 103-108 (v. a. S. 107).

100 Zur Formel »Luther – non homo«, ihrer Ausbildung im Wormser Edikt und ihrer diabolisierenden Weiterentwicklung bei Cochlaeus vgl. Lutz: Zum Wandel, S. 228.

ben, »dz dieser münch / vast in allen seinen schreiben emporung sucht und widerspenigkeit«, mehr noch: »daß yetz uff erden under allen Christen niemant ungehorsamer seye dan dieser münch / der auff alle sein oberkeit so gar nichts helt«.[101] An Karl V. richtete er den Aufruf, er dürfe nicht geschehen lassen,

> daß die unglaubigen Hussen / landsbuben / staudenhecht / und ander leichtfertig / arm / grob / ungehewer buben volck ern bundtschuch machen / dardurch sie uberfallen alle kirchen zu berauben und verstören.[102]

Für den altgläubigen Humanisten, der das katholische Lutherbild fast in Eigenregie entwarf,[103] war mit Luthers Verkündung des allgemeinen Priestertums, der Auflösung des geistlichen Stands und der Säkularisation des Kirchenbesitzes die Welt auf den Kopf gestellt. Alles, was folgte, musste seine Primärursache in dieser Revolution haben.

Dem Vorwurf teuflischen Aufruhrs folgte die »Entlarvung« des lutherischen Freiheitsbegriffs. 1523 veröffentlichte Cochlaeus einen »Spiegel der Ewangelischen freyheit, wie die Christus warhafftiklich gelert unn Martin Luther yetz in unseren zeyten die selbigen unnütz fürgeben hat«.[104] Die Flugschrift gab vor, hinter den schönen Worten des Reformators dessen hässliches Streben offen zu legen. Luther rede »gar milte« von christlicher Freiheit und wolle, indem er die guten Werke abschaffe, dem Verbrechen Tür und Tor öffnen. Ein Jahr zuvor hatte Thomas Murner die viel beachtete Satire »Von dem Großen lutherischen Narren« publiziert. Wie bei populistischen Schriften üblich, war sie mit Holzschnitten verziert. Einer stellte die lutherische Freiheit als allegorischen Bannerträger in Rüstung mit der Hand am Schwertknauf dar.[105] Das mächtige »Fryheit«-Banner spielte auf eidgenössische Kriegsscharen an, die unter diesem Namen – weil ohne amtlichen Auftrag – raubend und mordend herumzogen.[106]

101 Antwort Joha. Coch. auff Martin Luth. freveliche Apellatio. Anno 1520. fol. A III/C^{v}, zit. nach: Samuel-Scheyder: Johannes Cochlaeus, S. 665.

102 Ebd. fol. C V^{v}, zit. nach Samuel-Scheyder: Johannes Cochlaeus, S. 669.

103 Herte: Das katholische Lutherbild.

104 In Laube (Hg.): Flugschriften, S. 582-597.

105 Im Sinn dieses Bildes – weltlicher Aufruhr zur Zerstörung der gottgegebenen Gesellschaftshierarchie – hatte Murner den lutherischen Freiheitsbegriff schon in einer Ende 1520 publizierten Flugschrift dargestellt; Murner: An den großmächtigsten und durchlauchtigsten Adel deutscher Nation, in: Laube (Hg.): Flugschriften, S. 186 f.; ders.: Von dem Großen lutherischen Narren, S. 183.

106 Zu diesen »frijheiten« und ihrer politischen Brisanz in der eidgenössischen Geschichte des 15. Jahrhunderts vgl. Stettler: Eidgenossenschaft, S. 248, 366.

Das deutsche Bild der Schweizer als Häretiker, freiheitsvernarrte Aufrührer und hinterwäldlerische Barbaren war eine ausgezeichnete Vorlage für das altgläubige Konstrukt der Lutherischen.[107] Seine Attraktivität verstärkte sich noch, als es darum ging, Luther zum verschlagenen Verführer der aufständischen Bauern zu formen.[108]

Zur Diagnose des Aufruhrs gesellte sich der nationalistische Vorwurf, Luther und seine Anhänger vernichteten die deutsche Ehre und zerstörten »unser gemein vatterlandt«.[109] Damit traten die altgläubigen Pamphletisten dem reformatorischen Nationsdiskurs entgegen, der zwischen 1517 und Huttens Tod 1523 die populären Foren monopolisiert hatte. Einen zaghaften Anfang machte Karl V. auf dem Wormser Reichstag 1521. In französischer Sprache warnte er vor »ewiger Unehre« für den Kaiser und die »edle und gerühmte deutsche Nation«, sollte die lutherische Häresie geduldet werden.[110] Karls nationale Disziplinierungsrhetorik galt weniger den Theologen als den Fürsten und reichsstädtischen Eliten, unter deren schützender Hand der neue Glauben gedieh. Damit war die kaiserliche Rhetorik des Nationalen an die gleichen Adressaten gerichtet wie zu Lebzeiten Maximilians.

Im Gegensatz zum Kaiser schrieben die katholischen Pamphletisten für ein breites, vorwiegend städtisches Publikum. Sie fuhren schärferes rhetorisches Geschütz mit größerer medialer Reichweite auf. 1524 erschien in Tübingen eine Flugschrift mit dem Titel »Ein Christliche vermanung der heyligen stat rom an das Teutschlandt, yr Tochter im Christlichen Glau-

107 Zum Schweizerbild der deutschen Humanisten vgl. Kap. 4.1.9.; zum Freiheitsdiskurs der Eidgenossen und ihrer Wahrnehmung im »verdichteten« Reich vgl. Graus: »Freiheit«, S. 427 f.

108 Im Unterschied zu den Hussiten, die in katholischen Pamphleten noch häufiger bemüht wurden, dienten die Schweizer auf beiden Seiten des konfessionellen Grabens als Negativvorbild: Nach dem Bauernkrieg wurden in lutherischen Reichsgebieten Aufruhr und schweizerische Reformation zu Synonymen. Diese Feindrhetorik half, die reformierten Prädikanten aus den süddeutschen Städten zu verjagen und Zwinglis Bekenntnisschrift auf dem Augsburger Reichstag 1530 der Missachtung preiszugeben; vgl. Blickle: Der Bauernkrieg, S. 53; Brady: Zwischen Gott, S. 130.

109 Zitat bei Cochlaeus: Antwort auf Luthers Schrift »Wider die räuberischen und mörderischen Rotten der Bauern«, in: Laube / Seiffert (Hg.): Flugschriften, S. 408.

110 »Ce seroit grant honte à moy et à vous, que estes la noble et renommée nation de Germanie, […] que en nostre temps non seullement hérésie, mès suspicion de Hérésie ou diminution de la religion chrestienne […] demeure […] à nostre perpetuel deshonneur.« Eigenhändige Erklärung Karls V. gegen Luther, Worms 19. April 1521, in: RTA, J. R., Bd. 2, S. 595; üb. in Kohler (Hg.): Quellen, S. 74.

ben«. Autor des lateinischen Originals war Cochlaeus, dessen Übersetzer der Dominikanertheologe Johannes Dietenberger.[111] Die Flugschrift enthielt einen Dialog zwischen Rom, der Mutter der Nationen, und Deutschland, ihrer geliebten Tochter. Die Allegorie Roms stand zugleich für die katholische Kirche und die historische Stadt, deren Imperium zu den Deutschen gekommen sei. Am Beispiel Wittenbergs wurde vorexerziert, was Deutschland erwarte, sollte es sich von den Freiheitsparolen der Lutherischen einlullen lassen:[112] ein Rückfall in tiefste Barbarei. Cochlaeus zeichnete, das humanistische Genre des Städtelobs parodierend, die kursächsische Universitätsstadt und Zentrale der Reformation als Drecksloch der Unkultur, gelegen im hintersten Winkel Deutschlands:

> Nun volget doch diser statt nach in boßheiten, ja gat ir auch in etlichen stücken vor, das elend, arm, katticht [kotig] stätlyn Wittenberg, gegen Prag kaum ein statt dryer heller wertt, ja nit wert, das sie söl in teütschen landt ein statt genannt werden, [...] ein ungesunt, unlieblich erd, on wyngarten, on baumgarten, on fruchtbar baum, ein bierische kamer, rauch [rauh], frosthalb, on freid, gantz koticht, waz ist doch in Wittenberg, wenn das schloß, stifft und schul nit weren. Sehest on zwyfel nichts anders do denn lutherische, daz ist kottichte heüser, unrein gassen, alle weg, steg und strassen vol kotß, ein barbarisch volck, die kein ander denn bierische hendel dryen und dryerhellerische kauffmanschafft, ir marckt ist on volck, stadt on burger, kleinbürgerliche kleidung do, grosser mangel und armut aller ynwoner.[113]

111 Zum Inhalt der Flugschrift und zu Cochlaeus' doppelter Absicht, mit der deutschen Ausgabe ein breites Publikum und mit dem lateinischen Original eine elitäre Leserschaft von Gelehrten und politischen Entscheidungsträgern zu erreichen, vgl. Samuel-Scheyder: Johannes Cochlaeus, S. 452-456.

112 Cochlaeus: Ein Christliche vermanung, in: Laube (Hg.): Flugschriften, S. 615; ders.: Pia Exhortatio Romae ad Germaniam, fol. A III^r, zit. nach Samuel-Scheyder: Johannes Cochlaeus, S. 680 f.

113 Cochlaeus: Ein Christliche vermanung, in: Laube (Hg.): Flugschriften, S. 629; im Original: »Nunc sequitur, immo impietatibus quibusdam praeit eam parva et improba Simia, lutosa Vuittenberga, urbs prae illa vix triobolaris, indigna prorsus ut vel extremus Germaniae angulus dicatur, [...] terra pestilens, inamabile solum, sine vineis, sine hortis, sine olivatis, cella barbarae cerevisiae, gelu rigida, lacunis squalida, luto foeda. Tolle arcem qualemcumque, tolle novas Collegii Academiaeque structuras quid putes manere reliquum? remanent sane domus lutae, plateae lutosae, viae stercoribus foedae, populus barbarus, negocia cerevisiari, negociationes triobolares, solitudo fori, civium turpis egestas ac habitusque rusticanus.« Ders.: Pia Exhortatio Romae ad Germaniam, fol. D V^r, zit. nach Samuel-Scheyder: Johannes Cochlaeus, S. 684.

Was der humanistische Theologe in Szene setzte, war eine radikalisierte Adaptation von Enea Silvios Germaniadiskurs. Der italienische Kardinal hatte Deutschlands hohe Zivilisation gerühmt, um sie sogleich von der segensreichen Mission der römischen Kirche abzuleiten. Cochlaeus zog aus Eneas Geschichtskonstrukt den Umkehrschluss, die deutsche Nation falle, wenn sie sich von Rom abwende, in ihre »unverschempte barbarey« vor der Christianisierung zurück. Diese Degeneration, so ließ er Mutter Rom der Tochter Deutschland drohen, wäre gleichbedeutend mit nationaler Selbstverstümmelung im Bürgerkrieg:

> O Teütschland, ich sag dir, würdest du den Luther und synen gotßloßen hauffen lenger bey dir behalten und hören, wirt niemants gefärlicher syn denn dir selbs. Ich aber würd den auß mütterlicher zu dir güttigkeit, mir nit mögen lassen nit leid syn dyn unglück, so ich sehen würd (Got wöl es vorkommen), das dyn glidder sich selbst auß zwitracht einander ermordeten, verbrenten, verherten, einander an lyb, güttern unnd eren zuschanden mechten.[114]

Machte Luthers Reformation aus Deutschland eine Ruine der Zivilisation, so garantierte Romtreue nicht nur das Seelenheil, sondern zivilisierte Sitten, ein wohlgeordnetes Gemeinwesen, wirtschaftliche Prosperität und eine blühende Kultur.

Vergleicht man das deutsche Nationsmodell von Cochlaeus' altgläubiger Antibarbaries mit der reformatorischen Antiromanitas, so fallen in erster Linie schroffe Gegensätze auf. Der evangelische Nationsdiskurs bewirkte eine xenophobe Aufladung der Kirchen- und Kleruskritik. Er machte die Angehörigen des geistlichen Stands in Deutschland zu Knechten Roms, halben Italienern und Unterdrückern der deutschen Freiheit.[115] Das agonale Prinzip des humanistischen Nationalismus wurde dabei ausgeschaltet. Waren die Welschen des Teufels, ließ sich mit ihnen nicht um Ehre streiten. Der katholische Nationsdiskurs schlug den konträren Weg ein. Vom humanistischen Nationalismus übernahm er das agonale Prinzip, leugnete aber eine nationale Autonomie und Freiheit. Die Nationen Europas waren unmündige Kinder Roms und übten sich in zahmer Ehrkonkurrenz zum Wohl der Christenheit. Aus dieser Perspektive erschien die Reformation als Verschleuderung von nationalem Kapital.[116] Ihre Trä-

114 Cochlaeus: Ein Christliche vermanung, in: Laube (Hg.): Flugschriften, S. 631.

115 Vgl. Kap. 4.3.3.

116 Thomas Murner betonte schon in einer Flugschrift von 1520, Luther habe seine »beschwerden, bürden und unleidliche tiranney« der »deütschen nation zu nidergang und verderpniß erdichtet«; dieses nationale Argument setzte er mehr-

ger hatten zu verantworten, »das wir Teutschen an billich moegen von andern nationen geacht werden vur dol und voll«.[117] Die deutsche Nation war auf dem inter-nationalen Frömmigkeitsindex tief gesunken,[118] und ihre vielversprechenden Talente, allen voran Melanchthon, dienten einer verworfenen Sache, anstatt den deutschen Gelehrtenruhm in die Welt zu tragen.[119] Damit wurde schon in den ersten Jahren der Glaubensspaltung die humanistische Dialektik von Antiromanitas und Antibarbaries zerrissen und in eine polare Opposition überführt. Dieser Vorgang blieb vorläufig auf die religiöse Flugschriftenpropaganda beschränkt. Er trug aber dazu bei, den akonfessionellen Nationsdiskurs humanistischer Prägung in den Windschatten der Ereignisse zu stellen.

Stand das katholische Nationskonzept gegen die populäre evangelische Antiromanitas lange auf verlorenem Posten, so brachte der Bauernkrieg eine diskursive Wende. Beide Parteien verurteilten die Forderungen des gemeinen Mannes gleichermaßen. Luther und seine Mitstreiter gerieten aber in die Defensive. Sie mussten ihre Befreiungsrhetorik zurückschrauben, um den Imageschaden, die Bauern verführt zu haben, in Grenzen zu halten. Auf altgläubiger Seite sah man die schwarzen Prophezeiungen in Erfüllung gehen. Das Bauernvolk wurde zur von Luther irregeführten Herde, die es zu bemitleiden galt. Der bäuerlichen Ketzerei zu begegnen hieß, Luther noch schärfer zu bekämpfen. So musste die evangelische Propaganda drei Abwehrdiskurse führen: Den Bauernführern galt es einzuhämmern, dass ihre Emanzipation gegen das Evangelium sei; Fürsten und Stadtpatriziate mussten versichert sein, dass die Reformation nicht an ihren Stühlen rüttelte, und das breite Publikum hatte zu wissen, dass die Logik der katholischen Gegner ebenso einfach wie falsch sei.

Luther und Melanchthon hielten sich in ihren Bauernkriegsschriften mit nationaler Rhetorik zurück. In ihre Verurteilung der Aufständischen schlossen sie aber, einer nationalistischen Logik gehorchend, alle Deutschen ein. Während Luther zur notorischen Deutschenschelte ausholte,[120] formulierte Melanchthon in Abwendung vom Freiheitsdiskurs der Antiromanitas: »Es wer von nötten, das ein solch wild ungezogen volck, als

mals ein; Murner: An den großmächtigsten und durchlauchtigsten Adel deutscher Nation, in: Laube (Hg.): Flugschriften, S. 173, 175.

117 Cochlaeus: Antwort auf Luthers Schrift »Wider die räuberischen und mörderischen Rotten der Bauern«, in: Laube / Seiffert (Hg.): Flugschriften, S. 384.

118 Ebd., S. 391; vgl. auch Johannes Eck in: Des heiligen Konzils zu Konstanz Entschuldigung, in: Laube (Hg.): Flugschriften, S. 136.

119 Vgl. Samuel-Scheyder: Johannes Cochlaeus, S. 495, 691.

120 Luther: Ein Sendbrief von dem harten Büchlein wider die Bauern, in: WA, Bd. 18, S. 396,30 f.

Teutschen sind, noch weniger freyheyt hette dann es hat.«[121] Auf katholischer Seite wurde die nationalistische Polemik verschärft. Der Bauernkrieg wurde zum deutschen Bürgerkrieg und Luther zu dessen Entfacher. Cochlaeus lastete dem »trotzigen und leichtfertigen munch« an,

> das unser gemein vatterlandt, welchs biß her in so grossen eeren, werden gots dhienst, frid und aufnemen gewesen ist [...] sol in so sweren zorn und straf Gottes vallen. Das er unß der massen plaget, [...] das Teutsche wyder Teutsche zusamen lauffen, das ein bruder wider den andern streitte, eyn freundt wider den andern, eyn stat wider die andern.[122]

Wie Cochlaeus bemühte Emser den antiken Topos vom Bürgerkrieg als schlimmstem Feind der patria communis und klagte in rhetorischen Fragen:

> Was ists dann wunders, das Got uber unns Tewtschen itzo also ertzornet und ergrymmet, das er szo vil tawsetz manne yn eynem jar von keynem frombden volck noch veynde, sonder Tewtsch von Tewtschen und christen von christen hat lassen umbkommen und sich selbst so jemmerlich under einander erstechen unnd ermorden? Oder was ander ursach konnen wir antzeygen dann alleyn dysen lesterer Merten Luthern sampt seynen anhengern, helffern, schutzern unnd auff halten?[123]

Als die Bauernhaufen zerschlagen waren, hielt man Gericht über Luther. Den evangelischen Freiheitsbegriff mit dem nationalen gleichsetzend, klagte Cochlaeus den Reformator an:

> du warst der mann, der dye Teutschen solt frey und recht christen machen, die Römer vertreiben, dem bapst den kopff abslahen, we du dich mer mals berumpt hast. Nu hastu gewunnen, hast dem teufel mer dan hundert tausend bawrn (o, des jamers und elends!) mit leib und seel ubergeben, hast witwen und weysen on zal gemagt, hast das arm volck zu vor mit vil unnutzen unnd schedlichen buchern umb mer geltz bracht, dan alle ablaßkremer, wie du sie nennest, in 20 oder 30 jarn gethan haben.[124]

121 Melanchthon: Wider die Artikel der Bauernschaft, in: Laube / Seiffert (Hg.): Flugschriften, S. 234.

122 Cochlaeus: Antwort auf Luthers Schrift »Wider die räuberischen und mörderischen Rotten der Bauern«, in: Laube / Seiffert (Hg.): Flugschriften, S. 408.

123 Emser: Wie Luther in seinen Büchern zum Aufruhr getrieben hat, in: Laube / Seiffert (Hg.): Flugschriften, S. 358.

124 Cochlaeus: Antwort auf Luthers Schrift »Wider die räuberischen und mörderischen Rotten der Bauern«, in: Laube / Seiffert (Hg.): Flugschriften, S. 383.

Luther erschien nicht nur als Teufelsdiener, sondern auch als »Fürstenheuchler«.[125] Mit ostentativer Abscheu zitierte Cochlaeus Luthers Aufruf an die Fürsten zum Bauernschlachten und interpretierte seine Theologie als Freipass zur weltlichen Machtsteigerung. Seine Rolle als »feiner hauptman der freyen Teutschen« habe er nur gewählt, »auff das er durch liebkosen gnad fynde bey den fursten, mit leib und gut zu knechten macht der weltlichen oberkeit«.[126] Hatte Luther den Papst zum Antichrist erklärt, so erklärte Cochlaeus Luther zum inneren Erbfeind Deutschlands: »Welcher Turck oder welch mechtige nation«, fragte er, »hette ym teutschen land ßo grossen schaden myt aller macht thun mogen, als wir yetz yn eynem viertheyl jars selbs durch ein ander gethan haben?«[127] Damit hatte die Nationalisierung der antilutherischen Propaganda ihren Höhepunkt erreicht. Offenbar war Cochlaeus überzeugt, mit der religiösen *und* nationalen Verteufelung des Reformators am meisten Gewinn zu erzielen.

An welches Publikum war die nationalistische Rhetorik gerichtet? Dazu gibt es nur Indizien. So stand die nationale Rhetorik auf beiden Seiten des konfessionellen Grabens in keinem Bezug zur bäuerlichen Aufstandsbewegung. Deren Motive waren bar jedes nationalen Inhalts. Die Revolten konzentrierten sich zwar auf deutschsprachige Gebiete, ihre Träger verstanden sich aber nicht als Deutsche. Der Freiheitsbegriff ihrer Beschwerdeschriften bezog sich meist auf das Evangelium, seltener auf das Reich, verbunden mit der Forderung, direkt dem Kaiser unterstellt und damit reichsfrei zu sein.[128]

Die Absenz eines nationalen Orientierungsrahmens auf bäuerlicher Seite lässt die Flugschriften der Bauernkriegsgegner in anderem Licht erscheinen. Redeten lutherische und katholische Autoren die Aufständischen als Deutsche an, so fühlte sich die große Masse kaum angesprochen. Es

125 Ebd., S. 385.

126 Ebd., S. 387.

127 Ebd., S. 408 f.

128 Die Behauptung Klaus Arnolds, der Bauernkrieg sei »auch ein Kampf um staatspolitische Vorstellungen, um die Zukunft des Reiches und für eine überterritoriale, nationale Einheit« gewesen, geht zumindest in Bezug auf die deutsche Nation an den Zielen der Aufständischen vorbei. Arnolds Beweis beruht auf wenigen, einseitig interpretierten Quellen. Sie stammen von Autoren, die kaum für die ländliche Masse der Aufständischen sprachen (dazu Arnold selbst S. 259-261). Je eine Erwähnung der deutschen Nation in längeren Schreiben Wendel Hiplers und Friedrich Weygandts macht noch keinen Kampf um die nationale Einheit! Arnold: »damit der arm man [...]«, S. 286 f., 290, 307, 309 f.; gegen eine »nationale Subsumierung« des Bauernkriegs spricht sich Blickle aus in: Der Bauernkrieg, S. 54; noch dezidierter Buszello in: Der deutsche Bauernkrieg, S. 144 f.

ist möglich, dass die Verfasser sich dessen bewusst waren, kannten sie doch die Beschwerdeschriften der Bauern. So stellt sich die Frage, ob ihre nationalistische Hetzrhetorik überhaupt an die Aufständischen adressiert war. Tatsächlich deutet wenig darauf hin. Luther und Melanchthon dürften bei ihren Tiraden gegen die Deutschen an die Besänftigung der Patrone der Reformation, Fürsten und Patrizier, gedacht haben. Die katholischen Pamphlete legen ähnliche Vermutungen nahe. Ihr Hauptadressatenkreis wohnte wohl in den bauernkriegsfeindlichen Reichsstädten, die es mit der Parole »ohne Luther kein Bauernkrieg und kein nationaler Ruin« für den alten Glauben zurückzugewinnen galt. Damit führte man auch in den Jahren des Bauernkriegs den Kampf um die diskursive Besetzung der deutschen Nation über die Köpfe der breiten Masse hinweg.

Sind die sozialen und politischen Langzeitfolgen des Bauernkriegs bis heute umstritten, so ist der diskursgeschichtliche Einschnitt unübersehbar. Die evangelische Freiheitspropaganda war auf Dauer geschwächt. Die reformatorische Theologie fasste die christliche Freiheit noch enger und reduzierte ihre rhetorische Funktion radikal.[129] Wie zeitgebunden und in theologischer Hinsicht entbehrlich der lutherische Freiheitsbegriff war, zeigt sein sukzessives Verschwinden aus der lutherischen Orthodoxie im Verlauf der frühen Neuzeit.[130]

Die katholische Publizistik schaffte es aber nicht, ihre gestärkte Position im konfessionellen Diskurs zu konsolidieren. Dies ist umso erstaunlicher, als die Druckproduktion evangelischer Propaganda nach 1525 abrupt einbrach.[131] Anstatt das Vakuum mit eigenen Flugschriften zu füllen, folgte die katholische Publizistik dem Trend der reformatorischen Druckzentren. Der publizistische Kampf um Luther und die Reformation ebbte insgesamt ab.[132] Diese Entwicklung bedarf einer Erklärung: Bis zum Bauernkrieg war die Reformation, gemessen an den damaligen Machtstrukturen, eine Bewegung von unten. Sie wurde von städtischen Predigern und Publizisten angetrieben, die das Kirchenvolk über die Medien der Predigt und der illustrierten Flugblätter und -schriften mobilisierten. Die reformatorische Dynamik ging von den urbanen Zentren aus und erfasste das Land mit deutlicher Verzögerung. Die ländliche Gemeindereformation war aber schlechter kontrollierbar als die städtische, die auf aktive oder passive Unterstützung des Patriziats angewiesen war.[133] Als die bäuerliche

129 Brecht: Die Rezeption, S. 121.
130 Ebd., S. 134.
131 Chrisman: Printing; Stadtwald: Roman Popes, S. 173.
132 Scheible: Reform, S. 444.
133 Brady: In Search, S. 21 f., 26.

Reformbewegung in militante Selbsthilfe mündete, ohne dass die intellektuellen Repräsentanten der Stadtreformation etwas ausrichten konnten, kam die evangelische Bewegung von unten ins Stocken. Die siegreichen Fürsten, ob lutherisch oder katholisch, nutzten die Gunst der Stunde, um ihre Territorialgewalt durch eine aktive Religionspolitik zu stärken. Reformatorische wie katholische Publizisten nahmen diese Initiative erleichtert an. Das Vertrauen in die eigene Autorität über das Kirchenvolk war erschüttert. So wurden die Institutionalisierung der reformatorischen Kirche und die Koordinierung des altgläubigen Widerstands zu einer obrigkeitlichen Angelegenheit. Mit dem Ausscheiden des Kirchenvolks aus dem politischen Reformprozess verlor die Flugschriftenpropaganda an Bedeutung. Um Einfluss auf den Gang der Ereignisse zu nehmen, war Zugang zu den politischen Entscheidungsträgern gefragt. Die Wittenberger Reformatoren rückten näher zum kursächsischen Hof, Cochlaeus wurde Hofkaplan Georgs von Sachsen, und Johannes Eck konsolidierte seine Position als religionspolitischer Berater der bayrischen Herzöge. Pamphletisten und Drucker erhielten erst zwanzig Jahre später wieder Auftrieb, als die protestantischen Fürsten Gefahr liefen, vom Kaiser mit Krieg überzogen zu werden. Unvermittelt setzte dann die nationalistische Propaganda in konfessioneller Absicht wieder ein. Ihre Vorzeichen hatten sich im Vergleich zum Bauernkrieg erneut verkehrt.

5.3. Kontinuität und Transformation des humanistischen Nationsdiskurses

Über das Verhältnis von Humanismus und Reformation herrschen in der Geschichtsschreibung zwei konträre Theorien vor. Vom Wunsch nach sauberen Epochengrenzen geleitet, haben Historiker des 19. Jahrhunderts die humanistische Bewegung mit dem Beginn der Reformation für beendet erklärt.[1] Der Typus des flatterhaften Intellektuellen vertrug sich schlecht mit jenem des zerknirschten Reformators. Die von Ranke und Burckhardt gestützte Annahme,[2] die Reformation habe dem Humanismus den Todesstoß versetzt, findet noch heute Anhänger.[3] Ihre Argumentation ist aber subtiler geworden. So betont Muhlack, die Reformation und Gegenreformation führten »eine neue absolute Suprematie theologischen Wissens herauf, mit der ein Freiraum für weltliches, nicht-theologisches Wissen völlig unvereinbar« sei.[4] Damit habe der Humanismus nur als Magd des theologischen Bildungssystems überleben können. Vom genuinen Anspruch humanistischer Erziehung, den Menschen als *irdisches* Wesen zu vervollkommnen, seien technische Fertigkeiten, vor allem die philologische Kritik, übrig geblieben.[5] Im Moment seiner breiten Institutionalisierung an Universitäten und Schulen sei es um den Humanismus als selbständige Bewegung geschehen.[6]

Die konträre Theorie einer Kontinuität des Humanismus im Zeitalter der Reformation und Konfessionalisierung geht auf Kristeller zurück. Ihm zufolge vertraten die Humanisten weder ein kohärentes Menschenbild noch ein philosophisches Programm. Damit öffnete er die Tür zur Reduktion des Humanismus auf gelehrte Techniken und Diskursrituale.[7] Aus dieser Sicht fand die humanistische Bewegung im Reich erst mit dem Be-

1 So postulierte, um nur ein signifikantes Beispiel zu geben, Ludwig Geiger 1882: »Mit dem Tode Huttens ist die Geschichte des deutschen Humanismus zu Ende. Wie die italienische Renaissance durch den deutschen Humanismus, so wird dieser durch die Reformation abgelöst.« Geiger: Renaissance, S. 562.

2 Zu Rankes breit rezipierter Trennung von Humanismus und Reformation vgl. Junghans: Der junge Luther, S. 11-16; Burckhardt: Die Kultur, S. 152 f.

3 Neben Muhlack ist hier August Buck zu nennen, der das humanistische Gedankengut im Reformationszeitalter nur noch als »Mittel zum Zweck« gelten lässt; eine ähnliche Sicht wird von Wolfgang Reinhard vertreten; Buck: Humanismus, S. 289; Reinhard: Vorwort, S. 7-9.

4 Muhlack: Der Tacitismus, S. 177.

5 Ders.: Die humanistische Historiographie, S. 5 f.

6 Ders.: Der Tacitismus, S. 180.

7 Kristeller: Humanismus, Bd. 2, S. 28.

ginn der Reformation ihre Konsolidierung. Sie setzte sich im Bildungskanon der reformatorischen, später der katholischen Gebiete fest, erfasste die adlige Kultur und formte den neuzeitlichen Hofmann, steigerte die Produktion neulateinischer Poesie und philologischer Studien. 1975 postulierte Lewis W. Spitz, der deutsche Humanismus habe nach dem Augsburger Religionsfrieden weiter expandiert und sei erst durch die Verwüstung der Gelehrtenlandschaft im Dreißigjährigen Krieg zum Erliegen gekommen.[8]

Diesen beiden »substantialistischen« Epochenmodellen des Humanismus wird hier die Theorie einer Kontinuität durch Transformation entgegengestellt. Humanistische Formen und Inhalte blieben nach der Reformation erhalten, ja verbreiteten und verfeinerten sich weiter. Die Absichten jedoch, die man mit ihnen verband, und die Wirkungen, die sie zeitigten, waren nicht mehr die gleichen. Die Ursachen dieses Einschnitts waren sozialer, religiöser und politischer Natur. Die humanistische res publica litteraria zerbrach schon unter der ersten Flutwelle der Reformation. Nach Luthers Publikationen von 1520 war es um die elitäre Solidargemeinschaft geschehen, deren Mitglieder gemeinsam Projekte verfolgt und Front gegen gelehrte Spezialisten und klerikale Volksprediger gemacht hatten. Die viel gerühmte Humanistenfreundschaft überlebte einen Dissens in der Lutherfrage selten. Persönliche Bande, die ein halbes Leben gehalten hatten, zerrissen, Korrespondenzen wurden eingestellt. Wer sich vor dem aufziehenden Sturm in die Studierstube zurückzog und die Streitereien ignorierte, stand unter Rechtfertigungszwang.

Damit ergaben sich für humanistisch Gebildete neue Prioritäten, für humanistische Diskurse neue Bezüge. Rhetorik und Philologie wurden zu Instrumenten der Theologie und religiösen Propaganda, vor allem bei den vielen jungen Gelehrten, die sich der Reformation anschlossen. Wo der humanistische Diskurs säkular blieb, sind verschiedene Entwicklungen zu beobachten. Beim antikisierenden Herrscherlob verlagerte sich, bedingt durch die Stärkung territorialer Klientelsysteme, die Ausrichtung vom Kaiser zu den Landesfürsten; Karl V. fiel nach 1520 als Zentrum eines nationalen humanistischen Netzwerks weg, Erzherzog Ferdinand bot keinen adäquaten Ersatz. Die neulateinische Lyrik nahm quantitativ zu. Sie konnte für die Demonstration dichterischer Virtuosität, für die Flucht in lauschige Gegenwelten oder für verhaltene Kritik am Unfrieden der Zeit genutzt werden. Auch die Geschichtsschreibung schlug verschiedene Richtungen ein. Zum einen erhielt sie den prononcierten Charak-

8 Spitz: The Course, S. 380, 435 f.

ter eines Spezialwissens, zum andern wurde sie Mittel einer radikalen Infragestellung der politisch-religiösen Situation. Je nachdem gerieten die Akteure in die Rolle zurückgezogener Spezialgelehrter oder oppositioneller Außenseiter.

In sozialer Hinsicht erfuhr der Humanismus eine Konsolidierung. Klassikerlektüre und Rhetorik wurden an Lateinschulen institutionalisiert, humanistische Vorlesungen an den Universitäten ausgebaut. Diese Reformen trugen zur Verbreitung der humanistischen Bildung bei, transformierten diese aber insofern, als sie ihren instrumentellen Charakter verstärkten.[9] Kenntnisse der wichtigsten Klassiker und rhetorischen Stilfiguren begünstigten Karrieren im Hofdienst; humanistische Konversationsformen wurden zum Bestandteil der höfischen Etikette.[10] Dieser Funktionswandel des humanistischen Wissens trug dazu bei, dass die Zeit nach Melanchthon zwar gründliche Philologen und viele lateinische Gelegenheitsdichter, aber kaum einen originellen Kopf vom Format eines Celtis, Hutten, Rhenanus oder Aventin hervorbrachte.

Auch der humanistische Nationsdiskurs erfuhr durch die Glaubensspaltung tief greifende Änderungen. Nationale Selbstbestätigung auf säkularer Basis war mit xenophober Abschottung und Ausgrenzung sozialer Gruppen kaum mehr zu erreichen. Wer die welschen Sitten von Italienern und Klerikern schmähte, hatte katholische Humanisten gegen sich. Wer die Hussiten barbarische Ketzer schalt und die Franzosen zum Erbfeind erklärte, stieß bei vielen Protestanten auf Ablehnung. So mussten dem säkularen Nationalismus der älteren Generation die Flügel gestutzt werden. Das agonale Prinzip des Nationalismus stumpfte ab; es blieb in Widmungsbriefen, Vor- und Schlussworten humanistischer Studien floskelhaft erhalten, machte sich aber in den gelehrten Erörterungen rar.[11]

9 Mit dieser Aussage wird die wertende Opposition einer »Zweckfreiheit« des Humanismus vor und »Zweckgebundenheit« nach der Reformation verworfen (Buck: Humanismus, S. 154, 289). Erstens gibt es keine »zweckfreie« Gelehrtentätigkeit, sondern nur das selbstidealisierende Postulat von Gelehrten, sie betrieben eine solche; zweitens war dieses Postulat vor dem 19. Jahrhundert für keinen Gelehrtenberuf denkbar. Es kann daher nur darum gehen, den Verschiebungen in der Zweckausrichtung des Humanismus im Zeitalter Karls V. und der Reformation nachzugehen; vgl. Kap. 4.5.1.

10 Walther: Humanismus, S. 121 f.

11 Diese Diskrepanz fällt vor allem bei Rhenanus auf: In seinem Widmungsschreiben zu den »Rerum Germanicarum libri tres« klingen die topischen Beteuerungen deutscher Überlegenheit noch an, der von ihm ausgebreitete Stoff fügt sich den nationalistischen Kategorien aber nicht mehr, vielmehr werden diese mit philo-

Der von agonalen und xenophoben Motiven entlastete Nationsdiskurs entfaltete sich vor allem in Nischenplätzen, inhaltlich wie sozial. Wo die Gelehrten den Kampfplatz des Glaubensstreits mieden und einer Rhetorik des »sine ira et studio« huldigten, konnte ein Austausch über religiöse Gräben stattfinden. Hier entstand ein Diskursforum, das die Funktion erfüllte, unter Gelehrten des Reichs einen säkularen Minimalkonsens aufrechtzuerhalten.[12]

Kaum vermittelnd wirkten dagegen jene Provokateure, die zwischen die religiösen Fronten traten und sich mit Polemik nach allen Seiten gegen die Konfessionalisierung des Nationsdiskurses stemmten. Wer sich nicht ins Korsett der Orthodoxien zwängen ließ, war noch lange kein Verbreiter versöhnlicher Stimmung! Für den neuen Typus des oppositionellen Intellektuellen ist Aventin exemplarisch.[13] Er hatte von den bayrischen Herzögen und strammen Katholiken Wilhelm IV. und Ludwig X. die Vorgabe erhalten, eine Geschichte des bayrischen Fürstenhauses zu schreiben. Zur Konsternation seiner Auftraggeber lieferte er eine deutsche Nationalgeschichte mit reformatorischem Einschlag ab.[14] Sobald das Werk den Herzögen vorlag, wurden weitere Abschriften eingezogen und Aventin die

logischem Sezierbesteck dekonstruiert; Rhenanus: Res 1, S. 3 f.; vgl. Knepper: Nationaler Gedanke, S. 108; vgl. Kap. 5.3.2.

12 Diesem Typus können Beatus Rhenanus, Conrad Peutinger, Willibald Pirckheimer und auf protestantischer Seite Sebastian Münster zugerechnet werden. Sogar Melanchthon wurde von altgläubigen Humanisten weiterhin hoch geschätzt, obwohl er im Glaubensstreit an vorderster Front wirkte. Geholfen haben dürfte ihm dabei, dass sein Engagement im Glaubensstreit explizit ans Ziel der Versöhnung geknüpft war und seine viel beachteten historischen Studien weitgehend ohne konfessionelle Polemik auskamen; Muhlack: Beatus Rhenanus, S. 215 f.; Lutz: Conrad Peutinger, S. 224; Holzberg: Willibald Pirckheimer, S. 278 f.; zu Melanchthon Ridé: L'image, Bd. 2, S. 713-787; zu Münster ebd., S. 930-937.

13 Dem gleichen Typus sind auch Sebastian Franck, später Caspar Brusch und Nicodemus Frischlin zuzuordnen; zu Franck vgl. Weigelt: Sebastian Franck, S. 39-53; Ridé: L'image, Bd. 2, S. 819-866; zu Frischlin ebd., S. 956-970.

14 Wie gezielt Aventin die Hand biss, die ihn fütterte, zeigt auch eine Passage aus seiner Türkenschrift von 1529: Die Schwäche des Reichs wurde darin zu großen Teilen den Fürsten angelastet, weil sie systematisch gegen den Kaiser politisierten; als Beweis führte Aventin an: »So waiß man auch wol fürsten im reich, (aus antrüschlen der finanzer) die haimlich mit dem Franzosen, babst, weida in Ungern wider den jezigen kaiser und sein bruder, den künig von Behaim und Ungern, haimlich bündnus gemacht haben.« Auf keinen Fürsten passte dieser Vorwurf besser als auf den bayrischen Herzog Wilhelm IV. bzw. dessen Rat Leonhard von Eck! Eck aber hielt nicht nur die Fäden der bayrischen Politik in der Hand, sondern war auch der persönliche Protektor Aventins! Vgl. Kap. 5.1.4.; Aventin: Ain warnus, S. 182.

Veröffentlichung seiner Manuskripte untersagt.[15] Publiziert wurde es erst 1566 und gelesen vorwiegend von Protestanten und Calvinisten, da Aventins Gesamtwerk seit 1564 wegen seiner antiklerikalen Passagen auf dem Index Papst Pius' IV. stand.[16] Wurde die bedrohte Spezies der oppositionellen Intellektuellen nicht von ihrer eigenen Obrigkeit mundtot gemacht, so lief sie Gefahr, mit ihren Werken in die Mühlen der konfessionellen Polemik zu geraten.

Man sieht, der Spielraum war enger geworden. Ins gleiche Bild fügt sich das Misslingen protestantischer Bemühungen, nach dem Bauernkrieg ein überkonfessionelles Publikum mit einem säkularen Nationsdiskurs anzusprechen und katholische Gelehrte zu integrieren. Das Erste mochte teilweise gelingen, das Zweite kaum. Arminius blieb auch eine protestantische Figur, als ihm das Hutten'sche Siegerkleid des »Germanorum Brutus«, das zu sehr nach Bundschuh roch, ausgezogen wurde. Die lateinischen Tacituskommentare des 16. Jahrhunderts entwickelten sich, obwohl von konfessioneller Polemik weitgehend frei, zu einer protestantischen Literaturgattung.[17] Und die erste Übersetzung der taciteischen Werke war ein protestantisches Vorhaben, auch wenn sie einen nationalen Anspruch erhob: nämlich die Bildung des deutschen Adels.[18]

5.3.1. *Vom Wettkampffieber zur Endzeitstimmung*

Die Zeit vor der Reformation war geprägt vom Nebeneinander eines gelehrten Säkularisierungsschubs und eines populären Aufflammens eschatologischer Ängste. Der Humanistennationalismus profanierte das heilsgeschichtliche Weltbild. Vom christlichen Heilsplan blieb das Skelett als geduldiger Träger neuer Inhalte. Die Lehre von den vier Weltreichen und deren göttlicher Translation zeigte nicht mehr den Weg zum Jüngsten Tag, sondern zum deutschen Vorrang. Wer einen jahrhundertealten Wettstreit um Ehre und Freiheit der Nationen behauptete und dessen Intensivierung in Gegenwart und Zukunft forderte, konnte nicht von eschatologischen Ängsten getrieben sein. Und um die zivilisatorische Aufholjagd – die

15 Schmid: Die historische Methode, S. 338.

16 Die Konzilsväter von Trient stuften Aventin auf der Grundlage der 1554 publizierten »Annales ducum Baioariae« als »auctor haereticus primae classis«, frei übersetzt: als erstklassigen häretischen Schriftsteller ein; Bosl: Johann Turmair, S. 330 (Fußnote 14); Leidinger: Zur Geschichte, S. 23; Schmid: Die historische Methode, S. 340 f.

17 Willoweit: Von der alten deutschen Freiheit.

18 Micyllus: Der Römischen Keyser Historien, fol. aii-aiii.

Verschmelzung von imperium und studium – zum nationalen Bildungsziel zu proklamieren, bedurfte es eines Zeithorizonts, in dem das Weltende nicht hinter dem nächsten Hügel lauerte. Erschien die deutsche Gegenwart als Morgenröte, so kannten die nationalistischen Auguren nur einen langen, hellen Tag. Weiter zu schauen war nicht ihre Aufgabe. Das vorreformatorische Reden über nationale Ehre und Freiheit war unvereinbar mit apokalyptischen Visionen.

Gleichzeitig erfassten eschatologische Ängste, verbunden mit gesteigertem Verlangen nach Heilsgewissheit, breite Gesellschaftsschichten und bereiteten der Reformation den Boden. Luthers Endzeiterwartung stellte diesbezüglich keinen fundamentalen Schnitt dar, wohl aber die Art, wie er das Problem theologisch bewältigte. Indem Luther das Heil der göttlichen Gnade anheim stellte, entlastete er die Christen vom Handlungszwang zur Seelenrettung. Wer ans Evangelium glaubte, konnte das Endgericht in Gelassenheit erwarten. Die pausenlose Verkündigung des nahen Weltendes gehörte zu Luthers wirkungsvollsten Werbebotschaften für den evangelischen Glauben. Das Zeitgeschehen förderte die Aufnahmebereitschaft für seine düsteren Visionen. 1521 eroberte Süleiman II. den Balkan, 1522/23 nahm er Rhodos ein, 1526 fiel das Königreich Ungarn, und 1529 wurde Wien über Monate belagert.

Die Koinzidenz von Türkenangriff und Glaubensspaltung wühlte die deutschen Gelehrtenkreise zutiefst auf. Man nahm die Ereignisse als doppelten Ansturm endzeitlicher Boten wahr. Reformatorischen Humanisten erschien die Reformation als letzte Rettung, katholischen als letzte Verführung vor dem Menschheitskollaps.[19] Und Alt- wie Neugläubige sahen in den Türken gleichermaßen die Zuchtrute Gottes, Gog und Magog, Antichrist oder alles zusammen.[20] Dem hielt die optimistische Zukunftsperspektive des humanistischen Nationalismus nicht stand. Es war geradezu ein Zeichen von Optimismus, wenn der protestantische Humanist Georg Sabinus die Türken (in Anlehnung an Enea Silvio) zu Skythen und Hunnen barbarisierte und eine personifizierte Germania zur Verteidigung des Vaterlands mahnte.[21]

19 Zur Eschatologie in der Theologie des Cochlaeus vgl. Samuel-Scheyder: Johannes Cochlaeus, S. 492-494.

20 Luther: Vom kriege widder die Türcken, in: WA, Bd. 30/2, S. 140-142; Aventin: Ain warnus, S. 197; zu Melanchthon, Johannes Carion und Hermann Bonus vgl. Goez: Translatio, S. 265 f., 278 f.

21 Es ist wohl kein Zufall, dass Sabinus diese Verse in den Jahren nach der Abwehr der Türken vor Wien komponiert hat, die dem Weltende nochmals Aufschub gewährt hatte; Sabinus: Ad Germaniam, in: Kühlmann u.a. (Hg.): Humanistische Lyrik, S. 526 f.; Kühlmann: Der Poet, S. 218, 238 f.

Die eschatologische Ergriffenheit der Gelehrten fand ihren Niederschlag in einer Rückkehr der mittelalterlichen Weltchronistik. Die Heilsgeschichte, vom humanistischen Nationalismus soeben entwertet, wurde wieder instand gesetzt. Exponent dieser Restauration war die »Chronik des Carion«, ein Gemeinschaftswerk aus dem Umfeld Melanchthons. Im 16. Jahrhundert erfuhr das schlichte, der heilsgeschichtlichen Chronologie verpflichtete Werk Dutzende deutscher und lateinischer Auflagen.[22] Auch im katholischen Lager wurde es gelesen; erst in der zweiten Jahrhunderthälfte färbte man es durch Überarbeitungen konfessionell ein.[23] Das uneschatologische agonale Prinzip der Nationen war in der Chronik marginal; bezeichnenderweise wurde sie in mehrere Sprachen übersetzt.[24] Der humanistischen Behauptung, das Römische Reich sei unter deutscher Verwaltung zu voller Blüte gelangt,[25] stellte die Chronik den biblischen Danieltraum entgegen: Die Macht der Weltreiche habe stetig abgenommen, besonders aber »nachdem die kaiserliche Erhabenheit auf die Deutschen übertragen worden ist«.[26]

Zur Blüte eschatologischer Geschichtsschreibung haben auch die Werke Sebastian Francks beigetragen. Der humanistisch gebildete Prädikant war von Luthers frühen Schriften beeinflusst, legte 1529 aber sein Pfarramt nieder und wandte sich wenig später von Luther ab. Anstatt ins katholische Lager zurückzukehren, wählte er die Rolle des von allen Seiten angefeindeten reformatorischen Dissidenten. Fortan lebte er mehr schlecht als recht von seinen Schriften, die er nach 1534 zum Teil selber druckte.[27] Wo er auch weilte, drohte ihm die Vertreibung oder Verurteilung wegen Ketzerei.[28] Man wusste, dass er den Antichrist nicht nur in Rom, sondern auch in Wittenberg und Zürich vermutete.[29]

22 Goez: Translatio, S. 258, 260 f.

23 Burckhardt: Das Bild, S. 14 f.

24 Ridé: L'image, Bd. 2, S. 733.

25 Vgl. Kap. 4.1.4.

26 »[...] postquam imperatoria celsitudo ad Germanos translata est«; zit. nach Goez: Translatio, S. 265.

27 Kaczerowsky: Sebastian Franck, S. 11; Weigelt: Sebastian Franck, S. 39 f.

28 ADB, Bd. 7, S. 215-217.

29 Frontal gegen die Propaganda der Lutheraner, Zwinglianer und Täufer wandte sich Franck etwa im dritten Teil seiner »Geschichtbibel«, der so genannten Ketzerchronik, die alle von Rom verurteilten Ketzerbewegungen in alphabetischer Reihenfolge auflistete, inkl. Reformation und Täuferbewegung. Das Ganze versah er mit dem Kommentar, der Antichrist sei »des Bapsts satt vnnd müde« und setze sich mitten in die Schrift, wo er von den neuen Ketzern verehrt werde; Franck: Chronica, fol. Oovi^{r}; vgl. auch Schnabel: Deutschlands geschichtliche Quellen, S. 118.

Francks Verständnis von Reformation zielte auf »sittliche Besserung des Einzelnen und [...] moralische Erneuerung der Christenheit«.[30] Der Geschichte ordnete er eine didaktische Leitfunktion zu. Der Titel »Geschichtbibel«, den er seiner Weltchronik von 1531 gab, bringt seine Auffassung der Historie treffend zum Ausdruck.[31] In ihr drehte sich »dz glückradt wie Got es treibt und wil / um / dz der alles ist / der vor nicht[s] war / und widerum«.[32] Der Herr verfuhr mit dem ohnmächtigen Menschengeschlecht, wie es ihm beliebte. Die Geschichte war für Franck eine Zickzacklinie, die als Ganzes nach unten verlief. Die Welt des Hier und Jetzt lag in den letzten Zügen, und ihre Bewohner versanken in Bosheit:

> Dann jede welt vnd zeit / hat sein aigen menschenvolk / schriftgelert / gleyßner / vil / die nit eines loths besser seind / dann die der vorigen welt / ja je lenger je mer vnd erger wird: Dann wie der mensch / je elter jhe erger wird / vnd sich bessert wie ain gaißkopf / also die welt.[33]

Hin und wieder hellte sich Francks Weltbild leicht auf, wenn er meinte, dass Reue und Umkehr vor dem Endgericht möglich seien. Häufiger stimmte er aber illusionslose Töne an, die Luthers erlösenden Fluchtpunkt nicht kannten.[34] Im Zweitdruck der »Germania« von 1539 war der Autor in einem Holzschnitt abgebildet, wie er an seinem Stehpult vergangene Wirklichkeit erfasste, während durch die zwei Fenster des Raumes die gegenwärtige Wirklichkeit drang: Brennende Festungen, rauchende Kanonenrohre und ein Heer in Schlachtordnung.[35]

Francks Botschaft fand, obwohl von gelehrten Autoritäten verurteilt, bei vielen Gehör.[36] Die »Germania« brachte es binnen eines Jahres auf vier Auflagen, die »Geschichtbibel« im 16. Jahrhundert auf deren elf.[37] Ob-

30 Weigelt: Sebastian Franck, S. 41.

31 Zu Francks eigener Ableitung der Historie aus der Bibel vgl. Chronica, Vorrede, fol. av^{r}-av^{v}.

32 Franck: Germania, fol. biv^{v} [10^{v}].

33 Ders.: Die Guldin Arch, Bl. R 4^{r}, zit. nach Weigelt: Sebastian Franck, S. 49.

34 Ridé: L'image, Bd. 2, S. 828.

35 Abgebildet in Kaczerowsky: Sebastian Franck, S. 107.

36 Geharnischte Reaktionen kamen vor allem aus Wittenberg, wo Luther über das »böse lesterlichmaul« zürnte und Melanchthon vor seinen Studenten über den »Indoctae Francus conditor Historiae« spottete; WA, Bd. 54, S. 172; ADB, Bd. 7, S. 218; Schnabel: Deutschlands geschichtliche Quellen, S. 118, 120 f.; Ridé: L'image, Bd. 2, S. 863 f.

37 Die »Germania« ist identisch mit dem »Germaniae Chronicon« bzw. mit der »Chronica des gantzen teutschen Lands«; zu den sieben deutschsprachigen Editionen der Weltchronik (i.e. »Geschichtbibel«) kamen vier niederländische; vgl. Kaczerowsky: Sebastian Franck, S. 46-60, 102-108.

wohl Franck aus Carion schöpfte, schob er das humanistische Nationskonstrukt nicht still beiseite, sondern attackierte es frontal. Dabei zielte er weniger auf die säkularisierte Heilsgeschichte als auf das Menschenbild, das Selbstverantwortung und Selbstveredelung propagierte. An die Stelle der dynamischen Anthropologie des Nationsdiskurses, die Vervollkommnung und Verfall nationaler Tugenden vom kollektiven Willen ableitete, setzte Franck die statische Anthropologie des erlösungsbedürftigen Sünders.

Franck dekonstruierte die humanistische Nationalgeschichte von zwei Seiten her: Er bestritt die Eignung ihrer Schöpfer zu Historikern und unterzog ihre Heldenmythen einer Revision. Bei den Autoren diagnostizierte er nationalistische Wahrnehmungsverzerrung. Mehrmals unterbrach er seine Darstellung der deutschen Geschichte mit Richtigstellungen von der Art:

> Hierumb mag ich hie nit ein groß feldgeschrei von eyttel lob der Teutschen machen / wie Nauclerus / Jacobus Wimphelingus und andere / damitt man nit sag ich sei ein Teutscher / und hab ein hoffier und lobbuch / und kein Histori beschriben. Auch darumb das ich nit lügen für die wahrheit schreibe / weil die Teutschen nit allweg / und eben so wenig als andere völcker seiden gespunnen haben / sonder auch neben jren großmechtigen thatten unnd reden offt grosse Tirannei und ungerechtigkeit geübt haben.[38]

Das Prinzip »frembde völcker thun wir nicht[s] dann schelten / die unseren nicht[s] dann loben«, führte Franck auf den groben »affect« zurück, der »etlich, sonderlich die Teutschen historischreiber« leite.[39] In ihrer Leidenschaft für die eigene Nation hätten sie die Gattung der Historie mit jener der Lobrede verwechselt. Ihrer Selbstkontrolle beraubt, sei ihnen die Einsicht in die menschliche Natur – dass »alles gleich verderbt vor Gott« sei – abhanden gekommen.[40] Mit seiner Chronik, in der »die Teutschen den Teutschen zu Teutsch« abgespiegelt seien,[41] stellte Franck die Wahrheit wieder in ihr Recht. Er habe sein Werk »on alle affect« geschrieben bzw. im Moment, als er zur Feder griff, »den affecten urlaub« gegeben.[42] Die nüchterne Betrachtung der Dinge habe ihm zur Einsicht verholfen, dass »kein landt dreier heller besser dann das ander« sei und er

38 Franck: Germania, fol. oiii^r [81^r].

39 Ebd., fol. mvi^r [72^r], oiii^v [81^v].

40 Ebd., Vorrede, fol. av^v.

41 So die Titelblätter der ersten und zweiten Auflage von 1538 und 1539, gedruckt in: Kaczerowsky: Sebastian Franck, S. 103, 107.

42 Franck: Germania, Vorrede, fol. b^r, mvi^r [72^r].

selber »alle menschen gleich lieb« habe.[43] Sogar die Verallgemeinerung individueller Eigenschaften zu Nationalcharakteren war Franck verdächtig. Man spreche dann »per Sinecdochen«, das heißt, man nehme »das mehr oder das theyl für ds gantz« und tue den anderen Teilen Unrecht.[44]

Bei seiner Revision der deutschen Geschichte knöpfte sich Franck gleich den größten Nationalhelden vor: Karl den Großen.[45] Schon dessen Vorfahren sah er in viel zu weichem Licht präsentiert:

> Nauclerus / Irenicus unnd andere machten eyttel heyltumb auß Carolo Marcello / Pipino / Carolomanno / Carlo Magno / vnnd seinen sünen / darumb daß sie Teutsche seind gewesen / gleich als seienn die Teutschen all from / und nie kein böß that gethan.[46]

In der Pose des nationalen Ikonoklasten[47] demontierte Franck jenen Karl, den humanistische Lobredner zum überlebensgroßen Idealdeutschen aufgebaut hatten.[48] Den erfolgreichen Kriegsherrn und Eroberer ersetzte er, erasmianischem Pazifismus huldigend,[49] durch den ruhmbegierigen Blutvergießer und Knechter unschuldiger Völker. Der heilige Bekehrer der Heiden wich dem Schwertdiener des päpstlichen Aberglaubens.[50] Karl habe sich zum Vasallen des Papstes gemacht, sein Kaisertitel sei Blendwerk, denn »der Bapst wirt selbs keyser«.[51] Auch die Sachsenbekehrung qualifizierte Franck unter Berufung auf das Ideal des wahren, friedfertigen Glaubens als »grewlichkeit«. Damit konterkarierte er mittelalterliche und humanistische Darstellungen.[52] Schließlich bezweifelte Franck sogar, ob der Kaiser den Weg in den Himmel gefunden habe.[53]

43 Ebd., fol. aiv^{r} [4^{r}], Vorrede, b^{r}.
44 Ebd., Vorrede, fol. av^{v}.
45 Zur humanistischen Karlsverehrung vgl. Kap. 4.2.2.
46 Franck: Germania, mvi^{r} [72^{r}].
47 Ridé: L'image, Bd. 2, S. 855.
48 Bemerkenswert an dieser Demontage ist gerade, dass sie nur in der Gattung der Nationalgeschichte vollzogen wird. Francks Karlsbild in der sieben Jahre älteren Weltchronik ist ungleich positiver: Hier wird nur die translatio imperii in Anlehnung an Luther als Selbstknechtung Karls geschildert; Franck: Chronica, fol. Liii^{r}-Liii^{v}.
49 Zu Francks Verurteilung des Kriegs vgl. Looss: Sebastian Francks Auffassungen, S. 119-129.
50 Franck: Germania, fol. mvi^{v} [72^{v}].
51 Ebd., fol. oiii^{r} [81^{r}].
52 Ebd., fol. o^{r} [79^{r}]; für die Interpretation von Ridé, Franck intoniere mit dieser Kritik die empörten Gesänge von »Karl dem Sachsenschlächter«, spricht wenig, weil er gerade nicht nationalistisch argumentierte – im Gegensatz zu den Stürmern und Drängern, die den Topos lancierten; Ridé: L'image, Bd. 2, S. 858.
53 Franck: Germania, fol. ovi^{v} [84^{v}].

Die Überzeugung, dass Karl die Deutschen dem Papst und dessen Irrglauben unterworfen habe, verlockte Franck nicht zur kontrastiven Verherrlichung der deutschen Heiden. Im Gegenteil, voller Verachtung blickte er auf die »superstition der törechten Gentilität« herunter.[54] Den Mythos der alten deutschen Freiheit zerschlug er mit einer Antibarbaries, die jene von Enea Silvio überbot. Der römischen Teileroberung Germaniens gewann er nur Gutes ab. Wo »leütloß wüste« gewesen sei, hätten die Eroberer »wanderbares« Land geschaffen. Vor allem aber ersetzten sie die barbarischen Dauerfehden durch einen zivilisierten Friedenszustand, unter dem sogar das deutsche Klima milder geworden sei:

> Dazumal war ein solcher frid inn Germania, dz dis wild volck etwas zamer der Römer sitten annamen, und gleich ein milterer hymel und new angesicht des lands erschin.[55]

Francks Denken war, obwohl er die Rolle des Außenseiters wählte, für das Zeitalter der Glaubensspaltung in mancher Hinsicht repräsentativ. Denn er spitzte ohne Rücksicht auf Verluste zu, was andere vorgedacht hatten. Francks Menschenbild, Endzeiterwartung und Translationstheorie sind ohne Luther nicht zu denken, seiner Verdammung von Gewalt und Krieg stand Erasmus Pate, und mit seiner Antibarbaries saß er auf den Schultern italienischer Humanisten. Seine historiographische Methode passte zu diesen vielseitigen Anlehnungen. Franck war ein Kompilator, der aus Texten aller Art und Herkunft schöpfte, und seine Chroniken hatten über weite Strecken den Charakter von Zitatecollagen. Widersprüche zwischen verschiedenen Quellen blieben unaufgelöst.[56] Francks Demontage nationalistischer Mythen entsprang nicht kritischem Methodenbewusstsein wie bei Rhenanus, sondern der unversöhnlichen Konfrontation von humanistischer und reformatorischer Weltwahrnehmung. Dabei blieb das agonale Prinzip des Nationalismus auf der Strecke.

5.3.2. Nischen eines akonfessionellen Nationsdiskurses

Nachdem die religiöse Pamphletliteratur die Leitmotive des humanistischen Nationalismus absorbiert hatte, blieben nur Nischenplätze, in denen über Deutschland ohne konfessionelle Vorzeichen gesprochen werden

54 Ebd., fol. av^{v} [5^{v}]; Gotthelf: Das deutsche Altertum, S. 18.
55 Franck: Germania, fol. bvi^{r} [12^{r}]; Ridé: L'image, Bd. 2, S. 840.
56 Franck selber verband mit seiner Weltchronik die Absicht, »aus vil Chronicken ein Chronick zu machen«; Franck: Chronica, Vorred, fol. aii^{r}.

konnte. Für den Diskurs, der in diesen Biotopen gedieh, ist es wichtig, zwischen Intentionen und Funktionen zu unterscheiden. Mochte ein Nationsdiskurs, der sich der religiösen Einfärbung verweigerte, die Funktion einer Kohäsion der gespaltenen Gelehrtenwelt erfüllen, so heißt das nicht, dass seine Träger um dieser Kohäsion willen schrieben. Tatsächlich lässt sich diese Absicht in ihren Texten kaum nachweisen. Sie blendeten den Glaubensstreit eher aus, als dass sie ihn problematisierten. Es ging ihnen nicht darum, ein irenisches Publikum zu mobilisieren. Vielmehr wandten sie sich an evangelische und katholische Gelehrte, denen eine geistige Atempause vom Religionskonflikt willkommen war. Während konfessionelle Scharfmacher in ihren Gegnern Spalter und Schädlinge der Nation sahen, thematisierten distanzierte Betrachter die Gefährdung der nationalen Einheit kaum. Sie wichen der Religionsproblematik aus und reduzierten ihr Nationskonstrukt auf einen säkularen Minimalkonsens. Der Begriff der Akonfessionalität wird ihrem Diskurs daher besser gerecht als jener der Überkonfessionalität.

Die Gestalt der deutschen Nation wurde im akonfessionellen Diskurs oft nur in Konturen sichtbar. Damit stiegen die Chancen, konfessionelle Sensibilitäten zu umschiffen. Man maskierte sich mit antiken und humanistischen Klassikern, bereitete sie philologisch auf und brachte sie kommentiert in den Druck. Damit erwarb man Verdienste in einem prestigeträchtigen Bereich humanistischer Gelehrtentätigkeit, ohne sich mit einer eigenen Meinung exponieren zu müssen.

Ein Meister der Nationskonstruktion im Gewand der philologischen Kritik war Beatus Rhenanus. Der heterodoxe Katholik[57] und Freund von Erasmus genoss als Herausgeber klassischer, patristischer und humanistischer Werke in allen Lagern hohe Anerkennung. Zu seinen philologischen Großprojekten zählten die Editio Princeps des von ihm entdeckten Velleius Paterculus, die richtungsweisenden Gesamtausgaben des Plinius und Tacitus sowie die erste Werkausgabe des Erasmus wenige Jahre nach dessen Tod.[58] Seine »Drei Bücher über die deutsche Geschichte« von 1531 gestaltete er als ausführliche Synthese seiner vergleichenden Textkritik.[59]

57 Rhenanus begleitete die Reformation lange aus sympathisierender Distanz, kehrte aber (wie der humanistische Jurist Zasius) unter dem Eindruck des Bauernkriegs, den er Luther anlastete, ins katholische Lager zurück. Seinen Freundschaften mit zahlreichen reformatorischen Gelehrten tat diese Entscheidung kaum Abbruch; vgl. ADB, Bd. 28, S. 385.

58 Die Bibliographie seiner Schriften in Rhenanus: Briefwechsel, S. 592-618; Schnabel: Deutschlands geschichtliche Quellen, S. 63, 79 f.

59 Muhlack: Beatus Rhenanus, S. 204 f.

Rhenanus zerlegte mit seinem philologischen Werkzeug nationalistische Kontinuitäts-, Helden- und Feindkonzepte, hinterließ aber nicht wie Franck ein verwüstetes Feld, sondern errichtete auf einer neuen Basis ein komplexeres Gebäude Deutschlands.

Auf die Schmähung anderer Nationen verzichtete Rhenanus fast ganz. Deutschlands Ruhm warf keine Schatten auf benachbarte Länder, eigene und fremde Ehre konnten nebeneinander bestehen. Das Konzept von Zivilisation und Barbarei trennte er vom Nationsdiskurs, mit der Begründung, Gebildete und Ungebildete fänden sich in jedem Volk.[60] Rhenanus unterwanderte das agonale Prinzip. Chauvinistische Lobreden der deutschen Nation, wie er sie von Bebel, Celtis und anderen kannte, klangen allenfalls in Briefen, Inschriften und Vorreden seiner Werke an, aber auch dann nur in Ansätzen.[61] Mit diesen formelhaften Referenzen stellte sich Rhenanus noch in die Reihe der humanistischen Nationalisten. Er überdeckte damit, dass er sich von ihrem Vergangenheitsbild abgewandt hatte. Seinen Umbau der deutschen Geschichte legitimierte er mit dem Argument, man erweise der deutschen Nation wenig Ehre, wenn man ihre Ruhmesgeschichte an den Quellen vorbei schreibe:

> Ich kann meiner Verwunderung nicht genug Ausdruck geben über jene ehrgeizigen Lobredner des deutschen Volkes, die sogar die hervorragenden Triumphe der senonischen Gallier den Deutschen zuschreiben wollen [...]. Deutschland hat bestimmt noch genug Ruhm, was seinen kriegerischen Ruf angeht, auch wenn wir den Franzosen nichts von dem ihrigen unter der Hand fortstehlen.[62]

Mit dieser Kritik definierte Rhenanus den nationalen Prestigewettbewerb neu: Um der Nation Ehre zu erweisen, brauchte es philologische Spezialisten, die ihre Geschichte wahrheitsgetreu rekonstruierten, nicht rhetorische Generalisten, die ihr eine tadellose Vergangenheit andichteten. Rhenanus redete hier einer Autonomie des Gelehrten in der nationalen Wertschöpfung das Wort. Diese Auffassung entsprach der sozialen Nischenposition des begüterten Humanisten, der es verstand, äußeren Zwän-

60 Walter: Beatus Rhenanus, S. 116.

61 Vgl. etwa Rhenanus: Grabinschrift auf Hieronymus Gebwiler, in: ders.: Briefwechsel, S. 624; vgl. auch Kap. 4.3.2.

62 »Proinde satis admirari non possum ambitiosos illos Germanorum dilavatores, qui etiam Senonum Gallorum speciosos triumphos, studeant vendicare Germaniae [...]. Satis laudum habet Germania, quantum ad bellicam gloriam attinet, etiamsi suas Gallis nulli suffuremur.« Rhenanus: Res 1, S. 79; vgl. Knepper: Nationaler Gedanke, S. 108.

gen auszuweichen und sich ein Rentnerleben in Studierzimmer und Offizinen einzurichten.

Rhenanus wollte also nur die Mittel, nicht den Zweck der bisherigen Nationalgeschichtsschreibung infrage stellen.[63] Unter der Hand geriet ihm seine Historiographie aber zu einem kritischen Herrschaftsdiskurs.[64] Ausgangspunkt war die Inversion und Prozessualisierung des nationalen Freiheitsbegriffs. Rhenanus' Neuordnung der deutschen Geschichte lag die Leitfrage zugrunde, welchen *Wandel* die deutsche Freiheit als *innen*politisches Herrschaftsprinzip erfahren habe. Nicht mehr der synchrone Vergleich nach außen lenkte den Blick des Historikers, sondern der diachrone Vergleich im Innern der Nation. Und dabei stieß er nicht auf eine stabile Kontinuität von Tugenden und Lastern, sondern auf eine Abfolge von Umbrüchen und Verwandlungen.

Von Enea Silvio übernahm Rhenanus die Unterscheidung von »altem« und »jüngerem Deutschland«.[65] Die ihr zugrunde liegende Opposition von autochthoner Barbarei und papstkirchlich importierter Zivilisation leitete ihn aber kaum. Rhenanus setzte den Beginn des jüngeren Deutschlands später und bewertete das alte Deutschland mit anderen Maßstäben. Referenztext der deutschen Frühzeit war die »Germania« des Tacitus, zu der er schon 1519 einen ersten Kurzkommentar verfasst hatte.[66] Obwohl er aus der Kulturlosigkeit der alten Deutschen keinen Hehl machte, wertete er ihre politische Organisation positiv. Sie hätten »in höchster Freiheit« gelebt, die nie in Anarchie umgekippt sei, weil man die zivile und militärische Gewalt durch Wahl delegiert habe.[67] Gleichzeitig negierte Rhenanus den Konnex von deutschem Blut, deutscher Freiheit und Unbesiegtheit. In den römisch besetzten Gebieten Deutschlands sei den Bewohnern trotz ihrer Abstammung nichts Deutsches mehr geblieben – weder Sprache noch Kultur noch politische Ordnung.[68] Damit zog Rhe-

63 Mit der Diskrepanz von Absicht und Wirkung in Rhenanus' Schaffen kann man auch seine nur leicht geglättete Edition von Wimpfelings chauvinistischer Epitoma erklären.

64 Dass die Imitation nationalistischer Parolen ihre Wirkung nicht verfehlte, zeigen mehrere positive Einschätzungen von Rhenanus' nationalen Verdiensten; vgl. Muhlack: Beatus Rhenanus, S. 202.

65 »Germania vetus« vs. »Germania recentior«; Rhenanus: Res 1 f.

66 Rhenanus: Commenariolus.

67 »Populi Germaniae veteris in summa libertate vixerunt. Ne tamen putes libertatem in anarchiam exisse, reges ex nobilitate quaeque natio, duces ex virtute sumebant ut scribit Tacitus [Germania 7,1]. Nec regibus infinita aut libera potestas.« Rhenanus: Res 1, S. 7.

68 Mertens: »Landesbewusstsein«, S. 212.

nanus die Grenzen des deutschen Kerngebiets noch enger als Enea Silvio. Den argumentativen Boden seiner Elsässer Mentoren hatte er längst verlassen. Noch weiter entfernte er sich mit der Behauptung, die Gebiete links des Rheins und rechts der Donau seien auch vor der römischen Expansion nicht in deutschem Besitz gewesen. Dabei bezweckte er nicht, die historische Rechtmäßigkeit eines deutschen Elsasses abzustreiten, sondern die Dynamik geschichtlicher Umwälzungen freizulegen. Das gleiche Anliegen leitete seine diachrone Gliederung der deutschen Antike. Er unterschied ein »frühes« und ein »mittleres Altertum«,[69] um den Gegensatz von römischer Besetzung im 1. und 2. Jahrhundert n. Chr. und deutscher »Auswanderung« in die römischen Provinzen zwischen dem 3. und 5. Jahrhundert zu betonen. Sein Konzept der antiken Migrationen setzte der viel beschworenen Kontinuität deutscher Indigenität, Unvermischtheit und Unbesiegtheit ein frühes Ende.[70] Drei große Wanderungsbewegungen stellte er fest: die erste aus Deutschland in die Gebiete des intakten Römischen Reichs, die zweite *nach* Deutschland aus Norden und Osten[71] und die dritte wiederum aus Deutschland in die zerfallenden römischen Provinzen. Dabei wies er die Franken, Sachsen und Alemannen – die Herrschaftsträger des späteren römisch-deutschen Reichs – als Immigranten aus. So viel Diskontinuität hatte noch kein nationalgeschichtlicher Entwurf ertragen müssen.

Den Weg zum karolingischen Frankenreich pflasterte Rhenanus mit blutigen Kämpfen zwischen Alemannen und Franken um die Vorherrschaft links und rechts des Rheins.[72] Nach der Entscheidungsschlacht bei »Tolbiacum« (um 500) seien die Alemannen von den Franken rücksichtslos verfolgt und in ihren Siedlungsgebieten unterworfen worden. Ihrer Freiheit beraubt, schickten sich die Alemannen in die Hörigkeit.[73] Die

69 »prisca antiquitas« vs. »media antiquitas«; Rhenanus: Res 1; Mertens: »Landesbewusstsein«, S. 212.

70 Den nationalen Topos der deutschen Unbesiegtheit kommentierte Rhenanus lakonisch: »Welches Volk hat nicht einmal gesiegt und ist dann wiederum besiegt worden?« Rhenanus: Res, zit. nach Knepper: Nationaler Gedanke, S. 113.

71 Eine Überschrift lautete provokativ »Externae nationes in Germaniam veterem«, eine andere »Germania posterius occupata ac recentior«; Rhenanus: Res 1, S. 20, 78.

72 Die Alemannen bezeichnete Rhenanus als eine von mehreren »nationes Suevorum«; damit unterstrich er die Heterogenität deutscher Stammesgenealogien; vgl. Mertens: »Landesbewusstsein«, S. 214.

73 »An diesem Tag sank der gesamte Ruhm mitsamt der Freiheit der Alemannen dahin. […] Hier wurde die Knechtschaft geboren, die so oft bei den Alemannen begegnet. [Eo die cecidit universa gloria & libertas Alemannorum. […] Hinc servitus nata, que tam frequens occurrit apud Alemannos.]« Rhenanus: Res 2, S. 83 f.

Folgekosten ihrer duldenden Haltung schätzte Rhenanus hoch ein: von den Unfreiheiten im salischen Recht (6. Jh.) bis zu den bäuerlichen Zwangsabgaben an den Leibherrn in der Gegenwart. Das Frankenreich Karls des Großen sank zum Tiefpunkt der deutschen Freiheitsgeschichte ab: »Alles triefte vor Knechtschaft.«[74] Wenige Herren standen über einem Heer von Unfreien.[75] Die translatio imperii, das exquisite Ruhmesblatt der deutschen Nation, war Rhenanus keine Erwähnung wert. Das längst vernichtete Römerreich konnte nicht in neuem Gewand auferstehen.

Was Rhenanus würdigte, war die Christianisierung der Deutschen unter den Franken.[76] Aber auch hier folgte er Enea Silvio nur auf Distanz. Denn die Wende zur politischen und kulturellen Prosperität verschob er auf das Kaisertum der sächsischen Ottonen. Erst damals sei – Rhenanus wählte eine bezeichnende Formulierung – das »deutsche Königtum unter dem Namen des Römischen Reichs« entstanden.[77] Als entscheidend stufte er ein, dass die Deutschen allmählich wieder Freiheit geatmet hätten.[78] Diese erschien im Vergleich zur antiken »libertas Germanorum« aber transformiert. Sie erhielt neue Träger und eine zivilisatorisch höhere Ausdrucksform, die sich in zwei Bereichen offenbarte: in der fürstlichen Teilautonomie von der Zentralgewalt und in der städtischen Selbstregierung. Der Vormarsch der Freiheit wurde begleitet vom Aufblühen der Wirtschaft, der Wissenschaft und der feinen Lebensart.[79]

In der Städtefreiheit sah Rhenanus auch das Movens der Reichsausdehnung in die ehemalige Gallia. Angezogen von der Aussicht auf kommunale Freiheiten, seien zahlreiche Städte im Westen, von Arles bis Tournai, zum Reich übergelaufen. Andere Humanisten hätten diesen Erfolg sogleich dem nationalen Ehrkonto gutgeschrieben. Nicht aber Rhenanus. Er schickte seinen Ausführungen den relativierenden Kommentar nach, die Franzosen hätten durch die friedliche Städteannexion nicht viel verloren:

74 Der Satz »Omnia redundabant servis« schließt direkt an den Untertitel »Status Galliarum et Germaniarum« an; Rhenanus: Res 2, S. 90.

75 Ebd. 2, S. 84.

76 Ebd. 2, S. 91 f.

77 »Hinc Germanicum regnum, Romani imperii nomen sortitum.« Rhenanus: Res 2, S. 96; Goez: Translatio, S. 255.

78 Vgl. die prägnante Formulierung in den Castigationes: »Langsam begannen wir wieder zu atmen und erhoben uns selbst in unsere alte Freiheit. [Respiravimus paulatim et in pristinam nos libertatem ipsi vendicavimus.]« Rhenanus: Castigationes in Libellum de Germania, zit. nach Hirstein: Tacitus' »Germania«, S. 253.

79 Rhenanus: Res 2, S. 96-98.

> Und in der Tat gibt es keinen Grund, warum die Franzosen diesen Wandel bedauern müssten, da sie ja von den Römern das Beste an Gesetzen, Erziehung und menschlichem Umgang erhalten haben. So sehr haben Alexander der Große und die Römer den von ihnen unterworfenen Völkern geschadet! Wir [Deutschen] haben noch ein bisschen mehr von unserer angestammten Wildheit zurückbehalten.[80]

Dieses Zitat könnte zur Meinung verleiten, Rhenanus sei ein nationaler Ikonoklast à la Franck. Dem war nicht so. Seine Kritik am Nationalismus erfolgte weder systematisch noch vollständig. Von den Deutschen des ottonischen Zeitalters konnte er problemlos in der Wir-Form sprechen. Seine Identifikation mit einer abstrakten Gemeinschaft von Lebenden und Toten blieb unhinterfragt. Der humanistische Nationsdiskurs geriet ohne bewusste Absicht aus den Fugen. Rhenanus' Hauptinteresse galt einem Fragenkomplex, der mit den Prämissen des Nationalismus kollidierte.[81] Damit lenkte er den gelehrten Politikdiskurs in eine neue Richtung. Trieb die humanistischen Nationalisten die Abwehr ausländischen Einflusses um, so widmete sich Rhenanus der Herrschaftsorganisation im Innern Deutschlands. Ohne den Prozess der Herrschaftsverdichtung, der sich im Zeitalter der Reformation beschleunigte, ist diese Wende nicht zu verstehen. Das dynamisch-gespannte Verhältnis von Obrigkeit und Untertanen sowie die Konkurrenz unter den Herrschaftsträgern wurden zur intellektuellen Herausforderung. So setzte ein Gelehrtendiskurs ein, der politisches Handeln und herrschaftliche Strukturen problematisierte. Seine Träger stellten sich die Aufgabe, politische Verfassungen nach ihrem Nutzen für das Gemeinwohl, die innere Stabilität und staatliche Machtsteigerung nach außen zu untersuchen. Der akonfessionelle Charakter von Rhenanus' Nationsdiskurs kam wesentlich durch die Verlage-

80 »Nec vero est cur Gallos istius mutationis poenitere debeat, quando optimas leges, disciplinam ac civilitatem a Romanis acceperunt. Adeo nocuerunt devictis a se populis cum Magnus Alexander tum Romani. Nos avitae ferociae plusculum retinemus.« Rhenanus: Castigationes in Libellum de Germania, S. 423, zit. nach Hirstein: Tacitus' »Germania«, S. 253.

81 Diese Feststellung steht im Kontrast zu Muhlacks Deutung, Rhenanus habe den nationalistischen Geschichtsentwurf mit der zum »Selbstzweck« erhobenen Philologie dekonstruiert. In dieser Annahme steckt viel vom Ideal objektiver Erkenntnisgewinnung aus dem 19. Jahrhundert. Man kann ihr entgegenhalten, dass die Perfektionierung der philologischen Textkritik *allein* nicht zur Revision eines ideologischen Geschichtsentwurfs ausreicht – sonst hätte es den Historikernationalismus des 19. Jahrhunderts nicht gegeben! Muhlack: Beatus Rhenanus, S. 206; mit der gleichen Tendenz: Ridé: L'image, Bd. 1, S. 334-342.

rung politischer Gegenwartsprobleme in eine konfessionsfreie Vergangenheit zustande.

Wird der Anfang der frühneuzeitlichen Politiktheorie allgemein im Florenz Machiavellis und Guicciardinis verankert, so kann man Rhenanus als wichtigen Vorläufer nördlich der Alpen betrachten. Neben seiner distanziert-präzisen Beobachtung des Zeitgeschehens kam ihm das intensive Studium der taciteischen Werke zugute. In diesen sah er das Spannungsfeld von freiheitlicher Verfassung und politischer Stabilität, Einzelherrschaft und sozialer Dynamik variantenreich ausgelotet und in Grundsätze politischen Handelns umgemünzt. Rhenanus konstruierte eine deutsche Geschichte im Horizont der taciteischen Politiktheorie. Damit wurde Rom erneut zum Maßstab des Eigenen, allerdings in kritischer Absicht. Mit dieser Anverwandlung, flankiert von einer kommentierten Tacitusedition, wurde Rhenanus zum Wegbereiter des Tacitismus, eines europaweiten Gelehrtendiskurses des späten 16. und frühen 17. Jahrhunderts, der in Justus Lipsius seinen führenden Kopf fand.[82] In den Tacitismus flossen Herrschaftsanalysen und -maximen aus Tacitus, Seneca und – verschleiert, weil verpönt – Machiavelli ein. Mit ihnen versuchte man die Spirale der frühneuzeitlichen Gewalt auf rationalem Weg zu brechen, etwa durch eine gesetzliche Kanalisierung der gesteigerten Fürstenmacht.[83]

Als weitgehend akonfessionell kann man auch Sebastian Münsters »Cosmographei« bezeichnen. Im Gegensatz zur deutschen Geschichte des Rhenanus beruhte ihre Neutralität aber auf einer Entpolitisierung des Nationalen. Der Autor, ein aus der Kutte gesprungener Evangelischer und seit 1529 Professor für Hebräisch in Basel, kündigte im Vorwort eine kosmographische[84] Beschreibung der gesamten Welt an – mit der Ergänzung, sein »erst fürnemen« sei gewesen,

> Teütsch nation so vil mir müglich, herfür zu bringen in seinen landschaften und stetten / in was gestalt sie angefangen und auffgangen / was die natur darin sunderlich bracht / oder menschlich kunst erfunden / was merkliche sich verlauffen und geschehen.[85]

82 Muhlack: Der Tacitismus, S. 174 f.

83 Ebd., S. 166.

84 Die zeitgenössische Disziplin der Kosmographie war weiter gefasst als die heutige Geographie: Sie umfasste einen von Autor zu Autor unterschiedlich gewichteten Fächerkatalog aus Topographie, Klimalehre, Geschichte, Volkskunde und Astrologie; Münster etwa sah seine hebraistischen Studien aufs Engste mit der Kosmographie verbunden; Burmeister: Sebastian Münster, S. 108-110.

85 Münster: Cosmographei, Vorrede, fol. av^{r}.

In dieser Zielsetzung klang Celtis' Projekt der »Germania illustrata« an, aber Münster vermied es, sich explizit auf den Apostel der humanistischen Antiromanitas zu berufen.[86] Auch Cochlaeus, immerhin Autor der ersten landeskundlichen Beschreibung Deutschlands, wurde mit Schweigen übergangen.[87] Seine eigene Person stellte er in eine unverdächtige und noch prestigeträchtigere Nachfolge: Auf seinem Grabstein war er als deutscher Strabo verewigt.[88]

Münsters Ausklammerung politisch und konfessionell belasteter Themen lässt sich an vielen Details festmachen: Arminius fand keine Erwähnung – trotz ausführlicher Behandlung der deutschen Frühzeit und Kommentierung der Schlacht im Teutoburger Wald. Münster zog der

86 Die hier formulierte Skepsis gegenüber einem generationenübergreifenden Kollektivunternehmen namens »Germania illustrata« gilt jüngeren Darstellungen, die von Joachimsen inspiriert sind. Diese haben keine überzeugenden Beweise erbracht, dass es sich bei Joachimsens »Germania illustrata«-Modell *nicht* um ein Konstrukt ex post handelt. Münster jedenfalls sah sich nicht als Celtis' Vollstrecker. Das lässt sich schon seinem Methodenverständnis entnehmen. Hatte Celtis größtes Gewicht auf die Autopsie gelegt und aus ihr den Wahrheitsanspruch seiner Beschreibung abgeleitet, so behauptete Münster nicht, Deutschland durchwandert und seine Darstellung aus der Beobachtung vor Ort gezogen zu haben. Aus eigener Anschauung kannte er offenbar nur das oberrheinische Gebiet, Schwaben, die Eidgenossenschaft und die Genfersee-Region. Er verließ sich auf ein gemischtkonfessionelles Netz von Gewährsleuten, die ihn mit Karten und schriftlichen Hinweisen versorgten. Nach der Publikation ließ der Vorwurf mangelnder Autopsie von Seiten der Fachgelehrten nicht lange auf sich warten. Andere Autoren, zum Beispiel Caspar Brusch, scheinen Celtis' Vorbild eher bemüht zu haben, um ihre eigene Literaturproduktion in hellerem Licht erscheinen zu lassen, als um eine »Germania illustrata«, verstanden als gelehrtes Kollektivprojekt, seriös voranzutreiben. Um diese Überlegungen mit einer umfassenden These abzuschließen: Bei der »Germania illustrata« handelte es sich nicht um ein generationenübergreifendes kollektives Gelehrtenunternehmen, sondern »nur« um ein System diskursiver Referenzen, mit dem man sich im »literarischen Feld« zu positionieren versuchte; zum Projektkonzept vgl. Muhlack: Das Projekt; Ridé: Un grand projet; Joachimsen: Der Humanismus; zu Münster: Burmeister: Sebastian Münster, S. 122-151, 157, 166-180; zu Brusch Schirrmeister: Triumph, S. 113 f.; ein überzeugendes Fazit zur »Germania illustrata« bei Müller: Johannes Cochlaeus' »Brevis Germaniae descriptio«, S. 179-181.

87 Stattdessen nannte Münster als seine Gewährsleute »Ptolemeus / Strabo / Tacitus / Diodorus Siculus / Plinius / Quintus Curtius / und under den neuwen Matthias Michaw / Sabellicus / Johannes Boemus / Bartomannus / Paulus Venetus / Vesputius / Albertus Krantz / Frisingensis / Orsprungensis / Nauclerus / Cuspianus / Bonfinius / Beatus Rhenanus / Egidius Schudus / Irenicus«; ebd., fol. aiv^{v}.

88 Zum Vorbild Strabos für Münsters Konzept der »Cosmographei« vgl. Burmeister: Sebastian Münster, S. 109, 152-154.

taciteischen Darstellung des antirömischen Freiheitskämpfers die suetonische des trauernden Augustus vor.[89] Die Schilderung Karls des Großen und der translatio imperii folgte dem vorreformatorischen Humanismus, wenn auch mit verhaltenerem Chauvinismus; Luthers radikale Translationstheorie ging am Text spurlos vorbei.[90] In Münsters Kurzbiographie Karls V. hatte keine Reformation stattgefunden; die dritte Auflage von 1550 ergänzte in knappen Worten den Sieg des Kaisers über die »Protestierenden«.[91] Wurde das Täuferreich von Münster mit ostentativem Abscheu geschildert, so fehlte bei der Beschreibung Sachsens jeglicher Hinweis auf Luther und dessen Wirken.[92] Mit einem nüchternen Bericht über den Sachsenkrieg Karls des Großen und einer Genealogie des Fürstenhauses versuchte der Autor, weder protestantische noch katholische Gefühle zu verletzen.

In seinen langen Ausführungen zu Geschichte, Geographie und Sitten Deutschlands stimmte Münster zwar hin und wieder die gängige laus Germaniae an, aber kaum auf Kosten des Auslands. Das erleichterte die europaweite Rezeption des Werks. Im historischen Teil trat der Autor hinter lange Zitate aus antiken und humanistischen Schriften zurück, was ihm in der Moderne den Ruf des Epigonen eingetragen hat.[93] Dieser wird aber seiner Landesbeschreibung und Verknüpfung von textlicher und graphischer Darstellung nicht gerecht. Die Imaginierung eines nationalen Raums erhielt durch die Deutschlandkarte sowie die zahlreichen Länderkarten und Stadtpläne eine stärkere sinnliche Stütze. Eine politische Aussage enthielt die Kartographie indes nur bedingt. Das Bild Deutschlands setzte sich vorwiegend aus alten Landschaftsnamen zusammen (Elsass, Franken, Schwaben, Eifel usw.), die keine politischen Räume umrissen. Nicht einmal in den Karten Sachsens und Bayerns wurden die Territorialgrenzen sichtbar.[94] Umso plastischer traten die Städte als scharf eingegrenzte Lebensräume hervor. Die Stadtvermerke, nicht die Territorien, ließen die Deutschlandkarte am Buchanfang zum Flickenteppich werden, und von allen Abbildungen nahmen die doppelseitigen Stadtbilder am meisten Platz ein. Das Zielpublikum, die humanistisch gebildeten Stadteliten, sah damit den eigenen Lebensraum facettenreich gespiegelt.

89 Ebd., S. 314 f.
90 Vgl. Kap. 5.2.1.
91 Münster: Cosmographei, S. 364 f.
92 Ebd., S. 852-861, 887.
93 Zuletzt pointiert vertreten von Ridé: L'image, Bd. 2, S. 930-937.
94 Münster: Cosmographei, S. 770, 853.

Münsters Weltbeschreibung erschien 1543. Ein Jahr später machte sich Karl V. im Frieden von Crépy den Rücken frei für den Feldzug gegen die Fürsten des Schmalkaldischen Bunds. Während sich der Kaiser Frankreichs Unterstützung gegen die »Ketzer« sicherte, erschien in Wittenberg eine lateinische »Geschichte der Wahl und Krönung Kaiser Karls V.«. Autor war Philipp Melanchthon. Er hatte sich einen brisanten Stoff ausgesucht. Seine Protagonisten, die Kaiserkandidaten Franz und Karl, lenkten noch immer die europäische Politik, und vom Stand ihrer Rivalität hing das Schicksal des lutherischen Deutschlands ab. Zudem erinnerte die Königswahl von 1519 an die politische *und* religiöse Reformbegeisterung, die Deutschland damals erfasst hatte. Melanchthon bewältigte den Stoff, indem er die Kurfürsten und deren Bedenken um die deutsche Freiheit ins Zentrum stellte. Obwohl Karls Ruf als deutscher Nationalheld 1544 längst erloschen war, ließ ihn Melanchthon wieder aufleben. Franz I. erschien als ausländische Gefahr für Deutschland und potentieller Räuber des Imperiums. Den habsburgfreundlichen Kurfürsten legte Melanchthon nicht die juristischen Argumente ihrer damaligen Gutachter in den Mund, sondern die nationalgeschichtlichen der Humanisten.[95] Dass sich Melanchthon Anspielungen auf Luther und die Reformbewegung ersparte, war mit der Fokussierung auf die Königswähler vereinbar, nicht aber die stillschweigende Verbannung der Kurie von der Wahlkampfbühne. Die Ausblendung religiös polarisierender Akteure öffnete die Tür zum katholischen Publikum. Denn Frankreichverachtung und Kaiserverehrung gingen 25 Jahre nach der Königswahl am ehesten bei habsburgnahen Katholiken Hand in Hand. Als am kursächsischen Horizont habsburgische Wolken dräuten, beschwor Melanchthon den blauen Himmel, der den Deutschen unter einem national geeinten Reichskörper gelacht habe. In seiner zeitgeschichtlichen Rückblende wurde die Königswahl von 1519 zum Exempel nationaler Pflichterfüllung und Schutzpolitik nach außen.

Zusammenfassend lassen sich drei Hauptbedingungen für die Kontinuität des humanistischen Nationsdiskurses jenseits konfessioneller Zuordnungen aufführen: 1.) radikale Zurücknahme des agonalen Prinzips und Verzicht auf xenophobe Abschottung; 2.) Ausklammerung religionspolitischer Themen und weitgehende Säkularisierung der nationalen Gemeinschaft; 3.) Verankerung des symbolischen Zentrums nationaler Einheit im Kaisertum.[96] In diesem eng gesteckten Rahmen konnte man ein

95 Melanchthon: De Electione, Sp. 489 f.; Goez: Translatio, S. 270.

96 Ist die Zentrumsstellung des Kaisertums bei Melanchthon durch die Stoffwahl gegeben, so bei Rhenanus u.a. durch die Widmung der »Res Germanicae« an

Publikum aus Katholiken und Protestanten während des ganzen konfessionellen Zeitalters erreichen. Außerhalb war ein gemeinsamer Nenner schwer zu finden. Vieles, was zum Repertoire des vorreformatorischen Humanismus gehört hatte, war im akonfessionellen Kontext nicht mehr sagbar. Rhenanus erschloss dem Nationsdiskurs unter diesen Bedingungen neue Horizonte, er blieb aber eher die Ausnahme. Der akonfessionelle Nationsdiskurs wurde auf schmaler Basis weitergeführt, ja konsolidierte sich nach dem Augsburger Religionsfrieden, erhielt aber kaum noch innovative Impulse.

König Ferdinand. Münster wiederum stellte in der »Cosmographei« als Bindeglied von den alten Deutschen zur Gegenwart alle Kaiser seit Karl dem Großen in Kurzbiographien vor. Dass die Habsburger Gefallen an der »Cosmographei« gefunden haben, zeigt König Ferdinands Auftrag von 1554, sie ins Tschechische zu übersetzen; Münster: Cosmographei, S. 324-367; zu Münsters Kaisertreue und Ferdinands Übersetzungsauftrag an Sigismund von Puchow vgl. Burmeister: Sebastian Münster, S. 171, 183.

5.4. Die Kombination der Nationsdiskurse im Schmalkaldischen Krieg

In den ersten Jahrzehnten nach der Reformation verliefen die Nationsdiskurse der fürstlichen Reichspolitik, der religiösen Flugschriftenpropaganda und der humanistischen Gelehrtenzirkel in weitgehend getrennten Bahnen. Damit war es am Vorabend des Schmalkaldischen Kriegs vorbei. Im Waffengang des Kaisers gegen den Kurfürsten von Sachsen und den Landgrafen von Hessen flossen zwei bisher unterscheidbare Konfliktstränge zusammen: der Religionsstreit und der Machtkampf um die Reichsverfassung. Karl V. hatte beide Antagonismen gezielt miteinander verwoben.[1] Zum offiziellen Kriegsgrund erklärte er den Landfriedensbruch der schmalkaldischen Fürsten wegen ihres militärischen Überfalls auf Braunschweig. Damit ließen sich protestantische Rivalen der Schmalkaldener ins kaiserliche Lager locken. Umgekehrt konnte Karl auf päpstliche Hilfstruppen zählen, weil er den Feldzug in geheimen Verhandlungen mit der Kurie als Ketzerkrieg darstellte. Religiöse und machtpolitische Absichten spielten sich wechselseitig in die Hände.

Als man in Sachsen und Hessen den Ernst der Lage erkannte,[2] ergriff man Gegenmaßnahmen, die dem Kaiser insofern folgten, als sie beide Konfliktebenen vermischten. Man warb um Unterstützung des evangelischen Deutschlands wie der katholischen Reichsstände, Frankreichs und Englands.[3] Im Unterschied zum Kaiser setzte man nicht nur auf Diplomatie, sondern auch auf Breitenpropaganda in Wort und Bild. Angesichts der bedrohlichen Lage erschien die Anstachelung der Massen zu spontanem Widerstand opportun. Das Fanal des Bauernkriegs war nach zwanzig Jahren am Verblassen. In den Druck gelangten gereimte Flugschriften aus städtischem und soldatischem Milieu, offiziöse Aufrufe der schmalkaldischen Fürsten, aber auch entlarvende Schreiben der Gegenseite, deren man über verschlungene Pfade habhaft wurde. Im Unterschied zur Werbung über diplomatische Kanäle, die für jeden Adressaten maßgeschneiderte Überzeugungsstrategien entwerfen konnte, mussten Propagandaschriften, um breit zu mobilisieren, eine bunte Appellpalette präsentieren. So kam es, dass in *einer* Flugschrift Passagen für das protestantische Fuß-

1 Zu Karls Strategien vor und während des Krieges vgl. Rabe: Karl V., S. 334-336.

2 Ende 1545 tauchten erste Gerüchte über kaiserliche Truppenwerbungen auf, die mit einem Religionskrieg im Reich in Verbindung gebracht wurden; Liliencron (Hg.): Die historischen Volkslieder, Bd. 4, S. 290 f.

3 Baumgarten: Zur Geschichte, S. 39-64; instruktive Quellen in Pariset (Hg.): La France, S. 237-239.

volk, für bayrische Hofleute und für die Gesamtheit der Reichsstände vorkamen. Die inhaltliche Widersprüchlichkeit der protestantischen Propaganda war Programm. Zum gleichen Programm gehörte die Gestaltung einer schemenhaften deutschen Nation als affektiver Bezugspunkt *aller* Adressaten.

Die Propaganda des Schmalkaldischen Bunds vermengte fürstliche Libertätsrhetorik und evangelische Antiromanitas. Damit wurden die Eindringlichkeit und die Mehrdeutigkeit des Nationsdiskurses gesteigert. Der Begriff der deutschen Freiheit konnte je nach Kontext und Adressat eine Opposition von Kaiser und Reichsständen, Deutschen und Spaniern, Deutschland und Rom bzw. Protestantismus und Katholizismus herstellen. Wer in den Texten »das leidenschaftliche Wallen und Kämpfen einer im tiefsten erregten Volksseele« spürt, übersieht ihre rhetorischen Anleihen.[4] Die Flugschriftenautoren hatten nicht dem Volk aufs Maul geschaut, sondern die Sprache Huttens mit der Sprache Leonhards von Eck gekreuzt. Das lässt auf eine Kampagne schließen, die humanistisch gebildete Eliten im Umfeld des sächsischen und hessischen Fürstenhofs entworfen hatten. Sogar der Druck von Soldatenliedern scheint unter fürstlicher Kontrolle gestanden zu haben: Kurfürst Johann Friedrich und Landgraf Philipp führten in ihren Heeren mobile Druckerpressen mit, deren Ausstoß zur Motivation der Truppen und der lokalen Zivilbevölkerung gedacht war.[5]

5.4.1. Antikaiserlicher Nationalismus

Die größte Herausforderung für die protestantische Propaganda war der Kaiser, oder besser: die Institution des Kaisertums. Kein politisches Amt genoss in der Reichsbevölkerung ein vergleichbares Ansehen.[6] Auch die schärfsten Bauernkriegsprediger hatten es für unantastbar gehalten. Sein Sakralstatus war in der Volkskultur so fest verankert wie im römischen Recht und in der Theologie. Je größer die Distanz zur Reichspolitik, desto geringer die Abhängigkeit der Kaiserverehrung vom jeweiligen Amtsträger. Auf Karl V. bezogen: Wenn sogar Luther und die evangelischen Huma-

4 Das Zitat aus Waldeck: Die Publizistik, Teil 2, S. 133; die romantische Auffassung einer tiefen Volkstümlichkeit dieser Quellen noch bei Vogler: Kurfürst, S. 179; Schmidt leitet aus ihnen zumindest ein breites Nationalbewusstsein im protestantischen Deutschland ab, in: Teutsche Kriege, S. 35 f.

5 Liliencron (Hg.): Die historischen Volkslieder, Bd. 4, S. 342.

6 Schubert: König, S. 40, 63 f.

nisten ihre Hoffnungen wider besseres Wissen jahrzehntelang in den Kaiser setzten, waren ihm die städtischen und ländlichen Massen tief ergeben. Von der antikaiserlichen Libertätsrhetorik der Reichsfürsten sickerte vor 1546 wenig in die sozialen Niederungen durch. Dort stand Freiheit für kaiserliche Herrschaft, vor allem in den Reichsstädten, aber auch auf dem Land, wie die Forderungen der aufständischen Bauern von 1525 zeigen.[7]

Um den Widerstand breiter Schichten zu wecken, experimentierten die antikaiserlichen Flugschriften mit allen möglichen Argumenten. Am dienlichsten dürfte gewesen sein, statt des Esels den Sack zu schlagen. Man stilisierte Karl zum Opfer päpstlicher Verführung und die Abwehr des kaiserlichen Heers zum Kampf gegen den römischen Antichrist.[8] Der Papst erschien als Feind aller Deutschen und der Krieg gegen seine Marionette auf dem Kaiserthron als nationale Pflicht. Direkt an den gemeinen Mann gerichtet, entlarvte eine Flugschrift den »Beelsebub zu Rom« als Haupt einer welschen Verschwörung, die das Geld, den Körper und die Seele der Deutschen bedrohe.[9] Die päpstlichen Henker wollten

> die Sodomitischen laster in Teütschland bringen / schandt vnd mordt vnnd übertürckische grewlichait an weib vnd kinden begehn / vnd das teütsch blut und land verwüsten.[10]

Dem Kaiser wurde der Rang eines Vaterlandsverräters in Aussicht gestellt, sollte er »Teütschland der Wälschen macht vnnd grewliche tyranney« ausliefern.[11]

Dass der Krieg gegen den Kaiser dem Papst gelte, demonstrierte Johannes Schradin, einer der wenigen namentlich aufgeführten Autoren, in humanistischer Manier: Er entwarf eine nationale Ahnengalerie der Feinde Roms, die er in einem »wunderbaren Traum« auferstehen ließ. Sie reichte von Ariovist über Arminius, Kaiser Friedrich I. zu Georg von Frundsberg, dem Landsknechtführer des Sacco di Roma von 1527. Indem Schradin Deutsche von »Heidnischer art« zu Präfigurationen des eigenen Kampfs machte, erschien die konfessionelle Konfrontation als Fortsetzung einer

7 Buszello: Der deutsche Bauernkrieg, S. 144 f.; Schubert: König, S. 40, 63 f.; Janssen: Frankreichs Rheingelüste, S. 16.

8 Ein warnung an Carolum, daß er sich den bapst nit laß verfüren, in: Liliencron (Hg.): Die historischen Volkslieder, Bd. 4, 525, S. 328; eine entsprechende Stellvertreterargumentation in: Eyn ermanung, fol. A4[v], B2[v]; vgl. auch Waldeck: Die Publizistik, Teil 2, S. 67 f.

9 Antwort / Auff den Sendbrieff, fol. Biii[v].

10 Ebd.

11 Ebd.

nationalen Urfeindschaft.[12] Die Identifikation fand auch in umgekehrter Richtung statt: Der zum »Ehrenvest«[13] verdeutschte Ariovist hämmerte seinen christlichen Nachgeborenen ein: »Die Wahlen halten euch kein glauben / Trachten nach ewerm leib vnd gut / Das sie baden in ewerm blut.«[14] Der eigentliche Clou von Schradins Ahnengalerie war aber die Legitimierung des antikaiserlichen Widerstands mit den Worten eines Kaisers. Die Figur Friedrich Barbarossas diente der gezielten Aufwiegelung gegen Karl V. Getreu dem Leitspruch »Der Babst zu Rom verfüret jn / Das er hat so ein bösen sin« beruhigte der Stauferkaiser allfällige Gewissensbisse der Deutschen und riet seinen ehemaligen Untertanen:

> Das sich Deudschland schick also drein / Dieweil der Kayser von euch allen / Jst zu den Welschem Babst gefallen / So seit jr auch von jm gantz frey / Das keiner jm verpflichtet sey / Vnd widerstreitet jm mit recht / Dann er ist jtzt ein Pfaffenknecht / Handlet wider sein ampt vnd pflicht / Darumb so sündiget jr nicht / So jr mit starckem Volck vnd Heer / Euch schicket zu der gegenweer.[15]

Die propagandistischen Pirouetten in Schradins »wunderbarem Traum« haben eines mit Gewissheit erreicht: helle Empörung im katholischen Lager. Ein altgläubiger Publizist verfasste eigens eine »Antwort auf das Auffrürisch büchlin« und brachte es noch 1547 in den Druck.[16]

Mit der rhetorischen Strategie, im Kaiser den Papst zu bekämpfen, erreichte der Nationsdiskurs kein breiteres Publikum als der Religionsdiskurs. Altgläubige wurden nicht angesprochen. Um den Adressatenkreis zu erweitern, bediente man die antiwelsche Xenophobie mit blutrünstigen Gerüchten über die spanisch-italienischen Truppen des Kaisers. Eine Flugschrift verkündete, die Schrecken des »auswertig kriegsvolck als Spanier / Italiener / etc.« träfen auch die deutschen Feinde des Schmalkaldi-

12 Schon in der Titelinschrift heißt es, der Papst und sein Anhang hätten es auf den »unwiderbringlichen Untergang« Deutschlands abgesehen; Schradin: Warhaffte und gegründte meldung, fol. Aii^{v}.

13 Bei Aventin hieß Ariovist noch Ernst, die Verteutschung zu Ehrenfest dürfte Schradin Burkhard Waldis' »Bildnuss oder Contrafactur der Zwölff ersten alten Teutschen König und Fürsten« von 1543 entnommen haben; vgl. Ridé: L'image, Bd. 2, S. 948-951; Aventin: Bayerische Chronik 1,220, Bd. 1, S. 540-543.

14 Ebd., fol. Aiv^{v}.

15 Ebd., fol. Ci^{v}-Cii^{r}.

16 Darin wurde Schradin rhetorisch gefragt: »Soll darauß folgen / weil kayser Friderich böß Pabstisch gewesen / müsse er auch böß Kayserisch sein: das ist grob Lutherisch! […] Diser Friderich war ain Bapstteüffel / war drumb kain Kirchteüffel.« Vgl. Kap. 5.4.3.

schen Bunds. Die »Edele Deudsche Nation« müsse daher von all ihren Kindern, ob evangelisch oder katholisch, verteidigt werden:

> Wie erbermlich sie / mit den unsern / freunden unnd feinden / wurden haushalten / […] mit Mordt / Brandt / blutuergiessen / ein jeder biderman / an seinem weib und kindern sehen / und dulden muste / daruor der Allmechtige Deudschland gnediglich bewahren / Unnd allen gebornen Deudschen / den sinn unnd mut geben [möge] / Das sie sich wider jr eigen Vaterlandt / […] nicht gebrauchen lassen. Wie one zweifel solch ein jeder / der einen tropfen ehrlichs Deudsches Bluts / bey jhme hat / selbst bedencken würdet.[17]

Aus den spanischen Truppen des Kaisers ließ sich leicht ein Objekt xenophober Aggressionen machen. In frankreichnahen und evangelischen Gebieten standen die Spanier schon im Ruf, Sadisten und übereifrige Knechte der Kurie zu sein. Luther hatte das vernichtende Urteil gefällt, »der Spanier wüten vnd toben« sei verheerender als ein Leben unter türkischer Obrigkeit.[18] In katholischen Gebieten waren diese Stereotype weniger verbreitet, für Ressentiments sorgten die vielen Spanier am habsburgischen Hof.[19]

Die protestantische Kriegsrhetorik war an xenophober Militanz kaum zu überbieten. Ein gereimtes Pamphlet beschwor Karl eine Strophe lang, von seinem Vorhaben abzulassen, und qualifizierte in der nächsten Strophe die Spanier als abzustechendes Getier:

> Könn wir dich nicht erweichen / und kan nicht ander sein, / wolauf ir frommen Deutschen, / so schlag mit frewden drein, / stecht in die spanisch sew und hund / wie in die frösch und lert sie rund, / was heiß, die Deutschen pochen![20]

Zur Bestialisierung der Spanier gesellte sich die übliche Rhetorik der Diabolisierung und Sexualisierung. Eine neue Dimension erreichte diese Rhetorik, indem man sie auf deutsche Katholiken übertrug, die die kaiserliche Strafexpedition beklatscht hatten. So bekam ein katholischer Pamphletist von einem protestantischen Berufskollegen zu hören:

> Vnd zum beschluß das du entschuldigung in dem wilt brauchen / das die Sodomittischen Romaner vnd Hispanische genottrengte namenn Christen zum mordt vnd verderben Teütscher Nation / in vnser Lanndesarch wider die Kaiserliche verpflichtung angebracht sein /

17 Gründlicher vnd warhafftiger Bericht, fol. Bii^{v}.
18 Der Ausspruch wird auf das Jahr 1537 datiert; Luther: Tischreden, fol. 610^{r}.
19 Pinette: Die Spanier, S. 183; Laferl: Die Kultur, S. 111 f.
20 Liliencron (Hg.): Die historischen Volkslieder, Bd. 4, 527, S. 333.

> vnd sollichs mit untrewen vnnd mißglauben der Teütschen verblümen wilt / daran redest du alß ein kastart vnd muterschand / vnwürdig das du jemalen ain Teütscher geboren bist worden / vnnd bezeügest laider / das ia Teütsche mamelucken verzweifflete eerlose buben / also wol als anderer nationen zufinden sein.[21]

Dem katholischen Autor wurden in einem Satz Nationszugehörigkeit und Männlichkeit abgesprochen. Wer die päpstlich-kaiserliche Sache vertrat, war nicht nur ein »Teütscher mameluck«, sondern mit »vnartigem Teütschem blut« verseucht.[22] Auch deutsche Landsknechte, die in kaiserlichen Sold traten, galten als »natterzücht vnd bastart des Teütschen gepluts«.[23] Die Blutmetapher war hier frei von genetischen Assoziationen. Sein nationales Blut beschmutzte, wer Verrat am Vaterland beging, nicht wer schandhafter Zeugung entsprang.

Demgegenüber schwang in der Bezeichnung der Spanier als »Marranen«[24] die Unterstellung mit, sie hätten sich von den iberischen Mauren erblich kontaminieren lassen. Diese Theorie sollte in der frühen Neuzeit als Bestandteil der »Schwarzen Legende« durch das evangelische Europa geistern und die Spanier zum Inbegriff der Unreinheit und gottlosen Grausamkeit machen. Zum Präludium der »Schwarzen Legende« gehörte auch die protestantische Warnung vor der »Tyranney der Hispannischen inquisition«. Deren monströse Folterknechte, so der Tenor, rückten im Schlepptau der spanischen Truppen nach Deutschland vor. Die Alarmglocken läuteten auch für deutsche Katholiken. Einem personifizierten »Teütschland« wurde die Inquisition als habsburgisches Unterdrückungsinstrument aller Deutschen vorgestellt:

> Du solt auch wissen / das nit alleyn / in einem sollichen fal die Protestierenden ständ / sonder auch die Papisten sich gleich wie ein taube vnder den klawen deß hungerischen Adlers / befinden / vnd zu sein gnaden vnd uns gnaden sich vnderwerffen müssend. Damit du aber alles ellend darein du fyelest / endest / so soll ein yedtlicher Teütscher oder ein libhaber sein süssen vatterlandes ein herz / krafft vnd sterck zum widerstand fassen.[25]

21 In dieser Passage wird Karl die Verletzung der Wahlkapitulation von 1519 vorgehalten, weil er fremde Truppen nach Deutschland geführt habe. Dieser häufig erhobene Vorwurf zeigt, dass die protestantischen Pamphletisten politisch gebildet waren; Antwort / Auff den Sendbrieff, fol. Civ^{v}-D^{r}.

22 Ebd., fol. D^{r}.

23 Ebd., fol. Ciii^{v}.

24 So etwa in Schradin: Expostulation, fol. Ci^{v}.

25 Diesem Zitat geht eine Passage voraus, die die spanische Inquisition als höchste Steigerungsform der Tyrannis darstellt; Ein gesprech des Teütschen Lands.

Lagen den Aufrufen, die nationale über die religiöse Loyalität zu stellen, ernsthafte Hoffnungen auf überkonfessionellen Widerstand gegen den Kaiser zugrunde? Fakt ist, dass im katholischen Deutschland für Sachsen und Hessen kein Finger gekrümmt wurde. Umgekehrt wusste man im Schmalkaldischen Bund lange nicht, dass der Kaiser das unstete Bayern mit den Ködern der Pfälzer Kurwürde und einer Heiratsverbindung an sich gebunden hatte. Groß konnten die protestantischen Erwartungen an die deutschen Katholiken aber nicht gewesen sein. Die nationalen Pflichtaufrufe an die Glaubensfeinde standen in der Regel inmitten konfessioneller Hetzrhetorik. Hätten sie das katholische Deutschland mobilisieren sollen, wäre eine konsequentere Trennung nötig gewesen. So scheint man sich mit dem überkonfessionellen Nationsdiskurs eher ans eigene Gefolge gewandt zu haben, denn auch vor diesem war die prekäre politische Position des Schmalkaldischen Bunds zu legitimieren.

Hinsichtlich ihres Adressatenkreises schwer einzuordnen sind auch die offiziösen Flugschriften. Sie wurden als herrschaftliche Mandate oder Missiven ausgegeben, die man zur Information des Volkes veröffentlicht habe. Zahlreiche dieser Dokumente waren fiktiven Inhalts und sollten durch ihren offiziösen Charakter einen autoritativen Anstrich erhalten.[26] Anderen aber lag die Strategie einer »öffentlichen Diplomatie« zugrunde, die die Elitensolidarität mit der eigenen Regierung stärken, vor allem aber den Druck auf die offiziellen Adressaten erhöhen sollte. Zu dieser Kategorie gehört ein »Brief« des Landgrafen von Hessen und Kurfürsten von Sachsen an Herzog Wilhelm von Bayern. Die Sprache weist auf Autoren hin, die mit der Libertätsrhetorik fürstlicher Kanzleien vertraut waren. Der Kaiser, so die Botschaft des Schreibens, befinde sich weniger auf einem Kriegszug gegen den evangelischen Glauben als gegen die »freyhait der Deudschen Nation«:

> So wollen wir vns freundtlich vnd untertheniglich versehen / E. L. vnd f. G. werden vns zu erhaltung solcher freiheit / jr selbs / vnd der ganzen Deudschen Nation zu wolfart / vnd gutem / hülff / rath / fürderung vnd beystand erzeigen.[27]

Zwar kommt in diesem Dokument der Wille zur Integration katholischer Kräfte zum Ausdruck, aber ein breites Mobilisierungspotential muss man ihm absprechen. Das gilt sogar für das evangelische Fußvolk. Die antikaiserliche Rhetorik war außerhalb fürstlicher Kanzleien wenig bekannt, und im Kirchenvolk konnte ein Bündnis mit dem Glaubensfeind höch-

26 Schmidt: Teutsche Kriege, S. 36.
27 Von Gottes gnaden, fol. Aiii^{v}.

stens Irritationen auslösen. Daher ist anzunehmen, dass diese offiziöse Flugschrift nicht fürs »Volk« bestimmt war, sondern für die gelehrten Räte der bayrischen Herzöge in ihrer Funktion als Manipulatoren hinter den Kulissen.

An die breiten Massen richtete sich eine andere Propagandagattung: Flugblätter mit gereimten, in Strophen gegliederten Texten und beigefügter Angabe einer bekannten Melodie. Diese »neuen Lieder« nahmen zwar die gesamte Argumentpalette der Flugschriften auf, favorisierten aber die simple Logik, im Ausländer den Feind zu sehen. Um den xenophoben Nationalismus den speziellen Umständen anzupassen, war es nötig, Karl selbst zum Ausländer zu stempeln. Damit führte man die Bemühungen fort, die Person des Kaisers vom Glanz seines Amts zu lösen.[28] Karl wurde in »neuen Liedern« mit dem populären Topos angegriffen, das Böse verhülle sich im Gewand des Guten, um ungehinderter zu wüten. Im protestantischen Lager hatte man noch die kaiserliche Propaganda im Ohr, die Karl nach der Schlacht von Pavia 1525 als guten Hirten der christlichen Schafherde gefeiert hatte.[29] Ein Liederschreiber nahm dieses Bild auf und ersetzte den kaiserlichen Hirten durch den »Metzger von Flandern«. Dieser wolle unter dem Vorwand, nur die Widder zu ergreifen, im deutschen Stall alle Schafe schlachten.[30]

Die kaiserliche, von Gattinara dirigierte Flugschriftenpublizistik der zwanziger Jahre diente den protestantischen Verseschmieden auch anderweitig als Inspirationsquelle. Sie formten das Konzept des universalen Friedensreichs zum tyrannischen Angriff auf die deutsche Freiheit um. Hier floss fürstliche Kanzleirhetorik in die populäre Liedpublizistik. Aus »Plus ultra«, dem von Karl als jungem Herzog gewählten und in Holzschnitten verbreiteten Leitspruch,[31] wurde ein Symptom grenzenlosen Machthungers und »welscher« Aggression:

> Wie lang last du dich bedören, / Du teutsche nation? / Wiltu das Welsch nit leren, / ›Plus ultra‹ zuverston, / Was es bringt auf dem rucken? / Ain ware monarchei, / Ainen nach dem andern bucken, / Nur alle knecht und niemand frei.[32]

28 In Prosapamphleten wurde Karl als »der genannt Kaiser« bzw. »der sich ainen Kaiser nennet« bezeichnet. Zur Strategie, ihm die Würde seines Amts zu rauben, gehörte auch der Vorwurf, er habe die Türken zur Eroberung Deutschlands eingeladen; vgl. Bestendiger / gegründter und warhaffter bericht, fol. B^{r}-B^{v}, Eiii^{v}.

29 Kohler (Hg.): Quellen, S. 17.

30 Mit den Widdern sind die schmalkaldischen Fürsten gemeint; Liliencron (Hg.): Die historischen Volkslieder, Bd. 4, 528, S. 335.

31 Zur Bildpublizistik vgl. Wohlfeil: Grafische Bildnisse, S. 50 f.

32 Liliencron (Hg.): Die historischen Volkslieder, Bd. 4, 528, S. 335.

Indem die politische mit der sprachlichen Eigenart der deutschen Nation verknüpft wurde, erhielt das Konstrukt der deutschen Freiheit den Schein der Einzigartigkeit. Neu, aber passend zur Kritik des kaiserlichen Universalismus war die Stigmatisierung des Lateins als »Welsche Sprach«.[33] Die lutherische Aufwertung des Deutschen zur Predigt- und Schriftsprache führte früh zur Identifikation von Sprache, evangelischem Bekenntnis und deutscher Nation.[34] Im Begriff des Welschen, ob auf Menschen oder Sprachen bezogen, ließ sich die Heterogenität der Feindbilder Papst, Geistlichkeit, Italien, Spanien und Kaiser wirkungsvoll auflösen.

Hat die massive Öffentlichkeitsarbeit des Schmalkaldischen Bunds Früchte getragen? Eine Antwort lässt sich nur aufgrund von Indizien und unter Differenzierung der Adressaten geben. Ausgeschlossen werden kann, dass die »neuen Lieder« deutsche Landsknechte daran gehindert haben, in kaiserliche Dienste zu treten. Söldner wählten ihren Auftraggeber nicht aus moralischen, sondern aus finanziellen Gründen. Schon die antifranzösische Propaganda Kaiser Maximilians hatte sich hier als aussichtslos erwiesen.[35] Die Liedpublizistik des Schmalkaldischen Bunds stärkte höchstens die Moral der Landsknechte in den eigenen Beständen; für den militärischen Erfolg reichte das nicht. Ähnlich verhielt es sich mit dem elitären Publikum der Hofbeamten: Mochte die nationalistische Freiheitsrhetorik bei gelehrten Räten im eigenen Gefolge greifen, so zeitigte sie an anderen Fürstenhöfen keine sichtbare Wirkung. Die Reaktion des städtischen Publikums ist schwer abzuschätzen. Die fortdauernde Kaisertreue katholischer Stadtbewohner ist unbestritten. In gemischtkonfessionellen Städten gab es im Vorfeld des Kriegs keinen signifikanten Konfliktanstieg, der auf einen Erfolg der protestantischen Propaganda schließen lässt. Anders in evangelischen Städten: Hier scheinen Leitmotive der Flugschriften verfangen zu haben. Johannes Schradin, in der Reichsstadt Reutlingen als Lateinlehrer und rechte Hand des Stadtreformators Matthäus Alber eine öffentliche Person, wurde von der Mehrheit der Bürgerschaft in seiner radikal antikaiserlichen Publizistik getragen.[36] Sobald die Würfel aber gefallen waren und sich die Reutlinger Bürger dem kaiserlichen Interim beugten, schien Schradin untragbar und wurde aus Amt und Stadt verjagt.

Der antikaiserliche Nationalismus vermochte in den evangelischen Städten zu zünden, aber er war nur ein Strohfeuer. Im Epizentrum des Luthertums, Wittenberg, hat er nicht einmal Funken geschlagen. Pfarrer

33 Ein weiteres Beispiel in Schradin: Expostulation, fol. Aii^{r}.
34 Vgl. Kap. 5.4.2.
35 Vgl. Kap. 2.2.4.
36 ADB, Bd. 32, S. 439.

Johann Bugenhagen verfasste kurz nach dem Krieg eine Flugschrift, die von der Belagerung und Kapitulation der Stadt berichtete. Der Autor erwähnte die Aggressionen seiner Mitbürger gegen »die frembden, Unzüchtigen, Reubischen und mörderischen Nation«.[37] Er präzisierte aber, dass der Kaiser von Kritik verschont worden sei. Man habe ihm höchstens vorgeworfen, er unterlasse die Bestrafung der Spanier. Nach der Kapitulation seien die Wittenberger zu ihm gepilgert: »Da war ein frey auslauffen aus dieser Stadt jnns Keysers Lager, jederman wolte den Keyser sehen.«[38] Offenbar erschien Karl V. den Städtern als heller Kontrast zu seinen spanischen Truppen. Bugenhagen betonte, dass der Kaiser nur deutsche Kriegsknechte in die Stadt geführt habe, während vor den Toren die Spanier nicht aufhörten »zu morden, zu plündern und zu brennen rings umbher im Lande«. Wie beständig das städtische Verlangen nach einem verehrungswürdigen Kaiser war, zeigt die Überzeugung des Autors, dass »Key. Mai. das böse Gesinde hart helt, köpffet, hencket, ertrencket«.[39] Dass mit dem Kurfürsten von Sachsen der Stadtherr von Wittenberg in kaiserlicher Gefangenschaft saß, schmälerte die Bewunderung für den Kaiser kaum. In der Kirche habe er, Bugenhagen, dem Volk gepredigt, es solle für das gnädige Schicksal Wittenbergs

> erstlich Gott dancken, das er uns so gnediglich errettet hat. Darnach sollen wir auch dancken Key. Mai. das seine Mai. friede gibt, fichtet unser Religion nicht an, leget die frembden Nation nicht in diese Stadt. Derwegen sollen wir auch bitten für Key. Mai., das seine Mai. fride kriege im gantzen Römischen Reich, darinnen wir auch sind, so haben wir auch fride, das doch ein mal Key. Mai. sich auffmache wider den Türcken, der schier die gantze Christenheit verderbet etc.[40]

Diese frappante Resistenz gegen den antikaiserlichen Nationalismus wurde an Fürstenhöfen nicht gerne gesehen, wie der Wittenberger Stadtpfarrer nach der Predigt erfuhr.[41] In der gleichen Schrift wehrte er sich gegen die »Misgönner«, die »in andern Landen Lügen wider mich ausgetragen, [...] Doctor Pomeranus heuchlet dem Keyser«.[42] Die reichsfürstliche Empörung über Karls Einkerkerung der schmalkaldischen Hauptleute ließ die

37 Bugenhagen: Wie es uns zu Wittem//berg in der Stadt gegangen ist, in: Kohler (Hg.): Quellen, 97, S. 377.
38 Ebd.
39 Ebd., S. 379.
40 Ebd.
41 ADB, Bd. 3, S. 508.
42 Bugenhagen: Wie es uns zu Wittem//berg in der Stadt gegangen ist, in: Kohler (Hg.): Quellen, 97, S. 379.

evangelischen Städte eher unberührt. So empfänglich die Stadtbevölkerung für xenophobe Propaganda war, so resistent war sie gegen eine Demontage der obersten Reichsgewalt. Die protestantische Geschichtsschreibung behielt Karl V. in ehrenvollem Gedenken, indem sie überlieferte, er habe die spanischen Fanatiker seiner Entourage persönlich an einer Schändung von Luthers Grab in der Wittenberger Schlosskirche gehindert.[43]

5.4.2. *Auftritt einer protestantischen Nation*

Die Überzeugung im Schmalkaldischen Bund, der Kaiser hole mit seinem Kriegszug zur Vernichtung des evangelischen Bekenntnisses aus, verleitete die protestantischen Propagandisten auch zur Engführung von Luthertum und deutscher Nation. Dieser Motivstrang konnte in den Flugschriften mit dem antikaiserlichen Nationalismus verknüpft sein, typologisch wies er aber in eine neue Richtung: in die eines sakralen Nationsdiskurses im Dienst der Konfessionalisierung. Daher ist es sinnvoll, diesen Strang gesondert zu betrachten.

Das Konzept eines von Gott auserwählten Kollektivs beruhte im christlichen Kulturraum auf dem Mythos vom Volk Israel. Dieses erschien im Alten Testament als eine über dem Rest der Menschheit stehende Gemeinschaft, verbunden durch Glauben, Blut und Herrschaft. Neue »Israels« in christlichem Gewand wurden seit dem 4. Jahrhundert immer wieder gegründet, in der Regel als Antithese zum missionarischen Universalismus des römischen Christentums.[44] Aus diesem Fundus schöpften die protestantischen Publizisten, als sie das bedrohte Häuflein unter dem Evangelium als Verkörperung der deutschen Nation darstellten. Auf die Deckblätter ihrer Flugschriften setzten sie Psalmenzitate, die die schützende Hand des Herrn über sein Volk beschworen oder vor den Feinden Israels warnten.[45] In der Überleitung vom Deckblatt zum Text entfaltete sich die Einheit von Luthertum, Volk Israel und deutscher Nation. Noch festere Gestalt erhielt sie in neuen Liedern. Ein Gedicht hob mit dem nationalis-

43 Junghans: Kaiser Karl V.

44 Delgado: Religion, S. 123-125.

45 »Psalm. XCIIII. Der Herr wird sein Volck nicht verstossen / Noch sein Erbe verlassen. Denn Recht mus doch Recht bleiben / Und dem werden alle frome hertzen zufallen / etc.« Warhafftige Copeyen, fol. Ai^{r}; »Psal. LXXXIII. Sie trachten listiglich wider ein Volck / vnd radschlagen wider deine verborgene. Sie sprechen / kompt her / und last sie zu nichte machen / das sie kein Volck sein / das des namens Israel nicht mehr gedacht werde. Denn sie haben sich beraten / in jrem herzen / und machen miteinander einen Bund / widder dich.« Des Babsts, fol. Ai^{r}; vgl. auch Warhafftiger Abdruck, fol. Ai^{r}.

tischen Aufruf an: »Frisch auf ir werden Teutschen, / Rett unser vaterland, / Der feind thut uns angreifen / Mit rauben, mord und brand!«, um weiter unten fortzufahren:

> Siehe wie half gott der herre / Dem Israel darvon / Und erdrenkt in dem mere / Den künig Pharaon. / Hiericho, du must fallen / Vor gottes volk geschwind, / Von der trompeten schallen; / Also hilft gott noch allen, / die im vertrawen sind.[46]

Im Papst-Kaiser war den Protestanten ein neuer Pharao erwachsen. Egal wie die militärischen Stärkeverhältnisse sein mochten, Gott hatte den gleichen Ausgang wie im Alten Testament vorgesehen. In einem weiteren, von Hans Sachs verfassten Lied wurde einer personifizierten Germania von militant protestantischer Gesinnung Mut zugesprochen mit den Worten:

> Bleib du nur bei dem liecht bestehn; / So wirt dich gott ie nit verlaßen, / Zu helfen hat er gar vil straßen. / Wie es im volk Israhel oft gschach, / Das nichts dann sterben vor im sach, / Doch wurden sein feind selbst gestürzt. / Sein arm ist ie noch unverkürzt, / Dardurch er sein lieb volk erlöst.[47]

Den stärksten Ausdruck fand die Sakralisierung der deutschen Nation in der Stilfigur des personifizierten Deutschlands. Als wackere Protestantin und Wandlerin in den Spuren Israels verkörperte sie die Identität von konfessioneller und nationaler Gemeinschaft. Johannes Schradin ließ eine erboste Germania vor dem Kaiser auftreten und diesen schelten, er liefere ihre Kinder der »Rott hur zu Rom« und dem »fremmd welsch volck« aus.[48] Eine andere, in Prosa verfasste Flugschrift heiterte ein trauriges Deutschland mit der Erinnerung an seine göttliche Auserwähltheit auf:

> Bedenck dz dich Gott auß erwelt hat / das du der welt ein liecht vnd erkantnüß von jm erleüchtest / in der aller fünsterste zeit / so nye gewesent. […] Er hat dich außerkoren / das durch dich sein glori eröffnet vnd erleüchtet würt.[49]

Im Moment der drohenden Vernichtung ihres Glaubens flüchteten lutherische Publizisten in die fixe Idee der Unverwüstlichkeit ihrer Glaubensgemeinschaft. Die religiöse *und* politische Krise des Protestantismus rief nach einem ideologischen Einheitskonzept, das die bis anhin nur locker

46 Liliencron (Hg.): Die historischen Volkslieder, Bd. 4, 529, S. 338 f.
47 Ebd., 520, S. 301.
48 Schradin: Expostulation, fol. B^{r}.
49 Ein gesprech des Teütschen Lands.

verbundenen Komplexe verschmolz. Genau das leistete der Mythos vom Volk Israel. Da der evangelische Glaube auf mehrere Territorien und unzählige Städte verteilt war, bot sich als Äquivalent des israelischen Königreichs und emotionaler Bezugspunkt nur die deutsche Nation an. Neue geographische Umrisse erhielt diese protestantische Nation nicht, vielmehr tat sich zwischen Deutschland als Raum und den Deutschen als abstraktem Personenverband eine Kluft auf.

Aufgrund des Vergleichs von Luther und Calvin[50] stellt sich die Frage, ob die Identifikation von Protestantismus, deutscher Nation und auserwähltem Volk mit Luthers Denken vereinbar war. Luther war am 18. Februar 1546 gestorben, gerade noch verschont von der Kunde der kaiserlichen Kriegsrüstung. Diese provozierte somit die erste protestantische Propagandaaktion ohne aktive Beteiligung oder passive Autorisierung des Reformators. Dass ihre Mobilisierungsrhetorik derart ins Kraut schoß, hing mit dem Vakuum, das Luthers Tod hinterlassen hatte, zusammen. Der militante Nationalismus, der Widerstandsaufruf gegen das Reichsoberhaupt und die Politisierung des Glaubens waren kaum aus Luthers Schriften geschöpft. Dass Altgläubige keine oder schlechtere Deutsche seien, wäre Luther nie in den Sinn gekommen. Dem Druck, den schmalkaldischen Fürsten rechtlich-theologische Absolution für antikaiserlichen Widerstand zu erteilen, war er lange nicht gewichen.[51] Noch 1530 ließ er seinem Landesherrn ausrichten: »Summa, Sünde hebt Obrigkeit nicht auf.«[52] Einer Sakralisierung der deutschen Nation stand sein radikaler Dualismus im Weg.[53] Wohl hätten die Deutschen Gottes Wort empfangen, aber es sei »schrecklich gnug zu sehen [...], wie danckbarlich und ehrlich wir das

50 Vgl. Kap. 5.2.1.

51 Wolgast: Die Wittenberger Theologie, S. 173-185.

52 Zu Luthers Lavieren in der Widerstandsfrage und den daraus erwachsenden Rechtfertigungszwängen vor und während des Schmalkaldischen Kriegs s. Waldeck: Die Publizistik, Teil 1, S. 39-41.

53 Nur selten sah Luther das biblische »volck Israel« und dessen Feind Gog bis in die Gegenwart am Werk. So bei seiner Übersetzung des Alten Testaments von 1530. Von Gog stammten die Türken ab, und zum »rechten Israel« gehörten weiterhin alle Apostel Christi. Seine radikale Trennung von Kirche und Herrschaft verwischend, kommentierte er Ezechiel 38 und 39: »Unser fursten, die lieben Apostel, sind rechte natürliche Israel. so sind wir Christen unter yhrem panier, das ist: unter dem Euangelion, darumb heissen wir nach yhrem namen recht und redlich Israel.« Ganz immun war also auch Luther nicht gegen eine Sakralisierung der protestantischen Territorien. Für seine Massenpropaganda verzichtete er aber weitgehend auf *politische* Analogien dieser Art; Luther: Vorrede auff das 38. und 39. Capitel Hezechiel vom Gog, in: WA, Bd. 30/2, S. 224 f.; vgl. auch Brecht: Luther und die Türken, S. 18 f.

haben angenomen und gehalten«.[54] Die Deutschen meinten, der Herr habe sie von der »Bebstischen Abgötterey« befreit, »das wir möchten frey thun und lassen, was uns gelüstet«.[55] Der deutsche Sündenpegel sei im Licht des Evangeliums nicht gesunken; alte Sünden machten höchstens neuen Sünden Platz. Geiz, Diebstahl und Willkürjustiz seien in protestantischen Territorien ebenso heimisch wie anderswo.[56]

Alles in allem war Luther ein schlechter Gewährsmann für eine Gleichsetzung von deutscher Nation und Protestantismus. Die fehlende Autorisierung trug dazu bei, dass diesem Konzept kein langfristiger Erfolg beschieden war. Volk Israel, Luthertum und Deutschland stiegen nie in den Rang einer nationalen Dreifaltigkeit auf. Ein sakraler Nationalismus wie im frühneuzeitlichen England hatte in protestantischen Reichsterritorien keinen Nährboden. Im 19. Jahrhundert schließlich war der Rückgriff auf das Volk Israel entbehrlich, um die deutsche Nation als protestantisch zu markieren. Es genügte, den »ultramontanen« Gehorsam der Katholiken als unzuverlässigen Patriotismus auszulegen. Die moderne Staatsbürgerdoktrin wurde nun zur wirksamsten Waffe in einem mit säkularen Argumenten fortgeführten konfessionellen Nationsdiskurs.

5.4.3. Katholische Gegenpropaganda im Zeichen der Bauernkriegsrhetorik

In den katholischen Reichsgebieten konnten die Ereignisse vor und während des Schmalkaldischen Kriegs mit größerer Gelassenheit verfolgt werden. Man musste die Kriegserklärung Karls V. nicht mit Massenpropaganda flankieren, um der kaiserlichen Offensive die nötige Durchschlagskraft zu verleihen. Die habsburgische Geheimdiplomatie hatte mehr bewirkt, als die Aufwiegelung der Öffentlichkeit je hätte leisten können. Eine breite, gemischtkonfessionelle Koalition stand gegen die isolierten Leitfiguren des Protestantismus. Katholischen Publizisten blieb es vorbehalten, abzuwarten und auf Druckerzeugnisse aus dem gegnerischen Lager zu reagieren. Um den Protestanten das Feld des öffentlichen Nationsdiskurses nicht kampflos zu überlassen, schrieben sie polemische »Antwortschreiben« auf deren Flugschriften.

Zuerst aber machten sich die altgläubigen Pamphletisten zu Anwälten des gemeinen Mannes. 1546 wurde Luthers Hetzschrift »Wider die mor-

54 Luther: Vermahnung zum Gebet wider den Türken, in: WA, Bd. 51, S. 585,18 f.
55 Ebd., S. 587,20 f.
56 Ebd., S. 587-591.

dischen vnd reubischen rotten der pawren« neu herausgegeben. Sie war annotiert mit Kommentaren, die die Ebenbildlichkeit der Ereignisse von 1525 und 1546 bei gleichzeitiger Verkehrung der protestantischen Maximen herausstrichen: Luthers Widerstandsverbot gegen die Obrigkeit passe so gut auf die Bauern wie auf den »Suppenwüst von Sachsen« (Kurfürst Johann Friedrich), den »rechten Knopperthelle von Münster« (Philipp von Hessen) und die »vermauerten Bauern« (die lutherische Stadtbevölkerung).[57] Der »arme Mann« wurde als Opfer protestantischer Fürstengier dargestellt. Seine Herren hätten ihm das eingezogene Kirchengut vorenthalten, ihn mit Steuern und Zöllen ausgesogen und seine Klagen mit Gewalt beantwortet. Nun kämpften sie mit seinen alten Aufruhrparolen gegen den frommen Kaiser.[58]

Das gleiche Schicksal widerfuhr Luthers Brief an den sächsischen Kurfürsten von 1530. Genüsslich konnten die katholischen Publizisten den Reformator sprechen lassen, wie er den protestantischen Fürsten die kaiserliche Untertanenschaft ins Gedächtnis rief, das Recht auf Selbstschutz absprach und sogar unterstellte, sie würden sich nach der Verjagung des Kaisers zerstreiten, weil sie nach dessen Krone gierten.[59]

Den Vorwurf des Vaterlandsverrats und der welschen Unterwürfigkeit parierten katholische Autoren mit der Verankerung der deutschen Nation im Römischen Reich.[60] Sie sprachen den deutschen Heiden der Antike jede Vorbildlichkeit ab, ließen sie aber in der Gegenwart auferstehen – als gott-, gesetz- und kulturlose protestantische Barbaren. Damit folgten sie den Diffamierungstechniken des Cochlaeus. Die schon erwähnte Replik auf Schradins »Traum« von den alten Nationalhelden legte eine Lesart der antiken Germanenliteratur vor, wie sie Enea Silvio nicht zu denken gewagt hätte. Auf Velleius Paterculus, Sueton, Caesar und Tacitus verweisend, behauptete der Autor, dass der »übermütig eisenfresser Ariouist« ein Bigamist[61] und feldflüchtiger Feigling gewesen sei, während sich Arminius allein als »ain Junckfraw schender / vnd ain aydbrüchtiger« her-

57 Zit. nach Waldeck: Die Publizistik, Teil 2, S. 46.

58 Die gleiche Tendenz verfolgte eine andere katholische Schrift vom September 1546, deren Urheber die Protestanten im Umfeld des bayrischen Hofes vermuteten; Waldeck: Die Publizistik, Teil 2, S. 49.

59 Ebd., Teil 1, S. 40 f.

60 Vgl. Kap. 5.2.2.

61 Es könnte sich dabei um eine Anspielung auf Philipp von Hessen handeln, dessen Doppelehe von 1540 ruchbar geworden war und fortan als Damoklesschwert über seiner politischen Existenz hing; Antwort auf das Auffrürisch büchlin, fol. C^{v}; zur Bigamieaffäre des Landgrafen Schmidt: Geschichte, S. 84.

vorgetan habe.[62] »Teütsch sind wir«, schleuderte der katholische Autor den Protestanten entgegen,

> aber vnder Römischer Oberkait / vnd das willig / wies von vnsern lieben Elten auff vns herkommen ist / Teütsch sind wir / aber nicht Barbaren / wie die Ariouister / Teütsch sind wir / aber Christlichs glaubens / welchs die Ariouister noch Ariminier nicht gewesen. Will drumb vnsere Nation nicht schimpffiert haben / ob ich gleich Ariouisten vnd Ariminen ablege / Dargegen den Christlichen hochloblichen Kaysern vnd Königen des Römischen Reichs lob zulege wie sichs ainem yeden biderman zugehört. Vnnd was kann man an disen zwayen loben? das sie Teütschen waren? Möchten vns jrer wol schemen / weil sie so gar kain gut geschray bey allen zeiten haben.[63]

Mit »unserer Nation« konnte nur das altgläubige Deutschland gemeint sein. Hier wurde über die Protestanten das gleiche Verdikt ausgesprochen, mit dem sie die Katholiken bestraft hatten: Ausweisung aus der deutschen Nation.

Der gleiche Autor versuchte, die nationalistische Freiheitsrhetorik der Protestanten als multiple Mogelpackung zu entlarven. Wer von der Obrigkeit Freiheit fordere, säe den Aufruhr, zerstöre den Frieden und ernte die Sklaverei. Mit historischen Rückblenden legte der Autor dar, dass sich die Protestanten populistischer Töne bedienten, die seit jeher die Ränke hoffärtiger Volksverführer begleitet hätten:

> Es soll sonst yederman hiebey wissen / das allzeit aller auffrürer aigenschafft ist / Nemlich / das sie die Libertet oder Freyhait jres Vaterlands fürwenden / wenn sie ain vnglücks fewr auffblasen wöllen. Vnder so seinem titel verdecken sie jre buben sach / vnnd ziehen das arm / vnwissend volck ansich / Hett Catilina vnnd sein hauff nicht freyhait fürgeben / wer wolt jm in Jtalien anhengig worden sein? Jm mund Libertet / im hertzen Seruitut.[64]

Die Freiheit, nach der die lutherische »Sect« dürste, bestehe nur darin,

> das man sie frey thun lasse / was sie wöllen / rede vnd gepiete jnen nichts darein / Ja lasse sie vngestrafft rumoren conspirieren / kriegen / rauben / spolieren / veriagen / verfolgen.[65]

62 Antwort auf das Auffrürisch büchlin, fol. Biii^{v}-Cii^{r}.
63 Ebd., fol. C^{r}.
64 Ebd., fol. D^{r}.
65 Ebd.

Kontrafaktische Hypothesen sollten beweisen, dass die lutherische Verehrung von Heiden die nationale Erfolgsgeschichte verfälsche und gefährde. »Was lobs«, fragte der Autor rhetorisch, »haben wir yetzige Teütschen daruon / das sich die selbigen Ariouistische vnd Ariminische Barbarey der Römischen Oberkait also grimmig vnd widersetzig gemacht?«[66] Nichts, denn der Aufruhr habe keine Spuren hinterlassen, und die Deutschen sollten dafür dankbar sein. Und wie würde Deutschland aussehen, hätte Rom die Aufrührer nicht besiegt? Der Autor wollte nicht ausschließen, dass es eine einzige große Schweiz wäre, der Hort des institutionalisierten Aufruhrs. Wahre Freiheit aber, so sein Gegenargument, sei in Deutschland schon lange am Blühen und habe bis zum Auftauchen Luthers den zivilisierten Einklang von Ordnung, Gehorsam und Gesetzestreue gewährleistet. Sie sei der deutschen Nation nicht in die Wiege gelegt, sondern später geschenkt worden. Darum die Antwort an Schradin und die Opfer seiner Propaganda: »Schreyest yetzt Freyhait / Freyhait. Von wem hat Teütsch Nation freyhait? Vom Ariouisten / oder von Römern? Freilich von Römern.«[67] Und daher gehe noch heute die »ware freihait« nur von der »Römischen Kayser. Mayestat« aus.[68]

Um nicht das Klischee vom auslandsvernarrten Katholiken zu bestätigen, erklärte der Autor auch den protestantischen Nationalismus zur Mogelpackung. Unter dem Deckmantel der deutschen Freiheit und der Hetze gegen Spanier und Italiener verhökerten sie das Kaisertum an Frankreich, damit sie »frist erlangetet / darinn jr / wie der Krebs / weiter vmb eüch fresset / den Bund stercket / die Secten erhöhet«.[69] Dieser Vorwurf gibt den Autor als politisch gut unterrichtete Person zu erkennen. Denn er traf in der Tat einen wunden Punkt. Im Sommer 1546 hatten die schmalkaldischen Fürsten dem französischen König einen Köder gelegt, um ihn auf ihre Seite zu ziehen. Sollte Franz I. in Deutschland die Verteidigung von »Libertet und freyheit« finanzieren und gleichzeitig in Italien den Krieg gegen Habsburg eröffnen, erhalte er alle kaiserlichen Befugnisse »in Welschlanden«, d.h. in französisch- und italienischsprachigen Reichsgebieten. Zudem würden die Schmalkaldener »dahin hanndeln unnd arbeiten das ein annderer Keyser gewählt unnd genemen werde«.[70] Franz I. hatte abge-

66 Ebd., fol. Biii^{r}.
67 Ebd.
68 Ebd., fol. D^{r}.
69 Ebd., fol. Dii^{r}.
70 Capita eins freundlichen verstands zwischen kön. W. zu Frankreich unnd dann Sachsen, Hessen und iren mitverwandten, in: Pariset (Hg.): La France, S. 237-239; zur Vorgeschichte und zum Scheitern dieser Kapitulation vgl. Baumgarten: Zur Geschichte, S. 40-67.

winkt, und der Köder wurde zum Bumerang. »Es stincket jnen der athem nach ainem newen Kayser«, stand in der katholischen Flugschrift, und daher erklärten die Protestanten die Wahrheit zur Lüge, nämlich »das der Franzoß sich vor wenigen Jaren mit dem Türcken widern kayser verbunnden« habe.[71] Der altgläubige Autor kehrte den Spieß um und wandte die nationalistischen Maßstäbe, an denen Karls Politik gemessen wurde, auf das Verhalten der schmalkaldischen Fürsten und die Aussagen ihrer Propagandisten an. So gelangte er zum Fazit, die Protestanten wollten

> aigentlich lieber alle Türcken vnnd Franzosen / denn zehen Spanier vnnd zwantzig Jtalianer im land sehen. Das heißt denn das Vatterland geschutzt / vnnd fürs Euangelion gestritten.[72]

Dass es den Publizisten beider Lager so leicht fiel, den Gegner mit guten Argumenten des Vaterlandsverrats und der nationalen Schande zu zeihen, kann aus der Rückschau nicht erstaunen. Politische und diskursive Praxis lagen zu weit auseinander. Im kleinen Kreis der politisch Eingeweihten, die sich in fürstlichen Kanzleien und auf dem diplomatischen Parkett bewegten, wurden die instrumentellen Absichten hinter der nationalistischen Rhetorik durchschaut. Um den politischen Handlungsspielraum zu bewahren, hatte man je nach Adressat im Namen der Religion, der Nation oder beider zusammen zu sprechen. Es handelte sich um eine Konvention, die auf der europäischen Politbühne bekannt war und von den meisten Akteuren akzeptiert wenn nicht praktiziert wurde. Im Kreis der Eingeweihten barg der Nationsdiskurs weniger Risiken, weckte aber auch weniger Emotionen. Deshalb erwies sich der fürstliche Nationsdiskurs im Reich, über die gesamte frühe Neuzeit gesehen, am beständigsten. Sobald die nationalistische Rhetorik aber für ein breites Publikum aufbereitet und zu einem öffentlichen Selbstläufer wurde, war es mit dem pragmatischen Konsens über ihren Protokollstatus und ihre beschränkte Geltung vorbei. Hier wurden Parolen wie deutsche Freiheit und ausländische Tyrannei, Vaterlandsliebe und Vaterlandsverrat, nationale Ehre und Schande beim Wort genommen: als politische Maximen, die den Guten und den Bösen leiteten. So verstanden, wurde die nationalistische Rhetorik mit der politischen Praxis inkompatibel. Das Handeln der Fürsten gab Anlass zu permanenten Irritationen, und nationalistischen Hetzkampagnen konnte die Nahrung nicht ausgehen. Diese Unvereinbarkeit von nationalistischer Doktrin und politischer Praxis wurde in der Moderne nicht gelöst, sondern höchstens effizienter verschleiert.

71 Antwort auf das Auffrürisch büchlin, fol. D^{v}, Dii^{r}.
72 Ebd., fol. Dii^{r}.

5.5. Die Vereinheitlichung von Reichs- und Sprachgrenzen im Fürstenkrieg

Der Schmalkaldische Krieg endete mit einem überwältigenden Sieg des Kaisers. Der Protestantismus war als reichsständische Bewegung zerschlagen, seine fürstlichen Leitfiguren gefangen gesetzt, und habsburgische Truppen kontrollierten weite Teile Deutschlands von den Alpen bis zur Nordsee. Gerade die Größe des Sieges aber barg die baldige Niederlage in sich. Karls Machtdemonstration bestätigte die Befürchtungen, er werde dem Reich eine monarchische Verfassung oktroyieren und allfälligen Widerstand mit Gewalt ersticken. Vor dieser Drohkulisse fand der deutsche Fürstenstand, im Krieg noch gespalten, rasch zusammen. Als sich die Protestanten für ein aggressives Vorgehen gegen den Kaiser entschieden, legten ihnen die katholischen Stände kaum Steine in den Weg. Karl wurde in seiner Machtfülle einsam. – Und blind: 1552 traf ihn der reichsfürstlich-französische Doppelangriff unvorbereitet. Seine Haut konnte er vor den heranrückenden Truppen des vermeintlichen Verbündeten Moritz von Sachsen gerade noch retten, seine Vormacht im Reich aber war dahin. Nach einem vergeblichen Aufbäumen gegen die französischen Invasionstruppen im Westen des Reichs zog sich Karl zuerst nach Brüssel und dann ganz aus der Politik zurück.

In den Verhandlungen zwischen den protestantischen Kriegsfürsten und Frankreich, die dem Überfall auf Karl vorausgegangen waren, erhielt die Nationalisierung von Sprachgrenzen eine neue Dimension. Die Unterhändler konnten in ihren Geheimgesprächen dort fortfahren, wo ihre Beratungen 1546 stecken geblieben waren.[1] Schon damals hatte der französische Thronfolger Heinrich ein Eingreifen befürwortet. Nach dem Tod seines Vaters 1547 und dem Frieden mit England 1550 standen die Zeichen günstig, das Verpasste nachzuholen.[2] Dem diplomatischen Usus folgend, einigte man sich zuerst auf die überkonfessionelle Parole, für die deutsche Libertät und gegen das spanische Servitut des Kaisers in den Krieg zu ziehen.[3] Von der Religion, so die von Frankreich gestellte Bedingung, dürfe »nicht die geringste Erwähnung« gemacht werden.[4] Einige

1 Vgl. Kap. 5.4.3.

2 Lutz: Christianitas, S. 62 f.; Kohler: Karl V., S. 338.

3 Luttenberger: Libertät, S. 103 f.

4 Seinem Unterhändler Fresse ließ Heinrich II. im Juli 1551 ausrichten, er habe das Protokoll durchzusetzen, dass man »pour le seul regard de la Liberté de la nation opprimee et ruynnee par l'ambition ded. ennemy« gemeinsame Sache mache, »sans fere aucune mention de la religion«; zit. nach Pariset (Hg.): La France, S. 257.

protestantische Fürsten, die sich das Evangelium aufs Banner schreiben wollten, sahen sich dazu außerstande und kehrten den Verhandlungen den Rücken. Die Übriggebliebenen unterzeichneten 1552 den Vertrag von Chambord, dem der französische König beitrat. Das gemeinsame Vorgehen wurde folgendermaßen abgesprochen: Während die protestantischen Fürsten den Kaiser im Reich frontal angriffen, sollte Heinrich II. zur »Libération d'Italie« schreiten, das heißt die Habsburger aus ihren italienischen Besitzungen vertreiben. Damit aber nicht genug: Die Fürsten offerierten dem französischen König, »die stett, so zum reich von alters gehöret und nit Teutscher sprach sein«, nämlich Cambrai, Toul, Metz, Verdun »und was derselben mehr weren«, einzunehmen und mit dem Titel eines Reichsvikars erblich zu behalten.[5] Damit machten sie sich nach zeitgenössischem Reichsrecht des Landesverrats schuldig.[6] Mit dem bloßen Argument der Sprache traten die protestantischen Fürsten Reichsgebiete einem ausländischen Potentaten ab. Zwar war ihr Vorschlag eines französischen Reichsvikariats »in Welschlanden« nicht neu, sondern schon 1519 aufgetaucht, an seine Realisierung hatte damals aber niemand geglaubt.[7] Die deutschen Kriegsfürsten ließen sich von der Projektion eines französischen Expansionsdrangs nach Osten leiten, die seit 1444 im Reich herumgeisterte. Mit ihrem Angebot trugen sie dazu bei, dass aus der Projektion im 17. Jahrhundert Realität wurde.[8] Formell blieben die französischsprachigen Gebiete auch 1552 noch beim Reich, faktisch gingen sie aber in französischen Besitz über. Endgültig abgetreten wurden sie 1648 im Westfälischen Frieden.[9] Für einen umfassenden französischen Verhandlungserfolg sorgten 1552 die deutschen Zusagen, dem König den Besitz Mai-

5 Schon am 16. Oktober 1551 hatte Fresse dem König den Verhandlungserfolg mitgeteilt: »Il avoyt esté accordé que Metz, Toul, Verdun et toutes autres villes qui ne sont de la langue germanicque, seroient mises en votre nom comme Vicaire de l'Empire, lequel Tiltre, amenant une ellection d'Empereur, ilz vous feroient confirmer pour vous et vos successeurs à jamais.« Vom Titel eines Reichsvikars in welschen Landen wurde also direkt eine spätere Kaiserwahl abgeleitet! Fresse an den König, Kassel, 16. Oktober 1551, in: Pariset (Hg.): La France, S. 259; deutscher Vertragstext zit. nach Lutz: Christianitas, S. 68.

6 Rabe: Deutsche Geschichte, S. 434.

7 Am 13. Februar 1519 hatte der Frankreich zugeneigte Herzog Heinrich von Lüneburg dem sächsischen Kurfürsten vorgeschlagen, Franz I. zum römischen Kaiser »in Welscher nacion« und einen Reichsfürsten – den Adressaten des Briefs – zum römischen König »in Teutscher nacion« zu wählen. Dabei betonte er ausdrücklich, für diesen Vorschlag keinen »gruntlichen Befehl« von französischer Seite zu haben; RTA, J. R., Bd. 1, S. 281 f.; Weicker: Die Stellung, S. 229.

8 Vgl. Kap. 2.2.4.

9 Winter: Die Außenpolitik, S. 131, Sp. 1.

lands und Neapels sowie die Lehensoberhoheit über Flandern und den Artois zu überlassen und bei der Kaiserwahl einen Kandidaten seiner Wahl einschließlich seiner selbst zu unterstützen.[10]

Der rhetorische Auftritt, mit dem die französische Krone ihre Invasion ins Reich orchestrierte, galt dem Ziel, als Befreierin Deutschlands von der spanischen Tyrannei begrüßt zu werden und einen nationalen Aufstand auszulösen, der Karl V. aus dem Weg räumen sollte. Architekt dieser Strategie war der französische Chefunterhändler Jean de Fresse. Seine Schreiben aus Deutschland an Heinrich II. lassen den humanistischen Diplomaten erkennen, der mit antikisierenden Inszenierungen der Politik seines Herrn den Weg ebnete.[11] Zum Symbol des gemeinsamen Kampfes wurde der »Pileus« gewählt – ein Filzhut, den man im antiken Rom befreiten Sklaven aufgesetzt hatte.[12] Weiter sprach sich Fresse mit den Fürsten ab, Heinrich II. in öffentlichen Manifesten als »Retter der deutschen Freiheit und der gefangenen Fürsten« zu feiern.[13] Der französische Gesandte war von der Notwendigkeit überzeugt, den französischen König so deutsch wie möglich erscheinen zu lassen. Er habe, teilte er Heinrich mit, dessen Ruf mit Rücksicht auf die »Herzen Deutschlands« aufgebaut, »die Ausländer nicht mögen«.[14] Darum sei es auch von Nutzen, wenn er seine Truppen beim Einmarsch an der kurzen Leine halte, um sich nicht gleich verhasst zu machen. Als der Feldzug erfolgreich abgeschlossen war, hielt Fresse anlässlich der Passauer Friedensverhandlungen eine Rede, in der er die uralte Brüderschaft von Franzosen und Deutschen lobte und die Frankenzeit zur Blüte der gemeinsamen Geschichte stilisierte. Deutschlands Wohl liege an der Seite Frankreichs im gemeinsamen Kampf gegen die Lateiner.[15]

Die bis ins Detail ausgehandelten Kampfparolen hatten vor dem Krieg die Interessendivergenz zwischen den Fürsten und dem König verdecken können. Während und nach dem kurzen Waffengang kamen sie aber zum Vorschein. Hatte Fresse betont, »que nous vouldrions faire l'Empereur mort«,[16] so ließ Moritz von Sachsen den Kaiser wahrscheinlich mit Absicht entkommen. Von einer reichsweiten Aufstandsbewegung gegen Karl V.

10 Lutz: Christianitas, S. 68.
11 Gedruckt in Pariset (Hg.): La France.
12 Pfeiffer: »Christliches Verständnis«, S. 110.
13 »vindex libertatis Germaniae et captivorum principum« bzw. »vindex libertatis Germanorum«; zit. nach Pariset (Hg.): La France, S. 264; bzw. Pfeiffer: »Christliches Verständnis«, S. 110.
14 Fresse an Heinrich II., Schweinfurt, 26. März 1552, in: Pariset (Hg.): La France, S. 288.
15 Janssen: Frankreichs Rheingelüste, S. 29 f.; Pariset (Hg.): La France, S. 231.
16 Fresse an Heinrich II., Schweinfurt, 26. März 1552, in: Pariset (Hg.): La France, S. 288.

war nichts zu spüren. Damit rückte ein französisches Kaisertum wieder in weite Ferne. Zur Verlegenheit der französischen Krone bemühten sich die deutschen Kriegsfürsten überall um eine Stärkung des Protestantismus. Und zur Verlegenheit der Protestanten war das neuerliche Bündnis Frankreichs mit den Osmanen überall bekannt geworden.[17] Nach dem Erreichen der Minimalziele beider Parteien brach die Kriegskoalition auseinander. Ihre »Befreiung Deutschlands« erhielt einen ironischen Beiklang.

Diesen verstärkte die habsburgische Propaganda, indem sie die reichsfürstlich-französische Libertätsrhetorik als Mittel der Versklavung auslegte. Dem »armen gemaynen mann« in Deutschland, so der kaiserliche Pamphletist Nicolaus Mammeranus, drohe das gleiche Schicksal wie den französischen Untertanen: eine »bittere vntregliche dienstbarkeit vnd ewige Frantzosische seruitut«.[18] Die Sprache der antikaiserlichen Koalition sei ein bloßes »deckmentelin« für ihre Macht- und Geldgier. Hinter der hehren Formel »Vindices libertatis Germaniae« komme die »libido dominandi, die begird zu herrschen« zum Vorschein.[19] Das fürstliche Libertätsverständnis konterte Mammeranus mit einem populistischen nationalen Freiheitsbegriff, dessen Gegenpol nicht die Monarchie, sondern der »Underthan inn Franckreich« war.[20] Als spezifisch deutsch kennzeichnete er, wenn auch nicht mit diesem Namen, die persönliche Eigentumsfreiheit.[21] Wohl an Stadtbürger gerichtet, verkündete Mammeranus, beim Fürstenkrieg handle es sich nicht um einen elitären Machtkampf, sondern um einen Angriff auf das »Sylbergeschirr vnnd gelt« jedes Deutschen. Wie schon in der oben besprochenen Flugschrift von 1547 lief der altgläubige Freiheitsbegriff darauf hinaus, den Kaiser als »fürnembst vnd trewlichst erhalter« von »friden vnnd Freyhait der Teutschen« zu verteidigen.[22]

Im Unterschied zum protestantisch-fürstlichen Freiheitsdiskurs, der seine Legitimation aus dem Gegenbegriff des monarchischen Servituts zog, wurde auf habsburgischer Seite die nationale Freiheit mit dem imperialistischen Friedensdiskurs gekoppelt. In Anknüpfung an die politische Sprache der römischen Antike standen Freiheit und Frieden in Opposition zu barbarischem Aufruhr und Chaos. Stabile und damit gesunde Freiheit, so die Botschaft, könne nur unter der überparteilichen Schirmherrschaft des Kaisers erblühen, der als Gottes verlängerter Arm Quelle allen irdischen Friedens sei.

17 Lutz: Christianitas, S. 43.
18 Mammeranus: Von anrichtung, fol. Bii^r.
19 Ebd., fol. Civ^r.
20 Ebd., fol. Div^v.
21 Schmidt: Geschichte, S. 98 f.; ders.: Teutsche Kriege, S. 39 f.
22 Ebd., fol. Div^v.

5.6. Nationsdiskurse im konfessionellen Zeitalter: Eine Stütze der Reichseinheit?

Die Ausführungen zum Zeitalter Karls V. und der Reformation haben gezeigt, dass der relativ einheitliche humanistisch-habsburgische Nationsdiskurs unter Maximilian bald nach dessen Tod von einer Vielzahl antagonistischer Diskurse abgelöst wurde. Dabei erfuhr das Reden über die Nation eine erneute Heteronomisierung. Am Schluss dieses Kapitels steht die Frage im Raum, ob den Nationskonzepten im konfessionellen Zeitalter überhaupt ein Minimalkonsens erhalten blieb, der zur Kohäsion des Reichskörpers hätte beitragen können. Georg Schmidt hat diese Frage auf einer breiten Quellengrundlage bejaht.[1] Durch Begriffsoppositionen wie »deutsche Freiheit« und »welsches Servitut« habe die Reichsbevölkerung gewusst, dass jenseits konfessioneller und territorialer Grenzen »neben der gleichen Sprache ähnliche Normen und Vorstellungen« herrschten und das »wirklich Fremde« außerhalb der deutschen Nation liege.[2] In späthumanistischen Gelehrtenzirkeln sei »deutsch sein« zum »gegen die Konfessionalisierung gerichteten säkularen Wert« aufgestiegen, der »Einigkeit und Zusammenhalt« versprochen habe. Dreh- und Angelpunkt der nationalen Sinnstiftung sei die deutsche Sprache gewesen.[3] Daher die zahlreichen deutschen Grammatiken, daher die Gründung von Sprachgesellschaften nach italienischem und französischem Vorbild. Die Hauptträger des nationalen Wertgefüges fand Schmidt in protestantischen Publizisten, die sich um die Integration der katholischen Reichsbevölkerung bemüht hätten. Ihren katholischen Antipoden unterstellte er einen dauerhaften Erklärungsnotstand, bedingt durch die Abhängigkeit von spanisch-italienischen Befehls- und Ideengebern.[4] Die Kohäsion des »komplementären Reichs-Staats«[5] durch nationale Werte erscheint bei Schmidt als protestantisches Verdienst, die katholische Reichsbevölkerung als Opfer ausländischer Indoktrination. Die Begriffe »evangelisch« und »national« verwendet er häufig bedeutungsgleich.

Die von Schmidt angeführten Quellen lassen sich aber auch anders lesen. Unschwer erkennt man, dass in den religiösen und dynastischen Konflikten des späten 16. und 17. Jahrhunderts jene diskursiven Formationen gegeneinander antraten, die im Schmalkaldischen Krieg erprobt

1 Schmidt: Geschichte.
2 Ebd., S. 99.
3 Ebd., S. 147.
4 Ebd., S. 156.
5 Zu Schmidts Staatskonzept ebd., S. 40-44.

worden waren. Zwar wurden die Verhältnisse mit dem Dritten im Bunde, dem deutschen Calvinismus, etwas komplizierter. Aber für die antikatholische Verständigung zwischen Calvinisten und Lutheranern reichte die nationale Rhetorik, die der Schmalkaldische Bund mit Frankreich gepflegt hatte. Blieb die diskursive Praxis relativ stabil, so erscheint es fraglich, ob die protestantische Beschwörung der Nation deutsche Katholiken besser integrieren konnte als vor 1550. Mehr noch: Waren die rituellen Aufrufe an katholische Deutsche, sich zur Rettung des deutschen Vaterlands vom Haus Habsburg, den Spaniern, Jesuiten und dem Papst loszusagen, überhaupt von einer integrativen Absicht geleitet? Ja, aber nur für Deutsche evangelischen oder reformierten Glaubens! Bis weit ins 17. Jahrhundert hinein diente die nationalistische Propaganda protestantischer Provenienz der Rechtfertigung antikaiserlichen Widerstands gegenüber dem eigenen Fußvolk. Wenn nicht, wäre es unabdingbar gewesen, den Nationsdiskurs mit einem akonfessionellen Code zu versehen. Das aber war kaum der Fall. Die Überreste eines konfessionell unbelasteten Nationskonzepts, die in kleinen Gelehrtenzirkeln gemischtgläubiger Reichsstädte oder im Reichsadel erhalten blieben, dienten keinem irenischen Missionseifer. Ihre Funktion blieb auf die Nischen beschränkt, in denen sie gediehen. Können heutige Leser aus den meisten Quellentexten sogleich die Konfession des Autors ableiten, so müssen Zeitgenossen die Fragmentierung der Nationsdiskurse noch stärker empfunden haben. Dazu trugen selbst die gelehrten Bemühungen um die deutsche Sprache bei. Frühe deutsche Grammatiken feierten vor allem Luthers Sprachgewalt, enthielten also keine ernsthaften Einladungen an katholische Gelehrte zu gemeinsamer Forschung.[6] Die Sprachgesellschaften des 17. Jahrhunderts stärkten wohl ein säkulares Nationsverständnis, aber auf einer antikatholischen Basis.[7] Schmidt selber umschrieb die politische Stoßrichtung der Fruchtbringenden Gesellschaft mit den Stichworten: »Stärkung des Reichs und der evangelischen Kräfte gegen den katholischen Kaiser und die Gegenreformation.«[8] In diesem Licht ist auch die Funktion ihres Nationskonzeptes zu sehen. Dass »die deutsche Nationalliteratur eine evangelische blieb« und bei Katholiken kaum Anklang fand, ist weniger auf die »konfessionelle Aufladung und die politischen Verwerfungen« außerhalb national gesinnter Kreise zurückzuführen[9] als auf ihren eigenen Diskurs. Seine

6 Berns: Maximilian, S. 659.
7 Kühlmann: Sprachgesellschaften, S. 255-257.
8 Schmidt: Geschichte, S. 148.
9 Ebd., S. 149.

Funktion bestand darin, die deutsche Kultur und den deutschen Raum als evangelische Sphären zu markieren. Es handelte sich um einen reichsweiten Hegemonialdiskurs. Der deutsche Katholizismus erhielt darin keinen Platz.

Die katholischen Kräfte im Reich waren nicht defensiver, im Gegenteil: ihr Hegemonialdiskurs war universalistisch. Um das eigene Fußvolk hinter sich zu scharen, konnten altgläubige Obrigkeiten die mittelalterliche Verketzerungsrhetorik anstimmen. Diese war geläufig und eingängig. Katholische Propagandisten hatten für ihre Argumentation einen viel geringeren Innovationsbedarf. Auf ihrer Seite standen alte Traditionen und Autoritäten. Die vermeintliche Position der Schwäche, die Schmidt katholischen Akteuren im Ringen um die deutsche Nation zuordnet, beruhte auf einer Position der Stärke. Man war auf nationalistische Überredungskunst nicht angewiesen. Diese Sicht wird vom protestantischen Nationsdiskurs bestätigt. Er hatte dann Hochkonjunktur, wenn lutherische Städte und Territorien akut bedroht waren und es galt, die Glaubensgenossen mit allen Mitteln zu mobilisieren.

Die Konstellation heteronomer Nationsdiskurse im Dienst der Konfession dauerte bis in die zweite Hälfte des 17. Jahrhunderts. Danach weichte die Säkularisierung von Politik und Kultur die religiösen Fronten allmählich auf. Nun konnten deutsche Nationskonzepte jene Funktionen entwickeln, die Schmidt für das ganze konfessionelle Zeitalter angenommen hat: Die deutsche Sprache wurde zum überkonfessionellen Gemeinwert, die evangelische Profankultur zur Nationalkultur, die katholische Nationalisierungsresistenz zum Nachteil. Voraussetzung dafür war die Kontinuität der Nationsdiskurse in den Jahrhunderten zuvor. Schmidt kommt das Verdienst zu, für die deutsche Nationsbildung im 18. Jahrhundert ein politik- und kulturgeschichtliches Modell anzubieten, das aus dem Korsett nationalstaatlicher Normen der Moderne befreit ist. Dabei vollzieht er aber eine Rückprojektion anderer Art: Haben Historiker des 19. und frühen 20. Jahrhunderts das Modell des preußisch-deutschen Reiches auf die Vormoderne übertragen, so überträgt Schmidt das Modell des »föderativen« alten Reichs der Jahrzehnte *vor* Preußens Aufstieg auf die Reformation und Konfessionalisierung.

Die Ausgangsfrage, ob die Nationsdiskurse im konfessionellen Zeitalter eine Stütze der Reichseinheit gewesen seien, ist also negativ zu beantworten. Die Funktion einer überkonfessionellen Kohäsion von signifikanter Tragweite nahm wohl nur der fürstliche Libertätsdiskurs wahr. Seine Wirkung reichte aber kaum über die fürstlichen Kabinette hinaus, ja blieb auch in ihrem Innern beschränkt, weil die gelehrten Räte und Kanzlisten am besten um seinen instrumentellen Charakter wussten. Sucht man nach stabilisierenden Elementen des religiös gespaltenen Reichs, so sind die *institutionellen* Ergebnisse des spätmittelalterlichen Verdichtungsprozesses ins Auge zu fassen. Im 15. Jahrhundert wurden mit dem Reichstag und dem Reichskammergericht zwei zentrale Institutionen der reichsweiten Herrschaftskoordination errichtet. Sie blieben in der frühen Neuzeit funktionstüchtig und wurden von allen Konfessionsparteien genutzt und getragen.

Vom Humanismus zum Holocaust? – Ausblick und Schluss

In diesem Buch ist die Frage nach dem Zusammenhang von humanistischem Nationalismus und moderner deutscher Geschichte bisher ausgeklammert worden. Die Konstruktion Deutschlands vor und während der Reformation sollte aus der damaligen Vergangenheit und Gegenwart erklärt werden, nicht aus unserer. Wenn man an historischer Erkenntnis interessiert ist, erweist sich diese Trennung als unerlässlich. Allerdings darf sie den Historiker nicht dazu verleiten, sich durch die Ausblendung heikler Gegenwartsfragen aus der Verantwortung zu stehlen. So methodisch sinnvoll es ist, eine Vergangenheit nur aus ihrer eigenen Vergangenheit zu deuten, die öffentliche Legitimation der Geschichtsschreibung besteht darin, zum Verständnis unserer Gegenwart beizutragen. Daher soll nun abschließend versucht werden, die Langzeitwirkungen des humanistischen Nationalismus einzuschätzen. Angesichts der Vielzahl und Vielfalt der daran beteiligten Faktoren kann das Ziel nur heißen, weniger plausible von plausibleren Annahmen zu scheiden.

In der jüngeren Humanismusforschung hat es nicht an Stimmen gefehlt, die die neulateinischen Texte um 1500 in einen direkten Bezug zur nationalsozialistischen Doktrin gestellt haben. Heinrich Bebel, so meinte etwa Manfred Fuhrmann, habe mit seiner Behauptung, ohne die Deutschen sei nichts Großes auf Erden vollbracht worden, »dem Wahne Hitlers« vorgegriffen.[1] Jacques Ridé bezeichnete die Straßburger Humanisten als »extreme Rechte der jungen literarischen Republik Deutschlands« und erklärte Jakob Wimpfeling zum Verfasser des »chauvinistischsten Buches, das je über die deutsche Geschichte geschrieben worden ist«.[2] Wertungen dieser Art suggerieren, der humanistische Nationsdiskurs stehe am Anfang einer jahrhundertelangen Pathogenese des deutschen Nationalsozialismus. Eine solche Langzeitperspektive erscheint, zumal wenn sie als pauschale Unterstellung daherkommt, als rückwärts gewandte Teleologie, die dem Ursachenverständnis des Dritten Reichs einen Bärendienst leistet (ganz zu schweigen vom deutschen Humanismus). Anstatt diese Langzeitperspektive sofort zu verwerfen und sich einem diachronen Brückenschlag zu verweigern, ist es aber erhellender, sie unter Anführung stärkerer

1 Fuhrmann: Die Germania, S. 125.

2 Ridé konnte sich dabei teilweise auf ältere Urteile deutscher Historiker wie Johannes Haller, Friedrich Bezold und Eduard Fueter berufen; Ridé: L'image, Bd. 1, S. 296, 322.

Argumente zu Ende zu denken. Erst dann lässt sich umfassend beurteilen, wie sinnvoll es ist, vom Humanismus auf den Holocaust zu schließen.

Wer den humanistischen Nationsdiskurs noch im 20. Jahrhundert am Werk sieht, muss erst einmal nachweisen, dass er das konfessionelle Zeitalter überdauert hat. Wie dieser Studie zu entnehmen ist, zerfällt er schon in den ersten Reformationsjahrzehnten irreversibel in mehrere Diskurse, die sich entweder implizit widersprechen oder explizit angreifen.[3] Gleichzeitig fällt aber auf, dass die nationalistischen Schriften der vorreformatorischen Humanisten im 16. und 17. Jahrhundert weiter gedruckt werden. Es besteht also ein fortdauerndes Interesse an ihren Texten. Da sie konfessionell unbelastet sind, besitzen ihre Argumente in ganz Deutschland Autorität – und werden gerade darum konfessionell instrumentalisiert. Als »teutsche Patrioten« haben die Neulateiner erst dann einen schweren Stand, als der romantische Volksgeist die Bühne betritt und alles für undeutsch erklärt, was nicht in deutscher Sprache abgefasst ist.

Und doch ist es gerade der Schöpfer des Volksgeists, Johann Gottfried Herder, der die weitere Kontinuität des humanistischen Nationsdiskurses gewährleistet – wenn auch unter signifikanter Verengung. Es geht um die Verwandlung Huttens vom protestantischen Glaubensstreiter zum Nationalhelden. Auftrieb erhält die Huttenrezeption schon 1717 durch den protestantischen Autor Jacob Burckhard.[4] Dieser würdigt den Reichsritter nicht nur als »aurora Lutheri«, sondern auch als Vorkämpfer der deutschen Nation.[5] 1776 schließlich erscheinen in kurzer Folge zwei Aufsätze über Hutten, verfasst von Christoph Martin Wieland und Johann Gottfried Herder.[6] Die größere Wirkung geht von Herders Essay aus.[7] Er prägt drei nationalistische Gemeinplätze des modernen Huttenbildes. Hutten erscheint als verlorener Sohn der Mutter Deutschland, von Herder in den Schoß der Nation heimgeholt, und wird zum Märtyrer der deutschen Freiheit und »Aufwecker« der deutschen Nation verklärt.[8] Am Beispiel Huttens verficht Herder den Grundsatz, dass nur der protestan-

3 Vgl. Kap. 5.

4 »De Ulrici de Hutten fatis ac meritis commentarius«, 3 Bde., erschienen in Wolfenbüttel 1717-1723; der Autor ist nicht zu verwechseln mit dem berühmteren, eineinhalb Jahrhunderte jüngeren Beinahe-Namensvetter Jacob Burckhardt.

5 Kreutz: Die Deutschen, S. 50-55.

6 Ebd., S. 63-73.

7 Er erschien anonym im »Teutschen Merkur« und wurde lange Zeit Johann Wolfgang Goethe als »Seitenstück zu dem Götz« zugeschrieben; erst 1793 gab sich Herder durch die Veröffentlichung einer zweiten veränderten Fassung als Autor zu erkennen; ebd., S. 67.

8 Zur Rezeptionswirkung dieser Stilisierung im 19. Jahrhundert vgl. ebd., S. 73-158.

tische Geist zum Dienst am Vaterland befähigt sei.[9] Interessant ist, dass Herder die deutschsprachigen Propagandaschriften Huttens eher entschuldigend streift, während er Huttens Ruhm als Nationalschriftsteller aus dessen lateinischen Texten ableitet. Dabei nötigt er den Volksgeist zu einer bemerkenswerten Verrenkung: Hutten habe nämlich »Deutschlatein« geschrieben, d.h. ein Latein, das in Stil und Inhalt den deutschen Volksgeist atme. Daher gebühre ihm der Titel des »deutschen Demosthenes«.[10] Seine spätere Popularität verdankte Hutten dennoch seinen aktivistischen deutschen Pamphleten. Deren Freiheitsrhetorik feiernd, erhob ihn die burschenschaftliche Protestbewegung nach 1817 zum Bannerträger ihrer nationalstaatlichen Reformforderungen.[11]

Neben Hutten finden im 18. und 19. Jahrhundert jene Humanisten breite Beachtung, die auch deutschsprachige Schriften hinterlassen haben. Zu ihnen zählt Aventin. Schon 1710 wird er von Gottfried Wilhelm Leibniz gegen konfessionell motivierte Polemik in Schutz genommen. Seine Ausfälle gegen die Kirche sind aufklärerischen Geistern fortan willkommene Munition.[12] In Anlehnung an ein paar lobende Worte Goethes erhält Aventin im 19. Jahrhundert sogar den Titel des »Bayerischen Herodots«.[13] Neben Hutten gehört Aventin denn auch zu den wenigen Humanisten, deren Schriften schon im 19. Jahrhundert in einer kritischen Gesamtausgabe erscheinen. Dass man vom humanistischen Nationalismus auch in der Moderne Kenntnis genommen hat, steht damit außer Zweifel.

Eine andere Frage ist, ob die Humanisten die moderne deutsche Nationskonstruktion auch motivgeschichtlich beeinflusst haben. Rechnet man zu diesem Einfluss die Quellen, die der Moderne durch die Edition und Interpretation der Humanisten vermittelt worden sind, ist sie einfach zu bejahen. Tacitus bleibt auch im 19. und 20. Jahrhundert eine zentrale Referenz des nationalen Selbstbildes. Auf die »Germania« gestützt sind die nationalistischen Leitmotive der deutschen Blutsgemeinschaft, Ursprünglichkeit und Freiheit, aber auch des föderalen Verbunds von Stämmen. Ob die humanistische Tacituslektüre auf den modernen Nationsdiskurs eingewirkt hat, soll zuerst anhand des nationalen Freiheitsbegriffs untersucht werden. Seine Geschichte seit der Französischen Revolution ist in vielem Abbild der kollektiven Selbstprojektion deutscher Nationalisten.

9 Herder: Hutten, S. 486-494.
10 Ebd., S. 482, 494 f.; Kreutz: Die Deutschen, S. 70.
11 Kreutz: Die Deutschen, S. 92-119.
12 Schmid: Die historische Methode, S. 341.
13 Goethe: Materialien zur Geschichte der Farbenlehre, HA, Bd. 14, [3]1966, S. 52; Ridé: L'image, Bd. 1, S. 397.

Das Strohfeuer der Begeisterung, das der Sturm auf die Bastille 1789 auslöst, wird von einem Freiheitsbegriff getragen, der auch nationale Konnotationen wachruft. Allerdings ist er nicht Tacitus' Germanen entliehen, sondern dem Frankenmythos, den schon deutsche Humanisten aufgegriffen haben.[14] Indem deutsche Beobachter in der Revolution die fränkische Freiheit wiederaufblühen sehen, strecken sie die Hand aus zur Verbrüderung mit den alten Verwandten jenseits des Rheins. Der Frankenmythos dient also einem Zweck, der zur antifranzösischen Polemik deutscher Humanisten gegensätzlicher nicht sein könnte.

Tacitus kommt erst ins Spiel, als die Freude an den französischen Vorgängen schwindet. Mit den napoleonischen Truppen im Land avanciert er zu kanonischem Rang. Der Leitgedanke der deutschen Freiheit lautet fortan gleich wie bei den Humanisten: Deutsche dürfen nur von Deutschen beherrscht werden. Ebenso auffällig wie in humanistischen Texten ist das zunächst geringe Interesse für Tacitus' Darstellung der innenpolitischen Freiheit der Germanen.[15] Später finden die demokratischen Elemente, die der Römer seiner germanischen »Mischverfassung« einverleibt hat, zwar die Aufmerksamkeit jener Gelehrten, die ihren Liberalismus national verwurzeln wollen, der populäre Topos der deutschen Freiheit bleibt davon aber unberührt.[16]

Der übereinstimmende Leitgehalt des humanistischen und antinapoleonischen Freiheitsbegriffs täuscht darüber hinweg, dass sich ihre diskursiven Bezüge schwer vergleichen lassen. Auf eine einfache Formel gebracht: In einem besetzten Land ist das humanistische Hohelied auf die deutsche Unbesiegtheit wenig angebracht. Umgekehrt haben sich die Humanisten keiner demokratischen Herausforderung stellen müssen. Schon im antinapoleonischen Widerstand wird hinter dem Abwehr- und Vertreibungsaufruf ein antidemokratischer und antiegalitärer Tenor laut. Dieser steht über die Reichsgründung hinaus in Konkurrenz zu liberalen und demo-

14 Vgl. Kap. 5.1.1.

15 Tacitus: Germania 11.

16 Die liberalen Verfassungstheoretiker des 19. Jahrhunderts konnten sich teilweise auf den nationalen Freiheitsdiskurs im alten Reich berufen. In der so genannten Reichspublizistik gewann man unter der Rubrik »teutsche Freiheit« der dezentralen Machtverteilung im Reich Positives ab und führte sie u.a. auf die von Tacitus überlieferte altgermanische Verfassung zurück. Man würdigte die rechtlichen Klagemöglichkeiten des deutschen Untertanen und tadelte den monarchischen Einheitsstaat Frankreich, der seinen Untertanen keine Rechte gebe, aber alles Geld nehme. Auch wenn diese Opposition mit der Französischen Revolution obsolet wurde, schöpften die deutschen Liberalen in vielem aus der Reichspublizistik; Kipper: Der Germanenmythos, S. 252-256.

kratischen Gegendiskursen.[17] Je länger, desto mehr dient die deutsche Freiheit aber der Untermauerung eines nationalen Sonderwegs, der jenseits von Demokratie und Rechtsgleichheit verlaufe. Dieser motivgeschichtliche Strang führt von Fichte direkt zu den intellektuellen Fürsprechern des Nationalsozialismus.

Um den Freiheitsbegriff auch mit positivem Gehalt zu füllen, setzt man ihm Attribute wie »ursprünglich«, »wesensgemäß«, »höher« und »innerlich« zur Seite. Die rhetorische Strategie, die dabei zum Zug kommt, wird von ihren Konstrukteuren wohl kaum durchschaut. Indem sie die deutsche Freiheit zu einer metaphysischen Größe verklären, die über den irdischen Niederungen schwebt, treiben sie ihr jeden politischen Gehalt aus. Kommt die Rede dann doch auf die Politik, lautet die Devise, der Deutsche sei so frei, dass er freiwillig auf die Freiheit verzichte, um die höhere Weihe des Gehorsams zu erhalten. Hier setzt dann der faschistische Begriff der Treue an.[18] An der deutschen Freiheit müssen die Nazis aber nicht mehr herumoperieren. Der Begriff steht gebrauchsfertig bereit. Schon lange vor der Machtergreifung Hitlers herrscht in intellektuellen Kreisen breiter Konsens über seine Bedeutung. Was der liberale Theologe und Historiker Ernst Troeltsch im Dezember 1914 über die deutsche Freiheit referiert, unterscheidet sich kaum von den Meditationen, die der nationalsozialistische Sprachwissenschaftler Hermann Güntert knapp zwanzig Jahre später anstellt.[19]

Insgesamt hat der Freiheitsdiskurs des modernen deutschen Nationalismus mit jenem des deutschen Humanismus wenig gemein. Was beide verbindet, ist neben dem nationalen Repräsentationsprinzip die antiwelsche Stoßrichtung. Schon bei den Humanisten zielt die deutsche Freiheit sowohl auf die Abwehr welscher Herren als auch welscher Sitten.[20] Tacitus gibt mit dem antirömischen Widerstand der Germanen ein rudimentäres Grundmuster, mehr nicht. Die humanistische Tacitusrezeption erleichtert den nationalen Freiheitsdiskurs der Moderne insofern, als sie die ambivalenten Wertungen in der »Germania« auf einen heroischen Grundton umstimmt und mit dem taciteischen Freiheitsbegriff ein ideologisches

17 Gellner hat den deutschen Nationalismus vor der Reichsgründung sogar insgesamt dem Typus des »classical liberal western nationalism« zugerechnet; zu den Problemen, die diese allzu einseitige Klassifizierung mit sich bringt, vgl. O'Leary: Ernest, S. 62, 86 (Fußnote 74); Gellner: Nationalismus und Moderne, S. 133-162.

18 Jansen: »Deutsches Wesen«, S. 256.

19 Troeltsch: Das Wesen, S. 28; Güntert: Deutscher Geist, S. 53; Zitate und Interpretationen beider Texte in Jansen: »Deutsches Wesen«, S. 255.

20 Vgl. Kap. 4.3.

Bollwerk gegen außen baut. Hauptantrieb des modernen deutschen Freiheitsdiskurses ist aber die widerspenstige Reaktion auf die aufklärerischen Gebote der Demokratie und Rechtsgleichheit. Zu dieser Problematik haben die humanistischen Schriften wenig zu sagen.

Anders steht es um den Motivkomplex der deutschen Ursprünglichkeit und Reinheit. Hier lassen sich humanistische Einflüsse nachweisen, die nicht direkt auf Tacitus beruhen. Sie treten besonders deutlich in der modernen Konstruktion des deutsch-französischen Gegensatzes hervor.[21] Humanistische Motive flossen vor allem in die wissenschaftlich betriebene »Völkerpsychologie« ein, mit der es das deutsche und französische »Wesen« objektiv zu bestimmen galt.[22] Die wirkungsmächtige Opposition von deutscher Ursprünglichkeit und französischer Künstlichkeit war eine humanistische Erfindung. Aventin zum Beispiel bemühte wiederholt den Topos der deutschen Krieger, die sich auf Eroberungszügen in Griechenland und Italien stolz der Zivilisation verweigerten, weil sie ihre reine Männlichkeit bewahren wollten. Dem stellte er die Geschichte Frankreichs als sukzessives Abgleiten in weibisches Hofgeplänkel und römische Hörigkeit gegenüber.[23] Endeten die Franzosen in dekadenter Nachahmung ausländischer Sitten, so waren die Deutschen ihrem Ursprung in Freiheit und Krieg treu geblieben. Die ältere Vorstellung, dass die Franzosen Abkömmlinge deutsch-fränkischer Väter und römisch-gallischer Mütter seien, erhielt durch die Theorie der deutschen Blutsreinheit neuen Gehalt.[24] Vom unvermischten Blut leiteten sich nun moralische Kategorien wie deutsche Reinheit (»integritas«), Männlichkeit (»virtus«) und Vornehmheit (»nobilitas«) ab. Die Behauptung, der europäische Adel sei deutscher Abstammung, verlieh allen Deutschen die symbolische Auszeichnung edlen Geblüts.[25] Die Franzosen verkörperten das Gegenteil: Ihre Königsdynastie stammte von einem Metzger ab, und ihre moralische Korruption manifestierte sich in der Nationalseuche Syphilis (»morbus Gallicus«).[26]

Die humanistische Kombination von rein erhaltenen Blutsbanden, kultureller Ursprungsverhaftung und edler Männlichkeit prägt die deutsche Selbstvergewisserung gegenüber Frankreich auch im 19. und 20. Jahrhundert. Die Begriffsopposition von »Kultur« und »Zivilisation« mag

21 Vgl. Kap. 2.2.4.

22 Zu diesen wissenschaftlichen Projekten zwischen 1914 und 1933 vgl. Jansen: »Deutsches Wesen«, S. 204-226.

23 Vgl. Kap. 4.3.2.

24 Von dieser Theorie leitet sich der Begriff der »Francigenae« ab; vgl. Kap. 2.1.3.

25 Vgl. Kap. 4.1.4.

26 Vgl. Kap. 4.1.6.

neu sein, die ihr unterlegten Inhalte sind es nur zum Teil. Wie stark die humanistischen Stereotype auch in neuromantischer Sprachverpackung fortwirken, zeigt etwa das Kriegstagebuch des liberalen Ökonomen Alfred Weber von 1914:

> Wir sind, an gewissen Zivilisationsmaßstäben gemessen, tatsächlich barbarisch [...], weil unsere Natur so stark und unmittelbar das Wesentliche sieht und tut, daß sie immer wieder alle Konventionsschranken durchbricht. Das gerade macht uns berufen, eine neue Zeit heraufzuführen. Wir gebären sie gewissermaßen aus der Mitte des Seins heraus, chaotisch zunächst und zum Entsetzen anderer [...]. Wir passen in keins ihrer Schemata, und wenn wir uns im Salon ihrer großenteils verlogenen und phrasenhaften Konventionen bewegen sollen, dann zerbrechen wir mit unserer robusten Urnatur alle Glasschränke – aber deswegen kann in unseren dicken Pratzen doch mehr Zartheit und Feinheit liegen als in all ihren Glacéhandschuhen. [...] Es ist doch eine große und ursprüngliche Verbundenheit und Einheit mit den ewigen und unmittelbaren Quellen vorhanden, die in all uns Deutschen aufsteigt.[27]

Von Webers völkerpsychologischen Anschauungen bis zu Hitlers notorischer Verherrlichung der deutschen Barbarennatur ist es *motivgeschichtlich* kein weiter Weg. Dass Weber später ein vehementer Gegner des Nationalsozialismus wird, macht diese motivische Nähe noch signifikanter. Sie verdeutlicht den breiten nationalistischen Grundkonsens über politische Gräben hinweg.[28]

Die »ursprüngliche Seinsverbundenheit des deutschen Wesens« und dessen Kontrastfolie, der französische »Formalismus«, werden auch in der Moderne historisch abgeleitet. Dabei kommen Wertmaßstäbe ins Spiel, die schon die deutschen Humanisten eingesetzt haben. Der Romanist Ernst Robert Curtius erklärt das »Urerlebnis Völkerwanderung und Staatengründung« zum »Quellgebiet unserer Heldensage«. Haben die Deutschen ihre ursprüngliche Identität bis in die Moderne gewahrt und im preußischen Militarismus neu verdichtet,[29] so ist sie den Franzosen längst abhanden gekommen. Sie haben »ein abgeschlossenes Kulturganzes« übernommen, und daher haftet ihnen für immer der »Charakter des Ab-

27 Weber: Gedanken, S. 87 f., zit. nach Jansen: »Deutsches Wesen«, S. 232.

28 Dazu mit viel Belegmaterial zur Zwischenkriegszeit Jansen: »Deutsches Wesen«, S. 201 f.

29 Zum verbreiteten, ebenfalls von Humanisten konstruierten Topos der Deutschen als »Volk der Kämpfer« vgl. ebd., S. 242.

geleiteten, Sekundären« an. Wie schon im Humanismus wird das naturwüchsige Gewaltpotential der deutschen Nation an eine historische Sendung gebunden, die bei der Zerstörung des Römischen Reichs einsetzt und bei der Erlangung eines hegemonialen Ranges durch militärische Expansion erfüllt ist.[30]

Angesichts der breiten Kontinuität humanistischer Motive im modernen Nationalismus mutet es wie blanke Ironie an, dass die Humanisten im selben Zeitraum als Importeure einer »wesensfremden Formenwelt« aus dem Pantheon der Nationalliteratur gekippt werden.[31] Tatsächlich handelt es sich hier um einen konsequenten Verdrängungsakt, dem eine andere, tiefere Ironie zugrunde liegt. Die romantische Lehre von der Emanation des Volksgeists aus der Nationalsprache leistet trotz aller organizistischen Metaphorik einem radikalen Formalismus Vorschub.[32] Sein Prinzip lautet: Was in lateinischen Hexametern daherkommt, kann unmöglich den deutschen Geist atmen.[33] Dagegen werden vulgärsprachliche Knittelverse ohne jeden Bezug zu nationalistischen Vorstellungen als nationales Kleinod verehrt. Die literarische Form wird zum nationalen Code.

Die Langzeitwirkung des humanistischen Nationsdiskurses lässt sich nicht nur an inhaltlichen Motiven nachweisen. Auch eine weit verbreitete Beschreibungstechnik, mit der moderne Nationalisten arbeiten, geht auf die deutschen Humanisten zurück. Diese haben, um ihre Nation rangmäßig auf eine Stufe mit dem alten Rom zu stellen, ein Darstellungsverfahren der antiken Ethnographie aufgegriffen, das fremde Kulturen in die Kategorien der eigenen überträgt. Mit dieser »interpretatio Romana« erhalten die Deutschen Züge des altrömischen Adels und erweisen sich für die Weltherrschaft als genauso würdig wie jene. Die Konstruktion positiver Selbstbilder durch Anverwandlung fremder, aber universal anerkannter Vorbilder erlebt im 19. Jahrhundert eine Fortsetzung. Allerdings wandelt sich die »interpretatio Romana« unter dem Einfluss der neuhumanistischen Griechenbegeisterung zur »interpretatio Graeca«. Die Verklärungen Huttens zum »deutschen Demosthenes« und Aventins zum

30 Zum Verständnis der dehnbaren Nationalgrenzen im deutschen Humanismus, das in scharfem Kontrast zum Italienmodell italienischer Humanisten steht, vgl. Kap. 4.1.4.

31 Zur romantischen Theorie von der »Krisis der deutschen Kunst im 16. Jahrhundert« vgl. Ritter: Die geschichtliche Bedeutung, S. 422 f.

32 Zur Kontinuität einer nationalistischen Sprachtheorie auf Basis des Volksgeists im 20. Jahrhundert vgl. Jansen: »Deutsches Wesen«, S. 215-219.

33 Herders Ehrenrettung von Huttens lateinischen Texten hat in romantischen Kreisen keine Schule gemacht – wahrscheinlich deshalb, weil sie sein eigenes Konzept des Volksgeistes zu stark unterwandert.

»bayerischen Herodot« sind noch Beispiele der harmloseren Sorte. Nietzsches »blonde Bestie«, die mit der Mission einer barbarisierenden Wiederbelebung Deutschlands betraut wird, kommt trotz Germanenfrisur einem »aufgenordeten Satyr« gleich.[34] Unverblümter wird das griechische Vorbild von wissenschaftlicher Seite bemüht. Die Forschungen gipfeln im nationalen Besitzanspruch auf die griechische Kultur. Ein etablierter Linguist erkennt 1911 in der Herrenschicht des antiken Griechenlands germanische Aussiedler und deutet die homerischen Mythen als germanische Heldendichtung unter der Mittelmeersonne.[35] Gleichzeitig präsentiert ein Fachkollege den etymologischen Befund, dass es sich bei »Homer« um einen »urdeutschen Namen« handle.[36] Die interpretatio Graeca mausert sich hier zu einer antiken Kolonialgeschichte Deutsch-Griechenlands. Im Vergleich dazu wirken die Nationalsozialisten geradezu bescheiden, wenn sie sich mit ihrer Rassenzucht, ihrer Militarisierung aller Lebensbereiche und ihrer Doktrin unbedingten Staatsgehorsams als Nachfolger Spartas wähnen.

Aus diesen Ausführungen könnte man schließen, dass die Ausgangsfrage, ob es sinnvoll sei, vom Humanismus auf den Holocaust zu schließen, zu bejahen ist. Es konnten motivische Kontinuitäten aufgezeigt werden, die von der humanistischen Antiromanitas über die lutherische Anfeindung der Welschen, den romantischen Kulturprotestantismus bis zum Nationalsozialismus reichen. Auffallend ist zugleich, dass der zweite leitmotivische Strang des humanistischen Nationsdiskurses, die Antibarbaries, in der antilutherischen Propaganda deutscher Katholiken versiegt und das konfessionelle Zeitalter kaum überlebt.[37] Nur ein Teil der humanistischen Motive, wenn auch ein markanter, kommt in der Moderne zum Tragen. Für die Beantwortung der Frage entscheidend ist aber, dass aus motivgeschichtlichen Kontinuitäten keine kausalen Zusammenhänge abgeleitet werden können. Von der Aussage, dass in den nationalsozialistischen Kult des deutschen Kämpfervolkes humanistische Motive eingehen, gibt es keine logische Verbindung zur Aussage, dass der Humanismus den Nationalsozialismus mit verursacht habe. Die Wirkung nationalistischer

34 Schneider: Der Barbar, S. 205-208.

35 Zu Hans Meltzer und seinem geistigen Vorgänger Ernst Krause vgl. Kipper: Der Germanenmythos, S. 227-229.

36 Der Sprachforscher Kaspar Stuhl argumentierte, »Homer« gehe auf eine »ältere Form Somêros« zurück und entspreche dem Mittelhochdeutschen »Sagemäre«, dem Gattungsbegriff für »Poet oder Dichter«; Puschner: Germanenideologie, S. 103.

37 Zur Antibarbaries im vorreformatorischen und antireformatorischen Diskurs vgl. Kap. 4.2. und 5.2.2.

Motive ist sehr variabel, weil sie in kein geschlossenes Theoriegebäude eingepfercht sind. Ihre Handlungsorientierung hängt ebenso von ihrer jeweiligen diskursiven Verknüpfung wie von ihrer sozialen und politischen Einbettung ab. Zu den Hauptzielen dieser Studie gehört denn auch der Nachweis, dass die Funktionen des humanistischen Nationalismus andere gewesen sind als jene des konfessionellen Nationsdiskurses, des romantischen Nationalismus oder des rassistischen Nationalismus.[38]

Dass die Ausgangsfrage zu verneinen ist, lässt sich wirkungsvoll an einem der kontroversesten Motive des deutschen Nationalismus aufzeigen. Es handelt sich um das von Tacitus vermittelte Konstrukt der unvermischten Blutsgemeinschaft. Der Vergleich der humanistischen Italien- und Deutschlandmodelle hat ergeben, dass die Vorstellung der Blutsreinheit nur in Deutschland zum Ausdruck der nationalen Einheit wird.[39] Gleichzeitig ist deutlich geworden, dass Geblütstheorien in der Vormoderne ein universales Mittel kollektiver Prestigebildung sind. In Italien beansprucht beinahe jede Stadt, von den vornehmsten Römern abzustammen, und unterstellt konkurrierenden Städten, ihre Gründer seien Barbaren. Treibt der Drang nach Römerblut die inneritalienische Konkurrenz an, so verbinden die deutschen Humanisten mit ihrer nationalen Geblütsideologie integrative Absichten. Die Besinnung auf die gemeinsame Abstammung soll egoistische Fürsten zur Räson bringen und eine Reichspolitik im Sinn einer abstrakten Nationaldynastie herbeiführen. Nach außen beweist das nationale Geblüt die natur- bzw. gottgewollte Überlegenheit der Deutschen über andere Nationen. Der Vorranganspruch kommt besonders in der Verknüpfung der europäischen Adels- mit der deutschen Nationalgenealogie zum Ausdruck. Die imperiale Würde Deutschlands erhält dadurch eine neue Rechtfertigung. Insgesamt betont das Konstrukt des deutschen Blutes die genealogische Unterlegenheit der Ausländer und generiert daraus nationales Ehrkapital. Über weite Strecken handelt es sich um eine Imitation des aristokratischen Diskurses zur Diskriminierung Nichtadliger. Der nationale Hegemonieanspruch läuft, sofern er eingelöst wird, auf einen ständischen Vorrang hinaus. Völlig undenkbar ist daher die Vorstellung, dass genealogisch unreine oder unedle Völker ihr Lebensrecht verwirkt hätten. Ebenso wenig richtet sich die Geblütsideologie gegen Randständige im Innern der deutschen Nation wie Juden, Fahrende oder Kriminelle.

38 Zu den Funktionen des humanistischen Nationalismus vgl. Kap. 4.5.; zum konfessionellen Nationalismus vgl. Kap. 5.2.2. und 5.4.

39 Vgl. Kap. 3.3.6., 4.1.4. und 4.3.2.

Daran ändert sich bis in die zweite Hälfte des 19. Jahrhunderts wenig. Auch die Universalisierung der deutschen Geblütsideologie zur modernen Rassenlehre Mitte des 19. Jahrhunderts setzt noch keine Vernichtungsphantasien frei.[40] Daniel Goldhagens Behauptung, dass »fast alle« Deutschen, die sich seit dem Ende des 18. Jahrhunderts zur Judenfrage äußerten, »eliminatorische Einstellungen« vertreten hätten, ist genauso haltlos wie Liah Greenfelds Feststellung, Deutschland sei »für den Holocaust bereit gewesen, seit die deutsche nationale Identität existiert«.[41] Denkbar wird der Holocaust erst durch die Kombination von Rassismus und Sozialdarwinismus. Aber zwingend ist der Gedanke auch dann nicht, denn diese Kombination erfolgt außer in Deutschland in England, Frankreich und den USA.[42]

Anfänglich dient der Sozialdarwinismus dazu, Diskriminierungen aller Art als natürliche Notwendigkeit zu rechtfertigen. Vor allem liberale Intellektuelle finden daran Gefallen.[43] Opfer dieser Ideologie sind die Unterschichten und die Randständigen. Im Verbund mit der Rassenlehre ist der Sozialdarwinismus innerhalb Europas schon früh gegen die Juden gerichtet. Die Intellektuellen sind dabei federführend. Sie sehen sich vom Aufstieg vieler Juden in ihre Berufe bedroht und predigen, deren Emanzipation zu unterbinden. Ins Wanken geratene Hierarchien sollen auf Dauer zementiert werden.

Das eigentliche Experimentierfeld des frühen rassistischen Sozialdarwinismus sind aber die Kolonien bzw. ihre Urbewohner.[44] Schon wenige Jahre nach der Publikation von Charles Darwins »The Origin of Species« 1859 gibt es in England, Amerika, Frankreich und Deutschland angesehene

40 Zum Einfluss der deutschen Geblütsideologie auf Gobineaus Rassenlehre vgl. Kap. 4.1.4.

41 In welche Schieflage Goldhagens Terminologie gerät, um sein deterministisches Geschichtsverständnis zu stützen, zeigt seine Verwendung des Begriffs »eliminatorisch«: Dieser bezieht sich auch auf die Doktrin der Judenemanzipation und -assimilierung, so dass Goldhagen – wäre er konsequent – die von ihm konstatierte Integration der Juden »in das ökonomische und berufliche Leben Deutschlands« Ende des 19. Jahrhunderts ebenfalls als »Vernichtung« bezeichnen müsste. Insgesamt übernimmt Goldhagen das nationalistische Konstrukt vom »Wesen der Deutschen« und kehrt es gegen diese. Sein Eingangszitat Tocquevilles (S. 4) bringt diesen Ansatz treffend zum Ausdruck. Die Erklärungskraft seiner Darstellung kommt damit nicht über jene der nationalistischen Geschichtsschreibung hinaus; Goldhagen: Hitlers willige Vollstrecker, S. 94 f.; Greenfeld: Nationalism, S. 384.

42 Hawkins: Social Darwinism, S. 272-291.

43 Ebd., S. 89-122.

44 Clark: Social Darwinism, S. 161; Weikart: From Darwin, S. 205.

rassistische Sozialdarwinisten.[45] Sie sind es, die bald die entscheidenden Bausteine zur Ideologie liefern, dass die Herrenrassen der Evolution unter die Arme greifen können, indem sie den biologischen Selektionsprozess beschleunigen. Um die eigene Rasse fit zu halten, denkt man an eugenische Maßnahmen wie Heiratskontrolle, Zwangsenthaltung, Sterilisation und Abtreibung. Für die Euthanasie von Behinderten wirbt auch in Deutschland lange nur eine Minderheit der Sozialdarwinisten.[46] Die Idee der gezielten Massenvernichtung »minderwertiger Rassen« kommt erst um die Jahrhundertwende auf. Deutsche Wissenschaftler übernehmen dabei eine führende Rolle, erhalten aber Unterstützung aus Frankreich und Amerika.[47] Ihre ersten »Objekte« sind die Urbewohner und die ehemaligen Sklaven in den Kolonien. Bis die Idee der gezielten Rassenvernichtung auf die Juden übertragen wird, ist es noch einmal ein verschlungener Weg, ganz zu schweigen von ihrer Umsetzung in die Tat.[48]

Führt man sich die Komplexität der Faktoren, die zum politischen Sieg des Nationalsozialismus in Deutschland beigetragen haben, vor Augen, muss man eine *kausale* Verbindung vom Humanismus zum Holocaust verwerfen. Wer dies nicht tut, sitzt letztlich dem teleologischen Kontinuitätsdenken der Nationalisten auf. Sie sind es, die nationale Traditionen konstruieren, indem sie ältere Motive aus ihrem Zusammenhang reißen und in den eigenen Diskurs integrieren. Wer dem Nationsdiskurs eine deterministische Wirkung zuschreibt, verkennt gerade seine unheimliche Stärke. Diese besteht in seiner chamäleonartigen Wandlungsfähigkeit und seiner Kombinierbarkeit mit anderen Diskursen – all das bei fort-

45 Jones: Social Darwinism, S. 140-159; Clark: Social Darwinism, S. 143-175; Weikart: From Darwin, S. 232; Hawkins: Social Darwinism, S. 61-148; Hofstadter: Social Darwinism.

46 Schon Ernst Haeckel, der sich in Deutschland als Erster für die Tötung erbgeschädigter Kinder stark macht (1870), beruft sich auf das Vorbild des antiken Sparta; Haeckel: Natürliche Schöpfungsgeschichte, S. 152-155.

47 Hawkins: Social Darwinism, S. 186-248; Weikart: From Darwin, S. 129-233; Clark: Social Darwinism, S. 143-154.

48 Zur Situation bis zum Ersten Weltkrieg: »Ideas about racial extermination were not necessarily connected to anti-Semitism. [...] when social Darwinists and eugenicists spoke about inferior races, they meant non-European races, especially American Indians, Australian aborigines, blacks, and East Asians. Though some of the social Darwinists and eugenicists I have discussed were anti-Semitic [...] few of them ever referred to the extermination of Jews. On the other hand, some social Darwinists even opposed anti-Semitism, and some German and Austrian Jews [...] justified racial struggle and racial extermination, just as other German thinkers did.« Weikart: From Darwin, S. 204.

dauernder Simulation von Kontinuität. Von den nationalistischen Motiven, die auf deutsche Humanisten zurückgehen, kann in der Moderne nur eine Wirkung ausgehen, weil sie in neue diskursive und kontextuelle Bezüge eingebunden sind. Diese Wirkung hat mit jener des humanistischen Nationsdiskurses kaum Gemeinsamkeiten. Daher kann man höchstens argumentieren, dass die nationalistische Geblütsideologie deutscher Humanisten den modernen Rassisten die Überzeugungsarbeit erleichtert hat.

Warum, so bleibt abschließend zu fragen, soll der moderne Nationalismus ohne die Humanisten nicht zu verstehen sein, wenn seine Wirkungen in keinem kausalen Bezug zu ihren Schriften stehen? Die Frage ist leicht zu beantworten: Der Humanismus macht es möglich, dass die modernen Intellektuellen Nationen überhaupt für natürlich gegebene Kollektive halten können. Er hat dynastische Konkurrenz und sprachliche Differenz in nationale Antagonismen verwandelt und diese perpetuiert, indem er ihnen eine sittliche Dimension unterlegte. Der Erfolg des modernen Nationalismus beruht maßgeblich darauf, dass die Nationskonstruktion schon in der Vormoderne stabile Wahrnehmungsmuster geschaffen hat. Die Intellektuellen sind davon am meisten betroffen. Und in ihrer modernen Rolle als Priester der säkularen Gesellschaft erhalten sie den Nimbus, irdische Wahrheiten zu verkünden. Darum ist es so leicht und nahe liegend, an der Schwelle zur Moderne an die überzeitliche Realität nationaler Gemeinschaften zu glauben.

Literaturverzeichnis[1]

Quellen

Agrippa von Nettesheim: Über die Fragwürdigkeit, ja Nichtigkeit der Wissenschaften, Künste und Gewerbe. Berlin 1993.

Alexander von Roes: Memoriale. In: ders.: Schriften. Hg. von Herbert Grundmann und Hermann Heimpel. Weimar 1949.

– Noticia Seculi. In: ders.: Schriften. Hg. von Herbert Grundmann und Hermann Heimpel. Weimar 1949.

Althamer, Andreas: Commentaria: in P. Cornelii Taciti equitis Romani libellum De situ, moribus et populis Germaniae. Amberg 1609.

Annolied. Hg. von Eberhard Nellmann. Stuttgart ⁴1996.

Antwort / Auff den Sendbrieff so H. S. in der Bapisten Leger / ainem guten Freundt vom yetzigen krieg geschriben hatt. O.O. 1546 (Flugschriftensammlung Gustav Freytag 2031).

Antwort auf das Auffrürisch büchlin / Welchs die Protestirende wider die Rö. Kayserliche Maystat feindtlicher weise zuziehen und kriegen / fürnemlich angehetzt. O.O. 1547 (Flugschriftensammlung Gustav Freytag 2047).

Appelbaum, Stanley (Hg.): The Triumph of Maximilian I. 137 Woodcuts by Hans Burgkmair and Others. New York 1964.

Aventin, Johannes: Ain warnus und anzaigung der ursach, warumb got der her dem Türken als ainem verfolger christlichen glaubens und namens so viel sigs wider uns christen gebe […] durch Johannem Aventinum beschriben, als der türkisch kaiser im jar 1529 vor Wien lag. In: Johannes Turmair's Sämmtliche Werke. Bd. 1. München 1881. S. 171-242.

– Anzaigung, wie und in was wege das alt römisch regiment sein kriegsregiment mit den gestiften kriegsleuten hab gestelt und angericht und wie man noch auf heutigen tag, will man anderst dem Türken ain pleiblichen widerstand tun, sölche ördnung aufrichten möcht. In: ebd. S. 243-254.

– Bayerische Chronik. In: ebd. Bd. 4-5.

– Bayrischer Chronicon. im Latein verfertigt und in siben puecher getailt ein kurzer auszug. In: ebd. Bd. 1. S. 107-170.

– Briefwechsel. In: ebd. S. 632-654.

– Chronica von ursprung, herkomen und taten der uralten Teutschen. Item auch von den ersten alten teutschen königen und iren manlichen taten, glauben, religion und landsbreuchen. […] jetzt erstmals durch Casparum Burschium zu ern teutscher nation in truck verfertiget anno MDXLI. In: ebd. S. 299-372.

Baldemann, Otto: Von dem Romschen Riche eyn Clage. Hg. von Erkki Valli. Helsinki 1957.

Barbaro, Ermolao: Epistolae, Orationes et Carmina. Hg. von Vittore Branca. Florenz 1943.

1 Um den Umfang des Verzeichnisses einigermaßen in Grenzen zu halten, sind nur jene Titel aufgeführt, die im Fußnotenapparat Erwähnung finden.

Bebel, Heinrich: Apologia pro defensione imperatorum contra Leonhardum Justinianum. In: Schardius Redivivus sive Rerum Germanicarum Scriptores varii olim a D[omino] Simone Schardio in quatuor tomos collecti. Bd. 1. Gießen 1673. S. 109-115.
– De laude, antiquitate, imperio, victoriis rebusque gestis Veterum Germanorum. In: ebd. S. 117-134.
– Epitome Laudum Suevorum, atque principis nostri Udalrici ducis Wurtenbergensis et Teccensis [...]. In: ebd. S. 137-142.
– Opera Bebeliana. Pforzheim 1509.
– Opuscula nova. Straßburg 1514.
– Oratio ad Augustissimum atque Sacratissimum Romanorum Regem Maximilianum. In: Schardius Redivivus sive Rerum Germanicarum Scriptores varii olim a D[omino] Simone Schardio in quatuor tomos collecti. Bd. 1. Gießen 1673. S. 95-104.
– Proverbia Germanica collecta, atque in latinum traducta, per Henricum Bebelium. In: Opuscula noua. Argentorati 1514 (Flugschriftensammlung Gustav Freytag 4125).
Bestendiger / gegründter und warhaffter bericht / auf die unrechtmessige / vermainte / nichtige und unbestendiger Achts Erklärung In Namen Carols / der sich ainen Kaiser nennet: Wider [...] Johanns Fridrichen. Hertzogen zu Sachsen [...] Unnd Herrn Philippsen. Landdgrafen zu Hessen [...] außgangen. O.O. 1546 (Flugschriftensammlung Gustav Freytag 2025).
Biondo, Flavio: Italia Illustrata. In: Blondi Flavii Forliviensis de Roma triumphante libri decem, priscorum scriptorum lectoribus utilissimi, ad totiusque Romanae antiquitatis cognitionem pernecessarij. Basel 1531. S. 293-422.
Boulainvilliers, Henri de: Essais sur la noblesse de France contenant une dissertation sur son origine et son abaissement. Amsterdam 1732.
Brant, Sebastian: Kleine Texte. Hg. von Thomas Wilhelmi. 2 Bde. Stuttgart-Bad Cannstatt 1998.
Bruni, Leonardo: History of the Florentine People. Hg. lat./engl. von James Hankins. Bd. 1, Bücher 1-4. Cambridge, Mass. / London 2001.
Burgkmair, Hans: Das graphische Werk. Stuttgart 1973.
C. Plinius Secundus d. Ä.: Historia naturalis. Hg. lat./dt. von Gerhard Winkler. Bücher 3-4. München / Zürich 1988.
Calvin, Johannes: Predigten über das 2. Buch Samuelis. In: Supplementa Calviniana. Hg. von Hanns Rückert. Bd. 1. Neukirchen 1936.
Campano, Gian Antonio: Oratio in Conventu Ratisponensi ad exhortandos principes Germanorum contra Turcos. Et de laudibus eorum. In: ders.: Omnia Campani Opera. Venedig 1502. fol. 90-95.
Celtis, Conrad: Briefwechsel. Hg. von Hans Rupprich. München 1934.
– De origine, situ, moribus et institutis Norimbergae libellus. In: Conrad Celtis und sein Buch über Nürnberg. Hg. von Albert Werminghoft. Freiburg i. Br. 1921. S. 99-203.
– De situ et moribus Germanie additiones. Lat./dt. In: Gernot Michael Müller: Die »Germania generalis« des Conrad Celtis. Tübingen 2001. S. 90-109.
– Fünf Bücher Epigramme. Hg. von Karl Hartfelder. Hildesheim 1963.

– Libri odarum quattuor. Liber epodon. Carmen saeculare. Hg. von Felicitas Pindter. Leipzig 1937.
– Norimberga. Hg. u. üb. von Gerhard Fink. Nürnberg 2000.
– Oratio in gymnasio in Ingelstadio publice recitata. In: ders.: Panegyris ad duces Bavariae. Hg. lat./dt. von Joachim Gruber. Wiesbaden 2003. S. 16-41.
– Panegyris ad duces Bavariae et Philippum Palatinum Rheni. In: ebd. S. 4-15.
Chmel, Joseph: Urkunden, Briefe und Actenstücke zur Geschichte Maximilians I. und seiner Zeit. Stuttgart 1845.
Cochlaeus, Johannes: Brevis descriptio Germaniae (1512) mit der Deutschlandkarte des Erhard Etzlaub von 1512. Hg. lat./dt. von Karl Langosch. Darmstadt 1960.
– De libero Arbitrio Hominis, adversus locos communes Philippi Melanchthonis, libri duo. Tübingen 1525.
Cola di Rienzo: Briefwechsel. Hg. von Konrad Burdach und Paul Piur. 6 Bde. Berlin 1912-1929.
Conrad Kyeser aus Eichstätt: Bellifortis. Faksimilie der Göttinger Handschrift von 1405 mit Umschrift und Übersetzung von Götz Quarg. 2 Bde. Düsseldorf 1967.
Corpus Iuris Canonici. Hg. von Emil Ludwig Richter. Bd. 2: Decretalium Collectiones. O.O. 1881.
Des Babsts und Keiserlicher Maiestet Bündnüs: Aus dem Latein ins Deudsch transferiert. O.O. 1546 (Flugschriftensammlung Gustav Freytag 2028).
Die Goldene Bulle Kaiser Karls IV. 1356. Hg. lat./dt. von Ernst Walder. Bern 1970.
Ein gesprech des Teütschen Lands / und der Hoffnung / dise gegenwertige Kriegsleuff betreffend / Jn Welschland beschriben / vnd hernach welscher sprach verteütschet. 1546 [MDXLVI]. In: Ungerischer und Sibenbürgischer Kriegshändel. Frankfurt a. M. 1596.
Einhard: Vita Karoli Magni. Hg. lat./dt. von Evelyn Scherabon Firchow. Stuttgart 1995.
Erasmus von Rotterdam: Opera omnia recognita et adnotatione critica instructa notisque illustrata. 9 Teile. Amsterdam [...] 1969-.
– Opus Epistolarum. Hg. von Percy Stafford und Helen Mary Allen. 12 Bde. Oxford 1906-1965.
– Querela Pacis undique gentium ejectae profligataeque. In: ders.: Ausgewählte Schriften. Hg. lat./dt. von Werner Welzig. Bd. 5. Darmstadt 1968. S. 360-451.
Eyn ermanung an die Keyserliche Maiestat / des Evangeliums halben / in seinen Erblendern. Darinnen auch ein trewe warnung an uns Deudtschen. O.O. 1546 (Flugschriftensammlung Gustav Freytag 4373).
Federmann, Niclaus: Indianische Historia (1557). Hg. von Karl Klüpfel. Stuttgart 1859.
Fichte, Johann Gottlieb: Reden an die deutsche Nation. Hamburg 1955.
Ficino, Marsilio: Opera, & quae hactenus extitere, & quae in lucem nunc primum prodiere omnia. Basel 1576.
Franck, Sebastian: Chronica Zeitbuch vnnd Geschichtbibell. Ulm 1536 (Nachdruck: Darmstadt 1969).
– Germania: Von des gantzen Teutschlands aller Teutscher völcker herkommen, Namen, Händeln, Guten vnd bösen Thaten. O.O. 1539.
Franke, Annelore (Hg.): Das Buch der hundert Kapitel und der vierzig Statuten des sog. Oberrheinischen Revolutionärs. Berlin (Ost) 1967.
Gebwiler, Hieronymus: Libertas Germaniae, qua Germanos Gallis, neminem vero

Gallum a Christiano natali, Germanis imperasse [...]. In: Schardius Redivivus sive Rerum Germanicarum Scriptores varii olim a D[omino] Simone Schardio in quatuor tomos collecti. Bd. 1. Gießen 1673. S. 219-226.

Gobineau, Joseph Arthur Comte de: Essais sur l'inégalité des races humaines. 4 Bde. Paris 1853-55.

Gründlicher und warhafftiger Bericht / dieser geschwinden Practicken / der itzigen unversehenlichen / schnellen kriegesrüstung / wider die lehre des Glaubens an Jhesum Christum / unnd Stende der Augspürgischen Confession. O.O. 1546 (Flugschriftensammlung Gustav Freytag 2026).

Güntert, Hermann: Deutscher Geist. Bühl 1932.

Günzburg, Johann Eberlin von: Ein zamengelesen bouchlin von der Teutschen Nation gelegenheit, Sitten vnd gebrauche, durch Cornelium Tacitum vnd etliche andere verzeichnet (1526). Hg. von Achim Masser. Innsbruck 1986.

Guicciardini, Francesco: Ricordi. In: ders.: Opere inedite. Hg. von G. Canestrini. Florenz 1857.

Haeckel, Ernst: Natürliche Schöpfungsgeschichte. Berlin ²1870.

Hämel, Adalbert (Hg.): Der Pseudo-Turpin von Compostela. München 1965.

Harsdörffer, Georg Philipp: Frauenzimmer Gesprächspiele. Nürnberg 1645.

Heger, Hedwig (Hg.): Spätmittelalter, Humanismus, Reformation. Texte und Zeugnisse. Bd. 1. München 1975.

Herder, Johann Gottfried: Hutten. In: Herders Sämmtliche Werke. Hg. von Bernhard Suphan. Bd. 9. Berlin 1893. S. 476-497.

Herrmann, Joachim (Hg.): Griechische und lateinische Quellen zur Frühgeschichte Mitteleuropas bis zur Mitte des 1. Jahrtausends n. Chr. Bd. 3: Von Tacitus bis Ausonius. Berlin 1991.

Hortleder, Friedrich (Hg.): Der Römischen Keyser [...] Handlungen und Außschreiben [...] deß Teutschen Kriegs Keyser Carls deß Fünfften wider die Schmalkaldische Bundesoberste [...]. Vom Jahr 1546 biß auff das Jahr 1558. Jena 1618.

Hutten, Ulrich von: Ad divum Maximilianum [...] bello in Venetos euntem Vlrichi Hutteni equitis exhortatio. In: Ulrichs von Hutten Schriften. Hg. von Eduard Böcking. Bd. 3. Leipzig 1862. S. 123-158.

– Ad principes Germanos ut bellum in Turcas concorditer suscipiant. In: ebd. Bd. 5. S. 97-134.

– Arminius Dialogus. In: Ulrichs von Hutten Arminius, Herrmann und Georg Spalatinus' Herrmann. Hg. lat./dt. von Friedrich Fröhlich. Wien 1815. S. 12-57.

– Bulla vel bullicida. In: Ulrichs von Hutten Schriften. Hg. von Eduard Böcking. Bd. 4. Leipzig 1860. S. 309-335.

– Clag und vormanung gegen dem übermäßigen vnchristlichen gewalt des Bapsts zu Rom [...]. In: ders.: Deutsche Schriften. Hg. von Heinz Mettke. Bd. 2. Leipzig 1974. S. 35-81.

– Cum Erasmo Roterodamo, Presbytero, Teologo expostulatio. In: Ulrichs von Hutten Schriften. Hg. von Eduard Böcking. Bd. 2. Leipzig 1859. S. 180-248.

– Die Schule des Tyrannen. Lateinische Schriften. Hg. von Martin Treu. Darmstadt 1996.

– Gespräch büchlin herr Vlrichs von Hutten. In: ders.: Deutsche Schriften. Hg. von Heinz Mettke. Bd. 1. Leipzig 1972. S. 1-188.

– Praedones. In: Ulrichs von Hutten Schriften. Hg. von Eduard Böcking. Bd. 4. Leipzig 1860. S. 363-406.
Irenicus, Franciscus: Germaniae exegeseos volumina duodecim. Hagenau 1518.
Jacques de Vitry: Historia Occidentalis. Hg. von John Frederick Hinnebusch. Freiburg i. Ü. 1972.
Janssen, Johannes (Hg.): Frankfurts Reichscorrespondenz von 1376-1519. Bd. 2. Freiburg i. Br. 1866.
Ješín, Pavel von Bezdezí (Hg.): Die alttschechische Reimchronik des sogenannten Dalimil. Bezdezí 1620 (Nachdruck: München 1981).
Jiricek, Josef (Hg.): Di Tutsch Kronik von Behemlant. In: Fontes rerum Bohemicarum. Bd. 3. Prag 1878. S. 1-228.
Kohler, Alfred (Hg.): Quellen zur Geschichte Karls V. Darmstadt 1990.
Kühlmann, Wilhelm / Robert Seidel / Hermann Wiegand (Hg.): Humanistische Lyrik des 16. Jahrhunderts. Frankfurt a. M. 1997.
Kytzler, Bernhard (Hg.): Roma aeterna. Lateinische und griechische Romdichtung von der Antike bis in die Gegenwart. Zürich / München 1972.
Langkabel, Hermann (Hg.): Die Staatsbriefe Coluccio Salutatis. Untersuchungen zum Frühhumanismus in der Florentiner Staatskanzlei und Auswahledition. Wien 1981.
Laube, Adolf (Hg.): Flugschriften gegen die Reformation (1518-1524). Berlin 1997.
Laube, Adolf / Hans Werner Seiffert (Hg.): Flugschriften der Bauernkriegszeit. Berlin ²1978.
Liliencron, Rochus von (Hg.): Die historischen Volkslieder der Deutschen vom 13. bis 16. Jahrhundert. Leipzig 1866-1869 (Nachdruck Hildesheim 1966).
Lupold von Bebenburg: Ritmaticum querulosum et lamentosum dictamen de modernis cursibus et defectibus regni ac imperii Romani. In: Politische Schriften des Lupold von Bebenburg. Hg. von Jürgen Miethke und Christoph Flüeler. Hannover 2004. S. 507-524.
– Tractatus de iuribus regni et imperii Romanorum. In: ebd. S. 233-409.
Luther, Martin: D. Martin Luthers Werke [WA]. Kritische Gesammtausgabe. Weimar 1883-.
– Tischreden oder Colloqvia. Eisleben 1566.
Machiavelli, Niccolò: Il Principe. Hg. lat./dt. von Philipp Rippel. Stuttgart 1986.
Mammeranus, Nikolaus: Von anrichtung des neuen Euangelij. und der alten Libertet oder Freyheit Teutscher Nation. An die Römische Kayser. Maystat geschriben. Köln 1552 (Flugschriftensammlung Gustav Freytag 2069).
Melanchthon, Philipp: De electione et coronatione Caroli V. Caesaris historia. In: Corpus Reformatorum. Hg. von Heinrich Ernst Bindseil. Bd. 20. Braunschweig 1854. Sp. 473-514.
– Encomium Franciae. In: Corpus Reformatorum. Hg. von Karl Gottlieb Bretschneider. Bd. 11. Halle 1843. Sp. 384-397 (üb. in: Melanchthon deutsch. Hg. von Michael Beyer, Stefan Rhein und Günther Wartenberg. Bd. 1. Göttingen 1997. S. 238-260).
Micyllus, Jacobus (Hg.): Der Römischen Keyser Historien: von dem abgang des Augusti an: biß auff Titum und Vespasianum / von jar zu jar / durch Cornelium Tacitum beschriben [...] Item das Büchlein von der alten Teutschen brauch vnnd leben / auch durch den selben Cornelium Tacitum beschrieben. Mainz 1535.

Miethke, Jürgen / Lorenz Weinrich (Hg.): Quellen zur Kirchenreform im Zeitalter der großen Konzilien des 15. Jahrhunderts. Teil 1: Die Konzilien von Pisa (1409) und Konstanz (1414-1418). Darmstadt 1995.

Müller, Johann Joachim (Hg.): Des Heiligen Römischen Reichs, Teutscher Nation Reichstagstheatrum (1440-1500). 2 Bde. Jena 1713-1719.

Münster, Sebastian: Cosmographei, oder Beschreibung aller Länder [...]. Basel 1550.

Murner, Thomas: Germania Nova ad rempublicam Argentinam. In: Wimpfeling und Murner im Kampf um die ältere Geschichte des Elsasses. Hg. lat./dt. von Emil von Borries. Heidelberg 1926. S. 200-233.

– Von dem Großen lutherischen Narren. Straßburg 1522. In: Thomas Murners deutsche Schriften. Hg. von Paul Merker. Bd. 9. Straßburg 1918.

Nanni, Giovanni [Annius von Viterbo]: Commentaria fratris Ioannis Annii Viterbensis [...] super opera diuversorum auctorum de antiquitatibus loquentium. Lat./engl. in: R. E. Asher: National Myths in Renaissance France. Francus, Samothes and the Druids. Edinburg 1993. S. 194-233.

Nauclerus, Johannes: Memorabilium omnis aetatis et omnium gentium chronici commentarii. 2 Bde. Tübingen 1516.

Oettinger, Johann: Warhaffte Historische Beschreibung Der Fürstlichen Hochzeit [...] So [...] Johann Friderich Hertzog zu Würtemberg und Teck [...] Mit [...] Barbara Sophia Marggrävin zu Brandenburg [...] Anno 1609 [...] gehalten hat. Stuttgart 1610.

Person, Gobelinus: Cosmidromius. Hg. von Max Jansen. Münster 1900.

Peter von Andlau: Libellus de Cesarea Monarchia. Kaiser und Reich. Hg. lat./dt. von Rainer A. Müller. Frankfurt a. M. / Leipzig 1998.

Petrarca, Francesco: Aufrufe zur Errettung Italiens und des Erdkreises. Ausgewählte Briefe. Hg. lat./dt. von Berthe Widmer. Basel 2001.

– Contra eum qui maledixit Italie. Hg. lat./ital. von Giuliana Crevatin. Venedig 1995.

Peutinger, Conrad: De inclinatione Romani imperij, & exterarum gentium, praecipue Germanorum commigrationibus, epitome. In: Procopii Caesariensis de rebus Gothorum, Persarum ac Vandalorum libri VII, una cum alijs mediorum temporum historicis, quorum catalogum sequens indicabit pagina. Basel 1531. S. 687-688.

– Sermones Convivales. In: Schardius Redivivus sive Rerum Germanicarum Scriptores varii olim a D[omino] Simone Schardio in quatuor tomos collecti. Bd. 1. Gießen 1673. S. 200-213.

Piccolomini, Enea Silvio: Ausgewählte Texte aus seinen Schriften. Hg. von Berthe Widmer. Basel / Stuttgart 1960.

– Briefwechsel. Hg. von Rudolf Wolkan. 3 Bde. Wien 1909-1918.

– Deutschland. Hg. und üb. von Adolf Schmidt. Köln / Graz 1962.

– Germania. Hg. von Adolf Schmidt. Köln / Graz 1962.

– Oratio de Constantinopolitana Clade, et bello contra Turcos congregatio. In: ders.: Opera quae extant omnia, Basel 1551 (Nachdruck: Frankfurt a. M. 1967). S. 678-689.

Pirckheimer, Willibald: De bello Suitense sive Eluetico. Hg. lat./dt. von Fritz Wille. Baden (Schweiz) 1998.

Prudentius: Contra Orationem Symmachi. In: Prudentius. Hg. lat./engl. von H. J. Thomson. Cambridge, Mass. 1961.

Rhenanus, Beatus: Briefwechsel. Hg. von Adalbert Horawitz und Karl Hartfelder. Leipzig 1886.
– Commentariolus uetusta Germaniae populorum uocabula paucis explicans et obiter alia quaedam. Basel 1519. In: Johann Eberlin von Günzburg: Ein zamengelesen bouchlin von der Teutschen Nation gelegenheit, Sitten vnd gebrauche, durch Cornelium Tacitum vnd etliche andere verzeichnet (1526). Hg. von Achim Masser. Innsbruck 1986. S. 99-117.
– Rerum Germanicarum libri tres. Basel 1531.
Richenthal, Ulrich: Das Konzil zu Konstanz. Hg. von Otto Feger. 2 Bde. Starnberg / Konstanz 1964.
RTA: Deutsche Reichstagsakten [J. R.: Jüngere Reihe; M. R.: Mittlere Reihe]. Gotha / Göttingen 1867-.
Salutati, Coluccio: Epistolario. Hg. von Francesco Novati. 4 Bde. Rom 1891-1911.
– Invectiva in Antonium Luschum Vicentinum de eadem Republica male sentientem. Hg. von D. Moreni. Florenz 1826.
Schnur, Harry C. (Hg.): Lateinische Gedichte deutscher Humanisten. Lateinisch und Deutsch. Stuttgart 1966.
Schradin, Johannes: Expostulation / das ist klag unnd Verweiß Germanie des Teütschen Lands gegen Carolo Quinto dem Keyser / des unbillichen bekriegens / wie sollichs wider alle billicheit und recht beschehe. O.O. 1546 (Flugschriftensammlung Gustav Freytag 4378).
– Warhaffte und gegründte meldung / und anzeigen der geschwinden / tückischen / bösen anschleg und practick / so wider die Löblichen protestirenden Stende [...] durch die grossen Feind Gottes / den Babst / und seinem anhang / fürgenomen / und zu iemerlichen unwiderbringlichen undergehen / und verderben des Deudtschen Lands / erdacht seind. O.O. 1546 (Flugschriftensammlung Gustav Freytag 4379).
Sieber-Lehmann, Claudius / Thomas Wilhelmi (Hg.): In Helvetios – Wider die Kuhschweizer. Fremd- und Feindbilder von den Schweizern in antieidgenössischen Texten aus der Zeit von 1386-1532. Bern / Stuttgart / Wien 1998.
Sleidan, Johannes: Commentarii de statu religionis et reipublicae / Carolo Quinto Caesare / Libri XXVI. Straßburg o.J.
Spalatinus, Georg: Historia Arminii, Germanorum contra Romanos Ducis, ex fide dignis historicis conscripta. In: Ulrichs von Hutten Arminius, Herrmann und Georg Spalatinus' Herrmann. Hg. lat./dt. von Friedrich Fröhlich. Wien 1815. S. 58-179.
Spangenberg, Cyriacus: AdelsSpiegel. Historischer Ausfürlicher Bericht: Was Adel sey und heisse, Woher er komme, Wie mancherley er sey, Und Was denselben ziere und erhalte [...]. 1. Theil. Schmalkalden 1591.
Strabo: Geography. Hg. lat./engl. von Horace Leonard Jones. Bd. 3 (Bücher 6-7). Cambridge, Mass. / London [5]1983.
Trithemius, Johannes: De Laude Scriptorum. Zum Lobe der Schreiber. Hg. lat./dt. von Klaus Arnold. Würzburg 1973.
– De origine gentis Francorum compendium: An Abridged History of the Franks. Hg. lat./engl. von Martin Kuelbs und Robert R. Sonkowsky. Dudweiler 1987.
– De scriptoribus ecclesiasticis. Basel 1494.

– Opera historica. Hg. von Marquard Freher. Frankfurt a. M. 1601 (Nachdruck: ebd. 1966).

Troeltsch, Ernst: Das Wesen der Deutschen. Heidelberg 1915.

Twinger, Jacob von Königshofen: Chronik. Hg. von Carl Hegel. In: Die Chroniken der oberrheinischen Städte. 2 Bde. Straßburg und Leipzig 1870/71.

Valla, Lorenzo: Elegantiarum libri sex. In: Prosatori Latini del Quattrocento. Hg. von Eugenio Garin. Mailand / Neapel 1952. S. 594-631.

– Opera omnia. 2 Bde. Turin 1962.

Vernet, M. André: Le »Tragicum argumentum de miserabili statu regni Francie« de François de Monte-Belluna (1357). In: Annuaire-Bulletin de l'histoire de France (1962-63). S. 101-163.

Von Gottes gnaden Johannes Friederich / Hertzog zu Sachssen / Philips Landgraff zu Hessen / und gemeiner Christlicher einung verordnete Kriegs Rethe. An Hertzog Wilhelm zu Bayern / 1546, den 3. Augusti. O.O. 1546 (Flugschriftensammlung Gustav Freytag 2038).

Walch, Christian Wilhelm Franz (Hg.): Monimenta medii aevi. Ex bibliotheca regia Hanoverana. Bd. 1. Göttingen 1757-58.

Walther von der Vogelweide: Werke. Bd. 1: Spruchlyrik. Stuttgart 1994.

Warhafftige Copeyen etlicher Schriften / So [...] Herr Philips Landgraff zu Hessen / etc. und die Stymstende / an den [...] Herrn Moritzen Hertzogen zu Sachsen / etc. Und an seiner F. G. Landstendt / than haben / etc. O.O. 1546 (Flugschriftensammlung Gustav Freytag 2030).

Warhafftiger Abdruck der Artickel / Welcher sich der Antechrist zu Rom / der Bapst / mit dem Jtzigen Keyser Karolo verglichen und vorbunden / belangende den uberzugk / auff die Evangelischen Stende / zu derselben wahren Religion Aussdilgung unnd unterdrückung. O.O. 1546 (Flugschriftensammlung Gustav Freytag 4371).

Weber, Alfred: Gedanken zur deutschen Sendung. Berlin 1915.

Weinrich, Lorenz (Hg.): Quellen zur Reichsreform im Spätmittelalter. Darmstadt 2001.

– Quellen zur Verfassungsgeschichte des Römisch-deutschen Reiches im Spätmittelalter (1250-1500). Darmstadt 1983.

Wiesflecker-Friedhuber, Inge (Hg.): Quellen zur Geschichte Maximilians I. und seiner Zeit. Darmstadt 1996.

Willichius, Jodocus: In Cornelii Taciti Equitis Romani Germaniam Commentaria. Frankfurt a. M. 1551.

Wimpfeling, Jakob: Adolescentia. In: Jacobi Wimpfelingi opera selecta. Hg. von Otto Herding. Bd. 1. München 1965 (üb. in: Jakob Wimphelings pädagogische Schriften. Hg. von Joseph Freundgen. Paderborn 1892. S. 175-328).

– Agatharchia id est bonus principatus vel epitoma contitionum boni principis. Straßburg 1498 (üb. in: Jakob Wimphelings pädagogische Schriften. Hg. von Joseph Freundgen. Paderborn 1892. S. 331-352).

– Briefwechsel. In: Jacobi Wimpfelingi opera selecta. Hg. von Otto Herding und Dieter Mertens. Bde. 3,1/3,2. München 1990.

– Epitoma Germanicarum Rerum. In: Schardius Redivivus sive Rerum Germanicarum Scriptores varii olim a D[omino] Simone Schardio in quatuor tomos collecti. Bd. 1. Gießen 1673. S. 170-199.

– Germania. In: Staatslehre der frühen Neuzeit. Hg. lat./dt. von Notker Hammerstein. Frankfurt a. M. 1995. S. 9-95.
– Isidoneus Germanicus. Ad R. P. D. Georgium de Gemmyngen. Straßburg 1497 (üb. in: Jakob Wimphelings pädagogische Schriften. Hg. von Joseph Freundgen. Paderborn 1892. S. 81-174).
– Lob des Speyerer Doms. Laudes ecclesiae Spirensis. Faksimile der Inkunabel von 1486. Hg. lat./dt. von Reinhard Düchting und Antje Kohnle. Wiesbaden 1999.
– Responsa et Replicae ad Eneam Silvium. In: Piccolomini, Enea Silvio: Germania. Hg. von Adolf Schmidt. Köln / Graz 1962. S. 125-146.
– Soliloquium pro pace Christianorum et pro Helvetiis ut resipiscant. Straßburg 1505.

Winzinger, Franz (Hg.): Die Miniaturen zum Triumphzug Kaiser Maximilians I. 2 Bde. Graz 1972-73.

Zesen, Philipp von: Rosen-Mand. Hamburg 1651.

Forschungsliteratur

Allmand, Christopher: The Hundred Years War. England and France at War 1300-1450. Cambridge 1988.

Alter, Peter: Nationalismus. Frankfurt a. M. 1985.

Altermatt, Urs: Das Fanal von Sarajevo. Ethnonationalismus in Europa. Zürich 1996.

Amelung, Peter: Das Bild der Deutschen in der Literatur der italienischen Renaissance (1400-1559). München 1964.

Andermann, Ulrich: Bildung, Wissenschaft und Gelehrte in der Stadt um 1500. In: Stadt und Bildung. Hg. von Bernhard Kirchgässner und Hans-Peter Becht. Sigmaringen 1997. S. 9-49.

Anderson, Benedict: Die Erfindung der Nation. Zur Karriere eines folgenreichen Konzepts. Frankfurt ²1996 (Erstausgabe: Imagined Communities. Reflections on the Origin and Spread of Nationalism. London 1983. Verwendet wurde die überarbeitete Auflage von 1991).

Angermeier, Heinz: Die Reichsreform 1410-1555. Die Staatsproblematik in Deutschland zwischen Mittelalter und Gegenwart. München 1984.

Apel, Karl-Otto: Die Idee der Sprache in der Tradition des Humanismus von Dante bis Vico. Bonn ²1975.

Aretin, Karl Otmar von: Reichspatriotismus. In: Patriotismus in Deutschland. Hg. von Günter Birtsch und Meinhard Schröder. Trier 1993. S. 5-9.

Arnold, Klaus: »damit der arm man vnnd gemainer nutz iren furgang haben ...« Zum deutschen »Bauernkrieg« als politischer Bewegung: Wendel Hiplers und Friedrich Weigandts Pläne einer »Reformation« des Reiches. In: Zeitschrift für historische Forschung 9 (1982). S. 257-313.
– De viris illustribus. Aus den Anfängen der humanistischen Literaturgeschichtsschreibung: Johannes Trithemius und andere Schriftstellerkataloge des 15. Jahrhunderts. In: Humanistica Lovaniensia 42 (1993). S. 52-70.
– Freiheit im Mittelalter. In: Historisches Jahrbuch 104 (1984). S. 1-21.
– Johannes Trithemius (1462-1516). Würzburg ²1991 (Erstausgabe 1971).

Asher, R. E.: National Myths in Renaissance France. Francus, Samothes and the Druids. Edinburgh 1993.
Augustijn, Cornelis: Humanisten auf dem Scheideweg zwischen Luther und Erasmus. In: Humanismus und Reformation – Martin Luther und Erasmus von Rotterdam in den Konflikten ihrer Zeit. Hg. von Hermann Pesch. Freiburg i. B. 1985. S. 119-134.
Ax, Wolfram: Lorenzo Valla (1407-1457). Elegantiarum linguae Latinae libri sex (1449). In: ders. (Hg.): Von Eleganz und Barbarei. Lateinische Grammatik und Stilistik in Renaissance und Barock. Wiesbaden 2001. S. 29-57.
Backmann, Sibylle / Hans-Jörg Künast: Einführung. In: Ehrkonzepte in der Frühen Neuzeit. Identitäten und Abgrenzungen. Hg. von Sibylle Backmann, Hans-Jörg Künast, Sabine Ullmann und B. Ann Tlusty. Berlin 1998. S. 13-23.
Barisch, Gerhard: Lupold von Bebenburg. Zum Verhältnis von politischer Praxis, politischer Theorie und angewandter Politik. Eine Studie über den Eigenwert politischen Handelns in der Geschichte und der Gegenwart des 14. Jahrhunderts. In: Historischer Verein Bamberg 113 (1977). S. 219-432.
Barnard, Frederick M.: Zwischen Aufklärung und politischer Romantik. Eine Studie über Herders soziologisch-politisches Denken. Berlin (West) 1964.
Baron, Hans: Bürgersinn und Humanismus im Florenz der Renaissance. Berlin 1992.
– The Crisis of Early Italian Renaissance: Civic Humanism and Republican Liberty in an Age of Classicism and Tyranny. 2 Bde. Princeton 1955.
Bauer, Wolfgang: China und die Hoffnung auf Glück. Paradiese – Utopien – Idealvorstellungen. München 1971.
Baumann, Annette: Weltchronistik im ausgehenden Mittelalter: Heinrich von Herford, Gobelinus Person, Dietrich Engelhus. Frankfurt a. M. / Bern 1995.
Baumgarten, H.: Zur Geschichte des Schmalkaldischen Krieges. In: Historisches Jahrbuch 36 (1876). S. 26-82.
Baur, Jürgen: Gott, Recht und weltliches Regiment im Werke Calvins. Bonn 1965.
Beaucourt, G. du Fresne de: Histoire de Charles VII. Bd. 4: L'expansion de la royauté. Paris 1888.
Beaune, Colette: Jeanne d'Arc. Paris 2004.
– Naissance de la nation France. Paris 1985.
Beck, Heinrich: Tacitus' Germania und die deutsche Philologie. In: Beiträge zum Verständnis der Germania des Tacitus. Hg. von Herbert Jankuhn und Dieter Timpe. Bd. 1. Göttingen 1989. S. 155-179.
Benzinger, Josef: Invectiva in Romam. Romkritik im Mittelalter vom 9. bis zum 12. Jahrhundert. Lübeck / Hamburg 1968.
Berdahl, Robert M.: Der deutsche Nationalismus in neuer Sicht. In: Nationalismus. Hg. von Heinrich August Winkler. Königstein 1975. S. 138-154.
Berding, Helmut (Hg.): Nationales Bewußtsein und kollektive Identität. Studien zur Entwicklung des kollektiven Bewußtseins in der Neuzeit 2. Frankfurt a. M. 1994.
Berg, Dieter: Deutschland und seine Nachbarn 1200-1500. München 1997.
Berger, Peter L. / Thomas Luckmann: Die gesellschaftliche Konstruktion der Wirklichkeit. Eine Theorie der Wissenssoziologie. Frankfurt a. M. 1969 (Erstausgabe: The Social Construction of Reality. New York 1966).
Berns, Jörg Jochen: Maximilian und Luther. Ihre Rolle im Entstehungsprozeß einer

deutschen Nationalliteratur. In: Nation und Literatur im Europa der Frühen Neuzeit. Hg. von Klaus Garber. Tübingen 1989. S. 640-668.

Bernstein, Eckhard: Der Erfurter Humanistenkreis am Schnittpunkt von Humanismus und Reformation. Das Rektoratsblatt des Crotus Rubeanus. In: Der polnische Humanismus und die europäischen Sodalitäten. Hg. von Stephan Füssel und Jan Pirożyński. Wiesbaden 1997. S. 137-165.

Bietenholz, Peter: Der italienische Humanismus und die Blütezeit des Buchdrucks in Basel. Die Basler Drucke italienischer Autoren von 1530 bis zum Ende des 16. Jahrhunderts. Basel / Stuttgart 1959.

Birtsch, Günter: Einleitung. In: Patriotismus in Deutschland. Hg. von Günter Birtsch und Meinhard Schröder. Trier 1993. S. 2-3.

Bitterli, Urs: Die »Wilden« und die »Zivilisierten«. Grundzüge einer Geistes- und Kulturgeschichte der europäisch-überseeischen Begegnung. München ^{2}1991.

Black, Cyril E.: The Dynamics of Modernization. New York 1967.

Black, Robert: Humanism. In: The New Cambridge Medieval History. Hg. von Christopher Allmand. Bd. 7. Cambridge 1998. S. 243-277.

Blickle, Peter: Der Bauernkrieg. Die Revolution des Gemeinen Mannes. München 1998.

– Die politische Entmündigung des Bauern. Kritik und Revision einer These. In: Revolte und Revolution in Europa. Hg. von Peter Blickle. München 1975. S. 298-312.

Blusch, Jürgen: Enea Silvio Piccolomini und Giannantonio Campano. Die unterschiedlichen Darstellungsprinzipien in ihren Türkenreden. In: Humanistica Lovaniensia 28/29 (1979/80). S. 78-138.

– Zur Rezeption der Germania des Tacitus bei Giannantonio Campano und Enea Silvio Piccolomini. In: Humanistica Lovaniensia 32 (1983). S. 75-106.

Böhm, Helmut: »Gallica Gloria«. Untersuchungen zum kulturellen Nationalgefühl in der älteren französischen Neuzeit. Freiburg i. Br. 1977.

Boehm, Laetitia: Artes mechanicae und artes liberales im Mittelalter. Die praktischen Künste zwischen illiterater Bildungstradition und schriftlicher Wissenschaftskultur. In: dies.: Geschichtsdenken, Bildungsgeschichte, Wissenschaftsorganisation. Hg. von Gert Melville, Rainer A. Müller und Winfried Müller. Berlin 1996. S. 493-516.

– Technische Bildung von den Anfängen bis zur frühen Neuzeit. In: ebd. S. 447-492.

Bohnstedt, John W.: The Infidel Scourge of God: The Turkish Menace as Seen by German Pamphleteers of the Reformation Era. Philadelphia 1968.

Borries, Emil von: Wimpfeling und Murner im Kampf um die ältere Geschichte des Elsasses. Ein Beitrag zur Charakteristik des deutschen Frühhumanismus. Heidelberg 1926.

Borst, Arno: Das Karlsbild in der Geschichtswissenschaft vom Humanismus bis heute. In: Karl der Große. Lebenswerk und Nachleben. Hg. von Wolfgang Braunfels und Percy Ernst Schramm. Bd. 4: Das Nachleben. Düsseldorf ^{2}1967. S. 364-402.

– Der Turmbau von Babel. Geschichte der Meinungen über Ursprung und Vielfalt der Sprachen und Völker. 6 Bde. Stuttgart 1957-1963.

Bosbach, Franz: Der französische Erbfeind. Zu einem deutschen Feindbild im Zeitalter Ludwigs XIV. In: Feindbilder. Die Darstellung des Gegners in der politischen Publizistik des Mittelalters und der Neuzeit. Hg. von Franz Bosbach. Köln / Weimar / Wien 1992. S. 117-139.

– Monarchia Universalis. Ein politischer Leitbegriff der Frühen Neuzeit. Göttingen 1988.
Bosl, Karl: Johann Turmair, gen. Aventinus aus Abensberg in seiner Zeit. In Zeitschrift für bayerische Landesgeschichte 40 (1977). S. 325-340.
Bourdieu, Pierre: Entwurf einer Theorie der Praxis auf der ethnologischen Grundlage der kabylischen Gesellschaft. Frankfurt a. M. 1976.
– Ökonomisches Kapital, kulturelles Kapital, soziales Kapital. In: Soziale Ungleichheiten. Hg. von Reinhard Kreckel. Göttingen 1983. S. 183-198.
Brady, Thomas A.: In Search of the Godly City: The Domestication of Religion in the German Urban Reformation. In: The German People and the Reformation. Hg. von Ronnie Po-Chia Hsia. Ithaca / London 1988. S. 14-31.
– Zwischen Gott und Mammon. Protestantische Politik und deutsche Reformation. Wien 1996.
Brandmüller, Walter: Das Konzil von Konstanz 1414-1418. 2 Bde. Paderborn / München / Wien / Zürich 1991-1997.
Brann, Noel L.: Conrad Celtis and the »Druid« Abbot Trithemius: An Inquiry into Patriotic Humanism. In: Renaissance and Reformation / Renaissance et Réforme 15 (1979). S. 16-28.
– The Abbot Trithemius (1462-1516). The Renaissance of Monastic Humanism. Leiden 1981.
Brecht, Martin: Die Rezeption von Luthers Freiheitsverständnis in der frühen Neuzeit. In: Lutherjahrbuch 62 (1995). S. 121-149.
– Luther und die Türken. In: Europa und die Türken in der Renaissance. Hg. von Bodo Guthmüller und Wilhelm Kühlmann. Tübingen 2000. S. 9-27.
– Martin Luther. Bd. 2: Ordnung und Abgrenzung der Reformation 1521-1532. Stuttgart 1986.
– Moral und Gnade. Der Vermittlungsversuch des Erasmus und Luthers Widerspruch. In: Humanismus und Reformation – Martin Luther und Erasmus von Rotterdam in den Konflikten ihrer Zeit. Hg. von Hermann Pesch. Freiburg i. Br. 1985. S. 71-90.
Breen, Quirinus: Giovanni Pico della Mirandola on the Conflict of Philosophy and Rhetoric. In: Journal of the History of Ideas 13/3 (1952). S. 384-412.
Breuilly, John: Nationalism and the State. Manchester 1982.
Bringmann, Klaus: Topoi in der taciteischen Germania. In: Beiträge zum Verständnis der Germania des Tacitus. Hg. von Herbert Jankuhn und Dieter Timpe. Bd. 1. Göttingen 1989. S. 59-78.
Brough, Sonia: The Goths and the Concept of Gothic in Germany from 1500 to 1750. Culture, Language and Architecture. Frankfurt a. M. / Bern / New York 1985.
Brucker, Gene Adam: Florentine Politics and Society, 1343-1378. Princeton 1962.
– The Civic World of Early Renaissance Florence. Princeton 1977.
Brühl, Carlrichard: Deutschland – Frankreich. Die Geburt zweier Völker. Köln / Wien 1990.
Bublitz, Hannelore: Diskursanalyse als Gesellschafts-»Theorie«. In: Das Wuchern der Diskurse. Hg. von Hannelore Bublitz, Andrea D. Bührmann, Christine Hanke und Andrea Seier. Frankfurt / New York 1999. S. 22-48.
Buck, August: Die Rezeption des Humanismus in den juristischen und medizinischen

Fakultäten der italienischen Universitäten. In: Der Humanismus und die höheren Fakultäten. Hg. von Gundolf Keil, Bernd Moeller und Winfried Trusen. Weinheim 1987. S. 267-284.

– Humanismus. Seine Europäische Entwicklung in Dokumenten und Darstellungen. Freiburg i. Br. / München. 1987.

Bücking, Jürgen: Der »Oberrheinische Revolutionär« heißt Conrad Strützel, seines Zeichens kgl. Hofkanzler. In: Archiv für Kulturgeschichte 56 (1974). S. 177-197.

Burckhardt, Andreas: Johannes Basilius Herold. Kaiser und Reich im protestantischen Schrifttum des Basler Buchdrucks um die Mitte des 16. Jahrhunderts. Basel / Stuttgart 1966.

Burckhardt, Jacob: Die Kultur der Renaissance in Italien. Wien 1935.

– Griechische Culturgeschichte. Bd. 1: Die Griechen und ihr Mythus. Die Polis. München / Basel 2002.

Burkhardt, Johannes: Das Bild des Johannes Eck in der Geschichtsschreibung. In: Johannes Eck (1486-1543) im Streit der Jahrhunderte. Hg. von Erwin Iserloh. Münster 1988. S. 8-36.

Burmeister, Karl Heinz. Sebastian Münster. Versuch eines biographischen Gesamtbildes. Basel / Stuttgart 1963.

– Einflüsse des Humanismus auf das Rechtsstudium am Beispiel der Wiener Juristenfakultät. In: Der Humanismus und die höheren Fakultäten. Hg. von Gundolf Keil, Bernd Moeller und Winfried Trusen. Weinheim 1987. S. 159-171.

Busch, Jörg W.: Die vorhumanistischen Laiengeschichtsschreiber in den oberitalienischen Kommunen und ihre Vorstellungen vom Ursprung der eigenen Heimat. In: Diffusion des Humanismus. Studien zur nationalen Geschichtsschreibung europäischer Humanisten. Hg. von Johannes Helmrath, Ulrich Muhlack und Gerrit Walther. Göttingen 2002. S. 35-54.

Busse, Dietrich / Wolfgang Teubert: Ist Diskurs ein sprachwissenschaftliches Objekt? Zur Methodenfrage der Historischen Semantik. In: dies. (Hg.): Begriffsgeschichte und Diskursgeschichte. Opladen 1994. S. 10-28.

Buszello, Horst: Der deutsche Bauernkrieg als politische Bewegung, mit besonderer Berücksichtigung der anonymen Flugschrift an die Versamlung Gemayner Pawerschafft. Berlin 1969.

Cecchetti, Dario: Petrarca, Pietramala e Clamanges. Storia di una »querelle« inventata. Paris 1982.

Cellarius, Helmut: Die Reichsstadt Frankfurt und die Gravamina der deutschen Nation. Leipzig 1938.

Chastel, André / Robert Klein: Die Welt des Humanismus. Europa 1480-1530. München 1963.

Cheneval, Francis: Die Rezeption der Monarchia Dantes bis zur Editio Princeps im Jahre 1559. Metamorphosen eines philosophischen Werkes. München 1995.

Chrisman, Miriam: Printing and the Evolution of Lay Culture in Strasbourg 1480-1599. In: The German People and the Reformation. Hg. von Ronnie Po-Chia Hsia. Ithaca 1988.

Clark, Linda L.: Social Darwinism in France. Alabama 1984.

Clavuot, Ottavio: Biondos »Italia Illustrata« – Summa oder Neuschöpfung? Über die Arbeitsmethoden eines Humanisten. Tübingen 1990.

Cocchia, E.: La polemica del Petrarca col maestro Giovanni da Hesdin per il trasferimento della sede pontificia da Vignone a Roma. In: Atti della R. Accademia di archeologia, lettere e belle arti di Napoli 7 (1920). S. 93-202.
Conrad, Franziska: Reformation in der bäuerlichen Gesellschaft. Zur Rezeption reformatorischer Theologie im Elsaß. Stuttgart 1984.
Cordes, Günter: Die Quellen der Exegesis Germaniae des Franciscus Irenicus und sein Germanenbegriff. Tübingen 1966.
Crecelius, Wilhelm: Jakob Wimpfeling und die Schwaben. In: Alemannia 12 (1884). S. 44-58.
Dahme, Heinz Jürgen: Der Verlust des Fortschrittsglaubens und die Verwissenschaftlichung der Soziologie. Ein Vergleich von Georg Simmel, Ferdinand Tönnies und Max Weber. In: Simmel und die Frühen Soziologen. Nähe und Distanz zu Durkheim, Tönnies und Max Weber. Hg. von Otthein Rammstedt. Frankfurt a. M. 1988.
Dallmeier, Martin: Großreich und Kommunikation. In: Karl V. 1500-1558. Neue Perspektiven seiner Herrschaft in Europa und Übersee. Hg. von Alfred Kohler, Barbara Haider und Christine Ottner. Wien 2002. S. 223-244.
Dann, Otto (Hg.): Nationalismus in vorindustrieller Zeit. München 1986.
– Nationsbildung im neuzeitlichen Europa. In: Mittelalterliche nationes – neuzeitliche Nationen. Probleme der Nationenbildung in Europa. Hg. von Almut Bues und Rex Rexheuser. Wiesbaden 1995. S. 27-41.
Dauge, Yves Albert: Le Barbare. Recherches sur la conception romaine de la barbarie et de la civilisation. Brüssel 1981.
Delgado, Mariano: Religion und Nation in der abendländischen Geschichte. In: Nationen und Nationalismus in Europa. FS für Urs Altermatt. Hg. von Catherine Bosshart-Pfluger, Joseph Jung und Franziska Metzger. Frauenfeld 2002. S. 115- 135.
Demandt, Alexander: Der Fall Roms. Die Auflösung des römischen Reiches im Urteil der Nachwelt. München 1984.
– Geschichte der Spätantike. Das Römische Reich von Diocletian bis Justinian 284-565 n. Chr. München 1998.
Desan, Philippe: Nationalism and History in France during the Renaissance. In: Rinascimento 24 (1984). S. 261-288.
Deutsch, Karl W.: Der Nationalismus und seine Alternativen. München 1972 (Erstausgabe: Nationalism and its Alternatives. New York 1969).
– Nationalism and Social Communication: an Inquiry into the Foundations of Nationality. Cambridge, Mass. 1953.
– Nationenbildung – Nationalstaat – Integration. Düsseldorf 1972.
Dickens, Arthur Geoffrey: The German Nation and Martin Luther. London 1974.
Diederichs, Peter: Kaiser Maximilian I. als politischer Publizist. Jena 1932.
Dihle, Albrecht: Die Philosophie der Barbaren. In: Gegenwelten zu den Kulturen Griechenlands und Roms in der Antike. Hg. von Tonio Hölscher. Leipzig 2000. S. 183-203.
Dinges, Martin: Die Ehre als Thema der historischen Anthropologie. In: Verletzte Ehre. Ehrkonflikte in Gesellschaften der Frühen Neuzeit. Hg. von Klaus Schreiner und Gerd Schwerhoff. Köln / Weimar / Wien 1995. S. 29-62.
Dörner, Andreas: Die symbolische Politik der Ehre. Zur Konstruktion der nationalen Ehre in den Diskursen der Befreiungskriege. In: Ehre. Archaische Momente in der

Moderne. Hg. von Ludgera Vogt und Arnold Zingerle. Frankfurt a. M. 1994. S. 78-95.

Donati, Paolo R.: Die Rahmenanalyse politischer Diskurse. In: Handbuch sozialwissenschaftliche Diskursanalyse. Hg. von Reiner Keller, Andreas Hirseland, Werner Schneider und Willy Viehöver. Bd. 1. Opladen 2001. S. 145-175.

Dotzauer, Winfried: Deutsches Studium und deutsche Studenten an europäischen Hochschulen (Frankreich, Italien) und die nachfolgende Tätigkeit in Stadt, Kirche und Territorium in Deutschland. In: Stadt und Universität im Mittelalter und in der früheren Neuzeit. Hg. von Erich Maschke und Jürgen Sydow. Sigmaringen 1977. S. 112-141.

Dülmen, Richard van: Reformation als Revolution: soziale Bewegung und religiöser Radikalismus in der deutschen Reformation. München 1977.

Dupont-Ferrier, Gustave: Le sens des mots »patria« et »patrie« en France au Moyen Age et jusqu'au début du XVIe siècle. In: Revue historique 188 (1940). S. 89-104.

Durkheim, Emile: Die elementaren Formen des religiösen Lebens. Frankfurt a. M. 1998.

Eco, Umberto: A Portrait of the Artist as a Bachelor. In: Die Bücher und das Paradies. Über Literatur. München / Wien 2003. S. 92-112.

Edwards, Mark. U.: The Reception of Luther's Understanding of Freedom in the Early Modern Period. In: Lutherjahrbuch 62 (1995). S. 104-117.

Ehlers, Joachim (Hg.): Ansätze und Diskontinuität deutscher Nationsbildung im Mittelalter. Sigmaringen 1989.

– Die deutsche Nation des Mittelalters als Gegenstand der Forschung. In: ders. (Hg.): Ansätze und Diskontinuität deutscher Nationsbildung im Mittelalter. Sigmaringen 1989. S. 11-58.

– Die Entstehung der Nationen und das mittelalterliche Reich. In: Geschichte in Wissenschaft und Unterricht 43 (1992). S. 264-74.

– Elemente mittelalterlicher Nationsbildung in Frankreich (10.-13. Jahrhundert). In: Historische Zeitschrift 231 (1980). S. 565-587.

– Kontinuität und Tradition als Grundlage mittelalterlicher Nationsbildung in Frankreich. In: Beiträge zur Bildung der französischen Nation im Früh- und Hochmittelalter. Sigmaringen 1983. S. 15-47.

– Mittelalterliche Voraussetzungen für nationale Identität in der Neuzeit. In: Nationale und kulturelle Identität. Hg. von Bernhard Giesen. Frankfurt a. M. 1991. S. 77-99.

Eichenberger, Thomas: Patria. Studien zur Bedeutung des Wortes im Mittelalter (6.-12. Jahrhundert). Sigmaringen 1991.

Entner, Heinz: Was steckt hinter dem Wort »sodalitas litteraria«? Ein Diskussionsbeitrag zu Conrad Celtis und seinen Freundeskreisen. In: Europäische Sozietätsbewegung und demokratische Tradition. Hg. von Klaus Garber und Heinz Wismann. Bd. 2. Tübingen 1996. S. 1069-1101.

Fabian, Ekkehart: Die Entstehung des Schmalkaldischen Bundes und seiner Verfassung 1524/1529-1531/1535. Tübingen ^{2}1962.

Ferguson, Wallace K.: Renaissance in Historical Thought. Five Centuries of Interpretation. Cambridge, Mass. 1948.

Finsen, Hans Carl: Die Rhetorik der Nation. Redestrategien im nationalen Diskurs. Tübingen 2001.

Flogaus, Reinhard: Luther versus Melanchthon? Zur Frage der Einheit der Wittenberger Reformation in der Rechtfertigungslehre. In: Archiv für Reformationsgeschichte 91 (2000). S. 6-46.
Foucault, Michel: Archäologie des Wissens. Frankfurt a. M. 1973.
– Die Ordnung des Diskurses. Inauguralvorlesung am Collège de France, 2. Dezember 1970. München 1974.
Francis, Emmerich: Ethnos und Demos. Soziologische Beiträge zur Volkstheorie. Berlin 1965.
Fubini, Riccardo: La rivendicazione di Firenze della sovranità statale e il contributo delle »Historiae« di Leonardo Bruni. In: Leonardo Bruni, cancelliere della Repubblica di Firenze. Hg. von Paolo Viti. Florenz 1990. S. 29-62.
Fuhrmann, Manfred: Alexander von Roes: Ein Wegbereiter des Europagedankens? Heidelberg 1994.
– Die Germania des Tacitus und das deutsche Nationalbewußtsein. In: ders.: Brechungen. Stuttgart 1982. S. 113-128.
Furr, Grover: France vs. Italy: French Literary Nationalism in »Petrarc's Last Controversy« and a Humanist Dispute of ca. 1395. In: Proceedings of the Patristic, Medieval and Renaissance Conference 4 (1979).
Garin, Eugenio: Geschichte und Dokumente der abendländischen Pädagogik. Bd. 2: Humanismus. Reinbek 1966.
Garnier, Claudia: Injurien und Satisfaktion. Zum Stellenwert rituellen Handelns in Ehrkonflikten des spätmittelalterlichen und frühneuzeitlichen Adels. In: Zeitschrift für historische Forschung 29 (2002). S. 525-560.
Gebhardt, Bruno: Die gravamina der Deutschen Nation gegen den römischen Hof. Ein Beitrag zur Vorgeschichte der Reformation. Breslau [2]1895.
Geiger, Ludwig: Renaissance und Humanismus in Italien und in Deutschland. Berlin 1882.
Geiger, Theodor: Kritische Bemerkungen zum Begriffe der Ideologie. In: Ideologie – Wissenschaft – Gesellschaft. Hg. von Hans-Joachim Lieber. Darmstadt 1976. S. 171-191.
Gellner, Ernest: Contemporary Thought and Politics. London 1974.
– Nationalism, or the New Confessions of a Justified Edinburgh Sinner. In: The Political Quarterly 49/1 (1978). S. 103-111.
– Nationalismus und Moderne. Berlin 1991 (Erstausgabe: Nations and Nationalism. Oxford 1983).
– Nationalismus. Kultur und Macht. Berlin 1999 (Erstausgabe: Nationalism. London 1997).
– Thought and Change. London 1964.
Gerl, Hanna-Barbara: Rhetorik als Philosophie. Lorenzo Valla. München 1974.
Giddens, Anthony: The Nation-State and Violence. Cambridge 1985.
Giesecke, Michael: Der Buchdruck in der Frühen Neuzeit. Eine historische Fallstudie über die Durchsetzung neuer Informations- und Kommunikationstechnologien. Frankfurt a. M. 1991.
Giesen, Bernhard (Hg.): Nationale und kulturelle Identität. Studien zur Entwicklung des kollektiven Bewusstseins in der Neuzeit. Frankfurt a. M. 1991.
– Die Intellektuellen und die Nation. Eine deutsche Achsenzeit. Frankfurt a. M. 1993.

– Kollektive Identität. Die Intellektuellen und die Nation 2. Frankfurt a. M. 1999.
Gille, Bertrand: Ingenieure der Renaissance. Wien / Düsseldorf 1968.
Goertz, Hans-Jürgen: Pfaffenhaß und groß Geschrei: die reformatorischen Bewegungen in Deutschland 1517-1529. München 1987.
Goez, Werner: Die Anfänge der historischen Methoden-Reflexion im italienischen Humanismus. In: Geschichte in der Gegenwart. FS für Kurt Kluxen. Hg. von Ernst Heinen und Julius Schoeps. Paderborn 1972. S. 3-21.
– Translatio Imperii. Ein Beitrag zur Geschichte des Geschichtsdenkens und der politischen Theorien im Mittelalter und in der frühen Neuzeit. Tübingen 1958.
Goldhagen, Daniel Jonah: Hitlers willige Vollstrecker. Ganz gewöhnliche Deutsche und der Holocaust. Berlin 71996.
Gombrich, Ernst H.: Art and Scholarship. In: ders.: Meditations on a Hobby Horse. London 1963. S. 106-119.
– From the Revival of Letters to the Reform of the Arts: Niccolò Niccoli and Filippo Brunelleschi. In: Essays in the History of Art Presented to Rudolf Wittkower. Hg. von Douglas Fraser, Howard Hibbard und Milton J. Lewine. Bd. 2. London 1967. S. 71-82.
Gotthelf, Friedrich: Das deutsche Altertum in den Anschauungen des sechzehnten und siebzehnten Jahrhunderts. Berlin 1900.
Graf, Klaus: Aspekte zum Regionalismus in Schwaben und am Oberrhein im Spätmittelalter. In: Historiographie am Oberrhein im späten Mittelalter und in der Frühen Neuzeit. Hg. von Kurt Andermann. Sigmaringen 1988. S. 165-192.
– »Der adel dem purger tregt hass«. Feindbilder und Konflikte zwischen städtischem Bürgertum und landsässigem Adel im späten Mittelalter. In: Adelige und bürgerliche Erinnerungskulturen des Spätmittelalters und der Frühen Neuzeit. Hg. von Werner Rösener. Göttingen 2000. S. 191-204.
– Reich und Land in der südwestdeutschen Historiographie um 1500. Deutsche Landesgeschichtsschreibung im Zeichen des Humanismus. Hg. von Franz Brendle, Dieter Mertens, Anton Schindling und Walter Ziegler. Stuttgart 2001. S. 201-211.
Grassi, Ernesto: Rhetoric as Philosophy. The Humanist Tradition. London 1980.
Graus, František: »Freiheit« als soziale Forderung. Die Bauernbewegungen im Spätmittelalter. In: Die abendländische Freiheit vom 10. zum 14. Jahrhundert. Der Wirkungszusammenhang von Idee und Wirklichkeit im europäischen Vergleich. Hg. von Johannes Fried. Sigmaringen 1991. S. 409-433.
– Die Nationenbildung der Westslawen. Sigmaringen 1980.
– Kontinuität und Diskontinuität des Bewußtseins nationaler Eigenständigkeit im Mittelalter. In: Entstehung von Sprachen und Völkern. Glotto- und ethnogenetische Aspekte europäischer Sprachen. Hg. von P. Sture Ureland. Tübingen 1985. S. 71-81.
Gray, Hanna: Renaissance Humanism, the Pursuit of Eloquence. In: Journal of the History of Ideas 24 (1963). S. 497-514.
Greenfeld, Liah: Nationalism. Five Roads to Modernity. Cambridge, Mass. / London 1992.
Greschat, Martin: Humanistisches Selbstbewußtsein und reformatorische Theologie. In: L'humanisme allemand. XVIIIe colloque international de Tours. Hg. von Ernesto Grassi. München / Paris 1979. S. 371-386.
Griffiths, Gordon: The Justification of Florentine Foreign Policy offered by Leonardo

Bruni in his Public Letters (1428-1444), Based on Documents from the Florentine and Venetian Archives. Rom 1999.
Grundmann, Annelies: Die Beschwerden der deutschen Nation auf den Reichstagen der Reformation. Erläuterungen und Begründung der Sonder-Edition. In: Aus der Arbeit an den Reichstagen unter Kaiser Karl V. Hg. von Heinrich Lutz und Alfred Kohler. Göttingen 1986. S. 69-129.
Grundmann, Herbert: Freiheit als religiöses, politisches und persönliches Postulat im Mittelalter. In: Historische Zeitschrift 183 (1957). S. 23-53.
– Über die Schriften des Alexander von Roes. In: Deutsches Archiv für Erforschung des Mittelalters 8 (1951). S. 154-237.
Günter, Wolfgang: Martin Luthers Vorstellung von der Reichsverfassung. Münster 1976.
Güntert, Hermann: Deutscher Geist. Bühl 1932.
Habermas, Jürgen: Strukturwandel der Öffentlichkeit. Untersuchungen zu einer Kategorie der bürgerlichen Gesellschaft. Darmstadt [11]1980.
Härter, Karl: Policeygesetzgebung auf dem Wormser Reichstag von 1495. In: 1495 – Kaiser Reich Reformen. Der Reichstag zu Worms. Hg. von Claudia Helm und Jost Hausmann Koblenz 1995. S. 81-93.
Hamm, Berndt: Von der spätmittelalterlichen reformatio zur Reformation: der Prozeß normativer Zentrierung von Religion und Gesellschaft in Deutschland. In: Archiv für Reformationsgeschichte 84 (1993). S. 7-82.
Hanisch, Ernst: Die linguistische Wende. Geschichtswissenschaft und Literatur. In: Kulturgeschichte Heute. Hg. von Wolfgang Hardtwig und Hans-Ulrich Wehler. Göttingen 1996. S. 212-230.
Hankins, James: Plato in the Italian Renaissance. 2 Bde. New York [2]1991.
– The »Baron Thesis« after Forty Years and some Recent Studies of Leonardo Bruni. In: Journal of the History of Ideas 56 (1995). S. 309-338.
– The Civic Panegyrics of Leonardo Bruni. In: ders. (Hg.): Renaissance Civic Humanism: Reappraisals and Reflections. Cambridge 2000. S. 143-178.
Hardtwig, Wolfgang: Geschichtsschreibung zwischen Alteuropa und moderner Welt. Jacob Burckhardt in seiner Zeit. Göttingen 1974.
– Jacob Burckhardts Kultur der Renaissance und Max Webers Protestantische Ethik. Ein Vergleich. In: Renaissance und Renaissancismus von Jacob Burckhardt bis Thomas Mann. Hg. von August Buck. Tübingen 1990. S. 13-23.
Hastings, Adrian: The Construction of Nationhood. Ethnicity, Religion and Nationalism. Cambridge 1997.
Haupt, Heinz-Gerhard / Charlotte Tacke: Die Kultur des Nationalen. Sozial- und kulturgeschichtliche Ansätze bei der Erforschung des europäischen Nationalismus im 19. und 20. Jahrhundert. In: Kulturgeschichte Heute. Hg. von Wolfgang Hardtwig und Hans-Ulrich Wehler. Göttingen 1996. S. 255-283.
Hawkins, Mike: Social Darwinism in European and American Thought 1860-1945. Nature as Model and Nature as Threat. Cambridge 1997.
Hay, Denis: Italy and Barbarian Europe. In: Italian Renaissance Studies. Hg. von Ernest F. Jacob. London 1960. S. 48-68.
Hayes, Carlton J. H.: Essays on Nationalism. New York 1928.
Headly, John M.: The Emperor and his Chancellor. A Study of the Imperial Chancellery under Gattinara. Cambridge, Mass. 1983.

Heimpel, Hermann: Die Vener von Gmünd und Straßburg 1162-1447. 3 Bde. Göttingen 1982.

Heinemeyer, Walter: Johann Feige von Lichtenau. Kanzler des Landgrafen Philipp – Kanzler der Philipps-Universität Marburg. In: ders.: Philipp der Großmütige und die Reformation in Hessen. Gesammelte Aufsätze zur hessischen Reformationsgeschichte. Hg. von Hans-Peter Lachmann, Hans Schneider und Fritz Wolff. Marburg 1997. S. 138-153.

Hejl, Peter M.: Konstruktion der sozialen Konstruktion: Grundlinien einer konstruktivistischen Sozialtheorie. In: Der Diskurs des Radikalen Konstruktivismus. Hg. von Siegfried J. Schmidt. Frankfurt a. M. 1987. S. 303-339.

Helbig, Herbert: Reich, Territorialstaaten und deutsche Einheit im Mittelalter. In: Die deutsche Einheit als Problem der europäischen Geschichte. Hg. von Carl Hinrichs und Wilhelm Berges. Stuttgart 1960. S. 72-96.

Helmrath, Johannes: Die Umprägung von Geschichtsbildern in der Historiographie des europäischen Humanismus. In: Von Fakten und Fiktionen. Mittelalterliche Geschichtsdarstellungen und ihre kritische Aufarbeitung. Hg. von Johannes Laudage. Köln / Weimar / Wien 2003. S. 323-352.

– Kommunikation auf den spätmittelalterlichen Konzilien. In: Die Bedeutung der Kommunikation für Wirtschaft und Gesellschaft. Hg. von Hans Pohl. Stuttgart 1989. S. 116-172.

– Pius II. und die Türken. In: Europa und die Türken in der Renaissance. Hg. von Bodo Guthmüller und Wilhelm Kühlmann. Tübingen 2000. S. 79-137.

– Rhetorik und »Akademisierung« auf den deutschen Reichstagen im 15. und 16. Jahrhundert. In: Im Spannungsfeld von Recht und Ritual. Hg. von Heinz Duchhardt und Gert Melville. Köln / Weimar / Wien 1997. S. 423-446.

Herde, Peter: Guelfen und Neoguelfen. Zur Geschichte einer nationalen Ideologie vom Mittelalter zum Risorgimento. In: ders.: Von Dante zum Risorgimento. Studien zur Geistes- und Sozialgeschichte Italiens. Bd. 1. Stuttgart 1997. S. 259-398.

– Politik und Rhetorik in Florenz am Vorabend der Renaissance. Die ideologische Rechtfertigung der Florentiner Außenpolitik durch Coluccio Salutati. In: Archiv für Kulturgeschichte 47 (1965). S. 141-220.

Herding, Otto: Humanistische Friedensideen am Beispiel zweier »Friedensklagen«. In: Die Humanisten in ihrer politischen und sozialen Umwelt. Hg. von Otto Herding und Robert Stupperich. Boppard 1976. S. 7-34.

Herte, Adolf: Das katholische Lutherbild im Bann der Lutherkommentare des Cochlaeus. 3 Bde. Münster 1943.

Hess, Günter: Deutsch-lateinische Narrenzunft. Studien zum Verhältnis von Volkssprache und Latinität in der satirischen Literatur des 16. Jahrhunderts. München 1971.

Hinrichs, Carl: Deutschland zwischen Kaisertum und Libertät 1500-1648. In: Die deutsche Einheit als Problem der europäischen Geschichte. Hg. von Carl Hinrichs und Wilhelm Berges. Stuttgart 1960. S. 97-140.

Hirschi, Caspar: Das humanistische Nationskonstrukt vor dem Hintergrund modernistischer Nationalismustheorien. In: Historisches Jahrbuch 122 (2002). S. 355-396.

Hirseland, Andreas / Werner Schneider: Wahrheit, Ideologie und Diskurse. In: Handbuch sozialwissenschaftliche Diskursanalyse. Hg. von Reiner Keller, Andreas

Hirseland, Werner Schneider und Willy Viehöver. Bd. 1. Opladen 2001. S. 373-402.

Hirstein, James S.: Tacitus' »Germania« and Beatus Rhenanus. A Study of the Editorial and Exegetical Contribution of a Sixteenth Century Scholar. Frankfurt a. M. 1995.

Hobsbawm, Eric: Gefährliche Zeiten. Ein Leben im 20. Jahrhundert. München / Wien 2003.

– Nationen und Nationalismus. Mythos und Realität seit 1780. München 1991 (Erstausgabe: Nations and Nationalism. Program, Myth, Reality. Cambridge 1990).

– Some Reflections on Nationalism. In: Imagination and Precision in the Social Sciences: Essays in Memory of Peter Nettl. London 1972. S. 385-406.

– The Age of Revolution 1789-1848. London 1962.

– The Limits of Nationalism. In: New Society. 2. Oktober 1969.

– / Terence O. Ranger (Hg.): The Invention of Tradition. Cambridge 1983.

Hölkeskamp, Karl-Joachim: Römische »Gentes« und griechische Genealogien. In: Rezeption und Identität. Hg. von Gregor Vogt-Spira und Bettina Rommel. Stuttgart 1999. S. 3-21.

Hölzle, Erwin: Die Idee einer altgermanischen Freiheit vor Montesquieu. Fragmente aus der Geschichte politischer Freiheitsbestrebungen in Deutschland, England und Frankreich vom 16. bis 18. Jahrhundert. München / Berlin 1925.

Hörnqvist, Mikael: The two Myths of Civic Humanism. In: Renaissance Civic Humanism: Reappraisals and Reflections. Hg. von James Hankins. Cambridge 2000. S. 105-142.

Hofstadter, Richard: Social Darwinism in American Thought. Boston 1960.

Holl, Karl: Luther und das landesherrliche Kirchenregiment. In: ders.: Gesammelte Aufsätze zur Kirchengeschichte. Bd. 1: Luther. Tübingen ^{6}1932. S. 326-380.

Holzberg, Niklas: Willibald Pirckheimer. Griechischer Humanismus in Deutschland. München 1981.

Hroch, Miroslav: Die Vorkämpfer der nationalen Bewegung bei den kleinen Völkern Europas: eine vergleichende Analyse zur gesellschaftlichen Schichtung der patriotischen Gruppen. Prag 1968.

– Nationales Bewußtsein zwischen Nationalismustheorie und der Realität der nationalen Bewegungen. In: Formen des nationalen Bewußtseins im Lichte zeitgenössischer Nationalismustheorien. Hg. von Eva Schmidt-Hartmann. München 1994. S. 39-52.

Hübinger, Paul Egon: Die Anfänge der französischen Rheinpolitik als historisches Problem. In: Historische Zeitschrift 171 (1951). S. 21-45.

Hürbin, Joseph: Peter von Andlau. Der Verfasser des ersten deutschen Reichsstaatsrechts. Ein Beitrag zur Geschichte des Humanismus am Oberrhein im 15. Jahrhundert. Straßburg 1897.

Hugelmann, Karl Gottfried: Die deutsche Königswahl im corpus iuris canonici. Breslau 1909.

– Stämme, Nation und Nationalstaat im Mittelalter. Würzburg 1955.

Huizinga, Johan: Erasmus über Vaterland und Nation. In: Gedenkschrift zum 400. Todestage des Erasmus von Rotterdam. Basel 1936. S. 34-49.

– Homo ludens. Versuch einer Bestimmung des Spielelements der Kultur. Amsterdam 1939.

Iggers, Georg G.: Zur »Linguistischen Wende« im Geschichtsdenken und in der Geschichtsschreibung. In: Geschichte und Gesellschaft 12 (1995). S. 557-570.
Isenmann, Eberhard: Die deutsche Stadt im Spätmittelalter. Stuttgart 1988.
Jacobi, Thorsten: »Christen heißen Freie«. Luthers Freiheitsaussagen in den Jahren 1515-1519. Tübingen 1997.
Jäschke, Kurt-Ulrich: Zu universalen und regionalen Reichskonzeptionen beim Tode Kaiser Heinrichs VII. In: FS für Berent Schwineköper. Hg. von Helmut Maurer und Hans Patze. Sigmaringen 1982. S. 415-435.
James, Paul: Nation Formation. Towards a Theory of Abstract Community. Cambridge 1996.
Jansen, Christian: »Deutsches Wesen«, »deutsche Seele«, »deutscher Geist«. Der Volkscharakter als nationales Identifikationsmuster im Gelehrtenmilieu. In: Transformationen des Wir-Gefühls. Studien zum nationalen Habitus. Hg. von Reinhard Blomert, Helmut Kuzmics und Annette Treibel. Frankfurt a. M. 1993. S. 199-278.
Janssen, Johannes: Frankreichs Rheingelüste und deutsch-feindliche Politik in früheren Jahrhunderten. Freiburg i. Br. 1883.
– Geschichte des deutschen Volkes. Bd. 1. Freiburg i. Br. [19]1913.
Jehne, Martin: Cato und die Bewahrung der traditionellen »res publica«. Zum Spannungsverhältnis zwischen »mos maiorum« und griechischer Kultur im zweiten Jahrhundert v. Chr. In: Rezeption und Identität. Hg. von Gregor Vogt-Spira und Bettina Rommel. Stuttgart 1999. S. 115-134.
Joachimsen, Paul: Der Humanismus und die Entwicklung des deutschen Geistes. Darmstadt 1969 (Nachdruck aus: Deutsche Vierteljahresschrift für Literaturwissenschaft und Geistesgeschichte 8 (1930). S. 419-480).
– Frühhumanismus in Schwaben: In: Württembergische Vierteljahreshefte für Landesgeschichte 5 (1896). S. 63-126/257-291.
– Geschichtsauffassung und Geschichtsschreibung in Deutschland unter dem Einfluss des Humanismus. Leipzig / Berlin 1910.
– Tacitus im deutschen Humanismus. In: ders.: Gesammelte Aufsätze. Hg. von Notker Hammerstein. Bd. 1. Aalen 1970. S. 275-295.
Jones, Greta: Social Darwinism and English Thought. The Interaction Between Biological and Social Theory. Brighton 1980.
Juhar, Monika-Beate: Der Romgedanke bei Cola di Rienzo. Kiel 1977.
Jung, Matthias: Diskurshistorische Analyse – eine linguistische Perspektive. In: Handbuch sozialwissenschaftliche Diskursanalyse. Hg. von Reiner Keller, Andreas Hirseland, Werner Schneider und Willy Viehöver. Bd. 1. Opladen 2001. S. 29-51.
Junghans, Helmar: Der junge Luther und die Humanisten. Göttingen 1985.
– Kaiser Karl V. am Grabe Martin Luthers in der Schloßkirche zu Wittenberg. In: Lutherjahrbuch 54 (1987). S. 100-113.
Kaczerowsky, Klaus: Sebastian Franck. Bibliographie. Verzeichnisse von Francks Werken, der von ihm gedruckten Bücher sowie der Sekundär-Literatur. Wiesbaden 1976.
Kaegi, Werner: Jacob Burckhardt. Eine Biographie. Bd. 7: Griechische Kulturgeschichte. Das Leben im Stadtstaat. Die Freunde. Basel 1982.
Kämpf, Hellmut: Pierre Dubois und die geistigen Grundlagen des Französischen Nationalbewußtseins um 1300. Leipzig / Berlin 1935.

Kallendorf, Craig: From Virgil to Vida: The Poeta Theologus in Italien Renaissance Commentary. In: Journal of the History of Ideas 56 (1995). S. 41-62.
Kantorowicz, Ernst H.: Die zwei Körper des Königs. Eine Studie zur politischen Theologie des Mittelalters. München 1990 (Erstausgabe: The King's Two Bodies. Princeton 1957).
– Pro patria mori in Medieval Thought. In: American Historical Review 56 (1951). S. 472-492.
Kedourie, Elie: Nationalism. London 1960.
Keller, Reiner / Andreas Hirseland / Werner Schneider / Willy Viehöver: Zur Aktualität sozialwissenschaftlicher Diskursanalyse – Eine Einführung. In: dies. (Hg.): Handbuch sozialwissenschaftliche Diskursanalyse. Bd. 1. Opladen 2001. S. 7-27.
Keller, Reiner: Wissenssoziologische Diskursanalyse. In: ebd. S. 113-143.
Kemp, M.: From »Mimesis« to »Fantasia«. The Quattrocento Vocabulary of Creation, Inspiration and Genius in the Visual Arts. In: Viator 8 (1977). S. 347-398.
Kendrick, Thomas Downing: The Druids. A Study in Keltic Prehistory. London / Edinburgh ³1966 (Erstausgabe 1927).
Kern, Fritz: Die Anfänge der französischen Ausdehnungspolitik bis zum Jahre 1308. Tübingen 1910.
Kessler, Eckhard: Petrarca und die Geschichte. Geschichtsschreibung, Rhetorik, Philosophie im Übergang vom Mittelalter zur Neuzeit. München 1978.
Kettemann, Rudolf: Peter Luder (um 1415-1472). Die Anfänge der humanistischen Studien in Deutschland. In: Humanismus im deutschen Südwesten. Biographische Profile. Hg. von Paul Gerhard Schmidt. Sigmaringen 1993. S. 13-34.
Kibre, Pearl: The Nations in the Mediaeval Universities. Cambridge, Mass. 1948.
Kipper, Rainer: Der Germanenmythos im Deutschen Kaiserreich. Göttingen 2002.
Klaniczay, Tibor: Celtis und die Sodalitas litteraria per Germaniam. In: Respublica Guelpherbytana. FS für Paul Raabe. Hg. von August Buck und Martin Bircher. Amsterdam 1987. S. 79-105.
– Die Akademie als Organisation der intellektuellen Elite in der Renaissance. In: Sozialgeschichtliche Fragestellungen in der Renaissanceforschung. Hg. von August Buck und Tibor Klaniczay. Wiesbaden 1992. S. 1-15.
Klempt, Adalbert: Die Säkularisierung der universalhistorischen Auffassung. Zum Wandel des Geschichtsdenkens im 16. und 17. Jahrhundert. Göttingen 1960.
Klippel, Rainer: Die Aufnahme der Schriften Lupolds von Bebenburg im deutschen Humanismus. Diss. Masch. Frankfurt a. M. 1954.
Knepper, Joseph: Jakob Wimpfeling: sein Leben und seine Werke: nach den Quellen dargestellt. Freiburg i. Br. 1902.
– Nationaler Gedanke und Kaiseridee bei den elsässischen Humanisten. Ein Beitrag zur Geschichte des Deutschthums und der politischen Ideen im Reichslande. In: Erläuterungen und Ergänzungen zu Janssens Geschichte des deutschen Volkes. Hg. von Ludwig Pastor. Bd. 1. Freiburg i. Br. 1900. S. 101-307.
Köhler, Walther: Die Quellen zu Luthers Schrift »An den christlichen Adel deutscher Nation«. Heidelberg 1895.
Köhn, Rolf: Freiheit als Forderung und Ziel bäuerlichen Widerstandes (Mittel- und Westeuropa, 11.-13. Jahrhundert). In: Die Abendländische Freiheit vom 10. zum 14. Jahrhundert. Hg. von Johannes Fried. Sigmaringen 1991. S. 325-387.

Köhnke, Klaus Christian: Entstehung und Aufstieg des Neukantianismus. Die deutsche Universitätsphilosophie zwischen Idealismus und Positivismus. Frankfurt a. M. 1986.

König, Hans-Joachim: Monarchia Mundi und Res publica Christiana. Hamburg 1969.

Kohler, Alfred: Antihabsburgische Politik in der Epoche Karls V. Die Reichsständische Opposition gegen die Wahl Ferdinands I. zum römischen König und gegen die Anerkennung seines Königtums (1524-1534). Göttingen 1982.

– Karl V. 1500-1558. Eine Biographie. München 1999.

Kohn, Hans: Die Idee des Nationalismus. Ursprung und Geschichte bis zur Französischen Revolution. Frankfurt a. M. 1962 (Erstausgabe: The Idea of Nationalism. New York 1944).

Koselleck, Reinhart: Zur historisch-politischen Semantik asymmetrischer Gegenbegriffe. In: ders.: Vergangene Zukunft. Zur Semantik geschichtlicher Zeiten. Frankfurt a. M. 1979. S. 211-259.

Krattinger, Louis: Der Begriff des Vaterlandes im republikanischen Rom. Immensee 1944.

Krause, Hermann: Kaiserrecht und Rezeption. Heidelberg 1952.

Kreutz, Wilhelm: Die Deutschen und Ulrich von Hutten. Rezeption von Autor und Werk seit dem 16. Jahrhundert. München 1984.

Kristeller, Paul Oskar: Die Philosophie des Marsilio Ficino. Frankfurt a. M. 1972 (Erstausgabe: The Philosophy of Marsilio Ficino. Columbia 1943).

– Humanismus und Renaissance. Hg. von Eckhard Kessler. 2 Bde. München 1974/1976.

– Scholastik und Humanismus an der Universität Heidelberg. In: Der Humanismus an den oberen Fakultäten. Hg. von Gundolf Keil, Bernd Moeller und Winfried Trusen. Weinheim 1987. S. 1-20.

Kühlmann, Wilhelm: Der Poet und das Reich – Politische, kontextuelle und ästhetische Dimensionen der humanistischen Türkenlyrik in Deutschland. In: Europa und die Türken in der Renaissance. Hg. von Bodo Guthmüller und Wilhelm Kühlmann. Tübingen 2000. S. 193-248.

– Sprachgesellschaften und nationale Utopien. In: Föderative Nation. Deutschlandkonzepte von der Reformation bis zum ersten Weltkrieg. Hg. von Dieter Langewiesche und Georg Schmidt. München 2000. S. 245-264.

Laferl, Christopher F.: Die Kultur der Spanier in Österreich unter Ferdinand I. 1522-1564. Wien / Köln / Weimar 1997.

Laubach, Ernst: Wahlpropaganda im Wahlkampf um die deutsche Königswürde 1519. In: Archiv für Kulturgeschichte 53 (1971). S. 207-248.

Lauchs, Joachim: Bayern und die deutschen Protestanten 1534-1546. Deutsche Fürstenpolitik zwischen Konfession und Libertät. Neustadt a.d. Aisch 1978.

Lauterbach, Klaus H.: Geschichtsverständnis, Zeitdidaxe und Reformgedanken an der Wende zum sechzehnten Jahrhundert. Das oberrheinische »Buchli der hundert Capiteln« im Kontext des spätmittelalterlichen Reformbiblizismus. Freiburg / München 1985.

Le Goff, Jacques: Die Intellektuellen im Mittelalter. München 1993.

– La perception de l'espace de la chrétienté par la curie romaine et l'organisation d'un concile œcuménique en 1274. In: l'histoire comparée de l'administration (4e-18e siècles). Hg. von W. Paravicini und K. F. Werner. München 1980. S. 11-16.

Lehr, Thomas: Nationale Geschichtsschreibung im deutschen Humanismus: Jakob Wimpfelings »Epitome«. Mag. Masch. Frankfurt a. M. 2001.

Leidinger, Georg: Zur Geschichte der Entstehung von Aventins »Germania illustrata« und dessen »Zeitbuch über ganz Teutschland«. In: Sitzungsberichte der Bayerischen Akademie der Wissenschaften 3 (1935). S. 3-33.

Lemberg, Eugen: Ideologie und Gesellschaft. Eine Theorie der ideologischen Systeme, ihrer Struktur und Funktion. Stuttgart 1971.

– Nationalismus. Soziologie und politische Pädagogik. 2 Bde. Hamburg 1964.

Lentz, Matthias: Konflikt, Ehre, Ordnung. Untersuchungen zu den Schmähbriefen und Schandbildern des späten Mittelalters und der frühen Neuzeit (ca. 1350 bis 1600). Hannover 2004.

Lepsius, M. Rainer: Extremer Nationalismus (1966). In: ders.: Demokratie in Deutschland. Göttingen 1993. S. 511-557.

Link, Jürgen: Literaturanalyse als Interdiskursanalyse am Beispiel des Ursprungs literarischer Symbolik in der Kollektivsymbolik. In: Diskurstheorien und Literaturwissenschaft. Hg. von Jürgen Fohrmann und Harro Müller. Frankfurt a. M. 1988. S. 284-307.

Lobenstein-Reichmann, Anja: Freiheit bei Martin Luther. Lexikographische Textanalyse als Methode historischer Semantik. Berlin / New York 1998.

Löwenthal, Richard: Neues Mittelalter oder anomische Kulturkrise? Zu Helmut Schelskys »Priesterherrschaft der Intellektuellen«. In: Merkur 9 (1975). S. 802-818.

Lohse, Gerhart: Das Nachleben Karls des Großen in der deutschen Literatur des Mittelalters. In: Karl der Große. Lebenswerk und Nachleben. Hg. von Wolfgang Braunfels und Percy Ernst Schramm. Bd. 4: Das Nachleben. Düsseldorf ²1967. S. 337-347.

Lovejoy, Arthur O. / George Boas: Primitivism and Related Ideas in Antiquity. Baltimore / London 1997.

Luchsinger, Friedrich: Der Basler Buchdruck als Vermittler italienischen Geistes. 1470-1529. Basel 1953.

Lugge, Margret: »Gallia« und »Francia« im Mittelalter. Untersuchungen über den Zusammenhang zwischen geographisch-historischer Terminologie und politischem Denken vom 6.-15. Jahrhundert. Bonn 1960.

Luhmann, Niklas: Soziale Systeme. Grundriß einer allgemeinen Theorie. Frankfurt a. M. ⁶1996.

Lund, Allan A.: Zum Germanenbild der Römer. Eine Einführung in die antike Ethnographie. Heidelberg 1990.

– Zur Gesamtinterpretation der Germania des Tacitus. In: Aufstieg und Niedergang des Römischen Reiches. Hg. von Wolfgang Haase. Bd. 33.3. Berlin / New York 1991. S. 1858-1988.

Lunitz, Martin: Diplomatie und Diplomaten im 16. Jahrhundert. Studien zu den ständigen Gesandten Kaiser Karls V. in Frankreich. Konstanz 1988.

Luttenberger, Albrecht P.: Libertät. Zur reichspolitischen Tragweite der Kriegspropaganda Frankreichs und seiner deutschen Verbündeten 1552. In: Deutschland und

Frankreich in der frühen Neuzeit. Hg. von Heinz Duchhardt und Eberhard Schmitt. München 1987. S. 103-136.

Lutz, Heinrich: Christianitas afflicta. Europa, das Reich und die päpstliche Politik im Niedergang der Hegemonie Kaiser Karls V. (1552-1556). Göttingen 1964.

– Conrad Peutinger. Beiträge zu einer politischen Biographie. Augsburg 1958.

– Das Ringen um deutsche Einheit und kirchliche Erneuerung. Von Maximilian I. bis zum Westfälischen Frieden 1490-1648. Berlin 1983.

– Die deutsche Nation zu Beginn der Neuzeit. Fragen des Gelingens und Scheiterns deutscher Einheit im 16. Jahrhundert. In: Historische Zeitschrift 234 (1982). S. 529-559.

– Die Sodalitäten im oberdeutschen Humanismus des späten 15. und frühen 16. Jahrhunderts. In: Humanismus im Bildungswesen des 15. und 16. Jahrhunderts. Hg. von Wolfgang Reinhard. Weinheim 1984. S. 45-60.

– Kaiser Karl V. und Bayern. In: ders.: Politik, Kultur und Religion im Werdeprozeß der frühen Neuzeit. Klagenfurt 1982. S. 107-122.

– Kaiser Karl V., Frankreich und das Reich. In: ebd. S. 81-88.

– Karl V. – biographische Probleme. In: ebd. S. 123-145.

– Reformation und Gegenreformation. München [5]2002.

– Zum Wandel der katholischen Lutherinterpretation. In: ders.: Politik, Kultur und Religion im Werdeprozeß der frühen Neuzeit. Klagenfurt 1982. S. 225-239.

Maissen, Thomas: Von der Legende zum Modell. Das Interesse an Frankreichs Vergangenheit während der Renaissance. Basel 1994.

Malettke, Klaus / Jürgen Voss (Hg.): Humanismus und höfisch-städtische Eliten im 16. Jahrhundert. Bonn 1989.

Mannheim, Karl: Ideologie und Utopie. Frankfurt a. M. [7]1985.

Marchal, Guy P.: Bellum justum contra judicium belli. Zur Interpretation von Jakob Wimpfelings antieidgenössischer Streitschrift »Soliloquium pro Pace Christianorum et pro Helvetiis ut resipiscant …«. In: Gesellschaft und Gesellschaften. FS für Ulrich im Hof. Bern 1982. S. 114-137.

Marot, Pierre: L'expédition de Charles VII à Metz. In: Bibliothèque de l'école des Chartes 102 (1941). S. 109-155.

Marsh, David: Grammar, Method, and Polemic in Lorenzo Valla's »Elegantiae«. In: Rinascimento 19 (1979). S. 91-116.

Martin, Alfred von: Soziologie der Renaissance. Physiognomik und Rhythmik einer Kultur des Bürgertums. Frankfurt a. M. [2]1949 (Erstausgabe 1932).

Martin, Ernst: Jakob Wimpfelings Germania 1501. Straßburg 1885.

Maschke, Erich: Deutsche Städte am Ausgang des Mittelalters. In: Die Stadt am Ausgang des Mittelalters. Hg. von Wilhelm Rausch. Linz 1974. S. 1-44.

Matheson, Peter: Humanism and Reform Movements. In: The Impact of Humanism on Western Europe. Hg. von Anthony Goodman und Angus Mackay. London / New York 1990. S. 23-42.

Mattingly, Garrett: Renaissance Diplomacy. London 1955.

McClung Hallman, Barbara: Italian »Natural Superiority« and the Lutheran Question: 1517-1546. In: Archiv für Reformationsgeschichte 71 (1980). S. 134-148.

Meienberger, Norbert: China und die Fremden in Geschichte und Gegenwart. In: Die Begegnung mit dem Fremden. Wertungen und Wirkungen in Hochkulturen

vom Altertum bis zur Gegenwart. Hg. von Meinhard Schuster. Stuttgart / Leipzig 1996. S. 170-183.
Meier, Ulrich: Mensch und Bürger. Die Stadt im Denken spätmittelalterlicher Theologen, Philosophen und Juristen. München 1994.
Meinecke, Friedrich: Weltbürgertum und Nationalstaat: Studien zur Genesis des deutschen Nationalstaates. München 1907.
Mertens, Dieter: »Bebelius ... patriam Sueviam ... restituit«. Der poeta laureatus zwischen Reich und Territorium. In: Zeitschrift für Württembergische Landesgeschichte 42 (1983). S. 145-173.
– Die Instrumentalisierung der »Germania« des Tacitus durch die deutschen Humanisten. In: Zur Geschichte der Gleichung »germanisch – deutsch«. Sprache und Namen, Geschichte und Institutionen. Hg. von Heinrich Beck, Dieter Geuenich, Heiko Steuer und Dietrich Hakelberg. Berlin 2004. S. 37-101.
– Eine Mentelin-Handschrift. Zu Johannes Mentelins Aufstieg vom Lohnschreiber zum Druckherrn. In: Landesgeschichte und Geistesgeschichte. FS für Otto Herding. Stuttgart 1977. S. 169-187.
– Jakob Wimpfeling. Pädagogischer Humanismus. In: Humanismus im deutschen Südwesten. Biographische Profile. Hg. von Paul Gerhard Schmidt. Sigmaringen 1993. S. 35-57.
– »Landesbewusstsein« am Oberrhein zur Zeit des Humanismus. In: Die Habsburger im deutschen Südwesten. Neue Forschungen zur Geschichte Vorderösterreichs. Hg. von Franz Quarthal und Gerhard Faix. Stuttgart 2000. S. 199-216.
– Landeschronik im Zeitalter des Humanismus und ihre spätmittelalterlichen Wurzeln. In: Deutsche Landesgeschichtsschreibung im Zeichen des Humanismus. Hg. von Franz Brendle, Dieter Mertens, Anton Schindling und Walter Ziegler. Stuttgart 2001. S. 19-31.
– Maximilian I. und das Elsaß. In: Die Humanisten in ihrer politischen und sozialen Umwelt. Hg. von Otto Herding und Robert Stupperich. Boppard 1976. S. 177-200.
– Maximilians gekrönte Dichter über Krieg und Frieden. In: Krieg und Frieden im Horizont des Renaissancehumanismus. Hg. von Franz Josef Worstbrock. Weinheim 1986. S. 105-123.
– Mittelalterbilder in der frühen Neuzeit. In: Die Deutschen und ihr Mittelalter. Themen und Funktionen moderner Geschichtsbilder vom Mittelalter. Hg. von Gerd Althoff. Darmstadt 1992. S. 29-54.
– Nation als Teilhabeverheißung: Reformation und Bauernkrieg. In: Föderative Nation. Deutschlandkonzepte von der Reformation bis zum ersten Weltkrieg. Hg. von Dieter Langewiesche und Georg Schmidt. München 2000. S. 115-134.
– Reich und Elsaß zur Zeit Maximilians I. Untersuchungen zur Ideen- und Landesgeschichte im Südwesten des Reiches am Ausgang des Mittelalters. Habil. Masch. Freiburg i. Br. 1977.
– Zu Sozialgeschichte und Funktion des poeta laureatus im Zeitalter Maximilians I. In: Gelehrte im Reich. Zur Sozial- und Wirkungsgeschichte akademischer Eliten des 14. bis 16. Jahrhunderts. Hg. von Rainer Christoph Schwinges. Berlin 1996, S. 327-348.
Meserve, Margaret: Medieval Sources for Renaissance Theories on the Origins of the

Ottoman Turks. In: Europa und die Türken in der Renaissance. Hg. von Bodo Guthmüller und Wilhelm Kühlmann. Tübingen 2000. S. 409-436.

Metzger, Edelgard: Leonhard von Eck (1480-1550). Wegbereiter und Begründer des frühabsolutistischen Bayern. München / Wien 1980.

Miethke, Jürgen: Einleitung. In: Politische Schriften des Lupold von Bebenburg. Hg. von Jürgen Miethke und Christoph Flüeler. Hannover 2004. S. 1-142.

Millán, José Martínez: Der Hof Karls V.: Das Haus des Kaisers. In: Karl V. 1500-1558. Neue Perspektiven seiner Herrschaft in Europa und Übersee. Hg. von Alfred Kohler, Barbara Haider und Christine Ottner. Wien 2002. S. 123-149.

Moeglin, Jean-Marie: Dynastisches Bewußtsein und Geschichtsschreibung. Zum Selbstverständnis der Wittelsbacher, Habsburger und Hohenzollern im Spätmittelalter. In: Historische Zeitschrift 256 (1993). S. 595-635.

Moeller, Bernd / Karl Stackmann: Luder – Luther – Eleutherius. Erwägungen zu Luthers Namen. Göttingen 1981.

Moeller, Bernd: Die deutschen Humanisten und die Anfänge der Reformation. In: Zeitschrift für Kirchengeschichte 70 (1959). S. 46-61.

– Die Rezeption Luthers in der frühen Reformation. In: Luther-Jahrbuch 57 (1990). S. 57-71.

– Reichsstadt und Reformation. Berlin [2]1987 (Erstausgabe: 1962).

– Was wurde in der Frühzeit der Reformatio gepredigt. In: Archiv für Reformationsgeschichte 75 (1984). S. 176-193.

Mommsen, Wolfgang J.: The Varieties of the Nation-state in Modern History: Liberal, Imperialist, Fascist and Contemporary Notions of Nation and Nationality. In: The Rise and Decline of the Nation-State. Hg. von Michael Mann. Oxford 1990. S. 210-226.

Moraw, Peter: Bestehende, fehlende und heranwachsende Voraussetzungen des deutschen Nationalbewußtseins im Mittelalter. In: Ansätze und Diskontinuität deutscher Nationsbildung im Mittelalter. Hg. von Joachim Ehlers. Sigmaringen 1989. S. 99-120.

– Von offener Verfassung zu gestalteter Verdichtung. Das Reich im späten Mittelalter. 1250-1490. Berlin 1989.

Morford, Mark: How Tacitus Defined Liberty. In: Aufstieg und Niedergang der römischen Welt. Hg. von Wolfgang Haase. Bd. 33/5. Berlin / New York 1991. S. 3420-3450.

Morsel, Joseph: Die Erfindung des Adels. Zur Soziogenese des Adels am Ende des Mittelalters – das Beispiel Frankens. In: Nobilitas. Funktion und Repräsentation des Adels in Alteuropa. Hg. von Otto Gerhard Oexle und Werner Paravicini. Göttingen 1997. S. 312-375.

Most, Rolf: Der Reichsgedanke des Lupold von Bebenburg. In: Deutsches Archiv 4 (1941). S. 444-485.

Mouzelis, Nicos: Ernest Gellner's Theory of Nationalism: Some Definitional and Methodological Issues. In: The State of the Nation. Ernest Gellner and the Theory of Nationalism. Hg. von John A. Hall. Cambridge 1998. S. 158-165.

Müller, Achatz von: Überregionale Identität und rituelle Integration im Florentiner Quattrocento. In: Europa um 1500. Integrationsprozesse im Widerstreit: Staaten, Regionen, Personenverbände, Christenheit. Hg. von Ferdinand Seibt und Winfried Eberhard. Stuttgart 1987. S. 279-291.

Müller, Gernot Michael: Die »Germania generalis« des Conrad Celtis. Studien mit Edition, Übersetzung und Kommentar. Tübingen 2001.
– Johannes Cochlaeus' »Brevis Germaniae descriptio« und die Bedeutung des Conrad Celtis für die humanistische Landeskunde in Deutschland. In: Konrad Celtis und Nürnberg. Hg. von Franz Fuchs. Wiesbaden 2004. S. 140-181.
Müller, Harald: Graecus et fabulator. Johannes Trithemius als Leitfigur und Zerrbild des spätmittelalterlichen »Klosterhumanisten«. In: Inquirens subtilia diversa. FS Dietrich Lohrmann. Hg. von Horst Kranz und Ludwig Falkenstein. Aachen 2002. S. 201-223.
Müller, Jan-Dirk: Gedechtnus. Literatur und Hofgesellschaft um Maximilian I. München 1982.
– Konrad Peutinger und die Sodalitas Peutingeriana. In: Der polnische Humanismus und die europäischen Sodalitäten. Hg. von Stephan Füssel und Jan Pirożyński. Wiesbaden 1997. S. 167-186.
Münkler, Herfried / Hans Grünberger / Kathrin Mayer: Nationenbildung. Die Nationalisierung Europas im Diskurs humanistischer Intellektueller. Italien und Deutschland. Berlin 1998.
Muhlack, Ulrich: Beatus Rhenanus (1485-1547). Vom Humanismus zur Philologie. In: Humanismus im deutschen Südwesten. Biographische Profile. Hg. von Paul Gerhard Schmidt. Sigmaringen 1993. S. 195-220.
– Beatus Rhenanus, Jakob Wimpfeling und die humanistische Geschichtsschreibung in Deutschland. In: Les Amis de la Bibliothèque Humaniste de Sélestat 35 (1985). S. 193-208.
– Das Projekt der »Germania illustrata«. Ein Paradigma der Diffusion des Humanismus? In: Diffusion des Humanismus. Studien zur nationalen Geschichtsschreibung europäischer Humanisten. Hg. von Johannes Helmrath, Ulrich Muhlack und Gerrit Walther. Göttingen 2002. S. 142-158.
– Der Tacitismus – ein späthumanistisches Phänomen? In: Späthumanismus. Studien über das Ende einer kulturhistorischen Epoche. Hg. von Notker Hammerstein und Gerrit Walther. Göttingen 2000. S. 160-182.
– Die Germania im deutschen Nationalbewußtsein vor dem 19. Jahrhundert. In: Beiträge zum Verständnis der Germania des Tacitus. Hg. von Herbert Jankuhn und Dieter Timpe. Bd. 1. Göttingen 1989. S. 128-154.
– Die humanistische Historiographie. Umfang, Bedeutung, Probleme. In: Deutsche Landesgeschichtsschreibung im Zeichen des Humanismus. Hg. von Franz Brendle, Dieter Mertens, Anton Schindling und Walter Ziegler. Stuttgart 2001. S. 3-18.
– Geschichtswissenschaft im Humanismus und in der Aufklärung. Die Vorgeschichte des Historismus. München 1991.
Nairn, Tom: The Curse of Rurality: Limitis of Modernisation Theory. In: The State of the Nation. Ernest Gellner and the Theory of Nationalism. Hg. von John A. Hall. Cambridge 1998. S. 107-134.
Najemy, John: Civic Humanism and Florentine Politics. In: Renaissance Civic Humanism: Reappraisals and Reflections. Hg. von James Hankins. Cambridge 2000. S. 75-104.
– Corporatism and Consensus in Florentine Electoral Politics, 1280-1400. Chapel Hill 1982.

Nellmann, Eberhard: Die Reichsidee in deutschen Dichtungen der Salier- und frühen Stauferzeit. Berlin 1963.

Niethammer, Lutz: Kollektive Identität. Heimliche Quellen einer unheimlichen Konjunktur. Reinbek bei Hamburg 2000.

Nippel, Wilfried: Griechen, Barbaren und »Wilde«. Alte Geschichte und Sozialanthropologie. Frankfurt a. M. 1990.

Nix, Matthias: Untersuchungen zur Funktion der politischen Spruchdichtung Walthers von der Vogelweide. Göppingen 1993.

Nörr, D.: Origo. Studie zur Orts-, Stadt- und Reichszugehörigkeit in der Antike. In: Revue d'histoire de droit 31 (1963). S. 325-600.

Nolden, Eduard: Die germanische Urgeschichte in Tacitus Germania. Leipzig 1920.

Nonn, Ulrich: Heiliges Römisches Reich deutscher Nation. Zum Nationenbegriff im 15. Jahrhundert. In: Zeitschrift für historische Forschung 9 (1982). S. 129-142.

O'Leary, Brendan: Ernest Gellner's Diagnoses of Nationalism: a Critical Overview, or, What is Living and What is Dead in Ernest Gellner's Philosophy of Nationalism? In: The State of the Nation. Ernest Gellner and the Theory of Nationalism. Hg. von John A. Hall. Cambridge 1998. S. 40-88.

Ochoa Brun, Miguel-Ángel: Die Diplomatie Karls V. In: Karl V. 1500-1558. Neue Perspektiven seiner Herrschaft in Europa und Übersee. Hg. von Alfred Kohler, Barbara Haider und Christine Ottner. Wien 2002. S. 181-196.

Ochsenbein, Peter: Jakob Wimpfelings literarische Fehde mit den Baslern und Eidgenossen. In: Basler Zeitschrift für Geschichte und Altertumskunde 79 (1979). S. 37-65.

Oexle, Otto Gerhard: »Die Statik ist ein Grundzug des mittelalterlichen Bewußtseins«. In: Sozialer Wandel im Mittelalter. Hg. von Jürgen Miethke und Klaus Schreiner. Sigmaringen 1994. S. 45-70.

– Aspekte der Geschichte des Adels im Mittelalter und in der Frühen Neuzeit. In: Europäischer Adel 1750-1950. Hg. von Hans-Ulrich Wehler. Göttingen 1990. S. 19-56.

– Geschichte als Historische Kulturwissenschaft. In: Kulturgeschichte Heute. Hg. von Wolfgang Hardtwig und Hans-Ulrich Wehler. Göttingen 1996. S. 14-40.

– Kulturwissenschaftliche Reflexionen über soziale Gruppen in der mittelalterlichen Gesellschaft: Tönnies, Simmel, Durkheim und Max Weber. In: Die okzidentale Stadt nach Max Weber. Zum Problem der Zugehörigkeit in Antike und Mittelalter. Hg. von Christian Meier. München 1994. S. 115-159.

Orth, Ernst Wolfgang / Helmut Holzhey (Hg.): Neukantianismus. Perspektiven und Probleme. Würzburg 1994.

Ouy, Gilbert: La plus ancienne œuvre retrouvée de Jean Gerson: Le brouillon inachevé d'un traité contre Juan de Monzon (1389-1390). In: Romania 83 (1962). S. 433-492.

– Le collège de Navarre, berceau de l'humanisme français. In: Enseignement et vie intellectuelle. Bd. 1. Paris 1975. S. 275-299.

– Paris. L'un des principaux foyers de l'humanisme en Europe au début du XVe siècle. In: Bulletin de la société de l'histoire de Paris 94/95 (1967/1968). S. 71-98.

– Pétrarque et les premiers humanistes français. In: Petrarca, Verona e l'Europa. Hg. von Giuseppe Billanovich und Giuseppe Frasso. Padua 1997. S. 415-434.

Pariset, Jean-Daniel: La France et les princes allemands. Documents et commentaires (1545-1557). In: Francia 10 (1982). S. 229-301.
Pastor, Ludwig: Geschichte der Päpste im Zeitalter der Renaissance. Freiburg i. Br. 1926.
Paulsen, Friedrich: Geschichte des gelehrten Unterrichts auf den deutschen Schulen und Universitäten. Leipzig 1885.
Pfeiffer, Gerhard: »Christliches Verständnis« und »teutsche Libertät«. In: Reformatio et Confessio. FS für Wilhelm Maurer. Hg. von Friedrich Wilhelm Kantzenbach und Gerhard Müller. Berlin / Hamburg 1965. S. 98-112.
Pfeil, Sigurd von: Karl der Große in der deutschen Sage. In: Karl der Große. Lebenswerk und Nachleben. Hg. von Wolfgang Braunfels und Percy Ernst Schramm. Bd. 4: Das Nachleben. Düsseldorf [2]1967. S. 326-336.
Phillips, Roderick: Die große Geschichte des Weins. Frankfurt / New York 2001.
Pinette, G. L.: Die Spanier und Spanien im Urteil des deutschen Volkes zur Zeit der Reformation. In: Archiv für Reformationsgeschichte 48 (1957). S. 182-191.
Piur, Paul: Cola di Rienzo. Darstellung seines Lebens und seines Werkes. Wien 1931.
Pohl, Walter: Die Germanen. München 2000.
Popplow, Marcus: Reproduzierbare Originalität. Zur Genese eines Konzeptes technischer Erfindungen in der frühen Neuzeit. In: Johann Beckmann und die Folgen. Erfindungen – Versuch der historischen, theoretischen und empirischen Annäherung an einen vielschichtigen Begriff. Hg. von Gerhard Banse und Hans-Peter Müller. Münster / New York / München / Berlin 2001. S. 49-63.
Post, Gaines: »Blessed Lady Spain« – Vincentius Hispanus and Spanish National Imperialism in the Thirteenth Century. In: Speculum 29 (1954). S. 198-209.
– Some unpublished Glosses (ca. 1210-1214) on the »Translatio imperii« and the two swords. In: Archiv für katholisches Kirchenrecht 117 (1937). S. 403-429.
– Two Notes on Nationalism in the Middle Ages. In: Traditio 9 (1953). S. 281-320.
Preiss, Kurt Leopold: Konrad Celtis und der italienische Humanismus. Wien 1951.
Press, Volker: Philipp von Hessen. In: Protestanten. Hg. von Klaus Scholder und Dieter Kleinmann. Frankfurt a. M. 1992. S. 60-77.
– Soziale Folgen der Reformation in Deutschland. In: Schichtung und Entwicklung der Gesellschaft in Polen und Deutschland im 16. und 17. Jahrhundert. Parallelen, Verknüpfungen, Vergleiche. Hg. von Marian Biskup und Klaus Zernack. Wiesbaden 1983. S. 196-243.
Puschner, Uwe: Germanenideologie und völkische Weltanschauung. In: Zur Geschichte der Gleichung »germanisch – deutsch«. Sprache und Namen, Geschichte und Institutionen. Hg. von Heinrich Beck, Dieter Geuenich, Heiko Steuer und Dietrich Hakelberg. Berlin 2004. S. 103-129.
Quarg, Götz: Einleitung. In: Conrad Kyeser aus Eichstätt: Bellifortis. Bd. 2: Umschrift und Übersetzung. Düsseldorf 1967.
Raaflaub, Kurt: Freiheit in Athen und Rom: Ein Beispiel divergierender politischer Begriffsentwicklung in der Antike. In: Historische Zeitschrift 238 (1984). S. 529-568.
Rabe, Horst: Deutsche Geschichte 1500-1600. Das Jahrhundert der Glaubensspaltung. München 1991.
– Karl V. und die deutschen Protestanten. Wege, Ziele und Grenzen der kaiserlichen

Religionspolitik. In: ders. (Hg.): Karl V. Politik und politisches System. Konstanz 1996. S. 317-345.

Ranke, Leopold von: Deutsche Geschichte im Zeitalter der Reformation. Gesamt-Ausgabe der deutschen Akademie. Hg. von Paul Joachimsen. Bd. 2. München 1926.

Rapp, Francis: Die elsässischen Humanisten und die geistliche Gesellschaft. In: Die Humanisten in ihrer politischen und sozialen Umwelt. Hg. von Otto Herding und Robert Stupperich. Boppard 1976. S. 87-108.

Reichardt, Sven: Bourdieu für Historiker? Ein kultursoziologisches Angebot an die Sozialgeschichte. In: Geschichte zwischen Kultur und Gesellschaft. Hg. von Thomas Mergel und Thomas Welskopp. München 1997.

Reinhard, Wolfgang: Geschichte der Staatsgewalt. Eine vergleichende Verfassungsgeschichte Europas von den Anfängen bis zur Gegenwart. München [2]2000.

– Governi stretti e tirannici. Die Städtepolitik Kasier Karls V. 1515-1556. In: Karl V. 1500-1558. Neue Perspektiven seiner Herrschaft in Europa und Übersee. Hg. von Alfred Kohler, Barbara Haider und Christine Ottner. Wien 2002. S. 407-434.

– Vorwort. In: ders. (Hg.): Humanismus im Bildungswesen des 15. und 16. Jahrhunderts. Weinheim 1984. S. 7-9.

Reinhardt, Volker (Hg.): Die großen Familien Italiens. Stuttgart 1992.

– (Hg.): Hauptwerke der Geschichtsschreibung. Stuttgart 1997.

Renan, Ernest: Was ist eine Nation? Rede am 11. März 1882 an der Sorbonne. Hamburg 1996.

Ridé, Jacques: Arminius in der Sicht der deutschen Reformatoren. In: Arminius und die Varusschlacht. Geschichte – Mythos – Literatur. Hg. von Rainer Wiegels und Winfried Woesler. Paderborn 1995. S. 239-248.

– L'image du Germain dans la pensée et la littérature allemandes de la redécouverte de Tacite à la fin du XVIe siècle. 3 Bde. Paris / Lille 1977.

– Un grand projet patriotique: Germania Illustrata. In: L'humanisme allemand. XVIIIe colloque international de Tours. Hg. von Ernesto Grassi. München / Paris 1979. S. 99-111.

Ritter, Gerhard: Die geschichtliche Bedeutung des deutschen Humanismus. In: Historische Zeitschrift 127 (1923). S. 393-453.

– Luther. Gestalt und Symbol. München 1925.

Rosenthal, Franz: The Muslim Concept of Freedom Prior to the Nineteenth Century. Leiden 1960.

Rüegg, Walter: Der Humanist als Diener Gottes und der Musen. In: ders.: Anstöße. Aufsätze und Vorträge zur dialogischen Lebensform. Frankfurt a. M. 1973. S. 152-167.

Saccaro, Alexander Peter: Französischer Humanismus des 14. und 15. Jahrhunderts. Studien und Berichte. München 1975.

Samuel-Scheyder, Monique: Johannes Cochlaeus. Humaniste et adversaire de Luther. Nancy 1993.

Sarasin, Philipp: Diskurstheorie und Geschichtswissenschaft. In: Handbuch sozialwissenschaftliche Diskursanalyse. Hg. von Reiner Keller, Andreas Hirseland, Werner Schneider und Willy Viehöver. Bd. 1. Opladen 2001. S. 53-79.

Schäffer, Peter: Beatus Rhenanus als Tacitus-Rezipient. In: Les Amis de la Bibliothèque Humaniste de Sélestat 35 (1985). S. 149-156.

Scheible, Heinz: Die Gravamina, Luther und der Wormser Reichstag 1521. In: ders.:

Melanchthon und die Reformation. Forschungsbeiträge. Hg. von Gerhard May und Rolf Decot. Mainz 1996. S. 393-409.
– Luther und Melanchthon. In: ebd. S. 139-152.
– Reform, Reformation, Revolution. Grundsätze zur Beurteilung der Flugschriften. In: ebd. S. 442-468.
Schieder, Theodor: Nationalismus und Nationalstaat. Göttingen ²1992.
– Typologie und Erscheinungsformen des Nationalstaats in Europa. In: Nationalismus. Hg. von Heinrich August Winkler. Königstein 1975. S. 119-137.
Schilling, Michael: Bildpublizistik in der frühen Neuzeit. Aufgaben und Leistungen des illustrierten Flugblatts in Deutschland bis um 1700. Tübingen 1990.
Schindling, Anton: Die Reichsverfassung und Johannes Ecks Rolle im deutschen Reformationsgeschehen. In: Johannes Eck (1486-1543) im Streit der Jahrhunderte. Hg. von Erwin Iserloh. Münster 1988. S. 174-191.
Schirrmeister, Albert: Nationale Auto- und Heterostereotypen um 1500: Frankreich und Deutschland in den Schriften Heinrich Bebels. In: Recherches germaniques. 25 (1995). S. 13-41.
– Triumph des Dichters. Gekrönte Intellektuelle im 16. Jahrhundert. Köln / Weimar / Wien 2003.
Schlecht, Joseph: Zur Geschichte des erwachenden deutschen Bewußtseins. In: Historisches Jahrbuch 19 (1898). S. 351-358.
Schmid, Alois: Die historische Methode des Johannes Aventinus. In: Blätter für deutsche Landesgeschichte 113 (1977). S. 338-395.
Schmid, Karl: Geblüt, Herrschaft, Geschlechterbewusstsein. Grundfragen zum Verständnis des Adels im Mittelalter. Hg. aus dem Nachlass von Dieter Mertens und Thomas Zotz. Sigmaringen 1998.
Schmidt, Alexander: Ein französischer Kaiser? Die Diskussion um die Nationalität des Reichsoberhauptes im 17. Jahrhundert. In: Historisches Jahrbuch 123 (2003). S. 149-177.
Schmidt, Georg: Geschichte des Alten Reiches. Staat und Nation in der Frühen Neuzeit 1495-1806. München 1999.
– Konfessionalisierung, Reich und deutsche Nation. In: Die Territorien des Reichs im Zeitalter der Reformation und Konfessionalisierung. Land und Konfession 1500-1600. Hg. von Anton Schindling und Walter Ziegler. Bd. 7. Münster 1997. S. 171-199.
– Luther und die frühe Reformation – ein nationales Ereignis? In: Die frühe Reformation in Deutschland als Umbruch. Hg. von Bernd Moeller. Heidelberg 1998. S. 54-75.
– Teutsche Kriege. Nationale Deutungsmuster und integrative Wertvorstellungen im frühneuzeitlichen Reich. In: Föderative Nation. Deutschlandkonzepte von der Reformation bis zum Ersten Weltkrieg. Hg. von Dieter Langewiesche und Georg Schmidt. München 2000. S. 33-61.
Schmidt, Hans-Joachim: »Bien public« und »raison d'Etat«. Wirtschaftslenkung und Staatsinterventionismus bei Ludwig XI. von Frankreich? In: »Herbst des Mittelalters«? Fragen zur Bewertung des 14. und 15. Jahrhunderts. Hg. von Jan A. Aertsen und Martin Pickavé. Berlin / New York 2004. S. 187-205.
– Kirche, Staat, Nation. Raumgliederung der Kirche im mittelalterlichen Europa. Weimar 1999.

– Was ist eine Nation? Debatten auf den Konzilien des 15. Jahrhunderts. In: Nation und Nationalismus in Europa. Kulturelle Konstruktion von Identitäten. FS für Urs Altermatt. Hg. von Catherine Bosshart-Pfluger, Joseph Jung und Franziska Metzger. Frauenfeld 2002. S. 139-154.

Schmidt, Heinrich: Die deutschen Städtechroniken als Spiegel des bürgerlichen Selbstverständnisses im Spätmittelalter. Göttingen 1958.

Schmidt, Roderich: Die Prager Universitäts-Nationen bis zum Kuttenberger Dekret von 1409 und die Anfänge »nationaler« Gedanken im Königreich Böhmen. In: Deutsche in den böhmischen Ländern. Hg. von Hans Rothe. Köln / Weimar / Wien 1992. S. 47-65.

Schmidt, Siegfried J.: Der Radikale Konstruktivismus: Ein neues Paradigma im interdisziplinären Diskurs. In: Der Diskurs des Radikalen Konstruktivismus. Hg. von Siegfried J. Schmidt. Frankfurt a. M. 1987. S. 11-88.

Schmugge, Ludwig: Nationale Vorurteile im Mittelalter. In: Deutsches Archiv für Erforschung des Mittelalters 38 (1982). S. 439-459.

Schnabel, Franz: Deutschlands geschichtliche Quellen und Darstellungen in der Neuzeit. 1. Teil: Das Zeitalter der Reformation 1500-1550. Leipzig / Berlin 1931.

Schneider, Manfred: Der Barbar. Endzeitstimmung und Kulturrecycling. München / Wien 1997.

Schneidmüller, Bernd: Nomen Patriae. Die Entstehung Frankreichs in der politisch-geographischen Terminologie (10.-13. Jahrhundert). Sigmaringen 1987.

Schnell, Rüdiger: Deutsche Literatur und deutsches Nationsbewußtsein in Spätmittelalter und Früher Neuzeit. In: Ansätze und Diskontinuität deutscher Nationsbildung im Mittelalter. Hg. von Joachim Ehlers. Sigmaringen 1989. S. 247-319.

Schoeler, Gregor: Der Fremde im Islam. In: Die Begegnung mit dem Fremden. Wertungen und Wirkungen in Hochkulturen vom Altertum bis zur Gegenwart. Hg. von Meinhard Schuster. Stuttgart / Leipzig 1996. S. 117-130.

Scholz, Manfred Günter: Walther von der Vogelweide. Stuttgart 1999.

Schreiner, Klaus / Gerd Schwerhoff: Verletzte Ehre. Überlegungen zu einem Forschungskonzept. In: dies. (Hg.): Verletzte Ehre. Ehrkonflikte in Gesellschaften der Frühen Neuzeit. Köln / Weimar / Wien 1995. S. 1-28.

Schröcker, Alfred: Die deutsche Nation. Beobachtungen zur politischen Propaganda des ausgehenden 15. Jahrhunderts. Lübeck 1974.

Schubert, Ernst: König und Reich. Studien zur spätmittelalterlichen deutschen Verfassungsgeschichte. Göttingen 1979.

Schulze, Hagen: Staat und Nation in der europäischen Geschichte. München 1994.

Schulze, Ursula: Zur Vorstellung von Kaiser und Reich in staufischer Spruchdichtung bei Walther von der Vogelweide und Reinmar von Zweter. In: Stauferzeit. Hg. von Rüdiger Krohn, Bernd Thum und Peter Wapnewski. Stuttgart 1978. S. 206-219.

Schulze, Winfried: Die Entstehung des nationalen Vorurteils. Zur Kultur der Wahrnehmung fremder Nationen in der frühen Neuzeit. In: Menschen und Grenzen in der frühen Neuzeit. Hg. von Wolfgang Schmale und Reinhard Stauber. Berlin 1998. S. 23-49.

– Reich und Türkengefahr im späten 16. Jahrhundert. München 1978.

Schuster, Peter: Die Krise des Spätmittelalters. Zur Evidenz eines sozial- und wirt-

schaftsgeschichtlichen Paradigmas in der Geschichtsschreibung des 20. Jahrhundert. In: Historische Zeitschrift 269 (1999). S. 19-55.
- Ehre und Recht. Überlegungen zu einer Begriffs- und Sozialgeschichte zweier Grundbegriffe der mittelalterlichen Gesellschaft. In: Ehrkonzepte in der Frühen Neuzeit. Identitäten und Abgrenzungen. Hg. von Sibylle Backmann; Hans-Jörg Künast, Sabine Ullmann und B. Ann Tlusty. Berlin 1998. S. 40-66.

Schwerhoff, Gerd: Verordnete Schande? Spätmittelalterliche und frühneuzeitliche Ehrenstrafen zwischen Rechtsakt und sozialer Sanktion. In: Mit den Waffen der Justiz. Zur Kriminalitätsgeschichte des späten Mittelalters und der frühen Neuzeit. Hg. von Andreas Blauert und Gerd Schwerhoff. Frankfurt a. M. 1993. S. 158-188.

Schwinges, Rainer Christoph: Deutsche Universitätsbesucher im 14. und 15. Jahrhundert. Studien zur Sozialgeschichte des Alten Reiches. Stuttgart 1986.

Scribner, Robert W.: For the Sake of Simple Folk. Popular Propaganda for the German Reformation. Cambridge 1991.
- Luther's Anti-Roman Polemics and Popular Belief. In: Lutherjahrbuch 57 (1990). S. 93-113.

See, Klaus von: Barbar, Germane, Arier: Die Suche nach der Identität der Deutschen. Heidelberg 1994.

Seibt, Ferdinand: Hussitica. Die Struktur einer Revolution. Köln 1965.
- Natio Bohemica. In: Deutsche in den böhmischen Ländern. Hg. von Hans Rothe. Köln / Weimar / Wien 1992. S. 29-46.

Seigel, Jerrold E.: Rhetoric and Philosophy in Renaissance Humanism. The Union of Eloquence and Wisdom. Petrarch to Valla. Princeton 1968.

Senger, Adam: Lupold von Bebenburg. Bamberg 1905.

Seton-Watson, Hugh: Nations and States. An Enquiry into the Origins of Nations and the Politics of Nationalism. Boulder, Colorado 1977.

Shaw, Christine: Julius II. The Warrior Pope. Oxford / Cambridge, Mass. 1993.

Sieber-Lehmann, Claudius: Der türkische Sultan Mehmed II. und Karl der Kühne, der »Türk im Occident«. In: Europa und die osmanische Expansion im ausgehenden Mittelalter. Hg. von Franz-Reiner Erkens. Berlin 1997. S. 13-38.
- Spätmittelalterlicher Nationalismus: die Burgunderkriege am Oberrhein und in der Eidgenossenschaft. Göttingen 1995.

Sieburg, Heinz-Otto: Deutschland und Frankreich in der Geschichtsschreibung des neunzehnten Jahrhunderts. Wiesbaden 1954.

Simmel, Georg: Soziologie. Untersuchungen über die Formen der Vergesellschaftung. Gesamtausgabe. Hg. von Otthein Rammstedt. Bd. 11. Frankfurt a. M. 1992.

Simone, Franco: Il rinascimento Francese: studi e ricerche. Turin 1961.

Singer, Bruno: Die Fürstenspiegel in Deutschland im Zeitalter des Humanismus und der Reformation. Grundlagen und ausgewählte Interpretationen: Wimpheling, Seidel, Sturm, Rieger. München 1981.

Skinner, Quentin: The Foundations of Modern Political Thought. 2 Bde. Cambridge 1978.

Šmahel, František: Die Hussitische Revolution. 3. Bde. Hannover 2002.
- Die nationale Frage im hussitischen Böhmen. In: Deutsche in den böhmischen Ländern. Hg. von Hans Rothe. Köln / Weimar / Wien 1992. S. 67-82.

Smith, Anthony D.: Nationalism and Modernism. London / New York. 1998.

– The Ethnic Origins of Nations. Oxford / Cambridge 1986.

Spitz, Lewis W.: The Course of German Humanism. In: Itinerarium Italicum. The Profile of the Italian Renaissance in the Mirror of its European Transformations. Hg. von Heiko A. Oberman und Thomas A. Brady. Leiden 1975. S. 371-436.

– The Religious Renaissance of the German Humanists. Cambridge, Mass. 1963.

Stackmann, Karl: Probleme germanistischer Lutherforschung. In: Archiv für Reformationsgeschichte 75 (1984). S. 7-31.

Stadtwald, Kurt Werner: Roman Popes and German Patriots. Antipapalism in the politics of the German Humanist Movement from Gregor Heimburg to Martin Luther. Genf 1996.

Stahl, Hans-Peter: Griechenhetze in Vergils »Aeneis«. Roms Rache für Troja. In: Rezeption und Identität. Hg. von Gregor Vogt-Spira und Bettina Rommel. Stuttgart 1999. S. 249-273.

Stauber, Reinhard: »Auf der Grenzscheide des Südens und Nordens«. Zur Ideengeschichte der Grenze zwischen Deutschland und Italien. In: Menschen und Grenzen in der frühen Neuzeit. Hg. von Wolfgang Schmale und Reinhard Stauber. Berlin 1998. S. 76-115.

– Hartmann Schedel, der Nürnberger Humanistenkreis und die »Erweiterung der deutschen Nation«. In: Diffusion des Humanismus. Studien zur nationalen Geschichtsschreibung europäischer Humanisten. Hg. von Johannes Helmrath, Ulrich Muhlack und Gerrit Walther. Göttingen 2002. S. 159-185.

Stephens, Walter: Giants in those Days. Folklore, History and Nationalism. Lincoln 1989.

Stettler, Bernhard: Die Eidgenossenschaft im 15. Jahrhundert. Die Suche nach einem gemeinsamen Nenner. Zürich 2004.

Stichweh, Rudolf: Universitätsmitglieder als Fremde in spätmittelalterlichen und frühmodernen europäischen Gesellschaften. In: Fremde der Gesellschaft. Hg. von Marie-Theres Foegen. Frankfurt a. M. 1991. S. 169-191.

Störmann, Anton: Die städtischen Gravamina gegen den Klerus am Ausgang des Mittelalters und in der Reformationszeit. Münster 1911.

Stolleis, Michael: Reichspublizistik und Reichspatriotismus vom 16. zum 18. Jahrhundert. In: Patriotismus in Deutschland. Hg. von Günter Birtsch und Meinhard Schröder. Trier 1993. S. 21-28.

Stolt, Birgit: Studien zu Luthers Freiheitstraktat. Stockholm 1969.

Strauss, Gerald: Historian in an Age of Crisis. The Life and Work of Johannes Aventinus 1477-1534. Cambridge, Mass. 1963.

– Luther's House of Learning: Indoctrination of the Young in the German Reformation. Baltimore 1978.

– The Reformation and it's Public in an Age of Orthodoxie. In: The German People and the Reformation. Hg. von Ronnie Po-Chia Hsia. Ithaca / London 1988. S. 194-214.

Stromer, Wolfgang von: Eine »Industrielle Revolution« des Spätmittelalters? In: Technik-Geschichte. Hg. von Ulrich Troitzsch und Gabriele Wohlauf. Frankfurt a. Main 1980. S. 105-138.

Struve, Tilman: Die Entwicklung der organologischen Staatsauffassung im Mittelalter. Stuttgart 1978.

Stupperich, Robert: Philipp Melanchthon. Gelehrter und Politiker. Göttingen 1996.
Tewes, Götz-Rüdiger: Die römische Kurie und die europäischen Länder am Vorabend der Reformation. Tübingen 2001.
Thollard, Patrick: Barbarie et Civilisation chez Strabon. Etude critique des livres III et IV de la »Géographie«. Paris 1987.
Tholozan, Olivier: Henri de Boulainvilliers. L'anti-absolutisme aristocratique légitimé par l'histoire. Marseille 1999.
Thomas, Heinz: Die deutsche Nation und Martin Luther. In: Historisches Jahrbuch 105 (1985). S. 426-454.
– Julius Caesar und die Deutschen. Zu Ursprung und Gehalt eines deutschen Geschichtsbewußtseins in der Zeit Gregors VII. und Heinrichs IV. In: Die Salier und das Reich. Gesellschaftlicher und ideengeschichtlicher Wandel im Reich der Salier. Hg. von Stefan Weinfurter. Bd. 3. Sigmaringen 1991. S. 245-277.
– Sprache und Nation. Zur Geschichte des Wortes »deutsch« vom Ende des 11. bis zur Mitte des 15. Jahrhunderts. In: Nation und Sprache. Die Diskussion ihres Verhältnisses in Geschichte und Gegenwart. Hg. von Andreas Gardt. Berlin / New York 2000. S. 47-101.
Timpe, Dieter: Die Absicht der Germania des Tacitus. In: Beiträge zum Verständnis der Germania des Tacitus. Hg. von Herbert Jankuhn und Dieter Timpe. Bd. 1. Göttingen 1989. S. 106-127.
– Rom und die Barbaren des Nordens. In: Die Begegnung mit dem Fremden. Wertungen und Wirkungen in Hochkulturen vom Altertum bis zur Gegenwart. Hg. von Meinhard Schuster. Stuttgart / Leipzig 1996. S. 34-50.
Tönnies, Ferdinand: Gemeinschaft und Gesellschaft. Abhandlung des Communismus und Socialismus als empirischer Culturformen. Leipzig ^{8}1935 (Erstausgabe: ebd. 1887).
Tracy, James: Erasmus Becomes a German. In: Renaissance Quarterly 21 (1968). S. 281-288.
Treml, Christine: Humanistische Gemeinschaftsbildung. Sozio-kulturelle Untersuchung zur Entstehung eines neuen Gelehrtenstandes in der frühen Neuzeit. Hildesheim / Zürich / New York 1989.
Trzaska-Richter, Christine: »Furor teutonicus«. Das römische Germanenbild in Politik und Propaganda von den Anfängen bis zum 2. Jahrhundert n. Chr. Trier 1991.
Trzinski, Elke: Studien zur Ikonographie der Germania. Münster 1992.
Ullman, Berthold L.: The Humanism of Coluccio Salutati. Padua 1963.
Van Acker, Lieven: Barbarus und seine Ableitungen im Mittellatein. In: Archiv für Kulturgeschichte 47 (1965). S. 125-140.
Verbrugghe, Gerald P. / John M. Wickersham: Berossos and Manetho, Introduced and Translated. University of Michigan 1996.
Vinken, Barbara: Du Bellay und Petrarca. Das Rom der Renaissance. Tübingen 2001.
Vogler, Günter: Kurfürst Johann Friedrich und Herzog Moritz von Sachsen: Polemik in Liedern und Flugschriften während des Schmalkaldischen Krieges 1546/47. In: Archiv für Reformationsgeschichte 89 (1998). S. 178-206.
– Ulrich von Hutten und sein »Vaterland«. In: Zeitschrift für Geschichtswissenschaft 36 (1988). S. 410-427.
Vogt, Ludgera / Arnold Zingerle: Zur Aktualität des Themas Ehre und zu seinem

Stellenwert in der Theorie. In: dies. (Hg.): Ehre. Archaische Momente in der Moderne. Frankfurt a. M. 1994. S. 9-34.

Vogt-Spira, Gregor: Literarische Imitatio und kulturelle Identität. Die Rezeption griechischer Muster in der Selbstwahrnehmung römischer Literatur. In: Rezeption und Identität. Hg. von Gregor Vogt-Spira und Bettina Rommel. Stuttgart 1999. S. 22-37.

Voigt, Georg: Die Wiederbelebung des classischen Altertums oder das erste Jahrhundert des Humanismus. 2 Bde. Berlin ³1893.

Voigt, Klaus: Italienische Berichte aus dem spätmittelalterlichen Deutschland. Von Francesco Petrarca zu Andrea de' Franceschi (1333-1492). Stuttgart 1973.

Von der Hardt, Heinrich: Magnum oecumenicum Constantiense concilium. 6 Bde. Frankfurt a. M. / Leipzig 1696-1700.

Waldeck, Oskar: Die Publizistik des Schmalkaldischen Krieges 1. In: Archiv für Reformationsgeschichte 7 (1910). S. 1-55.

– Die Publizistik des Schmalkaldischen Krieges 2. In: ebd. 8 (1911). S. 44-133.

Walker, D. P.: Orpheus the Theologian and Renaissance Platonists. In: Journal of the Warburg and Courtauld Institutes 16 (1953). S. 100-120.

– The Ancient Theology. Studies in Christian Platonism from the Fifteenth to the Eighteenth Century. London 1972.

Walter, Robert: Beatus Rhenanus. Anthologie de sa correspondance. Strasbourg 1986.

Walther, Gerrit: Humanismus und Konfession. In: Späthumanismus. Studien über das Ende einer kulturhistorischen Epoche. Hg. von Notker Hammerstein und Gerrit Walther. Göttingen 2000. S. 113-127.

Walther, Helmut G.: Gelehrtes Recht, Stadt und Reich in der politischen Theorie des Basler Kanonisten Peter von Andlau. In: Lebenslehren und Weltentwürfe im Übergang vom Mittelalter zur Neuzeit. Politik – Bildung – Naturkunde – Theologie. Hg. von Hartmut Boockmann, Bernd Moeller und Karl Stackmann. Göttingen 1989. S. 77-111.

– Imperiales Königtum, Konziliarismus und Volkssouveränität. Studien zu den Grenzen des mittelalterlichen Souveränitätsgedankens. München 1976.

Weber, Alfred: Gedanken zur deutschen Sendung. Berlin 1915.

Weber, Eugen Joseph: Peasants into Frenchmen: the Modernization of Rural France 1870-1914. Stanford 1976.

Weber, Max: Die protestantische Ethik und der »Geist« des Kapitalismus. Weinheim 1993.

– Die »Objektivität« sozialwissenschaftlicher und sozialpolitischer Erkenntnis. 1904. In: ders.: Gesammelte Aufsätze zur Wissenschaftslehre. Tübingen ⁷1988. S. 146-214.

– Wirtschaft und Gesellschaft. Grundriß der verstehenden Soziologie. Tübingen ⁵1976.

Wehler, Hans-Ulrich: Nationalismus. Geschichte, Formen, Folgen. München 2001.

Weicker, Bernhard: Die Stellung der Kurfürsten zur Wahl Karls V. im Jahr 1519. Berlin 1901.

Weigelt, Horst: Sebastian Franck und die lutherische Reformation. Die Reformation im Spiegel des Werkes Sebastian Francks. In: Sebastian Franck (1499-1542). Hg. von Jan-Dirk Müller. Wiesbaden 1993. S. 39-53.

Weikart, Richard: From Darwin to Hitler. Evolutionary Ethics, Eugenics, and Racism in Germany. New York 2004.
Weinfurter, Stefan: Herzog, Adel und Reformation. Bayern im Übergang vom Mittelalter zur Neuzeit. In: Zeitschrift für historische Forschung 10 (1983). S. 1-36.
Wenskus, Reinhard: Stammesbildung und Verfassung. Das Werden der frühmittelalterlichen gentes. Köln / Graz 1961.
– Über die Möglichkeit eines allgemeinen interdisziplinären Germanenbegriffs. In: Germanenprobleme in heutiger Sicht. Hg. von Heinrich Beck. Berlin / New York 1986. S. 1-21.
Wiesflecker, Hermann: Kaiser Maximilian I. Das Reich, Österreich und Europa an der Wende zur Neuzeit. 5 Bde. München 1971-1986.
Wiffstrand Schiebe, Marianne: Annius von Viterbo und die schwedische Historiographie des 16. und 17. Jahrhunderts. Uppsala 1992.
Wilkins, Ernest Hatch: Life of Petrarch. Chicago 1961.
– Petrarch's Later Years. Cambridge, Mass. 1959.
Willoweit, Dietmar: Von der alten deutschen Freiheit. Zur verfassungsgeschichtlichen Bedeutung der Tacitus-Rezeption. In: Vom normativen Wandel des Politischen. Hg. von Erk Volkmar Heyen. Berlin 1984. S. 17-42.
Winkler, Heinrich August: Einleitung. Der Nationalismus und seine Funktionen. In: ders. (Hg.): Nationalismus. Königstein 1975. S. 5-46.
Winter, Christian: Die Außenpolitik des Kurfürsten Moritz von Sachsen. In: Glaube & Macht. Sachsen im Europa der Reformationszeit. Hg. von Harald Marx und Cecilie Hollberg. Bd. 2. Dresden 2004. S. 124-136.
Winterhager, Friedrich: Bauernkriegsforschung. Darmstadt 1981.
Winzinger, Franz: Albrecht Altdorfer und die Miniaturen des Triumphzuges Kaiser Maximilians I. In: Jahrbuch der Kunsthistorischen Sammlungen in Wien 62 (1966). S. 157-173.
Witt, Ronald G.: Coluccio Salutati and his Public Letters. Genf 1976.
– Hercules at the Crossroads. The Life, Works and Thought of Coluccio Salutati. Durham (North Carolina) 1983.
– Medieval Italian Culture and the Origins of Humanism as a Stylistic Ideal. In: Renaissance Humanism: Foundations, Forms and Legacy. Hg. von A. Rabil jr. Philadelphia 1988. S. 29-70.
Witte, H.: Die Armagnaken im Elsaß 1439-1445. Straßburg 1889.
Wohlfeil, Rainer: Grafische Bildnisse Karls V. im Dienste von Darstellung und Propaganda. In: Karl V. 1500-1558. Neue Perspektiven seiner Herrschaft in Europa und Übersee. Hg. von Alfred Kohler, Barbara Haider und Christine Ottner. Wien 2002. S. 21-56.
Wolgast, Eike: Die Wittenberger Theologie und die Politik der evangelischen Stände: Studien zu Luthers Gutachten in politischen Fragen. Gütersloh 1977.
Worstbrock, Franz Josef: Conrad Celtis. Zur Konstitution des humanistischen Dichters in Deutschland. In: Literatur, Musik und Kunst im Übergang vom Mittelalter zur Neuzeit. Hg. von Hartmut Boockmann, Ludger Grenzmann, Bernd Moeller und Martin Staehelin. Göttingen 1995. S. 9-35.
– Translatio artium. Über die Herkunft und Entwicklung einer kulturhistorischen Theorie. In: Archiv für Kulturgeschichte 47 (1965). S. 1-22.

– Über das geschichtliche Selbstverständnis des deutschen Humanismus. In: Historizität in Sprach- und Literaturwissenschaft. Hg. von Walter Müller-Seidel. München 1974. S. 499-519.

Wostry, Wilhelm: Ein deutschfeindliches Pamphlet aus Böhmen aus dem 14. Jahrhundert. In: Mitteilungen des Vereins für die Geschichte der Deutschen in Böhmen 53 (1915). S. 193-238.

Wuttke, Dieter: Conradus Celtis Protucius. In: Deutsche Dichter der frühen Neuzeit (1450-1600). Ihr Leben und Werk. Hg. von Stephan Füssel. Berlin 1993. S. 173-199.

– Wunderdeutung und Politik. Zu den Auslegungen der sog. Wormser Zwillinge des Jahres 1495. In: Landesgeschichte und Geistesgeschichte. FS für Otto Herding. Stuttgart 1977. S. 217-244.

Zeller, Gaston: Alsace, France et Palatinat au temps de Wimpheling. In: Revue d'Alsace 87 (1947). S. 30-42.

Zientara, Benedykt: Nationale Strukturen des Mittelalters. Ein Versuch zur Kritik der Terminologie des Nationalbewußtseins unter besonderer Berücksichtigung osteuropäischer Literatur. In: Saeculum 32 (1981). S. 301-316.

Zimmer, Stefan: »Germani« und die Benennungsmotive für Völkernamen in der Antike. In: Zur Geschichte der Gleichung »germanisch – deutsch«. Sprache und Namen, Geschichte und Institutionen. Hg. von Heinrich Beck, Dieter Geuenich, Heiko Steuer und Dietrich Hakelberg. Berlin 2004. S. 1-23.

Zintzen, Clemens: Bedeutung und Wertung der lateinischen Sprache bei Lorenzo Valla. In: Diskurs über Sprache. FS für Edmund Braun. Hg. von Holger Burckhart. Würzburg 1994. S. 126-142.

Zorn, Wolfgang: Die soziale Stellung der Humanisten in Nürnberg und Augsburg. In: Die Humanisten in ihrer politischen und sozialen Umwelt. Hg. von Otto Herding und Robert Stupperich. Boppard 1976. S. 35-49.

Zschäbitz, Gerhard: Historisches zum Buch der hundert Kapitel. In: Das Buch der hundert Kapitel und der vierzig Statuten des sog. Oberrheinischen Revolutionärs. Hg. von Annelore Franke. Berlin (Ost) 1967. S. 11-162.

Register der Personen- und Kollektivnamen

Die Zahlen bezeichnen Seiten bzw. in Kursivsetzung Anmerkungen. Bei den Personennamen sind neben historischen Akteuren und mythologischen Gestalten die Verfasser von Forschungsliteratur aufgenommen, die im Haupttext erwähnt werden. Herrschaftsträger sind mit Ausnahme der Kaiser und Päpste nach ihren Territorien eingetragen.

Register der geographischen Namen

Die Zahlen bezeichnen Seiten bzw. in Kursivsetzung Anmerkungen.

Bibliografische Information Der Deutschen Bibliothek
Die Deutsche Bibliothek verzeichnet diese Publikation in der Deutschen Nationalbibliografie; detaillierte bibliografische Daten sind im Internet über http://dnb.ddb.de abrufbar.

www.wallstein-verlag.de
Vom Verlag gesetzt aus der Adobe Garamond
Umschlag: Basta Werbeagentur, Steffi Riemann unter Verwendung der Personifikation des »Reichs Germanie« aus den Triumphzug-Miniaturen Kaiser Maximilians I., angefertigt zwischen 1513 und 1515 in der Werkstatt Albrecht Altdorfers
Druck: Hubert & Co, Göttingen

ISBN 3-89244-936-8

Nationalismen in Europa

West- und Osteuropa im Vergleich

Hg. von Ulrike von Hirschhausen und Jörn Leonhard

456 S., 2 Abb., broschiert

ISBN 3-89244-479-x

»Es ist an der Zeit, diese Grenzen zu überwinden - das ist der besondere Appell dieses anregenden Bandes.«

Otto Dann, *Frankfurter Allgemeine Zeitung*

»Der vorliegende Band ist ein mutiger und wichtiger Versuch, den West-Ost-Vergleich zum Nationalismus auf eine neue Grundlage zu stellen.«

Ralph Schattkowsky, *Sehepunkte*

»›Nationalismen in Europa« zeigt das Potential, das die ›kulturalistische Wende‹ für eine gesamteuropäische Nationalismusforschung haben kann«.

Claudia Weber, *Jahrbücher für Geschichte Osteuropas*